Karl A. Kubinzky – Astrid M. Wentner
GRAZER STRASSENNAMEN

Karl A. Kubinzky – Astrid M. Wentner

Grazer Straßennamen

Herkunft und Bedeutung

Überarbeitete Neuauflage

Leykam

3., überarbeitete Neuauflage 2009
© by Leykam Buchverlagsgesellschaft m.b.H., Graz 1996

Umschlaggestaltung: Peter Eberl,www.hai.cc
Druck: Druckerei Theiss GmbH, 9431 St. Stefan i. L.

ISBN 978-3-7011-7669-4

Vorwort

Der ersten Auflage (1996) der *Grazer Straßennamen* folgte bereits 1998 die zweite. Nun, nach elf Jahren, ist – nach Meinung des Autorenteams und des Verlags – die Zeit für eine dritte Auflage reif. Zu unserer Freude hat sich dieses Grazer Straßennamensbuch zu einem Standardwerk der Graz-Literatur entwickelt: „Wir" wurden sozusagen zu einem „Bestseller zwischen Oberandritz und Thondorf". Dieser Erfolg soll mit dem Dank an unsere Käufer und Leser verbunden werden. Auch wir, Autor und Autorin, benutzen gerne immer wieder dieses Buch. So hoffen wir, dass es auch viele andere tun.

Soweit es sich verfolgen lässt, hat das Interesse an Straßennamen in den letzten Jahren allgemein zugenommen. Wir wissen zwar, dass dieser Trend nicht von unserem Buch ausgeht. Aber es kann festgestellt werden, dass am Beginn dieser Entwicklung auch dieses Buch erstmals erschien und überaus erfolgreich war. 2008 weckte ein Projekt der Fachhochschule Joanneum das Interesse an Grazer Straßennamen. Eine Serie in der *Kronen Zeitung* zitierte über viele Monate aus dem Straßennamensbuch. Ebenso beweisen auch die vielen Leseranfragen bei der *Kleinen Zeitung* das anhaltende Interesse an der Erklärung lokaler topographischer Bezeichnungen. Die Frage, wer oder was denn mit einer solchen Bezeichnung gemeint ist, ist gut nachvollziehbar, schreiben und nennen wir doch alle unzählige Male

Straßennamen, insbesondere jenen der eigenen Adresse. Diese Neugier konnte hier weitgehend befriedigt werden. Die berechtigte Frage, warum denn die Gemeinde ein solches Namensdenkmal überhaupt errichtete, muss meist unbeantwortet bleiben. Denn es sind nicht nur traditionelle, längst etablierte Namen, die in den Straßennamenskataster der Stadtgemeinde Graz gefunden haben. Die Zahl der zu bezeichnenden Orte und die Zahl der zu ehrenden Personen und Ereignisse schafften und schaffen immer wieder neue Herausforderungen bei der Namengebung. Oft waren es auch der Zeitgeist und das Drängen von Lobbyisten, die hinter den Straßenbezeichnungen stehen. Die Vergaberegeln der Gemeinde, die am Ende des Buches abgedruckt sind, sollen zumindest für die Zukunft zu Ordnung und Nachvollziehbarkeit bei der Namensvergabe führen. In letzter Zeit befasst sich ein Ausschuss der Gemeinde Graz mit der kritischen Überprüfung der Würdigkeit einzelner Personen, in Form von Straßennamen geehrt zu werden. Wie die Vergabe von topographischen Bezeichnungen allgemein das Privileg des Gemeinderates als gewähltes politisches Organ ist, liegt dort auch die Autorität einer Änderung. Historiker können hier nur beraten. Es gibt, wie die Grazer Bezeichnungen und ihre oftmaligen Änderungen beweisen, kein Anrecht auf Straßennamen auf unbegrenzte Zeit. Andererseits sollen Namen auch nicht zu häufig geändert werden, denn Namenstraditionen entwickeln sich schnell, und auch die Bewohner haben mit Änderungen oft keine Freude.

An dieser Stelle soll noch auf drei wichtige Aspekte in Zusammenhang mit topographischen Bezeichnungen hingewiesen werden. Vordergründig geht es um ein Ordnungssystem, das zusammen mit den Hausnummern Häuser und Straßen exakt beschreiben lässt. Damit ist die Wahl des Namens auch die Errichtung eines verbalen Denkmals für die jeweilige Bezeichnung. Mögliche alternative andere Namen werden vernachlässigt. Die erwählte Bezeichnung erhält so, sei es verdient oder auch nicht, einen Vorzug an Bedeutung, Verbreitung und damit auch an Ehrung. Ferner wird durch die Verbindung von Ort und Bezeichnung ein Element der Identifikation geschaffen, dass Bewohner und Benutzer mit dem Namen verbindet. Identifikation und Zufriedenheit stehen zueinander in Beziehung. Gerade in diesem Zusammenhang ist es vorteilhaft zu wissen, worauf die Bezeichnung zurückzuführen ist.

Die dritte Auflage der *Grazer Straßennamen* wurde um jene Straßennamen vermehrt, die seit 1998 durch den Gemeinderat der Stadt Graz vergeben wurden. Es wurden auch wieder, so wie bisher, einzelne Namen aufgenommen, die nach Definition der Stadtgemeinde nicht den offiziellen Rang einer topographischen Bezeichnung haben. Die Autoren haben auch etliche Korrekturen vorgenommen. So sei auch jenen gedankt, die zu diesen Verbesserungen beigetragen haben. Vermutlich gibt es aber auch Verbesserungsvorschläge, die leider nicht bis zu uns gefunden haben. Dies soll ein Appell an unsere Leser sein, mit ihren Informationen zu uns zu kommen. Bei rund 1600 Straßennamen ist es unmöglich, die Bezeichnungen fehlerfrei zu erklären. Umso mehr, da in sehr vielen Fällen offizielle Erklärungen dazu fehlen oder zumindest fehlerhaft sind. Dass es oft viel mehr über einen Namen zu schreiben gegeben hätte, ist uns klar. Aber der Rahmen eines handlichen Buches sollte nicht überschritten werden.

Die inhaltliche Verantwortung wurde aufgeteilt: Karl A. Kubinzky bearbeitete die Namen in den Bezirken Lend, Gries, Jakomini, Liebenau, St. Peter, Waltendorf, Ries, Mariatrost, Eggenberg und Wetzelsdorf; Astrid Wentner bearbeitete die Bezirke Innere Stadt, St. Leonhard, Geidorf, Andritz, Gösting, Straßgang und Puntigam.

Auch im Vorwort zu dieser Auflage soll allen gedankt werden, die in irgendeiner Form an diesem Buch mitgewirkt haben.

Einleitung

Am Beginn topographischer Bezeichnungen steht der Wunsch nach Orientierung. Bald folgt die Idee, mit diesen Namen und auch Zahlen zusätzliche Informationen zu transportieren. So können sich Straßennamen auf den Zielpunkt beziehen (z. B. Kirchweg) oder einen Besitzanspruch demonstrieren (z. B. Bürgergasse). Es werden Funktionen dargestellt (z. B. Hauptwachplatz) und Ähnlichkeiten beschrieben (z. B. Greifgrube). Oft wird ein Stück Geschichte dokumentiert (z. B. Floßlendkai), noch häufiger wird jedoch mit einem Straßennamen ein Denkmal gesetzt (z. B. Grillparzerstraße). Nicht nur der Namensinhalt, sondern auch die Intention der Namengeber, kann von Interesse sein. So ist es sicher kein Zufall, wenn in den 70er-Jahren des 19. Jahrhunderts in den Vorstadtbezirken am linken Murufer der Wandel zu bürgerlichen Wohnbereichen mit den Namen der deutschen Literaturklassik verbunden wurde (Goethe, Schiller, Herder, Lessing, Uhland u. a.).

Nicht nur der Wunsch nach individueller Orientierung, sondern das Bestreben nach Besitzfestlegung, nach Ordnung für die Steuerabgaben und für die Militäraushebung waren bei den topographischen Grundstückbeschreibungen von Bedeutung. Das System der Nummerierung der einzelnen Häuser, sortiert nach Vierteln, nach Lage und Baualter, ist für Graz seit dem 17. Jahrhundert dokumentiert und wurde mehrfach der Stadtentwicklung angepasst. Der Wildwuchs an Lagebeschreibungen von Grazer Häusern und Gassen wurde 1770 durch ein Patent von Kaiserin Maria Theresia einer etwas systematischeren Ordnung zugeführt. Zusätzlich zur Nummerierung gab es meist noch Straßennamen, vor allem in der Stadtmitte, die bis ins Mittelalter zu verfolgen sind. In den alten Vorstädten waren Straßennamen eher selten zu finden.

In der zweiten Hälfte des 19. Jahrhunderts reichte das alte Zählsystem für das schnell an Bewohnern wachsende Graz nicht mehr aus. 1830 und 1852 wurden die Hausnummern korrigiert. Schon 1870 war eine neuerliche Reform der Nummerierung notwendig. Bei dieser Gelegenheit wurde auch das Netz der Straßennamen auf die Vorstädte von Alt-Graz ausgeweitet. Was 1870 zuerst auf 89 Seiten veröffentlicht wurde, bedurfte im Folgejahr einer verbesserten zweiten Auflage von 291 Seiten. Viele Namen wurden damals neu eingeführt und ohne einen Motivbericht durch den Gemeinderat beschlossen. Aber auch zuvor schon informell verwendete Namen hatten nun Amtscharakter. Ein ähnlicher Vorgang ist, allerdings um 20 bis 50 Jahre verschoben, in jenen Gemeinden festzustellen, die Graz umgaben und die zu einem großen Teil 1938 zum Bestand der Stadtgemeinde Graz (Groß-Graz) gemacht wurden.

1870 wurde für Graz das schon anderswo erprobte Winklersche System der Hausnummern eingeführt. Es legte u. a. fest, dass rechts die geraden und links die ungeraden Nummern zu sein haben. Auch sollten die Hinterhäuser die Nummern der straßenseitigen Gebäude – ergänzt durch Buchstaben – erhalten. Hausnummern mussten nun von der Stadtmitte zum Stadtrand führen. Für solche Radialstraßen sollten die Namenstafeln Ecken besitzen. Für Tangentialstraßen und Ringstraßen waren gerundete Tafeln gewünscht. Die Farbe des Hausnummernschildes musste den Bezirk anzeigen. Straßennamenschilder und Hausnummern aus dem späten 19. Jahrhundert gehören durchaus zum schützenswerten Bild von Graz. Ein Teil des Winklerschen Systems wurde 1947 auch auf die neuen Bezirke ausgedehnt.

Jedes politische System brachte seine charakteristischen Namen ins Grazer Straßennetz oder entfernte ungeliebte. 1918 wurden die Namen der Monarchie zu einem großen Teil gelöscht, 1938 jene des Ständestaates und in den Jahren nach 1945 die Namen, die zu eng mit dem nationalsozialistischen Regime verbunden waren. Der *Anschluss* der Stadtrandgemeinden im Herbst 1938 versechsfachte die Stadtfläche und brachte zu den knapp 600 Straßennamen in *Alt-Graz* ungefähr die gleiche Zahl in *Neu-Graz*, insgesamt hatte nun Groß-Graz 1160 Straßennamen zu administrieren. In den ersten Nachkriegsjahren gab es laut den 1948 von Dipl. Ing. L. Wasle (Leiter des Stadtvermessungsamtes) erstellten Richtlinien im neuen Bezirk Straßgang

(Neuharter Siedlung) die Straßen I–XVI und in Graz insgesamt neunmal Roseggernamen, acht Namen mit Kernstock und sieben Namen mit den Worten Feld und Quer. Ungefähr 200 neue Namen für Doppel- und Mehrfachbenennungen waren notwendig. Im Streit, wo der Name bleiben sollte und wo er weichen musste, siegten meist die inneren sechs Bezirke. Zusätzlich sollten rund 50 Namen aus der NS-Zeit geändert bzw. in die Zeit vor 1938 rückgeführt werden. 250 Wege waren neu zu benennen, davon viele in Siedlungen. Insgesamt waren etwas über 500 Namen von 1946 bis Ende 1948 vergeben worden.

In diesen Jahren übten der Stadthistoriker und Direktor des Landesarchivs Fritz Popelka und der Landeskonservator Walter Semetkowski auf die Namenswahl einen großen Einfluss aus. Ihr Bemühen war es, besonders die Grazer Lokalgeschichte und örtliche Namenstradition im Straßennetz zu dokumentieren. Viele ihrer Vorschläge wurden aber auch räumlich verlegt oder überhaupt nicht akzeptiert, manche Erklärungstexte zu den Namen erlitten beim Transfer in die kommunale Evidenz bedauerliche inhaltliche Verluste. So wanderte beispielsweise im Vergabekommentar des Magistrats der Name Freygütl vom Schloss St. Josef zum dafür ungeeigneten Schloss St. Johann (siehe Freihofanger). Auch andere Experten wurden für die Namengebung zugezogen, so schrieb die Stadtgemeinde an F. Pauletig in Sagrado. Dieser machte 1946 für den Raum Mariagrün neun Vorschläge, die alle angenommen wurden. In jenen Jahren gab es auch die nicht weiter verfolgte Idee, der Ordnung halber alle Straßen mit Nummern zu versehen. Nur in der Kartei des Magistrats für Straßen und Straßennamen gibt es auch solche Nummern.

In den 50er- und 60er-Jahren des 20. Jahrhunderts suchte man Namen für neu angelegte Siedlungen und neue Straßen. Siedlungsgenossenschaften, Architekten und Bewohner sind immer an *schönen und eindrucksvollen Namen* interessiert. Nach ihrem Wunsch sollen neue Vorstadtstraßen möglichst *Am Sonnenhang* oder *Im Lindengrund* liegen. Die Stadtgemeinde möchte wiederum verdiente Personen, meist Männer, ehren. Auch sollten ältere Namen, so die für Fluren, über Straßennamen bewahrt bleiben. Je mehr die Natur in der Stadt verloren geht, desto mehr findet sie in den Straßennamen Eingang. Eine wichtige Rolle bei der Namensvergabe spielen initiative Privatpersonen, Institutionen und Firmen. Auf der Seite der Stadtgemeinde fallen die Straßennamen bevorzugt in die Kompetenz des Stadtvermessungsamtes. Eine nicht immer sehr glückliche Lösung. Selbstverständlich sind nun auch andere Einrichtungen, wie das Kulturreferat, die Bezirksvertretung, die politischen Parteien und letztlich der Stadtsenat und der Gemeinderat, aber auch die betroffenen Bewohner und die mediale Öffentlichkeit an der Namengebung beteiligt.

In der Gegenwart setzt sich der oben beschriebene Trend bei Straßenbenennungen abgeschwächt fort. Nun werden allerdings Namensvergaben kritischer bewertet, und die Bewohner lehnen Umbenennungen wegen der daraus ableitbaren organisatorischen Probleme und der daraus entstehenden Kosten ab. So gibt es nun häufig neue Namen für bisher namenlose Alleen, Grünflächen und Kreuzungen (z. B. Gorbachplatz, Sonnenfelsplatz, Henri-Dunant-Weg).

Nicht nur die Namensvergabe ist mitunter fehleranfällig, sondern auch die Namensinterpretation. Die Personalvertretung der Polizeidirektion Graz veröffentlichte in ihrem Behördenführer durch mehrere Auflagen eine Kurzfassung der (teilweise fehlerhaften) kommunalen Straßennamenkartei. Auch im vorliegenden Buch ist trotz aller Bemühungen die Möglichkeit von Fehlern nicht auszuschließen. Bei fast 1600 zu interpretierenden Namen standen wir vor der Wahl, entweder das Projekt überhaupt nicht zu beginnen oder aber die Gefahr von Fehlern in Kauf zu nehmen. Allerdings bemühten wir uns, jene Fehlerfülle zu vermeiden, die uns das Buch *Graz, Straßennamen von A bis Z* (P. Simbrunner, Wien 1988) als mahnendes Beispiel vor Augen hielt. Wir hoffen, bei allfällig folgenden Auflagen unsere Fehler auszugleichen zu können und bitten um Verständnis und einschlägige Informationen. Außerdem bestehen bei etlichen Namen mehrere Interpretationen. Wir wählten die für uns überzeugendste. Bei einem Teil der Namen war es eine interessante, aber auch schwierige Aufgabe, mit den jeweils wenigen zur Verfügung stehenden Zeilen auszukommen. Hier hätten wir durchaus mehr Text einbringen können. Bei einem anderen Teil der Namen erwies es sich als interessant, aber auch schwierig, den im Durchschnitt zur Verfügung stehenden Raum sinnvoll zu füllen. In manchen Fällen zeigte es sich, dass auch die Stadtgemeinde Graz keine, zu wenige oder gar falsche Informationen über die Bedeutung von Straßennamen hat. So war das karge Verzeichnis, das die Stadt Graz als Straßennamenkataster führt, in manchen Fällen nur von geringem Aussagewert. Allzu leichtfertig werden Straßennamen als Flurnamen (Hintenfeldweg), als Phantasienamen (Ehlergasse) oder als Familiennamen (Charlottendorf) erklärt.

Manche Flurnamen entsprechen zwar nicht den strengen Kriterien von Siedlungshistorikern, sind aber wohl ortsübliche Bezeichnungen. Anekdotische Spuren, die zu Straßennamen führten, lassen sich nur selten offenlegen (siehe Am Rehgrund). Auch die Akten, die entweder zur Namensvergabe führten oder die über abgelehnte Namen berichten, lassen teilweise an Aussagekraft zu wünschen übrig. Es soll aber nicht versäumt werden, festzustellen, dass die Qualität des kommunalen Schriftverkehrs im Steigen begriffen ist. Das Steiermärkische Landesarchiv mit der zugeordneten Steirischen Ortsnamenkommission, das Grazer Stadtarchiv und das Stadtvermessungsamt öffneten uns dankenswerterweise ihre Akten über die Grazer Straßennamen.

Bei der Auflistung der Grazer Straßennamen drängt sich dem Leser die Frage nach den Motiven der Namengeber auf. Von Verlegenheitslösungen über Verschönerungsnamen bis zur Spiegelung des persönlichen Weltbildes reichen die mitunter recht zweifelhaften Argumente zur Namengebung. Wenn Ovid in seinen Metamorphosen recht haben sollte, dann wird durch das Nichtvergessen ein Stück Unsterblichkeit verliehen. Ein allerdings nur bedingt sinnvoller Beitrag dazu ist die Dokumentation eines Namens durch seine plakative Darstellung auf Namensschildern und in den häufig verwendeten Adressen. Wenn es unserer Kultur einst so ergehen sollte wie jenen vergangenen Kulturen, die uns hauptsächlich durch Texte auf Tafeln überliefert sind, dann würde die Wiedergabe der ausgegrabenen Grazer Straßennamentafeln nur ein höchst lückenhaftes und verzerrtes Bild unserer Kultur spiegeln. Aber wahrscheinlich sind auch die durch Straßennamen dokumentierten Spuren des Zeitgeistes, des Zufalls und diverser namengebender Politiker und Beamter ein interessanter Einblick in ein kommunales Gesamtkunstwerk.

Auffallend ist die ethnozentrische Auswahl der Taufpaten von Straßen. Namen, die mit den Nachbarstaaten – hier besser *Nachfolgestaaten* des alten und großen Österreich – zusammenhängen, haben mitunter eine emotional-nostalgische Ausrichtung. Straßennamen, die mit den Kulturen von beispielsweise Italien, Frankreich, Spanien und Großbritannien in Verbindung stehen, sucht man so gut wie vergeblich. In den letzten Jahren zeigt sich allerdings ein Wandel zu einer neuen Gesinnung, die mitunter auch Sprachgrenzen und Geschichtsbarrieren zu überschreiten vermag. Wenig überraschend – jedoch hervorhebenswert – ist, dass Frauennamen bei den Grazer Straßen extrem selten sind. Kaum mehr als zwei Dutzend Straßen heben mit ihrem Namen biographisch erfassbare Frauen hervor. Das ist ein Anteil von rund 1,5 Prozent der Grazer Namensdenkmäler. Zum unadäquaten Vergleich: 14 Straßen tragen Vogelnamen. So sehr der nun gegenwärtige Trend, Frauennamen bevorzugt zu vergeben, begrüßenswert ist, sollte das nicht zu einem Boykott von Männernamen führen.

Nach welchen Kriterien die Stadt Graz ihre topographischen Bezeichnungen vergab, lässt sich nicht immer nachvollziehen. Genauso häufig fehlen für Graz wichtige Personen (z. B. Karl II., der Graz zur Residenz machte, die mit Graz verbundenen Nobelpreisträger Viktor Hess und Richard Zsigmondy oder Josef Krainer, Landeshauptmann 1948–1971) oder Sachzusammenhänge, wie andererseits wiederum eine längere Reihe von Straßennamen Zweifel an der Notwendigkeit ihrer Vergabe aufkommen lässt. Aber auch in den 1938 eingemeindeten Vorortgemeinden ist die Ursache für das Vorhandensein oder Fehlen eines Namens mitunter rätselhaft. Gemeinsam haben die Namensvergaben auch die höchst mangelhafte Dokumentation, welche Umstände und Verdienste zur Namenverleihung geführt haben. Diese Feststellung hat bis in die Gegenwart ihre Gültigkeit. Neben durchaus honorablen Gründen, die eine

Ortsbezeichnung festlegen ließen, wie die allgemeine oder lokale Bedeutung von Personen (z. B. Bürgermeister der ehemaligen Stadtrandgemeinden) oder das Festhalten an alten ortsüblichen Bezeichnungen (z. B. Flur- und Riednamen, Traditionsgasthäuser), gab es andere, weniger leicht nachvollziehbare einschlägige Gemeinderatsbeschlüsse. Im Laufe der letzten rund 100 Jahre kam es beispielsweise auch – allerdings sehr selten – zum Kauf von Namen oder – viel häufiger – zur Verleihung als Verlegenheitslösung oder als willkürlich ausgewähltes Wort, etwa um eine Siedlung damit aufzuwerten. Es zeigten sich übrigens auch offizielle Fehlinterpretationen von Namensinhalten (z. B. Rabensteinersteg) und falsche Namenschreibungen, wie Roßmanngasse und Weißenkircherstraße. Auch Ideologie und Zeitgeist fanden in den Grazer Straßennamen deutlich ihren Niederschlag. Ein Beispiel dafür ist die Hochachtung, die den Personen mit deutschnationaler Gesinnung entgegengebracht wurde. Dies zeigte sich auch in den Nachkriegsjahren. So verlor Heinrich Lersch zwar 1947 seine Straße, erhielt aber dafür ohne ersichtlichen Aktenlauf einen Platznamen. Walter Flex wurde erst 1961 durch einen Straßennamen geehrt und im kommunalen Kommentar dazu recht eindeutig interpretiert. Die Krefelderstraße (nach der nationalsozialistisch verordneten Schwesterstadt, zuvor und danach Annenstraße) der NS-Zeit sollte 1960 vor dem Bahnhofspostamt als Ersatz nun zum Platznamen werden. Dazu kam es allerdings nicht.

Mitunter war der Wechsel von Namen durchaus sinnvoll, entweder, um Fehler der historischen Bewertung auszulöschen, oder aber, um verwirrende gleiche oder ähnliche Bezeichnungen aufzulösen. Aber auch in diesem Zusammenhang gibt es keine allgemein nachvollziehbaren Grundsätze zur Namensänderung oder zum Beharren auf Ortsbezeichnungen. In der Gegenwart sind Namensänderungen nicht sehr beliebt. Dies hängt sowohl mit dem Wunsch nach historischer Kontinuität als auch mit den aus Namensänderungen ableitbaren praktischen Problemen zusammen. Die Mode, nun Straßenbezeichnungen nach Personen häufig zusätzlich mit akademischem Titel und Vornamen zu versehen, schafft zwar Sicherheit bei der Namensauslegung und ist formal exakt. Für jene aber, die diesen Namen häufig benützen müssen, ist die Namenslänge oft ein Ärgernis. Andererseits lässt sich bei manchen älteren Straßennamen heute nicht mehr zweifelsfrei feststellen, ob die Familie insgesamt oder nur ein bestimmter Träger dieses Namens einst durch diese Benennung geehrt wurde (siehe Harrachgasse, Attemsgasse u. a.). Die kommunale Erklärung verschweißt mitunter zwei Personen mit einer als Erklärung gedachten Biographie (Widowitzgasse). Auch wäre es verlockend, einzelne Straßennamen einem anderen Träger zuzuschreiben, als dies die Stadtgemeinde tat (z. B. Dr. Franz Graf und Georg Hauberrisser).

Bei Bewohnern von Straßen, deren Namen aus einer Reihe von Einzelworten (z. B. Dr.-Theodor-Pfeiffer-Straße)

bestehen, kommt wohl bei häufiger Benutzung keine rechte Freude auf. Manche Namen sind, trotz aller Bemühungen, dies zu vermeiden, leicht zu verwechseln (z. B. Rosenberggasse, Rosenberggürtel, Rosengasse, Rosenhain, Rosenhaingasse, Rosenhang). Warum es vier Plattenwege geben muss, einen Hinteren, Vorderen, Oberen und Unteren, ist auch nur schwer erklärbar. So verdienstreich auch mancher durch einen Straßennamen Geehrte sein mag, warum es in einzelnen Fällen gleich mehrere Nennungen sein müssen, ist ebenfalls nicht immer einsichtig (z. B. zweimal Robert Stolz, zweimal Wagner-Jauregg, zweimal Anton Jandl). Während einerseits viele erwähnenswerte Personen, Ereignisse und Ortsbezeichnungen bisher nicht als Straßennamen dokumentiert wurden, sind andererseits durchaus Zweifel an der Sinnfälligkeit bestehender Benennungen angebracht. Diese Zweifel betreffen die persönliche Qualifikation von manchem der so Geehrten, aber auch die Sinnhaftigkeit von schönenden Bezeichnungen wie z. B. Am Blumenhang. Es muss aber auch hervorgehoben werden, dass viele Namensvorschläge aus durchaus berechtigten Motiven von der Stadtgemeinde abgelehnt wurden. Ob dazu als Motiv etwa auch die in Akten dokumentierte Schwierigkeit der Namenschreibung gehört, sei dahingestellt (Beispiel für die darin begründete Nichtvergabe eines Straßennamens: der Komponist Mojsisovics und der Soziologe Gumplowicz). Der weltberühmte Nationalökonom Joseph Schumpeter, der auch in Graz lehrte, hatte beispielsweise seine

Chance auf einen Grazer Straßennamen verwirkt, da er einst erklärte, er habe sich in Graz nicht wohlgefühlt. Dass Leopold von Sacher-Masoch, Historiker und interessanter Literat, jemals in Graz, wo er den Großteil seines Lebens verbrachte, ein Namensdenkmal erhalten wird, kann bezweifelt werden. Die einschlägige Korrespondenz in der Stadtgemeinde zeigt, dass – besonders in der Vergangenheit – ein mehrfach wiederholter Antrag auf Namengebung fast immer erfolgreich war. Eigeninitiativen zur Namenfindung des Magistrats waren, sieht man von den großen Namengebungswellen (um 1870, um 1938 und um 1947) ab, relativ selten.

Die Richtlinien für die Vergabe von Straßennamen werden in den letzten Jahrzehnten immer strenger eingehalten und auch immer bürokratischer durchgeführt. Dies sollte zur Objektivierung führen und Transparenz in den Prozess der Namengebung bringen. Neben diesen ehrbaren Motiven kann aber auch festgestellt werden, dass die Bürokratie im Verfahrensablauf die Diskussion über die Sinnhaftigkeit von Straßenbezeichnungen längst überholt hat. Der für Namensvergaben zuständige Gemeinderatsausschuss wurde in der Gegenwart zu einem Komitee erweitert. Die Vergaberichtlinien wurden dem vorliegenden Buch als Anhang beigefügt. Der Text dieser Richtlinien hält sich weitgehend an die Vergabegrundsätze der Gemeinde Wien, die wiederum parallel zu den Prinzipien einer Ortsnamenkommission erarbeitet wurden.

Zum Gebrauch

DIE GRAZER STADTBEZIRKE:

Bearbeitung der Bezirke:
Kubinzky: IV, V, VI, VII, VIII, IX, X, XI, XIV, XV.
Wentner: I, II, III, XII, XIII, XVI, XVII.

Die Namenschreibung folgt dem offiziellen Straßenverzeichnis der Stadt Graz (Stadtvermessungsamt, Auflage 2000, Nachträge Dezember 2008). Den Grundsätzen der Wiener Nomenklaturkommission folgend, wurden hier die Bindestriche gesetzt. Allerdings wurde durch die Stadtverwaltung weder dieser Bindestrichregel noch der Regel über Trennung und Zusammenschreibung in jedem Fall konsequent gefolgt. Dies teilweise aus Gründen der Namenstradition, teilweise aus nicht einsichtigen Motiven. Die aktuellen Richtlinien für Straßenbenennungen (2006) wurden dem vorliegenden Buch als Anhang beigefügt. In manchen Fällen war das Jahr der Vergabe des Namens nicht feststellbar. Auch bestanden viele Namen schon informell vor dem offiziellen Gemeinderatsbeschluss. Beim Jahr der Namenvergabe ist auch zu beachten, dass bei Änderungen der Grundstückszuweisungen die Namen meist neuerlich vergeben wurden, also das Jahr der Letztvergabe irreführend sein kann. Für die älteren Straßennamen der ersten sechs Bezirke wurden die Vergabejahre meist aus der Veröffentlichung von Arbeiter und Gadolla (1912) übernommen.

Die Reihenfolge der Bezeichnungen: Straßenname, Bezirk in römischen Zahlen. Straße führt von ... bis ...; das Jahr der offiziellen Namensvergabe, PLZ (Postleitzahl). Besitzt eine Straße mehrere Postleitzahlen, so werden diese in der Folge steigender Hausnummern angeführt.

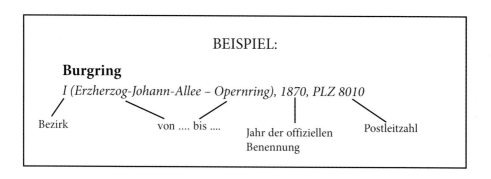

BEISPIEL:

Burgring
I (Erzherzog-Johann-Allee – Opernring), 1870, PLZ 8010

Bezirk   von .... bis ....   Jahr der offiziellen   Postleitzahl
                                        Benennung

A

Abraham-a-Santa-Clara-Gasse

I (Bürgergasse – Glockenspielplatz), 1935, PLZ 8010.

Früher auch oberes *Bürgergassel, Kirchengassl, Glockenspielgasse, Fliegengasse* genannt. Alter Gassenzug, so verlief beim Glockenspielhaus (Nr. 4) die mittelalterliche Stadtmauer. In diesem Bereich befand sich vermutlich ein Tor, durch das man zur außerhalb der Stadtmauern gelegenen Ägydiuskirche (Domkirche) gelangte. 1935 in Abraham-a-Santa-Clara-Gasse (1644 Kreenheinstetten bei Meßkirch, Deutschland – 1709 Wien) umbenannt. Wortgewaltiger Buß- und Hofprediger der Barockzeit, berühmte Kanzelreden *Mercks, Wienn!, Auff, auff Ihr Christen* (1683). Die anthologische Gesamtausgabe *Reimb Dich, Oder, Ich Liß dich* verwendete F. Schiller als Vorlage für die Kapuzinerpredigt in *Wallensteins Lager*. Santa (Sancta) Clara (eigentl. Johann Ulrich Megerle) war nach 1680 Augustinerbarfüßer im Kloster St. Anna am Münzgraben in Graz und machte sich als Prior um die Errichtung von Kirche und Kloster verdient.

Absengerstraße

XIV (Eggenberger Allee – Burgenlandstraße, mit Unterbrechung), um 1905, PLZ 8020, 8052.

Anton Absenger (1820 Kirchbach – 1899 Graz) wirkte als Musiker, Komponist von Volksmusik (u. a. *'s Kohlröserl)* und Kapellmeister. In Graz leitete er die Streichmusik des Bürgerkorps und der Nationalgarde. In Leoben arbeitete er als Stadtmusikdirektor und trug den Titel eines Türmermeisters. Besondere Verdienste erwarb er sich um die Pflege und Verbreitung der steirischen Volksmusik.

Abstallerstraße

XV (Frühlingstraße – Peter-Rosegger-Straße, im Bereich Bahnstraße nur Fußweg), 1930er-Jahre, PLZ 8053, 8052.

Das Abstaller Feld, am rechten Murufer westlich von Radkersburg, liegt seit 1919 (endgültig 1920, Friede von St. Germain) im Ausland (nun Apače in Slowenien). Wegen seiner damals überwiegend deutschsprachigen Bevölkerung hoffte man vergebens, dieses Gebiet bei der Teilung des ehem. Kronlandes Steiermark als einen Teil der Steiermark erhalten zu können.

Ackergasse

VI (Neufeldweg – Schwarzenberggasse), 1930, PLZ 8010.

Bei den Vorarbeiten zu einem Hausbau bestand 1930 die Notwendigkeit, den kurzen Weg im damals agrarischen Umfeld offiziell zu benennen.

Adalbert-Stifter-Gasse

V (Feldgasse – Kapellenstraße, nahe der Kapellenstraße nur Fußweg), 1935, PLZ 8020.

Der Dichter, Maler und Pädagoge Adalbert Stifter (1805 Oberplan – 1868 Linz)

Abstall   Marktplatz

Abstallerstraße: Der Markt Abstall (1902).

wirkte u. a. als Schulrat (Landesschulinspektor) in Linz. Sein literarisches Werk ist gekennzeichnet von einer das Stille und Schlichte betonenden Erzählkunst, die er einem sanften Gesetz unterstellte. Er schilderte bevorzugt seine böhmische Heimat. Besonders bekannt wurden *Der Hochwald* (1842), *Der Nachsommer* (3 Bde., 1857) und *Witiko* (3 Bde., 1865–1867).

Adlergasse

XVII (Hafnerstraße – Spitzäckerweg), 1947, PLZ 8055.

Zuvor Johann-Höbel-Gasse. 1894 bis 1940 existierte im Süden des Bezirks Gries eine Adlergasse, die dann den Namen Fasangartengasse erhielt (siehe dort). Die Adlergasse in Puntigam verwendete wieder den Namen des symbolträchtigen Raubvogels. Spuren, die zu einer Namenserklärung über Adler-Motoren, Paul Adler oder zur Adlermühle führen, waren letztlich nicht überzeugend.

Admonter Gasse

I (Sackstraße – Badgasse), 1870, PLZ 8010.

1674 bereits als *Badt* oder *Admundt Gäßl* bezeichnet. 1870 nach dem sog. Admonterhof, ehem. Stadthaus des Benediktinerstiftes Admont benannt, dessen Renaissancefront gegen die Mur

17

noch erhalten ist. Der ursprüngliche Haupteingang befand sich am Südosttor (Badgasse Nr. 5), wo heute noch das Abtwappen Valentin Abels mit dem Datum 1558 zu sehen ist. Bis 1912 bestehende, zum Eingangsportal des Admonterhofes führende Gasse. Beim Neubau des Großkaufhauses Kastner & Öhler als Passage integriert.

Adolf-Kolping-Gasse

VI (Conrad-von-Hötzendorf-Straße – Schönaugasse), 1935, PLZ 8010.

Zuvor Teil der Pfeifengasse. Der katholische Priester Adolf Kolping (1813 Kerpen b. Köln – 1865 Köln) bemühte sich um die religiöse und fachliche Erziehung des Handwerkerstandes und gründete 1846 einen Gesellenverein, aus dem die Organisation katholischer Gesellenvereine (Kolpingwerk, Kolpingfamilie) hervorging. Das Österreichische Kolpingwerk besitzt hier die Häuser Nr. 4–6 und betreibt Sozialeinrichtungen wie ein Jugendwohnheim.

Afritschgasse

IV (Volksgartenstraße über Marschallgasse gegen Osten), 1947, PLZ 8020.

Zuvor Auenbruggergasse. Anton Afritsch (1873 Klagenfurt – 1924 Graz) gründete 1908 den Arbeiterverein Kinderfreunde und initiierte damit eine humanitäre Organisation, die bis in die Gegenwart wirkt. Afritsch war auch als sozialdemokratischer Gemeinderat und Stadtrat in Graz in den Jahren nach dem Ersten Weltkrieg aktiv und bemühte sich in der Kommunalpolitik besonders um die Jugendwohlfahrt.

Ägydigasse

V (Rösselmühlgasse – Bethlehemgasse), 1813, PLZ 8020.

Zuvor Mühlgasse und Obere Armenhausgasse. Der hl. Ägidius lebte um 700 als Einsiedler und dann als Abt des von ihm gegründeten Klosters in Südfrankreich. Ägidius ist der Schutzheilige der Franken. Er gilt als Beistand von Beichte und Vergebung und wird zu den 14 Nothelfern gezählt. Sein Fest wird am 1. 9. gefeiert. Als Patron des Domes ist er mit der frühen Grazer Stadtgeschichte verbunden. Im Bereich der Straße befand sich eine Statue des Heiligen.

Aigen siehe Am Aigen

Aigner-Rollett-Allee

III (Alleeweg Rosenberggürtel – Max-Mell-Allee), 1997, PLZ 8010.

Dr. Oktavia Aigner-Rollett (1877 Graz – 1959 Graz), 1905 zusammen mit Dr. Maria Schuhmeister die erste promovierte Ärztin in Graz, erste Sekundarärztin in Österreich (ehem. Anna-Kinderspital, Mozartgasse in Graz). Aigner-Rollett wirkte als beliebte Ärztin mit eigener Praxis durch 45 Jahre (1907–1952) in Graz (Humboldtstraße 17). 1935 Verleihung des Titels Medizinalrat.

Alberstraße

II (Maiffredygasse – Morellenfeldgasse), 1860, PLZ 8010.

Albin Alber (1815 Klagenfurt – 1877 Graz). 1861 bis 1864 Vizebürgermeister unter Bürgermeister Moritz Ritter von Franck, 1864 bis 1867 zweiter freigewählter Bürgermeister von Graz in einer Zeit großer sozialer Unruhen und Reformen.

Albert-Schweitzer-Gasse

V (Rösselmühlgasse – Karlauer Straße), 1965, PLZ 8020.

Zuvor Karlauer Landstraße, Kühgasse, Armenhausgasse, Altersheimgasse. Der aus dem Elsass stammende Theologe, Tropenarzt, Kulturphilosoph und Musikwissenschaftler Dr. med. Albert Schweitzer (1875 Kaysersberg b. Colmar – 1965 Lambarene) erhielt 1952 den Friedensnobelpreis. Bekannt wurde er auch als Gründer und langjähriger Leiter des Tropenspitals in Lambarene (Gabun).

Albrechtgasse

I (Schmiedgasse – Andreas-Hofer-Platz), 1842/1843, PLZ 8010.

1848 kurz Konstitutionsgasse benannt. Nach dem Abbruch mehrer Häuser beim Areal des Franziskanerklosters 1842 neu angelegte Straße. Zuvor bestand eine gekrümmte Gasse vom Hauptplatz bis zum Stainzerhof (Sparkassen-Vorgängerbau), durch dessen Hausdurchfahrt man zur Neutorgasse gelangte. Da dieser Durchgang in der Nacht verschlossen wurde, erfolgte 1842 das Ansuchen der Bürger des Stadtviertels Joanneum um eine *unbeschränkte Communicationsgasse* vom Hauptwachplatz (Hauptplatz) in die Neutorgasse. Benannt nach Erzherzog Albrecht (1817 Wien – 1895 Arco), dem ältesten Sohn von Erzherzog Karl, dem Sieger von Aspern. Seit 1845 kommandierender General, 1848 Kampf gegen die Revolution, 1851 bis 1860 Generalgouverneur in Ungarn. 1866 Sieger bei der Schlacht um Custozza, Generalinspektor des Heeres. Die Albrecht-Brücke in Graz wurde um 1830 als sog. Notbrücke erbaut, 1883 erneuert und 1920 in Tegetthoffbrücke umbenannt.

Alexander-Rollett-Weg

III (Hilmteichstraße – Leechgasse, Sackstraße), 1928, PLZ 8010.

Alexander Rollett (1834 Baden b. Wien – 1903 Graz), Physiologe und Histologe, Univ.-Prof., Hofrat. Rollett kam 1863 nach Graz und wirkte für einen Zeitraum von 40 Jahren als Vorstand am Institut für Physiologie und Histologie an der Universität Graz (zwischen 1872 und 1903 viermal als Rektor). Ab 1893 erster Präsident der Steiermärkischen Ärztekammer. Verhalf Graz zu einem internationalen Zentrum physiologischer Schulung (bahnbrechende wissenschaftliche Publikationen). Abgeordneter im Steiermärkischen Landtag, Gemeinderat, Obmann und Ausschussmitglied vieler sozialer Vereine. Seine Tochter Dr. Oktavia Aigner-Rollett (1877 Graz – 1959 Graz) war die erste Ärztin in Graz (siehe Aigner-Rollett-Allee).

Alfafarweg

VII (Fuchsenfeldgasse gegen Osten), 1993, PLZ 8041.

Die spanische Stadt Alfafar (Provinz Valencia) ist durch eine Partnerschaft mit dem Bezirk Liebenau verbunden. Eine Straße in Alfafar trägt den Namen

Liebenau. Im Rahmen der Partnerschaft sollen kulturelle, schulische und wirtschaftliche Beziehungen gefördert werden.

Alfred-Coßmann-Gasse

XVI (Straßganger Straße nach Osten zur Graz-Köflacher Eisenbahn), 1962, PLZ 8054.

Alfred Coßmann (1870 Graz – 1951 Wien), Künstler, Buchillustrator. Ehrenmitglied der Österreichischen Exlibris-Gesellschaft und der Gesellschaft für zeitgenössische Graphik. Verfasser der *Magie des Kupferstiches* (1947); 1920 bis 1930 Professor an der Graphischen Lehr- und Versuchsanstalt in Wien. Ein Teil seines umfangreichen graphischen Werkes befindet sich in der Kupferstichsammlung der Wiener Hofbibliothek. Vom Amt für Kultur, Sport und Fremdenverkehr kam die Anregung, anlässlich des 11. Todestages von Coßmann, eine Straße nach ihm zu benennen.

Algersdorf

XIV.

Katastralgemeinde im Norden des XIV. Bezirks (Eggenberg). Zur Zeit, als die Gemeinde Eggenberg eine Bezirkseinteilung hatte, war dies der Bezirk I. Urkundliche Erwähnung 1161 als *Adelgersdorf*, also ein Dorf des Adelger. Viele ältere Siedlungen haben ihren Namen nach einem Kolonistenführer oder früheren Grundherrn. Algersdorf entstand als Hangfußsiedlung am Westrand des Grazer Feldes. Neu-Algersdorf im Osten von Algersdorf (nahe der Grenze zum Stadtbezirk Lend) entstand bin-

nen weniger Jahre erst gegen Ende des 19. Jhs. als Arbeiterwohnquartier. Den Mittelpunkt von Neu-Algersdorf bildet die St. Vinzenz-Kirche.

Algersdorfer Straße

XIV (Georgigasse – Göstinger Straße), 1949, PLZ 8020.

Zuvor Hasnerstraße. Nun benannt nach der Ortschaft und Eggenberger Katastralgemeinde Algersdorf (siehe Algersdorf).

Allerheiligenweg

XIV (Gaisbergweg – Gritzenweg), 1949, PLZ 8020.

Zuvor Kreuzweg und im Volksmund angeblich auch Rosenkranzweg. Nun benannt nach der nahen Allerheiligenkirche, die im 15. Jh. erbaut und im 16. Jh. umgestaltet wurde. Die Allerheiligenverehrung geht bis ins 7. Jh. zurück, ist in der Steiermark aber erst seit dem 13. Jh. nachzuweisen und als Patrozinium hier nicht sehr verbreitet. Allerheiligen wird am 1. November gefeiert.

Alois-Kabelka-Weg

XV (Lissäckerstraße – Eythgasse), 1978, PLZ 8052.

Der Gymnasialprofessor Alois Kabelka (1892 Graz/Wetzelsdorf – 1970 Graz) verweigerte 1938 den Eid auf Adolf Hitler. Er wurde deswegen in das KZ Lublin eingeliefert. In Fortsetzung seiner Gesinnung wurde er nach dem Zusammenbruch des Nationalsozialismus zum Obmann des Landesverbandes Steiermark der österreichischen Widerstandskämpfer und Opfer des

Algersdorf: Die Arbeitervorstadt Neu-Algersdorf am Ostrand von Eggenberg, nahe der Grenze zu Graz (um 1910).

Faschismus gewählt. Kabelka arbeitete von 1921 bis 1938 als christlichsozialer Gemeinderat in Wetzelsdorf, wo er bis zu seinem Tod lebte. Er war 1925 ein Gründungsmitglied der Österreichischen Gemeinschaft und arbeitete als Redakteur für *Das neue Volk* im Sinne christlicher Erneuerung. Prof. Kabelka engagierte sich in verschiedenen katholischen Laienorganisationen und leitete von 1929 bis 1938 die Wiener Studienrunde katholischer Soziologen. Fast 40 Jahre (bis 1957) wirkte er am Oeverseegymnasium.

Alpassy-Pastirk-Gasse

XII (Innerhoferstraße – Quringasse), 1971, PLZ 8045.

Johann Alpassy-Pastirk (1878 Graz – 1953 Graz). Beliebter, vielseitiger Grazer Schauspieler und Regisseur. Gehör-

te viele Jahre den Grazer Bühnen an und erzielte in seinen Rollen in Schau-, Lustspielen, Volksstücken und Operetten große Erfolge. Er zählte zu den erklärten Lieblingen des Grazer Theaterpublikums.

Alte Poststraße

IV, V, XIV, XV, XVI, XVII (Göstinger Straße – Schwarzer Weg), 1886, informell ist der auch sonst verbreitete Name Poststraße viel älter, PLZ 8020, 8053, 8055.

Bevor ab dem 17. Jh. die für Graz wichtige Straßenverbindung im Westen über die Wienerstraße und den Lendplatz und Griesplatz führte, war die Alte Poststraße durch Jahrhunderte jene Straßenlinie, die den Nordsüdverkehr trug. Diese Straße bildete auch von der Festlegung der Grazer Burgfriedgrenze durch Herzog Rudolf den Stifter 1361 bis zur Stadterweiterung von 1938 die Westgrenze von Graz zu den Nachbargemeinden. Die Postkutschen und deren Linien gehörten zu den wichtigen Verkehrsträgern der Vergangenheit bis zum Ausbau des Eisenbahnnetzes. Im Mittelalter wird die Straße als Hochstraße und dann durch Jahrhunderte als Mitterstraße bezeichnet. Weil auf ihr auch Pulver transportiert wurde, hieß sie in der Neuzeit in der Nähe des Pulverturms auch Pulverstraße. Zwischen der Köflacher Gasse und der Eggenberger Straße befindet sich das Zentrum der Fachhochschule Joanneum (1995). Bis zur Kreuzung mit der Wetzelsdorfer Straße ist die Alte Poststraße Teil der Landesstraße L333.

Altstadtpassage

I (Innenhofpassage zwischen Herrengasse und Prokopigasse), keine offizielle Namengebung durch die Gemeinde Graz.

Gesamtsanierung und Revitalisierung der alten Innenhöfe (Prokopigasse 8, 10, 12) durch die Gesellschaften Erste Allgemeine und Generali (1986 Geramb-Dankzeichen für Gutes Bauen). Frequentierter, idyllischer Durchgang für GrazerInnen und Touristen von der Herrengasse ins *Bermudadreieck* (beliebter Innenstadt-Szenetreff um Mehlplatz, Glockenspielplatz, Färberplatz).

Am Aigen

XII (Hoschweg nach Osten, Sackgasse), 1954, PLZ 8046.

Ursprünglich als *Amt Aigen* unter den Gütern der Herrschaft Stadeck befind-

lich. Dieses Gebiet deckte sich bis 1786 mit dem des Vikariates St. Veit (Raum etwa zwischen Reiner Kogel, Mur und Rannach, Schöckl, Platte). Die Bezeichnung *Aigen* bedeutet freies Eigentum, ursprünglich Grundbesitz des Geschlechtes der Stattegger. Im 15. Jh. wird St. Veit mit dem Zusatz *Am Aigen* verwendet.

Am Andritzbach

XII (Andritzer Reichsstraße – Weinzöttlstraße), 1947, PLZ 8045.

Zuvor Augasse. Hydronyme Bezeichnung nach dem hier zur Straßenführung parallel verlaufenden Andritzbach. Andritz wird urkundlich erstmals 1268 als *Endritz* (= rasch fließender Bach) genannt, als Karstquelle stark unterschiedlicher Schüttung (siehe Andritz).

Am Arlandgrund

XII (gegenüber der Papierfabriksgasse in der Weinzöttlstraße beginnende und nach Westen führende Siedlungsaufschließungsstraße), 1994, PLZ 8045.

Nach dem traditionsreichen Industriestandort der ehemaligen Papierfabrik *Arland*. Um 1790 Papiermühle, 1913 Brüder Kranz A. G. Papierfabrik, 1939 im Besitz der Industriellenfamilie Czerweny Edle von Arland (Viktor Czerweny-Arland d. Ä.). Später Arland Papier- und Zellstoffabriken AG. Herstellung von Druck-, Schreib-, Nasskrepp- und Massenpapier. Die Papierfabrik Arland wurde mit Ende des Jahres 1990 geschlossen. Auf diesem Areal entstand ein neues Wohnviertel.

Am Arlandgrund: Die Papierfabrik Arland (1985).

Am Bergl

VIII (Thomas-Arbeiter-Gasse gegen Nordosten und Petersbergenstraße gegen Südwesten), 1926, PLZ 8042.

Als alter Flurname zwar nicht belegt, wohl aber eine ältere, ortsübliche Bezeichnung, deren Erklärung sich aus der Topographie ergibt. Für ältere Bewohner von St. Peter geht es hier noch immer nach *oben am Bergl.*

Am Blumenhang

IX (Waltendorfer Hauptstraße gegen Norden), 1978, PLZ 8010.

Die Wohnbaugesellschaft ÖWGES stellte 1977 den Antrag zur Benennung mit drei Alternativen: In den Blumenhöfen, Blumenhofweg, Am Blumenhang. Als

Begründung führte sie an: Aufgelockerte Architektur und besondere gärtnerische Gestaltung. Im Interesse der Bewohner, des Architekten und der Genossenschaft wurde von der Gemeinde der letztgenannte Vorschlag akzeptiert.

Ambrosigasse

VIII (Petrifelderstraße – Dammweg), 1981, PLZ 8042.

Gustinus Ambrosi (1893 Eisenstadt – 1975 Wien) war einer der bedeutendsten österreichischen Bildhauer seiner Zeit und fand auch internationale Anerkennung. Er war seit seiner Kindheit nach einer Erkrankung taub und widmete sich sein Leben lang der Kunst. Sein bildhauerisches Werk umfasst rund 2500 Arbeiten. Einen kurzen Teil seines

Am Blumenhang: Die 1980 gebaute Siedlung (ehem. Butterflysiedlung).

Lebens verbrachte er in Graz, wo ihm 1935 die Ehrenbürgerwürde verliehen wurde. Kuchling zitiert als die Grazer Wohnsitze seiner Jugendjahre: Grieskai 60, Attemsgasse 12 und Afritschgasse 26. Sein künstlerischer Durchbruch gelang ihm 1912 bei einer Grazer Ausstellung. Sein Grabmal befindet sich auf dem St. Leonhard-Friedhof. Ambrosis Gattin Beata ersuchte um diesen Straßennamen.

Am Bründlbach

XVI (Glesingerstraße – Harter Straße), 1958, PLZ 8054.

Nach der am Osthang des Buchkogels entspringenden Karstquelle des Bründlbaches. Die Gegend wird ca. 1185 *ad Wiarn* (bei den Weihern) ge-nannt. Im 19. Jh. weitläufiger Naturpark des Schlosses St. Martin, wurde als sehr reizvoll beschrieben. Darin befanden sich Teiche, Alleen, Lusthaine und eine Felsengrotte, aus der eine Quelle entsprang. Auch gab es ein bereits 1853 erwähntes und 1912 völlig umgebautes Gasthaus, das nach der Quelle und den Teichen *Zum Brünnl* genannt wurde.

Am Buchkogel

XVI (Am Weinhang – Mantschastraße), 1949, PLZ 8054.

Bergname, nach dem zwischen Plabutsch und Florianiberg befindlichen 657 m hohen *Buchkogel* (mit Rudolfswarte); westlicher in das Grazer Feld auslaufender Höhenzug. Namensherkunft nach den Buchenwäldern.

Am Damm: Das Haus Nr. 53 mit zwei Trockenböden (um 1910).

Am Damm

IV (Lendplatz – Wienerstraße), Ende 18. Jh., PLZ 8020.

Im 17. Jh. befand sich hier noch ein Hauptverkehrsweg. Westlich verläuft der Mühlgang, östlich gab es einen kleinen Feuerbach. Gegen Hochwasser und wegen der feuchten Wiesen war der Weg hier – so wie auch am Lendplatz – auf einem niedrigen Damm gesichert angelegt.

Am Dominikanergrund

XI (Joseph-Marx-Straße – Roseggerweg), um 1900, PLZ 8043.

Das Grazer Dominikanerkloster besaß in dieser Gegend Grundbesitz. Auch die Bezeichnung Dominikanerwald

wurde früher verwendet. Noch Ende des 19. Jhs. befanden sich in der KG Wenisbuch, also im heutigen Bezirk Mariatrost, acht Joch im Eigentum des Dominikanerkonvents. Der Dominikanerorden ist seit 1466 mit Graz verbunden, allerdings in unterschiedlichen Klostergebäuden. Der Straßenname wurde für die damals neue Villenkolonie um die Jahrhundertwende von der Gemeinde Fölling vergeben.

Am Dürrgraben

XII (Aufschließungsstraße vom Dürrgrabenweg Richtung Norden, bergwärts), 1949, PLZ 8045, 8044.

Bezeichnung nach dem dort befindlichen Dürrschöckelbach, Flurbezeichnung (siehe Dürrgrabenweg).

Am Eichbach

*VII (Ziehrerstraße – Andersengasse),
1949, PLZ 8041.*

Einen Bach dieses Namens gab es
nicht. Wohl aber bestand ein einst weit
verzweigtes Mühlgangsystem am linken Murufer im Süden der Stadt. Der
Name Eichbach kam im Zusammenhang mit diesen künstlichen Wasser-
läufen vor. G. Lang führt den Namen
auf die nahe Eichelwiese zurück. Die
Mühlgänge wurden besonders in der
zweiten Hälfte des 19. Jhs. ausgebaut,
dann aber wieder reduziert. Nach einer
Vermurung infolge des Hochwassers
von 1916 verfielen die Wasserläufe und
trockneten aus (siehe Am Mühlgraben). Der Petersbach mündete einst in
den Mühlgang ein, nun besitzt er einen
direkten Zulauf in die Mur (siehe Eichbachgasse).

Am Eichengrund

*XII (Aufschließungsstraße von der
Stattegger Straße nach Westen), 1967,
PLZ 8045.*

Auf Vorschlag des Eigenheimbau- und
Siedlerringes Süd-Ost wurde die Bezeichnung nach der örtlichen Gege-
benheit beantragt, wonach Eichen zwischen Bachgrund (Gabriachbach) und
der Hügelkuppe des Siedlungsgeländes
stehen (der Vorschlag Im Sonnenland
wurde abgelehnt).

Am Eisbach

*XVII (Rudersdorfer-Au-Straße –
Lebernweg), 1972, PLZ 8055.*

Hydronyme Bezeichnung nach dem
Eisbach (Teil des Mühlganges).

Am Eisernen Tor

*I (Platz am Ende der Herrengasse zum
Joanneumring), 1947, PLZ 8010.*

Früher Eisenthorplatz, Auerspergplatz,
Bismarckplatz (1899–1947). Trapezför-
mige, vom Ende der Herrengasse bis
zum Joanneumring reichende Platzanlage mit Brunnen und Mariensäule.
Städtebaulich bedeutsamer Übergang
von der südlichen Altstadt zur 1786 gegründeten Jakominivorstadt. Der Platz
entstand 1860 nach Schleifung des südlichen Stadttores, des sog. Eisernen Tores, und der anschließenden Stadtmauern. Die Namensableitung des Eisernen
Tores ist nicht mehr genau feststellbar.
Anfang des 16. Jhs. erstmals *eysnein
Tur* genannt, vermutlich nach den hier
untergebrachten Waffen oder den eisernen Türflügeln. Um 1570/74 erfolgte
von Salustio Peruzzi die Errichtung eines neuen, gegen Süden vorgeschobe-
nen Renaissancetores, auch als *eysernes,*
äußeres Tor gegen die Stadt bezeichnet
(wie beim Inneren und Äußeren Paulustor).

Am Engelsdorfergrund

*VII (Liebenauer Gürtel – Liebenauer
Gürtel), 1996, PLZ 8041.*

Von 1850 bis 1938 bestand die Gemeinde Engelsdorf. Das wirtschaftliche Schwergewicht der kleinen Gemeinde lag deutlich auf der Landwirtschaft. Auch gab es einige Mühlen und
Gasthäuser. Engelsdorf wurde 1930
um die Gemeinde Murfeld vermindert
und um den Ostteil der KG Neudorf
erweitert. 1938 kam es zum Anschluss
an Graz, und der Stadtbezirk Graz-Süd

wurde eingerichtet, aus dem wiederum nach dem Krieg der VII. Bezirk Liebenau hervorgegangen ist. Auch der Name Engelsdorfer Straße und die KG Engelsdorf erinnern an jene ehemalige kommunalpolitische Einheit (siehe auch Engelsdorf).

Am Fichtengrund

XIV (Thalerseestraße – Steinbergstraße), 1971, PLZ 8052.

Der in Bezug auf den nahen Wald ausgewählte Name sollte für das neue Siedlungsgebiet eine ländlich-romantische Identifikation bieten. In der amtlichen Erklärung heißt es: *nach dem do. Fichtenwald* (do. = dortigen). Der ältere Gegendname lautete Kotbichl. Spreitzhofer weist 1985 darauf hin, dass es sich nicht um einen Bezug zu Kot (= Schmutz) handeln muss, der hier mit Absicht durch den neuen Namen verdrängt wurde.

Am Föhrengrund

XII (Pfeifferhofweg nach Norden, Sackgasse), 1961, PLZ 8043.

Nach dem dortigen Föhrenwald benannt.

Am Freigarten

IV (Gabelsbergerstraße – Josefigasse), 1942, PLZ 8020.

Hier lag im 18. Jh. ein größerer bürgerlicher Freigarten (= in der Rechtsstellung hervorgehoben, nicht der üblichen Besteuerung unterstellt). Im 18. Jh. wurden Teile davon mit Fabriksgebäuden verbaut. Durch den Abbruch älterer Häuser entstand 1910 eine Gasse,

die heutige Fluchtlinie besteht aber erst seit 1964.

Am Fröbelpark

IV (Umfeld der Grünanlage Fröbelpark bei Fröbelgasse und Hackhergasse), 1931, PLZ 8020.

Siehe Fröbelgasse.

Am Fuße des Schloßberges

I (Paulustorgasse – Schloßberg), 1803, PLZ 8010.

Ehemals einzige Auffahrtsstraße zur 1809 geschleiften Burganlage auf den Schloßberg. Als Teil der neu gegründeten Paulustor-Vorstadt war sie zuerst dem Karmeliterplatzl zugeordnet. 1798 bereits Namengebung vorhanden, bezeichnete aber früher das gesamte Gebiet westlich des Karmeliterplatzes bis zum Schloßbergabhang. 1870 wurde die Stiegengasse als eigener Gassenzug ausgegliedert, wodurch die ehemalige Gebietsbezeichnung nur für das kurze Straßenstück erhalten blieb.

Am Grabenwald

XIV (Bergstraße gegen Westen), 1949, PLZ 8020.

Zuvor Grabenweg. Engelhart berichtet 1921, dass die Bewohner das Tal hier Graben nennen.

Am Hofacker

III (Theodor-Körner-Straße – Vogelweiderstraße), 1931, PLZ 8010.

Ursprünglich eine grundherrschaftliche Bezeichnung. Riedname: Hof- und Bäckenäcker.

Der Komponist Anselm Hüttenbrenner.

Am Hüttenbrenneranger

XII (Stattegger Straße nach Westen, Sackgasse), 1949, PLZ 8045.

Zuvor Hüttenbrennergasse. Benannt nach Anselm Hüttenbrenner (1794 Graz – 1868 Graz); steirischer Tondichter, Direktor des Steirischen Musikvereines, befreundet mit Franz Schubert und Ludwig van Beethoven. Grabstätte auf dem St. Veiter Friedhof in Graz. Umfangreiche Funde erweiterten 2009 das erhaltene Werk des Komponisten.

Am Innovationspark

IV (Puchstraße in Richtung Lagergasse), 2007, PLZ 8020.

Beim traditionsreichen Betriebsgelände des ehem. Grazer Puchwerkes im Bezirk Gries liegt der Innovationspark. Mit 17 ha ist es das größte Industrie- und Ge-

werbegebiet Österreichs für Neuansiedlungen aus dem High-Tech-Bereich. Die Industriepark-Puchstraße GmbH hofft durch die Parzellen und Hallen auf „einen Pool der Ideen, wechselseitiger Synergien und den Vorteil der unmittelbaren Nähe".

Am Jägergrund

XVI (Straßganger Straße – Grillweg), 1957, PLZ 8053, 8054.

Hier war der Name Pambergerstraße vorgesehen. Wegen der Verwechslung mit der Babenbergerstraße wurde der Name Am Jägergrund gewählt. Dies unter Bezugnahme auf die nahe Jägerkaserne (1967 Gablenz-Kaserne). 1939 sollte das Jägerregiment 138 der Deutschen Wehrmacht in der Straßganger Straße eine Kaserne erhalten. Wegen des Zweiten Weltkriegs wurde die Kaserne nur teilweise errichtet und die Jäger zogen nicht ein, der Name für die Kaserne blieb jedoch bis 1967. Nach der Deutschen Wehrmacht, der Roten Armee und der königl. britischen Armee folgten 1947 Firmenniederlassungen. Dann wurde ein militärisches Wagendepot eingerichtet, aus dem eine Kaserne des Österreichischen Bundesheeres wurde.

Am Josefbach

XI (Josefweg gegen Norden), 1948, PLZ 8043.

Siehe Josefweg.

Am Josefgrund

XI (Dr.-Eckener-Straße – Josefweg), 1948, PLZ 8043.

Zuvor Goethestraße (siehe Josefweg).

Am Josefgrund: Schloss St. Josef (1932).

Am Katzelbach

XVI (Kärntner Straße nach Westen, Sackgasse), 1947, PLZ 8054.

Zuvor ein Teil der Teichstraße, auch Badgasse. Hydronyme Bezeichnung nach dem annähernd zur Straße parallel fließenden, am Buchkogel entspringenden Katzelbach. Name nicht sicher geklärt; möglich nach einem Personennamen *Katzo/Katzili(n)*? oder nach *Palmkätzchen*?

Am Klammbach

XI (Steingrabenweg gegen Norden), 1949, PLZ 8044.

Klammbach ist ein anderer Name für den Rettenbach, der in der Rettenbachklamm klammartige Charakteristika (junger Bacheinschnitt mit senkrechten bis überhängenden Wänden) besitzt.

Am Langedelwehr

VI (Nordweg – Fröhlichgasse), PLZ 8010.

Zuvor An der Langedelwehr. Der südliche Mühlgang am linken Murufer (siehe Mühlgangweg) besaß auf der Höhe dieser Gasse die Zuleitung von der Mur und ein Wehr zu seiner Regulierung.

Am Leonhardbach

IX (Sonnenstraße – Kerschhoferweg), PLZ 8010.

Nach dem Zusammenfluss von Ragnitzbach und Stiftingtalbach führt das Gerinne den Namen Leonhardbach (siehe St. Leonhard).

29

Am Leonhardbach: Wäscherin in eingegrabenem Fass am Leonhardbach (1940er-Jahre).

Am Leopoldsgrund

XVII (Siedlungsaufschließungsstraße Gradnerstraße – Adlergasse), 1977, PLZ 8055.

Benannt nach dem Patrozinium der zur Pfarre Straßgang gehörenden Filialkirche Zum Heiligen Leopold in Puntigam (Dekret vom 31. 12. 1965). Der Name wurde von den Bewohnern der nahe dem Pfarrzentrum Puntigam liegenden Wohnsiedlung Gerlitz-Gründe beantragt. Der Babenberger Markgraf Leopold III. (1095–1136), der Heilige, wurde durch seine Fürsorge für Österreich und seine reichen Stiftungen und Klostergründungen (u. a. Klosterneuburg, Heiligenkreuz) populär. Der Habsburger Rudolf IV. bemühte sich um die Heiligsprechung Leopolds, diese erfolgte jedoch erst 1485. Seit dem 17. Jh. gilt Leopold als niederösterreichischer Landespatron.

Am Lindenhof

XI (Am Dominikanergrund – Roseggerweg), 1955, PLZ 8043.

Über Vorschlag des Grundeigentümers des Lindenhofs wurde der Name nach dem Besitz und der Lindenhofsiedlung (ehem. nach dem Gastwirt Franz Löscher: Am Löscherweg) gewählt. Der Magistrat Graz führt in seinem Akt darüber an, dass dies *eine den örtlichen Verhältnissen entsprechende Bezeichnung* sei. Der Franz-Herzog-Weg des Jahres 1938, der quer durch das Lindenhofgelände führte, wurde als Namensträger gelöscht.

Am Lindenkreuz

V (Kärntner Straße – Franz-Riepl-Gasse), um 1940, PLZ 8020.

In der Nähe der Kreuzung zur Kärntner Straße stand das nun verschwundene Lindenkreuz, welches noch in den Stadtplänen der 1940er-Jahre eingezeichnet ist. Bomben, Kreuzungsumbau und wirtschaftliche Erschließung haben an der Veränderung ihren Anteil. Ein Kreuzweg führte vom Schwarzen Weg über die Kärntner Straße zum Bereich Don Bosco. In diese Einheit gehörte das Lindenkreuz. Wenig erinnert heute noch daran. Am Rande sei vermerkt, dass die Linde im Volksglauben eine gewisse Rolle spielt. Das Lindenkreuz war als Grenzzeichen des Landgerichtes Graz ein wichtiges rechtsarchäologisches Denkmal. Der Vorschlag zu diesem Namen stammt von F. Popelka, der aber damit die Bezeichnung Feldgasse ersetzen wollte.

Am Linegg

XII (Beim Hinteren Plattenweg, nahe dem Dürrgrabenweg), 1949, PLZ 8044.

Topographische Bezeichnung, Südosthang des 698 m hohen Lineggberges. Urspr. *Lindekker* (um 1400). Anstelle der Ableitung *lind* (= weich) weist die Ortsnamenforschung, so der Historiker K. Spreitzhofer, nun eher auf *lind* (= Linde) hin. Der Landschaftsform *-egg* werden öfters Bäume zugeordnet.

Am Mariagrüner Wald

XI (Hans-Friz-Weg gegen Süden), 1979, PLZ 8043.

Der Aufschließungsweg zu der von den Architekten Gartler und Hierzegger entworfenen Siedlung benutzt den historisch belegten topographischen Begriff des Mariagrüner Waldes (siehe Mariagrün).

Am Mühlengrund

XVII (Auer-Welsbach-Gasse nach Norden, Sackgasse), 1947, PLZ 8055.

Nach ehemals dort befindlichen Mühlen benannt.

Am Mühlgraben

VII (Engelsdorfer Straße – Neudorfer Straße, unterbrochener Verlauf), 1949, PLZ 8041.

Als Verbindung von Engelsdorf nach Murfeld (beide waren in der Zwischenkriegszeit eigenständige Gemeinden) existiert der Weg schon längere Zeit, seinen offiziellen Namen erhielt er 1949. Letzte Spuren im Gelände lassen noch den südlichen linksseitigen Mühlgang (auch Gössendorfer Mühlgang) erahnen. Dieser Wasserlauf war die Energiequelle für einige Mühlen und Sägewerke südlich der Stadt. Aber auch als Wasserquelle, zum Wäschewaschen und als wahlweise Be- und Entwässerungsanlage der Gärten konnte der regulierbare Mühlgang verwendet werden. In der Nähe der Puntigamer Straße gab es auch eine Pferdeschwemme. Nach dem Hochwasser von 1916 kam es zu Vermurungen und zu Schäden besonders am Wehr der Schlachthausbrücke (später Schönaubrücke), das den Zulauf regulierte. Der Mühlgang wurde daraufhin ausgetrocknet und gerne als Landgewinn zum Gemüseanbau in den schweren letzten Jahren des Ersten Weltkriegs verwendet. Versuche, den Mühlgang später wieder zu aktivieren, schlugen fehl.

Am Ölberg

XV (Neupauerweg nach Westen), um 1938, PLZ 8052.

Die Höhe nördlich des Kirchleins St. Johann und Paul hieß nach der kleinen darunterliegenden Siedlung Einöd (siehe Einödstraße), Einödberg. Auf einer Karte aus der Mitte des 19. Jhs. findet sich dafür *Janothkogel*. Der nach Wetzelsdorf abfallende Hang hieß Ödberg. Die Mundartaussprache des Namens wurde in der Schriftsprache der Kartographen zum Erdberg verballhornt (siehe Erdbergweg). So wurde aus dem Ödberg ein Ölberg.

Am Pfangberg

XII (Rotmoosweg – Hinterer Plattenweg, unterbrochen), 1949, PLZ 8045, 8044, 8043.

Gebietsbezeichnung nach dem dort befindlichen 585 m hohen Pfangberg. Namensableitung von einfangen, einzäunen, um 1400 *Gfang*, durch Vermesser 1821 zu Pfangberg geworden (siehe Pfanghofweg).

Ampfererweg

VII (Fuchsenfeldweg gegen Nordosten), 1973, PLZ 8041.

Der Innsbrucker Alpingeologe Dr. Otto Ampferer (1875 Hötting/Innsbruck – 1947 Innsbruck) war Direktor der Geologischen Bundesanstalt und auch Mitglied der Akademie der Wissenschaften. Seine Theorien trugen zur Erklärung der Entstehung der Alpen bei. Ampferer war selbst aktiver Alpinist und verfasste auch Bücher über Alpentouren.

Am Ragnitzbach

IX (Am Leonhardbach – entlang des Ragnitzbaches gegen Osten), um 1938, PLZ 8010.

Siehe Ragnitzstraße.

Am Raketengrund

IX (Südlich des Ragnitzbaches in der Verlängerung des Peballweges), 1949, PLZ 8047.

Am Ragnitzbach befand sich hier in der Zwischenkriegszeit eine pyrotechnische Werkstätte, in der bis 1928 Feuerwerkskörper hergestellt wurden (Heinrich Zack, Erzeugung von Feuerwerk und Abteilung für Filmbedarf).

Am Rehgrund

XI (Reifentalgasse – Am Freihofanger), 1947, PLZ 8043.

Der vermeintlich alte Flurname ist auf einen Vorschlag des Generals a. D., Dr. Rudolf Forenbacher, zurückzuführen, der von der Tramway aus dort Rehe auf einer Wiese sah. Der Name wurde auch mit der damals neu erschlossenen Baracken- und Gartensiedlung der GVG und der Stadtgemeinde verbunden. Die Fertigteilhäuser der Siedlung waren zur Zeit ihrer Entstehung eine Besonderheit.

Amreichstraße

XV (Frühlingstraße – Abstallerstraße), um 1935, PLZ 8053.

Anton Amreich (1868 Wetzelsdorf – 1940 Graz) war Hausbesitzer und kurze Zeit Gastwirt (*Moawirth*, Mohrwirt) in Wetzelsdorf. In der Zwischenkriegszeit war Amreich als Vertreter der Christlichsozialen Erster Gemeinderat in Wetzelsdorf, eine Funktion, die rangmäßig über den Gemeinderatsmitgliedern stand.

Am Ring

IX (Schörgelgasse ringförmig gegen Süden), um 1910, PLZ 8010.

Die bis 1938 bestehende Gemeinde Waltendorf besaß hier, südwestlich der Plüddemanngasse, Parzellen. Auf diesen wurde ab 1910 eine ringförmige Verbauung angelegt, die gegen die Schörgelgasse geöffnet ist. Bevor 1938 die Stadt Graz um Waltendorf erweitert wurde, war dieser von drei Seiten durch eine fremde Gemeinde (Graz) umgebene Teil von Waltendorf wegen seiner Stadtnähe und der guten Gelegenheit zur Umgehung der Mautgrenze von Bedeutung. Zur Zeit des Ständestaates gab es hier den Dr. Dollfuß-Platz der Gemeinde Waltendorf.

Amschlgasse

III (Lehargasse – Robert-Stolz-Gasse), 1930, PLZ 8010.

Benannt nach Hans Amschl (1868 Gnas – 1929 Graz), Gemeinderat in Graz 1913 und 1918, 1927 bis 1929 Vizebürgermeister, Kaufmann. Vater von Hans Amschl (1896 Graz – 1964 Puerta de la Cruz, Kanarische Inseln), Dr. jur., Leiter der Staatsanwaltschaft Leoben, dann ebenso Klagenfurt, zuletzt Oberstaatsanwalt für Steiermark und Kärnten. Auf eigenes Ansuchen Ausscheiden aus dem Gerichtsdienst, danach Vizebürgermeister von Graz in den Jahren 1949 bis 1962. Zahlreiche öffentliche Funktionen.

Am Schönborngrund

XI (Mariagrüner Straße – Unterer Plattenweg), 1948, PLZ 8043.

Zuvor Hamerlingstraße und Schönborngasse. Die gräfliche Familie Schönborn hatte große Besitzungen in Ober- und Niederösterreich. Seit dem 19. Jh. war die Familie auch im Raum Graz begütert. Der Bau des Landeskrankenhauses wurde durch eine Widmung von Schönborn-Gründen für diesen Zweck ermöglicht.

Amselgasse

V (Feldgasse – Kapellenstraße), 1933, PLZ 8020.

Bei der Erschließung des südlichen Lazarettfeldes um die Jahrhundertwende legte man sichtlich auf den Namen jenes heimischen Singvogels Wert, der als ehemals scheuer Waldvogel nun in der Stadt zu leben lernte. Damals gab es entlang der Amselgasse, deren Name vom Gemeinderat Jahrzehnte später ein zweites Mal beschlossen wurde, kein einziges Gebäude. Die ursprüngliche Amselgasse führte von der Hohenstaufengasse bis zum Zentralfriedhof. Das Konzept der Straßenbenennungen in diesem Raum wird einsichtiger, wenn man die Amselgasse, die Lerchengasse, die Falkengasse (nicht die Falkenhofgasse!) und die Adlergasse in ein System setzt.

Am Stadlgrund

XII (Andritzer Reichsstraße – Schöckelbach), PLZ 8045

Flurbezeichnung.

Am Stübingeracker

XVII (Sackgasse, Hafnerstraße nach Norden), 1947, PLZ 8055.

Zuvor Obere Quergasse. Auf einen alten Vulgarnamen des Grundbesitzers zurückgehend.

Amundsengasse

III (Seitenarm der Heinrichstraße in Richtung Nordwest, Sackstraße), 1996, PLZ 8010.

Roald Amundsen (1872 Borge/Østfold – 1928 verschollen im Nordpolarmeer), norwegischer Polarforscher. In den Jahren 1897 bis 1899 nahm er an einer belgischen Südpolarexpedition teil. 1906 vollendete er als Erster die Nordwestpassage (Schifffahrt zwischen Nordamerika und der Arktis vom Atlantik zum Pazifik). Am 14. 12. 1911 erreichte er mit einem Hundeschlitten vier Wochen vor dem Engländer R. F. Scott als Erster den Südpol. 1918 bewältigte er sein Ziel, mit der Eisdrift den Nordpol zu erreichen, nur teilweise. Am 12. 5. 1926 überflog er mit dem Luftschiff *Norge* gemeinsam mit Nobile den Nordpol. Seit Juni 1928 ist er auf einem Rettungsflug für Nobile mit einem Wasserflugzeug im Nordpolarmeer verschollen. Das königl. norwegische Konsulat befindet sich in der Amundsengasse 9 A.

Am Wagrain

XVI, XVII (Kapellenstraße – Grenzgasse mit Unterbrechung), 1947, PLZ 8053, 8055.

Zuvor auch Bahnstraße oder Neue Poststraße genannt. Teilweise entlang der Südbahn führende Trasse. Namensableitung von mhd. *wagrein* (= Bodenerhebung am Fluss), Uferterrasse (bzw. Murtrasse, die schon im 14. Jh. als Wagrain bezeichnet wird).

Am Wasserspiel

X (Stiftingtalstraße – Stiftingtalstraße), 1948, PLZ 8010.

Ein im Josefinischen Kataster erwähnter Flurname *(Wasserspielstaudach)*, der auf eine Besonderheit im Stiftingbach, etwa eine kleine Staustufe, hinwies. Auch eine nahe Quelle beim Jellerweg (inoffizieller Name) könnte zu diesem Namen geführt haben.

Am Weinhang

XVI (Winzerweg – Kehlbergstraße), 1949, PLZ 8054.

Nach den ehemals dort befindlichen Weingärten benannt. Nr. 15 vulgo *Hochkofler*, barockes Weingartschlössl mit Kapelle, erbaut 1668 vom Grazer Ratsbürger Georg Faschang (siehe Hochkoflerweg).

An der Kanzel

XII (Wiener Straße – Stadtgrenze am Südhang der Kanzel), 1949, PLZ 8046.

Topographische Bezeichnung nach dem Berg Kanzel.

Andersengasse

VII (Ziehrerstraße bis nördlich der Dr.-Plochl-Straße), 1949, PLZ 8041.

Zuvor Adalbert-Stifter-Weg. Die Gasse wurde dem dänischen Dichter Hans

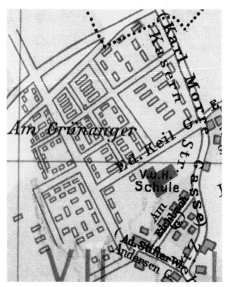

Andersengasse: Die Grünangersiedlung um 1950 mit den Grundrissen des Barackenlagers der Kriegszeit.

Andreas-Hofer-Platz (um 1990).

Christian Andersen (1805 Odense – 1875 Kopenhagen) gewidmet. Andersen wurde besonders durch seine Märchen bekannt und beliebt, schrieb aber auch Romane und seine Autobiographie *(Das Märchen meines Lebens)*. Andersen benutzte zwar Vorlagen (so dänische, deutsche und griechische Märchen und Sagen), schöpfte aber überwiegend aus seiner eigenen Phantasie.

Andrägasse

V (Annenstraße – Vorbeckgasse), 1785, PLZ 8020.

Der hl. Andreas ist der Patron der 1635 geweihten, der Straße benachbarten Pfarrkirche, der Kirche des ehemaligen Dominikanerklosters. Schon die Vorgängerbauten, soweit die Tradition verfolgbar ist, waren dem hl. Andreas geweiht. Die Nennungen der Kirche

gehen, auch wenn das Zitat von 1270 einer Überprüfung nicht standhält, auf das 14. Jh. zurück. Der hl. Andreas war einer der zwölf Apostel und soll im Jahr 60 als Märtyrer gestorben sein. Am 30. November wird seiner gedacht. So schmal die Gasse teilweise ist, war sie doch einst die Hauptverbindung zwischen der Stadt, der einzigen Brücke und der Vorstadt um die Andräkirche.

Andreas-Hofer-Platz

I (Platz zwischen Neutorgasse, Landhausgasse und Marburger Kai), 1947, PLZ 8010.

Zuvor Fischmarkt, Fischplatz, August-Aßmann Platz. Den Raum des heutigen Platzes nahmen von der Mitte des 17. Jhs. bis ins 20. Jh. Kirche und Kloster der Karmeliterinnen ein. Vor der Kirche befand sich ein kleiner Platz, der um

35

1870/75 als *Fischmarkt* bezeichnet wurde und der 1883 durch die Albrechtsbrücke mit dem rechten Murufer verbunden war. Von 1914 bis 1934 erfolgte sukzessive der Abbruch des Karmeliterinnenklosters und der Kirche (diese diente zwischendurch auch als Monturdepot). Ein städtebaulich prägnanter Bau befindet sich an der Ecke zur Neutorgasse, den die *Grazer Stadtwerke AG* 1930/35 errichtete. Der Platz wurde 1947 nach dem Tiroler Freiheitskämpfer Andreas Hofer (1767 St. Leonhard im Passeier/ Südtirol – 1810 Mantua, erschossen) benannt (siehe auch Andreas-Hofer-Straße). 1966 wurde hier die erste Tiefgarage in Graz gebaut. Neueste Bauprojekte sind im Gange (u. a. Erweiterung der Steiermärkischen Sparkasse, dafür 2009 Abbruch des Brandl-Hauses).

Andreas-Hofer-Straße

XIV (Alte Poststraße – Eisengasse), 1911, PLZ 8020.

Siehe Andreas-Hofer-Platz. Der Eggenberger Straßenname ist älter als die parallele Benennung in der Inneren Stadt.

Andritz

XII.

XII. Stadtbezirk von Graz. Mehrere dörfliche Ortskerne: Oberandritz und Unterandritz; St. Veit am Aigen hieß urspr. Gabriach, dann Benennung nach dem Kirchenpatron. Weinzödl (18. Jh. Weinzierl) an der alten Weinzödlbrücke mit einer Wehranlage, die den Fluss regulierte; Beginn des linksseitigen Mühlganges, Energieader für die Alt-Grazer Wirtschaft. Hier befindet sich auch das einstmals prächtige Schloss St. Gotthard, wo 1660 sogar Kaiser Leopold I. abstieg. Ab dem 19. Jh. war in der Ortsgemeinde St. Veit ausgedehnter Weinanbau vorherrschend, gleichzeitig avancierte Andritz zum bevorzugten Industriestandort. Durch Josef Körösi (siehe Körösistraße) Errichtung einer Eisengießerei und einer Maschinenfabrik (MFA), der Andritzbach und Dampfmaschinen brachten die Energie. Ab 1903 Straßenbahn am städtischen Linienamt Steinbruch (Andritzer Maut) vorbei bis zum Ortszentrum Unterandritz. 1938 wurde die Gemeinde Andritz zusammen mit Teilen der Gemeinden St. Veit, Weinitzen und dem Nordteil des Stadtbezirkes Geidorf zum Stadtteil Graz-Nord erklärt. 1946 entstand nach der Rekonstruktion von Geidorf aus dem Rest der Stadtbezirk Andritz. Seit 1960 hat Andritz eine eigene Kirche (Hl. Familie). Flächengrößter Bezirk der Stadt mit hohem Arbeiteranteil. (Zum Namen siehe Am Andritzbach.)

Andritzbach siehe Am Andritzbach

Andritzer Hauptplatz

XII (Straßenbahnendstation Andritz), 2002, PLZ 8045.

Im Ständestaat wurde die bis dahin namenlose Straßenkreuzung (Andritzer Reichsstraße, Grazerstraße, Wagnergasse – nun: Zelinkagasse) zum Dr.-Dollfuß-Platz. 1938 erfolgte die Umbenennung in Adolf-Hitler-Platz. Der ab 1945 wiederum namenlose Platz erhielt 2002 als Bezirksmittelpunkt den neuen Namen. Der Platz bildete insbesondere durch die Endstation der Tramway

(1903) und durch das Gasthaus Remschmidt das Zentrum der Gemeinde (Unter-) Andritz. Die Stadtplanung der Gegenwart fördert diese Hauptplatzfunktion.

Andritzer Reichsstraße

XII (Grabenstraße – Wiener Straße; lange, durch Andritz verlaufende Bundesstraße), 1949, PLZ 8045, 8046.
Zuvor *Alte Reichs-Straße, Bahnstraße.* Nach dem Bezirk Andritz, Teil der *k. k. Wiener Haupt-Commercien Straße,* schon in der Monarchie als Reichsstraße benannt.

Angelo-Eustacchio-Gasse

IX (St.-Peter-Pfarrweg gegen Osten), 1982, PLZ 8010.
Angelo Eustacchio (1837 Buja/Friaul – 1918 Waltendorf) gründete um

1875 ein Ziegelwerk westlich des heutigen Hauptbahnhofes. 1904 entstand ein neues Ziegelwerk auf dem später als Eustacchio-Gründe bezeichneten Gelände in St. Peter. Auf dem 70 ha großen Areal wurde in drei Ziegelwerken gearbeitet. Ein großer Teil des Betriebsgeländes des Industriepioniers Eustacchio wurde in den letzten Jahrzehnten verbaut. Der Rest blieb nach langen Diskussionen als Naturpark der Stadtgemeinde erhalten.

Anger siehe St.-Veiter-Anger

Angergasse

VI, VII (Fröhlichgasse entlang der Mur zur Puntigamer Straße), 1899, PLZ 8010, 8041.
Die Gasse im Bezirk Jakomini hat ihre mäßig ausgebaute Fortsetzung in Lie-

Angelo-Eustacchio-Gasse: Das Ziegelwerk Eustacchio (Plakat, Eustacchio).

benau. Dort erhielt der Murweg nach 1945 ebenfalls diesen Namen. Mit Anger wollte man wohl allgemein auf die Wiesen im Uferbereich hinweisen.

Anglergasse

XII (Lindengasse – zur Mur, Sackgasse), 1949, PLZ 8045.

Früher auch *Murgasse*, vermutlich in Erinnerung an die Mur-Fischerei so benannt.

Anichgasse

XIII (Römerweg – Dolezalgasse), 1971, PLZ 8051.

Peter Anich (1723 Oberperfuß/Tirol – 1766 Oberperfuß), Tiroler Pionier der Hochgebirgskartographie, Geometer, Bauer. Fertigte einen Himmels- und einen Erdglobus an, ausgestellt im Tiroler Landesmuseum, sowie eine Karte der Umgebung von Innsbruck. Schuf gemeinsam mit Blasius Hueber ein umfangreiches Kartenwerk von Tirol.

Ankerstraße

XVI (Straßganger Straße – Martinhofstraße), 1974, PLZ 8054.

Umbenennung des Teiles der Trattfelderstraße zwischen Straßganger Straße und Martinhofstraße in Ankerstraße, der bei dem Werk Webling der *Anker Datentechnik GmbH* vorbeiführte. Die Fabrik hatte etwa von 1970 bis um 1980 hier ihren Standort (u. a. Erzeugung von Registrierkassen). Es folgte die Druckerei *Leykam*. Gegenwärtig befindet sich u. a. der Verlag Leykam in der Ankerstraße 4.

Anker-Weg

siehe Matthias-Anker-Weg

Annaplatz

XIV (Göstinger Straße – Bergstraße), 1913, PLZ 8020.

Zuvor Göstingerstraße. Diese Bezeichnung geht zumindest in die Zeit der Gemeinde Eggenberg (1850–1938) zurück. Die Annakapelle wurde 1829 errichtet und 1973 restauriert. Die Schnitzgruppe der hl. Anna Selbdritt stammt aus dem 18. Jh. Das Annenpatrozinium ist in der Steiermark verbreitet, so im Nachbarbezirk Gösting. Das Fest für die hl. Anna, die Mutter Marias, findet am 26. Juli statt.

Annaweg

XIV (Bergstraße – Weingartenweg), um 1913, PLZ 8020.

Der lokalen Tradition nach ist dieser Weg nach der Sage von Anna von Gösting (Legende vom Jungfernsprung) benannt. Weniger sagenhaft und wahrscheinlicher ist die Erklärung im Zusammenhang mit der nahen Kapelle der hl. Anna (siehe Annaplatz). Es lässt sich aber auch ein Kompromiss beider Interpretationen finden, der über die Sage die lokale Beliebtheit der hl. Anna erklärt.

Annenstraße

IV, V (Südtirolerplatz – Kreuzung mit dem Gürtel, Europaplatz), 1846, PLZ 8020.

Die 1846 fertiggestellte neue Straße, die Stadtmitte und Bahnhof verband, wurde nach der Gemahlin von Kaiser

Annenstraße: Haus Nr. 65, der ehem. Steirische ständische Versuchshof und viel später das Druck- und Verlagshaus Stiasny (1970er-Jahre).

Ferdinand I., der Kaiserin Anna Maria (1803–1884), benannt. Anna Maria von Sardinien war die Tochter des Königs Viktor Emanuel I. Im August 1847 war die Kaiserin die erste prominente Benutzerin der neuen Straße. Aus der Annastraße wurde die Annenstraße. Versuche, die Namengebung zugunsten von Anna Gräfin von Meran (geb. Plochl), der Gemahlin von Erzherzog Johann, umzuinterpretieren, waren nicht erfolgreich. 1938 bis 1945 war die Annenstraße nach der damaligen Schwesterstadt Krefelderstraße benannt. Als typische Geometerstraße ihrer Zeit ist die Annenstraße auf den Turm der Franziskanerkirche ausgerichtet. Die Annenstraße ersetzte die ältere Straßenführung über die Strauchergasse

und die Metahofgasse in Richtung Westen. Die neue Straße bildete die Verbindung Eisenbahn – Stadtmitte und hatte daher eine besondere Funktion. Es soll auch festgestellt werden, dass die geraden und breiten Straßen in die Haupthimmelsrichtungen, die in der zweiten Hälfte des 19. Jhs. erbaut wurden (Elisabethstraße, Theodor-Körner-Straße, Conrad-von-Hötzendorf-Straße und Annenstraße), Jahrzehnte vor der Einführung des Autos als Verkehrsmittel errichtet wurden.

Die ehemals noble Einkaufsstraße verlor im Laufe des 20. Jhs. durch wirtschaftlichen Niedergang und Bombenschäden im Zweiten Weltkrieg immer mehr ihr elegantes Flair. Zurzeit existieren verstärkte städtische Bemühungen zur

Aufwertung der Annenstraße als zentraler, ökonomischer und lebenswerter Abschnitt der ursprünglich historischen Verbindungsachse zwischen der 1999 zum Welterbe erklärten Altstadt und dem Schloss Eggenberg.

Anselm-Franz-Gasse

XVII (Zufahrt über Kaiserwiesenweg), 2000, PLZ 8055

DI DDr. Anselm Franz (1900 Schladming – 1994 Stratford/USA), österreichischer Luftfahrtpionier. Studium an der Technischen Universität Graz, Leiter der Vorentwicklung für Strömungsmaschinen der Junkers Flugzeug und Motorenwerke in Dessau. Wesentliche Entwicklungsbeteiligung der ersten serienreifen Stahltriebwerke (Messerschmitt Me 262, Arado Ar 234). Nach dem Zweiten Weltkrieg Forschung in der US Air Force, weiters Vizepräsident der Avco Lycoming Division. Zahlreiche Ehrungen, u. a. 1969 Ehrendoktorat der Technischen Universität Graz, 1977 Goldenes Ehrenzeichen der Stadt Graz.

Anthauerweg

XVI (Trappengasse – Dr.-Heschl-Weg), 1948, PLZ 8054.

Zuvor Straße VIII. Johann Georg von Anthauer, Grazer Bürgermeister in der Zeit von 1762 bis 1784, hatte bedeutende wirtschaftliche Funktionen im Stadtleben inne. 1784 besuchte Kaiser Josef II. Graz, um sich persönlich von der Umsetzung seiner Reformen zu überzeugen. Des Kaisers Interesse galt vor allem dem Militär, den Klöstern und öffentlichen Wohlfahrtsanstalten. Seine

Beobachtungen und Kritiken notierte er auf Handbillets an den innerösterreichischen Landesgouverneur. Er logierte im Gasthaus *Zum weißen Lamm* in der Schmiedgasse und besuchte alle öffentlichen Veranstaltungen. 1783/84 erfolgte die Ausarbeitung der Grazer Magistratsreform durch die Hofkanzlei in Wien im Einvernehmen mit dem Innerösterreichischen Gubernium und mit dem Inner- und Oberösterreichischen Appellationsgericht zu Klagenfurt.

Antonweg siehe Dr.-Anton-Weg

Anton-Füster-Weg

III (Baumschulgasse – Heinrich-Caspar-Gasse), 1928, PLZ 8010.

Anton Füster (1808 Radmannsdorf/Krain – 1881 Wien), Dr., Feldkaplan der Akademischen Legion in Wien 1848. Beteiligte sich an der Märzrevolution 1848, musste 1849 fliehen und kehrte erst 1876 von Amerika nach Europa zurück.

Anton-Gerstl-Straße

IV, XIV (Plabutscher Straße – Göstinger Straße), 1949, PLZ 8020.

Anton Gerstl (1845 Krennach/Riegersburg – 1917 Graz), Haus- und Realitätenbesitzer in Eggenberg, war Mitbegründer der Vinzenz-Konferenz von Algersdorf, einer katholisch-karitativen Organisation. Ihr Obmann (1900–1917) Gerstl stellte das katholische Vereinshaus in der Georgigasse 40 fertig. Besonders während des Ersten Weltkriegs wurden dort eine Wärmestube und Ausspeisungen angeboten.

Anton-Jandl-Weg

VIII (Messendorfer Straße gegen Osten), 1981, PLZ 8042.

Anton Jandl – auch Jantl – (1723 Graz – 1805 Graz) lernte die Kunst des Malens in Graz wahrscheinlich bei J. B. Raunacher und auf den Reisen seiner Lehrjahre. 1757 wurde er in Graz zum landschaftlichen Maler ernannt. Seit 1770 ist der Einfluss des Malers Kremser Schmidt feststellbar. Jandl wirkte besonders als Porträtist und Historienmaler. Etliche seiner Werke religiösen Inhalts befinden sich in steirischen Kirchen. Bilder von ihm sind z. B. in der Grabenkirche und im Schloss Eggenberg sowie im Palais Herberstein (Sackstraße) zu sehen.

Anton-Kleinoscheg-Straße

XIII (Schloßplatz – Ibererstraße), vor 1938, PLZ 8051.

Anton Kleinoscheg (1821 Radkersburg – 1897 Graz/Gösting), ab dem Jahr 1851 Teilhaber der Firma Brüder Kleinoscheg (Weingroßhandlung und Schaumweinkellerei, gegründet 1849). Von 1865 bis zu seinem Tode 1897 leitete er als Vorstand das Unternehmen und vergrößerte es durch Zukauf und Ausbau. Er führte die Schaumweinerzeugung nach französischer Art unter Verwendung französischer Rebsorten ein, die auf den firmeneigenen Weingärten um Luttenberg und Radkersburg kultiviert wurden. In der Folge wurde das Unternehmen durch den Handel mit Fass- und Flaschenweinen erweitert und von seinen Söhnen fortgeführt. Die Firma erhielt zahlreiche Auszeichnungen auf Weltausstellungen. 1883 Besuch Kaiser Franz Josefs in der Weinkellerei.

Anton-Leb-Gasse

III (Zufahrtsstraße zum LKH von der Hilmteichstraße), 1965, PLZ 8010.

Ursprünglich war eine Dr.-Leb-Gasse geplant. Anton Leb (1891 Hochburg/Innviertel – 1965 Graz), Univ.-Prof., Dr., Vorstand des Zentralröntgeninstitutes am LKH Graz in einem Zeitraum von über 40 Jahren. Prof. Leb baute die Radiologie als Institut auf und war 1962 der erste Ordinarius für das ungeteilte Gesamtfach in Österreich. 1959 Ehrenbürger von Graz, Inhaber des Ehrenkreuzes I. Klasse für Wissenschaft und Kunst, Ehrenmitglied zahlreicher in- und ausländischer Gesellschaften.

Anton-Lehmann-Gasse

VIII (St.-Peter-Hauptstraße gegen Südwesten), 1975, PLZ 8042.

Anton Lehmann (1904 Wien – 1973 Graz) prägte als Charakterdarsteller eine große Zahl an Theaterstücken in den Nachkriegsjahren. Bevor er 1950 in Graz zum Mitglied der Vereinigten Bühnen wurde, spielte er in etlichen anderen Städten. Beispielsweise sein *Eingebildeter Kranker* wurde zu dem Erlebnis, das R. List in seinem Schauspielhausbuch als *universales Komödiantentum* beschreibt. Auch dramatische Rollen in historischen Dramen waren Prof. Lehmann eine besondere Herausforderung. Die Titelrolle in Ionescos *Ein König stirbt* war sein letzter Bühnenauftritt.

Anton-Lippe-Platz

VII (Kirchenvorplatz am Ostende der Neusiedlergasse), 1976, PLZ 8041.

Dr. Anton Lippe (1905 St. Anna am Aigen – 1974 Berlin) erlangte als Priester die Würde eines päpstlichen Hausprälaten und war Grazer Domvikar. Große Bekanntheit und Anerkennung erlangte er als Kapellmeister und Leiter des Grazer Domchores. Lippe leitete zuletzt den Chor der Berliner St.-Hedwigs-Kathedrale. Seine Aufführungen vom *Buch mit sieben Siegeln* von Franz Schmidt wurden von der internationalen Kritik besonders hervorgehoben. Der Antrag, den Platz nach Anton Lippe zu nennen, kam vom röm. kath. Seelsorgezentrum.

Anton-Mell-Weg

XVI (Harter Straße – Grillweg), 1951, PLZ 8053.

Zuvor Straße XVI. Anton Mell (1865 Graz – 1940 Graz), Dr., Historiker, im Steiermärkischen Landesarchiv tätig von 1887 bis 1923, davon von 1905 bis 1923 als Direktor. Mell lehrte auch als Professor an der Grazer Universität. Er befasste sich mit verfassungs- und verwaltungsgeschichtlichen Arbeiten, bedeutendste Publikation: *Grundriß der Verfassungs- und Verwaltungsgeschichte des Landes Steiermark*, Graz 1929.

Anton-Paar-Straße

XVI (Straßganger Straße, Richtung Osten), 2001, PLZ 8054.

Anton Paar GmbH, österreichisches Unternehmen mit Hauptsitz in Graz und Niederlassungen in Europa, Asien und Amerika. Herstellung von Mess- und Analysegeräten (Dichte/Konzentration) für Industrie und Forschung. 1922 von Anton Paar (1885–1962) als Ein-Mann-Werkstätte gegründet und von Tochter Margarete Platzer, der ersten steirischen Schlosser- und Elekroschweißmeisterin der Steiermark (Meisterprüfung 1932), fortgeführt. Anton Paar arbeitete mit namhaften Grazer Wissenschaftlern (vor allem von der Technischen Universität Graz) zusammen, wie Prof. Anton Pischinger, Prof. Hans List oder Prof. Otto Kratky (Fertigung von Kratky-Röntgen-Kleinwinkelkameras).

Anton-Schlossar-Weg

siehe Dr.-Anton-Schlossar-Weg

Anton-Schwarz-Gasse

XII (Scherweg – Rohrerbergstraße), 1965, PLZ 8046.

Anton Schwarz (1890 Koglhof/Birkfeld – 1953 Graz), Beamter des Raiffeisenverbandes Graz. Privatmusiker, Kapellmeister, langjähriger Chormeister der Liedertafel Männergesangsverein Andritz, Kulturgutpfleger der Stadt Graz. Der Straßenbenennungsantrag wurde vom Bezirk Andritz gestellt.

Anton-Wildgans-Weg

XI (Mariagrüner Straße – Schönbrunngasse), 1947, PLZ 8043.

Der Wiener Lyriker und dramatische Dichter Anton Wildgans (1881 Wien – 1932 Mödling) steht in seinem Werk dem Naturalismus und dem Expressionismus nahe. In seiner *Rede über Österreich* (1930) trat er für die Selbstständigkeit Österreichs ein. Anton Wildgans war zweimal Direktor des Wiener Burgtheaters. Mit Graz verbanden ihn persönliche und berufliche Beziehungen. Nach dem Dichter, der selbst mehrere Preise erhielt, ist der 1960 von der Vereinigung Österreichischer Industrieller gestiftete Literaturpreis benannt.

Anzengrubergasse

VI (Adolf-Kolping-Gasse – Steyrergasse), 1899, PLZ 8010.

Ludwig Anzengruber (1839 Wien – 1889 Wien) war ein bedeutender österreichischer Volksschriftsteller. Von ihm stammen 19 Dramen, die im ländlichen oder kleinbürgerlichen Milieu spielen. In der Gegenwart sind wahrscheinlich die bekanntesten *Der Pfarrer von Kirchfeld*, *Das vierte Gebot* und *Der Meineid-*

bauer. Die Sprache seiner Dramen war eine stilisierte Mundart. Er verfasste auch Romane und Erzählungen. Jenseits der vordergründigen Handlung stehen Anzengrubers Naturalismus und seine Gesellschaftskritik. Zur steirischen Literaturszene seiner Zeit stand Anzengruber in vielfacher Verbindung.

Apothekerweg

XI (Mariatroster Straße gegen Nordwesten), 1947, PLZ 8045.

Die Benennung erfolgte nach der angrenzenden Kroisbacher Apotheke (Zu Mariatrost), die zuerst (Mitte der 1930er-Jahre) im Hochparterre des benachbarten Wohnhauses eingerichtet war. Die Apotheke ist seit ihrer Gründung im Eigentum der Pharmazeutenfamilie Lobe.

Arche Noah: Die Gartenseite (in Richtung der heutigen Belgiergasse) der Häuser 8–10 (1880, SMG).

Arbeitergasse

siehe Thomas-Arbeiter-Gasse

Arche Noah

V (Grieskai über die Griesgasse nach Westen), 1813, PLZ 8020.

Das architektonisch interessante Haus Nr. 14 trägt den Hausnamen *Arche Noah*. Wie der Name des biblischen Rettungsschiffes hierher kam, ist unklar. Möglicherweise hängt er jedoch mit einer Keuschlersiedlung des 17. Jhs. oder mit einem Gästehaus der Burg zusammen. Es befanden sich aber auch hier – wie verbreitet in der Murvorstadt – Häuser der Bürgerspitalsstiftung. In der populären Tradition hängt der Name mit einer Gastwirtschaft oder mit dem Spitznamen ihrer Besitzerin zusammen. Es gibt auch die Schreibweise Arche Noe und ebenfalls eine mit -ä. In anderen Städten fand die Straßenbezeichnung dort Verwendung, wo Schiffe gebaut wurden oder sich Fischkalter befanden.

Archerweg

XV (Steinbergstraße – Erdbergweg), um 1915, PLZ 8052.

Um 1915 hat sich am benachbarten Rechbauerweg (nun Erdbergweg) Dr. jur. Max Ritter von Archer, emeritierter Advokat aus Graz, niedergelassen und besaß dort zwei Häuser. Das dürfte die Erklärung für den Namen der mäßig ausgebauten Verbindung zwischen der Steinbergstraße und dem Erdbergweg geben.

Argenotstraße

IX, X (Ragnitzstraße – Rudolfstraße), 1948, PLZ 8047.

Die *ARGE-NOT* (vorher *Arbeitshilfe*) war in der Zwischenkriegszeit eine sozialreformerische Organisation, die unter Ausschluss des geldabhängigen Wirtschaftens auf gegenseitige Unterstützung baute. Es lässt sich ein Zusammenhang mit dem damals auch in Waltendorf aktiven Bund herrschaftsloser Sozialisten feststellen. Ein Projekt der Argenot war der genossenschaftliche Bau einer Siedlung. Das große, für eine Argenot-Siedlung erworbene Grundstück erhielt nur eine Brücke und eins der 28 geplanten Häuser. 1932 wurden die Argenot-Gründe verkauft. Die komplizierten Theorien des Vereins und deren Umsetzung in die Praxis brachten Anerkennung, führten aber auch zu Klagen wegen fahrlässiger Krida.

Aribonenstraße

XVI (Gradnerstraße – Bahnhofstraße), 1947, PLZ 8054.

Zuvor Mittelgasse. Bairisches Pfalzgrafengeschlecht, maßgeblich an der Kolonisation des Grazer Raumes beteiligt. Um 1000 erhielten die Aribonen als verdiente Hochadelige Reichsgut im Grazer Feld. Auf sie gehen Ortsgründungen an dessen Westrand zurück. St. Martin war eine aribonische Eigenkirche. Nach Absetzung der gegen Heinrich III. rebellierenden Aribonen kam die Kirche 1055 an das Erzstift Salzburg und anschließend an Admont.

Aribonenstraße: Die vermutlich bis ins 9. Jh. zurückzuverfolgende Rupertikirche (um 1930).

Arlandgrund siehe Am Arlandgrund

Arndtgasse

VI (Hafnerriegel gegen Süden), 1897, PLZ 8010.

Ernst Moritz Arndt (1769 Groß Schoritz/Rügen – 1860 Bonn) war ein Dichter der Freiheitskriege in Deutschland. Als begeisterter Patriot, aber auch als Professor für Geschichte in Greifswald und Bonn, verfasste er historische und politische Schriften. 1798 besuchte Arndt Graz und bewunderte den Blick vom Uhrturm auf die Stadt. Eine Tafel im Turm erinnert daran.

Arnethgasse

XV (Faunastraße – Brauhausstraße), 1961, PLZ 8053, 8052.

Der Historiker Alfred von Arneth (1819 Wien – 1897 Wien) war Direktor des Haus-, Hof- und Staatsarchives in Wien, das er 1868 für die Forschung öffnete. 1848 war Arneth Abgeordneter der Frankfurter Nationalversammlung, ab 1861 im Landtag Niederösterreichs und ab 1869 im Herrenhaus. 1879 bis 1897 leitete er als Präsident die Akademie der Wissenschaften in Wien. Zu Arneths historischem Schaffen gehören vielbändige Werke über Prinz Eugen und auch über Maria Theresia.

Arnikaweg

VIII (Messendorfberg – Fruhmannweg), 1984, PLZ 8042.

Arnikablüten werden in der Heiltherapie gegen rheumatische Schmerzen und Mundschleimhautentzündungen verwendet. Ebenso wird Arnika bei Prellungen, Verstauchungen und Blutergüssen als Heilpflanze eingesetzt. Auch Kräuterbrände können nach Arnika schmecken.

Arnold-Luschin-Gasse

V (Traungauergasse – Eggenberger Gürtel), 1938, PLZ 8020.

Zuvor Sonnenfelsgasse. Arnold Luschin Ritter von Ebengreuth (1841 Lemberg –

Arnold Luschin Ritter von Ebengreuth.

45

Asperngasse vor dem Umbau (1986).

1932 Graz) studierte in Wien Jus. Sein Interesse gehörte jedoch besonders der Numismatik. Er arbeitete in Graz zunächst im Gerichtsdienst, dann ab 1867 im Steiermärkischen Landesarchiv. Er hatte auch die Funktion eines *Conservators der k. k. Central-Commission für Kunst und historische Denkmale*. Seine Forschungsarbeiten betrafen besonders die österreichische Reichs- und Rechtsgeschichte, die er auch ab 1869 an der Grazer Universität lehrte. Luschin-Ebengreuth gilt als einer der großen Numismatiker Österreichs.

Arthur-March-Gasse

XVII (Mitterstraße – Am Wagrain), 1965, PLZ 8055.

Zuvor Brandstättergasse. Arthur March (1891 Brixen/Südtirol – 1957 Bern), österreichischer Physiker, lehrte als Professor für theoretische Physik an der Universität Innsbruck. Von 1934 bis 1936 als Gastprofessor an der Universität Oxford. Spezialforschungsgebiet: Quantentheorie; Werke, u. a.: *Grundlagen der Quantenmechanik* (1931), *Natur und Erkenntnis* (1948).

Arthur-Schnitzler-Gasse

XII (Innerhoferstraße – Uhlirzgasse), 1971, PLZ 8045.

Arthur Schnitzler (1862 Wien – 1931 Wien), großer österreichischer Epiker, Dramatiker (aus großbürgerlich jüdischen Verhältnissen, studierte Medizin; 1886 Sekundararzt bei T. Meynert). Ab 1890 dem Literatenzirkel (Jung Wien) um Hermann Bahr angehörend. Seine erste Burgtheateraufführung *Liebelei* (1895) machte ihn allgemein bekannt. War jedoch stets heftiger Kritik infolge seiner kompromisslosen Darstellung der dekadenten Gesellschaft um die

Jahrhundertwende ausgesetzt. Werke, u. a.: *Der einsame Weg* (1904), *Das weite Land* (1911), *Leutnant Gustl* (1900), *Professor Bernhardi, Reigen, Der grüne Kakadu*. Schnitzler starb drei Jahre nach dem Selbstmord seiner Tochter Lilli, der ihn zutiefst erschüttert hatte.

Artur-Michl-Gasse

VIII (St. Peter-Hauptstraße gegen Südwesten), 1975, PLZ 8042.

Der Komponist und Musikpädagoge Prof. Artur Michl (1897 Graz – 1965 Graz) war Erster Konzertmeister des Städtischen Opernorchesters (später Philharmonisches Orchester). Michl widmete sich besonders der Kammermusik, war Mitbegründer des Steirischen Tonkünstlerbundes und dessen Präsident 1918 bis 1934. 1951 erhielt er für seine Kammeroper *Der verliebte Mohr* den Österreichischen Staatspreis. Auf seine Initiative geht das von W. Suppan herausgegebene Standardwerk *Steirisches Musiklexikon* (1962–1966, Neuaufl. 2009) zurück. Er ist einer von 83 mit Grazer Straßennamen geehrten Musikern.

Aspachgasse

XIII (Anton-Kleinoscheg-Straße – Grafenbergstraße), 1949, PLZ 8051.

Ehem. Schulgasse nach der dort befindlichen Volksschule, 1949 in Aspachgasse umbenannt. Nach Leopold von Aspach, im 15. Jh. Verwalter der Burg Gösting. Die vom 13. bis ins 16. Jh. belegte Ritterfamilie hatte ihren Stammsitz wahrscheinlich in Aschbach westlich von Paldau im Raabtal.

Aspasiagasse

X (Stiftingtalstraße – Holubgasse), 1948, PLZ 8010.

Die griechische Hetäre und zweite Frau des Athener Staatsmannes Perikles lebte 490–429 v. Chr. und wurde ob ihres Geistes und ihrer Anmut in der Welt der Antike bewundert. Im literarischen Werk von Robert Hamerling (1830–1889) spielte die historische Aspasia eine bedeutende Rolle. Der Dichter Hamerling starb in unmittelbarer Nähe im Haus Billrothgasse 6, einst Stiftingtalgasse 44.

Asperngasse

IV (Eggenberger Straße – Laudongasse), 1892, PLZ 8020.

Die Asperngasse lag einst im großen Kasernenviertel westlich des Bahnhofes. Der Name erinnert an die Schlacht von Aspern und Eßling (21./22. 5. 1809), in der die von Erzherzog Karl geführte österreichische Armee den Truppen Napoleons die erste große Niederlage zufügte. Aspern gehört seit 1904 zu Wien und war einst auch durch seinen Flughafen und die Autorennen bekannt. Nun steht in Aspern das GM-Motorenwerk, und das Naturschutzgebiet Lobau befindet sich dort.

Attemsgasse

III (Glacisstraße über Goethestraße, Sackgasse), 1855, PLZ 8010.

Die Anlegung der Attemsgasse erfolgte gleichzeitig mit der Villefortgasse 1843 durch die Parzellierung der Posthofgründe. Anfänglich mit der Villefortgasse als Kreuzgasse bezeichnet. Vermutlich nach Ignaz Maria Graf Attems (1774 Graz – 1861 Graz/Palais Attems), Landeshauptmann der Steiermark von 1820 bis 1852, benannt. Ehrenbürger von Graz 1843. Attems, bedeutendes aus Friaul und Görz (mit eigenem Stadtpalais) stammendes Adelsgeschlecht, ehemals ansässig in der Sackstraße im Palais Attems, dem bedeutendsten Barockpalais (Anfang 18. Jh.) in Graz.

Auenbruggerplatz

III (Areal des Landeskrankenhauses), 1948, PLZ 8036.

Leopold von Auenbrugger (1722 Graz – 1809 Wien), österreichischer Arzt, maßgeblich an der Erfindung der Perkussionsmethode, einer Organuntersuchung durch Beklopfen der Körperoberfläche und Deutung des Klopfschalles, betei-

ligt. Sohn eines Gastwirtes, sein Geburtshaus ist der sog. *Schwarzmohrenwirt* am Südtiroler Platz (Nr. 5) an der Ecke zur Griesgasse (Nr. 2), eines der ältesten Häuser der Murvorstadt. Ab 1783 Edler von Auenbrugger.

Auergasse siehe Hans-Auer-Gasse

Auersperggasse

III (Herdergasse – Hilmteichstraße), 1888, PLZ 8010.

Adelsgeschlecht aus Krain; Anton Alexander Graf von Auersperg (1806 Laibach – 1876 Graz), österreichischer Staatsmann und Literat (Pseudonym Anastasius Grün). Bedeutendster Vertreter politischer Dichtung im österreichischen Vormärz. Sein Grazer Wohnhaus befindet sich in der Elisa-

Auenbruggerplatz: Das Landeskrankenhaus gegen Westen (um 1990).

Graf Anton Alexander von Auersperg (Anastasius Grün).

bethstraße (Nr. 5) an der Ecke zur Brandhofgasse (Nr. 9). Es wurde 1864 von Stadtbaumeister Jakob Bullmann als repräsentatives frühes historistisches Eckhaus erbaut und ist heute noch erhalten. Auersperg wurde 1876 zum Ehrenbürger von Graz ernannt. Denkmal im Stadtpark (sign. C. Kundmann, 1887). Inschrift: *Dem Dichter Anastasius Grün / Dem Staatsmanne Alexander Anton Grafen von Auersperg.*

Auer-Welsbach-Gasse

XVII (Rudersdorfer Straße zur Mur, Sackgasse), 1947, PLZ 8055.

Auer von Welsbach, Carl Freiherr (1858 Wien – 1929 Schloss Wiesbach, Kärnten), Chemiker; ihm gelang die Entwicklung des Gasglühlichtes, das durch die Verwendung von Thorium und Cer verbessert und als Auer-Glühstrumpf 1891 patentiert wurde. 1898 gründete er für die Verarbeitung von Thorium und

Cer die Treibacher Chemischen Werke. Er befasste sich auch mit der Verbesserung der elektrischen Glühlampe und entwickelte durch den Einsatz von Osmium und Wolfram die (Osram-) Metallfaden-Glühlampe. In der Auer-Welsbach-Gasse befindet sich das Grazer Gaswerk.

Auf der Heide

VII (Bahnweg gegen Osten), 1949, PLZ 8041.

Zuvor Ostweg. Bis zum Bau der Autobahn mündete die Gasse in den Neufeldweg. Der Name ist vermutlich eine Verhochdeutschung aus der ländlichen Topographie. Das ländliche Heid weist nicht nur auf Kräuterbewuchs, sondern auch allgemein auf geringere landwirtschaftliche Ertragsfähigkeit hin.

Auf der Murwiese

VII (beiderseits der Auwaldgasse), 1955, PLZ 8041.

Einerseits gibt es hier im Südosten der Neudorfer Straße den traditionellen Flurnamen *Auf der Murwiese* bzw. *Murwiese*, andererseits wurde 1955 eine konkrete Gasse so benannt. Auch der Name Am Murwiesengrund stand zur Diskussion.

Auf der Tändelwiese

V (Herrgottwiesgasse – Vinzenz-Muchitsch-Straße), 1931, PLZ 8020.

Tändel ist eine alte Bezeichnung für Damhirsche. Als *Tändelgarten* wird im *Steirischen Wortschatz* (Unger/Khull, 1903) nicht nur ein umzäunter Platz für Damhirsche, sondern allgemein ein

Wildpark bezeichnet. Der Begriff erinnert hier an den ehemaligen Tiergarten mit jagdbarem Wild um das einstige Schloss Karlau.

Augarten

VI (Park zwischen Grazbachgasse und Schönaugürtel), 1899, PLZ 8010.

Zuvor nach der Eigentümerfamilie Ohmeyerpark. Gemeindesparkasse und Stadtgemeinde erwarben günstig in den 1890er-Jahren die fast unverbauten Grünflächen und widmeten sie den Bürgern als Naturpark. Damit sollte ein Ersatz für den damals verbauten innerstädtischen Botanischen Garten und ein „Volksgarten" für den sich damals urbanisierenden Süden der Stadt entstehen. Mehrfach beschloss der Gemeinderat den Naturcharakter des seit 1896 öffentlichen *Städtischen Augartens* zu erhalten. 1914 entstand das Augartenbad. Es gab viele unrealisierte Projekte (Krankenhaus, Tiergarten, Vergnügungspark, Busbahnhof, Kaistraße). Am Rand des Parks besteht ein Kindermuseum, ein Wohn- und Geschäftsprojekt ist in Planung.

Augartenbrücke

V, VI (Zweiglgasse – Grazbachgasse), 1977.

Die Brücke bildete einen wichtigen Teil des damals installierten innerstädtischen Einbahnsystems. Der Name bezieht sich auf den (Städtischen) Augarten, eine Wortkonstruktion aus *Au* und *Garten*. 1895 erwarb nahe der Mur und südlich der Inneren Stadt die Gemeindesparkasse Gründe und wid-

mete sie darauf der Bewohnerschaft. Ein Teil des Parks stammt aus der privaten Ohmeyerschen Stiftung. Der Park trug auch kurz den Namen Ohmeyerpark. Erst 1927 wurde das Wegnetz so ausgebaut, dass er auch von Süden zugängig wurde.

Augartensteg

V, VI (Grieskai – Pulakai), 1998.

Um den Bewohnern auf der Seite des Bezirks Gries einen günstigeren Zugang zum Augarten (siehe Augartenbrücke) zu ermöglichen, wurde diese Fußgängerbrücke errichtet. Vorerst firmiert sie noch unter dem Projekttitel Augartensteg. Der Steg (Planung Arch. H. Illmaier, Konstruktion Dr. A. Grabner) stellt in vielerlei Hinsicht eine statisch-kon-

Augartensteg (Foto A. Wentner, 1998).

50

struktive Besonderheit im Brückenbau dar. So musste das Tragwerk mit 1200 t vorgespannt werden. Die fertige Brücke (Spannweite 74 m) wurde 1998 in einem Stück über die Mur gehievt.

Augasse

IV, XIII (Kalvarienbergstraße – Exerzierplatzstraße), 1947, PLZ 8020, 8051.

Zuvor teilweise Schiemanngasse, teilweise Mitterhofweg. Während der Herrschaft des Nationalsozialismus Horst-Wessel-Straße. Der Straßenname Augasse ist viel älter als der oben zitierte Gemeinderatsbeschluss, stammt also aus einer Zeit, als die Murauen als solche noch zu erkennen waren. Der Name wurde von den Murauen, konkret von der Fischer Au und der Göstinger Au, abgeleitet. Um 1800 wurde ein Weg durch die Auen geöffnet. In den Auen gab es einst populäre Feste. Zum Unterschied zu den vielen anderen Straßen, die an der alten Stadtgrenze (bis 1938) ihren Namen wechselten, gab es die Augasse sowohl in Graz als auch in der Gemeinde Gösting. Der alte Vorstadtcharakter blieb hier teilweise erhalten und steht nun unter Ensembleschutz. Eine andere Augasse lag in Liebenau (siehe Casalgasse).

August-Matthèy-Park

II (Merangasse – Morellenfeldgasse)

Noch kein „offizieller Name", wohl aber unter diesem Titel von der Gemeinde geführt. August Matthèy-Guenet (1847 Neuchâtel (Neuenburg)/Schweiz – 1903 Graz) gründete in der Morellenfeldgasse eine Druckerei, die dann erfolgreich ins Betriebsgelände Merangasse 70 übersiedelte. 1890 besuchte Kaiser Franz Josef die *Etiquetten Fabrik und Lithographische Anstalt*. Der private Park des Unternehmers zwischen dem Wohnhaus und der Fabrik bot u. a. eine Grotte, einen Affenkäfig und Papageien. Die Druckerei ging in den Besitz der Familie Wall über und ist nun das Wall-Zentrum der Karl-Franzens-Universität.

August-Musger-Gasse

III (Panoramagase – Schönbrunngasse), 1936, PLZ 8010.

August Musger (1868 Eisenerz – 1929 Graz). Theologe, Lehrer; Erfinder der Zeitlupe, jedoch ohne wirtschaftliche Nutzung und Erfolg. Eine steinerne Porträtbüste von August Musger befindet sich in der Ehrengalerie im zweiten Hof der Grazer Burg.

Austeingasse

IV (Grimmgasse – Kalvariengürtel), 1894, PLZ 8020.

Austein (Stein in der Au) war der alte Name für den Kalvarienberg, dessen Bauten im 17. Jh. errichtet wurden. Der grüne Schieferfelsen bildete im alten Graz neben dem Schloßberg eine zweite charakteristische Erhebung. Bei der Namengebung führte die damals noch unausgebaute Gasse von der Kalvarienbergstraße zum Kalvariengürtel, war also nach Süden geöffnet. Nicht nur der relativ ferne Austein, sondern die nahe Kalvarienbergstraße als Weg dorthin ließ 1894 diesen Namen wählen.

Austgasse

siehe Hermann-Aust-Gasse

Austraße

siehe Rudersdorfer-Au-Straße

Autaler Straße

VIII (St.-Peter-Hauptstraße entlang der Stadtgrenze nach Nordosten), 1949, PLZ 8042, 8047.

In weiterer Verfolgung der Straße kommt man in die Ortschaft Autal, die am Autalbach liegt. Au (Wasser, beim Wasser, Ufergelände, feuchte Wiese) kommt relativ häufig in steirischen Ortsbezeichnungen vor, vier steirische Ortschaften heißen Aut(h)al.

Autobahnbrücke der A 2

VII (Murüberquerung im Bereich der KG Murfeld), 1973.

Im Verlauf der A 2 (Südautobahn) befindet sich diese Brücke im Bereich der Stadt Graz. Schon 1967 war die Brücke so gut wie fertiggestellt und wurde in der Folge gerne u. a. von Reitergruppen genutzt. Aber erst am 1. 12. 1973 fand die Eröffnung des Teilstückes Graz-Ost bis Mooskirchen statt. Die Brücke, deren westliches Widerlager sich in der Gemeinde Feldkirchen bei Graz befindet, steht im Bundeseigentum. In der Straßenverwaltung trägt sie den Namen G (Gustav) 46.

Autobahnbrücke der A 9

XIII (Murüberquerung im Bereich der KG Gösting), 1982.

Im Verlauf der A 9 (Pyhrnautobahn) befindet sich diese Brücke im Bereich

der Stadt Graz. Ursprünglich war für die Flussquerung eine andere Streckenführung geplant. Wegen eines Planungsfehlers musste eine fast schon fertige Autobahnbrücke gesprengt werden. Die neue Brücke trägt nun intern die Bezeichnung D (Dora) 20 – Raach. Die 230 m lange Brücke befindet sich in Kompetenz der ASFINAG (Autobahnen- und Schnellstraßen Finanzierungs-Aktiengesellschaft).

Auwaldgasse

VII (nördlich der Hortgasse über die Neudorfer Straße nach Süden), 1949.

Zuvor Waldstraße. Im Bemühen, durch Straßennamen die Vergangenheit zu konservieren, wurde hier auf den einstigen Laubholzbewuchs Bezug genommen, der die Mur begleitete und z. B. noch in der Gössendorfer Au zu sehen ist. Die Landesaufnahme aus den 60er-Jahren des 19. Jhs. zeigt vor der großen Murregulierung tatsächlich in diesem Bereich des Murfeldes zwischen den Flussverwilderungen Auwald.

Auweg

siehe Oberer Auweg oder Unterer Auweg

Auwiesenweg

XVII (Rudersdorfer Straße nach Osten – Mühlgang), 1954.

Bezeichnung nach den topographischen Verhältnissen.

52

B

Babenbergerstraße
IV (Annenstraße – Wiener Straße),
1870, PLZ 8020.
Anfangs reichte die Straße von der Annenstraße bis zur Baumkircherstraße.
Noch in der Zwischenkriegszeit gab es
eine Unterbrechung von der Papiermühlgasse bis zur Schmölzergasse.
Herrscher aus der Familie der Babenberger regierten in Österreich 976 bis
1246. Sie regierten aber auch als Herzöge von 1192 bis 1246 über die Steiermark. In der 1186 geschlossenen Geor-
genberger Handfeste wird nicht nur die
Verbindung der Steiermark mit dem
babenbergischen Österreich vorberei-
tet, sondern auch die Selbstständigkeit
der Steiermark als Territorium abgesi-
chert. In die Zeit der Babenberger fallen u. a. die Förderung der Märkte und
Städte, die Intensivierung des Sied-
lungsausbaues, des Bergbaues und der
Erzverarbeitung sowie die Gründung
des Bistums Seckau (1218) durch den
Salzburger Erzbischof.

Bachgasse
siehe Johann-Sebastian-Bach-Gasse

Bachmann-Gasse
siehe Ingeborg-Bachmann-Gasse

Bachweg
VIII (Peterstalstraße – Peterstalstraße),
1930, PLZ 8042.
Der Weg führt parallel zum nördlichen
Zufluss des Petersbaches. In der Erklärung der Gemeinde St. Peter ist zu
lesen, dass östlich der neuen Peterstalstraße der Waldweg und westlich der
Bachweg sei.

Bäckerweg
XVI (Kärntner Straße – Kapellenstraße),
1951, PLZ 8053.
Zuvor Straße VIII. Vermutlich gewerbliche Bezeichnung (siehe Riemerweg).

Baden-Powell-Allee
I (Platz der Menschenrechte – Glacis-
straße), 1995, PLZ 8010.
Robert Stephenson Smyth, Baden Powell, Baron of (1857 London – 1941 Nyeri,
Kenia), Neffe von George Stephenson,
dem Erfinder der ersten Dampfmaschi-
ne, gründete die englische Pfadfinderbewegung. Als *Held von Mafeking* war
er ein angesehener Kavallerieoffizier.
1907 gründete er auf der Insel Brown-
sea die Pfadfinderbewegung und trat
aus der Royal Army aus. Die Pfadfinder
sind heute die größte interkonfessionel-
le, völkerverbindende und politisch un-
abhängige Jugendbewegung der Welt.
Powell schrieb das bekannte Pfadfinder-
buch *Scouting for boys.* Im Sinne einer
Würdigung international bedeutender
Persönlichkeiten mit hohen humanitären Leistungen (siehe auch Henri-
Dunant-Weg) wurde der Antrag einer
Straßenbenennung für Baden Powell
1994 vom Verein *Steiermärkische Pfad-*
finder Briefmarken Sammler gestellt.

Bahnhofstraße: Bahnhof Straßgang (um 1910).

Badgasse

I (Murgasse – Admontergasse), 1785,
PLZ 8010.

Benannt nach einer schon im Jahr 1335 hier vorhandenen Badestube. Im 15. Jh. befand sich im Bereich von Badgasse Nr. 2 oder 4 ein Brauhaus. Murgassenseitig als Durchgang im Haus Murgasse Nr. 10 (Badgasse Nr. 1) integriert. Teilweise erhaltene ehemalige Klosterfassaden von Paradeis- und Admonterhof mit markanten Steinportalen.

Bahnhofgürtel

IV (Wiener Straße – Annenstraße),
1880, PLZ 8020.

Der Bahnhofgürtel reichte anfangs von der Wiener Straße bis etwas südlich der Stahlgasse. Dem Verlauf des späte-ren Ausbaues entspricht ungefähr die Führung der Lastenstraße. Das Gürtelstraßensystem rund um die Kernstadt wurde früh geplant und ist nur teilweise realisiert. Der erste Bahnhof von Graz wurde 1844 eröffnet. 1876 entstand der große Neubau des Südbahnhofes, benannt nach der *k. k. priv. Südbahngesellschaft.* Der Bahnhof wurde 1945 durch Bomben zerstört und 1955 als Neubau fertiggestellt.

Bahnhofstraße

XVI (Kärntner Straße über den Bahnhof
Straßgang zur Gradnerstraße), 1947,
PLZ 8054.

Benannt nach dem Bahnhof in Straßgang der privaten Graz-Köflacher Eisenbahn- und Bergbau-Gesellschaft. 1859 fuhr der erste Kohlenzug von einem eigens errichteten Frachtbahnhof von Graz nach Köflach. 1860 wurde die Bahn offiziell eröffnet. Die eigene Bahnstation hat sich der Bezirk erhalten. Durchschnittlich 3000 Bahnkarten wurden in den letzten Jahren dort verkauft und auch 2000 t Fracht verladen.

Bahnstraße

siehe Obere Bahnstraße und Untere Bahnstraße

Bahnweg

VII (Petrifelderstraße gegen Südosten), PLZ 8041.

Dieser Weg wurde parallel zur 1873 eröffneten Ostbahnstrecke (urspr. königl. ungarische Westbahn) geführt und trug diesen Namen schon zur Zeit der Gemeinde Liebenau.

Bahrgasse

siehe Hermann-Bahr-Gasse

Baierdorf

XIV.

Katastralgemeinde im Süden des XIV. Bezirks (Eggenberg). Zur Zeit, als die Gemeinde Eggenberg eine Bezirkseinteilung hatte, war dies der II. Bezirk. Urkundliche Erwähnung 1147. Baierdorf, an einer sehr alten Nordsüdverbindung gelegen, gehört zu den ältesten Ortschaften am westlichen Stadtrand. Mit dem Namen Baierdorf ist ein Hinweis auf die Herkunft der Siedler gegeben. Daraus kann geschlossen werden, dass es hier auch Siedler anderer Herkunft gab. In der Vergangenheit wurde Baierdorf oft auch mit -y- geschrieben, was

offensichtlich falsch ist, denn so schreibt man nur Wörter im Zusammenhang mit dem Staat Bayern.

Baiernhofweg

XIV (Gaisbergweg nach Norden), 1911, PLZ 8020.

Der Eggenberger Lokalhistoriker Engelhart betont 1921 die Irreführung, da der Weg nicht zum *Baiernhof* weist. Der namengebende und nahe Baiernhof besteht als Gutshof in verschiedener Gestalt und in unterschiedlichen Besitzkonstruktionen seit dem 16. Jh. und wurde damals als zweiter Meierhof der damaligen Herrschaft Baierdorf aus eingezogenen Bauerngründen gebildet. In diesem Gebäude wurde 1843 eine Ausbildungsstätte für die Zucht von Seidenraupen eingerichtet, die 1870 wieder schloss. 1900 erwarb der Eggenberger Bürgermeister und Fabrikant Eckert das Gut, in dem damals eine Essigfabrik untergebracht war, und ließ ihm im Stil der Zeit sein historistisches Aussehen geben. Der Name Baiernhof (auch Bayernhof) wurde damals von Baierdorf abgeleitet.

Baiernstraße

XIV (Georgigasse – Wetzelsdorfer Straße), 1902, PLZ 8020, 8052.

Hier, am Westrand des Grazer Beckens, führte seit frühgeschichtlicher Zeit ein alter Verkehrsweg von Norden nach Süden. Die Baiernstraße befindet sich im Verlauf dieser Linie. Neben anderen Siedlungen entstand hier im Rahmen der bairischen Kolonisation ein Dorf, das sichtlich zur Unterscheidung von

Die Baiernstraße nahe der alten Steinbergstraße (Aquarell von J. E. Teltscher, um 1830).

der anderen Bevölkerung als Baierdorf bezeichnet wurde. Lange wurden der Volksstamm der Baiern und der Staat Bayern gleich geschrieben, und es gab hier eine inhaltlich nicht begründete Bayernstraße.

Ballhausgasse

I (Sporgasse – Freiheitsplatz), um 1850, PLZ 8010.

Benannt nach dem ehemals hier an der mittelalterlichen Stadtmauer befindlichen, 1602 unter der Leitung von Ferrante Signorini erbauten landesfürstlichen Ballhaus. Es wurde bis zur Hälfte des 18. Jhs. für Ballspiele und Theatervorstellungen verwendet. Nach dem Abbruch des Ballhauses und der Schlei-

fung des Inneren Paulustores (1846/47) entstand im Zuge der Regulierungsarbeiten für den Freiheitsplatz die Ballhausgasse.

Banngrabenweg

VII, VIII (St.-Peter-Hauptstraße – Liebenauer Hauptstraße, teilweise nur Fußweg), 1949, PLZ 8042, 8041.

Zuvor Kirchweg. Der Petersbach fließt hier in einem künstlichen Bett und bildet auch auf einem kleinen Teil seines Verlaufs die ehemalige Gemeinde- und nunmehrige Bezirksgrenze zwischen St. Peter und Liebenau. Im *Steirischen Wortschatz* (Unger/Khull) ist der Banngraben ein Grenzgraben, der erhalten werden muss. Der Begriff *Bann* weist aber auch auf die Abwehr einer Gefahr hin. Hier wurden ein Damm zur Sicherung vor Hochwasser und ein künstliches Gerinne angelegt.

Bärlauchweg
XVII (Gmeinstraße – Löckwiesenweg), 2002, PLZ 8055.

Ursprünglich nach dem hier häufig vorkommenden Bärlauchbestand vor der 2003 errichteten Wohnhaussiedlung benannt. Bärlauch, *Allium ursinum*, verwandt mit Schnittlauch-, Zwiebel- und Knoblauchgewächsen; altbekannte Gewürz -und Heilpflanze; wieder entdecktes beliebtes Gemüse für lukullische Spezialitäten.

Bartschstraße
siehe Rudolf-Hans-Bartsch-Straße

Bauernfeldstraße
XIV (Heinrich-Lersch-Platz – Karl-Morre-Straße, unterbrochener Verlauf), 1905, PLZ 8020.

Im Verkehrskonzept der Gemeinde Eggenberg war diese Straße um die Jahrhundertwende als Linie zwischen der Baiernstraße und der Reininghausstraße vorgesehen. Eduard von Bauernfeld (1802 Wien – 1890 Wien) war zu seiner Zeit ein bekannter Lustspieldichter und brachte es als Hausdichter des Burgtheaters dort bis 1902 auf 1100 Aufführungen. Er gilt als Meister des Konversationsstückes und des Wiener Lokalkolorits. Bauernfeld war Ehrenbürger von Wien und Ehrendoktor der Wiener Universität. Er besuchte Graz und machte Sommerfrische in Aussee.

In Eggenberg gab es in jener Zeit im Rahmen von Vereinen ambitionierte Laienspielgruppen. Über Bauernfeld-Aufführungen ist allerdings nichts bekannt.

Baumgasse
XII (über Engerth- und Pedrettogasse, Sackgasse), PLZ 8045.

Laut Magistrat nach den örtlich vorhandenen Baumbeständen benannt.

Baumkircherstraße
IV (Babenbergerstraße – Mohsgasse), 1870, PLZ 8020.

Die Straße führte ursprünglich bis zum Bahnhofgürtel. Andreas Baumkircher (um 1420 Wippach/Krain – 1471 Graz) führte als Söldnerführer ein ereignisreiches Leben. 1452 verteidigte er für Kaiser Friedrich III. Wiener Neustadt, 1468 organisierte er jedoch mit ungarischer Hilfe (König Matthias Corvinus) einen steirischen Adelsaufstand gegen den Kaiser. Dieser ließ ihn zwischen den Murtoren enthaupten. Der schwer zu beurteilende Baumkircher, Herr auf Burg Schlaining, bewegte mit seinem Schicksal Historiker, Literaten und romantisch veranlagte Laien.

Baumschulgasse
III (Vogelweiderstraße – Grabenstraße), 1929, PLZ 8010.

Nach der Baumschule von Wilhelm Klen(n)ert, Kunst- und Handelsgärtner, der im letzten Viertel des 19. Jhs. im Bereich zwischen der Theodor-Körner-Straße und der Grabenstraße ausgedehnte Gründe für seine Obstbaum- und Gehölzschulen, *Spezialkulturen in Obstbäumen, Beerenobst, Obstwildlingen und Alleebäumen* besaß. Das Stammhaus des Unternehmens befand sich in der Körösistraße Nr. 58, wo Klenert das List'sche Anwesen adaptierte und zu einem Gärtnereibetrieb erweiterte, in dem 1883 noch Arbeitszimmer und ein *Einschlaghaus* hinzukamen (Pläne: Stadtarchiv, Graz). Die Baumschule Klenert besaß um 1900 einen guten Ruf in ganz Europa (siehe Kataloge). Nach einem Besitzerwechsel in den 1930er-Jahren erwarb die Kettenfabrik Pengg Walenta ab 1960 das Areal. Die Baumschule übersiedelte an den Stadt-

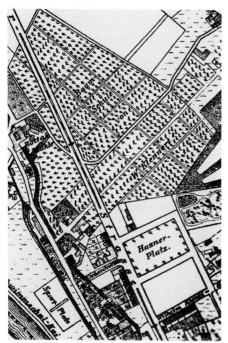

Baumschulgasse: Das große Gelände der Baumschule Klenert im Bereich der Theodor-Körner-Straße (um 1905).

rand nach Messendorf, wo noch heute ein Park mit seltenen Zier- und Nutzpflanzen (u. a. Mammutbäume) an sie erinnert.

Bayergasse
siehe Josef-Bayer-Gasse

Beethovenstraße
II, III (Sonnenfelsplatz über Elisabethstraße – Leonhardstraße), 1860/61, PLZ 8010.

Benannt nach Ludwig van Beethoven, deutscher Komponist (1770 Bonn – 1827 Wien). Im Jahr 1805 veranstaltete eine Gesellschaft von Kunstfreunden im ständischen Redoutensaal in Graz *den ersten Kurs von Liebhaberkonzerten, die auch die ersten Beethoveniana brachten. Der Sonnabends-Anhang der Grätzer Zeitung berichtet: „Den zweyten Theil eröffnete eine Ouvertüre von Beethoven, kräftig, rasch und mit Präcision vorgetragen."* Es handelte sich hierbei vermutlich um die *Prometheus-Ouvertüre.* Im Grazer Congress-Gebäude befindet sich an der Haupttreppe eine monumentale, marmorne Sitzfigur Beethovens vom Künstler J. Benk aus dem Jahr 1908. Im Kammermusiksaal zeigen Seccomalereien u. a. Beethovens *Schuppanzigh-Quartett.* Die Beethovenstraße zeigt sich teilweise noch heute als noble, gründerzeitliche Villen- und Vorgartenstraße mit eleganten Klein-Palaisfronten. An der Ecke zur Elisabethstraße das späthistoristische ehem. Palais Kottulinsky, erbaut nach einem Entwurf durch A. Gunolt.

Belgiergasse: Das Bad zur Sonne an der Ecke zur Feuerbachgasse (um 1880, Sammlung Kindlinger).

Belgiergasse

V (Grieskai – Feuerbachgasse), 1935, PLZ 8020.

Zuvor Tegetthoffgasse. Das Grazer Hausregiment in der späten Monarchie war das Steirische Infanterieregiment Nr. 27, Leopold König der Belgier. Die beiden belgischen Könige Leopold I. und Leopold II. hatten nacheinander den Ehrentitel eines Regimentsinhabers (1853, 1865) inne. Im Bundesheer der Ersten und Zweiten Republik wird die Tradition dieses Regiments gepflegt.

Benedekgasse

siehe Ludwig-Benedek-Gasse

Bergl siehe Am Bergl

Bergmanngasse

III (Geidorfplatz – Humboldtstraße – Grabenstraße), 1887/1888, PLZ 8010.

Karl Josef Bergmann (1813 Ottersheim – 1879 Graz), Eisenfabrikant, Inhaber der ehem. großen Eisengießerei am Fuße des Rosenberges, Begründer und Stifter des städtischen Waisenhauses (sog. Bergmann'sches Waisenhaus) am heutigen Riesplatz (Mädchenwaisenheim; Gisela-Valerie-Stiftung).

Bergstraße

XIV (Baiernstraße – Göstinger Straße), PLZ 8020.

Die alte Straße führt parallel zum Hangfuß und ist dem *Berg* näher als andere Nordsüdstraßen. Der Name gehört zum

Bergstraße:
Das Krankenhaus
der Barmherzigen
Brüder in Eggen-
berg (um 1930).

Die Trabantenstadt
Berliner Ring.

älteren Gut an Straßenbezeichnungen in Eggenberg. Auch die Straßenanlage selbst ist von hohem Alter.

Berliner Ring

IX (zwischen Ragnitzstraße, Rudolfstraße und Prevenhueberweg), 1971, PLZ 8047.

Direktor Busek vom Reisebüro *Interreisen* schlug unter Hinweis auf den Tourismus sowie auf den *Grazer Damm* und den *Grazer Platz* in Berlin vor, auch in Graz eine Straße nach Berlin zu benennen. Der Gemeinderat wählte für die in Bau begriffene neue Großsiedlung der G.W.B. diesen Namen auch, um damit die Verbindung zu der damals geteilten Stadt zu betonen. Ursprünglich war der Name Europaring für die Satellitenstadt vorgesehen.

Bertha Freifrau von Suttner.

Berschenygasse

XVII (Triester Straße – Mitterstraße – Bahnhof Puntigam), 1958, PLZ 8055.

Zuvor Ostgasse. Johann Edler von Berscheny, Bürgermeister von Graz in den Jahren 1788 bis 1791; Jurist, k. k. innerösterreichischer Appellationsrat zu Klagenfurt.

Bertha-von-Suttner-Friedensbrücke

V, VI (Karlauer Gürtel – Schönaugürtel, 1986.

Zuvor Schönaubrücke, noch früher (bis 1925) Schlachthausbrücke. Mit dem Neubau gab es auch jeweils einen neuen Namen. Als Ausgleich für die nicht stattgefundene Änderung der Kriegssteigbezeichnung am Schloßberg fand diese Namengebung statt (siehe auch

Suttnerweg). Bertha Freifrau von Suttner (1843 Prag – 1914 Wien) war eine herausragende Persönlichkeit der Friedensbewegung vor dem Ersten Weltkrieg. Die gebürtige Gräfin Kinsky lebte u. a. in Paris und Tiflis und zuletzt auf dem Gut Harmannsdorf (Niederösterreich). 1889 erschien ihr Hauptwerk, der Roman *Die Waffen nieder*. 1890 gründete Bertha von Suttner die Österreichische Friedensgesellschaft (seit 1964 Suttner-Gesellschaft). Sie führte die Friedenskommission des 1902 gegründeten Bundes Österreichischer Frauenvereine und vertrat Österreich auf den Weltfriedenskongressen. Unter ihrer Leitung stand das Internationale Friedensbüro in Bern. 1905 erhielt sie den von ihr initiierten Friedensnobelpreis.

Berthold-Linder-Weg

X, IX (Ragnitzstraße – Am Ragnitzbach), 1999, PLZ 8047.

Berthold (Bert) Linder (1911 Wien – 1997 Graz) musste nach einer Jugend in Wien als Jude 1938 emigrieren. Seine Flucht vor den Nationalsozialisten endete nach Aufenthalt in Belgien und Frankreich in deutschen Zwangslagern. Seine Frau und sein Kind wurden ermordet. Nach seiner Befreiung durch die britische Armee aus dem KZ Bergen-Belsen wanderte er 1959 in die USA aus. Seine Autobiographie *Condemned without Judgment* erschien 1995 in New York, 1997 unter dem Titel *Verdammt ohne Urteil* in Graz. Linder nahm 1985 wieder die österreichische Staatsbürgerschaft an. Er starb 1997 bei der Präsentation seines Buches im Grazer Palais Attems. Am Berthold-Linder-Weg wurde im Jahr 2000 die Privatklinik Ragnitz eröffnet.

Bessemergasse

V (Niesenbergergasse – Friedhofgasse), 1870, PLZ 8020.

Dem englischen Ingenieur Sir Henry Bessemer (1813 Charlton/Hertfordshire – 1898 London) gelang eine Vielzahl an Erfindungen (über 100 Patente). Am bekanntesten wurde sein Verfahren zur Stahlgewinnung aus flüssigem Roheisen durch das Einpressen von Luft mittels eines Konverters (Bessemerbirne) zur Verbrennung des Kohlenstoffes. Bessemer gründete auch ein Stahlwerk. Die erste Bessemer Hütte Kontinentaleuropas entstand auf Vorschlag Peter Tunners 1863 in Turrach im *Fürstlich Schwarzenbergschen Eisenwerk*.

Bethlehemgasse

V (Karlauer Straße – Albert-Schweitzer-Gasse), 1813, PLZ 8020.

Die Stadt Bethlehem im alten Judäa wird in der Bibel als Geburtsstadt Christi hervorgehoben. Bethlehem hat daher für die Christenheit eine große Bedeutung und ist im übertragenen Sinn ein Symbol für Heimatstätte. Vielleicht ist daher ein Bezug zum nahen Siechen- und Armenhaus der Namengebungszeit herzustellen.

Bienengasse

IV (Zeillergasse – Wiener Straße), 1870, PLZ 8020.

Zuvor Flohgasse. Anlässlich der Reform der Häusernummern und Straßennamen wurde 1870 vom Floh auf ein deutlich nützlicheres Insekt gewechselt. Nur der *Flohwirt* behielt noch über Jahrzehnte seinen Namen. Im älteren, noch erhaltenen Teil der Bienengasse im Osten sind auch heute noch Bienenstöcke vorstellbar. In den 70er-Jahren des 19. Jhs. arbeiteten hier auch mehrere Imker. Dies lässt wiederum einen Rückschluss auf die Vegetation zu, die es damals nördlich des Lendplatzes gab.

Bienengasse

siehe auch Neue Bienengasse

Billrothgasse

X (Stiftingtalstraße – Riesstraße – Ragnitzstraße), 1948, PLZ 8010, 8047.

Theodor Billroth (1829 Bergen/Rügen – 1894 Abbazia/Opatija) war einer der bedeutendsten Chirurgen der Wiener Medizinischen Schule. Einige Opera-

Die Bienengasse (vor dem Gasthaus Floh) in der Zwischenkriegszeit bei einem Kondukt.

tionsarten wurden von ihm bahnbrechend reformiert (Kehlkopf, Magen). Er verbesserte auch die Narkosetechnik, die Verbände, die Krankenpflegeausbildung und das Rettungswesen. Weniger bekannt ist seine Verbindung zur Musik. Die Nähe des Landeskrankenhauses brachte dem damals erst im Westteil bestehenden Weg diesen Namen.

Bindergasse

I (Bürgergasse – Bischofplatz), 1785, PLZ 8010.

Auch *untere* oder *andere Bürgergasse*; bereits im 14. und 15. Jh. als Bindergasse bzw. als *Pinterstrazz* erwähnt. Sie umfasste vermutlich die heutige Stempfer- und Bindergasse mit einer größeren Anzahl nicht näher bestimmbarer Häuser. Später verlor sich der Name. Die heutige Glockenspiel- und Bindergasse wurde auch als *oberes* und *unteres* oder

als *das erste* und das *andere Burgergaßl* unterschieden. Ab 1785 ist wieder der Name *Bindergasse* gebräuchlich. Die Herkunft des Namens ist nicht genau geklärt, vermutlich ist die Gasse aber nach dem Gewerbe benannt.

Birkenhang

IX (Rudolfstraße gegen Norden), 1981, PLZ 8010.

Zuvor ein Teil des Straßenzuges Am Raketengrund. Die Bewohner forderten zur Verbesserung der Orientierung einen eigenen Straßennamen und schlugen Birkenhang vor. In der amtlichen Begründung heißt es, dass die Bezeichnung deshalb erfolgt ist, weil *alle Grundstücke in diesem Bereich reichlich mit Birken bepflanzt sind, somit der Name charakteristisch für dieses Gebiet ist*. Anspruch auf ältere Tradition kann der Name jedoch nicht erheben.

Birkenweg

XVII (Fasanturmweg nach Süden, Sackgasse), 1951, PLZ 8055.

Namenskonstrukt beim Siedlungsbau.

Birostraße

siehe Waagner-Biro-Straße

Bischofplatz

I (Platz zwischen der Enge Gasse und der Schlossergasse), 1813, PLZ 8010.

Zuvor Schlosserplätzl (Ende 17./18. Jh.), Bischofgasse. Benannt nach dem ehem. Bischofhof und der Fürstbischöflichen Residenz (Nr. 4), heute Bischöfliches Ordinariat Graz-Seckau. Baukern 13. bis 16. Jh., 1781/82 von Joseph Stengg umgebaut. 1674 erhielt der Platz vermutlich sein bis 1944 (durch Bomben teilweise zerstört) bestehendes Aussehen.

Blasbauerweg

XIII (Thalstraße gegen Westen, Sackgasse), 1949, PLZ 8051.

Vulgarname, nach dem Grundbesitzerverzeichnis der Gemeinde Gösting von 1822, Grundbesitzer Schalk Johann vulgo Blasbauer.

Blümelhofweg

XI (Mariatroster Straße gegen Norden), PLZ 8044.

Der Name wurde schon zur Zeit der Gemeinde Mariatrost vergeben. Blümelhof war der Vulgarname eines Gutshofes. Das Sanatorium Mariatrost der Ärztefamilie Steyskal befand sich in den ausgebauten Objekten des Blümelhofes. Mit dem Namen Blümelhof ist nun auch das Mädchenheim des Landes Steiermark verbunden. Die Bauten des Blümelhofes haben, besonders in den 1950er-Jahren, stark ihr Aussehen verändert.

Blümelstraße

XIV (Alte Poststraße – Göstinger Straße), PLZ 8020.

Dieser Name wurde schon in der Zeit der Gemeinde Eggenberg vergeben. Franz Blümel (1839 St. Peter/Ottersbach – 1916 Graz) war Lehrer und Chormeister mehrerer Sängervereinigungen, aber auch Komponist. Verdienstvoll war auch seine Sammlung steirischer Volkslieder. 1907 gab er zusammen mit R. Gotthart ein Liederbuch für die Jugend heraus, das auch Lieder der Klassischen Musik enthält. An Blümels Sterbehaus (Sparbersbachgasse 15) befindet sich eine Gedenktafel.

Blumenhang

siehe Am Blumenhang

Blütengasse

III (Grabenhofenweg – Hochsteingasse), 1870, PLZ 8010.

Vermutlich nach den zahlreichen um 1870 hier vorhandenen Obstbaumkulturen benannt.

Blutgasse

I (Färbergasse – Hofgasse), PLZ 8010.

Keine offizielle Namengebung durch die Stadtgemeinde. Im 17. Jh. als Jesuitengässchen bezeichnet. Eine nun nicht mehr durchgängige Verbindung („Reiche") vom Haus Färbergasse 9 zum

Haus Hofgasse 8. Für die Legende, dass hier zu Tode Verurteile durchgeführt wurden (siehe Venedigs Seufzerbrücke), gibt es keinen Beweis. Wohl aber wird im 17. Jh. erwähnt, dass hier ein Mord begangen wurde.

Bodenfeldgasse

XIV (Alte Poststraße – Vinzenzgasse), PLZ 8020.

Ein Riedname, der schon von der Gemeinde Eggenberg als Straßenname vergeben wurde. In den Bauplänen der Zwischenkriegszeit war eine Verlängerung bis zur Göstinger Straße vorgesehen.

Boecklgasse

siehe Herbert-Boeckl-Gasse

Bogengasse

III (Hochsteingasse – Zusertalgasse), 1870, PLZ 8010.

Topographische Bezeichnung nach dem bogenförmigen Verlauf dieser Gasse am Berggelände.

Böhm-Allee

siehe Dr.-Karl-Böhm-Allee

Boltzmanngasse

siehe Ludwig-Boltzmann-Gasse

Borromäumgasse

VI (Schönaugasse – Wielandgasse), 1899, PLZ 8010.

Im Haus Nr. 6 befand sich das Heim Borromäum des Vereins zur Förderung der leiblichen und geistigen Wohlfahrt verlassener, armer Kinder.

Die Stiftung war nach dem Kardinal und Mailänder Erzbischof Karl Borromäus (Carlo Borromeo, 1538 Arona – 1584 Mailand) benannt, der 1610 heiliggesprochen wurde. Er war eine treibende Kraft des Konzils von Trient. In seiner Diözese gründete er Seminare und Schulen.

Boschweg

VII (Kloiberweg – Porscheweg), 1954, PLZ 8041.

Einer der vielen, mit dem Auto in Zusammenhang stehenden Straßennamen in Liebenau. Robert August Bosch (1861 Albeck/Ulm – 1942 Stuttgart) war Industrieller (*Robert Bosch AG* in Stuttgart) und Erzeuger von elektrischen Ausrüstungsgegenständen für Kraftfahrzeuge. Bosch entwickelte die Magnetzündung für Verbrennungskraftmaschinen und rüstete als Erster Kraftfahrzeuge einheitlich elektrisch aus. Der Weg liegt in der Steyr-Daimler-Puch-Siedlung.

Boscoweg

siehe Don-Bosco-Weg

Bozener Straße

V (Siebenundvierzigergasse – Sechsundzwanziger-Schützen-Gasse), 1938, PLZ 8020.

Die Straße entstand gemeinsam mit der Denggenhof-Siedlung Anfang der 1940er-Jahre. Bozen ist die Hauptstadt Südtirols. Hervorzuheben ist die schöne Altstadt. Seit Südtirol 1919 im Frieden von Saint Germain Italien zugesprochen wurde, haben sich in Bozen (Bolzano) die Stadtgröße und die Bevölkerungszusammensetzung stark verändert. Bozen ist auch das industrielle Zentrum der Region. Die Südtiroler *Optanten*, die in der Triestersiedlung untergebracht wurden, haben zur Namengebung der Straße motiviert. Eine zweite Bozenerstraße gab es in Wetzelsdorf (nun Ilwofgasse).

Brahmsstraße

VI (Brucknerstraße – Händelstraße), 1929, PLZ 8010.

Johannes Brahms (1833 Hamburg – 1897 Wien) war einer der bedeutendsten Komponisten und Pianisten. Er verbrachte einen großen Teil seines Lebens in Wien und besuchte auch mehrfach die Steiermark, so Mürzzuschlag (Brahmsmuseum) und Graz. Von seinen eindrucksvollsten Werken seien hier das *Deutsche Requiem* und die vier Symphonien genannt. Einen Schwerpunkt seines kompositorischen Werkes bildet die Kammermusik. Brahms wird als ein musikalischer Gegenpol zu seinem Zeitgenossen Richard Wagner interpretiert.

Brandauerweg

XVI (Peter-Leardi-Weg zuerst nach Norden, dann nach Osten, Sackgasse), 1955, PLZ 8054.

Besitzername. Andreas Brandau war Tuchscherer und -färber in der Mühlgasse. Die Häuser Wetzelsdorf Nr. 22 und Nr. 34 gehörten der Familie Brandau(er).

Brandhofgasse

II, III (Zinzendorfgasse – Leonhardstraße), 1844/1852, PLZ 8010.

Benannt nach dem *Brandhof* bzw. nach dem ersten Adelsprädikat der Anna Plochl *Freifrau von Brandhofen* (1834). Der schon im 14. Jh. bezeugte Bauernhof, am Nordabhang des Seeberges in 1080 m Seehöhe gelegen, wurde 1818 von Erzherzog Johann erworben und bis 1828 zu einem Herrenhof und Jagdschloss mit Musterwirtschaft für alpenländische Viehzucht ausgebaut. 1829 wurde in der Hauskapelle die Trauung zwischen dem Erzherzog und der Postmeisterstochter Anna Plochl unter großer Geheimhaltung vollzogen. Der Landsitz gehört den Grafen von Meran, den Nachkommen aus dieser Verbindung. Die Brandhofgasse führt zum Teil auch entlang der Parkanlagen des für Erzherzog Johann ab 1844 errichteten Stadtpalais *Meran* in Graz (siehe Merangasse).

Brandstettergasse

siehe Hans-Brandstetter-Gasse

Brauhausstraße

XIV, XV (Reinighausstraße über Wetzelsdorfer Straße gegen Süden), PLZ 8020, 8053.

Der Name stammt noch aus der Zeit der Gemeinde Eggenberg und hat sicherlich eine Tradition, die über die große Namengebungswelle in der Marktgemeinde von 1910 hinausgeht. Das Bierbrauen hatte bei uns als Nebenerwerb von Gastwirten seine Grundlage. Dementsprechend gab es zuerst sehr viele kleine und kaum sehr qualitätsvolle Braustätten. Später, besonders im 19. Jh. kam es zur Konzentration auf wenige große Brauereien. Eine solche war die Brauerei am Steinfeld in Eggenberg, der mit Abstand größte Betrieb der Gemeinde. Über die Brauerei wird auch kurz unter dem Stichwort Reininghausstraße berichtet. Spreitzhofer (1984) schreibt, dass, um eine Verwechslung mit dem Göstinger Brauhausweg (nun Breunergasse) zu vermeiden, 1946 ein Namenswechsel zur Diskussion stand.

Brehmstraße

XV (Peter-Rosegger-Straße gegen Süden), um 1935, PLZ 8053.

Der deutsche Zoologe und Reiseschriftsteller Alfred Brehm (1829 Renthendorf/Thüringen – 1884 Renthendorf) wurde als Autor des Werkes *Illustriertes Tierleben* (später: *Brehms Tierleben*) bekannt. Er war Zoodirektor in Hamburg, Gründer des Aquariums in Berlin und unternahm zahlreiche Forschungsfahrten. Einen Österreichbezug hatte Brehm durch seine Freundschaft mit Kronprinz Rudolf.

Breitenweg

VIII (Peterstalstraße – Waltendorfer Hauptstraße, mit Unterbrechung), PLZ 8042.

Der Straßenname wurde schon zur Zeit der Gemeinde St. Peter vergeben. Ein Flurname, der auch im Franziszeischen Kataster belegt ist.

Breitenweg

siehe auch Unterer Breitenweg

Bresslern-Roth-Weg

XIII (Anton-Kleinoscheg-Straße nach Osten, Sackgasse), 1995, PLZ 8051.

Benannt nach Norbertine von Bresslern-Roth (1891 Graz – 1978 Graz). Bekannte Grazer Tiermalerin, Graphikerin und Buchillustratorin. Zahlreiche Auszeichnungen und Preise, u. a. 1912 Silberne Kunstmedaille der Stadt Graz. Goldenes und Silbernes Ehrenzeichen der Stadt Wien, mehrmalige Verleihung des Österreichischen Staatspreises, 1968 Ehrenkreuz für Wissenschaft und Kunst.

Breunergasse

XIII (Göstinger Straße – Anton-Kleinoscheg-Straße zur Bahn), 1949, PLZ 8051.

Zuvor Brauhausweg. Nach der Adelsfamilie Breuner benannt, die am Ende des 14. Jhs. in die Steiermark kam. Sie hatte bald hohe Ämter inne und erwarb große Besitzungen. Carl Thomas Graf von Breuner (1719 Graz – 1800 Graz) war Landeshauptmann, Regierungs- und Appellationsgerichtspräsident. Hauptsitz war der Breunerhof in der Elisabethstraße 11/Brandhofgasse 5. Der ehemalige Breunerteich zwischen der Brandhof- und der Zinzendorfgasse diente als Vergnügungsstätte der eleganten Grazer Gesellschaft, bis er um die Mitte des 19. Jhs. durch die Anlegung der Breuner- und Zinzendorfgasse zugeschüttet wurde. Das im 16. Jh. erbaute ehem. Palais der Grafen Breuner befindet sich in der Herrengasse Nr. 9.

Der Schauspieler Johann Brockmann in einer dramatischen Rolle.

Brockmanngasse

II, VI (Mandellstraße – Pestalozzistraße), 1862, PLZ 8010.

Johann Franz Brockmann (1745 Graz – 1812 Wien) wurde in der altstädtischen Wurmbrandgasse geboren und machte außerhalb von Graz große Theaterkarriere. Er war Mitglied der berühmten Schröderschen Truppe, spielte den ersten deutschen Hamlet und gehörte zum Ensemble des Wiener Burgtheaters (Hofburgtheater), dessen Direktor er 1789 bis 1791 war. Brockmann machte sich aber auch um die Altersversorgung von Schauspielern verdient.

Brückengasse

V (Karlauplatz – Korngasse), 1899, PLZ 8020.

Zuvor Baumgasse. Entlang des rechtsseitigen Mühlgangs angelegt, führte diese Gasse zur Steinernen Brücke am (heutigen) Karlauplatz. Die Brücke (bis 1899) bzw. ihre eiserne Nachfolgekonstruktion trug – bis der Mühlgang überdeckt wurde – den Hauptverkehr der wichtigen Nordsüdverbindung.

Brückenkopfgasse

V (Grieskai bzw. Radetzkybrücke – Griesplatz), 1870, PLZ 8020.

Zuvor auch gemeinsam mit der heutigen Lagergasse Augasse genannt. 1787 wurde als zweite Murbrücke in Graz die

Brückenkopfgasse: Die Gasse 1948 mit einer Tramway der Linie 36 (Bahnhofgürtel) und dem Express-(Früh-)Buffet.

Neue Brücke (seit 1852 Radetzkybrücke) eröffnet. Es gab zuerst die Namen Neuebrückegasse und Brückenkopf. Für den rechtsseitigen Brückenkopf wurde dann mit der großen Straßenbenennungswelle um 1870 dieser Name gewählt.

Brucknerstraße

VI (Münzgrabenstraße – St.-Peter-Hauptstraße), 1929, PLZ 8010.

Zuvor ein Teil der Petersgasse. Anton Bruckner (1824 Ansfelden – 1896 Wien) gehört zu den großen Komponisten Österreichs. Als Organist wirkte er besonders in St. Florian (Stiftsorganist), Linz (Domorganist) und Wien (Hofkapellorganist). Bruckner lehrte an der Wiener Universität Harmonielehre und Kontrapunkt. Seine Konzertreisen führten ihn nach Paris und London. Er schuf bevorzugt geistliche Musik, so das *Tedeum* und drei Messen, aber auch neun Symphonien. Der Meister liegt unter der Brucknerorgel in St. Florian begraben.

Brüder-Renner-Weg

XVII (Rudersdorfer Straße gegen Westen), 1971, PLZ 8055.

Die Artistenfamilie Renner leistete einen wichtigen Beitrag zur Luftfahrtgeschichte Österreichs. Die jungen Brüder Alexander (1892 Tallin – 1966 Graz) und Anatol (1890 Minsk – 1982 Graz) Renner betrieben mit ihrem Vater Franz Luftattraktionen. 1909 stieg ihr Prallluftschiff *Estaric I* vom Trabrennplatz während der Grazer Messe auf. Das technisch interessante, jedoch einfach konstruierte Luftschiff wurde durch einen Puch-Motor betrieben. Großen Erfolg hatte die Vorführung der *Renner Buben* 1909 im Wiener Prater (Rotunde) vor Kaiser Franz Josef. Auch Renners *Luftschiff II Graz* war nur kurz erfolgreich. Windorf bei Straßgang war einige Zeit der Wohnsitz der Familie Renner.

Bründlbach

siehe Am Bründlbach

Die Brüder Renner mit ihrem Vater (um 1909).

Bründlgasse

XVI (Krottendorfer Straße nach Osten, Sackgasse), PLZ 8054.

Bezeichnung nach einer in dieser Gegend befindlichen Quelle und den Bründl-Teichen (siehe Am Bründlbach).

Bründlweg

siehe Unterer Bründlweg

Brunnerweg

XIV, XV (Hangweg – Steinbergstraße), 1949, PLZ 8052.

Zuvor ein Teil des Hangweges. Der Name wurde vom Vulgarnamen Brunner eines kleinen Gehöftes abgeleitet, das sich im Bereich der Häuser 2–4 befand.

Brunnfeldweg

XVII (Triester Straße über Feldkirchner Weg nach Osten, Sackgasse), 1947, PLZ 8055.

Alter Flurname.

Brunngasse

III (Zinzendorfgasse nach Süden, Sackgasse), 1830, PLZ 8010.

Seit 1830 ist der Name Brunngasse gebräuchlich. Benannt nach einem, vor dem heutigen Haus Nr. 3 situierten öffentlichen Brunnen, der 1880 entfernt wurde.

Bruno-Ertler-Straße

siehe Dr.-Bruno-Ertler-Straße

Buchenweg

VI (Fliedergasse – Neulandgasse), 1920, PLZ 8010.

Als der Name vergeben wurde, entstand hier ein Teil der Schönausiedlung, die damals aus Baracken bestand. Mit Namen wie Hollerweg und Buchenweg versuchte man die Natur hervorzuheben und die Siedlung zu schönen. Die Buche (Gattung *Fagus*) ist ein meist hoch wachsender Laubbaum.

Buchkogel siehe Am Buchkogel

Bründlgasse: Die Bründlquelle als romantische Karstquelle (Ende 19. Jh.).

Buchkogelgasse: Kronprinz-Rudolf-Warte auf dem Buchkogel (um 1910, StΛG).

Buchkogelgasse

V (Hohenstaufengasse – Staatsbahn-straße), 1925, PLZ 8020.

Der Buchkogel (657 m) mit der Rudolfswarte liegt als einer der höheren Berge in der westlichen Begrenzung der Stadt. Der Name ist von der Buche abgeleitet. Warum gerade hier der Name vergeben wurde, konnte nicht ermittelt werden.

Buhnengasse

IV (Lendkai – Grüne Gasse), 1870, PLZ 8020.

Eine *Buhne* ist ein künstlicher Damm oder Bau zum Uferschutz. Das passt recht gut für eine Gasse, die im 19. Jh. bis zur Mur reichte. Besonders in der

zweiten Hälfte des 19. Jhs. wurden die Murufer in Graz mit einem hochwassersicheren Schutz eingegrenzt. Noch 1873 befanden sich Teile des Lendkais nur vier Meter über dem Murpegel, waren also nicht hochwassersicher.

Bunsengasse

IV (Mühlriegel – Lastenstraße), um 1897, PLZ 8020.

Der Chemiker Robert Wilhelm Bunsen (1811 Göttingen – 1899 Heidelberg) lehrte an verschiedenen deutschen Hochschulen. Bunsen erfand und entwickelte mehrere Verfahren und Geräte im Bereich der Chemie und Physik. Nach ihm sind das Bunsenventil, der Bunsensche Absorptionskoeffizient, der Bunsen-Kalorimeter, der Bunsen-Photometer und das Bunsen-Roscoesche Gesetz benannt. Am bekanntesten ist wohl das Bunsenlicht, ein Leuchtgasbrenner, der häufig im Laborbetrieb eingesetzt wird. Seit 1901 bezeichnet sich die Deutsche Elektrotechnische Gesellschaft als Deutsche Bunsengesellschaft.

Burenstraße

XIV, XV (Grasbergerstraße – mit Unterbrechung – Loewegasse), um 1900, PLZ 8020, 8052.

Die Buren (Bauern) kamen als holländische Siedler nach Südafrika und stellen dort einen hohen Prozentsatz des weißen Bevölkerungsanteils. Sie waren über Jahrhunderte für die Entwicklung Südafrikas im Positiven und Negativen verantwortlich. Der Burenkrieg (1899–1902) mit der Weltmacht Großbritannien brachte ihnen u. a. in Österreich Sympathien. Während dieses Kriegs erfolgte die Straßenbenennung erstmals. Gartengasse hieß die ursprünglich nicht zur Burenstraße gehörige Verlängerung in Wetzelsdorf. 1948 erfolgte die Neudefinition der Burenstraße. Eine projektierte Burengasse, die nördlich und parallel zur Fröhlichgasse verlaufen sollte, wurde nicht realisiert.

Burgenlandstraße

XIV (Reinighausstraße – Burenstraße), 1933, PLZ 8052.

Der Frieden von St. Germain 1919 brachte ein räumlich verkleinertes Österreich. Als einzige Erweiterung wurde Österreich nun das bislang ungarische (Vier-) Burgenland zugesprochen, das allerdings erst 1921 in Besitz genommen werden konnte. Der Name des neuen Bundeslandes leitet sich vom Burgenbegriff der vier von den Verhandlungen betroffenen Komitate (Ödenburg, Eisenburg, Wieselburg, Pressburg) ab. Die Straße wurde erst später nach Westen verlängert. Als eine zweite Burgenlandstraße hätte um 1940 die Sparbersbachgasse zur Merangasse verlängert werden sollen.

Bürgergasse

I (Hofgasse – Tummelplatz), 1785, PLZ 8010.

Bis zum 16. Jh. als Bürgerstraße, untere Hofgasse oder Kirchgasse bezeichnet. Nach Errichtung des Jesuitenkollegiums (Bürgergasse Nr. 2) ab Ende des 16. Jhs. Jesuitengasse genannt. Nach Aufhebung des Jesuitenordens im Jahr 1773 wieder Bürgergasse genannt. Bis zur Ecke Hofgasse erstreckt sich der Gebäudekomplex der ehemaligen, im 17. Jh. errichteten Jesuitenuniversität mit der Alten Universität (siehe Hofgasse).

Bürgerspitalgasse

V (Brückenkopfgasse – Rosenkranzgasse), 1949, PLZ 8020.

Zuvor Grasbergergasse. Später wollte man die unscheinbare Gasse nach Niklas Ehsl, dem Gründer des Bürgerspitals, benennen. Schließlich wurde daraus die Bürgerspitalgasse. Die Bürgerspitalstiftung gehört zu den für Graz wichtigsten Stiftungen. Seit dem 13. Jh. wurden durch sie ältere und ärmere Grazer Bürger versorgt. Einen Höhepunkt erreichte sie im Spätmittelalter (Bürgerspitalskirche 15. Jh.) und in der Frühen Neuzeit. Damals gehörten große Teile der Murvorstadt zur Ausstattung dieser Stiftung. Wohnhäuser der Bürgerspitalstiftung befinden sich an der Ecke Annenstraße/Volksgartenstraße. In letzten Resten reicht die Stiftung bis in die Gegenwart.

Burgfriedweg

IX (Am Ragnitzbach – Rudolfstraße), 1948, PLZ 8010.

Der Weg ist sicherlich nicht nach einem Burgfriedhof, wie das Straßennamensverzeichnis des Magistrats behauptet, bezeichnet. Unter Burgfried ist ein alter Niedergerichtsprengel zu verstehen. Für Graz wurden 1361 durch Herzog Rudolf den Stifter die Burgfriedsgrenzen festgelegt. Östlich von Graz gab es mehrere Herrschaften und einigen Streit um

Burggarten.

deren Grenzen. Vermutlich ist hier die Herrschaft Kainbach gemeint. F. Popelka erwähnt in seinen Aufzeichnungen zu diesem Weg einen Burgfriedstein von 1621.

Burggarten

I (zwischen Burg und Stadtpark), 2004, PLZ 8010.

2004 beschloss der Gemeinderat, den Traditionsnamen Burggarten auch offiziell zu vergeben. In den Erläuterungen heißt es: *Teil des Stadtparks, der immer schon als Burggarten bezeichnet wurde.* Der Burggarten war nie ein Teil des Stadtparks, sondern wurde als Park der Burg (Residenz, dann Statthalterei) auf der 1562 errichteten Bastei angelegt. Um 1860 wurde der Garten als englischer Park neu gestaltet. Seit 1919 ist der Burggarten meist öffentlich und wurde 2005, zusammen mit der Revitalisierung des historischen Gewächs-

hauses (errichtet 1843, nun als Orangerie bezeichnet) einer Neugestaltung unterzogen. Weiters befinden sich auf dem Bastionsrand zum Stadtpark einige 1934 aufgestellte Sandsteinstatuen wie der Steirische Panther, Samson und Herkules, Justitia (Gerechtigkeit), Lex (Gesetz). Befreiungsdenkmal von 1955.

Burggasse

I (Hofgasse – Opernring), 1835, PLZ 8010.

Zu Beginn des 15. Jhs. auch als *untere Hofgasse,* die Öden oder als *Bürger-Öd* genannt. Dann als Kirchen-, Pfaffen- oder Schulgasse bezeichnet. Im 17. und 18. Jh. zur Hofgasse gezählt. Benennung 1835 nach der landesfürstlichen *Burg* (Statthalterei), ab 1438 Residenz Kaiser Friedrichs III., heute Sitz der Landesregierung. In der Burggasse Nr. 3 befindet sich der Dompfarrhof (seit 1798), erbaut 1583.

Burgring: Der noch nicht aufgefüllte Stadtgraben mit der Dietrichsteinbastei gegen die Burg (Karlstrakt und Kapellenturm) (Lithographie von Hartl, um 1840).

Burgring

I (Erzherzog-Johann-Allee – Opernring), 1870, PLZ 8010.

Zuvor Carl-Ludwig Ring. Der geschlossene Straßenzug vom Burgtor bis zur Einspinnergasse (Nr. 4–18) wurde um 1850/70 auf der mittelalterlichen Verbindungsmauer zwischen Burgtor und der ehem. Dietrichsteinbastei errichtet. Nach der Anlegung der Ringstraße anfänglich als Carl-Ludwig Straße bezeichnet; ab 1870 als Burgring benannt.

C

Carlonegasse

XVII (Mitterstraße – Am Wagrain), 1947, PLZ 8055.

Berühmte, weitverzweigte italienisch-schweizerische Künstlerfamilie aus der Gegend von Luganer- und Comer-See stammend (sog. *Comasker* oder *maestri comacini*). Neben den bedeutendsten Familienmitgliedern Carlo (Maler, u. a. Deckengemälde im Palais Daun-Kinsky und im Oberen Belvedere in Wien, 1. Viertel 18. Jh.) und Carlo Antonio Carlone (bevorzugter Stiftsbaumeister der oberösterreichischen Stifte im 17. Jh.) wirkten vor allem Joachim Carlone (Mariahilf, Minoritenkloster, Minoritensaal 1691) und Sebastian Carlone (Vollender des Mausoleums in Seckau, 1589–1612) in Graz.

Carl-Spitzweg-Gasse

VIII (Waldmüllergasse in Richtung St.-Peter-Hauptstraße), 1949, PLZ 8042.

Zuvor Hugo-Wolf-Gasse. Der humorvolle Maler des Biedermeiers, Carl Spitzweg (1808 München – 1885 München), fand besonders mit seinen Genrebildern mit Szenen kleinbürgerlichen Lebens Anklang. Spitzweg zeichnete auch für die Humor- und Karikaturzeitung *Fliegende Blätter*. Ein unbekannterer Teil seines Werkes ist unromantisch, realistisch und zeigt Züge der frühen Moderne. In der Neuen Galerie befinden sich zwei Ölbilder von Spitzweg.

Carnerigasse

III (Wilhelm-Raabe-Gasse – Körösistraße), 1907, PLZ 8010.

Bartholomäus Ritter von Carneri (1821 Triest – 1909 Marburg), österreichischer Staatsmann, Gelehrter und Dichter. In der Carnerigasse befindet sich das 1. Bundesgymnasium, erbaut 1959/62 nach Plänen von Wilhelm Hubatsch und Jörg Mayr.

Casalgasse

VII (Liebenauer Hauptstraße – Puntigamer Straße), 1948, PLZ 8041.

Zuvor Augasse. Der fürstliche Kammerrat und Vizekanzler der Innerösterreichischen Hofkammer, Peter Casal (gest. 1610), erwarb 1601 das Schloss Vatersdorf (Liebenau). In seiner Besitzzeit wurde der Gutsgrund erweitert. 1852/54 entstand anstelle des Schlosses die Militärschule.

Caspargasse

siehe Heinrich-Caspar-Gasse

Charlottendorfgasse

III (Körblergasse – Quellengasse), 1838, PLZ 8010.

Als *Charlottendorf* wurde ursprünglich das Areal im Bereich der Körblergasse zwischen der Kreuzgasse und dem Lindweg bezeichnet (früher auch *Gült Schwitzen*). Von dort führt die Charlottendorfgasse (1622 auch Ziegelstadlweg) zum Rosenberg. Der Name geht auf Caroline, geb. Freiin von Wittorf (zu Lüdersdorf und Horndorf) zurück, die mit Friedrich Sigmund Freiherrn von Schwitzen (gest. 1788, Grabenpfarre) verheiratet war. Caroline von Schwitzen starb im Jahr 1796 (Grabenpfarre). Durch die frankophile Namensverwendung von *Caroline* als frz. *Charlotte* und den Siedlungsversuch auf eigenem Grund ergab sich die Bezeichnung Charlottendorf (Freiherr von Schwitzen, Sohn, siehe Sigmundstadl).

Christophorusgrund

XVI (Pirchäckerstraße – Pirchäckerstraße, ringförmiger Verlauf), 1983, PLZ 8053.

Benannt nach dem hl. Christophorus, *Christusträger,* dem Schutzpatron der Reisenden und einem der 14 Nothelfer. Nach der Legende war Christophorus ein Riese aus kanaanäischem Geschlecht, der das Christuskind auf seinen Schultern über einen reißenden Fluss trug. Überlebensgroße Darstellungen des Riesen mit dem Christuskind auf den Schultern, meist einen Baumstamm in den Händen haltend, sind als Wandmalereien an den Innen- und Außenwänden der Kirchen seit dem 12. Jh. zu finden. Die Christophorus-Fresken an den Seitenwänden im Inneren des Grazer Domes stammen vom Ende des 15. Jhs. und gehören zu den monumentalsten von Graz.

Chrysler-Platz

siehe Walter-P.-Chrysler-Platz

Claragasse

siehe Abraham-a-Santa-Clara-Gasse

Conduzzigasse

XI (Purbergstraße – Kurzeggerweg), 1948, PLZ 8044.

Der Registrator der Grazer Regierungskanzlei, Franz Kaspar Conduz(z)i von Heldenfeld, erwarb den (Mariatroster) Purberg (= Burgberg) mit einem Schlössl. Er initiierte dort den Marienwallfahrtsort Mariatrost. Dabei musste er mit dem Widerstand der Amtskirche kämpfen. 1708 übergab er den Purberg an den Orden der Pauliner, die dort – ebenfalls gegen Widerstände – die Wallfahrtskirche errichteten.

Conrad-Kreuzer-Gasse

XVI (Kärntner Straße – Alte Poststraße/ Kapellenstraße), 1951, PLZ 8053.

Zuvor Straße V und Teil der Straße IV. Conrad Kreu(t)zer (1810 Graz – 1861 Graz), bekannter Landschafts- und Stilllebenmaler der Biedermeierzeit. Schöpfer zahlreicher Graz-Veduten, Illustrator des Buches *Grätz* von Gustav Schreiner, Grätz 1843 (z. B. *Dom mit Mausoleum, Palais Meran, Blick vom Schloßberg auf Geidorf).*

Conrad-von-Hötzendorf-Straße

VI, VII (Grazbachgasse – Ulrich-Lichtenstein-Gasse), 1935, PLZ 8010, 8041.

Zuvor (äußere) Jakominigasse und der kurze Teil in der Gemeinde Liebenau Grazerstraße. Feldmarschall Franz Graf Conrad (= Familienname) von Hötzendorf (1852 Penzing/Wien – 1925 Bad

Conrad-von-Hötzendorf-Straße (um 1910).

Mergentheim) hatte seit 1906 höchste Kommandoposten in der k. u. k. Armee (bis 1917 Chef des Generalstabs, 1917 Heeresgruppenkommandant und Feldmarschall) inne. Siege und Niederlagen Österreich-Ungarns im Ersten Weltkrieg sind mit seiner Person verbunden. Er wurde Freiherr und schließlich zum Grafen erhoben und trat auch als Militärschriftsteller (u. a. *Aus meiner Dienstzeit*, 5 Bde., 1921–1925) hervor.

Corneliusweg

XIII (Grafenbergstraße zum Thaler Bach), 1949, PLZ 8051.

Zuvor Kapellenweg. Peter Cornelius (1824 Mainz – 1874 Mainz), deutscher Dichter und Komponist. 1860 in Wien, 1864 nach München, Professor der Harmonielehre. Opern: *Der Barbier von Bagdad* (1858).

Coßmanngasse

siehe Alfred-Coßmann-Gasse

Costellagasse

XIII (Anton-Kleinoscheg-Straße nach Nordosten, Sackgasse), 1858, PLZ 8051.

Alois Costella (1851 Tarvis – 1925 Graz). Der aus Tarvis stammende Cavaliere Costella, Ritter vom Hl. Grab, war maßgeblich an einer versuchten Kirchengründung für Gösting beteiligt. Er war Obmann des 1904 gegründeten Kirchenbauvereines. Dieser legte in der Folge Pläne für eine lokale Fi-

77

lialkirche der Kalvarienbergkirche vor, die jedoch vom damaligen Landeskonservator, Monsignore Graus, nicht akzeptiert wurden. So unterblieb der Neubau. Costella besaß auch das einzige Hotel in Gösting (*Tivoli*), war Gemeinderat und Hauptmann des Grazer Bürgerkorps.

Coventrypromenade

I (Stadtparkweg vom Wetterhäuschen zur Montclair-Allee), 1996, PLZ 8010.

Städtefreundschaft zwischen Graz und Coventry seit dem Jahr 1948. Coventry, mittelenglische Industriestadt, über 300.000 Einwohner, Universitätsstadt, Kathedrale, wurde 1940 durch deutsche Luftangriffe stark zerstört.

Custozzagasse

V (1899, Oeverseegasse – Lazarettgürtel), 1899, PLZ 8020.

Bei dem italienischen Bergdorf Custozza in der Nähe von Verona siegte am 25. 7. 1848 eine österreichische Armee unter Führung von Feldmarschall Radetzky über ein sardinisches (italienisches) Heer unter König Carlo Alberto aus dem Hause Savoyen. Am 24. 6. 1866 besiegte Österreich unter Erzherzog Albrecht ebenfalls dort ein italienisches Heer. Benachbart liegen hier die nach Schlachtensiegen Österreichs benannten Straßen (Oeversee, Lissa, Custozza). Aufgrund der Nähe der Kasernen im Bezirk Gries wählte man vermutlich diesen Straßennamen.

D

Dahlienweg

XV (Kärntner Straße nach Westen), 1954, PLZ 8054.

Florale Bezeichnung; Dahlie, Georgine, Dahlia; Gattung der Korbblütler; *Dahlia variabilis*, die veränderliche Dahlie, wird mit großem Formen- und Sortenreichtum kultiviert.

Dahnplatz

siehe Felix-Dahn-Platz

Daimlerweg

VII (Kloiberweg – Neudorfer Straße), 1954, PLZ 8041.

Für diesen Weg waren zuerst die Namen Mannlicher und Bosch im Gespräch. Gottlieb Daimler (1834 Schorndorf – 1900 Stuttgart) war der Pionier der deutschen Automobilindustrie. So erhielt er u. a. 1883 das erste Patent auf einen schnelllaufenden Verbrennungsmotor. 1890 wurde die *Daimler-Motorengesellschaft* gegründet. Mercedes war der ab 1902 im Firmennamen verwendete Vorname der Tochter des Daimlermitarbeiters Emil Jellinek. 1926 wurde der Betrieb mit den Benzwerken zur Firma *Mercedes-Benz* verbunden. Das Werk Thondorf der Steyr-Daimler-Puch Fahrzeugtechnik GmbH (nun Magna-Steyr) ist u. a. durch den Bau des Mercedes-Benz G (Geländewagen) mit dem deutschen Automobilhersteller verbunden. Der Daimlerweg liegt in der Steyr-Daimler-Puch-Siedlung.

Damm

siehe Am Damm

Dammweg

VIII (Petrifelderstraße – Eichenweg), PLZ 8042.

Parallel zum Damm, der hier den Petersbach auch bei Hochwasser begrenzen soll, verläuft der Dammweg (siehe auch Banngrabenweg). Der Dammweg erhielt seinen Namen noch in der Zeit der Gemeinde St. Peter und reichte einst bis zur Gemeindegrenze nach Messendorf. Dort wurde er als Feldweg weiter nach Süden geführt.

Darmstadtgasse

IV (Kleiststraße – Schrödingerstraße), 1972, PLZ 8020.

Die hessische Stadt Darmstadt wurde 1968 zur Schwesterstadt von Graz. Im Grazer Landhaushof hatte man die Drei-Städte-Verschwisterung von Darmstadt, Graz und Trondheim beschlossen. Auf verschiedenen Ebenen (besonders Politik, Kultur, Schulen) gibt es seither wechselseitige Kontakte. Darmstadt hat rund 140.000 Einwohner, liegt am Nordende der Bergstraße und hat Anteil an der hessischen Rheinebene und am Vorderen Odenwald. Die ehemalige Residenz- und Hauptstadt Hessens besitzt eine Reihe wichtiger Einrichtungen im Bereich der Wirtschaft, Verwaltung und Kultur. Im Stadtteil Darmstadt-Eberstadt befindet sich eine Grazstraße.

Daungasse

IV (Waagner-Biro-Straße – Alte Post-straße), 1897, PLZ 8020.

Leopold Josef Graf Daun, Fürst von Thiano (1705 Wien – 1766 Wien) führte als Feldmarschall und Hofkriegsratspräsident Armeen Österreichs im Österreichischen Erbfolgekrieg und im Siebenjährigen Krieg. Er gründete und leitete die Maria Theresianische Militärakademie und reorganisierte das Heer. Daun siegte in den Schlachten von Kolin (1757), Hochkirch (1758) und Maxen (1759) und verlor bei Torgau (1760). Die Daungasse liegt im ehemaligen Kasernenviertel westlich des Bahnhofes.

Davidgasse

I (Hauptplatz – Kapaunplatz), 1813, PLZ 8010.

Bis in die zweite Hälfte des 18. Jhs. hieß der Bereich zwischen Hauptplatz und Franziskanerkloster *in der Höll* oder *Höllgassl*. Seit 1813 ist der Name *Davidgassl* üblich. Kurzer, enger Gassenzug, deswegen vermutlich nach dem biblischen David, der den Riesen Goliath besiegte, so benannt.

David-Herzog-Platz

V (Zweiglgasse – Grieskai), 2000, PLZ 8020.

Zuvor seit 1988 Synagogenplatz. Nach jahrhundertelanger erzwungener Abwesenheit entstand ab 1861 in Graz wieder eine jüdische Gemeinde, die 1869 den Rang einer Kultusgemeinde erhielt. 1892 wurde hier die von Maximilian Katscher entworfene Synagoge (Backsteinbau im romanisch-byzantinischen Stil) eingeweiht, die 1938 von den Nationalsozialisten niedergebrannt wurde. 2000 entstand der Neubau (Arch. Jörg und Ingrid Mayr). Jahre zuvor wollte man das Grundstück noch für eine Abbiegespur nutzen. Dr. David Herzog (1869 Tyrnau/Trnava – 1946 Oxford) wurde 1907 zum Rabbiner für Steiermark, Kärnten und (bis 1918) Krain ernannt. 1909 bis 1938 lehrte er semitische Philologie an der Universität Graz. Die Stadt Graz (1929 Ehrenbürgerschaft) und die Republik Österreich (1934) ehrten ihn. 1938 musste er emigrieren und lebte danach in England.

Dechant-Binder-Anlage

XIII (Wohnbereichspark nördlich der Häuser Plabutscherstraße), 1996, PLZ 8051.

Dechant Udalrich Binder (1907 Graz – 1988 Graz) war jahrzehntelang Pfarrer in Gösting St. Anna (ab 1946) und durch sein soziales Engagement vor allem in der Nachkriegszeit bei der Göstinger Bevölkerung beliebt. Zahlreiche Vorhaben wurden während seiner Zeit durchgeführt, wie der Umbau des ehem. Göstinger Brauhauses, zuletzt im Besitz der Firma Reininghaus, zu einem Kirchengebäude nach Plänen von Karl Lebwohl. 1983 wurde die verfallene Kreuz-Kapelle in der Göstinger Straße als Katholikentagskapelle erneuert und renoviert.

Der Häuserblock um die Defreggergasse, unten die Belgiergasse, rechts die Griesgasse, oben die Barmherzigenkirche und links die Feuerbachgasse (1990).

Defreggergasse

V (Belgiergasse – Südtiroler Platz), 1949, PLZ 8020.

Zuvor Roseggergasse. Franz von Defregger (1835 Ederhof/Osttirol – 1921 München) wurde als Maler des Bauernlebens und der Geschichte seiner Heimat Tirol in München zu einem berühmten Künstler und Ehrenbürger der Stadt. Defregger wurde auch in den bayrischen Adelsstand erhoben. Seit 1878 lehrte er an der Münchner Akademie der Bildenden Künste. Bekannt wurden seine Bilder mit dramatischen Szenen des Tiroler Freiheitskampfes 1809.

Degengasse siehe Jakob-Degen-Gasse

Denggasse

VIII (Theodor-Storm-Gasse gegen Südosten, unterbrochener Verlauf), 1926, PLZ 8042.

Der Realitätenbesitzer Anton Dengg starb 1924. Von 1911 bis 1918 war er Gemeindevorsteher, also Bürgermeister, von St. Peter.

Dennigweg

XII (St.-Gotthard-Straße – Franz-Schmidt-Weg), 1958, PLZ 8046.

Heinrich Dennig (1855–1928), Rittmeister d. R., war der Begründer der

Heimgartenbewegung in der Steiermark und ein Gönner und Wohltäter der Invaliden, Witwen und Waisen. Schloss St. Gotthard (Andritzer Reichsstraße Nr. 160) und der Kanzel Steinbruch befinden sich im Besitz der Familie Dennig.

Deublergasse
siehe Konrad-Deubler-Gasse

Dieselweg
VII (Messendorfer Straße gegen Nordosten), 1951, PLZ 8042.

Der deutsche Ingenieur Rudolf Diesel (1858 Paris – 1913 Ärmelkanal) erfand in Zusammenarbeit mit der Maschinenfabrik Augsburg und der Firma Krupp den nach ihm benannten Motor (Verbrennungskraftmaschine, die unter hohem Druck und mit hoher Temperatur Schweröl benutzt). Der Anerkennung im Ausland standen

Auseinandersetzungen in Deutschland gegenüber. Der Bedeutung Liebenaus als Standort einer Autofabrikation entsprechend, wurden hier Autopioniere durch Straßennamen geehrt. Der Dieselweg steht auch in räumlichem Zusammenhang mit der Wohnsiedlung des Werkes Thondorf.

Dietrichsteinplatz
II, VI (Platz zwischen Reitschulgasse – Sparbersbachgasse – Schörgelgasse – Münzgrabenstraße – Grazbachgasse), 1879, PLZ 8010.

Benannt nach dem Adelsgeschlecht Dietrichstein, aus Kärnten stammend. Seit dem 16. Jh. zwei Hauptlinien; im 19. Jh. bestand die fürstliche Linie (Dietrichstein-Proskau-Leslie; 1880 im Mannesstamm erloschen, den Titel erbten 1868 die Grafen Mensdorff-Pouilly: Sitz Nikolsburg/Mähren) und

Die Puchsiedlung am Dieselweg (Nordseite, 1951).

die gräfliche Linie (Dietrichstein-Weichselstaett und Rabenstein), welcher Max Graf von Dietrichstein (1785–1859 Graz) angehörte. Er war ständischer Verordneter und tätigte große Stiftungen zugunsten der Armen. 1877 erwarb Dietrichstein das Haus Schlögelgasse Nr. 9 als Stiftung, u. a. für vermögenslose, um Staat oder Kirche verdiente Adelige.

Diez-Straße
siehe Erna-Diez-Straße

Dirnböckgasse
siehe Jakob-Dirnböck-Gasse

Doblergasse
IV (Volksgarten – Hans-Resel-Gasse), 1894, PLZ 8020.

Franz Kaspar Dobler (1759 Graz – 1817 Graz) war um die Wende des 18. zum 19. Jh. einer der bedeutendsten Handelsmänner seiner Heimatstadt. Er wohnte im Eckhaus Mariahilferstraße 1 und besaß das Palais Wagensperg in der Herrengasse. 1790 wurde in Graz das Bürgerkorps gegründet. Dobler stand zuerst der Kavallerieabteilung vor und übernahm 1792 das Oberkommando (Oberst), das er bis zu seinem Tod innehatte. Zur Zeit der französischen Besatzung der Steiermark gehörte er der provisorischen Regierung an und bewährte sich in dieser diplomatisch heiklen Situation. 1797 bewirtete er Napoleon Bonaparte im Palais Stubenberg (Herrengasse 13). Kaiser Franz I. ehrte ihn deshalb mit der Goldenen Zivil-Ehrenmedaille.

Dolezalgasse
XIII (Römerweg nach Norden), 1971, PLZ 8051.

Eduard Dolezal (1862 Budwitz/Mähren – 1955 Baden/Niederösterreich), Geodät, Begründer des modernen österreichischen Vermessungswesens mit Neuorganisation und Zentralisierung. Von 1899 bis 1905 an der Bergakademie Leoben (Montanistische Hochschule), danach wirkte er 25 Jahre an der Technischen Hochschule in Wien. 1910 Gründung der Internationalen Gesellschaft für Photogrammetrie und Gründer und Herausgeber des *Archivs für Photogrammetrie* (1908 ff).

Dolfweg siehe Hans-Dolf-Weg

Dominikanergasse
V (Annenstraße – Kernstockgasse), 1785, PLZ 8020.

Der 1215 vom hl. Dominikus gegründete Predigerorden (Dominikaner) musste 1586 sein bisheriges Kloster in der Herrengasse (heute Stadtpfarrkirche) verlassen und übersiedelte in die frühere Vorstadtpfarre St. Andrä. Die Dominikaner errichteten hier das Kloster und aus einem kleineren Vorgängerbau die St. Andräkirche. Sie prägten damit diesen Teil der Murvorstadt. 1808 wurde das Kloster in der Murvorstadt vom Ärar übernommen (Dominikanerkaserne), und die Dominikaner übersiedelten in das aufgelassene Kloster in der Münzgrabenstraße.

Dominikanergrund
siehe Am Dominikanergrund

Dominikanerriegel

IV (westlich der Babenbergerstraße – Mariengasse), 1813, PLZ 8020.

Die Dominikaner (siehe Dominikanergasse) hatten hier bis in die Gegenwart Besitzungen. Unter Riegel wird eine lang gestreckte, nicht sonderlich hohe Bodenerhebung verstanden; hier ist es die Terrasse mit Schotter aus der Würmzeit (Bahnhofterrasse). Als die nördliche Babenbergerstraße noch nicht ausgebaut war, hatte der Dominikanerriegel einen anderen Verlauf.

Don-Bosco-Weg

XV (Alte Poststraße – Forstergasse), 1954, PLZ 8053.

Die Bezeichnung wurde im Zusammenhang mit der nahen Don-Bosco-Kirche gewählt. Giovanni Bosco (genannt Don Bosco) lebte von 1815 (Becchi/Turin) bis 1888 (Turin) und wurde als Sozialpädagoge und Autor religiöser Schriften bekannt. Er war Stifter des Ordens der Salesianer und wurde 1934 heiliggesprochen. Seine Pädagogik wandte sich besonders verwahrlosten Kindern zu. Don Bosco versuchte den Kindern durch Sozialprävention, Schaffung eines besseren Sozialmilieus und Mitverantwortung zu helfen. Die Grazer Don-Bosco-Kirche (Zum hl. Johannes Bosco) wurde 1935 als Notkirche geweiht und entstand aus dem Pulverturm und dem Pferdegeschirrmagazin auf der ehemals ärarischen Liegenschaft.

Dorfstraße

VII (Murfelder Straße – Engelsdorfer Straße), 1949, PLZ 8041.

Anlässlich der offiziellen Namengebung durch den Gemeinderat wurde darauf hingewiesen, dass hier dieser Name schon vorher in üblicher Weise verwendet wurde. Es handelte sich um die Verbindung zwischen der Gemeinde Engelsdorf und der erst in der Zwischenkriegszeit entstandenen Gemeinde Murfeld.

Die Don-Bosco-Kirche mit dem Jugendheim in den Nachkriegsjahren.

Dornauweg

XVI (Pirchäckerstraße – Hackhofergasse), 1951, PLZ 8053.

Georg von Dornau war 1675/76 Stadtrichter und 1688 Bürgermeister von Graz, in einer Zeit unmittelbar nach der Türkenbedrohung 1664 und politischer Unruhen, in die auch der Hochverratsprozess gegen den Burghauptmann Graf Tattenbach fiel.

Dorngasse

IV (Zeillergasse – Kalvarienbergstraße), 1870, PLZ 8020.

Zuvor Flohgäßchen. Arbeiter und Gadolla weisen 1912 in ihrem Straßennamenbuch auf die Dornensträucher hin, die sich bei den Zäunen am Gassenrand befunden haben sollen.

Dornschneidergasse

V (Puchstraße – Hermann-Löns-Gasse), 1899, PLZ 8020.

An der Ecke zur Herrgottwiesgasse befand sich das Gasthaus *Dornschneider.* Dieses soll früher den Namen *Turmschneider* getragen haben. Dies ist als Hinweis auf einen der Türme zu sehen, die sich an der Umfassungsmauer des landesfürstlichen Tiergartens, der um das Schloss Karlau angelegt war, befunden haben. In diesem Turm soll ein Schneider gewohnt haben.

Dorothee-Sölle-Weg

V (Albert-Schweitzer-Gasse beim Geriatischen Gesundheitszentrum in Richtung Mühlgang), 2005, PLZ 8020.

Dorothee Sölle (1929 Köln – 2003 Göppingen) studierte u. a. evangelische

Die Theologin Dorothee Sölle.

Theologie. Sie lehrte an der Universität Köln, am Union Theological Seminary in New York und an der evangelisch-theologischen Fakultät in Basel. Dorothee Sölle engagierte sich in der europäischen Friedensbewegung, für soziale Gerechtigkeit und wirkte an der Konzeption einer politischen Theologie feministischer Ausrichtung. Sie wird als eine der weltweit bekanntesten und umstrittensten Theologinnen des 20. Jhs. charakterisiert. Mit Graz verband sie eine vieljährige Mitwirkung an der Evangelischen Akademie und ein Gedicht über die Doppelwendeltreppe.

Dr.-Anton-Schlossar-Weg

IX (Untere Teichstraße – Waltendorfer Hauptstraße), 1958, PLZ 8010.

Die Familie von Schlossar zog aus Siebenbürgen nach Graz. Hier studierte Anton Schlossar (1894 Troppau – 1942 Graz) Jus und wohnte in der Mandellstraße, dann in der Haydngasse und schließlich im Haus Nibelungengasse 8. Hofrat Dr.

Schlossar war zu seiner Zeit eine Schlüsselperson des steirischen Kulturlebens. Er arbeitete als Jurist und Bibliothekar (1904 Direktor der Universitätsbibliothek) und publizierte als Kunsthistoriker und Kulturwissenschaftler. Einige seiner Werke befassen sich mit der Steiermark zur Zeit Erzherzog Johanns. 1877 veröffentlichte er mit dem *Innerösterreichischen Stadtleben vor 100 Jahren* einen interessanten Beitrag zur Kulturgeschichte der Stadt. 1898 erschien die Peter Rosegger gewidmete Kultur- und Literaturgeschichte Steiermarks. Schlossar begründete die steirische Bibliographie. Bekannt wurde er durch seine Bibliographie *Die Literatur in der Steiermark*. 1928 wurde Schlossar zum Ehrenbürger von Graz ernannt. Ohne im amtlichen Straßenverzeichnis enthalten zu sein, wurde 1958 eine kleine Grünanlage bei der Straße Auf der Tändelwiese als Dr.-Schlossar-Park benannt.

Dr.-Anton-Weg

XVI (Dr.-Heschl-Weg – Trappengasse), 1964, PLZ 8054.

Gabriel Anton (1858 Sesaz/Deutsch Böhmen – 1933 Graz), Dr. med., Univ.-Prof., Vorstand an der Klinik für Psychiatrie und Neurologie in Graz, ab 1905 an die Universität Halle an der Saale berufen, nach seiner Emeritierung Rückkehr nach Graz.

Dr.-Bruno-Ertler-Straße

XI (Stenggstraße – Joseph-Marx-Straße), um 1930, PLZ 8043.

Zuvor Bahnstraße. Dem Literaten Bruno Ertler (1889 Pernitz – 1927 Graz) wurde nach dessen Tod durch die Gemeinde Fölling (Mariatrost) diese Straße dediziert. Ertler arbeitete als Journalist und lebte in der nun nach ihm benannten Straße. Bruno Ertler und Julius Franz Schütz bildeten den Mittelpunkt eines Literatenkreises in der Zeit um den Ersten Weltkrieg. Ertlers Bühnenwerk, die Tragödie *Anna Iwanowna*, wurde 1920 mit Erfolg uraufgeführt und 1959 von Konrad Stekl als Oper vertont. Als Themen verwendete er häufig eigene Kinder- und Jugenderlebnisse. Ertler ist auf dem St. Leonhard-Friedhof begraben.

Dr.-Eckener-Straße

XI (Mariatroster Straße – Unterer Plattenweg), Rückbenennung 1949, PLZ 8043.

Zuerst Strohsackweg, dann Dr.-Eckener-Straße, der Name Trattenbachstraße wurde von den Bewohnern abgelehnt. Der Luftschiffer Dr. Hugo Eckener (1868 Flensburg – 1954 Friedrichshafen) war ab 1905 ein Mitarbeiter von Graf Zeppelin. Mit Luftschiffen nach dem System Zeppelin unternahm er Reisen mit Pioniercharakter, so eine Erdumrundung und einen Polarflug. Seine Fahrten über Graz waren in der Zwischenkriegszeit eine lokale Sensation. Seine Auftritte und Vorträge in Graz hatten fast die Dimension eines Staatsbesuches. Eckener war Ehrendoktor der Grazer Technischen Hochschule (nun TU). Eine Eckenerstraße gab es auch in St. Peter. Sie wurde amtlich gelöscht.

Dr.-Emperger-Weg

XV (Wetzelsdorfer Straße gegen Süden), 1950, PLZ 8052.

Dr. Vinzenz Edler von Emperger (1815 Klagenfurt – 1875 Graz) promovierte 1844 in Graz zum Dr. jur. Er führte 1848 in Graz die radikale Partei und wurde im Revolutionsjahr 1848 auch zum Ehrenbürger von Graz und zum Mitglied des provisorischen Steiermärkischen Landtages gewählt. Als Leiter der Grazer Delegation bei der Revolution in Wien wurde er zu 18 Jahren schwerem Kerker verurteilt. 1857 begnadigt, arbeitete er zuerst als Advokaturs-Konzipient in Graz und ab 1870 in Leoben.

Dr.-Hanisch-Weg

X (Ragnitzstraße – Peballweg), 1949, PLZ 8047.

Dr. Karl Hanisch war in der Zwischenkriegszeit der einzige Arzt in der Gemeinde Kainbach. 1938 kam ein großer und wichtiger Teil der Gemeinde zu Graz, und 1946 wurde aus diesem Teil Kainbachs der Bezirk Ries.

Dr.-Hans-Kloepfer-Straße

XIV (Straßganger Straße – Handelstraße – Herbersteinstraße), 1938, PLZ 8020.

In den Planungsunterlagen der 1920er-Jahre ist der Ausbau der damals noch namenlosen Straße bis zur Baiernstraße vorgesehen. Als Kind wohnte Hans Kloepfer (1867 Eibiswald – 1944 Köflach) in der Villefortgasse, später in der Schmiedgasse. Er studierte in Graz Medizin. Der Arzt und populäre weststeirische Mundartdichter wurde als Erzähler und Lyriker bekannt. Er erhielt 1939

Der Arzt und Dichter Hans Kloepfer (Plastik von W. Gösser).

den Mozartpreis und 1942 den Raimundpreis. Kloepfer war auch Ehrenbürger der Stadt Graz. Seine geschichtlichen und landeskundlichen Werke sind heute weitgehend unbekannt. Seine deutschnationale Gesinnung brachte ihm sowohl Anerkennung als auch Ablehnung. In Eibiswald befindet sich das Kloepfermuseum.

Dr.-Hans-Spitzy-Platzl

V (Parkanlage zwischen Auf der Tändelwiese und Fasangartengasse), 1954, PLZ 8020.

Prof. Dr. Hans Nikolaus Spitzy (1872 St. Leonhard/Marburg – 1956 Wien) studierte in Graz Medizin und arbeitete dann im Anna-Kinderspital als Orthopäde und Kinderchirurg. 1911 erhielt er eine Professur für Orthopädie und zog bald nach Wien. Im Ersten Weltkrieg gründete er ein Reservespital mit Prothesenwerkstätte und Invalidenschulen. Spitzys Spital wies bis zu 3600 Betten auf. Aus dieser Gründung ging das Orthopädische Spital der Gemeinde Wien hervor, dessen Direktor und Chefarzt er durch viele Jahre war. Spitzy wurde neben vielen anderen österreichischen und internationalen Auszeichnungen der Ehrenring der Gemeinde Wien verliehen. Gegen die Namensverleihung in Graz gab es 1954 einen Protest der SPÖ Gries, der jedoch nicht berücksichtigt wurde.

Dr.-Heschl-Weg

XVI (Kärntner Straße über Trappengasse nach Süden), 1964, PLZ 8053, 8054.

Richard Ladislaus Heschl (1824 Welsdorf/Steiermark – 1881 Wien); 1854 Professor für Anatomie in Olmütz, 1855 Universität Krakau; danach Leitung des pathologisch-anatomischen Institutes an der Universität Graz, schuf den Grundstock für die histologische Präparation. 1875 Ordinarius für pathologische Anatomie in Wien. Erforschte auch das Gehörzentrum, das nach ihm *Heschl'sche Querwindung* genannt wird.

Dr.-Ignaz-Scarpatetti-Straße

XV (Straßganger Straße – Abstallerstraße), um 1932, PLZ 8052.

Der Nervenarzt Dr. Ignaz von Scarpatetti zu Unterwegen (1866 Glarus – 1922 Plankenwarth) war seit 1902 Besitzer und Leiter des Privatsanatoriums Schweizerhof (jetzt Raiffeisenhof) in der Krottendorfer Straße. Das benachbarte

Der Nervenarzt und Sanatoriumsbesitzer Dr. Ignaz von Scarpatetti (Foto aus Familienbesitz).

Gasthaus *Gleichweit* wurde 1908 unter dem Namen Villa Dora (später *Westend)* zum Sanatorium umgestaltet. 1913 erwarb Dr. Scarpatetti das Schloss Plankenwarth. In der 1914 von Eggenberg getrennten Ortsgemeinde Wetzelsdorf war er ein angesehener Ortsbewohner und hatte die Funktion eines Gemeinderates inne.

Dr.-Johannes-Ude-Gasse

XII (Lindengasse nach Westen, Sackgasse), 1980, PLZ 8045.

DDDDr. Johannes Ude (1874 St. Kanzian/Klopeinersee – 1965 Grundlsee), Univ.-Prof., Kämpfer für Frieden und soziale Gerechtigkeit, war mehrfach zwischen 1939 und 1944 wegen Kriegsgegnerschaft in Haft. Bekannt als hervorragender Redner und Schriftsteller, er erhielt zahlreiche Auszeichnungen. 1952 Anwärter für den Friedensnobelpreis.

Dr.-Kamniker-Straße

XVI (Harter Straße – Straßganger Straße), 1961, PLZ 8054.

Dr. Franz Kamniker (1870 Radkersburg – 1928 Graz), Bürgermeister und Ehrenbürger in Radkersburg. Experte für die Südsteiermark bei der österreichischen Friedensdelegation in St. Germain. Seiner Tätigkeit ist es zu verdanken, dass Radkersburg mit seinen Umgebungsgemeinden samt Spielfeld wieder Österreich zugesprochen wurde. Statt der Dr.-Kamniker-Straße stand auch eine Benennung nach Dr. Schumy zur Diskussion.

Dr.-Karl-Böhm-Allee

I (Am Fuße des Schloßberges – bis zur Freilichtbühne), 1980, PLZ 8010.

Karl Böhm (1894 Graz – 1981 Salzburg), Dr. jur., international anerkannter Dirigent. Stammte aus einer alten Grazer Advokatenfamilie mit Sitz in der Kernstockgasse. 1920 Erster Kapellmeister am Grazer Opernhaus. In den Jahren von 1943 bis 1945 und 1954 bis 1956 leitete er als Direktor die Wiener Staatsoper und dirigierte zu ihrer Wiedereröffnung 1955 *Fidelio* von Beethoven. Zahlreiche Ehrungen, 1964 Erster österreichischer Generalmusikdirektor, 1969 Ehrenbürger von Graz. Böhms Sohn Karlheinz (geb. 1928 Darmstadt) machte anfangs eine große Karriere als Schauspieler. 1981 gründete er die Hilfs-organisation *Menschen für Menschen*, die sich für die hungernde Bevölkerung in Äthiopien einsetzt.

Dr.-Karl-Lueger-Straße

XIII (Plabutscher Straße – Göstinger Straße), PLZ 8051.

Dr. Karl Lueger (1844 Wien – 1910 Wien), Jurist, österreichischer christlich-sozialer Politiker von großer Popularität. Gründer der Christlich-sozialen Partei. Sohn eines Saaldieners am Wiener Polytechnikum. Lueger war 1896/97 Vizebürgermeister und von 1897 bis 1910 Bürgermeister von Wien. In dieser Funktion veranlasste er große kommunale Aufbauleistungen, wie die Gas- und Elektrizitätsversorgung, Verkehrsbetriebe, soziale Fürsorge und die 2. Hochquellenleitung. 1894 führte Dr. Lueger eine Delegation Wiener Antisemiten zu einer Versammlung nach Graz. In der Lueger-Straße befindet sich die *Villa Sini*, eines der ersten Grazer Privathäuser mit Flachdach- und Terrassenbauweise von Architekt Pasdirek-Coreno, der bereits 1906 in diesem Bau die kubisch-blockhafte Architektur der 1920er- und 1930er-Jahre vorwegnahm.

Dr.-Lemisch-Straße

XVI (Dr.-Kamniker-Straße – Trattfelderstraße), 1961, PLZ 8054.

Dr. Arthur Lemisch (1865 St. Veit a. d. Glan – 1935 St. Veit a. d. Glan), Land- und Forstwirt in Kölnhof/St. Veit. Mitglied des Reichsrates (1907) und des Kärntner Landtages. Nach der Gründung der Ersten Republik Landesverweser von Kärnten, Abwehrkämpfer gegen den Willen und ohne Unterstützung der österreichischen Bundesregierung.

Dr.-Lister-Gasse

VII (Lortzinggasse gegen Nordwesten), 1935, PLZ 8041.

Der Name stammt noch aus der Zeit der Gemeinde Liebenau, allerdings stand in der Gasse 1936 nur ein Haus. Der britische Arzt und Professor Baron Joseph Lister of Lyme Regis (1827 Uptonhouse/Essex – 1912 Walmer/Kent) führte die antiseptische Wundbehandlung in der Chirurgie ein. Interessant, dass sich hier die kleine Vorortgemeinde eine verdienstvolle, aber wenig bekannte internationale Persönlichkeit als Namenspatron aussuchte.

Dr.-Muck-Anlage

I (Grünanlage, Kaiser-Josef-Platz – Opernring), 1949, PLZ 8010.

Dr. Carl Muck (1859 Darmstadt – 1940 Stuttgart; 1941 Beisetzung der Urne auf dem Steinfelder Friedhof/Graz), Operndirektor, 1884 unter der Direktion Bertalan Tätigkeit am Grazer Landes- und Stadttheater. 1885 erste ungekürzte *Meistersinger*-Aufführung und 1886 die österreichische Erstaufführung von Anton Bruckners *7. Symphonie* in Anwesenheit des Komponisten. Heirat mit Anita Portugall, Tochter des Grazer Bürgermeisters Ferdinand Portugall. Engagements in Prag, Petersburg, Moskau, Berlin, Amerika. 1899 dirigierte Dr. Muck die Eröffnungsvorstellung, Wagners *Lohengrin,* im neu erbauten Grazer Opernhaus. 1901 bis 1930 berühmter Bayreuther *Parsifal*-Dirigent und 1922 bis 1933 Leiter der Hamburger Philharmonie. Auf der Dr.-Muck-Anlage befindet sich auch das *Lichtschwert,* eine Skulptur von Hartmut Skerbisch, errichtet 1992 anlässlich der Gedenkfeiern zu *500 Jahre Entdeckung Amerikas* (Auftragsarbeit des steirischen herbstes 1992, Motto: *Amerika Nowhere*).

Dr.-Pfaff-Gasse

VIII (St.-Peter-Hauptstraße – Banngrabenweg), 1949, PLZ 8042.

Der Rechtshistoriker, Univ.-Prof. Dr. Ivo Pfaff, wirkte an der rechts- und staatswissenschaftlichen Fakultät der Universität Graz und vertrat hier von 1908 bis zu seinem Tod 1925 das Römische Recht. Für das Studienjahr 1911/12 wurde Pfaff zum Dekan seiner Fakultät gewählt, 1914/15 zum Rektor der Universität. Pfaff arbeitete speziell zum Thema *Recht und Wirtschaft in der Antike* und über die Literaturgeschichte des rezipierten Römischen Rechtes.

Dr.-Plochl-Straße

VI, VII (Kasernstraße gegen Westen), 1949, PLZ 8041.

Dr. Karl Plochl (1865 Treibach/Althofen – 1951 Graz) war seit 1910 Magistratsdirektor mit dem Titel Magistratspräsident. Dr. Plochl war ein hervorragender Jurist und in dieser Eigenschaft Honorardozent für Baugesetzkunde an der Technischen Hochschule in Graz. Er wurde für sein Wirken durch die Republik Österreich ausgezeichnet und erhielt 1931 auch die Grazer Ehrenbürgerschaft verliehen.

Der Dirigent Dr. Carl Muck.

Dr.-Robert-Graf-Straße

*IX (Waltendorfer Hauptstraße –
St.-Peter-Pfarrweg), 1961, PLZ 8010.*

Dr. Robert Graf (1878 Graz – 1952
Graz), der Sohn des Grazer Bürgermeisters Franz Graf, betätigte sich als
Kunsthistoriker, Kulturkritiker und
Kunsterzieher. Graf schrieb zu aktuellen
Themen der Kunst und veröffentlichte
1940 seinen ersten Gedichtband. Einige seiner Gedichte wurden von Joseph
Marx vertont. Hauptberuflich arbeitete
er als Beamter und Verwaltungsrat in
der Brauerei Puntigam.

Dr.-Robert-Sieger-Straße

*VI (Gluckgasse über die Brucknerstraße
nach Nordwesten), 1929, PLZ 8010.*

Univ.-Prof. Dr. Robert Sieger (1864
Wien – 1926 Graz) leitete als Vorstand
das Institut für Geographie der Universität Graz. Er vertrat sowohl die
physiogeographische als auch die an-
thropogeographische Richtung seines
Faches und war auch volksbildnerisch
tätig. In den Kriegsjahren und in der
Nachkriegszeit engagierte er sich für die
aktuellen Probleme im Sinne der Politischen Geographie. Für das Studienjahr
1925/26 wurde Robert Sieger zum Rektor gewählt.

Dr.-Schlossar-Park

*V (in der Triestersiedlung südlich der
Tändelwiese und östlich der Reiherstadl-
gasse), 1959, PLZ 8020.*
Siehe Dr.-Anton-Schlossar-Weg.

Dr.-Stichl-Weg

*XI (Mariagrüner Straße gegen
Südwesten), 1948, PLZ 8043.*

Der Arzt Dr. Erich Stichl war Mitbegründer und Miteigentümer des Sanatoriums Mariagrün. Stichl war auch erster
Hauptmann und zuletzt Ehrenobmann
der Freiwilligen Feuerwehr Kroisbach.
Er führte um die Jahrhundertwende die
Ortsgruppe der Südmark und leitete als
Obmann den Verkehrs- und Verschö-
nerungsverein Kroisbach-Mariagrün.
Bis nach dem Zweiten Weltkrieg gab es
eine Dr.-Stichl-Straße, die beim Haus
Mariatroster Straße 58 nach Süden ab-
zweigte.

Dr.-Theodor-Pfeiffer-Straße

*V, XVII (Triester Straße – Hochleiten-
weg), PLZ 8055.*

Arzt und Begründer des Kinderheimes
Pfeifferhof (siehe Pfeifferhofweg).

Dr.-Tilly-Gasse

XII (Rohrerbergstraße nach Norden, Sackgasse), 1947, PLZ 8046.

Dr. med. Johann Baptist Tilly (1844 Graz – 1922 Graz), 1889 Gründer der Rettungsabteilung der Freiwilligen Feuerwehr in Graz und langjähriger Chefarzt der freiwilligen Feuerwehr.

Draisgasse

VI (Pomisgasse – Raiffeisenstraße), 1899, PLZ 8010.

Karl Drais, Freiherr von Sauerbronn (1785 Karlsruhe – 1851 Karlsruhe) war großherzoglich badischer Forstmeister und Erfinder. Nach ihm ist die *Draisine* benannt, ein kleiner und leichter Schienenwagen, der von einer Person angetrieben werden kann. Wichtiger war seine Erfindung des Laufrades, einer frühen Form des Fahrrades (ebenfalls

Das Grabmal von Dr. Johann Baptist Tilly auf dem katholischen St. Peter Friedhof.

Dreierschützengasse: Siedlung (Entwurf: Szyszkowitz, Kowalski) an der Kreuzung zur Alten Poststraße.

Draisine), das besonders in England und Frankreich erfolgreich war. Von Drais stammen auch ein periskopartiges Spiegelsystem und eine Schreibmaschine. Die Nähe des k. k. ungarischen Staatsbahnhofes (nun Ostbahnhof) hat wahrscheinlich zur Namenswahl inspiriert.

Dreierschützengasse

IV (Waagner-Biro-Straße – Alte Poststraße), 1958, PLZ 8020.

Zuvor Rosensteingasse. Westlich des Bahnhofes befand sich bis zum Ende des Ersten Weltkriegs das Kasernenviertel der Stadt. 1894 entstand aus Vorgängereinheiten das Steirische k. k. Landwehrregiment Nr. 3, das teilweise in diesem Kasernenviertel stationiert war. 1917 wurden die Landwehrinfanterieregimenter in Schützenregimenter *(3er Schützen)* umbenannt. Das Grazer Regiment kämpfte an etlichen Frontabschnitten im Ersten Weltkrieg, so war es an drei Isonzoschlachten und 1917 am Durchbruch von Flitsch beteiligt. In der Ersten Republik übernahm das in der Kaserne an der Laudongasse stationierte Alpenjägerregiment Nr. 9 die Tradition der 3er und 26er Schützen.

Dreihackengasse

V (Kernstockgasse bis über die Rösselmühlgasse), 1867, PLZ 8020.

Zuvor Kühgasse. Der Gasthof *Zu den drei Hacken* (später Hotel *Münchnerhof*) an der Ecke zur Kernstockgasse war namengebend.

Dreihackengasse: Der Erweiterungsbau des Hotels Dreihacken als Baustelle (1900).

Drosselweg

IX (Waltendorfer Hauptstraße gegen Süden), 1974, PLZ 8010.

Drosseln *(Turdidae)* bilden eine weit verbreitete Familie von Singvögeln. Verschiedene Arten aus dieser Spezies, so die Amsel und die Nachtigall, gehören auch zur heimischen Fauna. Andere aus der Drosselfamilie sind die Singdrossel und die Rotdrossel (Weindrossel). Drosseln sind gute Sänger und nützliche Insektenfresser. Der Antrag zur Namengebung stammte von mehreren Bewohnern.

Droste-Hülshoff-Gasse

III (Zusertalgasse – Saumgasse), 1949, PLZ 8010.

Zuvor Talgasse. Annette Freiin von Droste-Hülshoff (1797 Schloss Hülshoff/München – 1848 Meersburg/Konstanz), deutsche Dichterin. Gedichte, Novellen (*Die Judenbuche,* 1842). Ihre Werke sind von tiefer Naturempfindung und Religiosität geprägt.

Dubrovnik-Allee

I (Allee zwischen Franz-Graf Allee und Glacisstraße, 1995, PLZ 8010.

Zuvor Robert Hohlbaum Allee (1963). Dubrovnik, ital. Ragusa, Hafenstadt an der süddalmatinischen Küste, *Perle der Adria* genannt, durch den Balkankrieg in seiner wertvollen historischen Bausubstanz schwer beschädigt. Die Benennung erfolgte aufgrund der seit Februar 1994 bestehenden Städtepartnerschaft zwischen Graz und Dubrovnik.

Dunantweg

siehe Henri-Dunant-Weg

Dürergasse

II (Hartenaugasse – Engelgasse), 1899, PLZ 8010.

Albrecht Dürer (1471 Nürnberg – 1528 Nürnberg), berühmter, deutscher Maler und Graphiker. In seinem umfangreichen, vielschichtigen Œuvre zeigt sich innerhalb der deutschen Malerei signifikant der Übergang von der Spätgotik zur Renaissance. Gemälde: Selbstporträts, *Die vier Apostel,* Altartafeln: *Anbetung der Könige,* 1504; Zeichnungen, Aquarelle, Holzschnitte (*Apokalypse,* 1498, *Große Passion*), Kupferstiche.

Dürrgraben

siehe Am Dürrgraben

Dürrgrabenweg

XII (Radegunder Straße – Hinterer Plattenweg), 1949, PLZ 8045.

Namensableitung von mhd. *dürre* (= wasserarm), auf den manchmal austrocknenden Bach hinweisend. Der Dürrgrabenweg hat eine parallel zum Dürrschöckelbach verlaufende Straßenführung mit teilweise anspruchsvoller moderner Villenarchitektur (Haus Droschel, sog. *Grünes Haus,* Entwurf: Karla Kowalski und Michael Szyszkowitz, 1978/79).

E

Edegger-Steg
siehe Erich-Edegger-Steg

Edeggerweg
siehe Erich-Edegger-Weg

Ebingstraße
siehe Krafft-Ebing-Straße

Eckenerstraße
siehe Dr.-Eckener-Straße

Eckertstraße
XIV (Alte Poststraße – Baiernstraße), um 1900, PLZ 8020.

Während der Herrschaft des Nationalsozialismus Brüder-Schott-Straße genannt. Albert Eckert (1854 Milanowitz/ Böhmen – 1948 Graz) kam als Kind erstmals nach Eggenberg zu seinem Onkel, der hier Schlossverwalter war. Später ließ er sich hier nieder, arbeitete in der Senf- und Essigfabrik Schosserer und heiratete die verwitwete Fabriksbesitzerin. Sein zweiter Betrieb war die Likör- und Spirituosenfabrik Fünck. Als Unternehmer und Gutsbesitzer engagierte er sich in der Gemeindeverwaltung und wurde 1892 zum Bürgermeister gewählt. Diese Funktion bekleidete er bis 1900 und nochmals 1909 bis 1910. In seiner Amtsführung erfuhr Eggenberg den Wandel zu einer randstädtischen Gemeinde. Er förderte besonders die Wirtschaft, Arme, Kirche und Vereine.

Eckmichlstraße
X (Stiftingtalstraße – Roseggerweg), 1961, PLZ 8010, 8044.

Der Vulgoname eines Bauern hieß hier Eckmich(e)l, eine benachbarte Bäuerin wurde Eckannerl gerufen. Ein Michael Haselbach vulgo Eckmichel findet sich im Josefinischen Kataster.

Edelweißweg
X (Stiftingtalstraße – Roseggerweg), 1948, PLZ 8010, 8044.

Hier gab es schon in der Zwischen-

Werbung für Liköre der Brennerei Eckert (um 1910).

95

kriegszeit eine Villa Edelweiß. 1961 versuchte die Steirische Wohnungs- und Siedlungsgenossenschaft Edelweiß vergeblich, eine Straße nach sich benennen zu lassen. Das Edelweiß unserer Gebirgswelt (*Leontopodium alpinum*) ist gerade wegen seiner Seltenheit eine allgemein bekannte Blume. Einst, bevor sie geschützt war, bedurfte es manchmal einigen Mutes, das Edelweiß, das nur richtig in großer Höhe gedeiht, zu pflücken. So wurde es zu einer Symbolpflanze für die Berge und für Mut und dementsprechend u. a. auf Uniformspiegeln verwendet. Aber auch in der bäuerlich-ländlichen Erlebniswelt hat das Edelweiß eine besondere Stellung.

Edisonstraße

XV (Laboratoriumstraße – Pulverturmstraße), um 1930, PLZ 8053.

Ein Straßenname der 1930er-Jahre und damit einer der wenigen internationalen Straßennamen jener Zeit. Thomas Alva Edison (1847 Milan/Ohio – 1931 West Orange/N.Y.) war einer der großen Erfinder. Er erwarb rund 1300 Patente. Von ihm stammen u. a. der Vielfach-Telegraph, der Phonograph (1878), die Kohlenfaden-Glühbirne, Filmaufnahme- und Filmprojektionsapparat. Er richtete das erste Elektrizitätswerk ein und verwendete als Erster den Betonguss. Seine Technik hatte internationalen Erfolg, auch in Österreich-Ungarn stammten Schaltanlagen von ihm persönlich. Es gab auch in Waltendorf eine Edisongasse. Popelka schlug vor, die Waltendorfer Edisongasse zu bewahren und die Wetzelsdorfer Edisonstraße in Nobelstraße umzutaufen. Dies geschah,

wie bei vielen seiner Vorschläge, jedoch nicht.

Edlingerweg

IX (Rudolfstraße – Ernst-Moser-Weg), 1948, PLZ 8042.

Josef Georg Edlinger (1741 Graz – 1819 München) war königl. bayrischer Hofmaler und gestaltete besonders Landschaften und Porträts. Edlingers Malstil beeinflusste seine Kollegen in München fast durch Generationen. Er malte u. a. Porträts der Mitglieder der Bayrischen Akademie der Wissenschaften. Auch in München gibt es einen Edlingerplatz und eine Edlingerstraße. Die Alte Galerie in Graz besitzt einige seiner Ölbilder.

Eduard-Keil-Gasse

VII (Raiffeisenstraße über die Andersengasse gegen Südwesten), PLZ 8041.

Der Name wurde schon zur Zeit der Gemeinde Liebenau vergeben. Eduard Keil Edler von Bündten (1854 Troppau – 1926 Eggenberg) war der Schwiegersohn des Brauereipioniers Johann Peter von Reinighaus und am Beginn des 20. Jhs. Direktor und Vizepräsident der Brauerei Reininghaus. Unter Eduard von Keil wurde die Firma Reininghaus von einem Familienunternehmen zu einer Aktiengesellschaft umstrukturiert. Als inoffizieller Vertreter der Brauerei Reininghaus gehörte er dem Eggenberger „Gemeinde-Ausschuß" (Gemeinderat) an. Er wohnte zwar in Eggenberg, ihm gehörten jedoch in Graz das Keil-Schlössl, das jetzt als Tupay-Schlössl bekannt ist, und südlich davon – in der Gemeinde Liebenau – die umfangreichen Keil-Gründe.

Eggenberger Allee: Gastwirtschaft zum Volksgarten, Verkaufsstelle des Allgemeinen Spar- und Konsumvereins (1911).

Eduard-Richter-Gasse

II (Krenngasse – Schörgelgasse), 1907, PLZ 8010.

Eduard Richter (1846 Mannersdorf/Leithagebirge – 1905 Graz), Geograph, Historiker, Alpinist (Bekanntschaft mit dem Alpenforscher Friedrich Simony). 1886 bis 1905 Univ.-Prof. für Geographie in Graz, 1899/1900 Rektor. Widmete sich u. a. der Hochgebirgsmorphologie, wirkte bahnbrechend in der Gletscherforschung (Hauptwerk: *Die Gletscher der Ostalpen*), 1897 Präsident der Internationalen Gletscherkommission.

Eggenberg

XIV.

1850 bis 1938 Gemeinde Eggenberg, dann ein Teil des Bezirks Graz-West und nach dem Krieg der XIV. Stadtbezirk mit dem vom Schloss Eggenberg abgeleiteten Traditionsnamen. Das Schloss wiederum trägt den Namen nach dem für die steirische Landesgeschichte wichtigen Geschlecht der Eggenberger. Über die Wurzeln der Familie gibt es mehrere Interpretationen. Jedenfalls waren die Eggenberger um die Mitte des 15. Jhs. eine angesehene Patrizierfamilie in Graz. Ratsbürger, Stadtrichter, Münzmeister sind ihre frühen Positionen. Berühmt wurde der Feldherr Ruprecht (1546–1611) im Kampf gegen die Türken. Übertroffen wird er noch durch seinen Vetter, Hans Ulrich (1568–1634), der Hofdienste bekleidete, so war er Präsident der Hofkammer (Finanzminister). Mit der Wahl von Erzherzog Ferdinand zum Kaiser wird Fürst Hans Ulrich eine Schlüsselperson jener Zeit und Herzog von Krumau. Er förderte Wallenstein und die spanische Partei am Wiener Hof und erhielt 1623 den Rang eines Reichsfürsten. Ihm verdankt das berühmte Schloss bei Graz einen großen Teil des Baus. Sein Sohn, Fürst Johann Anton (1610–1649), kann die Erfolge seines Vaters fortsetzen. Er ist Diplomat und erwirbt 1647 mit Gradiska und Aquilea reichsunmittelbare Herrschaften. Unter ihm wird der Schlossbau fortgesetzt. 1717 stirbt die Familie im Mannesstamm aus, und der steirische Besitz fällt an die Grafen Herberstein.

Eggenberger Allee

XIV (Alte Poststraße zum Schloss Eggenberg), 1947, PLZ 8020.

Zuvor schon nach dem obigen Traditionsnamen benannt. In der nationalsozialistischen Ära auch kurz Hermann-Göring-Allee. Die Allee war bis 1910 im Privatbesitz. Das hatte u. a. zur Folge, dass die Allee von den Grafen Herberstein erhalten wurde, aber auch dass erst ab 1912 die Tramway hier verlegt werden durfte. Im kalten Winter 1919/20 verlor der Ostteil der Allee seinen Baumschmuck. Nahe der Kreuzung mit der Alten Poststraße befindet sich der Campus der Fachhochschule Joanneum. Siehe Eggenberg.

Eggenberger Gürtel

V (Annenstraße – Kreuzung Kärntner Straße), 1880, PLZ 8020.

Bis in die 1960er-Jahre blieb der Gürtel in seinem Südteil unausgebaut und erfüllte so lange nicht seine Funktion als Hauptverkehrsträger. Siehe Eggenberg.

Eggenberger Straße

IV (Kreuzung mit den Gürtelstraßen – Alte Poststraße), 1899, PLZ 8020.

Die Straße führte bis 1938 zur Eggenberger Maut und zur Stadtgrenze in Richtung Eggenberg (siehe Eggenberg).

Eggenberger Straße: Der Bahnübergang beim Hotel Daniel (links, um 1900).

Egger-Lienz-Weg

XVI (Kärntner Straße – Kapellenstraße), 1951, PLZ 8053.

Zuvor Straße VI. Albin Egger-Lienz (1868 Stribach, Gem. Dölsach/Lienz – 1926 St. Justina-Rentsch/Bozen), Tiroler Maler, erste Ausbildung bei seinem als Kirchenmaler beschäftigten Vater, danach Studium an der Münchner Akademie, beeinflusst von Defregger und Millet, Professor an der Weimarer Hochschule für bildende Kunst. Im Ersten Weltkrieg Kriegsmaler. Thematischer Schwerpunkt seines Schaffens: besondere Vorliebe für bäuerliche Genre-Szenen und realistische Historienmalerei, deren Formensprache in der Folge durch den Einfluss Hodlers zu expressiver Monumentalität gesteigert wurde.

Eggwald

XI (Gottscheer-Straße gegen Osten), 1948, PLZ 8044.

Dies ist in dieser Gegend die traditionelle Bezeichnung für den Wald an der Westseite des Roseggerweges. Welches *Eck* damit gemeint ist, bleibt unklar.

Ehlergasse

IX (Sonnenstraße – Rudolfstraße), um 1905, PLZ 8010.

Im Straßennamenkataster der Stadt Graz ist hier von einem Phantasienamen zu lesen. Dem ist aber nicht so: Wenzel Ehler war um 1890 Obertierarzt und Villenbesitzer und damit eine wichtige Person in der kleinen Stadtrandgemeinde. Ehler war Inhaber des Goldenen Verdienstkreuzes mit der Krone. Schon zu Lebzeiten seiner Witwe wurde die Gasse mit der Familienvilla nach ihm benannt.

Ehrenamtliche

siehe Platz der Ehrenamtlichen

Ehrenfelsgasse

VI (Weinholdstraße – Neufeldweg), 1949, PLZ 8010.

Zuvor Lichtensteinstraße. Die adelige Familie Ehrenfels war im 14. und Anfang des 15. Jhs. Eigentümer des der Gasse benachbarten Schlosses Harmsdorf, das im Zweiten Weltkrieg durch Bomben zerstört wurde.

Eichäckerweg

VII (Raabaweg gegen Südosten), 1949, PLZ 8041.

Dieser wohl mit der Eiche in Zusammenhang stehende Flurname findet sich in alten Katastermappen. Es gab hier auch die Aichwiesen. Der Vorschlag zur Namengebung stammte vom Team Popelka-Semetkowski. Allerdings wünschten sie die Bezeichnung für die Flurgasse in St. Peter.

Eichbach

siehe Am Eichbach

Eichbachgasse

VII (Rainweg über die Neudorfer-Straße zur Stadtgrenze), um 1935, PLZ 8045.

Da sich in der Nähe des Eichbaches, eines Teiles des alten Mühlgangsystems, die Eichelwiese befand, leitet sich der Name von der Eiche und von dem 1916 stillgelegten Mühlgang ab. Der Name wurde zur Zeit der Gemeinde Murfeld, also zwischen 1931 und 1938, vergeben. 1947 gab es den Plan, hier eine Speidlgasse einzurichten. Siehe Am Eichbach.

Eichendorffstraße

III (Theodor-Körner-Straße zum Mühlgang), 1902, PLZ 8010.

Josef Freiherr von Eichendorff (1788 Schloss Lubowitz/Schlesien – 1857 Neiße), deutscher Dichter der jüngeren Romantik, bedeutender Lyriker; Novelle: *Aus dem Leben eines Taugenichts* (1826), Romane.

Eichenhaingasse

XII (Viktor-Zack-Weg nach Westen, Sackgasse), 1948, PLZ 8045.

Zuvor Alfons Erlestraße. Konstruierte Namensbezeichnung.

Eichengrund

siehe Am Eichengrund

Eichenweg

VIII (Petrifelderstraße gegen Südosten), 1951, PLZ 8042.

Der amtlichen Erklärung ist zu entnehmen, dass es sich hier um eine ortsübliche Bezeichnung, die schon in einem älteren Widmungsbescheid vorkommt, handelt.

Eichholzerweg

VIII (Waltendorfer Hauptstraße gegen Südosten), 1991, PLZ 8042.

Der Aufschließungsweg zur Casa-Nostra-Wohnsiedlung ist nach Dipl.-Ing. Herbert Eichholzer (1903 Graz – 1943 Wien) benannt. Er war Architekt und arbeitete nach seiner Ausbildung an der Grazer Technischen Hochschule (nun

Das Mühlgangbad Rieger nahe der Eichendorffstraße (Zwischenkriegszeit).

100

TU) zuerst im Atelier Le Corbusier-Jeanneret in Paris und dann in Graz. 1932 wurde er Mitglied der Grazer Sezession. Von seinen vielen realisierten und in Achleitners Architekturführer aufgezählten Entwürfen seien hier die Häuser Liebiggasse 9 und Josef-Gauby-Weg 30 erwähnt. Eichholzer wurde 1943 ein Opfer des nationalsozialistischen Terrors.

Eigenweg

VIII (Einödhofweg gegen Süden), PLZ 8042.

Hier wurde der Name von der ursprünglichen Rechtseigenschaft, ein Eigenweg zu sein, abgeleitet.

Einödhofweg

VIII (Hohenrainstraße gegen Osten), 1949, PLZ 8042.

Diese lokale Aufschließungsstraße wurde nach dem Einödhof benannt. Der Einödhof ist in umgebauter Form noch erhalten. Im Franziszeischen Kataster gab es diese Bezeichnung noch nicht, sie entspricht aber trotzdem der Tradition.

Einödstraße

XV (Steinbergstraße – Steinbergstraße), PLZ 8052.

Benannt nach der zur KG Wetzelsdorf gehörigen Kleinsiedlung Einöd, 1284 als *Ainod circa Gretz* urkundlich genannt, am Beginn der von Wetzelsdorf und Baierdorf durch einen steilen Taleinschnitt in Richtung Hitzendorf führenden Altstraße.

Einpacherweg

XVI (Kärntner Straße – Alte Poststraße), 1951, PLZ 8053.

Zuvor Straße III. Steirisches Handels- und Hammerherrengeschlecht, Michael und Ulrich Einpacher. Michael Einpacher war in den Jahren von 1533 bis 1536 und 1541 bis 1542 Stadtrichter und in den Jahren von 1553 bis 1560 Bürgermeister von Graz. Ulrich Einpacher, 1439 und 1448 Stadtrichter, 1452 bis 1453 Bürgermeister.

Einsiedelei

siehe Weg zur Einsiedelei

Einsiedlerweg

XI (Erzherzog-Johann-Straße – Mariagrüner Straße), 1951, PLZ 8043.

Diese Bezeichnung wurde 1947 für den gegenwärtigen Harrerweg vergeben. Der Pfarrer (besser: Stationskaplan von Mariagrün) veranlasste 1951 mit dem Argument, dass so die historischen Zusammenhänge besser dargestellt würden, einen Dreiertausch: Paierl zu Einsiedler, Einsiedler zu Harrer, Harrer zu Paierl. Der neue Einsiedlerweg, der Weg zur Kirche, wurde verlängert und der Johann-Paierl-Weg verlegt. Nun zum Namen: Die kleine Kirche von Mariagrün wurde nach Einsiedlerart erbaut und war außen mit Einsiedlerbildern geschmückt. Die Einsiedelei (Eremitorium) war bis 1782 bewohnt, befand sich oberhalb der Kirche und wurde dann das alte Schulhaus. Mariagrün und seine Einsiedelei wurden gerne von den Grazern besucht. Hier kamen auch in jedem dritten Jahr die Einsiedler der

Steiermark zusammen, berieten und wählten ihr Oberhaupt, den Altvater. In einem Visitationsprotokoll von 1780, kurz vor der Auflösung dieser Einrichtung, wurden 41 steirische Eremitorien aufgezählt. Dem letzten Eremiten von Mariagrün (Fr. Alexius Könighofer) wird eine standesgemäße Lebensführung bestätigt.

Einspinnergasse

I (Burgring – Burggasse), 1930, PLZ 8010.

1870 nach der hier befindlichen Schule zuerst als *Normalschulgasse* bezeichnet. Seit 1930 Einspinnergasse benannt. August Einspinner (1870 Mürzzuschlag – 1927 Graz), Goldschmiedmeister in Graz, hatte bedeutende wirtschaftliche, kulturelle und politische Funktionen inne (u. a. Mitglied des Grazer Gemeinderates, Reichsratsabgeordneter, Kurator des Landesmuseums Joanneum, 1921 bis 1924 Präsident des Hauptverbandes der Gewerbeverbände Österreichs). Verdienste um das österreichische Gewerbe, das gewerbliche Schulwesen, das steirische Handwerk, Entwicklung des steirischen Bahnnetzes und Förderung des Fremdenverkehrs.

Eintrachtgasse

VII (Kiesgasse über die Neudorfer Straße), 1949, PLZ 8041.

Zuvor Lange Gasse. Die Gemeinde ersetzte durch einen Gemeinderatsbeschluss die Lange Gasse und führt ohne Erklärung den neuen Namen auf einer Sammelliste an. So wurde in dieser vorstädtischen Siedlungsgegend die Konkurrenz zur Langegasse im Bezirk Geidorf aufgelöst.

Eisbach

siehe Am Eisbach

Eisenbahnbrücke

V, VI (Bahnbrücke südlich der Bertha-von-Suttner-Friedensbrücke).

Bei Anbindung der Ungarischen Westbahn (siehe Ostbahnstraße) an die Südbahn wurde 1873 vorerst eine Holzbrücke und dann bald (1881) eine Eisenbrücke errichtet. Da kein tragfähiger Untergrund vorhanden war, gab es aufwendige Fundamentierungen. Die Brücke – sie hatte einen Mittelpfeiler – wurde nicht durch Bomben beschädigt. Nach dem Krieg musste sie jedoch erneuert werden. 1950 wurde die eiserne Fachwerkbrücke binnen sechs Stunden vom Süden her eingeschoben. Sie besitzt keinen Mittelpfeiler, ist 73 m lang und kostete damals 2,5 Millionen Schilling. Von ihrem Konstruktionstypus ist sie die letzte Brücke der Stadt mit der traditionellen Eisenkonstruktion.

Eisengasse

XIV (Alte Poststraße – Algersdorfer Straße, teilweise Fußweg), 1897, PLZ 8020.

Am Westrand des alten Graz, also in den Bezirken Lend und Gries jenseits der Eisenbahn, entstanden in der zweiten Hälfte des 19. Jhs. eisenverarbeitende Betriebe und Lagerhäuser des

Eisenhandels, wie das Walzwerk der Südbahn, die Waggonfabrik Weitzer, Waagner-Biró und sein Vorgängerbetrieb sowie das Eisenwarenlager der Firma Greinitz. Viele Bewohner der damals an Einwohnern schnell wachsenden Gemeinde Eggenberg arbeiteten in diesen Betrieben.

Eisernes Tor

siehe Am Eisernen Tor

Eißlgasse

X (Rauchleitenstraße – Rauchleitenstraße), 1948, PLZ 8047, 8010.

Die Eißlgasse ist nach Mathias von Eißl (auch Eisel, 1776 Radkersburg – 1821 Niemes/Böhmen) benannt. Er war Verwalter im Marburger Kreis, dann widmete er sich der Landwirtschaft und unternahm Studienreisen. Er befasste sich auch mit der Ökonomie, hatte Verbindung zu frühen Landwirtschaftsgesellschaften, machte Aufzeichnungen und hielt Vorträge. Eißl wurde schließlich Güterinspektor bei den Grafen Thun, dann beim Fürsten Sinzendorf und schließlich beim Grafen von Hartig. Sein Wissen veröffentlichte er in zahlreichen Aufsätzen. Über sein Leben berichtete seine Witwe Therese, die sich als Malerin betätigte, in einem langen Brief an Johann Wolfgang von Goethe.

Eisteichgasse

VIII (St.-Peter-Hauptstraße – St.-Peter-Pfarrweg), 1949, PLZ 8042, 8010.

Zuvor Teichgasse. Auf dem Grund von zwei ehem. Ziegelwerken ent-

stand durch die ÖWG 1959 bis 1965 die Eisteichsiedlung. Sie wurde in zwei Phasen errichtet und umfasst rund 750 Wohnungen. Einerseits gab es hier in den Lehmgruben der Ziegelwerke Teiche, andererseits lag Pammers Eiswerk am St.-Peter-Pfarrweg. Das Eis war, so vorhanden, recht nützlich und wurde in der Stadt verkauft. Es kühlte nicht nur die Eiskästen, sondern war auch für die Abläufe des Brauens und Brennens von Getränken wichtig.

Eiswerkgasse

XIII (Viktor-Franz-Straße – Maschwandergasse), PLZ 8051.

Benannt nach dem Eiswerk (Standort zuerst ehem. Jesuitenmühle an der Göstinger Maut, dann Eisfabrik), das von 1903 bis 1922 zur Blockeiserzeugung diente. Besitzer war Viktor Franz, gleichzeitig Eigentümer des Elektrizitätswerkes in Gösting (siehe Viktor-Franz-Straße).

Ekkehard-Hauer-Straße

XV (Straßganger Straße – Krottendorfer Straße), 1963, PLZ 8052.

Zuvor Gartenweg. Prof. Ing. Ekkehard Hauer (1898 Wien – 1961 Graz) war von 1935 bis März 1938 Bürgermeister der Gemeinde Wetzelsdorf. 1955 bis 1961 leitete Fachlehrer Hauer als Direktor die Landwirtschaftsschule Alt Grottenhof, an der er schon zuvor unterrichtet hatte. Nach Ekkehard Hauer ist auch die nun unter Schutz gestellte Holzhaussiedlung im Ostteil der Straße benannt.

Elisabethinergasse

V (Annenstraße – Oeverseegasse), 1800, PLZ 8020.

Der Orden der Elisabethinen ist auf Krankenpflege und den Sozialdienst spezialisiert. Die Schwesterngemeinschaft bezieht sich auf die hl. Elisabeth von Thüringen. Die Gräfin Maria Theresia Leslie war 1690 in ihrem Bemühen, diesen Orden nach Graz zu bringen, erfolgreich. Der Bau des Klosters, der Kirche und des Spitals wurde in der später nach ihnen benannten Gasse 1694 begonnen. Kirche und besonders Spital wurden mehrfach umgebaut und erweitert. 1990 wurde anlässlich des 300-Jahr-Jubiläums nicht nur die Kirche erneuert, sondern auch das Spital vergrößert und modernisiert.

Elisabethstraße

II, III (Glacisstraße – Leonhardplatz), 1856, PLZ 8010.

Zuvor *Pittonigasse* nach Joseph Claudius Pittoni Ritter von Dannenfeldt. Dieser hatte im vorigen Jahrhundert im Bereich der Elisabethstraße große Besitzungen, die sog. Breunerhofgründe. 1856 wurde die Straße umbenannt nach Elisabeth (1837 München – 1898 Genf, ermordet), der populären Kaiserin von Österreich, Königin von Ungarn, Tochter von Herzog Max in Bayern. Ab 1854 verheiratet mit Kaiser Franz Josef I. von Österreich. Besondere Vorliebe für das ungarische Volk, am Wiener Hof nie ganz glücklich. Nach dem Selbstmord Kronprinz Rudolfs, ihres Sohnes, exzessive Reisetätigkeit. Am

Elisabethinergasse, Ecke Prankergasse (um 1960).

Elisabethstraße: Die Elisabethschule (erbaut 1876, vor dem Umbau von 1911).

stadtparkseitigen Straßenbeginn erfolgte anlässlich des Besuches der Kaiserin 1856 die Aufstellung eines heute nicht mehr vorhandenen, neogotischen, hölzernen Tabernakels mit ihrer Büste. Die Elisabethstraße stellt durch ihr intakt erhaltenes, überwiegend reich gegliedertes, historistisches Fassadenbild die repräsentativste Gründerzeitstraße mit ehem. bedeutenden Adelswohnsitzen von Graz dar. Die Straße wurde vor Einführung des metrischen Systems angelegt und ist knapp eine *klassische Meile* (1478 m) lang.

Elise-Steiniger-Steg

I, III (Rad-/Fußweg unter Kepler-brücke), 2006

Elise Steiniger (geb. Elisabeth Rauch, 1854 Szigmundfalva – 1927 Wien), Rad-pionierin, 1893 gründete sie den ersten Fahrradverein der österreichisch-ungarischen Monarchie (Grazer Damen-Bicycle-Club), als Fahrradlehrerin in eigener Fahrschule tätig. Bennenungsvorschlag an den Grazer Stadtsenat von ARGUS Radlobby.

Emichgasse

XII (Viktor-Kaplan-Gasse – Am Andritzbach), 1949, PLZ 8045.

Zuvor Karl Morre-Gasse, siehe Emichplatzl.

Emichplatzl

I (Plätzchen Nähe Schloßbergbahn-Ausstieg), 1950, PLZ 8010.

Friedrich Emich (1860 Graz – 1940 Graz), Prof. Dr., Begründer der Mikrochemie, über die Grenzen Österreichs anerkannter Forscher. 1889 Professor für reine und analytische Chemie, 1894 Berufung zum Ordinarius an die Technische Hochschule Graz. Seit 1928 Mitglied der Akademie der Wissenschaften in Wien und Verleihung des Ehrendoktorates der Technischen Hochschulen von Aachen und Graz. Anlässlich des 10. Todestages und mit der Begründung, dass Prof. Emich fast täglich bei jeder Witterung auf den Schloßberg ging, wurde von der Magistratsdirektion ein Platz auf dem Schloßbergplateau nach ihm benannt. Eine Gedenktafel mit reliefiertem Profilporträt von Emich befindet sich an seinem Geburtshaus in der Villefortgasse Nr. 11, von Wilhelm Gösser, 1957. Inschrift: *In diesem Hause wurde am 5.9.1860 der Begründer der modernen Mikrochemie Dr. Friedrich Emich geboren.*

Emil-Ertl-Gasse

VII, VIII (Petrifelderstraße über den Neufeldweg gegen Südwesten), 1949, PLZ 8042, 8010, 8041.

Zuvor Roseggergasse. Der Erzähler Emil Ertl (1860 Wien – 1935 Wien) verbrachte den Großteil seines Lebens in Graz. Hier leitete er zuletzt als Hofrat die Bibliothek der Technischen Hochschule (nun TU). Ertl veröffentlichte mehr als drei Dutzend Bücher literarisch-erzählenden Inhalts. Zu Lebzeiten durchaus bekannt, gehörte er – trotz seines inhaltlichen Wienbezugs – zu den erfolgreichsten Autoren der Steiermark. Im Bezirk Gries hatte es zuvor schon kurz eine Emil-Ertl-Gasse gegeben.

Empergerweg

siehe Dr.-Emperger-Weg

Enge Gasse

I (Glockenspielplatz – Stempfergasse), 1870, PLZ 8010.

Ursprünglich ein Teil der Färbergasse und als *kleine Färbergasse* bezeichnet. 1728 ist erstmals der Name *Enge Gasse* nachweisbar und wegen ihrer geringen Breitenausdehnung so genannt. 1870 offizielle Bezeichnung mit *Enge-Gasse.*

Engelbert-Rückl-Gasse

VI (Harmsdorfgasse über die Ehrenfelsgasse gegen Süden), 1967, PLZ 8010.

Prof. Engelbert Rückl (1888 Kowald/Voitsberg – 1946 Bad Gleichenberg) machte sich um Graz in der Zwischenkriegszeit als Finanzreferent, als Bürgermeister-Stellvertreter und schließlich ab 8. Mai 1945 kurz auch als Bürgermeister aus den Reihen der SPÖ verdient. Ihm folgte schon Mitte Mai 1945 Bürgermeister Dr. Speck. Der damals bereits schwer kranke Prof. Rückl wurde als Landesrat (Gemeindereferat) in die Landesregierung berufen.

Engelgasse

II (Elisabethstraße – Nibelungengasse), 1870, PLZ 8010.

Zuvor Teil der früheren Schutzengelgasse. Vermutlich nach dem Standbild einer Schutzengelstatue benannt, welche sich heute im Garten des Hauses Merangasse Nr. 69 (sog. *Engelhof*, Altbau, Baukern 18. Jh.) befinden soll (1907 von Franziska Payholzer renoviert).

Engelsdorf

VII.

1850 bis 1938 eine eigene Gemeinde. Dann kurz ein Teil von Graz-Südost und nach dem Krieg als KG Engelsdorf ein Teil des VII. Stadtbezirks Liebenau. 1265 *Engelhartsdorf,* 1443 *Engelsdorf.* Daher ist hier mit dem Ortsnamen – wie häufig – ein Kolonisationsführer oder früherer Grundbesitzer gemeint, also die Siedlung des Engelhart (siehe auch Am Engelsdorfergrund).

Engelsdorfergrund

siehe Am Engelsdorfergrund

Engelsdorfer Straße

VII (Casalgasse – Liebenauer Hauptstraße), 1949, PLZ 8041.

Warum es 1949 zu einer Neubestätigung des viel älteren Namens kam, ist unklar. Siehe Engelsdorf.

Engerthgasse

XII (Andritzer Reichsstraße – Baumgasse), 1949, PLZ 8045.

Zuvor Hamerlinggasse. Wilhelm Freiherr von Engerth (1814 Pleß/Preußisch Schlesien – 1884 Baden b. Wien), 1843 Professor für Maschinenlehre am Joanneum in Graz. Danach Eintritt in die Abteilung für Eisenbahnmechanik des Ministeriums für Handel und Gewerbe in Wien. Im Zuge der Erbauung der Semmeringbahn konstruierte er die erste brauchbare Gebirgslokomotive der Welt. 1875 in den Freiherrenstand erhoben.

Entenplatz

V (Grieskai – Brückenkopfgasse), 1803, PLZ 8020.

Zuvor ein Teil der Augasse und Schießstattgasse. Im Reindl-Plan von Graz (1830) findet sich noch ein (Enten-) Bachl als eine Ableitung vom Mühlgang in der Nähe. *Entenbachl* war einst in Graz eine verbreitete Bezeichnung für mäßig eindrucksvolle Gerinne.

Enzianweg

XVI (Glesingerstraße – Westbahngasse), 1959, PLZ 8045.

Nach der Gebirgspflanze Enzian benannt; Gattung der Enziangewächse. *Radix gentianae* (Enzianwurzel) dient in Form von Extrakten, Tinkturen und Pulvern als magenstärkendes Mittel und zur Herstellung des Enzian-Branntweins.

Eppensteinerweg

XIV (Baiernstraße – Thaddäus-Stammel-Straße), 1939, PLZ 8052.

Das Geschlecht der Eppensteiner kam im 10. Jh. aus dem zentralen Bayern nach Karantanien. Eppensteiner verwalteten die Grafschaft um Judenburg und wurden um 970 die ersten Markgrafen (Markgraf Markwart) der karantanischen Mark im Westen und Südwesten der heutigen Steiermark. Die mächtig gewordene Dynastie starb 1122 aus, und die Traungauer folgten ihr nach.

Erdbergweg

XV (Krottendorfer Straße – Einöd-straße), 1949, PLZ 8052.

Zuvor Rechbauerweg. Der Ölberg (siehe Am Ölberg) hieß früher Ödberg. Das mundartliche *Eadberg* wurde falsch verhochsprachlicht zu Erdberg. Am Erdbergweg 47 steht das älteste Haus dieser Gegend, der Lindenhof (früher Einödhof).

Erich-Edegger-Steg

I, IV (Kaiser-Franz-Josef-Kai – Lend-kai), 2008.

1992 Mursteg, 2008 zu Erich-Edegger-Steg umbenannt. Brückensteg mit rechtsseitig expressiv skulpturaler Brückenkopfspitze; die Tragstruktur wurde als unterspannter Balken mit dreikantigem Streckträger für Fußgänger und Radfahrer zwischen Kaiser-Franz-Josef-Kai und Lendkai ausgebildet. 1992 nach Entwurf vom Architektenteam Domenig/Eisenköck errichtet. Innovative, technische Konstruktion, eigenwilliges, optisches Element unter den traditionellen Bauweisen der Grazer Brücken. Gedacht als Teil der Kulturachse zwischen Mariahilferplatz und Schloßbergplatz. Siehe Erich-Edegger-Weg.

Vizebürgermeister Erich Edegger (1940–1992).

Erich-Edegger-Weg

XI (Hilmteichstraße/Stenggstraße – Mariatroster Straße/Kirchbergstraße), 1994, PLZ 8043, 8044.

Erich Edegger (1940 Graz – 1992 Graz) stammte aus einer alten Grazer Bäckerfamilie, die auch als k. k. Hoflieferanten tätig war. Er war Gemeinderat (ÖVP) und ab 1974 als Stadtrat sowie ab 1983 als Vizebürgermeister tätig. Sein besonderes Interesse galt der Stadtplanung und Stadtentwicklung. Auch die *Grazer Kunsttopographie* fand sein Interesse. Die Verhinderung von Hochhäusern, die Schaffung von Radwegen und Maßnahmen zur Verkehrsberuhigung waren sein Werk. Der nach ihm benannte Weg ist der tramwaynahe Rad- und Fußweg von Mariagrün nach Mariatrost. Dem Vorschlag, den Mursteg bei der Mariahilfer Kirche nach Edegger zu benennen, wurde erst 2008 gefolgt.

Erlachgasse

siehe Fischer-von-Erlach-Gasse

Erlengasse

IV (Augasse gegen Nordwesten), 1870, PLZ 8020.

Zuvor Schmiermanngasse. Die Abzweigung des Mühlgangs, die sich bei der Viktor-Franz-Straße vom Hauptgang trennt und beim Floßlendplatz in die Mur mündet, trägt die Bezeichnung Schleifbach oder aber Erlenbach. Entlang des Baches gab es früher viele Erlen (Baum und Strauch), eine für feuchte Uferzonen typische Pflanze. Arbeiter und Gadolla (1912) berichten auch vom ehemaligen Erlenbad, einem der vielen Mühlgangbäder. Früher führte die Erlengasse bis zur Stadtgrenze (nun Bezirksgrenze).

Erlengrund

siehe Im Erlengrund

Erna-Diez-Straße

XVI (Sackgasse östlich Firma Wall, Zufahrt über Kärntner Straße bzw. Verteilerkreis Webling), 2007, PLZ 8054.

Erna Diez (1913 Kaschau – 2001 Graz), österreichische Archäologin. Studium der klassischen Philologie, Archäologie, Kunstgeschichte, Geschichte in Wien und Graz. (Promotion 1937). Ab 1945 langjährige Vorstandsleitung des Institutes für Klassische Archäologie der Karl-Franzens-Universität Graz. Diez' Bedeutung liegt in ihrem Fachwissen zur provinzialrömischen Kunst in Noricum. Ihr Vortrag auf dem 8. Internationalen Archäologenkongress in Paris im Jahr 1963 gilt als wegweisend. 1970 ordentliche Professorin, 1983 Emeritierung.

Die Archäologin Erna Diez.

Ernstgasse

siehe Paul-Ernst-Gasse

Ernst-Haeckel-Straße

VIII (beiderseits der Brucknerstraße), 1922, PLZ 8010.

Der deutsche Zoologe und Philosoph Ernst Haeckel (1834 Potsdam – 1919 Jena) lehrte an der Universität Jena. Ausgehend von Darwins Evolutionstheorie entwickelte er Systeme und Theorien, so über die Einheit der Wissenschaft und der Natur (Monismus). Er hoffte, damit Religion und Wissenschaft zu verbinden.

Ernst-Moser-Weg

IX (Waltendorfer Hauptstraße – Moelkweg), 1948, PLZ 8042.

Zuvor Waldhofweg. Ernst Christian Moser (1815 Graz – 1867 Graz) war ab 1840 Professor an der Landschaftlichen Zeichenakademie in Graz. Er wird wegen seiner Genrebilder als einer der bedeutendsten Biedermeiermaler Österreichs bezeichnet. Von ihm stammen aber auch Porträts, wie das des Fürstbischofs Graf von Attems. Zu seinem Werk gehörten auch Historienbilder.

Ernst-Vogel-Weg

VIII (Kitnerweg gegen Nordosten), 1958, PLZ 8042.

Ernst Vogel (1871 Groningen – 1948 Stockerau) war Erzeuger von Pumpenanlagen, die Weltruf erlangten. 1909 gründete er in Stockerau seine Pumpenfabrik. Er entwickelte *automatische Pumpenanlagen für selbständige Hauswasserversorgung.* Vogel entwickelte

Patenturkunde des Ernst Vogel für eine Schleuderpumpe (1910).

auch Großanlagen zur Wasserversorgung der Gemeinde Wien. Die Fabrik Vogel-Pumpen besteht nach wie vor in Stockerau und ist auch in Graz vertreten.

Ertlerstraße

siehe Dr.-Bruno-Ertler-Straße

Ertlgasse

siehe Emil-Ertl-Gasse

Erzherzog-Johann-Allee

I (Burgtor – Glacisstraße), 1899, PLZ 8010.

Nach Erzherzog Johann (1782 Palazzo Pitti/Florenz – 1859 Palais Meran/Graz) benannt, Sohn Kaiser Leopolds II., großer Wohltäter der Steiermark. 1786 wurde durch die Öffnung des Burgtores nach St. Leonhard eine Holzbrücke über den noch bestehenden Stadtgraben gelegt, später durch einen Damm ersetzt, der auch als *Burgthordamm* bezeichnet wurde. Ab 1857 Einbindung der *Burgthorstraße* in das Ringstraßenprojekt von Landesbaudirektor Kink. Siehe Erzherzog-Johann-Straße.

Erzherzog-Johann-Brücke

I, IV (Murgasse – Südtirolerplatz), 2009.

Seit spätestens dem 14. Jh. gibt es hier Murüberbrückungen unterschiedlicher Qualität. Nach Hochwässern fehlten sie mehrfach längere Zeit. Eine Kettenbrücke wurde 1845 im Zusammenhang mit dem Eisenbahnanschluss errichtet. Es folgte 1891 die pompöse (Erzherzog) Franz-Karl-Brücke, benannt nach dem Vater Kaiser Franz Josefs I. Im Rahmen

Die Erzherzog-Johann-Brücke in der Zwischenkriegszeit.

der Abschaffung von Habsburgernamen nach der Einführung der Republik 1918 erhielt diese mit historistischen Stilelementen geschmückte Brücke den einfallslosen Namen Hauptbrücke. Im Gedenkjahr an Erzherzog Johann (1782–1859, siehe Erzherzog-Johann-Straße) 2009 erhielt die seit 1965 durch einen schlichten Neubau ersetzte Brücke ihren neuen Namen. Die beiden letzten Brücken sind so dimensioniert, wie es der Abbruchplan für die Nordseite der Murgasse vorgesehen hatte.

Erzherzog-Johann-Straße

XI (Unterer Plattenweg – Mariatroster Straße), PLZ 8043.

Der Name stammt noch aus der Zeit der Gemeinde Fölling. Auffallend ist, dass es außer der Erwähnung in der Inneren Stadt (siehe Joanneumring, Erzherzog-Johann-Brücke und Erzherzog-Johann-Allee) und diesem Namen in Mariatrost in den übrigen 1938 zu Groß-Graz verbundenen zehn Gemeinden plus sieben Gemeindeteilen keinen Erzherzog-Johann-Namen gab. Erzherzog Johann von Österreich (1782 Florenz – 1859 Graz) hatte für die Steiermark eine kaum zu überschätzende Bedeutung. Ohne Regierungsmacht, aber mit großem Einfluss und voll Initiative, brachte er der Steiermark gleichzeitig modernen Zeitgeist und Traditionsbewahrung. So 1811 die Gründung einer als Museum, Forschungs- und Lehrinstitut geplanten Stiftung (Joanneum). Die Technische Universität der Gegenwart hat ihre Wurzeln in dieser Stiftung. Auf Erzherzog Johann gehen Gründungen zurück, die Wirtschaft und Landeskultur förderten, so die

111

Wechselseitige Brandschadenversicherung, die Steiermärkische Sparkasse, die heutige Montanuniversität, das Landesarchiv und der Historische Verein für Steiermark. Erzherzog Johanns Arbeit bewirkte, dass die Südbahn Wien–Triest über die Steiermark führte. Der populäre Habsburger verbrachte einen erwähnenswerten Teil seines Lebens in Graz. Hier steht auch sein Stadtpalais (Palais Meran, Leonhardstraße). Als Reichsverweser wirkte er 1848 bis 1849 zur Zeit der Frankfurter Nationalversammlung. Zwei Landesaustellungen waren seinem Leben gewidmet (1959 Graz, 1982 Stainz). 2009 wurde seines 150. Todesjahres gedacht. Die Technische Universität, das Landesmuseum, die Fachhochschule und ein Forschungszentrum in Graz tragen seinen Namen.

Eschenbachgasse

III (Hochsteingasse – Blütengasse), 1899, PLZ 8010.

Wolfram von Eschenbach (1170–1220 Eschenbach), mittelhochdeutscher Dichter, sprachgewaltigster Epiker der höfischen Dichtung. Hauptwerk: *Parzival* (1210), ein mittelalterlicher Bildungsroman in Versen.

Eschengasse

XI (Mariatroster Straße – Stenggstraße), 1947, PLZ 8043.

Zuvor Bahnstraße. Benannt nach der Esche bzw. nach der Villa Eschenhalde, die in der Nähe liegt und nun als Heim für Rotkreuzschwestern verwendet wird.

Esperantoplatz

IV (Annenstraße – Strauchergasse), 1949, PLZ 8020.

Zuvor ein Teil der Metahofgasse. Anlässlich eines der Völkerverständigung dienenden Esperantokongresses wurde die platzartige Kreuzung so benannt. Esperanto, die verbreitetste Welthilfssprache, geht auf den polnisch-jüdischen Arzt Ludwig Zamenhof (1859–1917) zurück, der sich selbst als Weltbürger sah und das Pseudonym Dr. Esperanto (der Hoffnungsvolle) verwendete. Der Versuch, eine Straße zusätzlich nach Zamenhof zu benennen, scheiterte an der Gemeinde. Der gegenständliche Platz besaß zuerst eine Grünanlage mit dem Esperantostern, nun steht dort seit 1987 ein kleines Denkmal. Es gibt in Graz eine Esperantistengruppe.

Esserweg

VII (Liebenauer Hauptstraße – Messendorfer Straße), 1951, PLZ 8041.

Andreas Esser (1849 Tamsweg – 1914 Engelsdorf) war Bürgermeister der Gemeinde Engelsdorf. Esser war auch der Besitzer des *Jägerwirtes*. Siehe auch Engelsdorf.

Etrichgasse

XVII (Carlonegasse – Grenzgasse), 1975, PLZ 8055.

Igo Etrich (1879 Oberaltstadt/Böhmen – 1967 Salzburg), Pionier des Flugzeugbaues, konstruierte 1907 das erste österreichische Motorflugzeug, 1910 die berühmte *Etrich Taube* (Eindecker) und 1911 das erste österreichische Militärflugzeug. Ehrendoktor der Technischen Hochschule Wien, 1960 Verleihung des

Esperantoplatz mit Esperantostern, Tankstelle und Maronistand in den 70er-Jahren.

Renner-Preises. 1912 flog eine Etrich Taube als erstes Motorflugzeug über den Grazer Schloßberg.

Ettingshausengasse

XII (Viktor-Kaplan-Gasse – Am Andritzbach), 1949, PLZ 8045.

Zuvor Schubertgasse. Albert von Ettingshausen (1850 Wien – 1932 Graz), Dr., Hofrat, Univ.-Prof. für Physik und Elektrotechnik an der TU Graz, Träger des Militär-Verdienstkreuzes und der Kriegsmedaille.

Etzelweg

siehe Karl-Etzel-Weg

Eugenie-Schmiedl-Hain

XI (nördlich von Am Josefgrund), 1991, PLZ 8043.

Der Techniker und Erfinder Ing. Friedrich Schmiedl (siehe Schmiedlstraße) schenkte ein Grundstück mit Baumbestand der Stadtgemeinde Graz. Mit diesem Naturpark setzte er eine Erinnerung an seine Gattin Eugenie Schmiedl, geb. Stollek (1908 Wien – 1990 Gratwein). Die Schmiedls heirateten 1940 in Wien und lebten zuletzt in Mariatrost nahe jenem Hain.

Europaplatz

IV (Platz vor dem Hauptbahnhof), 1972, PLZ 8020.

Zuvor Bahnhofplatz und während der Herrschaft des Nationalsozialismus: Franz Ebner Platz. Graz erhielt mit der Strecke Mürzzuschlag–Graz (offiziell diese Reihenfolge) 1844 seinen ersten Bahnanschluss. Dieser gehörte kurz der Südlichen Staatsbahn, dann lange Zeit zur k. k. priv. Südbahngesellschaft. Ein großes Bahnhofsgebäude wurde 1878 errichtet und 1945 zerstört. Der Neubau im schlichten Stil der Nachkriegszeit wurde 1955 fertiggestellt. In diesen Jahren wurde auch offiziell nachgedacht, ob man nicht den Platz überkorrekterweise Bahnhofsvorplatz nennen sollte. Die Europagesinnung der frühen 1970er-Jahre brachte den neuen Namen. Am 5. Mai 1972 gab es durch die Europäische Föderalistische Bewegung Österreich in Graz eine Feier, die zur gegenwärtigen Bezeichnung führte.

Europaratweg

I (Parkstraße – Kreuzung Jahngasse/ Maria-Theresia-Allee), 1999.

Zum 50. Jahrestag des Europarates erfolgte auf Ansuchen des Generalsekretariates diese Benennung eines Parkweges im Stadtpark.

Der Europarat wurde 1949 zur Verteidigung der Menschenrechte (u. a. Menschenrechtskonvention, Europäischer Gerichtshof für Menschenrechte) mit Sitz in Straßburg gegründet, um in ganz Europa gemeinsame und demokratische Prinzipien zu entwickeln. Österreich gehört seit 1956 zum Europarat, zurzeit gibt es 47 Mitgliedstaaten.

Eustacchiogasse

siehe Angelo-Eustacchio-Gasse

Evangelimanngasse

VI (Conrad-von-Hötzendorf-Straße – Münzgrabenstraße), 1954, PLZ 8010.

Das bekannteste Opernwerk des Komponisten Wilhelm Kienzl (1857 Weizenkirchen/Oberösterreich – 1941 Wien) ist der *Evangelimann* (musikalisches Schauspiel, Opus 54, 1895). Die Fachkritik attestierte Kienzl im *Evangelimann* dramatisch-eindrucksvolle

Europaplatz: Der Hauptbahnhof und das Hotel Daniel (1919).

Impulse und – auf dem Weg zur Volksoper – einen persönlichen Stil, der an Richard Wagner und den italienischen Verismus anknüpfte. Die Uraufführung fand in Berlin statt, Graz sah und hörte den *Evangelimann* erstmals 1896 im Theater am Stadtpark (Thalia-Theater). Zur Zeit, als Kienzl dieses Werk schuf, war er Direktor des Steiermärkischen Musikvereins in Graz. Kienzls Vater war Bürgermeister von Graz (siehe Wilhelm-Kienzl-Gasse). Aufgrund der Namensgleichheit von Vater und Sohn wurde der Vorschlag von Bürgermeister Dr. Speck, die Evangelimanngasse in Wilhelm-Kienzl-Weg umzubenennen, abgelehnt. Der Josef-Kienzl-Weg ist auf einen Eggenberger Bürgermeister bezogen.

Exerzierplatzstraße

XIII (Anton-Kleinoscheg-Straße – zur Mur), PLZ 8051.

Areal zwischen Mühlgang und Mur, war im 19. Jh. ein militärisches Übungsgelände. Benannt nach dem ehem. Exerzierplatz der Grazer Garnison. Hier fanden um die Wende vom 19. zum 20. Jh. auch Flugversuche und Schauvorführungen bekannter Flugpioniere statt.

Eyslergasse

XVII (Herrgottwiesgasse – Dr.-Theodor-Pfeiffer-Straße), 1951, PLZ 8055.

Edmund Eysler (Eisler, 1874 Wien – 1949 Wien), Operettenkomponist in der Tradition der Wiener Operette. Schrieb zahlreiche (60) Operetten, u. a. *Bruder Straubinger* (1903), *Die Schützenliesl* (1905), Opern- und Klavierstücke. Einige Lieder aus seinen Stücken erlangten große Popularität, z. B. *Küssen ist keine Sünd*, 1903.

Eythgasse

XV (Straßganger Straße – Krottendorfer Straße), 1949, PLZ 8052.

Zuvor Poststraße. Max von Eyth (1836 Kirchheim/Teck – 1906 Ulm) arbeitete als Schriftsteller (Romane: *Der Schneider von Ulm, Der Kampf um die Cheopspyramide* u. a.) und als Techniker. In Leeds wirkte er an der Entwicklung des Dampfpfluges durch John Fowler mit. 1885 wurde auf seine Initiative die Deutsche Landwirtschaftsgesellschaft gegründet, die er durch elf Jahre leitete. Durch die Landwirtschaftsschule und den Raiffeisenhof ist Wetzelsdorf mit Pionieren wie Eyth verbunden.

F

Fabriksgasse

V (Karlauplatz – Lazerettgürtel), 1870, PLZ 8020.

Der heutige Name ist die Kurzform älterer Bezeichnungen: 1798 Krügelfabrik, 1826 Weißgeschirrfabrik, 1838 Geschirrfabrik. All dies weist auf jenen manufakturartigen Betrieb hin, der seit 1721 nachweisbar ist. Damals entstand hier die vermutlich älteste Fayence-Manufaktur der Habsburgermonarchie. Die Steingutgeschirrfabrik Hueber wurde zur Weißgeschirrfabrik Halbärth und 1863 zur Drahtstift- und Nägelfabrik der Familie Andrieu. Es gibt aber auch Steingut von Andrieu. Eine zweite Gra-

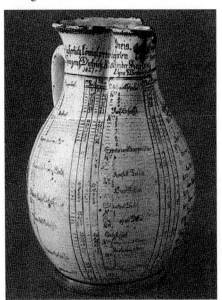

Fabriksgasse: Krug mit Henkel und Schnabel aus der Grazer Steingutfabrikation (1827, Joanneum).

zer Steingutfabrik der Frühzeit (1750) stand in der Feldgasse. Die Kunstgewerbeabteilung des Joanneums besitzt Beispiele der lokalen Steingutproduktion. Der Falkenhof am Lazarettgürtel, ein spätbarockes Kleinschloss, steht mit den alten Manufakturen in räumlichem Zusammenhang, da es das Herrenhaus der Steingutfabrik war.

Falkenhofgasse

V (Staatsbahnstraße – knapp vor Lazarettgürtel), 1899, PLZ 8020.

Einst führte die Straße um einiges weiter nach Osten (nun der Westteil des Karlauer Gürtels). Schräg gegenüber, am Lazarettgürtel, steht der hier namengebende Falkenhof. Sein Name stammt von einigen Falknern, die das landesfürstliche Gut bewohnten, nachdem die Erzherzoginwitwe Maria 1605 den Meierhof erworben hatte. 1721 kaufte Franz Josef Hueber, nicht verwandt mit dem Baumeister gleichen Namens, das Objekt und machte es zum Herrenhaus seiner Steingutmanufaktur (siehe Fabriksgasse). Der Falkenhof besitzt noch interessante architektonische Gestaltungselemente des 18. Jhs. (siehe Kunsttopographie Lend-Gries).

Falkenturmgasse

XVII (Herrgottwiesgasse – Laubgasse), 1947, PLZ 8055.

Nach einem Turm des Falkenhofschlössls benannt. Ehemaliger Ansitz zur Hege der Jagdfalken, ursprünglich zum erzherzoglichen Jagdschloss Karls II. von Innerösterreich in der Karlau gehörig. Siehe Falkenhofgasse.

Falkenweg

XII (Andritzer Reichsstraße nach Norden), 1949, PLZ 8046.

Benannt nach dem Raubvogel und der Falknerei. *Falconidae,* zur Ordnung der Greifvögel gehörig, in rund 60 Arten weltweit verbreitet. Kennzeichnend ist eine zahnartige Spitze an der Seite des Schnabels (Falkenzahn). Zu den Edelfalken zählen die Arten, die ihre Beute im Flug schlagen, wie z. B. die Wanderfalken. Siehe Falkenturmgasse.

Färbergasse

I (Sporgasse – Mehlplatz), 1680, PLZ 8010.

1560 erscheint erstmals der Name *ferbergassn*, bis ins 18. Jh. ist zum Teil auch der Name *Bürgergasse* gebräuchlich. Ob die Bezeichnung von hier ansässigen Färbern oder vom Grazer Bürgergeschlecht der Färber stammt, ist nicht entschieden. Im Zusammenhang mit der Sporgasse, der Schmiedgasse, dem Mehlplatz, die auf eine ursprüngliche handwerkliche Tätigkeit hinweisen, ist eher die gewerbliche Namengebung zu vermuten. Der Wirtschaftshistoriker P. Roth vermutet hier, wie in Judenburg, einen Zusammenhang mit der Bezeichnung *Faber* für Münzwardein.

Färberplatz

I (Färbergasse – Prokopigasse), 1906, PLZ 8010.

Nach dem Abbruch der hier befindlichen ehem. k. k. Färberkaserne (früher

Färberplatz: Die sog. Färberkaserne, durch deren Abbruch 1904 der Platz entstand.

Palais der Grafen Wagensperg, später Trauttmansdorff, vor 1820 Rathauskaserne) im Jahr 1904 entstanden. Südwestseitig durch die hakenförmige Hoffront des ehem. Palais Inzaghi mit Neubau, dem sog. Café M1 (Geschäftshaus, Bar, Entwurf Ellmer, 1988) akzentuiert.

Fasangartengasse

V (Puchstraße – Hermann-Löns-Gasse), 1940, PLZ 8020.

Zuvor Adlergasse. Als hier 1939/40 eine größere gemeindeeigene Siedlung entstand, wurde der Name gewechselt. Zum Jagd- und Lustschloss Karlau gehörte, wie im späten 16. Jh. üblich, ein Fasangarten. Die Fasangärten waren die Brutstätten, um halbzahmes Herzeigewild und gleichzeitig Beizvögel für die Jagd mit Falken zu haben. Aber auch auf weniger heroische Weise wurden die Fasane zum noblen Lebensmittel.

Fasanstraße

XV (Sackstraße quer zur Dr.-Ignaz-Scarpatetti-Straße), um 1930, PLZ 8052.

Der Fasan stammt aus Mittelasien und wurde von den Römern nach Mitteleuropa gebracht. Er wurde zu einem der wichtigsten Jagdtiere. Privilegien regelten die Jagd auf Fasane. Zucht und Abschuss waren auch Inhalt wirtschaftlicher Regelungen. Zwischen 1900 und 1920 gingen die Abschusszahlen auf ein Viertel zurück und stiegen dann wieder langsam an. In diese Zeit fällt die Namengebung der Straße am damals wenig verbauten Westrand der Stadt.

Fasanturmweg

XVII (Herrgottwiesgasse – Puchstraße), PLZ 8055.

Einst stand dort ein Falken- und Fasanturm; in Bezugnahme auf die Jagdgründe Karls II. in der Karlau.

Faunastraße

XV (Wetzelsdorfer Straße gegen Süden), zuletzt 1955, PLZ 8052, 8053.

Die Straße wurde nach dem Zweiten Weltkrieg nach Süden und Norden verlängert. Ein spezieller Bezug des Namens, außer dass es sich hier um eine allgemeine Bezeichnung der Tierwelt handelt, konnte nicht ermittelt werden. Während der Herrschaft des Nationalsozialismus befand sich hier die Gottfried-Sekanek-Straße. Zuvor und danach (bis 1955) wurde für einen Teil der heutigen Straße der Name Johann-Müller-Straße verwendet.

Feldgasse

V (Vinzenz-Muchitsch-Straße – Alte Poststraße), 1838, PLZ 8020, 8053.

Der Weg bildete die kürzeste Verbindung vom Schloss (dann Arbeitshaus und Strafhaus) Karlau zur wichtigen Verkehrslinie der Alten Poststraße. Das hob ihn gegenüber anderen Feldwegen dieser Gegend hervor und führte früh zu seiner Namengebung. Im Gegensatz zum Alter der Gasse steht die späte bauliche Erschließung. Noch 1900 gab es nur drei Hausnummern, im Osten der Gasse konzentriert. Als Lagebestimmung findet sich 1900 im Grazer Adressbuch: *von der Triesterstraße westlich in die Felder*, womit auch der Name hinlänglich erklärt ist.

Feldkirchner Weg

XVII (Mälzerweg – Stadtgrenze, in Richtung der Ortschaft Feldkirchen bei Graz führende Straße), 1947, PLZ 8055.

Feldkirchen bei Graz, um 1160 *Veltchirchen*, Bezeichnung von *Kirche auf freiem Felde*. Marktgemeinde, politischer Bezirk Graz-Umgebung, etwa 4650 Einwohner, südlich von Graz am rechten Murufer liegend. Älteste Pfarre (hl. Johannes der Täufer, teilweise romanisch-spätgotisch, Umbauten 16. bis 18. Jh.) des Grazer Feldes vor 1146 auf antikem Siedlungsboden; vermutlich auf dem Platz einer römischen Poststation (siehe figürliche, römische Steinfragmente an der Kirche), dann Filiale von Straß-

Feldkirchner Weg: Der in der Gemeinde Feldkirchen gelegene Flughafen Thalerhof (1957).

gang, ab 1782 wiederum eigene Pfarre. Das Umland von Feldkirchen wird vom Flughafen Graz-Thalerhof (architektonisch sensible Erweiterung der bestehenden Anlage von 1990 bis 1995 nach einem Entwurf von Florian Riegler und Roger Riewe im Sinne der neuen *Grazer Architektur als Engagement*) dominiert. 1938 wurde Straßgang mit dem Nordteil von Feldkirchen und mit dem südlichsten Teil des Bezirkes Gries zum Stadtteil Graz-Südwest zusammengeschlossen. 1986 Neuschaffung des XVII. Bezirkes Puntigam. Seit 1850 ist Feldkirchen eine eigene Gemeinde.

Feliferhof

XV (Gelände am Hofstättenweg), PLZ 8052.

Der bekannte Name des Weilers und besonders des Übungsgeländes des Ös-

terreichischen Bundesheeres kommt nicht im Straßenverzeichnis des Magistrates Graz vor. Der Name leitet sich von der Verwalterin Theresia Filafero der Grundstückseigentümerin Anna Geißler ab (19. Jh.) ab. Zuvor gab es seit dem Mittelalter die Bezeichnung Hofstetterhof. 1869 fand der Tausch Stadtpark (nun Gemeinde) gegen den Feliferhof (nun Ärar – Militärverwaltung) statt. Siehe Hofstättenweg.

Felix-Dahn-Platz

II (Mandellstraße – Nibelungengasse und Schörgelgasse), 1904, PLZ 8010.

Felix Dahn (1834 Hamburg – 1912 Breslau), deutscher Schriftsteller und Historiker, der sich vorwiegend mit der Geschichte der germanischen Frühzeit und des Mittelalters beschäftigte. Eines seiner bekanntesten Bücher ist der Roman *Ein Kampf um Rom* (1876). Die urbane Situation des Felix-Dahn-Platzes wird heute von den innovativen Institutsbauten für Biochemie und Biotechnologie der Technischen Universität Graz, nach dem Entwurf (1983–1991) von M. Szyszkowitz und Karla Kowalski geprägt. Den eigenwilligen u-förmigen Baukomplex mit der bewegten Dachlandschaft kommentieren die Architekten u. a. so: *Das Gebäude soll ein Verbindungsbau sein, einerseits zwischen dem städtischen Gefüge des Felix-Dahn-Platzes mit dem Maßstab und der Bebauungshöhe der umgebenden Gebäude, mit den an der Oberfläche bewegten Bauwerksfluchten, dem dazwischen liegenden Park und den Dachformen und andererseits dem zur Zeit vom Platz noch isolierten Universitätsbereich mit seinen strengen Geometrien und den großen Bauhöhen mit Flachdachabschlüssen.*

Fellingergasse

IV (Lendkai – Lendplatz), 1872, PLZ 8020.

Johann Georg Fellinger (1781 Peggau – 1816 Adelsberg/Krain) war zur Zeit der Franzosenkriege gleichzeitig Soldat und Dichter. Dies trug ihm zwar den Ehrentitel eines *Steirischen Theodor Körner* ein, brachte ihm jedoch keine die Lebenszeit überschreitende Bekanntheit. Der k. k. Oberleutnant und *Conskriptionsrevisor* war zuvor Jusstudent, Erzieher und Landwehrsoldat gewesen. 1808 bis 1809 nahm er am Feldzug gegen Frankreich in Italien teil, wurde verletzt und gefangen genommen. Lebenslang wandte er sich immer wieder der Dichtung zu. Dies gelang ihm besonders in der geruhsamen Garnison von Klagenfurt. Im Spannungsfeld zwischen Beruf und Dichtung wird ihm in späteren Jahren Melancholie nachgesagt. Ab 1809 erschienen seine poetischen Publikationen. Sein dichterisches Werk erschien 1821 in zwei Bänden. In Peggau steht ein ihm gewidmetes Denkmal, und es existiert auch eine Johann-Fellinger-Straße.

Felsensteig

I (Kriegssteig zum Major-Hackher-Weg), 1928, PLZ 8010.

Im Jahr 1928, als man das 800-Jahr-Jubiläum von Graz feierte, wurde dieser meist hangparallel verlaufende Weg eröffnet. Daher trägt er auch den Namen Jubiläumssteig. Der Weg, er wurde insbesondere von Soldaten des steirischen Pionierbataillons 5 errichtet, zeigt Felspartien, die einst für den Westhang des Schloßbergs typisch waren.

Ferdinand-Porsche-Platz

VII (Sternäckerweg – Ostbahnstraße), 1999, PLZ 8041.

Die platzartige Erweiterung des Sternäckerweges wurde offensichtlich in Zusammenhang mit der dort befindlichen Autofirma so benannt. Kurzbiographie siehe Porscheweg.

Ferdinand-Prirsch-Straße

XVI (Straßganger Straße nach Westen, Sackgasse), 1967, PLZ 8054.

Ferdinand Prirsch (1906 Fürstenfeld – 1965 Graz), Ökonomierat, Landesrat und Nationalrat. Führte als Landesrat das Landwirtschafts- und Wohnbaureferat der Steiermärkischen Landesregierung. War im Aufbau und in der Entwicklung des Feuerwehrwesens tätig. Träger des Goldenen Ehrenzeichens der Republik Österreich. Die Benennung wurde auf Antrag des *Eigenheim und Siedlerringes Südost* im Einvernehmen mit der Bezirksvorstehung vorgeschlagen.

Ferdinand-von-Saar-Weg

VIII (Bachweg – Unterer Breitenweg), 1975, PLZ 8042.

Der Wiener Lyriker und Novellist Ferdinand von Saar (1833 Wien – 1906 Wien) besuchte wiederholt die Steiermark und stand auch mit steirischen Literaten in Verbindung. Seine schwermütigen und realistischen Erzählungen und Gedichte entsprechen der Stimmung der Jahrhundertwende. Bekannt wurden besonders seine *Wiener Elegien* und die *Novellen aus Österreich*. Die Literaturkritik vergleicht ihn in seiner Erzählkunst und in seinem Wertsystem mit Marie von Ebner-Eschenbach. Seinem Erfolg (z. B. wurde er 1902 in das Herrenhaus berufen) standen in seinen letzten Jahren Krankheit und Depressionen gegenüber. Im Erscheinungsjahr von *Tragik des Lebens* beging er Selbstmord.

Fernheizwerk Rohrsteg

V, VI (Murquerung auf der Höhe des Fernheizkraftwerkes), 1963.

Der Steg dient der Murüberquerung von Versorgungsleitungen der Fernheizung und befindet sich in gemeinsamer Verantwortung von ATP (Austrian Thermal Power) für das Fernheizkraftwerk und der Graz AG, ehem. Grazer Stadtwerke, für die Fernwärmeversorgung.

Der Steg hat eine lichte Weite von 60 m und kann nur zu Servicearbeiten betreten werden. Betriebsintern gibt es die Bezeichnung *Mursteg*, die allerdings für die Grazer zu einer Verwechslung führen könnte.

Feuerbachgasse

V (Südtiroler Platz – Griesgasse), 1902, PLZ 8020.

Informell wurde der Name schon viel länger verwendet und wird um 1785 erstmals genannt. Um Löschwasser zu haben, wurde ein Nebenlauf des rechtsseitigen Mühlganges durch die Murvorstadt geführt. Über seine Funktionen, die über die Feuerbekämpfung hinausgingen, und die daraus ableitbare Wasserqualität gibt der von Pirchegger zitierte Name *gestunkenes Bächl* Bescheid. Dieser Wasserlauf wurde nach seiner teilweisen Eindeckung spätestens 1837 aufgelassen.

Fichtengrund

siehe Am Fichtengrund

Fichtestraße

IV (Wiener Straße gegen Nordosten), 1930, PLZ 8020.

Johann Gottlieb Fichte (1762 Rammenau/Oberlausitz – 1814 Berlin) gehört zu den bedeutendsten Philosophen des deutschen Idealismus. Im Mittelpunkt seiner Lehre steht das schöpferische Ich. Sein Hauptwerk, *Grundlagen der gesamten Wissenschaftslehre*, erschien

1794. Bekannt sind auch seine *Reden an die deutsche Nation*. Die Straßenbenennung war durch drei Häuser notwendig geworden, die 1930 und kurz danach etwas abseits der Wiener Straße errichtet wurden.

Fietzgasse

siehe Klara-Fietz-Gasse

Finkengasse

V (Eggenberger Straße – Niesenbergergasse), 1890, PLZ 8020.

Der Vogelfamilie der Finken gehören einige heimische Arten an, so der Gimpel, der Grünling und der Stieglitz. Der kleine und bunte Sänger ist auch ein Kulturfolger. Wo dies möglich ist, be-

dient er sich in seiner Suche nach Körnern auch der Pferdeäpfel. Das brachte ihm den Ruf eines Schmutzfinken ein und überdies Umstellungsprobleme mit dem Ende des Pferdeverkehrs. Zur Zeit der Namengebung dieser Straße gab es hier kein Haus, und dieser Zustand bestand noch durch etliche Jahre. Einst wurde diese Straße als zwischen der Annenstraße und der Köflacher Straße gelegen definiert. Ob der Name etwas mit dem Staub der in der Nähe gelagerten Köflacher Kohle zu tun hatte, darüber kann nur spekuliert werden. Übrigens wurden damals auch nicht organisierte Studenten als *Finken* bezeichnet.

Fischer-Allee

siehe Wilhelm-Fischer-Allee

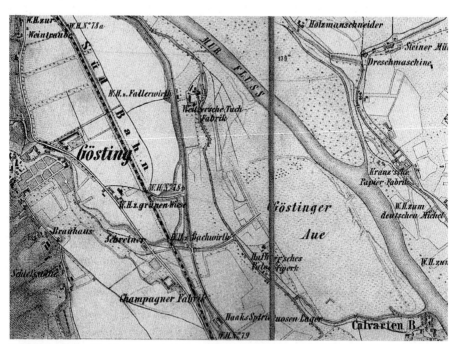

Fischeraustraße: Verkleinerter Ausschnitt aus dem Plan 1:14.400 (1869), der die unverbaute Göstinger Au nördlich des Kalvarienberges zeigt.

Fischeraustraße

XIII (Schippingerstraße über die Exerzierplatzstraße nach Norden bis zum Mühlgang), PLZ 8051.

Benannt nach der Fischer-Au, ehem. viel benützte Grünfläche zwischen Kalvarienberg und Gösting für Feste (Fischerfest), Weideland und später als Exerzierplatz der Grazer Garnison.

Fischergasse

III (Teil der Körösistraße, im Bereich Steggasse – Eichendorffgasse), 1870, PLZ 8010.

Gewerbebezeichnung nach den Fischern, deren Fischerhäuschen im Mittelalter am Gries, an der Mur südlich des Neutores und im 17. Jh. zu beiden Seiten der Mur auf der oberen Lend und in der Gegend der heutigen Fischergasse zu finden waren. Der Fischhandel war stark verbreitet, an Fischen herrschte großer Bedarf, allein schon wegen seiner Bedeutung als Fastenspeise. Die Fischergasse im VII. Bezirk wurde amtlich gelöscht.

Fischerhofweg

IX (Untere Teichstraße – Waltendorfer Hauptstraße), 1961, PLZ 8010.

Fischerhof ist der Vulgarname eines Gutes an der Straßenecke zur Unteren Teichstraße. Der Name leitet sich von der Teichwirtschaft in diesem Raum her.

Fischer-von-Erlach-Gasse

I (Herrengasse – Frauengasse), 1929, PLZ 8010.

Bis Mitte des 18. Jhs. *Judengassl*, ab 1813 *Pfarrgasse*. 1929 Umbenennung

im Gedenken an das in der Nähe (Frauengasse Nr. 4) befindliche Geburtshaus des großen österreichischen Barockbaumeisters Johann Bernhard Fischer von Erlach (1656 Graz – 1723 Wien). Hauptwerke, u. a.: Salzburger Kollegienkirche, Karlskirche in Wien, Böhmische Hofkanzlei, Palais Trautson (einige Wiener Bauten, z. B. Hofbibliothek, wurden teilweise von seinem Sohn Joseph Emanuel fertiggestellt). Fischer von Erlach nannte sich nach dem ersten Gatten (Sebastian Erlacher) seiner Mutter *von Erlach;* eine erste Ausbildung zum Bildhauer erhielt er in der Werkstätte seines Vater Johann Baptist Fischer in Graz. Die Altarfigur der hl. Katharina im Grazer Mausoleum wird nach einem frühen Entwurf Fischer von Erlach zugeschrieben (Altar um 1695). Ebenso die Stuckaturen im Grazer Mausoleum (Katharinenkirche und Grabeskuppel 1687/88) sowie der Hochaltar von Mariazell. Eine Porträtbüste Fischers befindet sich in der 1959 angelegten *Steirischen Ehrengalerie* im zweiten Burghof der Grazer Burg.

Fiziastraße

VII (Eduard-Keil-Gasse – Dr.-Plochl-Straße), 1959, PLZ 8041.

Der kaiserliche Rat Mag. pharm. Adolf Fizia (1873–1932) war Apotheker und zusammen mit seiner Gattin Ada Besitzer der Hirschenapotheke in der Sporgasse. Im Grazer Gemeinderat gehörte er der deutschnationalen Fraktion an. In der kommunalpolitisch schwierigen Zeit nach dem Ende des Ersten Weltkriegs und in der Zeit unmittelbar danach, also im Übergang von der Monarchie zur Republik, war Fizia vom Dezember 1917 bis zum Juni 1919 Bürgermeister von Graz. 1923 wurde er zum Kommerzialrat ernannt und auch Ehrenbürger von Graz.

Flexweg

siehe Walter-Flex-Weg

Fliedergasse

VI (Froschaugasse – Am Langedelwehr), 1920, PLZ 8010.

Wie bei den Namen Buchengasse und Hollerweg gab man einer Gasse der damals entstandenen Schönausiedlung (zu dieser Zeit Baracken) eine Bezeichnung aus der Natur, und zwar die des – meist fliederfarbenen – Gartenstrauchs. Die Siedlung bestand vorerst aus 83 Holzhäusern mit 298 Wohnungen. Der Bau im Winter 1919/20 dauerte nur wenige Monate, wobei das Holz meist von nun überflüssig gewordenen Militärbaracken stammte. Sogar vorgefertigte Holzkonstruktionen, die für den Wiederaufbau in Galizien und Görz vorgesehen waren, wurden hier verwendet. All dies diente dazu, die große Wohnungsnot jener Zeit zu mildern. Stolz war man damals auf die Schwemmkanalisation und den Wasseranschluss der sonst recht bescheidenen Häuser.

Floraquellweg

XIII (Thalstraße nach Südwesten, Sackgasse), 1949, PLZ 8051.

Zuvor Quellweg. Am Westhang des hauptsächlich aus Kalk und Dolomit aufgebauten Plabutschzuges entspringt in 465 m Höhe die heute gefasste und abgedeckte Floraquelle. Die Namengebung bezieht sich auf die einst üppige Vegetation. Flora war die römische Schutzherrin der Blüten und Blumen; sie wird mit einem Füllhorn dargestellt, aus dem sie die Blüten über die Erde streut.

Floraweg

XVI (Zahläckerweg nach Süden, Sackgasse), 1954, PLZ 8054.

Namenskonstrukt (siehe Floraquellweg).

Florianibergstraße

XVI (Kärntner Straße – Mantschastraße), 1947, PLZ 8054.

Benannt nach dem Florianiberg (520 m) bzw. der auf dem Gipfel des Berges gelegenen Florianikirche, die im 16. Jh. von Maria von Bayern gestiftet wurde. Im Inneren bemerkenswerte Fresken von Georg Adam Echter, Ende 17. Jh. Benannt nach dem hl. Florian (4. Mai), römischer Heeresbeamter, Befreier der Christen bei der Diokletianischen Verfolgung. Wurde bei Lauriacum (Oberösterreich) mit einem Mühlstein um den Hals in die Enns geworfen. Beliebter Volksheiliger, Schutzpatron der Feuerwehr.

Florianigasse

V (Hohenstaufengasse – Staatsbahnstraße), 1925, PLZ 8020.

Die Straße befindet sich in der Lazarettsiedlung. Die neueren Unterlagen des Magistrats weisen auf die Ablei-

Die Florianikirche auf dem Florianiberg (um 1930).

tung des Namens vom Florianiberg im Südwesten von Graz (damals Gemeinde Straßgang) hin. Dies erscheint recht unwahrscheinlich, da Straße und Berg in keine spezielle Beziehung zu setzen sind. Im Text von 1925 heißt es: *Die im Bereich der Wohnsiedlung auf dem inneren Lazarettfelde entstandenen neuen Straßenzüge (Nord-Süd) werden mit Wiesengasse, Buchkogelgasse, Martingasse, Florianigasse und Kurzegasse benannt.* Die Gemeinsamkeit mit dem Florianiberg (siehe Florianibergstraße) erschöpfen sich im hl. Florian als Patron (4. Mai). Der Heilige aus Lauriacum wurde 304 zum Märtyrer. Erst im 15. Jh. wird aus dem Angehörigen des römischen Heeres der für Feuersnot zuständige Heilige.

Flößerweg

XVII (Lagergasse nach Westen), 1947, PLZ 8055.

Gewerbebezeichnung, in Erinnerung an das harte und gefährliche Gewerbe der Mur-Flößer.

Floßlendplatz

IV (Kreuzung Lendkai, Zeillergasse, Grüne Gasse), 1912, PLZ 8020.

Namenlos gab es die platzartige Kreuzung schon länger. Siehe Floßlendstraße.

Floßlendstraße

IV (Floßlendplatz – Schleifbachgasse), 1901, PLZ 8020.

Später eine nördliche Fortsetzung jenseits des Kavariengürtels. Die Straße ist von der für den Namen wichtigen Mur durch einen Grünstreifen, der zusehends verbaut wird, getrennt. Der Begriff Floßlend (Landeplatz für die Flöße aus der Obersteiermark) stammt aus dem späten 17. Jh. Außerhalb der Stadtbefestigung und am eher handwerklich-gewerblich genutzten rechten Murufer gab es sowohl im Bereich nördlich als auch südlich Anlegeplätze an der damals unverbauten Mur.

Flurerweg

VIII (Anton-Jandl-Weg gegen Norden), 1981, PLZ 8042.

Franz Ignaz Flurer (1688 Augsburg – 1742 Graz) war ein überwiegend in Graz schaffender Maler des Barocks. Er malte in Öl und Freskotechnik. Einige seiner Bilder wurden auch als Graphiken gedruckt. Ein Großteil seines Werkes ist religiösen Themen gewidmet. Von ihm stammen u. a. das Hochaltarbild im Grazer Dom und das Deckenfresko im Festsaal von Tobelbad. Er gestaltete auch einen Teil des Bildschmucks der steirischen Erbhuldigung von 1728 (Deyerlsperg).

Flurgasse

VI (Münzgrabenstraße – Jauerburggasse bzw. Conrad-von-Hötzendorf-Straße), 1870, PLZ 8010.

Vor der allgemeinen Bezeichnung Flur sprach man hier von *der Tratten* und meinte ungefähr dasselbe.

Föderlgasse

XII (Sanzingasse – Hochstrassergasse), 1949, PLZ 8045.

Zuvor Quergasse. Benannt nach dem Wiener Ing. Föderl; er installierte in Graz die automatische Telefonzentrale. Den Beginn des Telefonzeitalters in der Steiermark dokumentiert die *Tagespost* vom 10. 8. 1882 wie folgt: *Heute wurde der Betrieb mit elf mit der Centralstation verbundenen Abonnenten offiziell eröff-*

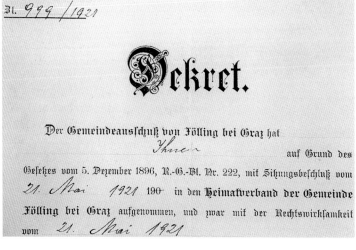

Fölling: Heimatrechtsurkunde der Gemeinde Fölling (1921).

net und die übrigen Abonnenten sechzig an der Zahl werden successive mit der Centralstation in Verbindung gesetzt werden. Unter den wenigen Privatiers waren so illustre Namen zu finden wie der Infant von Spanien, Don Alfonso de Bourbon y Austria Este, und der Graf von Hartenau (Fürst Alexander I. von Bulgarien). Errichtung und Betrieb dieses zweiten Telefonnetzes Österreichs wurden von der englischen Gesellschaft *Consolidated Telephone Construction Company* gewährleistet. In der Folge wurden eine neue Telefonzentrale in Graz als Mittelstation errichtet. Sie stellte nach ihrer Automatisierung im Jahr 1910 die modernste und größte Zentrale Europas dar.

Födranspergweg

III (Leechgasse – Hilmteichstraße), 1899, PLZ 8010.

Oberst Franz Ritter von Födransperg (1807 Klagenfurt – 1878 Graz), 1864 bis 1872 Gemeinderat von Graz. Erwarb sich Verdienste bei der Errichtung der Hilmteichanlagen in Geidorf.

Föhrengrund

siehe Am Föhrengrund

Fölling

XI.

Katastralgemeinde im Osten des Bezirks Mariatrost. Ein Drittel des XI. Bezirks gehört zu Fölling, zwei Drittel gehören zu Wenisbuch. Bis zur Markterhebung 1930 war Fölling der Name der Ortsgemeinde *Maria Trost* (alte Schreibweise). 1265 ist der Name *Felinge* erwähnt. Ein

Personenname erscheint unwahrscheinlich. Eher möglich ist nach Kniely eine Ableitung von *fel(w)ing* (= Siedlung bei den Weiden) oder *felding* (= Ansiedlung auf freiem Feld).

Föllinger Straße

XI (Mariatroster Straße – Haideggerweg), offiziell festgelegt erst 1948, PLZ 8044.

Die Straße, die von Niederschöck(e)l nach Fölling führt. Die KG Niederschöck(e)l gehörte bis 1938 zur Gemeinde Mariatrost. Ein Teil der KG Fölling wird durch diese Straße erschlossen. Siehe Fölling.

Fontanestraße

XV (Peter-Rosegger-Straße – Straßganger Straße), 1949, PLZ 8052.

Zuvor Schillerstraße. Der studierte Apotheker, deutsche Dichter und Theaterkritiker Theodor Fontane (1819 Neuruppin – 1898 Berlin) stammte aus einer Hugenottenfamilie. Seine schriftstellerische Tätigkeit begann er als Kriegsberichterstatter, dann arbeitete er als Journalist. Schließlich schuf er Lyrik und besonders Balladen. Bekannt wurde er durch seine Romane und Erzählungen, wie *Wanderungen durch die Mark Brandenburg* (4 Bde., 1862–1882), *Effi Briest* (1895) und *Der Stechlin* (1899), deren Erzählkunst und verhaltene Sozialkritik eine Weiterentwicklung im Romanstil seiner Zeit darstellte.

Formentini-Allee

siehe Ritter-von-Formentini-Allee

Forstergasse

XV (Peter-Rosegger-Straße – Alte Post-straße), 1955, PLZ 8053.

Josef Forster (1838 Trofaiach – 1917 Wien) stammte aus einer musikalisch sehr talentierten Familie. Er studierte zwar in Graz Naturwissenschaften, wandte sich aber bald der Musik zu. Seine Kompositionen waren meist Opern und Ballettmusik. Wenn auch heute sein Werk weitgehend vergessen ist, zu Lebzeiten hatte Forster größere Erfolge, so mit der Oper *Rose von Pontevedra*. Die Musikgeschichte rechnet seinen Stil zum Verismus.

Forstweg

XII (Stattegger Straße – Rohrerbergstraße zur Stadtgrenze), 1949, PLZ 8045, 8046.

Zuvor Waldweg. Nach dem Riednamen oberhalb des Rohrerberges benannt.

Fosselgasse

X (Roßmanngasse – Roßmanngasse), 1948, PLZ 8010.

Dr. med. Viktor Fossel (1846 Ried/Innkreis – 1913 München) war k. k. Bezirksarzt in Liezen, Sanitätsrat, dann Landesphysiker (Landessanitätsdirektor) und 1892 bis 1906 Direktor des Allgemeinen Krankenhauses in Graz. Er publizierte als Medizinhistoriker und lehrte an der Universität als Professor für Geschichte der Medizin. Fossel ist u. a. der Verfasser der 1889 erschienenen *Geschichte des Allgemeinen Krankenhauses in Graz* und der *Geschichte der epidemischen Krankheiten* (1902). Seine Tochter Maria Elisabeth Fossel wurde eine bekannte steirische Malerin und Graphikerin.

Der Arzt und Krankenhausdirektor Univ.-Prof. Dr. V. Fossel (Federzeichnung seiner Tochter M. Fossel).

Frachtengasse

XVII (Mitterstraße – Südbahn), 1947, PLZ 8055.

Zufahrtsstraße zum Frachten- (Verlade-) Bahnhof Graz-Puntigam. 1846 Eröffnung der Bahnlinie Graz–Cilli. Der Bahnhof Puntigam wurde auf Ersuchen der Brauerei Hold (1859) errichtet und fungierte anfangs als Betriebsbahnhof der Brauerei.

Franckstraße

III (Grabenstraße – Körblergasse), 1897, PLZ 8010.

Moritz Ritter von Franck (1814 Wien – 1895 Graz), einer der fortschrittlichsten Kommunalpolitiker seiner Zeit. Erster freigewählter Bürgermeister von Graz 1861 bis 1864 und 1867 bis 1870. Realisierte das Grazer Stadtparkprojekt zugunsten einer englischen Parkanlage (Denkmal im Stadtpark von E. Hellmer, 1905, und Franck-Eiche, 1872). Unter Franck entstanden weiters: Erneuerung der Gemeindeordnung 1869, Wastler Stadtplan, Winklersche Häusernummerierung, Wasserleitung, Hilmteichanlagen, Städtisches Spital, Armenoberdirektion, Volksküche und die Gemeindesparkasse. 1863 Ehrenbürger von Graz, Grabstätte auf dem St. Leonhard-Friedhof.

Frankensteingasse

X *(Ragnitzstraße – Rauchleitenstraße bzw. Eißlgasse), 1948, PLZ 8047.*

Carl von Frankenstein (1810–1848 Graz) bereicherte das technische Wissen seiner Zeitgenossen als bemühter Autor und Herausgeber des *Innerösterreichischen Industrie- und Gewerbeblattes zur Verbreitung gemeinnütziger Kenntnisse für alle Stände,* das von 1839 bis 1848 in Graz erschien. 1848 redigierte er das *Politische Abendblatt.* Seine Erfindung des hydroelektrischen Kontaktvergoldens und -versilberns erregte Interesse und schuf ihm materielle Absicherung. Die galvanoplastische Fabrik befand sich im Moserhofschlössl.

Franz-Gasse

siehe Anselm-Franz-Gasse

Franz-Graf-Allee

I *(Opernring – Glacisstraße), 1912, PLZ 8010.*

Zuvor Theaterallee. Franz Graf, Dr. jur. (1837 Nägelsdorf/Straden – 1921 Graz),

Frankensteingasse: Werbung für die Fabrik des Carl von Frankenstein (1843).

129

Dr. Franz Graf, Bürgermeister von Graz (1897–1898, 1898–1912).

studierte Jus in Graz und Wien, 1876 durch Heirat Firmenteilhaber der Brauerei Puntigam. 1880 und 1884 Stadtrat. Als Bürgermeister fungierte Dr. Graf in den Jahren 1897/1898, 1898 bis 1905 und von 1905 bis zur Auflösung des Gemeinderates im Jahre 1912. Unter Franz Graf kam es zur Errichtung des Grazer Opernhauses und des Amtshauses. Ehrenbürger von Graz 1907.

Franz-Herzog-Weg

XI (Neusitzstraße gegen Norden), 1973, PLZ 8044.

Der Bäckermeister Franz Herzog (1868 Fölling – 1952 Graz) wurde 1919 zum Bürgermeister von Fölling gewählt und bekleidete dieses Amt bis 1937. Besonders ist hervorzuheben, dass in dieser wirtschaftlich schwere Zeit die Gemeinde schuldenfrei wurde. In seine Amtszeit fallen die Erhebung zur Marktgemeinde und der Namenswechsel von Fölling zu Mariatrost. Unter Bürgermeister Herzog erhielt die Gemeinde Wasserleitung und Kanalisation. In seine Amtszeit fällt auch die Staubfreimachung der Mariatroster Straße. Herzog war auch ein größerer Grundbesitzer in der Gemeinde und wohnte in der Waldhofstraße (nun Hans-Mauracher-Straße). Er betrieb im Haus Sporgasse 14 eine Konditorei.

Franziskanergasse

I (Hauptplatz – Franziskanerplatz), 1785, PLZ 8010.

Die Gegend zwischen Hauptplatz und Franziskanerkloster hieß *in der Höll*. 1655 erscheint bereits der Name *Franziskanergäßl*. Nach einem Chronisten des 18. Jhs. wurden hier besonders von italienischen Kaufleuten Meeresfrüchte angeboten (siehe Franziskanerplatz).

Franziskanerplatz

I (Neutorgasse – Stainzergasse), 1883, PLZ 8010.

Benannt nach dem gleichnamigen Kloster; geführt von den Brüdern aus dem Orden des hl. Franziskus. Die früheste Klosterniederlassung in Graz wurde 1230/39 von den *Minderen Brüdern* (Minoriten) gegründet und 1515 von den Franziskaner-Observanten übernommen. Im Bereich des heutigen Platzes befand sich ein Friedhof. Die für den Franziskanerplatz typischen Verkaufsläden zwischen den Chorpfeilern der Kirche bestanden als Kammern bereits im 17. Jh. und wurden zum Verkauf von Waren benutzt. 1945 zerstörte ein Bombentreffer den Hochchor der Franziskanerkirche, der wieder aufgebaut wurde. In den letzten Jahrzehnten wurden Kloster und Kirche umfassend saniert. Das Franziskanerkloster ist Ausbildungshaus der jungen Ordensbrüder und ein spirituelles Zentrum in der Altstadt von Graz.

Franz-Josef-Kai
siehe Kaiser-Franz-Josef-Kai

Franz-Nabl-Weg
IX (St.-Peter-Pfarrweg gegen Nordosten), 1982, PLZ 8010.
Der Erzähler und Dramatiker Franz Nabl (1883 Lautschin/Böhmerwald –

1974 Graz) verbrachte einen großen Teil seines Lebens in Graz, zuerst als Redakteur *(Neues Grazer Tagblatt)*, dann als Schriftsteller. Seine Prosa folgte der Tradition des 19. Jhs., sein erfolgreichster Roman war *Ödhof – Bilder aus den Kreisen der Familie Arlet* (1911). In den letzten Jahrzehnten erlebte Nabl durch das Interesse der Grazer Gruppe eine Renaissance. Nabl erhielt 1953 den Peter-Rosegger-Preis des Landes Steiermark, 1957 den Österreichischen Staatspreis und war Ehrenringträger des Landes Steiermark und der Stadt Graz (1963). Zuvor hatte er schon den Mozart-Preis zugesprochen erhalten (1938) und wurde 1943 zum Ehrendoktor ernannt. Das Franz-Nabl-Institut für Literaturforschung ist mit dem In-

Das Kälberne Viertel (oben), das Franziskanerkloster (Mitte) und der Franziskanerplatz (rechts) im Jahr 1990.

stitut für Germanistik der Universität Graz verbunden. Die Stadt Graz vergibt den Franz-Nabl-Preis für Literatur. Im Stadtpark befindet sich eine Nabl-Büste (1974, Skala).

Franz-Pratter-Straße

XIV (Vinzenzgasse – Hödlweg, teilweise Fußweg), 1979, PLZ 8020.

Regierungsrat Franz Pratter (1893 Eggenberg – 1960 Graz), ein Feinmechaniker und Elektrotechniker, gehörte durch viele Jahre als Abgeordneter der ÖVP dem Grazer Gemeinderat an und war auch Stadtrat, er leitete in der schwierigen unmittelbaren Nachkriegszeit das Referat für Ernährungs- und Wirtschaftswesen. Insgesamt war Pratter durch 40 Jahre in der Politik

Der Kommunalpolitiker Franz Pratter.

tätig; seine Laufbahn begann er als Gemeinderat und Vizebürgermeister der Gemeinde Eggenberg vor 1938. Pratter bekleidete auch viele öffentliche und karitative Funktionen. 1958 wurde er zum Bürger der Stadt Graz ernannt.

Franz-Riepl-Gasse

V (Feldgasse in Richtung Norden), 1938, PLZ 8020.

Franz Xaver Riepl (1790 Graz – 1857 Wien) war ein Pionier des österreichischen Eisenbahnwesens, aber auch des Bergbaues. Der Professor für Naturgeschichte und Warenkunde am Polytechnischen Institut in Wien führte beispielsweise am Erzberg den Tagbau in Stufen ein. Von ihm stammten Pläne für die Kaiser Ferdinand-Nordbahn, der ersten mit Dampflokomotiven betriebenen Bahn des alten Österreich. Riepl war auch Direktor dieser Bahn und entwarf die Pläne eines Eisenbahnnetzes für Österreich. Für die Steiermark ist auch seine Zusammenarbeit mit Erzherzog Johann von Interesse.

Franz-Schmidt-Weg

XII (Hoffeldstraße – St.-Gotthard-Straße), 1958, PLZ 8046.

Franz Schmidt (1874 Pressburg – 1939 Wien/Perchtoldsdorf), österreichischer Komponist, ist heute vor allem durch das Oratorium *Das Buch mit den sieben Siegeln* (1935–1937, Uraufführung 1939) bekannt, in dem auch seine an Haydns Spätzeit erinnernde Wendung zum Ausdrucksmusiker, die sich in seinen letzten Lebensjahren vollzog, am deutlichsten hervortritt. Beethovenpreisträger.

Franz-Spath-Ring

siehe Prof.-Franz-Spath-Ring

Franz-Steiner-Gasse

XIV (Eggenberger Allee – Georgigasse), 1968, PLZ 8020.

Zuvor Fünckgasse. Kommerzialrat Franz Steiner (1869 Lichtenwörth/Wiener Neustadt – 1960 Graz) gründete 1896 die Bäckerei Steiner in Eggenberg. 1935 wurden die Geschäftsführung ausgeweitet und die Herstellung von Brot, Teig-, Süß- und Backwaren auf eine fabriksmäßige Produktion umgestellt. Der Betrieb beschäftigte in den Nachkriegsjahren rund 80 Personen. Bekannt waren das EVI-Vollkornbrot und die Panierbrösel Marke Goldin. Franz Steiner Senior war 1898 bis 1932 Mitglied des Eggenberger Gemeinderates und leitete die Marktgemeinde 1914 bis 1919 als Bürgermeister. Auch war er Mitglied des Ortsschulrates. Die Marktgemeinde Eggenberg ernannte ihn 1932 zum Ehrenbürger. 1932 bis 1935 gehörte er dem Steiermärkischen Landtag an und war dessen Vizepräsident. Als Kammerfunktionär engagiert, war er 1933 bis 1937 auch Präsident des Steiermärkischen Handels- und Gewerbebundes. Die Firma Steiner übernahm 1968 die Kosten für die neuen Hausnummerntafeln.

Franzstraße

siehe Viktor-Franz-Straße

Franz-Werfel-Gasse

XII (Weizbachweg – Pfeifferhofweg), 1982, PLZ 8045.

Franz Werfel (1890 Prag – 1945 Beverly Hills, Kalifornien), österreichischer Lyriker, Erzähler und Dramatiker religiöser und historischer Stoffe; Romane (*Die 40 Tage des Musa Dagh,* 1933). Als Lyriker einer der wichtigsten Vertreter des österreichischen Expressionismus. Befreundet mit Kafka und Brod in Prag; lebte als freier Schriftsteller in Wien und auf dem Semmering. Verheiratet mit Alma Mahler, der Witwe Gustav Mahlers. 1940 Emigration in die USA.

Frauengasse

I (Jungferngasse – Stubenberggasse), 1785, PLZ 8010.

Ehemals Teil des jüdischen Ghettos, 1565 bereits als *Frauengasse* bezeichnet. Dass der Name von einem hier bestehenden Frauenhaus stammt, ist anzunehmen, der Standort jedoch nicht nachweisbar. Am Ende des Mittelalters unterhielt die Stadt ein öffentliches Haus, das *Frawnhaus,* von dem die Stadt Steuern bezog. Durch die Reformationszeit und die damit verbundenen strengeren Sitten bedingt, wurden diese Einrichtungen geschlossen. An der heutigen Einmündung der Frauengasse in die Stubenberggasse befand sich als einzige Öffnung entlang der südlichen Stadtmauer das sog. Judentürlein, das zum außerhalb der Stadt gelegenen Judenfriedhof führte. Nach der Auflösung des Ghettos von 1438/39 erfolgte eine bürgerliche Besitznahme unter Beibehaltung der Gassenzüge.

Fraungruberstraße

XI (Mariatroster Straße – Steingrabenweg, unterbrochener Verlauf), 1948, PLZ 8044.

Zuvor Grillparzerstraße. *Zu den wohl liebenswürdigsten Poeten um Peter Rosegger zählte der Schulmann Hans Fraungruber* (R. List). Fraungruber (1863 Oberdorf – 1933 Wien) stammte aus Oberdorf bei Aussee und wirkte zuletzt als Schuldirektor in Wien. Als Redakteur der Zeitschrift *Das deutsche Volkslied* und Herausgeber einer Bibliothek für die Jugend erwarb er sich Verdienste. Fraungruber schrieb Mundartgedichte, dramatische Werke, so ein volkstümliches Stück, *Die Anna von Aussee* (1924), über Erzherzog Johann und Anna Plochl. Die *Ausseer G'schichten* wurden als Taschenbuchausgabe des Reclam-Verlages weit verbreitet. Bad Aussee machte Fraungruber zum Ehrenbürger und Mitterndorf widmete ihm die *Fraungruber-Lichtspiele*.

Freigarten

siehe Am Freigarten

Freiheitsplatz

I (Platz zwischen Hofgasse, Ballhausgasse, Hartiggasse), 1919, PLZ 8010.

Nach dem Abbruch des hier befindlichen Vizedomhauses und der zur Burg gehörenden Magazine auf den Gründen des ehemaligen Burggartens 1835 angelegter klassizistischer Platz mit dem Monument Kaiser Franz' I. von Österreich (von Pompejus Marchesi, 1841) in der Platzmitte. 1838 *Franzensplatz* genannt, 1848 kurz Universitäts-

Freiheitsplatz: Die Massenversammlung auf dem damaligen Franzensplatz am 12.11.1918, bei der für die Steiermark die Republik ausgerufen wurde.

platz. Nach dem Zusammenbruch der Monarchie wurde am 12. November 1918 hier die Erste Österreichische Republik ausgerufen, daher *Freiheitsplatz*, im Ständestaat wieder *Franzensplatz* genannt. Seit 1939 Freiheitsplatz. Der Freiheitsplatz war die Bühne recht unterschiedlicher politischer Kundgebungen und Großveranstaltungen. Durch aktuelle Stadtentwicklungsmaßnahmen der Stadt Graz (u. a. Platz für Menschen und Großraumkonzept Pfauengarten) erfolgte eine Aufwertung des ehemaligen Großparkplatzes zu einem innerstädtischen Lebensraum.

Freihofanger

XI (Siedlung südlich der Mariatroster Straße), 1950, PLZ 8043.

Um 1950 entstanden hier die Siedlung und die Volksschule. Der Name ist vom Freihof (*Freygütl*) Schloss St. Josef abgeleitet. Die Stadtgemeinde verwechselte dieses mit dem Schloss St. Johann. Dieses Schloss entstand aber erst in der Mitte des 19. Jhs. und hatte daher keine Steuervorteile als Freihof.

Freiwillige-Schützen-Platz

siehe Platz der Freiwilligen Schützen

Freudgasse

siehe Sigmund-Freud-Gasse

Friaulweg

VIII (Breitenweg gegen Westen), 1982, PLZ 8042.

Das Friaul ist jene historische Landschaft im Nordosten Italiens, die an Österreich und nun auch an Slowenien angrenzt. Im 18. und 19. Jh. (bis 1866, kleiner Rest 1918) gehörte das Friaul zu Österreich. Die Beziehungen zu Graz waren in der Vergangenheit relativ eng. Als Beispiel hierfür sei der Baumeister und Eisenbahnbauunternehmer Andrea Franz angeführt. Um die Jahrhundertwende arbeiteten viele Gastarbeiter aus dem Friaulischen in St. Peter und Messendorf, meist im Zusammenhang mit den Ziegelwerken. Friaul bildet seit 1963 zusammen mit Julisch-Venetien die Region Friuli-Venezia Giulia, die Mitglied der ARGE Alpen-Adria ist. Die Kultur und Sprache Friauls beanspruchen in Italien eine Sonderstellung.

Friedensgasse

II (Plüddemanngasse – Petersgasse), 1899, PLZ 8010.

Benannt nach dem 1807 eröffneten St. Peter-Friedhof, ursprünglich Gottesacker St. Anna. Ehemals auch als *Katzenweg* bezeichnet, zum Gasthof *Katze* in Waltendorf führend.

Friedenspark

IV (zwischen Wiener Straße und Mühlgang auf Höhe der Fröbelschule), 1996, PLZ 8010.

Auf dem Areal des ehemaligen Mühlgangbades wurde ein Park samt Biotop errichtet. *Als Zeichen von Toleranz und Miteinanderlebens* (Stadtvermessungsamt in der Amtsverständigung) wurde dieser Name gewählt. Der Antrag zur Namengebung stammte von der SPÖ Lend.

Friedenspark: Das Frauenbad Wiener Straße (Mühlgang) um 1910 (StAG).

Friedhofgasse

V (Steinfeldgasse – Alte Poststraße), 1813, PLZ 8020.

Zuvor Teil der Prankergasse. Durch die Reformen Kaiser Josefs II. wurden die innerstädtischen Friedhöfe geschlossen und in der Folge aufgelassen. Am damaligen Stadtrand mussten neue Friedhöfe errichtet werden: St. Leonhard, St. Peter (einst wohl St. Anna) und der Steinfeldfriedhof. Zu Letzterem führt die Friedhof(s)gasse. 1786 wurde der Steinfeldfriedhof geweiht, der Kondukt hierher hatte seinen Anfang bei der St. Andräkirche.

Friedmanngasse

VII (Neudorfer Straße gegen Südwesten), 1961, PLZ 8041.

Vulgarname eines Bauernhofes in diesem Bereich. Die überwiegende Mehrheit der Bauern im Liebenauer Raum führte unabhängig vom Familiennamen traditionell festgelegte Vulgarnamen. In diesem Bereich befand sich der Weiler Neudorf, der bis 1930 zu Thondorf und dann bis 1938 zur kleinen Bauerngemeinde Engelsdorf gehörte.

Friedrichgasse

VI (Radetzkystraße – Pestalozzistraße), 1870, PLZ 8010.

Friedrich III., Kaiser des Heiligen Römischen Reiches, lebte von 1415 (Innsbruck) bis 1493 (Linz) und residierte als Herzog der Steiermark und auch als Kaiser teilweise in Graz. Unter seiner Regierung nahm Graz an Umfang und Bedeutung zu, so ließ Friedrich nach 1438 die Burg als Residenz in der Stadt sowie den Dom errichten. Kaiser

Kaiser Friedrich III.

Friedrich III. entstammte der steirischen Linie der Habsburger, wurde in Rom gekrönt und zeichnete sich durch Ausdauer, Sparsamkeit und Würde aus. Trotz vieler persönlicher Rückschläge festigte er seine Herrschaft und bereitete damit jene seines Sohnes Maximilian I. vor. Bekannt wurde seine rätselhafte Devise AEIOU, für die er selbst keine eindeutige Erklärung anbot.

Friedrich-Gauermann-Weg

VIII (Hohenrainstraße – Weiherweg), 1973, PLZ 8042.

Friedrich Gauermann (1807 Miesenbach/Niederösterreich – 1862 Wien) war einer der bekanntesten Maler des österreichischen Biedermeier. Seine Bilder, meist Landschafts- und Tiermotive, erreichen auch heute bei Auktionen Spitzenpreise. Sein Werk umfasst über 1000 Ölbilder und fast 600 Handzeichnungen. 1836 wurde er zum Mitglied der Wiener Akademie der bildenden Künste ernannt. Obwohl er eher dem künstlerischen Zentrum Wiens zuzurechnen ist, gehörte Gauermann zum Kreis der von Erzherzog Johann geförderten Kammermaler. Die Neue Galerie besitzt eine Reihe seiner Werke.

Friedrich-Hebbel-Gasse

II (Naglergasse – Eduard-Richter-Gasse), 1907, PLZ 8010.

Christian Friedrich Hebbel (1813 Wesselburen/Holstein – 1863 Wien), deutscher Dichter zwischen Idealismus und Realismus. Dramen: *Judith*, 1841, *Agnes Bernauer*, 1855, *Die Nibelungen*, 1862. Gedichte, Tagebücher.

Friedrich-Kaulbach-Straße

VI (Brucknerstraße gegen Nordwesten), 1929, PLZ 8010.

Einen österreichischen Hofmaler dieses Namens mit den Daten 1822 bis 1898, den die Straßennamenkartei des Magistrats als Namenspatron nennt, kennt die Literatur nicht. Der anerkanntere der beiden deutschen Maler dieses Namens (Vater: 1822–1903, bayrischer Hofmaler; Sohn: 1850–1920) ist Friedrich August von Kaulbach der Jüngere, ein Porträt- und Genremaler, der überwiegend in München lebte. Von ihm stammen unter anderem Bilder schöner Frauen im Stil seiner Zeit. Sein Onkel Wilhelm von Kaulbach (1805–1874) war ebenfalls erfolgreicher Maler in München und bayrischer Hofmaler.

Friedrich-Schnideritsch-Straße

XVI (Gradnerstraße – Mühlfelderweg), 1967, PLZ 8054.

Friedrich Schnideritsch (1876 Latschenberg/Bezirk Gonobitz – 1948 Graz), engagierter Bürgermeister der Gemeinde Straßgang von 1919 bis 1934, Lehrer und Hauptschuldirektor in Straßgang und Eggenberg. In seiner Amtsperiode als Bürgermeister wurde das damals größte Freibad in der Steiermark erbaut. Schnideritsch war besonders für die Schuljugend tätig.

Friedrich-von-Gagern-Allee

I (Promenadenweg im Stadtpark, von der Maria-Theresia-Allee bis zum Platz der Menschenrechte), 1977, PLZ 8010.

Zuvor Dammallee. Friedrich von Gagern (1882 Schloss Mokritz/Krain – 1947 St. Leonhard am Forst/Niederösterreich), österreichischer Jagdschriftsteller, Verfasser von Heimat- und Indianergeschichten. Mit den Dichtern Anton Wildgans und Rudolf Hans Bartsch freundschaftlich verbunden. Bartsch setzte in seinem Roman *Frau Utta und der Jäger* Friedrich von Gagern ein Denkmal.

Frischaufweg

XII (Stattegger Straße nach Westen, Sackgasse), 1973, PLZ 8045.

Johannes Frischauf (1837 Wien – 1924 Graz), Mathematiker, Astronom und Alpinist, 1863 Privatdozent für Mathematik an der Universität Wien. Von 1866 bis 1906 Univ.-Prof. für angewandte Mathematik, insbesondere für mathematische Geographie und Astronomie; Vorstand des astronomischen Observatoriums der Universität Graz. Begründete eine neue, für topographische Karten grundlegende Kartenentwurfslehre sowie das allgemeine Abbildungsgesetz. Verfasste mehrere Wanderbücher für steirische Gebiete (*Die Sanntaler Alpen*, 1877) und erwarb sich große Verdienste um die Touristik in Slowenien und Kroatien.

Frischgasse

siehe Karl-Frisch-Gasse

Fritz-Pregl-Weg

III (Panoramagasse – Rosenhaingasse), 1938, PLZ 8010.

Fritz Pregl (1869 Laibach – 1930 Graz), Chemiker, Nobelpreisträger für Chemie 1923. Pionier der mikrochemischen Analyse. Schüler Rolletts und des Chemikers Karl B. Hofmann. Gleichzeitig mit der Aufnahme Pregls zur Ent-

Der Chemiker und Nobelpreisträger Univ.-Prof. Dr. Fritz Pregl.

wicklungsarbeit für eine quantitative mikroanalytische Methode hatte der Ordinarius für Technische Chemie an der Technischen Hochschule in Graz, Friedrich Emich (siehe Emichplatzl) *für eine Reihe anorganischer Bestimmungsmethoden die prinzipielle Zulässigkeit und die Vorteile des Arbeitens mit kleinen Substanzmengen erwiesen.* Pregl setzte seine Arbeit in den Jahren 1911 bis 1913 an der Universität Innsbruck fort, 1913 kehrte er nach Graz zurück. Unter Anwendung der neuen Forschungsmethode wurde Graz über den Tod Pregls hinaus jahrzehntelang zum Zentrum der Mikroanalyse.

Moritz Fröhlich von Feldau, Eisenbahnbauunternehmer und Armenfreund (Foto um 1890).

Frizweg

siehe Hans-Friz-Weg

Fröbelgasse

IV (Austeingasse – Wiener Straße), 1889, PLZ 8020.

Der deutsche Pädagoge Friedrich Fröbel (1782 Oberweißbach/Thüringen – 1852 Marienthal = Bad Liebenstein) widmete sich besonders Kindern im Vorschulalter. Er wirkte als innovativer Pädagoge auch in der Schweiz. 1837 gründete er den ersten Kindergarten (Bad Blankenburg) und begründete damit eine weltweite Bewegung. Fröbel hinterließ ein umfangreiches pädagogisches Schrifttum. Im Jahr der Namengebung dieser Gasse wurde hier das Reininghaussche Stiftungshaus zur Speisung armer Schulkinder fertiggestellt. Das vom Architekten Lauzil (auch Plan der Zentralfriedhofskirche) entworfene Gebäude ist in der veränderten Form erhalten (Fröbelgasse 25).

Fröbelpark

siehe Am Fröbelpark

Fröhlichgasse

VI (Münzgrabenstraße – Angergasse), PLZ 8010.

1977 legte sich die Gemeinde in der Zuschreibung des Namens auf Moritz Fröhlich von Feldau (1825 Hochstadt/ Mähren – 1896 Mentone) fest. Fröhlich war Absolvent der Technik in Wien und Eisenbahnbauunternehmer. Er war an der Errichtung der strategisch wichtigen Transversalbahnen in Ungarn und lokaler Linien auf Istrien beteiligt. Als vermögender Ingenieur konnte er bald Vorfinanzierung und Planung miteinander verbinden. Einige Jahre lebte Fröhlich in Graz. Er stiftete der Stadt ein Legat für die Armen *aller Konfessionen,* ein damals sehr selten gesetztes Zeichen der Toleranz.

Froschaugasse

VI (Hüttenbrennergasse über den Nordweg nach Norden), 1949, PLZ 8010.

Zuvor Hügelgasse. Mit dem Namen wurde auf eine ältere, volkstümliche Bezeichnung zurückgegriffen. In Murnähe gibt es etliche Au-Namen (z. B. Augarten und Karlau).

Frühlingstraße

XV (Laboratoriumstraße – Grottenhofstraße), 1937, PLZ 8053.

In der Zwischenkriegszeit wurde anlässlich der Erschließung dieser hoffnungsvolle Name ohne besonderen Zusammenhang mit der Straße gewählt. 1937 standen an der Straße, die damals als Abzweigung von der Abstallerstraße bezeichnet wurde, vier Häuser.

Fruhmannweg

VIII (Autaler Straße gegen Norden), 1949, PLZ 8042.

Name nach den Fruhmann-Gründen. Fruhmann war ein Vulgarname in Messendorf. Schon im ersten Gemeinderat in Messendorf 1850 war ein Fruhmann als Ausschussmitglied vertreten (Johann Weber vulgo Fruhmann). Die Steuererhebung von 1879 nennt Josef Weber vulgo Fruhmann mit der Adresse Messendorf 16.

Fuchsenfeldweg

VII (Liebenauer Hauptstraße gegen Osten in Richtung des Eurostar-Werkes, unterbrochener Verlauf, Fortsetzung von der A 2 nach Raaba) 1949, PLZ 8041, 8074.

Der Name wurde ohne Erklärung vergeben. In Liebenau ist der Vulgarname Fuchs belegt. Beim Fuchsenfeld kann es sich sowohl um einen Flurnamen als auch um einen ländlichen Traditionsnamen handeln, wobei Ersteres wahrscheinlicher ist.

Fuchsgrube

XVII (Wagner-Jauregg-Straße nach Süden, Sackgasse), 1947, PLZ 8055.

Zuvor Weg XIII. Flurname, seit dem 16. Jh. bekannt.

Fuchsriegelweg

X (Hochfeldweg gegen Osten), 1948, PLZ 8010.

Südlich der Riesstraße, nach dem Kriegerdenkmal, trägt eine auffallende kleine Erhebung den Namen Fuchsriegel (501 m).

Fuchsstraße

siehe Robert-Fuchs-Straße

Fürstenstandweg

XIII (Göstinger Straße – zum Fürstenstand), PLZ 8051, 8052.

Benannt nach dem Fürstenstand (763 m), einer Aussichtswarte auf dem Plabutsch. Der ursprünglich *Bauernkogel* genannte Platz erhielt den Namen Fürstenstand nach dem kaiserlichen Familienbesuch (Franz I. mit Gemahlin Caroline, Tochter Marie Luise von Parma mit ihrem Sohn, dem Herzog von Reichstadt) im Jahr 1830, den Erzherzog Johann anregte. 1839 kam es durch Bemühungen des Rechnungsrates Franz Göbl zur Errichtung einer hölzernen

Warte, die in der Folge durch steinerne Spiralbauten (1852, 1888 Neubau durch den Gebirgsverein) ersetzt wurde. Um 1910 war das nicht realisierte Projekt eines Bismarck-Denkmals geplant. Im Zweiten Weltkrieg wurde der Fürstenstand als *Adolf Hitler Turm* bezeichnet und diente als Flakstellung. 1939 wurde der gegenwärtige Bau gemeinsam vom Deutschen und Österreichischen Alpenverein erneuert (Inschrifttafel: *Erbaut im Jahre 1839, erneuert 1939*). Der Fürstenstand diente der Ortsstelle 6.23 des Österreichischen Amateurfunkerverbandes. Die Anhöhe mit ihrer Aussicht ist Standort gastronomischer Betriebe, zeitweise eines Hotels. 1954 bis 1970 führte ein Sessellift zum Fürstenstand.

Fürstenwarteweg

XIV (Bergstraße gegen Westen), PLZ 8020, 8052.

Der Name stammt schon aus der Zeit der Gemeinde Eggenberg und steht mit der Fürstenwarte in Zusammenhang, zu der er allerdings nur über einen Umweg führt. Fürstenwarte ist der Name für eine in wechselnder Form seit 1839 bestehende Warte auf dem Plabutsch (Fürstenstand, 763 m). 1830 stiegen in Begleitung von Erzherzog Johann Kaiser Franz I. und seine Gemahlin Caroline samt weiteren Familienmitgliedern

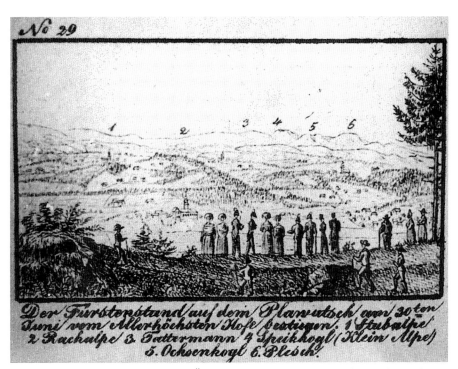

Fürstenstandweg: Kaiser Franz I. von Österreich und seine Familie auf dem Plabutsch *(Plawutsch)* (1830, LA).

auf den Plabutsch. Das brachte der Fürstenwarte ihren Namen. Vinzenz Zuser dichtete 1852 über die Fürstenwarte: *Hier, wo die Lüfte reiner wehn, und wir dem Himmel näher stehn ...* Aber auch der Blick vom Fürstenwarteweg wird von Engelhart schon 1921 als *herrliche Rundschau* beschrieben.

Fuß des Schloßberges
siehe Am Fuße des Schloßberges

Füsterweg
siehe Anton-Füster-Weg

Fuxgasse
siehe Johann-Fux-Gasse

Fyrtagweg
XI (Unterer Plattenweg – Am Schönborngrund), 1949, PLZ 8043.

Johann Christian Andrä von Fyrtag schrieb 1753 ein Manuskript *Kurze Beschreibung der landesfürstlichen Haupt- und Residenzstadt Graz* (Titel vereinfacht). Fyrtag war Professor für morgen- und abendländische Sprachen und auch Geschichtsforscher. Kritisch ernst zu nehmen ist seine frühe Stadtgeschichte nicht, interessant ist jedoch beispielsweise die Schilderung der Tattenbach-Verschwörung (1671).

G

Gabelsbergerstraße

IV (Keplerstraße – Kleiststraße), 1899, PLZ 8020.

Franz X. Gabelsberger (1789 München – 1849 München) war Sekretär und Geheimer Kanzlist im bayrischen Staatsdienst und hatte die nach ihm benannte Kurzschrift entwickelt. Ab 1840 ist er Stenograph in der Ständekammer und Leiter eines eigenen Stenographenbüros. Er ist der Vater der modernen Stenographie. Aus der *Gabelsberger* entwickelte sich in den 1920er-Jahren die Deutsche Einheitskurzschrift.

Gabriachgasse

XII (Münkergasse nach Norden und Süden, Sackgasse), 1948, PLZ 8045.

Zuvor Achleitnergasse. Gabriach, alter Ortsname von St. Veit, urkundlich 1371 als *Gabraw* genannt, abgeleitet vom slawischen *gaber*, bedeutet Weißbuche.

Gabriel-Seidl-Gasse

II (Engelgasse – Jensengasse), 1901, PLZ 8010.

Johann Gabriel Seidl (1804 Wien – 1875 Wien), Archäologe, Lyriker, Dramatiker. 1840 Kustos am Münz- und Antikenkabinett in Wien, 1856 bis 1871 auch für die Verwaltung der Schatzkammer zuständig. Veröffentlichte neben wissenschaftlichen Studien literarische Beiträge und Rezensionen. Einige seiner Gedichte wurden von Franz Schubert und C. Loewe (*Die Uhr*) vertont. Seidl schrieb den neuen Text zur österreichischen Haydnhymne *Gott erhalte* im Jahr 1854.

Gadollaweg

XVII (Aufschließungsstraße westlich der Rudersdorfer Straße und südlich des Brüder-Renner-Weges), 1997, PLZ 8055.

Josef Ritter von Gadolla (1897 Graz – 1945 Weimar) tat ab 1915 Dienst in der österreichisch-ungarischen Armee und wurde am Isonzo schwer verwundet. Im Österreichischen Bundesheer der Ersten Republik führte Gadolla als letzter Kommandant den Fliegerhorst Graz-Thalerhof. Im Zweiten Weltkrieg war er zuletzt als Oberstleutnant Stadtkommandant von Gotha. In dieser Funktion verhinderte er durch die freiwillige Kapitulation die Zerstörung dieser Stadt. Er wurde deshalb am 4. 4. 1945 hingerichtet (seine letzten Worte: *Damit Gotha leben kann, muß ich sterben*). Seine Familie lebte lange Jahre unbedankt in Graz. 1995 wurde er posthum in Gotha geehrt. Franz Ritter von Gadolla, ein Verwandter von ihm, war Leiter der städtischen Registratur (Stadtarchiv) in Graz und Mitverfasser des ersten Straßennamenbuches von Graz (1912, gemeinsam mit Thomas Arbeiter).

Gagern-Allee

siehe Friedrich-von-Gagern-Allee

Gaisbacherweg

XVII (Feldkirchner Weg – Feldkirchner Weg), 1997, PLZ 8055.

Hofrat Dr. Josef Gaisbacher (1917 Mureck – 1996 Graz) leitete durch viele Jahre die Fremdenverkehrsabteilung des Amtes der Steiermärkischen Landesregierung. 1968 bis 1973 war er Gemeinderat der Stadt Graz. Sein besonderes Interesse galt der Luftfahrt. Gaisbacher war aktiver Flieger, aber auch Funktionär von Luftfahrtorganisationen, so 1967 und 1969 Präsident des Weltverbandes der Sportluftfahrt (FAI). Er gründete die Steirische Motorflug-Union. Für seine Aktivitäten erhielt er zahlreiche Auszeichnungen.

Die Schauspielerin und Sängerin Josephine Gallmeyer (Postkarte).

Gaisbergweg

XIV (Eckertstraße zum Gaisbergsattel, teilweise Fußweg), informell seit dem 18. Jh., PLZ 8020

Der Gaisberg (646 m) gehört zur westlichen Umrahmung des Grazer Feldes, ist also ein Teil des nicht sehr fruchtbaren Grazer Paläozoikums. Der Name Gais weist entweder auf Ziegen oder auf andere volkstümlich gleich bezeichnete Tiere (Rehe, Gämsen) hin.

Gallmeyergasse

XIV, XV (Reininghausstraße gegen Süden), 1949, PLZ 8020, 8052.

Zuvor Sandgasse, der Südteil Girardistraße/gasse. Die Schauspielerin und Sängerin Josephine Gallmeyer (1838 Leipzig – 1884 Wien) war eine vielseitige Künstlerin, die sich auch als Schriftstellerin betätigte und als *weib-*

licher Nestroy bezeichnet wurde. Sie gehörte zu den populärsten Wiener Bühnenkünstlern ihrer Zeit. Wiederholt, besonders aber zwischen 1883 und 1884, wirkte *die Gallmeyer* auch in Graz.

Ganghoferstraße

VIII (Hubertusstraße gegen Südosten, unterbrochener Verlauf), 1930er-Jahre, PLZ 8042.

Ludwig Ganghofer (1855 Kaufbeuren – 1920 Tegernsee) verfasste zahlreiche populäre Romane und Theaterstücke über das Leben in seiner oberbayrischen Heimat. Seine Bühnenstücke gehören zu den Standardwerken von Volksbühnen, Romane wurden verfilmt *(Die Martinsklause, Der Jäger von Fall, Das Schweigen im Walde).* Auch in den Grazer Theatern, besonders aber bei Laienaufführungen, gab es Ganghofer-Stücke zu sehen.

Gartengasse

II (Leonhardstraße – Rechbauerstraße), 1867, PLZ 8010.

Benannt nach den ehem. prächtigen Gartenanlagen der Mandellvilla; ein weitläufiger Besitz, der zu Beginn des 19. Jhs. von den Freiherren von Mandell erworben und durch glanzvolle Feste zeitweise zum Mittelpunkt der mondänen Grazer Gesellschaft wurde. So wohnte hier für kurze Zeit die Herzogin Marie Luise von Parma, die Witwe Napoleons I., und hier traf sie auch mit ihrem Sohn, dem Herzog von Reichstadt, zusammen. Bedingt durch den Bauboom der Gründerzeit wurde der Garten zwischen 1860 und 1880 parzelliert und verkauft; die zu dieser Zeit errichteten historistischen Wohnhäuser entlang der Mandellstraße, Naglergasse, Rechbauerstraße und Gartengasse sind heute noch großteils unverändert aus der Erbauungszeit erhalten. Das Mandellschlössl selbst wurde vor 1885 im Zuge der Erbauung der Technischen Hochschule abgebrochen; als Erinnerung blieben nur ein kleiner Park hinter dem Hauptgebäude und der Name Mandellstraße erhalten.

Gartenstadtstraße

VI (Wittenbauerstraße – Scheigergasse), 1928, PLZ 8010.

Zuvor Gartenstraße. Die Gartenstadtidee in der Stadtplanung ist einer der Versuche, urbanes und ländliches Leben miteinander sinnvoll zu verbinden. Die Gartenstadt war auch eine Antwort auf die Negativentwicklung in den durch die Industrialisierung schnell wachsenden Städten. Im Grenzbereich zwischen Graz und der Gemeinde St. Peter entstanden ab der Jahrhundertwende Siedlungen, die versuchten, dem Anspruch der Gartenstadt zu genügen. Die Volkszählung 1910 führt in St. Peter sogar eine Siedlungseinheit mit der Bezeichnung *Gartenstadt* an.

Gärtnerstraße

XIII (Wiener Straße – Fischerausstraße), PLZ 8051.

Allgemeine Gewerbebezeichnung nach den Gärtnereibetrieben, die sich in den 1950er-Jahren in der ehemaligen Kreuzgasse (ab 1949 Max-Reger-Gasse) befanden. Ein Gärtnereibetrieb, Hubert Purkarthofer, befand sich in der Gärtnerstraße Nr. 16.

Gaslaternenweg

VII (Neufeldweg gegen Südwesten), 1993, PLZ 8041.

1992 hatte die Steirische Ferngas GmbH vorgeschlagen, die Einfahrt zu ihrem Verwaltungsgebäude Ferngas-Straße zu nennen. Die Gemeinde akzeptierte im Einklang mit ihren Richtlinien schließlich den Namen Gaslaternenweg. Die Steirische Ferngas GmbH sagte für diesen Weg die Errichtung und Betreibung von Gaslaternen zu. So hält nun die Steirische Gas und Wärme GmbH die Lampen instand.

Gasometerweg

XVII (Auer-Welsbach-Gasse – Mur), 1947, PLZ 8055.

Als Gasometer bezeichnet man einen Gasbehälter, ein Speichergefäß für Nutzgase. Nach dem Gaswerk in Puntigam/Rudersdorf benannt.

Gasrohrsteg

VII, XVII (Murfelder Straße – Auer-Welsbach-Straße), 1951.

Der Fußsteg wird auch häufig Gaswerksteg genannt. Er entstand primär als Rohrverbindung vom städtischen Gaswerk am rechten Murufer zum linken Murufer, wurde jedoch gleichzeitig für Fußgänger benutzbar gemacht.

Gaswerkstraße

XIV (Eggenberger Allee – Wetzelsdorfer Straße), um 1910, neuerlich 1947, PLZ 8020.

1897 wurde hier an der Ecke zur damals noch namenlosen Hauseggerstraße ein privates Gaswerk (Freiherr von Malberg) errichtet, das ab 1902 von der Wiener Gasbeleuchtungs AG betrieben wurde. Der Südteil der Straße wurde erst später ausgebaut. 1917 stellte das Gaswerk seinen Betrieb aus Kohlenmangel ein. Während der Herrschaft des Nationalsozialismus gab es hier eine Josef-Feigl-Straße.

Gaßweg

siehe Georg-Gaß-Weg

Gasometerweg: Das städtische Gaswerk vom Süden (1950er-Jahre).

Gaubyweg

siehe Josef-Gauby-Weg

Gauermannweg

siehe Friedrich-Gauermann-Weg

Gaußgasse

II (Gabriel-Seidl-Gasse – Pappenheim-gasse), 1899, PLZ 8010.

Karl Friedrich Gauß (1777 Braun-schweig – 1855 Göttingen), deutscher Mathematiker (Gaußsche Zahl), Ast-ronom und Physiker; Begründer der modernen Zahlentheorie, konstruierte mit Wilhelm Eduard Weber die ersten elektrischen Telegraphen. Am Hauptge-bäude der Alten Technik befindet sich ein Profilporträt von Gauß in einem Medaillon.

Gebhardgasse

XVII (Adlergasse – Gradnerstraße), 1947, PLZ 8055.

Gebhard (gest. 1088 Werfen), aus ei-nem schwäbischen Hochadelsgeschlecht stammend, das nicht näher erfassbar ist. 1060 bis 1080 Erzbischof von Salzburg. Er gründete 1072 das Suffraganbistum Gurk und 1074 das Benediktinerstift Admont, das er u. a. mit Besitz in Straß-gang ausstattete.

Geibelgasse

VIII (Hubertusstraße gegen Südosten, unterbrochener Verlauf), 1949, PLZ 8042.

Zuvor Lindengasse. Der deutsche Lyri-ker und Erzähler Emanuel Geibel (1815 Lübeck – 1884 Lübeck) lebte meist in Lübeck und München. Seine national-

Der Dichter Emanuel Geibel (Zeichnung von Franz Kugler, 1849).

konservative Gesinnung machte ihn zum Dichter der deutschen Einheit unter preußischer Führung. Geibel leb-te aber auch in Athen und übersetzte französische und spanische Lyrik. Sei-ne Tragödien hatten wenig Erfolg, wohl aber seine Gedichte, so *Der Mai ist ge-kommen.*

Geidorfgürtel

III (Leechgasse – Heinrichstraße), 1867, PLZ 8010.

Im Mittelalter verstand man unter *Gei-dorf* allgemein einen Vorort oder eine Vorstadt. Alter Flurname ursprünglich *Gai, auf dem flachen Lande,* d. h. au-ßerhalb des ummauerten Stadtgebietes. Vermutlich eine Ansiedlung im Umfeld der Leechkirche (bis Heinrichstraße) und im Bereich der Zinzendorfgasse, die 1798 noch Leechgasse hieß und über das Leechfeld bis St. Leonhard führte.

Geidorfplatz

III (Platz zwischen Parkstraße, Bergmanngasse, Körblergasse und Heinrichstraße), 1867, PLZ 8010.

Verbauung ab 1860 mit streng historistischen Fassaden im Stil der Neorenaissance (siehe Geidorfgürtel).

Geißlergasse

XII (Andritzer Reichsstraße – Ursprungweg), 1949, PLZ 8045.

Zuvor Villengasse. Heinrich Geißler (1815 Igelshieb/Thüringen – 1879 Bonn), Glasbläser und Mechaniker, Erfinder der Farbenleuchtröhren (Geißlersche Röhre), 1868 Ehrendoktor der Universität Bonn.

Geistingerweg

XVI (Knablgasse – Pirchäckerstraße), 1951, PLZ 8053.

Zuvor Straße XV. Marie Geistinger (1833 Graz – 1903 Klagenfurt), bekannte Sängerin und Schauspielerin. Geburtshaus Wickenburgasse Nr. 9, Tochter russischer Hofschauspieler. 1865 bis 1875 Engagement und Leitung des Theaters an der Wien; 1881 bis 1884 Amerikatourneen; vielseitige künstlerische Begabung: u.a. Operettendiva (Jaques Offenbach, Johann Strauß), Volksschauspielerin (Ludwig Anzengruber) und Tragödin (Maria Stuart, Medea, Sappho etc.).

Der Geidorfplatz gegen Norden um 1900 (O'Lynch of Town).

Gellertgasse

VIII (Hubertusstraße gegen Südosten, unterbrochener Verlauf), 1949, PLZ 8042.

Zuvor Goethestraße. Der Leipziger Univ.-Prof. und Dichter Christian Fürchtegott Gellert (1715 Hainichen – 1769 Leipzig) lehrte Poesie, Beredsamkeit und Moral. Seine Fabeln, Erzählungen und auch Lustspiele stehen im pädagogischen Auftrag der Aufklärungszeit. Nach Gellerts Maxime soll weniger das Laster verlacht als die Tugend nachgeahmt werden.

Gemeindepark

XIV (Park zwischen Gaswerkstraße, Karl-Morre-Straße, Eckertstraße, Grasbergerstraße), PLZ 8020.

Dieser Name findet sich in keinem offiziellen Namenverzeichnis und ist doch zumindest jedem Eggenberger ein Begriff. Beim Gemeindeamt (Rathaus) der Marktgemeinde Eggenberg lag der Gemeindepark (auch Rathauspark genannt). Den Namen Gemeindeamt gab es noch lange als Tramwayhaltestelle, den Gemeindepark als Anlage gibt es noch immer. Die 1850 eingerichtete Gemeinde wurde 1938 an Graz angeschlossen. Die Eggenberger Identität hat sich bis in die Gegenwart erhalten. 1999 war ihr eine Bezirksausstellung des Stadtmuseums gewidmet. 1993 wurde der Vorschlag, den Park nach dem Stadtrat Dr. Heinz Pammer (1921–1986) zu benennen, abgelehnt. Der Park trug kurz die Bezeichnung Dollfuß-Platz, dann – ebenso kurz – den Namen Erlanger-Platz.

Genossenschaftsweg

VI (Am Langedelwehr – Fliedergasse), 1925, PLZ 8010.

Als ein Teil der Schönausiedlung erhielt dieser Weg seinen Namen. Benannt nach der Gemeinnützigen Bau-, Wohn- und Siedlungsgenossenschaft Graz und Umgebung GmbH, der die Grundstücke an dieser Gasse gehörten.

Georgengasse

siehe St.-Georgen-Gasse

Georg-Gaß-Weg

VII (Hutteggerstraße über Hüblweg gegen Osten), 1959, PLZ 8041.

Georg Gaß (1878 Wien – 1944 Wien) kam 1908 nach Graz und wirkte hier als Tierarzt und auch als volkstümlich-humorvoller Schriftsteller. Gaß wurde zum Landesveterinärdirektor und Hofrat ernannt und war auch als Landtagsabgeordneter sowie von 1920 bis 1927 als Landesrat tätig. 1936 bis März 1938 arbeitete Gaß in schwieriger Zeit als Bürgermeister von Liebenau und fand in dieser Funktion Anerkennung. Nach vielerlei Kränkungen ab 1938 starb er 1944 und ist in Wien begraben.

Georgigasse

XIV (Alte Poststraße – Göstinger Straße), um 1900, PLZ 8020.

Die Georgigasse ist Teil einer alten Verbindungsstraße in die Stadt Graz. Sie führte quer durch das jetzt von der Eisenbahn verbaute Gelände. An der Ecke zur Janzgasse befand sich laut Engelhart (1921) eine gemauerte Bildsäule mit

Georgigasse: Kirche, Kloster und Schule der Schulschwestern (um 1910).

dem hl. Georg. Der hl. Georg, dessen Gedenktag der 23. 4. ist, wird häufig als Soldat und Drachenkämpfer dargestellt. Von diesem Bild her abgeleitet, bekämpft er das Böse, so etwa Seuchen.

Georgiplatz

XIV (Kreuzung Vinzenzgasse – Georgigasse), PLZ 8020.

Siehe Georgigasse. Wie der Name der Gasse, so stammt auch der des Platzes noch aus der Zeit der Gemeinde Eggenberg, ist aber um einiges jünger. Der Platz besaß vor Jahrzehnten noch ein mehr dem Namen angepasstes Aussehen und war auch ein Marktplatz.

Gerambweg

siehe Viktor-Geramb-Weg

Gereut

siehe Im Gereut

Gerhart-Hauptmann-Gasse

VIII (Marburger Straße über die Wittenbauerstraße gegen Südwesten), 1949, PLZ 8042.

Zuvor Kernstockgasse. Der Schriftsteller und Dramatiker Gerhart Hauptmann (1862 Bad Salzbrunn/Breslau – 1946 Agnetendorf/Liegnitz) erzielte besonders mit seinen Sozialdramen große Erfolge, so *Die Weber*, *Rose Bernd* und *Der Biberpelz*. Im Mittelpunkt seiner Werke stehen oft passive Helden. Manchmal wird er als letzter Klassiker apostrophiert. Der österreichische Grillparzerpreis wurde ihm dreimal verliehen. Hauptmann erhielt

1912 den Nobelpreis für Literatur. Er besuchte in der Zwischenkriegszeit Graz, ließ sich den Schloßberg zeigen und sprach literarisch-artige Worte über Graz. Seine dramatischen Werke standen auch in Graz häufig auf dem Spielplan.

Gerstlstraße
siehe Anton-Gerstl-Straße

Gerstnergasse
XII (Andritzer Reichsstraße – Pedrettogasse), 1949, PLZ 8045.

Zuvor Zweiggasse. Franz Josef von Gerstner (1756 Komotau/Böhmen – 1832 Wien), österreichischer Maschinenbauer, initiierte den Bau der ersten öffentlichen Pferdeeisenbahn, Gmunden–Linz–Budweis auf dem europäischen Festland, die in der Folge von seinem Sohn Franz Anton R. von Gerstner übernommen wurde. Gerstner jun. vollendete 1828 die Strecke Budweis–Kerschbaum (ca. 63 km) und baute 1834 in Petersburg die erste russische Eisenbahn.

Ghegagasse
IV (Babenbergerstraße – Bahnhofgürtel), 1894, PLZ 8020.

Zuvor Packstraße. Karl Ritter von Ghega (1800 Venedig – 1860 Wien) promovierte mit 20 Jahren, leitete den Bau von Teilstrecken der Nordbahn und brachte von Auslandsreisen Wissen über den Bau von Eisenbahnstrecken mit. Sein bedeutendstes Werk war die 1854 fertiggestellte Semmeringbergbahn, in ihrer Zeit die höchste Bergbahn der Welt. Damit ermöglichte er die Fertigstellung der von Erzherzog Johann geförderten Südbahntrasse durch die Steiermark. Die Semmeringbahn mit ihren Tunnels und Viadukten wurde 1998 zum UNESCO Weltkulturerbe erklärt.

Ginzkeygasse
XII (Stattegger Straße nach Osten, Sackgasse), 1973, PLZ 8045.

Franz Karl Ginzkey (1871 Pola – 1963 Wien), bekannt als österreichischer Schriftsteller romantischer Lyrik. Kinderbücher (*Hatschi Bratschis Luftballon*, 1904, *Florians wundersame Reise über die Tapete*, 1931), Balladen, historische und kulturgeschichtliche Romane. Aber auch Offizier, Kartograph, von 1897 bis 1914 am Militärgeographischen Institut in Wien tätig. Im Ersten Weltkrieg Archivrat und Berichterstatter. Wie Max Mell bevorzugte auch Ginzkey Landaufenthalte in Pernegg a. d. Mur zum Wandern und Schreiben.

Girardigasse
I (Opernring – Glacisstraße), 1909, PLZ 8010.

Zuvor Alleegasse. Alexander Girardi (1850 Graz – 1918 Wien), bekannter Volksschauspieler. Geburtshaus in der Leonhardstraße (Nr. 28), sollte das Schlosserhandwerk seines Vaters übernehmen. Erste Verträge mit Rohitsch-Sauerbrunn ans Sommertheater, in der Folge von Marie Geistinger (siehe Geistingerweg) als Gesangskomiker an das Theater an der Wien verpflichtet, später Engagement am Wiener Burgtheater.

Der Volksschauspieler Alexander Girardi (Postkarte).

Girardi wirkte noch in der Frühzeit des Spielfilms mit. Girardi-Denkmalbüste in der Ehrengalerie im zweiten Hof der Grazer Burg.

Glacisstraße

I, II, III (Heinrichstraße – Luthergasse/Girardigasse), 1813, PLZ 8010.

Als Glacis wurde ursprünglich das freie Schussfeld vor den Befestigungsbauwerken der Stadt bezeichnet. Nach der Aufhebung des Festungsgürtels unter Josef II. im Jahr 1782 wurde unmittelbar darauf am Südostrand des Glacis von der Gleisdorfer Gasse bis zur Heinrichstraße eine Alleestraße mit Linden angelegt, die 1954 gefällt wurden, in der Folge wurde die Glacisstraße zwischen Rechbauerstraße und Franz-Graf-Allee parkseitig verbreitert.

Glaserweg

XVI (Kärntner Straße – Alte Poststraße), 1951, PLZ 8053.

Zuvor Straße II. Vermutlich Gewerbebezeichnung.

Glasfabrikstraße

IV, XIV (Wiener Straße gegen Westen), 1897, PLZ 8051.

Zuvor Mühlweg. Die Glasfabrikstraße überquerte einst die Anlagen der Südbahn und führte in die Gemeinde Eggenberg. 1890 wurde, unmittelbar ans Gelände der Eisenbahn anschließend, die Glasfabrik Hanisch, Hildebrand & Co gegründet. Obwohl die Fabrik in Eggenberg lag, bürgerte sich die Bezeichnung Göstinger Glasfabrik ein. Das Produktionsprogramm der für die damalige Zeit modern ausgestatteten Fabrik war auf Flaschen spezialisiert. Jährlich wurden mehrere Millionen davon produziert. In ihren besten Tagen hatte die Glasfabrik einige hundert Beschäftigte. Nach schweren Beschädigungen durch Bomben wurde der Betrieb nach dem Krieg wieder aufgenommen. 1980 wurde die Glasfabrik aus Rentabilitätsgründen geschlossen, die Hallen wurden abgebrochen.

Gleisdorfer Gasse

I, II (Jakominiplatz – Luthergasse/Girardigasse), 1785, PLZ 8010.

Benannt nach dem Ort Gleisdorf an der Raab in der Oststeiermark. Im 18. Jh. noch als *Poststraße* bezeichnet; der Abgang der Post erfolgte von der alten

Postkanzlei im ehemaligen Gasthof *Zur Stadt Triest (Steirerhof)* über Gleisdorf in die östliche und nördliche Steiermark, nach Nieder- und Oberösterreich und Ungarn. Da das Burgtor in seiner Vergangenheit meist geschlossen war, verließ man auch in Richtung Osten die Stadt zuerst durch das Eiserne Tor.

Gleisdorfer Straße

II, X.

Die ehemalige Bundesstraße B 65 ist seit 2002 mit gleicher Bezeichnung eine Landesstraße. Sie beginnt an der Kreuzung Elisabethstraße/Merangasse und führt über den Leonhardplatz und die Riesstraße zur Stadtgrenze. Ihre Länge beträgt in Graz 9 km. Ihr Ende ist die Einmündung in die Südautobahn in Ilz nach über 44 km.

Gleispachgasse

XII (Grazer Straße nach Osten, Sackgasse), 1961, PLZ 8045.

Johann Nepomuk Graf Gleispach (1840 Görz – 1906 Graz), Jurist, deutsch-liberaler Politiker; 1892 und 1898 Präsident des Oberlandesgerichtes in Graz und von 1895 bis 1897 Justizminister. Initiator der Zivilprozessreform. Er erwarb sich Verdienste um die Anlage der steiermärkischen Grundbücher und den Bau des Grazer Justizgebäudes. In der Dominikanergasse Nr. 1 befindet sich das ehem. Palais Gleispach, das bis zum Anfang des 20. Jhs. in Familienbesitz war.

Glasfabrikstraße: Die „Göstinger" Glasfabrik, Flaschenproduktion in den 1950er-Jahren.

Glesingerstraße

*XVI (Harter Straße – Westbahngasse),
1958, PLZ 8053, 8054.*

Rudolf Glesinger (1879 Wien – 1957
Graz), Dr. jur., Hofrat, leistete besondere Pionierarbeit auf dem Gebiet der
Jugendfürsorge. Begründer (1917) und
langjähriger Leiter des Städtischen Ju-
gendamtes (bis 1933 und 1945–1951);
Initiator und Vorsitzender der Landesgruppe Steiermark der Arbeitsgemeinschaft für Heilpädagogik.

Glockenspielplatz

*I (Platz zwischen Mehlplatz und
Enge Gasse), 1908, PLZ 8010.*

Zuvor *Fliegenplatzl.* Benannt nach dem
bekannten Grazer Glockenspiel des
Hauses Glockenspielplatz Nr. 4. Gestiftet wurde es von Gottfried Maurer,

dem Eigentümer der Spirituosen-Firma
Emperger, der auf seinen Reisen nach
Deutschland, Belgien und Holland die
Faszination der Glockenspiele kennen-
lernte. Weihnachten 1905 ertönte das
Glockenspiel zum ersten Mal in Graz.
Im Jugendstil-Dachreiter, einer Eisen-
konstruktion der Fa. Waagner-Bíró, be-
finden sich die mechanischen Teile, das
Uhr- und das Spielwerk. 1884 wurde das
aus dem 16. Jh. stammende Haus auf
dem ehem. *Fliegenplatzl* (wegen seiner
Winzigkeit so bezeichnet) von Gottfried
Maurer erworben und 1903/05 umge-
staltet (Architekt Friedrich Siegmundt).

Gluckgasse

*VIII (St.-Peter-Hauptstraße –
Marburger Straße), 1949, PLZ 8042.*

Zuvor Feldweg. Der Hofkapellmeister
Willibald Ritter von Gluck (1714 Wei-

Glockenspielplatz: Die Westfront in einem Bild von Conrad Kreuzer.

denwang – 1787 Wien) gilt als Begründer der Deutschen Oper. Von Gluck schuf unter anderem *Orfeo ed Euridice*, *Iphigénie en Tauride* und *La clemenza di Tito*. Neben fast 50 Bühnenwerken verfasste er noch Ballettmusik, Vokalwerke und Kammermusik. 1736 weilte Gluck auf der Durchreise in Graz.

Gmeiner-Weg

siehe Hermann-Gmeiner-Weg

Gmeinstraße

XVII (Puntigamer Straße – Rudersdorfer Straße), 1947, PLZ 8055.

Nach der alten Rudersdorfer *Gmein* benannt, dem gemeinschaftlichen Besitz der Dorfbauern.

Goethestraße

III (Humboldtstraße – Harrachgasse, Sackgasse), 1860, PLZ 8010.

Johann Wolfgang von Goethe, berühmter deutscher Dichter (1749 Frankfurt am Main – 1832 Weimar). In den Jahren von 1851 bis 1861 lehrte der Goethespezialist Prof. Karl Weinhold an der Grazer Universität. Die Goethestraße wird teilweise von bemerkenswerten historistischen und Jugendstilfassaden geprägt.

Goldrutenweg

XVII (Lebernweg – Unterer Auweg), 1972, PLZ 8055.

Goldrute (*Solidago*), Korbblütengewächse (Kanadische, Echte, Gemeine G.), in dieser Gegend häufig vorkommende Pflanze; ist unter der volkstümlichen Bezeichnung *Murveigl* allgemein bekannt.

Goldschmidtgasse

siehe Walter-Goldschmidt-Gasse

Gollweg

XV (Peter-Rosegger-Straße – Laboratoriumstraße), 1949, PLZ 8053.

Erst in den letzten Jahren wurde die Straße nach Süden verlängert. Der sensible Lyriker Ernst Goll (1887 Windischgraz – 1912 Graz) nahm sich als 25-Jähriger das Leben. Sein literarisches Werk hat zwar keine populäre Verbreitung gefunden, seiner Dichtkunst wird jedoch große Begabung bestätigt. In seinem Gedicht *Abschied* bekennt er: *Mein Leben war ein Schönheitslobgesang und eine Sehnsucht bittende Gebärde.*

Gorbachplatz

I (Grünanlage, Radetzkystraße – Marburger Kai, beim Denkmal des Herzogs Wilhelm von Württemberg), 1982, PLZ 8010.

Alfons Gorbach (1898 Imst – 1972 Graz), Dr., Jurist und Politiker. 1929 Gemeinderat der Stadt Graz, 1932 Stadtschulrat und 1937/38 Mitglied der Steiermärkischen Landesregierung, während des Zweiten Weltkrieges in KZ-Haft. Seit 1945 Abgeordneter zum Nationalrat (ÖVP), von 1961 bis 1964 Bundeskanzler. Träger zahlreicher Ehrungen und Auszeichnungen, 1972 Ehrenbürger der Stadt Graz. 1980 ließ die Stadt Graz das Gorbach-Denkmal auf dem Karmeliterplatz aufstellen. 1982 wurde anlässlich des Todesjahres von der Dr. Alfons Gorbach-Gesellschaft der Antrag auf eine Straßenbenen-

Gorbachplatz: Feierliche Enthüllung des Denkmals für den Feldzeugmeister Wilhelm Herzog von Württemberg am Stadtkai (1907).

nung gestellt. 2009 Aufstellung jener Gorbach-Büste, die sich vor dem Tiefgaragenbau auf dem Karmeliterplatz befunden hatte.

Gössergasse

siehe Wilhelm-Gösser-Gasse

Göstinger Straße

XIII, XIV (Georgigasse – Schloßplatz), 1902, PLZ 8020, 8051.

Zuvor ein Teil der Franz Graf Attems-Straße und kurz Dr. Goebbels-Straße. Benannt nach dem XIII. Grazer Bezirk Gösting (seit 1946). Ableitungsmöglichkeiten: slaw. *gostinca* = Herberge (nach Pirchegger, Popelka), slaw. *gozd* = Bergwald (nach Posch) und andere. Die Göstinger Straße ist ein Teil der L333.

Gotthardstraße

siehe St.-Gotthard-Straße

Gottlieb-Remschmidt-Gasse

XII (Andritzer Reichsstraße – Geißlergasse, Sackgasse), PLZ 8045.

Gottlieb Remschmidt betrieb die Gastwirtschaft *Zum Adler* (mit Bierbrauerei) in der Andritzer Reichsstraße 37. Vizebürgermeister von Andritz im Jahr 1921, in der Gemeinde und in ihren Vereinen tätig.

Gottschedgasse

VIII (Banngrabenweg – Theodor-Storm-Gasse – Johann-Weitzer-Weg), 1949, PLZ 8042.

Zuvor Grenzgasse. Der deutsche Literaturtheoretiker und Kritiker Johann Christoph Gottsched (1700 Königsberg

– 1766 Leipzig) vollbrachte Pionierleistungen auf dem Gebiet rationaler Theorie und praktischer Reformarbeit. Sein Dogmatismus verschloss ihm jedoch den Zugang zu bedeutenden Dichtern. Zu seinen Verdiensten gehört die Sorge um die rhetorische Ausbildung der Schauspieler und um ihr soziales Ansehen. Er verfasste u. a. die Werke *Versuch einer kritischen Dichtkunst für die Deutschen* (1730) und *Der sterbende Cato* (1732), eine Mustertragödie in Alexandrinern. Auch diese Straßenbezeichnung gehört zur großen Zahl von klassisch-humanistischen Bildungsnamen, die in den späten 1940er-Jahren in Graz verliehen wurden.

Gottscheer-Straße

XI (Purbergstraße – Roseggerweg), 1968, PLZ 8044.
Zuvor ein Teil der Kirchbergstraße. Die Straße befindet sich bei der Ge-

denkstätte der Gottscheer (1967). Die *Gottscheer* wanderten im 14. Jh. aus Oberkärnten nach Krain und bildeten dort durch Jahrhunderte eine deutsche Sprachinsel um die Stadt Gottschee und in rund 170 Dörfern der Umgebung. Wanderhändler aus Gottschee gehörten in der Vergangenheit zu den bekannten Volkstypen der Monarchie. Durch die gemeinsame Zugehörigkeit zu Innerösterreich waren die Gottscheer mit dem Zentrum Graz verbunden, so gab es hier relativ viele Studenten aus diesem Gebiet. Die Probleme der Volksgruppe begannen nach 1918 im südslawischen Staat und endeten mit der Vertreibung 1945. Anteil hatte daran die Politik des Dritten Reiches, die diese Volksgruppe 1941 in den slowenischen – damals untersteirischen – Raum umsiedelte. Graz ist einer der Exilorte und neuen Heimatplätze der nun weit verstreut le-

Gottlieb-Remschmidt-Gasse: Das Gasthaus Zum Adler der Familie Remschmidt nahe der Endstation der Tramway.

benden Gottscheer (u. a. USA). In Mariatrost befindet sich eine Gedenkstätte der Gottscheer (1963).

Grabbegasse

VIII (Theodor-Storm-Straße gegen Südosten), 1949, PLZ 8042.

Zuvor Laubgasse. Christian Dietrich Grabbe (1801 Detmold – 1836 Detmold) gehört zu den deutschen Dichtern der Spätklassik. Sein Werk löste sich von den Regeln der Klassik. Es zeigte auch satirische und kritische Bezüge, so im Lustspiel *Scherz, Satire, Ironie und tiefere Bedeutung* (1827). Von der Literaturkritik wurde er als genialer Sonderling eingestuft und als schwer verträglich bezeichnet. Von seinen Geschichtsdramen, die einen Helden der Mehrheit gegenüberstellen, seien hier *Hannibal* und *Die Her-*

mannsschlacht sowie *Napoleon oder die 100 Tage* erwähnt.

Grabengürtel

III (Grabenstraße – Kalvarienbrücke), 1880, PLZ 8010.

Ursprünglich alter Gegendname. Im 19. Jh. bildete der Graben eine beliebte Wohnlage mit Villen und Sommerhäusern (siehe Grabenstraße). Nach vieljähriger Diskussion wurde ab 1998 die *Nordspange* bis zur Grabenstraße verlängert.

Grabenhofenweg

III (Grabenstraße – Saumgasse), 1867, PLZ 8010.

Der Ansitz der Ritter vom Graben befand sich im Eckbereich östlich der Grabenstraße und südlich der Hoch-

Grabenhofenweg: Der Weg gegen die Villa Hochstein (1925).

steingasse. Er wird 1294 als *Hof am Graben* als Alleinbesitz des Konrad von Graben genannt und stand hier bis zum Ende des 18. Jhs. In der Folge mehrere Besitzer, 1765 erwarb das Grazer Bäckerhandwerk den Grabenhof und ließ ihn 1787 abtragen. Danach folgte ein Neubau, ein neues Amtshaus, das nun als *Schloss Grabenhofen* bezeichnet wurde.

Grabenstraße
III (Wickenburggasse – Grazer Straße), 1800/1935, PLZ 8010, 8045.
Die lang gezogene Grabenstraße bildete ehemals eine wichtige Verkehrsverbindung nach Norden. Das Straßenbild wurde ab dem ersten Viertel des 19. Jhs. von Biedermeierfassaden (heute teilweise modernisiert) und Monumentalbauten (Nr. 29, ehem. Fürstbischöfliches Knabenseminar, *Carolinum Augusteum,* erbaut ab 1843/44) geprägt. Der Name Graben (nach Posch) bezeichnet den Graben, an dem heute die Hochsteingasse entlangführt. Nach dem Rittersitz der Grabner, die hier ursprünglich den gesamten Grund und Boden besaßen, wurde in der Folge die ganze Gegend später *der Graben* genannt, auf den auch die späteren Bezeichnungen Grabenviertel und Grabenstraße zurückgehen. Siehe auch Grabenhofenweg.

Grabenwald
siehe Am Grabenwald

Gradlbauerweg
XVI (Am Katzelbach – Salfeldstraße), 1949, PLZ 8054.
Vulgarname nach einem dort befindlichen Gehöft.

Grabenstraße: Der Vorgängerbau des Bischöflichen Gymnasiums.

Gradnerstraße

XVI, XVII (Mitterstraße – Kärntner Straße), 1947, PLZ 8055, 8054.

Die Gradner waren ein steirisches Adelsgeschlecht, im 15. Jh. im ehemaligen Schloss Baierdorf (Bezirk Eggenberg) ansässig. Eine Stiftung der Ritter Hans und Georg (Jörg) Gradner anlässlich eines Sieges über die Türken ermöglichte den Umbau der Straßganger Pfarrkirche. Rotmarmorgrabstein von Georg Gradner (1476) im Kircheninneren.

Graf-Allee siehe Franz-Graf-Allee

Grafenbergstraße

XIII (Ibererstraße – Göstinger Straße), 1947, PLZ 8051.

Zuvor ein Teil der Franz Graf Attems-Straße und kurz Dr. Goebbels-Straße. Der Plabutsch hieß im 15. u. 16. Jh. auch *Grafenperg*.

Grafenhofweg

XI (Neusitzgasse gegen Norden), 1974, PLZ 8044.

Der Weg wurde nach dem Anwesen *Grafenhof* bezeichnet. Der Grafenhof in Fölling gehörte durch Jahre dem Rechtsanwalt Dr. Julius Kaspar, der 1938 bis 1945 Oberbürgermeister von Graz war. Der Grafenhof ist weiterhin in Familienbesitz.

Grafensteingasse

XVI (Harter Straße – Dr.-Lemisch-Straße), 1961, PLZ 8054.

Nach der Ortschaft Grafenstein/Gurk (Kärnten); Beginn des Kärntner Abwehrkampfes gegen den Gebietsanspruch des SHS-Staates (Serben, Kroaten, Slowenen) im Jahr 1918.

Grafstraße

siehe Dr.-Robert-Graf-Straße

Granatengasse

V (Grenadiergasse – Rösselmühlgasse), 1813, PLZ 8020.

Grenadiere waren Infanteristen, die eine Art Handgranate warfen (siehe Grenadiergasse). Die Kaserne dieser Truppe war die Waisenhauskaserne (Grenadiergasse Nr. 1), benannt nach ihrer vorhergehenden Funktion.

Grasbergerstraße

XIV (Gaswerkstraße – Baiernstraße), 1900, PLZ 8020.

Der Name stammt noch aus der Zeit der Gemeinde Eggenberg. Der Dichter und Kulturkritiker Hans Grasberger (1836 Obdach – 1898 Wien) studierte in Wien und Rom, pilgerte ins Heilige Land, arbeitete zuerst in der Redaktion des *Österreichischen Volksfreund*, dann bei der *Presse*. Einige Zeit war er auch als Berichterstatter und Kulturredakteur in Italien tätig. Seine Gedichte und Novellen verfasste er oft in einer steirisch-kärntnerischen Mundart. In diesem Bezug ist Grasberger im Umfeld von Peter Rosegger anzusiedeln. Aus der innerstädtischen Grasbergergasse wurde 1949 die Bürgerspitalgasse.

Grasweg

V (Kärntner Straße – Steinfeldgasse), 1899, PLZ 8020.

Auch heute schaut es hier, sieht man vom Gürtelturm ab, nicht sehr urban aus. Vor 100 Jahren war dies noch eine ausgeprägt ländliche Gegend.

Grazbachgasse

VI (Dietrichsteinplatz – Roseggerkai), 1781, PLZ 8010.

Der heute zu einem Kanalabfluss reduzierte Grazbach entsteht aus dem Zusammenfluss von Kroisbach und Leonhardbach. Auch diese beiden Bezeichnungen haben nur für ein Teilstück der beiden Bäche Gültigkeit. Jener Grazbach wurde auf weite Strecken überwölbt. 1896/97 erreichte die Einwölbung die Wielandgasse, 1907 die Mur. Der Bach mündete zuvor im Augarten um etliche Meter weiter südlich (Mündungsverschleppung). In einem großen Teil aber – so im Bereich der Kreuzung mit der Schönaugasse – zeichnet die Grazbachgasse den ehemaligen Verlauf des Baches nach. Zuerst wurden an beiden Ufern Häuser errichtet, und die Zahl der Brücken nahm zu. Dann erst erfolgte die Überwölbung.

Grazerfeldstraße

XV (Peter-Rosegger-Straße über Pulverturmstraße gegen Süden), um 1935, PLZ 8053.

Das Grazer Feld im weiteren Sinn wird durch jüngere Schotter, Sand und Lehmflächen gebildet, die beiderseits der Mur relativ eben zwischen dem Taldurchbruch von Gösting und der durch den Wildoner Berg markierten Enge liegen. Das Grazer Feld schließt nach Süden mit dem Wildoner Berg ab. Es folgt das Leibnitzer Feld. Im en-

geren Sinne markiert die Bezeichnung Grazer Feld Fluren südlich des Lazarettfeldes.

Grazer Ring Straße

XI, III, II, IX, VIII, VII, XVII, XVI

Als Landesstraße gibt es diese Bezeichnung für die B 67 a. Sie führt über mehr als 15 km von der Kreuzung Wiener Straße/Weinzöttlstraße über die Grabenstraße bez. Bergmanngasse zum Geidorfplatz, über die Glacisstraße, Elisabethstraße und Merangasse zur Plüddemanngasse und weiter über die St.-Peter-Hauptstraße und den St.-Peter-Gürtel zum Liebenauer Gürtel. Dann geht es auf der Liebenauer Hauptstraße (B 73) ein Stück stadteinwärts. Über die Puntigamer Straße und den Weblinger Gürtel mündet die Grazer Ring Straße in die Kärntner Straße, die wiederum als Landesstraße einen anderen Namen (B 70, Packer Straße), trägt.

Grazer Straße

XII (Grabenstraße – Weinzöttlstraße – Andritzer Reichsstraße), PLZ 8045.

Nördliche Zufahrtsstraße nach Graz, Landeshauptstadt der Steiermark. Namenableitung allgemein von slawisch *grad* bzw. *gradec* (= Burg bzw. kleine Burg). Im 12. Jh. bestehen die Schreibweisen *Gracz, Graetz, Grace, Graci, Grace, Graece* und *Crece*. Die folgenden Jahrhunderte verwendeten u. a. die Formen Bairisch-Grätz zur Unterscheidung von Windischgrätz, Gratium, Graz, Gratz, Gräz oder Grätz. Im ersten Viertel des 19. Jhs. verstärkte

Auseinandersetzung auf wissenschaftlicher Ebene. Der Orientalist Josef von Hammer-Purgstall trat für die Schreibweise *Gratz* ein, ihm schlossen sich der Grazer Archivar Joseph Wartinger und der Wiener Archivar Franz Grillparzer an. Erst nach der Mitte des vorigen Jhs. setzte sich endgültig der Name *Graz* durch.

Eine zweite Grazer Straße gibt es nur im Verzeichnis der Landesstraßen unter der Nummer B 67. Sie führt von Peggau über Graz nach knapp 85 km an die Staatsgrenze bei Spielfeld. In Graz hat sie folgende Straßennamen: Wiener Straße, Kalvarienbrücke, Wiener Straße, Bahnhofgürtel, Eggenberger Gürtel, Lazarettgürtel, Triesterstraße. Ihre Länge in Graz beträgt fast 14 km.

Greifenweg

XVI (Am Katzelbach – Mantscha-Waldweg), 1949, PLZ 8054.

Sog. *Greifgrube,* eine Doline. Der Greif ist ein großes geflügeltes Fabeltier.

Grenadiergasse

V (Kernstockgasse – Rösselmühlgasse), 1813, PLZ 8020.

An der Ecke zur Kernstockgasse (Nr. 1) steht die ehemalige Waisenhauskaserne, benannt nach ihrer älteren Funktion. Pirchegger zitiert, dass die Grazer einst das Gebäude für eines der schönsten Europas hielten. Hier waren ab dem Ausbau von 1776 Grenadiere einquartiert. Diese Waffengattung warf eine Art von Handgranaten (siehe Granatengasse), die zuvor an ihrer Uniform befestigt

Zwischen Grazer Straße (rechts) und Tramway, Blickrichtung Süden (1985).

Grenadiergasse: Haus Nr. 23 mit der Grazer Bauernbühne, dem späteren Murkino und dann Supermarkt, nun Wohnhaus (Foto 1948).

Theaterdirektor Julius Grevenberg.

wurden. Grenadiere spielten im 18. und in der ersten Hälfte des 19. Jhs. in den Armeen eine wichtige Rolle. Im Umfeld der Grenadierkaserne entstanden in der Folge weitere Kasernen, sodass sich hier ein Kasernenviertel ausbildete.

Grenzgasse

XVII (Triester Straße nach Westen zur Mitterstraße), 1947, PLZ 8055.

Teilstück der südlichen Stadtgrenze gegen Feldkirchen bei Graz.

Grevenberggasse

XV, XVI (Grottenhofstraße – Haferfeldweg), 1955, PLZ 8053.

Julius Grevenberg (1863 Stettin – 1927 Graz), langjähriger und beliebter Grazer Theaterdirektor, der allgemein *Va-*

ter Jule genannt wurde. Von 1911 bis 1923 führte Grevenberg erfolgreich die Grazer Bühnen als Direktor mit Engagements bedeutender Künstler und eindruckvollen Bühnenbildern.

Gries

V.

Der V. Stadtbezirk war ein Teil der alten Murvorstadt am rechten Murufer. Im 18. und besonders im 19. Jh. erweiterte sich die randstädtische Verbauung teilweise bis an die alte Stadtgrenze. Genauso wie im Bezirk Lend bildete sich auch hier im 19. Jh. eine Konzentration von gewerblichen und mitunter auch industriellen Einrichtungen aus. Der Gries war und ist wohl auch heute noch ein Bezirk mit einem hohen Anteil an Arbeitern. Unter Gries wird allgemein feinerer Flussschotter, vermischt mit Sand, verstanden. Das ist das Material, auf dem die Murvorstadt errichtet wurde.

Griesgasse

V (Südtiroler Platz – Griesplatz), 1813, PLZ 8020.

Zuvor Oberer Gries. Die Griesgasse war eine überregionale Nordsüdverbindung (*k. k. Hauptkommunikationslinie*), die ab dem 17. Jh. an der Stadtmitte vorbeiführte. Die Griesgasse war immer der Standort von Geschäften und Gasthäusern. Sichtlich aufgrund der Nähe zum Kunsthaus (2003) bezeichnete eine Aktion „Gries darf mehr" die Griesgasse durch mehrere offiziell wirkende Tafeln als „Kulturhauptstraße". Siehe Gries.

Offizielle und inoffizielle Bezeichnung.

Grieskai

V (Südtiroler Platz – Karlauer Gürtel), 1894, PLZ 8020.

Zuvor im nördlichen Bereich unterschiedlich bezeichnet: Fischplatz, Nikolaiplatz, Floßmeister-Lendplatz, Speckmarkt. Erst nach 1879 entstand der Grieskai in seiner heutigen Form. Bis in die 1960er-Jahre des 20. Jhs. waren Grieskai und Lendkai eine der Hauptstraßen für den überregionalen Verkehr. Siehe Gries.

Griesplatz

V (Griesgasse – Karlauer Straße), 1785, PLZ 8020.

Im 17. Jh. kam es in der Murvorstadt zur Anlage einer Nordsüdverbindung, die ein Teil der Fernverbindung Wien–Triest war. Wie der Lendplatz bildete der Griesplatz eine linsenförmige Erweiterung, die eine intensivere Nutzung zuließ. Zu dieser Nutzung gehörten besonders Gasthäuser. Der Platz war lange die Endstation für viele Pendlerbusse. Siehe Gries.

Der Gasthof „5 Lärchen", Griesplatz 6–7 (1930).

Grillparzerstraße

III (Körblergasse nach Norden, Sackstraße), 1889, PLZ 8010.

Franz Grillparzer (1791 Wien – 1872 Wien), österreichischer Dramatiker, Erzähler und Lyriker; einer der künstlerisch vielseitigsten und menschlich widersprüchlichsten Dichterpersönlichkeiten Österreichs. Produktivste und fruchtbarste Schaffenszeit zwischen 1820 und 1831 (*König Ottokars Glück und Ende*, 1825). 1847 Gründungsmitglied der Österreichischen Akademie der Wissenschaften und ab 1861 Mitglied des Herrenhauses auf Lebenszeit. Von 1832 bis zu seiner Pensionierung 1856 war er Direktor des Hofkammerarchivs. In dieser Funktion trat Grillparzer gleichzeitig mit dem Orientalis-

ten Josef von Hammer-Purgstall und dem Grazer Archivar Joseph Wartinger für die Schreibweise *Gratz* oder *Graz* ein, gegen die von anderen (Schreiner) vertretene Schreibweise *Grätz* (siehe Grazer Straße).

Grillweg

XVI (Kärntner Straße – Am Jägergrund), 1942, PLZ 8053.
Vulgarname, Gutsbesitz *Grillhof.*

Grimmgasse

IV (Floßlendstraße – Hackhergasse mit Unterbrechung), 1899, PLZ 8020.

Die Brüder Jakob Ludwig Grimm (1785 Hanau/Main – 1863 Berlin) und Wilhelm Karl Grimm (1786 Hanau/Main – 1859 Berlin) waren bedeutende Germanisten; sie waren u. a. die ersten Herausgeber des *Deutschen Wörterbuches*, einer historisch-wissenschaftlichen Etymologie der deutschen Sprache. Hohe Bekanntheit erreichten die Brüder Grimm jedoch durch die Herausgabe der *Kinder- und Hausmärchen* (1812 ff.) und der *Deutschen Sagen* (1816–1818).

Gritzenkogel

XIV (Hangweg – Brunnerweg, Fußweg), als Wegname 1949, PLZ 8052.

Der östliche Ausläufer des Kollerberges markiert in mäßiger Höhe den Übergang zur Enge der Steinbergstraße. Die Wortableitung führt zum slawischen *gorica* (= Bergl, in Weingegenden auch Weinberg). Bis zum Ende des 19. Jhs. gab es hier in Gunstlagen, so wie diese eine ist, Weinanbau.

Gritzenweg

XIV (Baiernstraße – Kollerbergweg), 1905, PLZ 8020, 8052.

1949 handelte es sich nur um eine geringfügige Änderung der Grundstückszurechnung. Der Wegname kommt schon um die Jahrhundertwende in Eggenberger Straßenverzeichnissen vor. Benannt nach dem Ried Gritzen (siehe Gritzenkogel).

Groggerweg

siehe Paula-Grogger-Weg

Groningenplatz

I (platzähnliche Parkanlage im Bereich der Burgringkurve), 1996, PLZ 8010.

Seit 1964 besteht zwischen Graz und der niederländischen Universitätsstadt Groningen (185.000 Einwohner)

Großmarktstraße: Der städtische Schlachthof um 1880 (Sammlung Kindlinger).

166

eine Städtefreundschaft. Laut Magistrat werden einem Konzept folgend im südlichen Stadtparkbereich die dortigen Plätze und Wege nur nach Partnerstädten benannt; ursprünglich sollte der Platz beim Schiller-Denkmal nach Groningen benannt werden, wogegen sich das Kulturamt wegen mangelnden Bezuges zwischen Schiller und Groningen aussprach.

Großgasse

siehe Hans-Groß-Gasse

Großgrabenweg

X (Stiftingtalstraße gegen Norden), 1948, PLZ 8010.

Nach einer Flurbezeichnung des 18. Jhs. (Josefinischer Kataster).

Großmarktstraße

V (Lagergasse – Herrgottwiesgasse), 1983, PLZ 8020.

Im Bemühen, dem Schlachthofgelände neue Funktionen zu geben, wurde in den 1980er-Jahren hier, nördlich der Straße auf dem alten Schlachthofgelände, ein Großmarkt für Gemüse und Obst eingerichtet. Der Antrag zum Namen kam von der Kammer der gewerblichen Wirtschaft für Steiermark.

Grottenhofstraße

XV (Harter Straße – Krottendorfer Straße), um 1900, PLZ 8053, 8052.

Namengebend ist der hochmittelalterliche Gründungshof des Dorfes Krottendorf (siehe Krottendorf), der um 1300 geteilt wurde und im späten

Die Grottenhofstraße in Blickrichtung Westen (1990).

16. Jh. als *Krottenstein* oder in verschönender Schreibweise *Grottenstein* wieder zu einem Edelhof wurde. Die Landwirtschaftliche Fachschule Grottenhof ist die älteste ihrer Art in Österreich. Ihre Wurzeln sind, wie könnte es auch anders sein, auf Erzherzog Johann zurückzuführen. 1822 wurde von der von ihm gegründeten (Jüngeren) Steiermärkische Landwirtschaftsgesellschaft ein Landwirtschaftlicher Versuchs- und Musterhof eingerichtet. Er befand sich am Südwestende der Annenstraße. 1851 wurde diesem eine Ackerbauschule angegliedert. 1867 wurde diese nun landschaftliche Schule in die KG Wetzelsdorf der Gemeinde Eggenberg verlegt. So entstand die Ackerbauschule Grottenhof, nun wegen eines Ausbaus (Grottenhof-Hart) *Landwirtschaftliche Fachschule Alt-Grottenhof* genannt. Sie liegt in der Krottendorfer Straße 110.

Gruber-Mohr-Weg

VIII (St.-Peter-Hauptstraße zur Kirche St. Peter), 1949, PLZ 8055.

Zuvor Kirchweg, kurz auch Dollfußweg. Das Autorenteam des weltberühmten Weihnachtsliedes *Stille Nacht, heilige Nacht* waren Franz Gruber (1787 Unterweizberg/Innviertel – 1863 Hallein) und Joseph Mohr (1792 Salzburg – 1848 Wagrain). Der katholische Geistliche Joseph Mohr schrieb den Text. Gruber war Lehrer, Organist und Komponist, er schuf dazu die Melodie. Zu Weihnachten 1818 wurde das Lied in der Kirche von Oberndorf bei Salzburg erstmals aufgeführt. 1822 erklang die *Stille Nacht* auf Schloss Fügen im Zillertal, 1838 erschien das Lied im *Katholischen Leipziger Gesangbuch.*

Grundäckergasse

XVII (Kübeckgasse nach Süden, Sackstraße), PLZ 8055.

Zuvor Grundackerweg, Quergasse. Flurbezeichnung.

Grundfelderweg

XVI (Gradnerstraße nach Norden, Sackgasse), 1958, PLZ 8054.

Flurbezeichnung. Namenszusammensetzungen mit *Grund* bedeuten eine tiefgelegene Acker-, Boden oder Wiesenfläche (siehe Grundäckergasse, Grundwiesenweg).

Grundwiesenweg

XVI (Hafnerstraße nach Süden, Sackgasse), 1958, PLZ 8054.

Flurbezeichnung.

Grüne Gasse

IV (Wiener Straße – Floßlendplatz), 1892, PLZ 8020.

Aus dem 18. Jh. ist der Name *Mittelgasse* und *Kleine Kalvarienberggasse* überliefert. Schon damals waren hier Gärtner und besonders Gemüseanbauer angesiedelt. Diese Tradition setzte sich in Resten bis in die jüngste Gegenwart fort. Der nahe Lendplatz bot sich als Absatzmarkt an.

Gschielgasse

siehe Jakob-Gschiel-Gasse

Gstirnergasse

X (Stiftingtalstraße – Holubgasse), 1948, PLZ 8010.

Adolf Gstirner (1855 Graz – 1940 Graz) war Oberrealschulprofessor und Regierungsrat. Er publizierte in den 1930er-Jahren Arbeiten zur Geschichte des steirischen Bauerntums und war auch ein bekannter Alpinist. Popelka zitiert in seinen Notizen zu den Straßennamen eine zusätzliche Verbindung der Familie Gstirner zum Dichter Robert Hamerling.

Gsundhofweg

VIII (Peterstalstraße – Hohenrainstraße), 1954, PLZ 8042.

In der Nähe des bis dahin unbenannten Weges steht das Gehöft Gsundhof.

Guldinweg

XVI, XVII (Teil der Grenzstraße zwischen XVI. und XVII. Bezirk), 1954, PLZ 8055.

Paul (Habakuk) Guldin (1577 St. Gallen/Schweiz – 1643 Graz), Pater Paul (SJ); Schweizer Mathematiker, als Jesuit an den Jesuitenuniversitäten Graz, Wien und ab 1637 wieder in Graz unterrichtend. Guldin war wohl der erste Fachprofessor an der Grazer Universität. Von ihm stammt die Guldinsche Regel in der Geometrie.

Gürtelturmplatz

V (Kreuzungsbereich Kärntner Straße, Eggenberger Gürtel, Lazarettgasse, Idlhofgasse), 1979, PLZ 8020.

Der turmartige Neubau der Wiener Städtischen Versicherung bewog den Grazer Gemeinderat, diesen Namen zu wählen. Der *Ringturm* der gleichen Versicherung in Wien dürfte ein Vorbild für den Bau gewesen sein. So wurde dieser Name seitens der Versicherung schon vorher verwendet. Im Antrag wies die Versicherung darauf hin, dass die bisherige Adresse (Lazarettgasse 36) sich negativ ausgewirkt habe. Für den Gürtelturm ist eine Funktionsänderung vorgesehen.

Gustav-Hofer-Weg

XI (Teichhof – Teichhof), 1967, PLZ 8044.

Zuvor ein Teil des Teichhofes. Univ.-Prof. Dr. Gustav Hofer (1887 Wien – 1959) war Vorstand der Universitätsklinik für Hals-, Nasen- und Ohrenkrankheiten am LKH Graz. Hofer stammte aus der Wiener Laryngologenschule, war ein Schüler von Eiselsberg und wurde 1931 nach Graz berufen. Er lehrte hier bis 1958. Neben anderen Anerkennungen wurden ihm auch die Ehrenringe des Landes Steiermark und der Stadt Graz verliehen.

Gustav-Klimt-Weg

XII (St.-Veiter-Straße nach Osten), 1973, PLZ 8046.

Gustav Klimt (1862 Wien – 1918 Wien), bedeutender Vertreter der Wiener Sezession. Ab 1879 Zusammenarbeit mit seinem Bruder Ernst Klimt und dem Historienmaler Franz Matsch. In dieser Zeit vor allem dekorative Monumentalgemälde für öffentliche Gebäude (u. a. Stiegenhäuser des Wiener Burgtheaters, des Kunsthistorischen Museums).

Ein Auftrag für die Deckenbilder der Wiener Universität endete mit einem Skandal, die Präsentation der Fakultätenbilder *Philosophie* und *Medizin* wurde scharf abgelehnt. In der Folge Bruch mit der akademischen Malweise zugunsten einer ornamentalen Flächengestaltung, intensiver Farbgebung und starker Symbolhaftigkeit. Ab 1897 Mitbegründer der Wiener Sezession (1902 Beethoven-Fries). Als Repräsentant der Wiener Sezession bahnbrechend und einflussreich im Kunst- und Kulturschaffen der Monarchie.

Bürgermeister Dipl.-Ing. Gustav Scherbaum.

Gustav-Scherbaum-Promenade

XII (Murpromenadenweg, linkes Murufer vom Pongratz-Moore-Steg bis zur Kalvarienbrücke), 1996, PLZ 8010.

Gustav Scherbaum, Dipl-Ing. (1906 Wien – 1991 Graz); langjähriger, populärer Bürgermeister der Stadt Graz. 1940 Graduierung zum Dipl.-Ing. (Chemie) an der TU Graz. Von 1946 bis 1953 war er Gemeinderat, ab 1953 Stadtrat und ab 1960 Bürgermeister. Diese Funktion übte er bis April 1973 aus. Er erhielt zahlreiche Auszeichnungen. 1974 Ehrenbürger der Stadt Graz. Die Straßenbenennung erfolgte anlässlich seines 90. Geburtstages.

Gutenbergstraße

XV (Harterstraße – Laboratoriumstraße), um 1932, PLZ 8053.

In der Zeit der selbstständigen Gemeinde Wetzelsdorf verliehen als *Gutt(!)enbergstraße*. Damit war wohl nicht die Grazer Familie von Guttenberg bzw. der Botaniker Hermann von Gutten-

berg gemeint. Johannes Gutenberg (eigentl. Gensfleisch zur Laden) lebte von 1397 (Mainz) bis 1468 (Mainz) und erfand um 1450 den Druck mit einzelnen gegossenen Lettern. Damit stand er am Anfang einer Entwicklung, die bis zur Bedeutung der Printtechniken der Gegenwart führte. Bedeutender als der technische Fortschritt waren allerdings die daraus ableitbaren kulturellen Folgen des Buchstabendrucks. Er selbst konnte aus seiner Drucktechnik nur mäßigen Gewinn ziehen. Sein Name ist mit den nun höchst wertvollen Gutenbergbibeln verbunden. Eine andere Gutenbergstraße gab es im heutigen Bezirk Puntigam.

Guttenbrunnweg

siehe Müller-Guttenbrunn-Weg

H

Haaräckerstraße

XV (Kärntner Straße – Harter Straße), 1913, PLZ 8053.

Ein Riedname; hier befanden sich einst Flachsfelder. *Haar* ist die alte steirische Bezeichnung für Flachs. Auch wenn der alte steirische Flachs nicht von besonderer Qualität gewesen sein soll, so war er doch – besonders für den ländlichen Raum – eine vielseitig verwendbare (Leinöl, Leinen, Schnüre, Wiflingloden) Kulturpflanze. Engelhart erwähnt 1921 die Sandgruben der Köflacher-Bahn, die sich hier befanden. Die Straße sollte ursprünglich ein Teil einer größeren Ostwestverbindung werden. Eine andere Haaräckerstraße gab es im Bezirk Eggenberg.

Haberlandtweg

XII (Zelinkagasse – Stattegger Straße), 1949, PLZ 8045.

Zuvor Schwarzer Weg. Gottlieb Haberlandt (1854 Ungarisch-Altenburg – 1945 Berlin), Botaniker, Univ.-Prof. in Graz, Wien und Berlin, Begründer der pflanzenphysiologischen Institute Berlin und Graz und der physiologischen Pflanzenanatomie, entdeckte das Reizleitungssystem der Pflanzen. Seine Lebenserinnerungen schrieb Haberlandt in dem Werk *Erinnerungen Gottlieb Haberlandts an das Botanische Institut,* Berlin 1933, nieder.

Hackhergasse

IV (Bienengasse – Kalvariengürtel), 1887, PLZ 8020.

Franz Joachim Hackher Freiherr zu Hart (1764 Wien – 1837 Wien), k. k. Major im Ingenieurkorps, hielt als Kommandant der Schloßbergbefestigung den belagernden Franzosen 1809 stand. 1809 wurde ihm dafür der Militär-Maria-Theresien-Orden verliehen, dem drei Jahre später die Verleihung des Freiherrnstandes folgte. Anlässlich seines 50. Todestages wurde der Gasse sein Name gegeben. 1909 erhielt der Schloßberg als Denkmal den Hackher-Löwen (1941 eingeschmolzen, 1965 wiedererrichtet).

Hackherweg

siehe Major-Hackher-Weg

Hackhofergasse

XVI (Heimweg – Volkmarweg), 1947, PLZ 8053.

Johann Cyriak Hackhofer (1675 Wilten/Innsbruck – 1731 Vorau); bedeutender steirischer Barockmaler, vorwiegend als Freskant in der Oststeiermark tätig. Vorauer Stiftsmaler nach 1700; schuf als Hauptwerk die malerisch barocke Ausstattung der Sakristei der Stiftskirche von Vorau, bekannt ist die expressive Darstellung des *Jüngsten Gerichtes* mit dem *Höllensturz* (1715/16). Weitere Werke: illusionistischer Hochaltar in der Festenburg; tätig u. a. in den Kirchen Hartberg, Peggau, Pöllau, Kreuz-kapelle Grafendorf (*Die vier letzten Dinge*). In Graz befindet sich das Ölbild der *hl. Magdalena* in der Andräkirche (1723).

Haeckelstraße
siehe Ernst-Haeckel-Straße

Haferfeldweg
XVI (Süd-Ost-Siedler-Straße – Grevenberggasse), 1957, PLZ 8053.

Flurbezeichnung.

Hafnerriegel
VI (Petersgasse – Klosterwiesgasse, unterbrochener Verlauf), 1885, PLZ 8010.

Nach dem Handwerk der Hafner (Ofensetzer, Töpfer) benannt. 1734 ist hier mit Johann Josef Prugger ein Hafnermeister mit einer Hafnergerechtsame genannt. 1804 ist der Vulgarname Riegelhafner belegt. *Häfen* (*Hefen, Häferl*) ist die mundartliche Bezeichnung für Gefäß, Topf. Riegel (Riedl) steht hier für eine Geländestufe. Im Westteil ist die Straßenführung jüngeren Ursprungs.

Hafnerstraße
XVI, XVII (Am Wagrain – Kärntner Straße), 1948, PLZ 8055, 8054.

Zuvor Badgasse. Laut Gemeinde Graz eine Gewerbebezeichnung.

Hagengasse
XIV (Alte Poststraße gegen Westen), 1949, PLZ 8020.

Zuvor Dürergasse. Kaspar (Gaspar) Hagen (1820 Bregenz – 1885 Bregenz) war ein Vorarlberger Arzt und Mundartdichter. Von ihm stammen das dreibändige Werk *Dichtungen in alemannischer Mundart* (1872 ff.) und die *Gedichte in Bregenzer Mundart*, die erst 1921 herausgegeben wurden. Zuvor hatte Dr. Hagen auch in Schriftsprache gedichtet.

Hahnhofweg
X (Stiftingtalstraße – Roseggerweg), 1948, PLZ 8010.

Der Gutshof Hahnhof wurde nach adeligen und bürgerlichen Besitzern zu einem Mädchenpensionat und ist nun in veränderter Form ein Internat für Krankenpfleger. Beim Hahnhof und seinem naturgeschützten Baum befindet sich eine Versuchsanstalt der Universitätskliniken.

Haidegger Weg
XI (Föllinger Straße – Langegger Weg), 1948, PLZ 8044.

Der Riedname Haidegg (ältere Form: Hartegg) wurde hier zur Wegbezeichnung an der nördlichen Stadtgrenze von Graz. Die landwirtschaftliche Schule Haidegg in der Ragnitz hat bei ihrer Übersiedlung den Namen mitgenommen. Der landwirtschaftliche Betrieb Haidegg in Fölling war der Versorger für das ehemalige Unfallkrankenhaus. Aus diesem Gutshof wurde 1958 durch einen Neubau der Josefhof, ein Erholungsheim der VAEB (Versicherungsanstalt für Beschäftigte bei Eisenbahn und Bergbau).

Haidenstraße

siehe Johann-Haiden-Straße

Haignitzhofweg

XI (Mariagrüner Straße – Einsiedlerweg), 1948, PLZ 8043.

Haignitzhof ist die alte Bezeichnung für das Schloss Kroisbach, das auch eine Haignitzhofweg-Hausnummer, aber keinen Zugang von dort besitzt. Robert Baravalle (1961) führt als älteste urkundliche Erwähnung dieses Gutshofes 1385 an. Auch noch im 17. Jh. ist der alte Name in Verwendung.

Halbärthgasse

III (Universitätsplatz – Zinzendorfgasse), 1844, PLZ 8010.

Josef Halbärth (1762 Graz – 1846 Graz), Handelsmann und Stadtkämmerer, der sich in den napoleonischen Kriegen ausgezeichnet hatte. Der Straßenzug entstand um 1790/93 gemeinsam mit der Harrach- und Zinzendorfgasse bei der ersten Parzellierung des zur Commende Leech gehörenden Areals.

Hallerschloßstraße

II, IX (Schillerplatz – Polzergasse), 1949, PLZ 8010.

In Waltendorf ist der Straßenname länger verwendet als in Graz. Vor 1949 begann die Hallerschloßstraße erst an der Bezirks- bzw. Gemeindegrenze zwischen Graz-St. Leonhard und Waltendorf. Im Teil St. Leonhard befand sich hier der Ostteil der Schützenhofgasse. An der Grenze stand bis 1938 ein Mauthaus. Das Hallerschloss trägt seinen Namen nach der Familie Haller, die es in der zweiten Hälfte des 18. Jhs. besessen hatte. Der Erwerber war 1766 Dr. Friedrich Haller. Zuvor hatte das Schloss den Namen Sparbersbach (siehe Sparbersbachgasse). Vischers Schlösserbuch (1681) zeigt eine alte Ansicht. 1809 war der Ruckerlberg zwischen Österreichern und Franzosen hart umkämpft. Österreichs Feldherr Feldmarschallleutnant Graf Gyulai hatte im Schloss sein Hauptquartier. Der Erfolg machte ihn zum *Herzog von Ruckerlberg.* 1827 war Franz Schubert Gast im Hallerschloss. Das Schloss war auf dem Waltendorfer Marktwappen abgebildet (1929). 1945 fanden im Hallerschloss Verhandlungen zwischen der Roten Armee und der britischen Armee über den Wechsel der Besatzungsmächte statt.

Halmweg

XVI (Schwarzer Weg – Zahläckerweg), 1949, PLZ 8054.

Friedrich Halm (1806 Krakau – 1871 Wien), Pseudonym für Eligius Franz-Josef Freiherr von Münch-Bellinghausen, österreichischer Schriftsteller und beliebter Theaterautor seiner Zeit. Von 1867 bis 1870 Generalintendant der Wiener Hoftheater, schrieb bühnenwirksame Stücke für prunkvolle Aufführungen. Werke, u. a.: *Der Sohn der Wildnis, Die Marzipanlise, Griseldis.*

Hamerlinggasse

I (Hans-Sachs-Gasse – Opernring), 1889, PLZ 8010.

1870 Realschulgasse (nach der hier befindlichen Oberrealschule), danach Hamerlinggasse nach dem Dichter, der

Hamerlinggasse: Schüler verlassen die Landes-Oberrealschule (um 1930).

im Haus Nr. 6 wohnte. Robert Hamerling, eigentl. Rupert Hammerling (1830 Kirchberg am Walde/Niederösterreich – 1889 Stifting bei Graz), Gymnasiallehrer in Wien, Graz und Triest, führender Lyriker und Epiker seiner Zeit. Hauptwerke: *Ahasver in Rom* und *Aspasia*. Denkmal im Grazer Stadtpark (sign. C. Kundmann, 1904).

Hammer-Purgstall-Gasse

V (Josef Hyrtl-Gasse – Vinzenz-Muchitsch-Straße), 1936, PLZ 8020.

Joseph Freiherr von Hammer-Purgstall (1774 Graz – 1856 Wien) wurde im Haus an der Nordseite des heutigen Andreas-Hofer-Platzes geboren. Er arbeitete als Orientalist, Diplomat und Hofdolmetsch. Hammer-Purgstall erreichte als Wissenschaftler hohe Anerkennung und wurde zum ersten Präsidenten der Wiener Akademie der Wissenschaften ernannt. Sein Hauptwerk ist die zehnbändige *Geschichte des Osmanischen Reiches* (1827–1833). Seine Übersetzungen und Nachdichtungen aus der Literatur des Orients brachten die beiden Welten einander näher. So inspirierte er J. W. v. Goethe zum *Westöstlichen Diwan*. Nach ihm wurde die Österreichische Orient-Gesellschaft benannt. Hammer-Purgstall war übrigens ein kämpferischer Vertreter der Schreibweise *Graz* gegen die ältere Form *Grätz*.

Handelstraße

XIV (Reininghausstraße – Baiernstraße), um 1900, PLZ 8020, 8052.

Schon der Lokalhistoriker Engelhart ist 1921 über diese Namengebung auf

Vermutungen angewiesen. Die Spekulationen reichen vom alten Handelsweg bis zu E. Handel-Mazzetti, die für den Namen aber zu jung ist. Es drängt sich daher ein Familienname oder ein Vulgarname auf. In der Baiernstraße ist jedenfalls der Name *Handl* belegt. Um 1900 gab es nur am Beginn und am Ende der Straße einige Bauobjekte.

Händelstraße

VI, VIII (Neufeldweg – Marburger Straße), um 1930, PLZ 8010, 8042.

Die Straße wurde in Richtung St. Peter verlängert. Georg Friedrich Händel (1685 Halle/Saale – 1759 London) gehört zu den großen Komponisten des Barock und fand internationale Anerkennung. Er schuf zahlreiche Opern und Oratorien, deren bekanntestes der *Messias* (1742) ist. Händel fand über Anstellungen in Halle, Hamburg und Hannover nach London, wo er sich 1712 niederließ. Er schuf dort Auftragswerke, u. a. für den königl. Hof. 1719 gründete er in London die Royal Academy of Music. 1748 komponierte er zum Anlass des Aachener Friedens die bekannte *Feuerwerksmusik*. Händel gehört auch in Graz bei Konzerten klassischer Musik und in großen Choraufführungen zu den häufig gespielten Komponisten.

Hangweg

XIV (Gritzenweg – Baiernstraße), um 1900, PLZ 8052.

Um die Jahrhundertwende wurden in dieser Gegend noch mehrere Wege als Hangweg bezeichnet. Die traditionelle Bezeichnung ergibt sich aus der topographischen Lage. Daraus entwickelte sich dann der Name für einen bestimmten Weg.

Hanischweg

siehe Dr.-Hanisch-Weg

Hanns-Koren-Ring

XVI (Aufschließungsstraße einer Siedlung nördlich der Hafnerstraße im Bereich knapp vor der Kärntner Straße), 1997, PLZ 8054.

Univ.-Prof. Dr. Hanns Koren (1906 Köflach – 1985 Graz) studierte Germanistik, Kunstgeschichte und Volkskunde an der Universität Graz. Seine wissenschaftliche Laufbahn begann am Institut für Religiöse Volkskunde, dann arbeitete Koren bei Prof. Geramb am Volkskundemuseum Graz. Schließlich leitete

Univ.-Prof. Dr. Hanns Koren.

er ab 1955 als Ordinarius das traditionsreiche Institut für Volkskunde der Universität Graz. Seine politische Laufbahn führte vom Nationalratsabgeordneten zum einflussreichen Landesrat für Kultur und schließlich zum Präsidenten des Steiermärkischen Landtages. Koren förderte die Landesausstellungen, das Freilichtmuseum in Stübing und war Initiator des steirischen herbstes. In seiner Person verband sich kultureller Fortschritt mit traditioneller Heimatverbundenheit. Von seinen engagiert ausgeübten Funktionen seien hier seine führenden Positionen erwähnt: Katholische Aktion, Steirisches Volksbildungswerk, Historische Landeskommission, Kuratorium des Joanneums; von den zahlreichen Ehrungen die Grazer Ehrenbürgerschaft. Es dauerte rund zehn Jahre, bis die Stadt Graz eine Straße fand, die sie für Koren würdig hielt.

Hans-Auer-Gasse

XII (Radegunder Straße – Pfeifferhofweg), 1949, PLZ 8045.

Hans Auer (1874–1942), Rechnungsführer, war Bürgermeister von Andritz 1928 bis 1934. Er wohnte (Andritzer) Reichsstraße 43 und stand u. a. dem Ortsschulrat vor.

Hans-Bartsch-Straße

siehe Rudolf-Hans-Bartsch-Straße

Hans-Brandstetter-Gasse

II (Petersgasse – Plüddemanngasse), 1965, PLZ 8010.

Hans Brandstetter (1854 Michelbach bei Hitzendorf – 1925 Graz), Sohn eines Nagelschmieds, verbrachte seine Jugend in äußerst ärmlichen Verhältnissen. 1870 Lehre bei Jakob Gschiel, dem bekanntesten und produktivsten Kirchenbildhauer in Graz (Werkstatt in der Jakob-Lorber-Gasse). Akademieausbildung in Wien. 1881 Geburt des Sohnes Wilhelm (Mutter Anna Gösser), der ebenfalls zu den bedeutendsten Grazer Bildhauern zählt. 1889 mehrmonatiger Italienaufenthalt. In der Folge Berufung als Professor für Modellieren an die Staatsgewerbeschule. Heirat mit Emanuela Weis von Ostborn, der Tochter eines Weizer Advokaten. An fast allen öffentlichen Bauten wie Rathaus, Karl-Franzens-Universität, Oper war er mit Nischen- und Attikafiguren sowie Giebelreliefs beteiligt. Zu seinen Werken zählen u. a.: Bronzefigur der *Waldlilie* im Grazer Stadtpark, Giebelgruppe *Austria, Kunst und Wissenschaft* der Technischen Universität in Graz. Sein größter öffentlicher Auftrag war die Ausstattung der Herz-Jesu-Kirche, an der er von 1889 bis 1899 arbeitete. Ein weiterer wesentlicher Schwerpunkt bildete die Grabmalplastik. Als Hauptwerk gilt das Grabmonument für Bischof Johannes Zwerger in der Krypta der Herz-Jesu-Kirche.

Hans-Dolf-Weg

VIII (Hohenrainstraße gegen Süden), 1975, PLZ 8042.

Hans Dolf (eigentl. Adolf Dolschak) (1897 Graz – 1967 Graz) war einer der bedeutendsten Schauspieler der Vereinigten Bühnen der Nachkriegsjahre. Als Sprecher des Kriminalkommissars Leit-

Der Schauspieler Hans Dolf sammelt für die Wiedereröffnung des Schauspielhauses (1957).

ner im Ratekrimi des Rundfunkstudios Graz *Wer ist der Täter?* erlangte er große Popularität. Dolf wirkte schon in den 1930er-Jahren als Rundfunksprecher und in Hörspielen. Seine charakteristische Stimme und seine Einsetzbarkeit in unterschiedlichen Rollenbereichen trugen zu seiner Beliebtheit bei. Schon 1975 wollte man einen Seitenweg des Pachernweges nach Hans Dolf benennen. Die Anrainer lehnten dies jedoch ab.

Hanselstraße
siehe Julius-Hansel-Straße

Hans-Friz-Weg
XI (Mariagrüner Straße – Schönbrunngasse), 1947, PLZ 8043, 8010.

Hans Fri(t)z hatte als Büchsenmeister im innerösterreichischen Heer gedient. 1643 ließ er sich als Schneider und Gastwirt in Graz nieder und erreichte

die Aufnahme in die Schneiderzunft. In den 1650er-Jahren wurde er Viertelmeister und motivierte in dieser Funktion 1660 die Bürgerschaft, Kaiser Leopold I. eine Bittschrift gegen den Magistrat zu überreichen, was dieser Friz verübelte. 1664 gab Kaiser Leopold der Beschwerde weitgehend recht, und Friz erhielt von den Bürgern als Dank für seinen Einsatz einen silbernen Becher. Die kleine Kirche von Mariagrün ist eine Stiftung von Hans Friz.

Hans-Groß-Gasse
V, XVII (Triester Straße – Alte Poststraße), 1947, PLZ 8055.

Der gebürtige Grazer Hans Groß (1847 Graz – 1915 Graz), Strafrechtler, Univ.-Prof. in Prag und vor allem in Graz, war einer der Mitbegründer der modernen Kriminalistik. Er errichtete das

Der Bürger und Gründer von Mariagrün, Hans Friz (Bild in der Kirche von Mariagrün).

kriminalistische Universitätsinstitut, das weltweit erste fachwissenschaftliche Institut dieser Art, an der Universität Graz. Ab 2003 Öffnung des Kriminalmuseums, Universitätsplatz 3, für den Publikumsbetrieb. Groß verfasste auch bahnbrechende Arbeiten zur Verbrechensbekämpfung und war Begründer des *Archivs für Kriminologie*.

Hans-Hegenbarth-Allee

XVI (Kärntner Straße – Martinhofstraße), 1989, PLZ 8054.

Dr. Johann Anton Hegenbarth (1921 Pirka bei Straßgang – 1987 Graz), Hofrat, Direktor der Steiermärkischen Landesbibliothek, Verfasser zahlreicher Bücher (*Der natürliche Realismus in Wissenschaft, Philosophie und Lebenspraxis*, Graz 1980). Initiator der Grazer Bürgerinitiative zur Wiedererrichtung des *Hackher-Löwens* auf dem Schloßbergplateau.

Hans-Kloepfer-Straße

siehe Dr.-Hans-Kloepfer-Straße

Hans-List-Platz

IV (Kleiststraße – Am Damm), 1997, PLZ 8020.

Prof. Dr. techn. Hans List (1896 Graz – 1996 Graz) studierte in Graz. Nach seiner Lehrtätigkeit in China wirkte er von 1932 bis 1941 an der Technischen Hochschule Graz (Institut für Thermodynamik und Verbrennungskraftmaschinen), dann an der Hochschule Dresden. 1948 gründete Prof. List ein Ingenieurbüro für die Entwicklung von Dieselmotoren in Graz. Daraus ging

1952 die Anstalt für Verbrennungsmotoren Prof. Dr. H. List (AVL) hervor. Der exportorientierte Betrieb gehört zu den größten und technisch höchstqualifizierten von Graz. Prof. List erhielt zahlreiche Ehrungen, so war er Ehrenbürger der Stadt Graz. Er blieb bis zu seinem Tod beruflich aktiv. Der Platz (zuvor ein Teil der Kleiststraße) liegt unmittelbar vor dem Haupteingang des Betriebsgeländes.

Hans-Mauracher-Straße

XI (Mariatroster Straße – Roseggerweg), 1961, PLZ 8044.

Zuvor Waldhofstraße. Der anerkannte Bildhauer Prof. Hans Mauracher (1885 Kaltenbach/Tirol – 1957 Graz) lebte und arbeitete in Mariatrost. Sein Wohnhaus, nun ein ihm gewidmetes Museum, liegt in dieser Straße. 1919 ließ er sich als landwirtschaftlicher Verwalter bei Oberst Karl von Spur (Teichhof) in Mariatrost nieder. 1923 gehörte er zu den Gründungsmitgliedern der Grazer Sezession. Mauracher unternahm Kunstreisen und beteiligte sich an vielen Ausstellungen. Zu seinen Werken zählen die Kanzel der Franziskanerkirche und die Rosegger-Büste im Augarten.

Hans-Pascher-Weg

XIV (Baiernstraße – Hangweg), 1986, PLZ 8052.

Hans Pascher (1858 St. Margarethen/Eisenstadt – 1942 Graz) wurde in Wien an der Akademie für bildende Künste zum Architekten ausgebildet. Dombaumeister Friedrich Freiherr von Schmidt war sein Lehrer. In Graz war er beim

Neubau der Universität in wichtigen Funktionen tätig. Auch die Josefskirche und die große Pfarrkirche in Pischelsdorf hatten ihn zum Architekten. Die von ihm geplante Grazer Schutzengelkirche konnte wegen des Ersten Weltkriegs nicht in dieser Form realisiert werden. In Marburg hatte er ein zweites Büro, 1913 erwarb er das Grabenschlössl in Eggenberg und unterrichtete an der Staatsgewerbeschule. Dutzende steirische Kirchen, Kapellen und Altäre wurden nach seinen Entwürfen errichtet. Von ihm stammten auch Schulen, Betriebsgebäude und Wohnhäuser. Pascher war Gründer und Ehrenmitglied des Grazer Bautechnikervereins sowie Ehrenmitglied des Vereins der Bautechniker Österreichs.

Der sozialdemokratische Politiker Johann (Hans) Resel.

Hans-Resel-Gasse

IV (Strauchergasse – Marienplatz), 1947, PLZ 8020.

Zuvor ein Teil der Mariengasse. Der engagierte Sozialdemokrat Hans Resel (1861 Hafnerbach/St. Pölten – 1928 Graz) kam als Schneidergeselle nach Graz und gründete 1890 die Zeitung *Arbeiterwille*. Nach der Zeit politischer Verfolgung wurde Resel in den Reichsrat gewählt, war der erste Sozialist im Grazer Gemeinderat, im steirischen Landtag und auch Landesrat. Als Landesparteiobmann führte er bis 1925 die steirischen Sozialdemokraten. Als eine andere wichtige Funktion ist die des Vorsitzenden des für Ernährung und Sicherheit zuständigen Wohlfahrtsausschusses der Steiermark im Jahr 1918 zu erwähnen. Die Wahl des Straßenna-

mens hängt mit dem Standort der Arbeiterkammer und der Landesleitung der Sozialdemokraten zusammen. 1947 befand sich diese allerdings noch wegen der Bombenschäden auf dem Südtiroler Platz.

Hans-Riehl-Gasse

XI (Reifentalgasse gegen Südwesten), 1967, PLZ 8043.

Der Kunsthistoriker Univ.-Prof. DDr. Hans Riehl (1891 Wiener Neustadt – 1965 Graz) war Kustos und Leiter der Neuen Galerie am Landesmuseum Joanneum. Der vielseitige Wissenschaftler leitete ein Wirtschaftsforschungsinstitut, publizierte als Soziologe, Philosoph, Staatslehrer und besonders als Kunsthistoriker. 1939 bis 1957 leitete er die Neue Galerie. Riehl war durch viele Jahre eine Schlüsselperson der steirischen Kulturpolitik. Er wohnte Lindenhofweg 7.

179

Hans-Sachs-Gasse

I (Tummelplatz – Am Eisernen Tor),
1895, PLZ 8010.

Im Mittelalter befand sich hier der Garten des Bischofshofes, der bis zur nördlich verlaufenden Stadtmauer reichte. Von 1483 ab neue, den Bewohnern von St. Leonhard in Kriegsnöten vom Bischof Matthäus von Seckau eröffnete Wohnstätte. Seit 1656 als *Neue Gasse,* später *Neugasse* bezeichnet. 1895 nach dem Nürnberger Meistersinger und Dichter Hans Sachs (1494 Nürnberg – 1576 Nürnberg) benannt. Stadtpalais des 17. Jhs.: ehem. Palais Stubenberg-Wildenstein (Nr. 1), ehem. Palais Lengheimb (Nr. 3); ehem. Palais Welsersheimb (Nr. 7).

Hans-Spitzy-Platzl

siehe Dr.-Hans-Spitzy-Platzl

Hans-von-der-Sann-Gasse

XII (Radegunder Straße – Schöckelbach,
Ursprungweg), 1949, PLZ 8045.

Zuvor Gartengasse. Hans von der Sann, Pseudonym für Johann Krainz (1847 Cilli – 1907 Graz), Lehrer in Andritz und an der Hirtenschule. Veröffentlichte u. a. eine erste umfassende *Geschichte von Andritz und Umgebung,* Graz 1892. Bedeutender Heimatkunde- und Sagenforscher (Geschichte des Grazer Bürgerkorps). Begründer des Heimatmuseums in Eisenerz.

Hanuschgasse

IV (Strauchergasse – Volksgarten),
Wiederbenennung 1947, PLZ 8020.

Zuvor ab 1934 Mittelgasse. Ferdinand Hanusch (1866 Oberdorf – 1923 Wien)

Der Politiker Ferdinand Hanusch
(1866–1923).

war ein bedeutender sozialdemokratischer Politiker, Mitglied des Reichsrates (1907–1918) und 1918 bis 1920 Staatssekretär für soziale Fürsorge (dann: Verwaltung). 1921 wurde er zum Direktor der Wiener Arbeiterkammer gewählt. Seine Bedeutung liegt besonders in der durch ihn initiierten Sozialgesetzgebung und in seiner literarischen Arbeit. Viele Verbesserungen in der Sozialgesetzgebung gehen auf seine Initiative zurück. Mit Graz war Hanusch eng verbunden. Ab 1920 war er Nationalratsabgeordneter des Grazer Wahlkreises.

Hanuschplatz

XIV (Reininghausstraße – Hofmanns-
thalgasse), 1926, PLZ 8020, 8052.

Während der Herrschaft des Nationalsozialismus: Leo Schlageter-Platz. 1945 de facto bzw. de jure erst 1947 Rückbenennung in (Ferdinand) Hanuschplatz. Siehe Hanuschgasse.

Harmsdorf

VI.

1325 *Hademarsdorf.* Jener Hadmar spielte in der frühesten urkundlich dokumentierten Geschichte von Graz eine wichtige Rolle. Viel später gab es hier eine Gült (Grundbesitz) der Herrschaft Neuhof. Das Schloss Harmsdorf verlor im 19. Jh. seinen Schlosscharakter, 1944 wurde es durch Bomben zerstört. Schon 1365 gab es eine rechtliche Verbindung der Stadt mit Harmsdorf. Es gehörte unmittelbar zum Landgericht Graz. Seit 1749 wurden das Schloss und seine Umgebung zu Graz gezählt; als Steuereinheit wurde es jedoch noch einige Zeit getrennt verrechnet und noch im Adressbuch 1867 als eigene Verwaltungseinheit angeführt. 1849 wurden alle (49) Haus- und Grundbesitzer von Harmsdorf befragt, ob sie bei Graz zu bleiben wünschten. Der Beschluss fiel einstimmig für Graz aus.

Harmsdorfgasse

VI, VIII (Münzgrabenstraße gegen Nordosten), 1896, PLZ 8010, 8042.
Zuerst viel kürzer. Siehe Harmsdorf.

Harrachgasse

III (Glacisstraße – Halbärthgasse), 1800, PLZ 8010.

Um 1800 nach Alois Graf von Harrach benannt, der um 1798 Komtur der Deutschordensritter Commende Leech war und sich Verdienste um den Aus-

Schloss Harmsdorf.

bau der Stadt erwarb. Die Harrachgasse wurde gemeinsam mit der Zinzendorfgasse nach der unter Josef II. erfolgten Öffnung der Stadt als eine der ersten Stadterweiterungsstraßen auf dem ehemaligen Areal der Commende Leech angelegt.

Harrerweg

XI (Anton-Wildgans-Weg gegen Norden), 1951, PLZ 8043.

Zuvor Einsiedlerweg, der sich nun an anderer Stelle im Bezirk befindet (Namenstausch: siehe Einsiedlerweg). Mitglieder der Familie Harrer sind seit langer Zeit in Mariatrost bzw. Fölling wohnhaft gewesen. So nennt die erste Liste von gewählten Gemeindevertretern 1850 den Bauern Georg Harrer vulgo Jagerfranzl aus Mariagrün als Ersatzmann. Die Familie Harrer besaß ein Frächtergewerbe und steht in familiärer Verbindung mit dem folgenden Großtransportunternehmen Frikus. Zusätzlich gibt es auch in Kroisbach den Vulgonamen Harrerwirt.

Hartenaugasse

II, III (Schubertstraße – Leonhardstraße), 1893, PLZ 8010.

Zuvor Lusthausgasse. Alexander Graf Hartenau, Prinz von Battenberg (1857 Verona – 1893 Graz, begraben in Sofia), Sohn des Prinzen Alexander von Hessen-Darmstadt, beteiligte sich 1877 am Krieg Bulgariens gegen die Türkei und wurde 1879 zum ersten Fürsten von Bulgarien gewählt (Alexander I.). Durch seine Heirat mit der Opernsängerin Johanna Loisinger kam Bat-

Fürst Alexander I. von Bulgarien, Graf von Hartenau.

tenberg unter dem Namen Graf von Hartenau nach Graz – als Oberst des Infanterieregiments Nr. 27 König der Belgier. Er bewohnte die Villa Hartenau in der Leechgasse und starb im Alter von 36 Jahren. Die Villa (Ende des 19. Jhs. erbaut) befand sich von 1948 bis 2005 im Besitz der Stadt Graz und wurde als Jugendheim genutzt.

Harter Straße

XV, XVI (Alte Poststraße – Straßganger Straße), PLZ 8053, 8054.

Traditionelle Bezeichnung für die von Graz zum Dorf Hart führende Straße. In den Admonter Urbaren des Spätmittelalters wird erstmals statt des bisherigen *Hartwigesdorfs* das Dorf im Südwesten von Graz Hart genannt. Mit Hartwig ist wohl der bairische Pfalzgraf aus dem noblen Geschlecht der Aribonen gemeint. Er war der Vater der wegen ihrer Beziehung zum frühen Graz wichtigen Aribo und Boto. Die Dorfbezeichnung wurde später dem geläufigeren Begriff *Hart (Khart)* (= Wald mit lockerem Baumbestand) angeglichen. Siehe Neu Hart.

Hartfelderweg

XV, XVI (Haaräckerstraße – Pirchäckerstraße), 1949, PLZ 8053.

Ein Flurname – außerhalb des Dorfes Hart gab es die Hartfelder. Siehe Harter Straße.

Hartiggasse

I (Freiheitsplatz – Karmeliterplatz), 1838, PLZ 8010.

Die Hartiggasse wurde nach dem Theaterbrand von 1823 als Verbindungsweg über den mittelalterlichen Stadtgraben zum Karmeliterplatz angelegt. Anfänglich als *Dammstraße* bezeichnet. Ab 1838 Hartiggasse benannt, nach Franz Graf von Hartig (1795 Dresden – 1865 Mailand), Gouverneur der Steiermark in den Jahren 1823 bis 1830, dann Gouverneur der Lombardei, 1840 Staats- und Konferenzminister.

Haselweg

VI (Neuholdaugasse – Langedelwehr), 1920, PLZ 8010.

Als 1920 die Frühform der Schönausiedlung als Barackendorf entstand, wurde dieser Name (Hasel, Haselnussstrauch) gewählt. Zusammen mit Buchenweg, Fliedergasse und Hollerweg bildete der Haselweg einen Teil des mühevollen Weges, in die Notwohnungs-Siedlung (so eine offizielle Bezeichnung) ein Stück Natur zu bringen. Einige der Namen (Siedlungsplatz, Siedlungsstraße) in diesem Barackenviertel verschwanden ebenso wie die Holzhütten, andere blieben trotz der neuen Verbauung erhalten.

Hasnerplatz

III (Theodor-Körner-Straße – Vogelweiderstraße), 1901, PLZ 8010.

Leopold Hasner Ritter von Artha (1818 Prag – 1891 Bad Ischl), österreichischer Staatsmann und Univ.-Prof. für Rechtsphilosophie und Nationalökonomie. Nahm als Unterrichtsminister in den Jahren 1867 bis 1870 einschneidende Maßnahmen in der Bildungsentwicklung vor, wie z. B. die Schaffung einer interkonfessionellen Gemeinschaftsschule und die Ausschaltung der kirchlichen Schulaufsicht. Begründer des österreichischen Reichsvolksschulgesetzes von 1869. Am Hasnerplatz befindet sich die Pädagogische Akademie des Bundes in Steiermark, nun die Pädagogische Hochschule Steiermark (erbaut 1909 für die Lehrer- und Lehrerinnen-Bildungsanstalt).

Hauberrissergasse

IX (Ruckerlberggasse – Siemensgasse), 1948, PLZ 8010.

Zuvor Ottokar-Kernstock-Gasse. Der Architekt und königl. bayerische Professor Georg von Hauberrisser (1841 Graz – 1922 München) wurde in seiner Heimatstadt Graz durch seinen Entwurf der Herz-Jesu-Kirche (1891) berühmt, und man verglich ihn einst mit Fischer von Erlach. Andere Entwürfe für Graz, so etwa für das Rathaus und die Technische Hochschule, kamen nicht zur Realisierung. Hauberrissers international bekanntestes Werk ist das Rathaus in München. Er versuchte sich als Wiedererwecker historischer Baustile, besonders solcher, die er als typisch deutsch einstufte. Sein Vater Georg Hauberrisser (1791 Erbach – 1875 Graz) entwarf eine Generation früher eine Reihe von Gebäuden des Biedermeier und des Klassizismus in Graz, so das Palais Kees (ehem. Korpskommando) an der Glacisstraße.

Hauckweg

VIII (Anton-Jandl-Weg gegen Norden), 1981, PLZ 8042.

Zuvor ein Teil der Messendorfer Straße. Johann Veit Hauck (gest. 1746 Graz) wurde 1723 in Graz zum landschaftlichen Maler und in seinem Todesjahr 1746 zum Hofkammermaler ernannt. Von ihm stammen Bilder der sakralen Kunst, Landschaftsbilder und Porträts. Seine Werke befinden sich u. a. im Grazer Dom und in der Franziskanerkirche. Von Haucks Familiennamen gibt es recht unterschiedliche Schreibweisen.

Hauensteinweg

XI (Wenisbucher Straße – Tullhofweg), 1948, PLZ 8044.

Der 650 m hohe Hauenstein an der nördlichen Stadtgrenze gehört zu den höheren Bergen von Graz (zum Vergleich: die Platte ist 651 m hoch). Am Hauenstein wurde durch längere Zeit in Steinbrüchen Schöckelkalk abgebaut.

Der Name Hauenstein ist ungeklärt, vermutlich hängt er jedoch mit dem Steinbruch zusammen.

Hauersteig

XI (Wenisbucher Straße – Linecker Weg), 1948, PLZ 8044.

Ein Flurname, der mit dem Hauenstein in Zusammenhang steht (siehe Hauensteinweg). Popelka weist darauf hin, dass damit ein ehemaliger Weingarten gemeint ist.

Hauerstraße

siehe Ekkehard-Hauer-Straße

Hauffgasse

VIII (Petrifelderstraße – Scheigergasse), 1949, PLZ 8042.

Zuvor Sandgasse. Der jung verstorbene deutsche Dichter Wilhelm Hauff (1802 Stuttgart – 1827 Stuttgart) wurde besonders durch seine Märchenzyklen berühmt. Er schuf aber auch Gedichte, Novellen und Romane, so seinen romantischen *Lichtenstein* (1826). Auch *Das Wirtshaus im Spessart* stammt von Hauff.

Hauptbrücke

siehe Erzherzog-Johann-Brücke

Hauptmanngasse

siehe Gerhart-Hauptmann-Gasse

Hauptplatz

I (Platz zwischen Herrengasse, Schmiedgasse, Murgasse, Sporgasse und Sackstraße), 1870, PLZ 8010.

Historisches Zentrum der Innenstadt.

Durch Jahrhunderte Markt- und Gerichtsplatz und damit Mittelpunkt für die Grazer Bürgerschaft. Mehrere Bezeichnungen: ursprünglich *auf dem Platz,* 1665 erscheint erstmals *Hauptplatz,* im 19. Jh. *Hauptwachplatz* (nach der im Rathaus befindlichen Hauptwache der Grazer Garnison), ab 1870 wieder Hauptplatz (1938–1945 *Adolf Hitler Platz*). 1878 erhielt der Platz durch das Erzherzog-Johann-Brunnendenkmal und 1887/93 durch den historistischen Umbau des Rathauses sein monumentales, bis heute bestehendes Ambiente. Ab 2002 Stadtmöblierung-Neugestaltung. Bei archäologischen Grabungen (2001/02) wurden die frühesten archäologisch fassbaren Siedlungsreste des Mittelalters auf dem Hauptplatz (u. a. in Form eines um 1000 zu datierenden Grubenhauses) nachgewiesen.

Hauptstraße

siehe Liebenauer Hauptstraße, St.-Peter-Hauptstraße, Waltendorfer Hauptstraße

Hauseggerstraße

XIV (Heinrich-Heine-Straße – Burenstraße), 1949, PLZ 8020.

Zuvor Roseggergasse. Der Musikschriftsteller Friedrich von Hausegger (1837 St. Andrä/Kärnten – 1899 Graz) studierte Jus in Graz und ließ sich hier als Hof- und Gerichtsadvokat nieder. Sein Interesse galt jedoch der Musik. Hausegger habilitierte sich 1872 für Geschichte und Theorie der Musik. Er schrieb Theaterkritiken, wirkte im Musikverein für Steiermark und in der Richard Wagner-Gesellschaft. Sein Haus war in den 1890er-Jahren ein Mittel-

Der Hauptplatz als Fotostudie von Eugen Hauber (1930er-Jahre).

punkt des Grazer Musik- und Geistes-
lebens. Sein Sohn war der Dirigent Sigmund von Hausegger (1871–1948).

Hauslabgasse

II (Brandhofgasse – Elisabethstraße,
Sackgasse), 1881, PLZ 8010.

Franz Ritter von Hauslab (1798 Wien
– 1883 Wien), k. u. k. Feldzeugmeister, Militärschriftsteller und Erzieher
Erzherzog Albrechts. Im 18. und 19 Jh.
waren die Hauslabs eine angesehene
Bürgerfamilie und als Rechtsanwälte
und Beamte in Graz angesiedelt. Das
Häusergeviert zwischen Hauslabgasse,
Brandhofgasse und Elisabethstraße um-
schreibt heute noch ungefähr die Lage
des ehemaligen Breunerteiches, der
bereits seit dem 14. Jh. nachweisbar ist
und bis zu seiner Verbauung um 1840
als beliebter Eislaufplatz für die Grazer
diente.

Haydngasse

II (Mandellstraße – Wastiangasse),
1870, PLZ 8010.

Joseph Haydn (1732 Rohrau/Nieder-
österreich – 1809 Wien), österreichischer Komponist: Oratorien, Sinfonien,
Messen, Opern, Streichquartette (*Rei-
ter-* und das *Kaiserquartett*), berühmte
Hymne *(Gott erhalte Franz den Kaiser).*
Mit den *Jahreszeiten* (1801) wurde er
zum Begründer des weltlichen Oratori-
ums. Im Jänner 1787 leitete Haydn eine
Tonkunstaufführung in Graz. Haydn
wird gemeinsam mit W. A. Mozart und
L. v. Beethoven zur Trias der Wiener
Klassik gezählt. Die Haydngasse ist eine
gründerzeitliche Wohnstraße mit vor-
nehmen Fassaden in geschlossener Zei-
lenverbauung. Eine interessante städte-
bauliche Lösung bietet das monumentale Eckhaus zur Wastiangasse.

Hebbelgasse

siehe Friedrich-Hebbel-Gasse

Heckenweg

VI (Fliedergasse gegen Süden), 1954,
PLZ 8010.

Als nach dem Zweiten Weltkrieg eine
neue Schönausiedlung entstand, wurde
dieser Name gewählt, sichtlich aufgrund
von Sträuchern. Ein alter Flurname, wie
die Gemeinde vermutete, liegt jedenfalls nicht vor. Siehe Haselweg.

Hedwig-Katschinka-Straße

V (Aufschließungsstraße Nordsüd quer
zum Am Innovationspark Puch), 2007,
PLZ 8020.

Hedwig-Katschinka (1901–1988) promovierte im Fachgebiet Chemie am
16. Oktober 1926 zur ersten Doktorin
der technischen Wissenschaft an der
Technischen Hochschule (nun Technische Universität) Graz. Das Thema
ihrer Dissertation lautete *Zur Kenntnis*
der Dampfdruckkurven binärer Flüssig-
keitsgemische. Ihr Studium entsprach
nicht dem Zeitgeist, wohl aber ihr weiteres Leben für Familie und Haushalt.
Erst im Studienjahr 1919/1920 durften
Frauen als ordentliche (voll berechtigte) Hörer(innen) an der Technischen
Hochschule inskribieren. An der Fakultät für Bauingenieurwesen promovierte
eine Frau zum Dr. techn. erst 1985, die
erste Doktorin an der Fakultät für Elektrotechnik gab es erst 1994.

Dr. techn. Hedwig Katschinka.

Hegenbarth-Allee

siehe Hans-Hegenbarth-Allee

Heide

siehe Auf der Heide

Heidentrattenweg

XVII (Rudersdorfer Straße nach Westen, Sackgasse), PLZ 8055.

Alter Flurname. Als eine *Tratte* wurde eine Wiese oder Weide bezeichnet.

Heilingergasse

XVI (Alte Poststraße nach Westen, Sackgasse), 1948, PLZ 8020.

Franz C(K)aspar Edler von Heilinger war Bürgermeister von Graz in den Jahren 1791 bis 1795. In seine Amtszeit fällt der Regierungswechsel von Kaiser Leopold II. zu Kaiser Franz II. 1792 wurde

erstmals wieder in Graz ein protestantischer Gottesdienst abgehalten. Es war auch die Zeit des Ersten Koalitionskrieges mit Frankreich und der damit verbundenen Belastung für die Bürger.

Heimgartenweg

IV (Göstinger Straße gegen Osten), 1958, PLZ 8020.

Laut der amtlichen Erklärung 1958 Benennung wegen der *noch* hier bestehenden großen Heimgartenanlage. Die Heimgärten, Kleingärten oder Schrebergärten spielen in der Flächennutzung von Graz eine relativ wichtige Rolle. Noch mehr bedeuten sie jedoch für die jeweiligen Besitzer. Graz besitzt eine Reihe von Kleingartenanlagen, der Status der Daueranlage erhöht ihren Wert. Eine Heimgartenstraße, der auch ein Bezug zu Roseggers Zeitschrift *Heimgarten* nachgesagt wurde, trägt nun den Namen Viktor-Franz-Straße.

Heimweg

XV, XVI (Pulverturmstraße – Robert-Fuchs-Straße), 1951, PLZ 8053.

Zuvor Straße XII und Scheffelstraße. Wie es zur Benennung Heimweg kam, ist unklar.

Heinestraße

siehe Heinrich-Heine-Straße

Heinrich-Casper-Gasse

III (Theodor-Körner-Straße – Grabenstraße), 1911/1935, PLZ 8010.

Dr. Heinrich Casper (1860 Graz – 1911 Graz, Grabstätte auf dem St. Leonhard-

Friedhof), Jurist, Grazer Gemeinderat von 1901 bis 1911, Ritter des Franz-Josef-Ordens.

Heinrich-Heine-Straße

XIV (Eckertstraße – Reininghausstraße), 1910, Rückbenennung 1947, PLZ 8020.

Während der Herrschaft des Nationalsozialismus Heinrich Lersch-Straße. Der Dichter und Publizist Heinrich Heine (1797 Düsseldorf – 1856 Paris) gilt als ein Hauptvertreter der deutschen Romantik und des *Jungen Deutschland*. Er stand im Spannungsfeld zwischen Judentum und Protestantismus, zwischen bewusstem Deutschtum und kritischem Internationalismus, zwischen Gefühl und kritischem Bewusstsein. Berühmt wurde seine Lyrik, so sein *Buch der Lieder*. Seine Reisebilder begründeten den feuilletonistischen Stil in Deutschland.

Heinrich-Lersch-Platz

XIV (Platz bei der Einmündung der Heinrich-Heine-Straße in die Reininghausstraße), um 1950, PLZ 8020.

Als 1947 die Heinrich Lersch-Straße in Heinrich-Heine-Straße rückbenannt wurde, kam es in der Folge ohne rekonstruierbaren Aktenlauf zum Platznamen. Allerdings führt kein Haus diese Adresse. Der Kesselschmied und Arbeiterdichter Heinrich Lersch (1889 Mönchengladbach – 1936 Remagen) verband in seinem Werk seine Lebenswelt mit den ideologischen Strömungen seiner Zeit. Er stand mit dem Arbeiterdichter Alfons Petzold in Verbindung und war Katholik. Über die Begriffe Volk, Krieg und Leiden kam er zum deutschen Nationalismus jener Jahre und wurde deswegen auch in Graz 1938 durch eine Straße geehrt.

Heinrichstraße

III (Geidorfplatz – Mariatroster Straße), 1867, PLZ 8010.

Zuvor Geidorferstraße. Heinrich, Erzherzog von Österreich (1828 Mailand – 1891), Feldmarschallleutnant, lebte einige Jahre in der Geidorferstraße (später Heinrichstraße); durch seine Heirat mit der Opernsängerin Leopoldine Hofmann, später Baronin Waideck (1878), erregte er die Missgunst der adeligen Gesellschaft; dies führte zu einem mehrjährigen Exil des Paares, zuletzt in Luzern. 1872 wurde er wieder in seine erzherzoglichen Rechte eingesetzt. Sodann lebte das Ehepaar in Bozen. Beide starben in derselben Nacht an einer Lungenentzündung.

Heipelweg

IX (Macherstraße gegen Westen), 1948, PLZ 8047.

Der Bergtechniker Johann Nepomuk Heipel lebte im 18. Jh. (gest. 1803), ließ sich in Ungarn ausbilden und sammelte dort praktische Erfahrungen. Dann übernahm er nach seinem Vater das silberhältige Bleibergwerk in Feistritz bei Peggau. Dieses baute er zu einem Musterbergwerk aus und erfand die dazu gehörigen Maschinen, so eine Wasserpumpe. Der Biograph Johann B. von Winklern hob seine Hilfsbereitschaft und Sachkenntnis bei montanistischen Fragen hervor.

Helenenweg

IX (Rapoldgasse gegen Nordosten), PLZ 8010.

Noch zu Lebzeiten der Familie Carl und Helene (!) Maertens erhielt um 1937 der Weg in der Gemeinde Waltendorf-Ruckerlberg diesen Namen. Carl Maertens war der Besitzer der Herz-Jesu-Apotheke in der Nibelungengasse und wohnte Rapoldgasse 3. Das Maertens-Grundstück grenzte an den Helenenweg an.

Henri-Dunant-Weg

I (Geidorfplatz – Platz der Menschenrechte, Stadtparkweg), 1994, PLZ 8010.

Henri Dunant (1828 Genf – 1910 Heiden/Appenzell), Schweizer Schriftsteller, Philanthrop, veranlasste unter dem Eindruck der Schlacht von Solferino (1859) die Gründung des Internationalen Roten Kreuzes und die Einberufung einer Konferenz, die 1864 die Genfer Konvention beschloss. Erhielt 1901 zusammen mit Frédéric Passy den Friedensnobelpreis. Dunant war 1994 einer der Ersten, die Deutsch nicht als Muttersprache hatten, der in Graz die Ehre eines Straßennamens erhielt.

Herbersteinstraße

XIV, XV (Eggenberger Allee über die Wetzelsdorfer Straße nach Süden), 1911, PLZ 8020, 8052.

Zuletzt 1949 verlängert, dort zuvor Hugo Wolf-Straße. Der Name geht

Herbersteinstraße: Schirmbrief des Johann Hieronymus Reichsgrafen zu Herberstein (mit Erwähnung von Eggenberg, 1820).

auf die erste Benennungswelle um die Jahrhundertwende zurück. Im Laufe von Jahrzehnten wuchsen die Teile der ursprünglich nur projektierten Straßen zusammen. Das bedeutende steirische Adelsgeschlecht der Grafen von Herberstein stellte im Laufe von rund 700 Jahren fünf Landeshauptleute, sechs Bischöfe, Offiziere, Diplomaten, Beamte und besonders Grundherren. Für Eggenberg waren die Herberstein als Erben des 1717 im Mannesstamm erloschenen Geschlechts der Fürsten von Eggenberg von Bedeutung. Bis zum Verkauf 1939 stand das Schloss Eggenberg (vereinzelt um 1900 auch Schloss Herberstein genannt) im Eigentum der Herberstein; bis 1848 war von hier aus eine große Grundherrschaft geleitet worden.

Herbert-Boeckl-Gasse

VII (Messendorfer Straße gegen Südwesten), 1973, PLZ 8041.

Herbert Boeckl (1894 Klagenfurt – 1966 Wien) war ein Hauptvertreter des österreichischen Expressionismus im Bereich der Malerei. Obwohl als Maler Autodidakt, fand er auch im Kollegenkreis Anerkennung und wurde 1935 zum Professor an der Akademie der bildenden Künste in Wien ernannt. Von ihm stammen Ölbilder, Aquarelle und Fresken. In der Steiermark ist ein Hauptwerk von ihm zu sehen: der Freskenzyklus *Apokalypse* in der Engelkapelle des Stiftes Seckau (1952–1964). Boeckl erhielt den Österreichischen Staatspreis (1934) und den Ehrenring der Stadt Wien (1964).

Herdergasse

III (Heinrichstraße – Leechgasse), 1899, PLZ 8010.

Zuvor Schwarzer Weg. Johann Gottfried von Herder (1744 Mohrungen/ Ostpreußen – 1803 Weimar), deutscher Kulturphilosoph, Ästhetiker und Dichter. Vorbereiter der Sturm- und Drang-Bewegung, legte mit seinen Gedanken die geistigen und stofflichen Grundlagen zur Romantik. Das Landhaus Herdergasse Nr. 3 war in den Jahren 1811 bis 1813 das Asyl Louis Bonapartes in Graz nach seiner Abdankung als König von Holland.

Hermann-Aust-Gasse

XVI (Straßganger Straße – Ankerstraße), PLZ 8054.

Hermann Aust (1885 Gaal/Knittelfeld – 1956 St. Pölten), Lehrer in Klagenfurt, ab 1912 Gemeinderat in Knittelfeld, 1928 bis 1934 Bürgermeister von Knittelfeld. In der Zwischenkriegszeit als Geschäftsführer des Konsums in Knittelfeld tätig. Aust gehörte auch dem steirischen Landtag an. 1945 Übernahme des Finanzreferates des provisorischen Stadtrates. 1946 bis 1956 Bürgermeister-Stellvertreter unter Dr. Eduard Speck.

Hermann-Bahr-Gasse

V (Rankengasse – Grieskai), 1949, PLZ 8020.

Zuvor Karl Morre-Gasse. Der Dichter, Essayist und Kritiker Hermann Bahr (1836 Linz – 1934 München) war einer der bedeutendsten Lustspielautoren seiner Zeit, z. B. *Das Konzert* (1909). Seine analytischen Prosawerke und Dramen erreichten nicht diese Bekanntheit. Einerseits analysierte er die literarischen Strömungen seiner Zeit, andererseits prägte er selbst den literarischen Stil um die Jahrhundertwende. Hermann Bahr studierte in Graz. Die Hermann-Bahr-Gesellschaft betreut seit 1963 sein Werk. Die Straße wurde nach Osten verlängert.

Hermann-Gmeiner-Weg

XVI (Siedlungsaufschließungsstraße Schwarzer Weg entlang der Graz-Köflacher Bahn nach Süden), 1995, PLZ 8052.

Hermann Gmeiner (1919 Alberschwende – 1986 Innsbruck), aus einer Bergbauernfamilie stammend, Gründer der SOS-Kinderdörfer. Das erste Dorf wurde 1951 in Imst in Tirol eröffnet. Es folgten die Kinderdörfer in Diessen am Ammersee und in Taigu (Korea). Heute bieten zahlreiche Dörfer weltweit zehntausenden Waisenkindern einen Familienersatz. Für seinen humanitären Einsatz erhielt Gmeiner zahlreiche Anerkennungen (u. a. Ehrendoktorate von den Universitäten New York und Philadelphia). Die Benennung erfolgte anlässlich des Jahres der Familie 1994.

Hermann-Löns-Gasse

V (Mauergasse – Dornschneidergasse), um 1940, PLZ 8020.

Als im Rahmen der Errichtung der Triestersiedlung hier Wohnbauten der Stadtgemeinde erbaut wurden, wählte man im Zeitgeist diesen Namen unter dem besonderen Hinweis, dass Löns im Weltkrieg gefallen sei. Hermann Löns (1866 Culm/Bromberg – 1914 Reims) studierte Naturwissenschaften und Medizin, dann arbeitete er in Hannover als Journalist und Schriftsteller. Seine Schilderungen aus der Lüneburger Heide trugen ihm den Titel *Heidedichter* ein. Löns war der Heimat verpflichtet und auch ein Wegbereiter des Naturschutzes. Der Nationalsozialismus interpretierte ihn als Kultfigur.

Herrandgasse

II (Naglergasse nach Osten und Westen, Schillerplatz, Sackgasse), 1860/1874, PLZ 8010.

Nach dem mittelhochdeutschen Minnesänger Herrand II. von Wildon (um 1248–1278), politisch engagierter Epiker und Lyriker, aus einer einflussreichen steirischen Adelsfamilie stammend.

Herrengasse

I (Hauptplatz – Am Eisernen Tor, Fußgängerzone), PLZ 8010.

Bis ins 15. Jh. als *Bürgerstraße*, 1476 erstmals als *Herrengasse* bezeichnet. Im 15. Jh. standen 24 adelige, steuerfreie Häuser 47 bürgerlichen Häusern gegenüber. Die repräsentativste Straße von Graz, geprägt von noblen Bürgerhäusern, barocken Stadtpalais des Adels (also der *Herren),* bedeutenden Monumentalbauten der Renaissance (Land-

Herrengasse: Viele Fußgänger und Autos in den 1960er-Jahren.

haus, 16.–19. Jh.) und des Historismus (Rathaus, Bank- und Versicherungsgebäude, Ende 19. Jh.). Straßenbeherrschend am südlichen Ende die spätbarocke Stadtpfarrkirche und der *Eiserne Torplatz* mit Mariensäule und Brunnen. Bevorzugte Geschäftsstraße, zahlreiche Cafés mit Sitzgärten, beliebter Treffpunkt von Einheimischen und Touristen. 2005 gab es in der Stadtpfarrkirche eine Herrengassen-Ausstellung und ein Begleitheft dazu.

Herrgottwiesgasse

V, XVII (Karlauplatz – Puntigamer Straße), 1800, PLZ 8020, 8055.

An der Ecke zur Dornschneidergasse hatte es, nach dem bayrischen Vorbild,

eine Feldkapelle *Herrgott in der Wies* gegeben. Das *in der Wies* leitet sich allerdings nicht von der Wiese her, sondern von der althochdeutschen Bezeichnung für Qual, Leiden.

Hertzgasse

VIII (Liebengasse – Marburger Straße), 1949, PLZ 8042.

Zuvor Maigasse. Diese Gasse wurde, um eine Verwechslung mit der Maygasse im Bezirk Jakomini zu vermeiden, umbenannt. Nahe dem Sender St. Peter gelegen, wählte man dafür den deutschen Physiker Heinrich Rudolf Hertz (1857 Hamburg – 1894 Bonn). Hertz bestätigte die elektromagnetische Lichttheorie Maxwells experimentell. Er entdeckte die elektrischen Wellen mit Hilfe des Hertzschen Dipols und schuf damit Grundlagen der Nachrichtentechnik. Nach ihm ist die Einheit der Frequenz benannt (Hertz, Hz).

Herzogenberggasse

XIII (Augasse nach Nordosten, Sackgasse), 1949, PLZ 8051.

Zuvor Pfarrgasse. (Leopold) Heinrich Picot de Peccaduc Freiherr von Herzogenberg (1843 Graz – 1900 Wiesbaden), Komponist, Studium am Konservatorium in Wien von 1862 bis 1864, danach Gründung des Bach-Vereines in Leipzig (1874). Direktor der Abteilung für Komposition an der königl. Hochschule für Musik in Berlin (1885). Komponierte in romantisch-klassizistischer Tradition sakrale Musik und Kammermusik.

Herzogplatz

siehe David-Herzog-Platz

Herzogweg

siehe Franz-Herzog-Weg

Heschlweg

siehe Dr.-Heschl-Weg

Heubergergasse

XV (Abstallerstraße – Grottenhofstraße), 1949, PLZ 8053.

Zuvor Johann-Strauß-Weg. Richard Franz Joseph Heuberger (1850 Graz – 1914 Wien) arbeitete als Komponist, Dirigent und Musikkritiker *(Neue Freie Presse)*. Als Nachfolger von E. Hanslik rezensierte er im *Neuen Wiener Tagblatt*. Von seinen vier Opern, zwei Balletten und zehn Operetten wurde nur der *Opernball* wirklich bekannt. Heuberger leitete auch den Akademischen Gesangsverein in Graz und lehrte am Wiener Konservatorium.

Heuweg

VII (Bahnweg gegen Nordosten), 1949, PLZ 8041.

Zuvor Wiesenweg. Als die Landwirtschaft in Liebenau noch eine größere Bedeutung hatte, wurde diese Sackgasse nach dem Heu benannt. Eine Wiesengasse gibt es auch im Bezirk Gries, daher war 1949 ein Wechsel notwendig.

Hilgergasse

III (Bergmanngasse – Körblergasse), 1887, PLZ 8010.

Martin (*Mert*) Hilger (1538 Freiberg/Sachsen – 1601 Dresden), Glocken- und Kanonengießer mit eigener Gießhütte in Graz. 1587 goss Hilger die berühmte *Lisl*, eine 4188 kg schwere Glocke, die sich im Glockenturm auf dem Grazer Schloßberg befindet. Auch die Glocken in den Kirchen am Frauenberg/Maria Rehkogel, St. Veit am Vogau und Tragöß stammen von Hilger.

Hilmgasse

III (Schubertstraße – Heinrichstraße), 1870, PLZ 8010.

Hilm, alter Gegendname (zwischen Kroisbach und Hilmgasse bzw. Heinrichstraße), bedeutet sumpfiger Boden, ahd. *hulwa*, 1354 *Chunrad auf der Hulben*, erste Hälfte des 19. Jhs. Gasthaus *Auf der Hilm*. Eine private Initiative, 1955 die Hilmgasse, um eine Verwechslung mit der Hilmteichstraße zu vermeiden, in Panoramagasse umzubenennen, scheiterte.

Hilmteichstraße

III, XI (Leonhardplatz – Mariatroster Straße), 1870, PLZ 8010.

Hilmteich, ursprünglich ein Ziegelteich, gegenwärtig eine öffentlich-städtische Anlage. Kauf durch den Fleischermeister Johann Heibel 1807, Grundstücke mit einer Keusche in der Nähe der sog. *Hilm beim Teiche*, *Hilm(er)teich*. Durch Ausbau des Teiches, Vergrößerung der Anlage und

Hilmteichstraße: Haus Nr. 97, Mauthaus (um 1900).

Errichtung eines Restaurationsbetrie-
bes (ehem. Hilmteichschlössl) und des
Schweizerhauses in der zweiten Hälfte
des 19. Jhs. begann die intensive Nutzung des beliebten Grazer Naherho-
lungszieles bis heute.

Himmelreichweg

*XI (Mariatroster Straße gegen Norden),
vor 1900, PLZ 8044.*

Kein von Architekten oder Genossenschaften erfundener Name! In der
Steiermark kommt der Gegendname
Himmelreich gar nicht so selten vor
(Passail, Frohnleiten, Hausmannstätten,
Werndorf, Wies u. a.). Hier trägt auch
ein Bauernhof bzw. die dort lebende Familie den Vulgarnamen Himmelreich-
schneider. Im Himmelreich von Mariatrost gab es einst Wein.

Hingenauweg

*XI (Mariagrüner Straße – Rafenseder-
gasse), 1947, PLZ 8043.*

1726 erwarb Franz Josef Adam von
Hingenau das Schloss St. Josef, das bis
1862 im Besitz der Familie blieb. Das
Schloss wurde im 19. Jh. völlig erneuert.
Ursprünglich gehörten zu St. Josef auch
jene Teiche, aus denen der Hilmteich
entstand, und eine Jagd im Mariatroster
Tal. Auch hier bestanden mehrere Teiche, einer ist noch vorhanden.

Hintenfeldweg

*VIII (Neue-Welt-Höhe gegen Süden),
1954, PLZ 8042.*

Kein Flurname, wie die Gemeinde im
einschlägigen Akt glaubte. Zwischen
der Kirche von St. Peter und der ehe-

maligen Ziegelei Eustacchio lag ein heute verschwundenes Schloss, das in Vischers Schlösserbuch (1681) abgebildet ist. Dieses Schloss Hintenfeld hatte eine Reihe von Besitzerfamilien, die Baravalle in seinem Schlösserbuch aufzählt. Es ist anzunehmen, dass das baufällige Schloss um die Mitte des 18. Jhs. eingeebnet wurde, da es in einem Bericht aus dem Jahr 1818 als ein *seit langem abgetragenes Schloss* beschrieben wird.

Hinterer Plattenweg

XI, XII (Unterer Plattenweg – Wenisbucher Straße), 1948, PLZ 8044, 8043.

Die Platte (651 m) wurde wegen ihrer Form so genannt. *Platten* ist hier auch eine alte Riedbezeichnung. Alle Wege, die zur Platte führen, waren Plattenwege. Dann wurde zur besseren Orientierung differenziert: Unterer, Oberer und Hinterer Plattenweg. Der Hintere Plattenweg (Mariatrost, Andritz) ist der von

Graz abgewandte. In Andritz gibt es auch einen Vorderen Plattenweg.

Hirschengasse

XII (Grabenstraße nach Norden, Sackgasse), PLZ 8045.

Nach dem Grazer Stadtplan von 1904 befand sich neben der Dampfbäckerei Andritz ein Wirtshaus *Zum Hirschen.* Heute Gasthaus *Zum Goldenen Hirschen* in der Kahngasse 22.

Hirtengasse

IV (Fröbelgasse – Kalvariengürtel), 1867, PLZ 8020.

Die Kongregation der Frauen vom Guten Hirten (oder auch: von der Liebe des Guten Hirten) hatten die Pflege und Besserung verlassener oder straffälliger Mädchen zur Hauptaufgabe. 1858 zogen die Schwestern in ihr neu errichtetes Hirtenkloster ein. Auch südlich des Kalvariengürtels besaß das Kloster Grundstücke. Im größten Teil des Klos-

Schloss Hintenfeld
(Vischer, 1681).

Hirtengasse: Schwestern des Ordens der Frauen vom Guten Hirten in vorkonziliarer Ordenstracht.

ters und etlichen Neubauten sind nun ein Heim und Schulen für Behinderte untergebracht. Ein kleiner Teil blieb auch nach Auflassung des oben zitierten Mädchenheimes Kloster. Die Kirche St. Anna des Hirtenklosters ist nun eine Filialkirche der Pfarre Kalvarienberg.

Hochenburgerweg

XVI (Trappengasse nach Süden, Sackgasse), 1975, PLZ 8054.

Franz Ritter von Hochenburger (1824 – 1897 Graz), Wasserbaufachmann, Beamter bei der k. k. steiermärkischen Statthalterei, führte die Murregulierung in Graz durch, wurde 1884 in Anerkennung dieser Leistung in den erblichen österreichischen Ritterstand erhoben.

Hochfeldweg

X (Ragnitzstraße – Riesstraße), 1948, PLZ 8010, 8047.

Hochfeld heißen Fluren in diesem Bereich. Hochfeldbauer ist der Vulgarname für ein Gehöft bzw. dessen Bewoh-

ner rund 300 m südlich der Riesstraße. Die schmale Verbindungsstraße zwischen den beiden wichtigen Straßen wurde nach diesem Hof benannt.

Hochkoflerweg

XVI (Zahläckerweg – Peter-Leardi-Weg), 1947, PLZ 8054.

Vulgarname nach einer Liegenschaft. Nach dem Besitzer Hochkofler, der den Ansitz Hochkof(g)ler am Kehlberg ausbaute (siehe Am Weinhang).

Hochleitenweg

XVII (Herrgottwiesgasse – Triester Straße), 1870, PLZ 8055.

Flurbezeichnung.

Hochsteingasse

III (Grabenstraße – Saumgasse), 1870, PLZ 8010.

Früher unter der allgemeinen Bezeichnung *Oberrosenberg* inbegriffen. *Hochstein* vermutlich Namensverballhornung nach der ab 1852 Johanna *Freiin von Hönigsteinschen* Besitzung am Rosenberg Nr. 996, heute Hochsteingasse 59, 61. Realität ab 1847 von Carl Aichinger errichtet (1912 Villenumbau von Johann Baltl für Ludwig Watzdorff). Bei F. C. Weidmann, *Fremdenführer 1856*, wird die Villa Hönigstein durch *Bau und herrliche Parkanlagen besonders hervortretend* beschrieben.

Hochstraße

IX (Managettaweg gegen Norden), um 1910, PLZ 8010.

Am Hang zur Rudolfshöhe gelegen, hat der Weg schon seinen Straßennamen erhalten, als es hier noch keine Häuser gab. Nun ist die Hochstraße eine Aufschließungsstraße.

Hochstrassergasse

XII (Münkergasse – Max-Kraft-Gasse), PLZ 8045.

Josef Hochstrasser, 1912 bis 1917 Gemeindevorsteher von Andritz, Realitätenbesitzer.

Hödlweg

XIV (Alte Poststraße – Algersdorfer Straße), 1956, PLZ 8020.

Rechtsanwalt Dr. Bonaventura Konstantin Hödl (1776 St. Gallen/Schweiz – 1848 Graz) besaß in Eggenberg einen Ziegelofen. Dort entstanden u. a. Terrakottareliefs, die etliche Häuser in Graz schmücken. Beispiele dafür sind am Reinerhof und am Haus St.-Georgen-Gasse 7 zu sehen. Hödls künstlerische Ambitionen führten zum Konkurs der Ziegelei. Auf Hödl geht auch die historisierende Gestaltung des *Starcke-Häuschens* (späterer Name) auf dem Schloßberg zurück. Hödl wohnte selbst etliche Jahre dort und betrieb auch Weinbau.

Hofacker
siehe Am Hofacker

Hofbauerplatz

XIV (zwischen Georgigasse, Krausgasse, Franz-Steiner-Gasse und Karl-Morre-Straße), 1948, PLZ 8020.

Zuvor, in der Zeit vor 1938, Leopold-Hofbauer-Platz; während der Herrschaft des Nationalsozialismus Armin Dadieu-Platz. Im 19. Jh. war die Pfarre St. Andrä noch für Eggenberg zuständig. Der

Hödlweg: Der Eggenberger Ziegelofen des Dr. Bonaventura Hödl.

Geistliche Rat und Stadtpfarrer von St. Andrä, Leopold Hofbauer (1832 Wien – 1908 Graz), gründete 1882 das Kinderasyl Leopoldinum. Barmherzige Schwestern betreuten die Kinder. 1883 entstand in Verbindung mit diesem Heim eine Privatmädchenschule. Daraus entwickelte sich in mehreren Phasen die Schule in der Algersdorfer Straße. Pfarrer Hofbauer hatte auch große Verdienste um den Bau der St. Vinzenzkirche (1895).

Hoferplatz

siehe Andreas-Hofer-Platz

Hoferstraße

siehe Andreas-Hofer-Straße

Hoferweg

siehe Gustav-Hofer-Weg

Hoffeld

siehe Im Hoffeld

Hoffeldstraße

XII (Andritzer Reichsstraße – St.-Veiter-Straße), 1949, PLZ 8046.

Flurbezeichnung (siehe Im Hoffeld).

Hoffmann-Ring

siehe Hubert-Hoffmann-Ring

Hofgasse

I (Sporgasse – Burgtor), PLZ 8010.

Zuvor *Kirch-* oder *Burggasse* genannt, bis zum 17. Jh. zur *Sporgasse* gerechnet. 1728 erstmals als Hofgasse bezeichnet, da der Grund der Hofkammer und nicht dem Magistrat unterstand. Straßenzug wesentlich durch Freiheits-

Hofgasse: Die landesfürstliche Burg um 1700 (Kupferstich von Andreas Trost).

platz, Schauspielhaus, Burg, Dom und Burgtor geprägt. Nr.14: *Alte Universität* (Gebäudekomplex ehem. Jesuiten-Universität); umfassender Umbau und Restaurierung 2003 bis 2005; davor 1607 bis 1773 als Aula, 1781 bis 1905 als Universitätsbibliothek und 1905 bis 2000 als Landesarchiv genutzt.

Hofmannsthalgasse

XIV (Hanuschplatz – Karl-Morre-Straße), 1949, PLZ 8020, 8052.

Zuvor Feldgasse. Hugo Hofmann Edler von Hofmannsthal (1874 Wien – 1929 Rodaun/Wien) gehört zu den großen Literaten Österreichs in der Zeit um die Jahrhundertwende. Seine Gedichte und lyrischen Dramen dokumentierten das Ende einer Epoche. Der feine Umgang mit Sprache, Psyche und Tradition prägt seine Werke. Hofmannsthal verfasste Libretti für Richard Strauss-Opern (u. a. *Der Rosenkavalier*), und sein *Jedermann* prägt noch heute die Salzburger Festspiele, an deren Entstehung er mitwirkte.

Hofstatt

VIII (St.-Peter-Hauptstraße gegen Osten), PLZ 8042.

Diese Bezeichnung geht noch auf die Zeit der Gemeinde St. Peter zurück. Unter Hofstätte ist eine bäuerliche oder städtische Besitzeinheit am Grund zu verstehen. Dementsprechend ist der Begriff in der alten Rechtsordnung verbreitet. So gibt es auch in Wetzelsdorf einen Hofstättenweg. Hier in St. Peter wurde in der Ersten Republik eine Siedlung so benannt.

Hofstättenweg

XV (Steinbergstraße gegen Osten), um 1935, PLZ 8052.

Ein kleines Dorf beim Gelände der heutigen Militärschießstätte Feliferhof ist 1144 als *Hovestetten* urkundlich genannt. Es verödete im 14. Jh., nur der Name blieb im Hof Hofstätten erhalten, der später nach dem Namen einer Verwalterin Filafero den verballhornten Namen Feliferhof annahm und 1869 vom Militär-Ärar erworben wurde (nach Purkarthofer und Spreitzhofer). Im Ausgleich dazu hatte die Grazer Stadtverwaltung große Teile des heutigen Stadtparks erhalten, der zuvor als ehemaliges Glacis militärisches Übungsgelände war. Siehe auch Feliferhof.

Hohenrainstraße

VIII, IX (Petersbergenstraße – Savenauweg), 1949, PLZ 8042.

Zuvor Harterstraße. Nun benannt nach der Ortschaft Hohenrain in der Gemeinde Hart bei Graz (ehem. bei St. Peter).

Hohenstaufengasse

V (Lazarettgürtel – Kärntner Straße), 1899, PLZ 8054.

Die Hohenstaufer (Staufer) waren ein schwäbisches Adelsgeschlecht mit der Stammburg Hohenstaufen. Seit 1079 stellten sie die Herzöge von Schwaben. Eine Reihe von Kaisern des Heiligen Römischen Reiches stammte aus diesem Haus, so Friedrich I., Heinrich VI. und Friedrich II. 1268 starb die Familie mit dem Tod von Konradin aus. In ihre Zeit fallen die Blüte der ritterlichen Kultur, die Konfrontation mit dem Papsttum und die Ausweitung der Reichsinteressen, aber auch der kulturellen Verbindungen, so mit dem Süden Italiens. Ein berühmter Angehöriger des Hauses Hohenstaufen, Friedrich I. Barbarossa, hatte 1180 die Steiermark zum Herzogtum erhoben.

Hohenwartweg

XVI (Zahläckerweg nach Süden, Sackgasse), PLZ 8054.

Nach Pilgrim von Hohenwart (bei Villach) und dessen Sohn, Markgraf Gunther vom Sanntal, aus dem Geschlecht der Grafen von Heunburg, im 12. Jh. Grundherren in Straßgang/St. Martin, benannt; Stifter an das Kloster Admont.

Höhlenweg

XV (Steinbergstraße gegen Süden), 1958, PLZ 8052.

Ortsübliche Bezeichnung dieses älteren Weges. Das Kalkmassiv, das die Begrenzung der Stadt, aber auch des Grazer Beckens nach Westen bildet, ermöglicht die Ausbildung von Höhlen. Auch die Auflösung durch Karsterscheinungen wie die Greifgrube als Doline trägt dazu bei.

Hohlweg

II (Krenngasse – Schörgelgasse), 1781, PLZ 8010.

Vermutlich Besitzername. 1770 besaß der Tabakaufseher J. Hohl hier ein Haus.

Hollerbergweg

X (Stiftingtalstraße gegen Norden), 1955, PLZ 8010.

Eine ältere lokale Landschaftsbezeichnung, die vermutlich mit Holunder (Holler) zusammenhängt. Popelka schlägt die Flurbezeichnung Hollergraben als Name vor.

Hollerweg

VI (Fliedergasse – Haselweg), 1920, PLZ 8010.

Als nach dem Ersten Weltkrieg die erste Bauphase der Schönausiedlung begann, gab man den neuen Gassen Naturnamen, wohl um die Siedlung damit aufzuwerten. Für Nichtösterreicher: Der Holler ist der Holunder. Schon in Roseggers *Heimgarten* wird die Hollerstraube, eine in dünnflüssigen Schmarrenteig getauchte und in Schmalz gebackene Hollerblüte, als Köstlichkeit erwähnt. Weiters dient der Holler außer als Blütenzierde auch zur Bereitung von Suppensud, Mus und Wein.

Holteigasse

III (Heinrichstraße – Auersperggasse, Beginn nicht ausgebaut), 1899, PLZ 8010.

Karl von Holtei (1798 Breslau – 1880 Breslau), altösterreichischer Bühnendichter. In der Zeit von 1840 bis 1866 besuchte er mehrere Male die Stadt Graz. 1837 bis 1839 Direktor am Theater in Riga. Holteis Frau stammte aus Graz.

Holubgasse

X (Billrothgasse – Aspasiagasse), 1949, PLZ 8010.

Zuvor als ein Teil der Aspasiagasse bezeichnet. Dr. Emil Holub (1847 Holitz/Böhmen – 1902 Wien) war Arzt und Afrikaforscher. Mehrere Jahre wirkte er in Südafrika. In den 70er- und 80er-Jahren des 19. Jhs. unternahm er mehrere Expeditionen in damals noch kaum erforschte Teile Afrikas und erstellte eine interessante Sammlung naturwissenschaftlichen und ethnologischen Inhalts. In mehreren Büchern berichtete er über seine Erlebnisse und Erfahrungen.

Holzerweg

XVII (Lagergasse – Puchstraße), PLZ 8053.

Benannt nach den ehemaligen Holzlagerungsstätten der Flößer an der Mur.

Hopferwiesergasse

siehe Konrad-Hopferwieser-Gasse

Horneckstraße

XVII (Zahnstraße – Alte Poststraße), PLZ 8055.

Schloss und Gut in der Gemeinde Tobis, Gerichtsbezirk Wildon, in der Nähe von Preding. Vom 13. bis zum 15. Jh. Sitz des Geschlechtes der Ritter von Horneck. Im 13. Jh. sind Konrad und Ottokar von Horneck bekannt. Um diese Zeit lebte auch der berühmte Reimchronist Ottokar aus der Gaal (bei Knittelfeld), dem der Historiker Wolfgang Lazius fälschlich den Namen *von Horneck* gab (Ottokar von Horneck bei Grillparzer).

Die Ritter von Horneck hatten Besitz bei Straßgang.

Hortgasse

VII (Murfelder Straße – Am Mühlgraben), 1949, PLZ 8041.

Zuvor Quergasse. Der Straßennamenskataster der Stadtgemeinde glaubt an eine *Flurbezeichnung nach dem alten Besitzer.* Die Erklärung ist einfacher: Das Adressbuch des Vergabejahres führt den städtischen Schülerhort *Murfeld*, Quergasse 39, an.

Hoschweg

XII (St.-Gotthard-Straße – St.-Veiter-Straße), 1949, PLZ 8046.

Kaspar Hosch (1859 Edelsbach/Feldbach – 1936 Edelsbach), Obmann der Raiffeisenkasse in St. Veit/Graz, Abgeordneter zum Steiermärkischen Landtag, 1919/20 Mitglied der Konstituierenden Nationalversammlung, 1920 Abgeordneter zum Nationalrat, 1920 bis 1927 Mitglied des Bundesrats.

Hötzendorfstraße

siehe Conrad-von-Hötzendorf-Straße

Hubergasse

siehe Josef-Huber-Gasse oder Karl-Huber-Gasse

Hubert-Hoffmann-Ring

XI (ringartige Straße, die südlich von der Mariatroster Straße nach dem Kurzeggerweg abzweigt), 2002, PLZ 8044.

Der Architekt und Stadtplaner Hubert Hoffmann (1904 Berlin – 1999 Graz) erhielt seine Ausbildung u. a. am Bauhaus Dessau, das ihn prägte. Als aktiver Demokrat leistete er im Rahmen der „Freiheitsgruppe" Widerstand gegen den Nationalsozialismus. 1959 wurde er an die Technische Hochschule (dann TU) Graz berufen und leitete dort das Institut für Städtebau und Entwerfen. Er engagierte sich aktiv in der Bürgerinitiativbewegung und gilt als Initiator des Plabutsch-Tunnels. Hoffmann war in vielen Ausstellungen vertreten und erhielt zahlreiche Ehrungen.

Hubertusstraße

VIII (St.-Peter-Hauptstraße gegen Südwesten), 1930, PLZ 8042.

Die Gemeinde St. Peter wählte 1930 diesen Namen für eine *Zukunftsstraße* aus. Namenspatron war das Gasthaus *Hubertushof* der Familie Ebner, damals eine eher kleine Gaststätte, die nahe der Gemeindegrenze zu Messendorf lag. Der hl. Hubertus (3. November) gilt als Schutzheiliger der Jäger.

Hüblweg

VII (Hutteggerstraße – Georg-Gaß-Weg), 1959, PLZ 8041.

Vorweg der Hinweis, dass auch in Österreich die frühe Kartographie fast ausschließlich eine Aufgabe des Militärs war. Arthur Hübl (1853 Großwardein – 1932 Wien) war als General, Kartograph und Chemiker tätig. 1916 bis 1918 war er Kommandant des Militärgeographischen Instituts in Wien. Hübl arbeitete auf dem Gebiet der Reproduktionstechniken (besonders Offsetdruck), der Photographie und der Photogrammetrie. So entwickelte er die *Hüblsche Jodzahl*. Er organisierte auch die Kartographie in Ungarn und Brasilien.

Hügelweg

XII (Stattegger Straße – Forstweg), 1920, PLZ 8046.

Topographische Bezeichnung.

Hugo-Schuchardt-Straße

III (Lehargasse – Grabenstraße über Robert-Stolz-Gasse), 1928, PLZ 8010.

Hugo Schuchardt (1842 Gotha – 1927 Graz), Dr., Linguist und Professor der Philologie an der Karl-Franzens-Universität in Graz. Beschäftigte sich als Sprachforscher mit der andalusischen, baskischen, keltischen, afrikanischen und kreolischen Sprache. Schuchardt bewohnte die Villa Malvina in der Johann-Fux-Gasse Nr. 30: 1907 von Georg Hönel erbaut, ein ursprünglich repräsentativer, den Übergang zwischen Sezessionismus und Werkbund charakterisierender Villenbau.

Hugo-Wolf-Gasse

III (Zinzendorfgasse – Elisabethstraße), 1903, PLZ 8010.

Hugo Wolf (1860 Windischgraz – 1903 Wien), österreichischer Komponist; zahlreiche Lieder, Chorwerke, Oper, Kammermusik. An der Ecke zur Elisabethstraße befindet sich ein 77 m hohes Wohnhochhaus, zur Zeit der Erbauung (1964/67 Karl Raimund Lorenz, Friedrich Zotter, Otto Slavik-Straussina) das höchste Gebäude in Österreich außerhalb von Wien.

Hülgerthgasse

siehe Ludwig-Hülgerth-Gasse

Humboldtstraße

III (Grabenstraße – Rosenberggürtel), 1870, PLZ 8010.

Benannt nach Alexander Freiherr von Humboldt (1769 Berlin – 1859 Berlin), deutscher Naturforscher und Geograph, 1799 bis 1804 große Mittel- und Südamerika-Forschungsreise (1802 Besteigung des Vulkans Chimborazo, 6310 m, Ecuador); 1829 Ural- und Altaiexpedition. Wilhelm Freiherr von Humboldt (1767 Potsdam – 1835 Tegel/Berlin), deutscher Staatsmann, Philosoph und Sprachforscher, Bruder von Alexander Humboldt.

Humperdinckgasse

III (Theodor-Körner-Straße – Liliencrongasse nach Westen, Sackgasse), 1929, PLZ 8010.

Engelbert Humperdinck (1854 Siegburg – 1921 Neustrelitz), Opernkomponist, geschult an Richard Wagner, dessen Musikdramatik er ins Gemütsvoll-Volkstümliche verwandelte (Hänsel und Gretel).

Hutteggerstraße

VII (Casalgasse – Rainweg), 1959, PLZ 8041.

Georg Huttegger (1863–1947) war von 1920 bis 1934 Bürgermeister der Gemeinde Liebenau. Bei der österreichisch-ungarischen Marine stieg er vom Schiffsjungen zum Maschinenmeister auf. Dann war Huttegger Signalmeister der Bundesbahn. Er wohnte in der Gartengasse (nun Raiffeisenstraße) und stand als Bürgermeister auch dem Ortsarmenrat, dem Fürsorgeausschuss und dem Ortsschulrat vor. In seine Amtszeit fielen eine erste Modernisierung der Gemeinde und die Ausweitung der Bebauung.

Hüttenbrenneranger

siehe Am Hüttenbrenneranger

Hüttenbrennergasse

VI (beiderseits der Schönaugasse, im Westen bis zur Neuholdaugasse), 1895, PLZ 8010.

Anselm Hüttenbrenner (1794 Graz – 1868 Oberandritz) war Sänger, Dirigent, Pianist, aber vor allem Komponist. Suppans Steirisches Musiklexikon zählt

Der Komponist Anselm Hüttenbrenner.

eine große Zahl seiner Werke auf. Sein Lehrer, Antonio Salieri, bestätigte Hüttenbrenners Talent. Auch als Musikkritiker und als langjähriger Direktor des Musikvereins für Steiermark machte er sich einen Namen. Seine Bekanntschaft mit Franz Schubert förderte unter anderem Schuberts Kontakte zu Graz. Hüttenbrenner war auch mit Beethoven befreundet und stand an seinem Sterbebett. Hüttenbrenner ist auf dem Friedhof von St. Veit begraben. Der für diese Straße diskutierte Namenswechsel zur (August) Augustingasse wurde nicht vollzogen. Funde haben in letzter Zeit das bekannte Werk Hüttenbrenners erweitert.

Hyrtlgasse

siehe Josef-Hyrtl-Gasse

I

Ibererstraße

XII (Wiener Straße – Plabutscher Straße), 1949, PLZ 8051.

Zuvor Monturdepotstraße und dann kurz Hermann Göring Straße. Richard Iberer (1875 Knittelfeld – 1942 Graz, Grab auf dem St. Peter Stadtfriedhof), Ing., Hofrat, erster Direktor der Bundeslehranstalt für Maschinenbau und Elektrotechnik in Gösting (BULME), Honorardozent der Technischen Hochschule, gerichtlich beeideter Sachverständiger für Maschinenbau und Elektrotechnik.

Idlhofgasse

V (Annenstraße – Lazarettgasse), 1800, PLZ 8020.

Zuvor Idelgasse, Liedlgasse, ein Teil auch wegen des Spitals Elendgasse. Im Kreuzungsbereich Prankergasse/Idlhofgasse befand sich das Vorstadtschloss *Lidlhof* (Idlhof), das auch in Vischers Schlösserbuch (1681) abgebildet ist. Lidl ist vermutlich eine Ableitung von Ludwig. Auf dem Gelände des Schlosses entstand im 19. Jh. die Lederfabrik Rieckh. Das Schloss bzw. sein schon stark veränderter Rest wurden ein Opfer der Bomben.

Igelgasse

V (Grieskai – Griesgasse), 1813, PLZ 8020.

Der Name wird von einem der vielen Gasthäuser *(Zum roten Igel)* dieser Gegend abgeleitet.

Idlhofgasse: Schloss Lidlhof (Vischer, 1681).

Ignaz-Kollmann-Gasse

X (Stiftingtalstraße gegen Süden), 1974, PLZ 8010.

Ignaz Kollmann (1775 Graz – 1838 Graz) unternahm im Auftrag des Fürsten S. Porcia weite Reisen, wurde Magistratssekretär in Triest und 1811 Scriptor am Joanneum. Als Schriftsteller erwarb er sich Bekanntheit durch sein Buch *Triest und seine Umgebung* (1808) und durch dramatische Werke, so *Maximilian* (1818), *Dante* (1832) und *Erzherzog Carl von Steiermark, oder der Wintertag im Erzgebirge* (1833). Kollmann redigierte die *Grätzer Zeitung* und das literarische Beiblatt *Der Aufmerksame*. Der vielseitig begabte Kollmann – er schuf auch Bilder – ist dem Kreis um Erzherzog Johann zuzurechnen und war ein Mann der gemäßigten Spätaufklärung.

Ignaz-Scarpatetti-Straße

siehe Dr.-Ignaz-Scarpatetti-Straße

Ilwofgasse

XV (Abstallerstraße nach Süden), 1948, PLZ 8052.

Zuvor Bozenerstraße. DDr. Franz Ilwof (1831 Graz – 1906 Graz) leitete als Direktor die damals angesehene Landesoberrealschule (LOR), eine für das Grazer Bürgertum wichtige Lehranstalt. Ausgebildet war Ilwof als Jurist und Historiker. In seiner Zeit war er eine Schlüsselperson des Historischen Vereins für Steiermark. Von seinen Publikationen sind eine *Geschichte und Topographie der Stadt Graz* (gemeinsam mit K. Peters, 1875) sowie die Herausgabe

eines Teiles der Tagebücher von Erzherzog Johann hervorzuheben. Ilwof spielte auch in der Grazer Kommunalpolitik als Gemeinderat und Stadtrat eine große Rolle.

Im Erlengrund

XVII (Rudersdorfer Straße – Auer-Welsbach-Gasse, unterbrochen), 1947, PLZ 8055.

Namenskonstrukt nach den topographischen Verhältnissen.

Im Gereut

XIII (Wiener Straße – Fischeraustraße), 1949, PLZ 8051.

Vorher Feldgasse. Alter Flurname, *gereut, greith* bedeutet Rodung, Brandacker.

Im Hoffeld

XII (Am Eichengrund – nördlich der St.-Veiter-Straße), 1974, PLZ 8046.

Benennung für die inoffiziell als *Römersiedlung* bezeichnete Wohnhausanlage in Atriumbauweise (Architekt Walter Laggner), die zwischen der St.-Veiter-Straße und der Siedlung *Am Eichengrund* liegt. Im Hoffeld ist die traditionelle Riedbezeichnung des Franziszeischen Katasters (siehe auch Hoffeldstraße).

Im Vogelsang

XII (Pfeifferhofweg nach Osten), 1949, PLZ 8045.

Flurbezeichnung unklarer Herkunft. Vielleicht vergleichbar dem häufigen Flurnamen *Vogelweid*, das ist jener Ort, an dem wilde Vögel vorkommen bzw. gejagt werden.

In der Kell

XVI (Kehlbergstraße – Salfeldstraße nach Osten), 1949, PLZ 8054.

Auch Kellgasse. Alter Flurname, *In der Kell*, von dem auch der Kehlberg seinen Namen ableitet, Bedeutung ungeklärt (siehe Kehlbergstraße).

Inffeldgasse

VI (Petersgasse – Neufeldweg), 1959, PLZ 8010.

Hofrat Adolf Ritter von Inffeld (1872 Wien – 1948 Graz) war Architekt und ein Schüler von Otto Wagner. Er wirkte ab 1919 als Direktor der Bundeslehranstalt für Baufach und Kunstgewerbe in Graz. Im gleichen Jahr erfolgte auch die Teilung der alten Staatsgewerbeschule. Inffeld entwarf die 1926 bis 1930 errichtete und Höhere technische Bundeslehranstalt genannte Schule auf dem Ortweinplatz. Zu seinen Werken gehört auch die Siedlung Wegenergasse (Bachmannkolonie). Mit Inffeldgasse wird oft das neue Institutsgelände der Technischen Universität bezeichnet.

Die Schriftstellerin Ingeborg Bachmann.

Ingeborg-Bachmann-Gasse

VII (Aufschließungsstraße von der Dorfstraße nach Süden), 1999, PLZ 8041.

Ingeborg Bachmann (1926 Klagenfurt – 1973 Rom) gilt als eine der bedeutendsten deutschsprachigen Lyrikerinnen und Prosaschriftstellerinnen des 20. Jhs. Sie studierte u. a. in Graz. Jahre ihres Lebens verbrachte sie in Zürich und Rom. Aus ihrem Schaffen sei der Satz *Die Wahrheit ist dem Menschen zumutbar* zitiert. Graz ist mit dem Werk Bachmanns mehrfach verbunden, so durch Dramatisierungen, durch wissenschaftliche Auseinandersetzung wie durch das Bachmann-Symposium, 2006, und die multimediale Bachmann-Ausstellung im Literaturhaus. 2002 erhielt der Grazer Autor Peter Glaser den Klagenfurter Ingeborg-Bachmann-Preis.

Inge-Morath-Straße

XII (Ziegelstraße – Viktor-Zack-Weg), 2003, PLZ 8045

Ingeborg Hermine Morath (1923 Graz – 2002 New York), bedeutende österreichische Fotografin mit internationaler Reputation. Eltern Edgar und Mathilde Mörath. Laut Taufbuch der Evangelischen Heilandskirche in Graz wurde Morath in der Bürgergasse geboren und verbrachte lange Zeit bei ihrer Großmutter Alexandra Mörath in Graz (Jakominiplatz 16). 1962 Heirat mit Arthur Miller, Tochter Rebecca. Familienleben in Roxbury, Connecticut. Internationale Fotoausstellungen und Reisen. Freundschaften u. a. mit Ingeborg Bachmann, Ilse Aichinger, Ingeborg Day, Mitarbeit bei *Magnum*. Unter dem Titel *GRENZ.RÄUME* (Buch, Ausstellung, Film) realisierte die Journalistin Regina Strassegger ein dreiteiliges Projekt über I. Morath als Beitrag zur Kulturhauptstadt Graz 2003.

Innere Stadt

I.

Der Begriff „Innere Stadt" etablierte sich für die traditionell umgrenzte Stadtmitte ab dem Ende des 18. Jhs. erst durch die Entwicklung der Vorstädte (z. B. Jakomini- und Grabenvorstadt am linken Murufer und Lend, Gries am rechten Murufer). Zuvor gab es die innere Stadt, die Leonhardvorstadt, die Münzgrabenvorstadt und die Murvorstadt. Wichtig war auch die „Viertel"-Bezeichnung. In der ersten Hälfte des 19. Jhs. gab es in der Inneren Stadt das Viertel Burg, Landhaus und nach seiner Einrichtung das Viertel Joanneum.

Der I. Bezirk umfasst in der Nachfolge der ummauerten Stadt vor allem die traditionelle Altstadt mit Schloßberg, den Stadtpark/Glacis und die gründerzeitliche Bebauung besonders im Südwesten. Die Umgrenzungen bilden Murfluss, Wickenburggasse, Glacisstraße, Gleisdorfergasse, Jakominiplatz und Radetzkystraße. Wenn dieser Bezirk als einwohnerkleinster (Citybildung!) auch kaum mehr als ein Prozent der Stadtbewohner (weniger als ein Prozent der Stadtfläche) zählt, so bildet er doch das Zentrum von Graz, insbesondere für Politik, Verwaltung und Kultur. Hier konzentriert sich die Mehrheit der Gebäude und Einrichtungen, die als Symbole der Stadt eingestuft werden. Das Welt(kultur)erbe „Historische Altstadt" (seit 1999) ist etwas flächengrößer als die Innere Stadt und im Schutzzonenplan des Grazer Altstadterhaltungsgesetzes verzeichnet.

Innerhoferstraße

XII (Rotmoosweg – Radegunder Straße), 1971, PLZ 8045.

Franz Innerhofer jun., Oberlehrer, Schulleiter von Marling bei Meran. Als er am 24. April 1921 mit einem Teil seiner Schuljugend am Trachtenfestzug in Bozen teilnahm, griffen bewaffnete Faschisten an. Beim Versuch, seine Schüler zu retten, wurde er getötet.

Innovationspark

siehe Am Innovationspark

Irisweg

XVI (Glesingerstraße – Harter Straße), 1958, PLZ 8053.

Botanische Bezeichnung: Iris, Blume, Schwertliliengewächs.

J

Jägergrund

siehe Am Jägergrund

Jägersteig

XIV (Baiernstaße – Kernstockweg),
PLZ 8020.

Das amtliche Straßenverzeichnis kennt diesen Weg am Osthang des Gaisberges nicht. Stadtpläne zeigen ihn jedoch unter diesem leicht erklärlichen Namen.

Jägerweg

VII (Liebenauer Hauptstraße –
Raabaweg, mit Unterbrechung), 1949,
PLZ 8041.

Nach der dortigen Jägersiedlung benannt. Über diese offizielle Erklärung hinausgehend, soll auf das Gasthaus *Jägerwirt* hingewiesen werden. Siehe auch Esserweg.

Jahngasse

I, III (Maria-Theresia-Allee –
Wickenburggasse), 1870, PLZ 8010.

Friedrich Ludwig Jahn (1778 Lanz/ Schlesien – 1852 Freiburg a. d. Unstrut), Begründer der deutschen Turnbewegung. Die Jahngasse ist eine entlang des nordöstlichen Schloßbergabhangs verlaufende Stadtparkallee. Ab 1819 er-

Jägerweg: Gasthaus Jägerwirt (um 1910).

folgte die Parzellierung des Schloßberg-abhangs. Damals befand sich hier nur das ständische Heumagazin. Auf dem Areal der heutigen Landesturnhalle wurde ein Holzmagazinplatz angelegt. 1863 beschloss der Landtag den Bau einer landständischen Turnhalle mit Freiturnplatz.

Jakob-Degen-Gasse

XVII (Kauperzgasse – Am Leopolds-grund), 1975, PLZ 8055.

Jakob Degen (1760 Lidertswil – 1848 Wien) erlangte als Erfinder und Luft-fahrtpionier Berühmtheit. 1810 kom-binierte er einen Ballon mit Flügeln, die durch Muskelkraft bewegt wurden. So flog er von Laxenburg nach Vö-sendorf. Degen baute auch ein flugfä-higes Hubschraubermodell mit Uhr-werksantrieb. Die von ihm entwickelte Banknotendruckmaschine wurde von europäischen Nationalbanken über-nommen.

Jakob-Dirnböck-Gasse

III (Leechgasse – Auersperggasse), 1929, PLZ 8010.

Zuvor Stephaniegasse. Jakob Dirn-böck (1809 Graz – 1861 Graz), Grazer Buchhändler und Verleger. Dichter des bekannten Dachsteinliedes *Hoch vom Dachstein an,* welches Dirnböck an-lässlich des 25-jährigen Bestehens der von Erzherzog Johann gegründeten Landwirtschaftsgesellschaft als Festlied dichtete. Ludwig Karl Seydler, Grazer Domorganist, komponierte die Melodie dazu. Das Lied fand rasche Verbreitung und wurde 1929 vom Steiermärkischen Landtag zum steirischen Heimat- und Nationallied erklärt.

Jakob-Gschiel-Gasse

XV (Straßganger Straße gegen Osten), 1976, PLZ 8052.

Der Bildhauer Jakob Gschiel (1821 Pöllauberg – 1908 Graz) wird vom His-toriker R. Kohlbach als *führender Neo-gotiker* der Steiermark bezeichnet und er spricht bei Gschiels umfangreichem Werk von *beachtlichen Leistungen des frommen und fruchtbaren Meisters.* Gschiel schuf über 1000 Werke fast durchwegs religiöser Kunst im Stil sei-ner Zeit. Viele steirische Kirchen sind mit seinen Skulpturen geschmückt, so wurden auch am spätgotischen Haupt-portal des Grazer Domes vier Statuen von ihm aufgestellt. Am Kalvarienberg steht die Sandsteingruppe der Geiße-lung Christi (1882). In der Jakob-Lor-ber-Gasse befand sich Gschiels Werk-stätte und durch Jahre hindurch ein Gschiel-Museum.

Jakob-Lorber-Gasse

V (Griesplatz – Ägydigasse), 1870 bzw. 1985, PLZ 8020.

Aus der Lorbergasse wurde eine Lor-beergasse. Vom Lorbeerblatt führte 1985 nach vielen Mühen und Briefen der Weg wieder zurück zur Jakob-Lor-ber-Gasse. Jakob Lorber (1800 Kanischa – 1864 Graz) war ein begabter Musiker und lebte als Musiklehrer in Graz. Seine Bedeutung liegt jedoch in jenen Offen-barungen, die ihm eine innere Stimme zu diktieren schien. *Nimm deinen Grif-fel und schreibe!,* sagte ihm diese Stimme, und er verfasste ein umfangreiches *Neuoffenbarungswerk*. Seine – heute noch aktiven – Anhänger sehen in ihm einen großen Mystiker und Propheten. Lorber ist einer der wenigen Grazer, die in internationalen Lexika aufscheinen.

Jakob-Münz-Weg

XIII (Weidweg – Wiener Straße), 1959, PLZ 8051.

Jakob Münz (1853 Buchthalen/Schweiz – 1930 Graz), Ingenieur, Bauunternehmer, ansässig in Susak bei Fiume. Unter Einflussnahme von Münz bildete sich ein Ausschuss für den Bau einer Bahn von Gösting über Andritz nach Radegund. Münz erwarb zunächst für die Linie Gösting–Andritz mit Abzweigungen zur Zanklschen Farbenfabrik und zur Papierfabrik Kranz in Unterandritz die Konzession. Infolge des Ersten Weltkrieges erfolgte eine Verzögerung. Die Gründer der Grazer Lokalbahngesellschaft (Brüder Gutmann, Stmk. Escomptebank, Maschinenfabrik Andritz, Papierfabriken Brüder Kranz), die an die Stelle des Eisenbahnausschusses getreten waren, übernahmen die Planung. Mit den Bauarbeiten für Bahn und Brücke wurde die Bauunternehmung Münz GmbH in Abbazia beauftragt. Beginn der Arbeiten im Jahr 1917. Im August 1918 fuhr der erste Lokomotivzug vom Lokalbahnhof (neben der Südbahnstrecke bei der Göstinger Schule) über die Hilfsbrücke bei Andritz. Fertigstellung bzw. feierliche Übergabe am 1. 12. 1922 (siehe Schleppbahngasse). Das Grab von Jakob Münz befindet sich auf dem Zentralfriedhof.

Jakob-Redtenbacher-Gasse

VI (Schießstattgasse – Brockmanngasse), 1949, PLZ 8010.

Zuvor seit 1899 Redtenbachergasse, ehem. Kohlengasse. Der Techniker Ferdinand Jakob Redtenbacher (1809 Steyr – 1863 Karlsruhe) gilt als Begründer des wissenschaftlichen Maschinenbaues. Er studierte in Wien und arbeitete ab 1841 als Professor der Mechanik und Maschinenlehre an der Technischen Hochschule in Karlsruhe. 1857 bis 1862 leitete er auch diese berühmte Lehranstalt. 1949 erhielt der Professor zwar einen Vornamen in der Straßenbezeichnung, verlor aber zunächst das *-er* am Namensende. Erst nach einem Protest wurde dieses durch einen neuerlichen Gemeinderatsbeschluss wieder nachgetragen.

Jakobsleiter

III, XII (Weg zum Reinerkogel – vor der ehemaligen Reinerwarte), PLZ 8010.

Nach dem biblischen Bericht über den Patriarchen Jakob, der im Traum eine Treppe von der Erde bis in den Himmel sah, über die Engel auf- und niederstiegen. Die Mönche des Stiftes Rein, in dessen Besitz der Reinerkogel war, gaben dem steilen Treppenweg diesen Analogienamen.

Jakomini

VI.

Der VI. Stadtbezirk besitzt seit 1899 seine heutigen Grenzen. Zuvor gab es ein Stadtviertel dieses Namens und der II. Bezirk Jakomini umfasste eini-

Caspar Andreas von Jacomini (Ölbild in Landesbesitz).

ge Zeit auch den heutigen Bezirk St. Leonhard. Caspar Andreas Edler von Jacomini (1726 St. Daniel am Karst – 1805 Graz) stammte zwar aus einer angesehenen Familie, die im Raum Fiume und Görz ansässig war und dem niedrigen Adelsstand angehörte, seine Karriere war aber trotzdem nicht vorhersehbar. Nach erfolgreichen Geschäften in seiner näheren Heimat wurde Jacomini Postmeister in Cilli und hatte diese Position 20 Jahre inne. Gleichzeitig engagierte er sich auch in der lokalen Wirtschaft und mehrte Vermögen und Ansehen (1766 Edler von Jacomini). Jacomini erwarb mehrere Herrschaften, verkaufte diese aber wieder und zog um 1780 nach Graz. 1784 erwarb er große Gründe im Süden der Alt-

stadt, auf denen seine eigene Vorstadt entstand (zuerst Josefsstadt nach Kaiser Josef II., dann Jakominivorstadt). Er nutzte damit die Möglichkeiten, die durch die Aufhebung der Befestigungsbestimmungen für Graz gegeben waren, und kaufte günstig Grundstücke nun aufgelassener Klöster. Sein neuer Herrschaftsmittelpunkt war der Neuhof (Jakominiplatz 16). Ein Familienmitglied lebt in Graz.

Jakominigürtel

VI (Conrad-von-Hötzendorf-Straße – Klosterwiesgasse), 1880, PLZ 8010.

Ein relativ früh ausgebauter Teil des Gürtelstraßensystems. Siehe auch Jakomini.

Jakominiplatz

I, II, VI (südlich des Platzes Am Eisernen Tor und des Opernringes mit der Einmündung von acht Straßen), 1786, PLZ 8010.

Die Platzanlage wird durch ihre Lage am einst wichtigsten Ausgang der Stadt nach Süden bestimmt. Als „Vorfluter" für die Stadtmitte hat der Platz zentrale Bedeutung. Alle Straßenbahnlinien und etliche Buslinien verkehren hier. Der Platz selbst liegt im I. Bezirk, seine Häuser in den Bezirken I, II und VI. Von hier zweigen Straßen nach verschiedenen Richtungen ab (typischer Name nach Zielort: Gleisdorfer Gasse). Der stete Wandel am Platz bezeugt die Entwicklung der Stadt. 2007 gab es in der Stadtpfarrkirche eine Ausstellung zum „Jacky" und ein Begleitheft dazu. Siehe auch Jakomini.

Jakominiplatz: Grand Hotel Steirerhof (1930er-Jahre).

Jakoministraße

VI (Jakominiplatz – Conrad von Hötzendorf-Straße), 1786, PLZ 8010.

Auch Jakominigasse. Bis 1935 reichte die Jakominigasse bis zur Gemeindegrenze von Liebenau. Siehe auch Jakomini.

Jandlweg

IX (Siemensgasse gegen Nordwesten), 1948, PLZ 8010.

Zuvor Nordgasse. Glaubt man den Unterlagen der Stadtgemeinde, dann ist hier mit dem Namen der 1733 in Graz geborene Maler Anton Jandl gemeint. Diesen gibt es nicht, wohl aber Anton Jandl (1723 Graz – 1805 Graz). Wäre nicht 1948 ausdrücklich auf den Maler Anton Jandl hingewiesen worden, so könnte man sich auf die Suche nach einem anderen Jandl machen. Anton Jandl ist auch der Anton-Jandl-Weg gewidmet (siehe dort)! Jandl war landschaftlicher (ständischer) Maler und schuf besonders Kirchenbilder und Porträts. Sein ganzfiguriges Gemälde von Fürst Johann Ulrich von Eggenberg sei hier hervorgehoben. Wastler (1883) glaubt, von ihm zu wissen, dass er *ein Biedermann mit festen Grundsätzen, ein heller Kopf und ein Freund geselligen Lebens* gewesen sei.

Jandlweg

siehe auch Anton-Jandl-Weg

213

Janischhofweg

XI (Mariatroster Straße – Wenisbucher Straße), PLZ 8043, 8044.

Diese Bezeichnung stammt schon aus der Zeit der Gemeinde Fölling. Janischhof ist vom Vulgarnamen Janisch abgeleitet. Der bäuerliche Janischhof lag am Hang der Platte. Das Mariatroster Adressbuch von 1901 nennt noch eine große Zahl an Vulgarnamen.

Janneckweg

IX (Waltendorfer Hauptstraße gegen Osten), 1948, PLZ 8042.

Franz Christoph Janneck (1703 Graz – 1761 Wien) war Genre- und Landschaftsmaler, der als Professor an der Akademie der bildenden Künste in Wien tätig war. In der Literatur wird er als Meister der Feinmalerei hervorgehoben. Er bevorzugte religiöse Motive. Zwei Gemälde in einem Vorzimmer des Schlosses Eggenberg werden im *Dehio* als in der Art des Janneck gemalt beschrieben. Eine größere Zahl seiner Bilder befindet sich in Wien, so im Belvedere und im Schottenstift.

Janzgasse

XIV (Eggenberger Allee – Georgigasse), PLZ 8020.

Noch zur Zeit der Gemeinde Eggenberg wurde diese Gasse nach dem Besitzer Janz benannt, der dort ein Grundstück besaß.

Jaquetweg

XI (Mariatroster Straße gegen Norden), 1948, PLZ 8044.

Katharina Ja(c)quet die Jüngere (1760 Graz – 1786 Wien) wurde in Graz als Tochter eines Schauspielerpaares der Wandertruppe des Matthias Wittmann geboren. Ab 1774 ist sie Mitglied des Hoftheaters (Burgtheaters). In der einschlägigen Literatur wird sie als vollkommene Darstellerin tragischer Heldinnen beschrieben. Zu ihren Rollen gehörten u. a. Ophelia und Ariadne. In letzterer Rolle wurde sie in der Porträtgalerie der erfolgreichen Künstler des Burgtheaters dargestellt. Der ebenfalls aus Graz gebürtige Brockmann gehörte dem gleichen Ensemble an.

Jaritzweg

XII (Ursprungweg – Innerhoferstraße), 1984, PLZ 8045.

Paul Jaritz (1891 Klagenfurt – 1987 Graz), Ingenieur, steirischer Flugpionier, k. k. Stabflugmeister, Erfinder und Flugzeugkonstrukteur. 1914 stellte Jaritz bereits den ersten Tiefdecker in Gemischtbauweise aus Holz und Stahl mit einer Metallverstellschraube aus (im Kleinen Grazer Landhaushof). Bahnbrechend wurden seine pfeilförmige Verstellung der Tragflächen nach rückwärts und die Verlegung des Schwerpunktes. Von 1946 bis 1956 betrieb Jaritz eine Werkstätte in Deutschfeistritz. 1983 Verleihung des Großen goldenen Ehrenzeichens des Landes Steiermark.

Jarlweg

XVII (Herrgottwiesgasse – Triester Straße), 1929, PLZ 8055.

Namensbezug unklar. Möglicherweise nach Otto Jarl, der 1909 das originale

214

Major-Hackher-Denkmal (Bronzelöwe auf dem Schloßbergplateau) schuf. 1941 wurde es eingeschmolzen, und 1965 erfolgte eine freie Nachschöpfung von Wilhelm Gösser.

Jauerburggasse

VI (Münzgrabenstraße – Conrad-von-Hötzendorf-Straße), 1899, PLZ 8010.

Die Familie Jauerburg besaß vom 17. bis ins 19. Jh. das Münzgrabenschloss (Moserhofschloss). Der prominenteste Vertreter der Familie war Franz Ignaz Freiherr von Jauerburg, der an der Wende vom 18. zum 19. Jh. der Schlossherr war. 1815 begründete er eine Stiftung für die Armen der Pfarren St. Anna (Münzgraben) und Hl. Blut (Stadtpfarre).

Jaureggplatz

siehe Wagner-Jauregg-Platz

Jaureggstraße

siehe Wagner-Jauregg-Straße

Jensengasse

II (Engelgasse – Rudolfstraße), 1949, PLZ 8010.

Zuvor Villengasse. Adolf Jensen (1837 Königsberg/Preußen – 1879 Baden-Baden), deutscher Liederdichter in der Nachfolge Schumanns. Musiklehrer in Berlin, Königsberg, Dresden; Kapellmeister in Posen. Von 1871 bis 1875 in Graz tätig. Werke, u. a.: *Lieder aus dem spanischen Liederbuch*, die *Margaretenlieder* und der Zyklus *Dolorosa* (Gedenktafel für Jensen am Haus Maiffredygasse Nr. 2/Ecke Rechbauerstraße).

Jerusalemplatz

I (platzähnliche Parkanlage zwischen der Wilhelm-Fischer-Allee und der Erzherzog-Johann-Allee), 1996, PLZ 8010.

1996 feierte der Staat Israel mit einem großen Veranstaltungsprogramm das 3000-jährige Bestehen der Stadt Jerusalem, nicht nur in Israel, sondern auf der ganzen Welt, um dieses historische Datum in die Weltgeschichte eingehen zu lassen. Aus diesem Anlass wurde vom Botschafter des Staates Israel ein Ansuchen an die Stadt Graz gestellt, einer Straße oder einem Platz den Namen *Jerusalem* zu geben, um symbolisch ein Zeichen der Verbundenheit mit Jerusalem zu dokumentieren.

Joanneumring

I (Am Eisernen Tor – Neutorgasse, Ringstraße), 1890, PLZ 8010.

Während des Nationalsozialismus Max Rainer Ring. *Joanneum*, 1811 Stiftung naturwissenschaftlicher und historischer Sammlungen Erzherzog Johanns *zur Geistesbildung der Steyermärkischen Jugend*, durch Legate und Erwerbungen ständig vermehrt. 1861 vom Land Steiermark übernommen, *Steiermärkisches Landesmuseum Joanneum*. Im Zuge der Parzellierung des ehem. *Botanischen Gartens* (Joanneumgarten) in den Jahren zwischen 1897 und 1900 angelegter, repräsentativer Straßenzug mit dem Charakter eines großstädtischen Boulevards als Abschluss der historischen Altstadt. Überwiegend Wohn- und Geschäftshaus-Verbauung der Jahrhundertwende, wobei das Fassadenbild vor

Joanneumring: Nur teilweise realisierter Fassadenentwurf des L. Theyer für die Häuserfront Joanneumring 6–10 als Beitrag zur Grazer Ringstraßenarchitektur.

allem den stilistischen Übergang vom Späthistorismus zum Jugendstil widerspiegelt. Pläne größtenteils von Leopold Theyer. Siehe auch Erzherzog-Johann-Straße.

Johanna-Kollegger-Straße

XIV (Eckertstraße – Baiernstraße), 1928, PLZ 8020.

Johanna Kollegger (1853–1925) war schon vor dem Ersten Weltkrieg in der Marktgemeinde Eggenberg sozial und politisch aktiv. Ihr Interesse galt insbesondere dem Hort der Kinderfreunde. Sie war sozialdemokratisches Mitglied des Gemeinderates und gehörte auch dem Ortsarmenrat und dem Ortsschulrat an. Die damals neu erschlossene Straße wurde nach ihr benannt. 1953 wurde auch der Kindergarten in der Krausgasse nach Frau Kollegger bezeichnet.

Johann-Allee

siehe Erzherzog-Johann-Allee

Johannespark

V (zwischen Kantgasse und Hammer-Purgstall-Gasse), PLZ 8020.

Die Parkanlage hat im Verzeichnis der Gemeinde zwar keinen Namen, ist aber als (St.) Johannespark bekannt. Das Grundstück ist Eigentum einer Stiftung und seit rund 30 Jahren von der Stadtgemeinde gepachtet. Es ist ein Wunsch der Anrainer, dass dieser Park erhalten bleibt. Der Name leitet sich von der nahen Pfarre St. Johannes her.

Johannes-Ude-Gasse

siehe Dr.-Johannes-Ude-Gasse

Johannesweg

XI (Josefsweg – Dr.-Eckener-Straße), PLZ 8043.

Dieser Name wurde schon zur Zeit der Gemeinde Fölling verwendet. Das Schloss St. Johann, die Johanneskapelle und schließlich auch die Tramwayhaltestelle St. Johann befinden sich in diesem Teil des Mariatroster Tales. Das heutige Schloss ist (nach einer älteren Anlage) ein Neubau aus der Mitte des 19. Jhs. Die Kapelle an der Mariatroster Straße ist dem hl. Johannes von Nepomuk (1340–1393) geweiht. Seinem Tod als Märtyrer folgte 1729 die Heiligsprechung. Am 16. Mai wird seiner gedacht.

Johannes-Zwerger-Platz

II (Vorplatz der Herz-Jesu-Kirche), 1990, PLZ 8010.

Anlässlich des 100-jährigen Bestehens der Herz-Jesu-Kirche und nach großzügigen Renovierungs- und Adaptierungsarbeiten der Kirche im Jahr 1991 wurde der Vorplatz, im Eigentum der Stadtpfarrkirche zum Hl. Herzen Jesu stehend, nach dem Erbauer benannt. Dr. Johannes Zwerger, Fürstbischof (1824 Altrei/Südtirol – 1893 Graz), setzte der kirchenpolitisch schwierigen Zeit apostolischen Eifer entgegen. Die neugotische Herz-Jesu-Kirche wurde nach Entwurf von Georg Hauberrisser 1881 bis 1891 errichtet. Die künstlerische Innenausstattung erfolgte unter dem Bildhauer Hans Brandstetter (Zwerger-Grabmal in der Krypta). Unter Zwergers Amtsführung kam es zu einer rigiden Regotisierungswelle von barockem Kulturgut und zu neuen Klostergründungen in Graz.

Johann-Fux-Gasse

III (Geidorfgürtel – Herdergasse, Sackgasse), 1887/1906, PLZ 8010.

Johann Joseph Fux (1660 Hirtenfeld bei St. Marein am Pickelbach – 1741 Wien), steirischer Hofkompositeur und Musiktheoretiker, berühmter Vertreter der Frühbarockmusik (*Gradus ad Parnassum*, Musiktheorie, 1725). Fux wird auch durch das Johann-Joseph-Fux-Konservatorium des Landes Steiermark in Graz geehrt. Porträtbüste in der Ehrengalerie der Grazer Burg. Noble Gründerzeitstraße mit ehem. Wohnsitzen bedeutender Universitätsgelehrter wie Otto Loewi (Nobelpreis für Medizin 1936, Nr. 36) oder Hugo Schuchardt (Sprachforscher, Nr. 30).

Johann-Haiden-Straße

XIV (Straßganger Straße – Baiernstraße), 1963, PLZ 8020.

Zuvor ein Teil der Bauernfeldstraße. Johann Haiden (1870 St. Peter am Ottersbach – 1946 Graz) war Kommunalpolitiker und Gewerkschaftsfunktionär. Haiden stammte aus einer Kleinbauernfamilie, lernte das Fassbinderhandwerk und arbeitete bei den Brauereien in Eggenberg und Puntigam. Er gründete die Brauereiarbeitergewerkschaft. Dann wurde er Angestellter und darauf Direktor des Grazer Konsumvereins, später Steirische Konsumgenossenschaft. Ab 1914 war er Mitglied des Gemeinderats der Marktgemeinde Eggenberg und führte die Gemeinde als sozialdemokratischer Bürgermeister von 1926 bis zu seiner Absetzung 1934. In den schweren Jahren der Zwischenkriegszeit zeigte er Umsicht und bemühte sich insbesondere um Gemeindewohnungen und die kommunalen Einrichtungen.

Johannhöhe

XI (Am Josefbach gegen Osten), 1948, PLZ 8043.

Der Weg endet nördlich des Schlosses St. Johann und liegt ein Stück höher als der Talboden und auch das Schloss. Siehe Johannesweg.

Johann-Koller-Weg

VII (Liebenauer Hauptstraße – Engelsdorfer Straße), 1959, PLZ 8041.

Johann Koller (1855–1914) war Obmann des Kameradschaftsvereines Kalsdorf-Fernitz und erwarb sich Verdienste um die Verschönerung von Liebenau. Der Kollerhof liegt am Kollerweg.

Johann-Kriegl-Straße

XV (Laboratoriumstraße – Abstallerstraße), PLZ 8043.

Der Straßenname stammt aus den 1930er-Jahren. Johann Kriegl war in der Zwischenkriegszeit Gastwirt am Rechbauerweg (nun Erdbergweg). Seine Gastwirtschaft spielte im Leben der Gemeinde Wetzelsdorf eine wichtige Rolle. Bekannt war auch das Kriegl-Bad (Vereinsbad). Kriegl, der auch Mitglied des Gemeindeausschusses war, wurde ob seiner Verdienste um die Gemeinde zum Ehrenbürger ernannt.

Johann-Loserth-Gasse

IX (Waltendorfer Hauptstraße – Nansenweg), 1937, PLZ 8010.

Ein Teil wurde 1955 als Nansenweg abgetrennt. Der Historiker und Hofrat Dr. Johann Loserth (1846 Fulnek/Mähren – 1936 Graz) wurde besonders durch seine Arbeiten über die Reformation und Gegenreformation bekannt. Er hatte die Lehrkanzel für Geschichte des Mittelalters an der Universität Graz 1892 bis 1916 inne und verfasste bis ins hohe Alter eine große Zahl an Quelleneditionen und Publikationen. In Anerkennung seines Werkes wurde er zum Mitglied der Akademie der Wissenschaften gewählt und erhielt zusätzlich das Ehrendoktorat der Universität Graz. Loserth wohnte zuletzt in der Wegenergasse und wurde als Waltendorfer durch den Straßennamen geehrt.

Johann-Michael-Steffn-Weg

III (Heinrichstraße nach Osten, Sackgasse), 1928, PLZ 8010.

Johann Michael Steffn, Bürgermeister von Graz in den Jahren 1795 bis 1799. Zu seiner Zeit Franzosenbesetzung und Aufenthalt Napoleons in Graz 1797. Begründete 1798 eine Aktiengesellschaft der *bürgerlichen Schützengesellschaft zu Gratz.*

Johann-Paierl-Weg

XI (Mariatroster Straße gegen Nordwesten), 1952, PLZ 8043.

Hier war 1951 der Harrerweg vorgesehen, dies wurde von den Anrainern jedoch abgelehnt. Der Realitätenbesitzer und Fuhrwerksunternehmer Johann Paierl vulgo Kerschner wohnte Mariatroster Straße 11. Er war Hauptmann der Feuerwehr in Kroisbach, um die Jahrhundertwende Gemeinderat und dann auch Vizebürgermeister der Gemeinde Fölling. Fölling war bis 1930 der Name der späteren Gemeinde und des gegenwärtigen Bezirkes Mariatrost.

Johann-Puch-Platz

VII (Liebenauer Hauptstraße bei der Einfahrt zum Magna-Werk), 1999, PLZ 8041.

Standorte der Firma Puch befanden sich in der Köstenbaumgasse und in der Puchstraße. Aber auch das Werk Thondorf der Steyr-Daimler-Puch AG, nun Magna-Steyr, ist mit dem Namen des Grazer Industriepioniers verbunden. Hier in Thondorf wurden u. a. Puch-Fahrräder, Puch-Roller und Puch-Autos erzeugt. Auch den in Graz erzeugten Mercedes G gab es unter der Marke Puch G. Kurzbiographie siehe Puchstraße.

Johann-Sebastian-Bach-Gasse

VI (Evangelimanngasse – Ulrich-Lichtenstein-Gasse),1954, PLZ 8010.

Johann Sebastian Bach (1685 Eisenach – 1750 Leipzig) war einer der großen Tonschöpfer des Barocks. Er wirkte u. a. in Weimar und auch als Organist und Kantor an der Thomaskirche in Leipzig. Als Beispiel für sein reichhaltiges Werk seien die sechs *Brandenburgischen Konzerte* und die *Messe in h-Moll* angeführt.

Johannstraße

siehe Erzherzog-Johann-Straße

Johann-Strauß-Gasse

III (Quergasse zur Rottalgasse), 1899, PLZ 8010.

Johann Strauß (Vater, 1804 Wien – 1849 Wien), österreichischer Komponist, Walzerkönig, zahlreiche Walzer und Märsche (*Radetzkymarsch*). Johann Strauß (Sohn, 1825 Wien – 1899 Wien), eigene Kapelle mit den Brüdern Joseph und Eduard Strauß. Schöpfer der Wiener Operette.

Johann-und-Paul

siehe St.-Johann-und-Paul

Johann-Weitzer-Weg

VIII (Neufeldweg gegen Nordosten), 1986, PLZ 8041.

Johann Weitzer (1832 Friedberg – 1901 Waltendorf/Graz) war einer der erfolgreichsten Industriepioniere der Grazer Gründerzeit. 1854 gründete er eine Wagenschmiede, die unterschiedliche Kutschen herstellte. Sein Betrieb war dann die *Wagen- & Maschinen Fabrik, Eisen- & Metall-Giesserei* in der Rosensteingasse (nun Waagner-Biro-Straße). Daraus entstand die (Weitzersche) Grazer Waggonfabrik in der Eggenberger Straße. Parallel zur Konjunktur der Eisenbahn entwickelte sich sein Betrieb ständig weiter, der auch exportierte. Außerhalb von Graz entstanden weitere Werke des Konzerns. Der Sohn armer Weber hatte in wenigen Jahren den Aufstieg zum Großindustriellen geschafft. Der Nachfolgebetrieb (1941) war später der Standort Graz der Simmering-Graz-Pauker AG, heute Siemens SGP Verkehrstechnik GmbH.

Joherlgasse

XVII (Wagner-Jauregg-Straße nach Südosten, Sackgasse), 1948, PLZ 8055.

Ignaz Heinrich Joherl (1848 Tüffer Lasko/Untersteiermark – 1933 Feldkirchen/Graz). Nach der Priesterweihe 1870 war Joherl als Kaplan in mehreren steirischen Pfarren tätig, so z. B. auch in Wildon, wo er vielbeachtete Studien zur Geschichte von Burg, Markt und Pfarre begann. Als Militärgeistlicher nahm er am Okkupationsfeldzug in Bosnien 1878 und in der Herzegowina teil. Seit dem Jahr 1887 Pfarrer in Feldkirchen. Während des Ersten Weltkrieges Seelsorger im Interniertenlager bei Thalerhof. Ausführliche geschichtliche Darstellung zu Feldkirchen: *Feldkirchen, Kalsdorf, Pfarr- und Kommunalgeschichte mit Darstellung der allgemeinen Entwicklung*, 1905. Mehrfache Ehrungen und Auszeichnungen.

Josefbach

siehe Am Josefbach

Josef-Bayer-Gasse

XV (Arnethgasse – Peter-Rosegger-Straße), 1961, PLZ 8052.

Der Komponist Josef Bayer (1852 Wien – 1913 Wien) wurde besonders durch seine Ballettmusik *Die Puppenfee* (1913) bekannt. 1883 bis 1913 wirkte er als Hofballettdirektor an der Wiener Hofoper.

Josef-Gauby-Weg

IX (Plüddemanngasse – Schulgasse), um 1935, PLZ 8010.

Der Komponist Josef Gauby (1851 Lankowitz – 1932 Graz) stammte aus einer bekannten steirischen Musikerfamilie. Als Elfjähriger war er Sängerknabe im Stiftschor von St. Lambrecht. Dann besuchte er die Realschule und die Lehrerbildungsanstalt in Graz. In diesen Jahren erhielt er Violinunterricht und hörte Musiktheorie. Gauby arbeitete als Musikpädagoge. Sein umfangreiches kompositorisches Werk umfasst besonders Klavier- und Violoncellostücke sowie Lieder. In seinem späteren Werk widmete sich Gauby den Chor- und Soloiedern der steirischen Männerchorbewegung. Hierbei ist der volksliedartige Charakter seiner Kompositionen hervorzuheben.

Josefgrund

siehe Am Josefgrund

Josef-Huber-Gasse

V (Lazarettgasse – Eggenberger Gürtel), 1930, PLZ 8020.

Die Namengebung für die *verlängerte Rösselmühlgasse* hatte vordergründig den Hausbesitz der Familie Huber in dieser Gegend und die Bautätigkeit der Firma Huber in diesem Raum als Grundlage. Auf der anderen Seite wollte sich die Stadtgemeinde in dieser wirtschaftlich so schwierigen Zeit nicht die mit der Namengebung verbundene Spende (10.000 S) der Firma Huber entgehen lassen. Stadtzimmermeister Josef Huber wohnte in der

Rösselmühlgasse, dann Josef-Huber-Gasse. Für die Grünfläche an der Gasse wird nun der Name Josef-Huber-Park verwendet.

Josef-Hyrtl-Gasse

V (Triester Straße – Alte Poststraße), um 1935, PLZ 8020.

Der Anatom Josef Hyrtl (1811 Eisenstadt – 1894 Perchtoldsdorf) war Univ.-Prof. in Prag und ab 1845 in Wien. Er hatte in der Wiener Schule der Anatomen eine zentrale Position inne. So verbesserte er die anatomische Technik und die Herstellung von Präparaten. Er gründete 1850 das Museum für Vergleichende Anatomie und arbeitete an der Fachsprache der Mediziner. Bekannt wurden sein *Lehrbuch der Anatomie des Menschen* und das *Handbuch der topographischen Anatomie*. Hyrtl

widmete sein Vermögen wohltätigen Zwecken.

Josefigasse

IV (Mariahilferstraße – Am Damm), 1813, PLZ 8020.

Zuvor Neugasse, dann Josefsgasse, der Nordteil wurde auch als Johannesgasse bezeichnet. Der hl. Josef ist seit 1722 der Landespatron der Steiermark. Der Nährvater Jesu wird am 19. 3. gefeiert. Das Haus Josefigasse 1 zeigte ein um 1770 entstandenes und um 1955 zerstörtes Fresko *Tod des hl. Josef*. Das Vergabedatum des Namens lässt allerdings auch einen Zusammenhang mit Kaiser Josef II. (gest. 1790) vermuten.

Josef-Kai

siehe Kaiser-Franz-Josef-Kai

Die Josefigasse mit einem Blick durch die Marschallgasse zum Lendplatz (um 1900, Sammlung Huber).

Josef-Kienzl-Weg

XV (Steinäckerstraße – Straßganger Straße),1949, PLZ 8052.

Zuvor Bachweg. Josef Kienzl war Bürgermeister von Eggenberg (1862–1892). In diesen 30 Jahren prägte seine Politik die Gemeinde Eggenberg. Kienzl ließ z. B. die Baiernschule erbauen und gründete die Freiwillige Feuerwehr. In seiner Amtszeit entstand das Kurhaus. Die Häuser am ehemaligen Bachweg wurden teilweise auf Grundstücken von Kienzl gebaut. In diesen Jahren war Wetzelsdorf – zu diesem Bezirk gehörte die Straße – noch ein Teil der Gemeinde Eggenberg (bis 1914). Dieser Umstand trug zu solcher Verwirrung bei, dass im Benennungsakt der Stadtgemeinde Graz Kienzl zum Bürgermeister der damals noch nicht bestehenden Gemeinde Wetzelsdorf gemacht wurde. Die lange und breite Straßganger Straße war noch aus den Zeiten der Gemeinde Eggenberg bis 1947 nach diesem Bürgermeister benannt. Der Bildstock an der Kreuzung Reininghausstraße/Wetzelsdorfer Straße wird als Kienzlkreuz bezeichnet.

Josef-Lanner-Straße

XVII (Tiergartenweg – Hochleitenweg), 1929, PLZ 8055.

Josef Lanner (1801 Wien – 1843 Wien), eigentlicher Begründer des Wiener Walzers, berühmter Tanzgeiger, Kapellmeister und Komponist der Biedermeierzeit. Er gründete 1824 sein eigenes Orchester, in dem auch Johann Strauß Vater spielte.

Josef-Ornig-Straße

XIII (Schippingerstraße nach Norden Richtung Mur), 1942, PLZ 8051.

Dipl.-Ing. Dr. Josef Ornig (1889 Pettau – 1935 Graz), ein Sohn des Pettauer Bürgermeisters Josef Ornig, erwarb sich als Mitarbeiter und zuletzt Direktor der STEWEAG Verdienste um den Bau von Kraftwerken (Teigitschkraftwerk, Langmannsperre, Pernegg-Mixnitz, Packsperre). Privat gehörte sein Interesse besonders dem Gut St. Johann am Draufeld im ehemaligen untersteirischen Teil Sloweniens, das er bis zu seinem Tod bewirtschaftete. Die Straße steht im Zusammenhang mit einer Siedlung und einem Umspannwerk der STEWEAG.

Josefplatz

siehe Kaiser-Josef-Platz

Josef-Pock-Straße

XIII (Wiener Straße – Ibererstraße), PLZ 8051.

Josef Pock (geb. 1840), Sodawasserfabrikant. Bürgermeister von Gösting in den Jahren 1892 bis 1901. 1906 Ernennung zum Ehrenbürger von Gösting.

Josef-Poestion-Straße

XIV (Baiernstraße – Burenstraße), um 1940, PLZ 8052.

Josef Poestion (1853 Bad Aussee – 1922 Wien) studierte Philologie und wurde Feuilletonist und Bibliothekar des Innenministeriums in Wien. Er verfasste Lehrbücher der skandinavischen Sprachen und übersetzte altnordische Literatur. Poestion wandte sich aber auch der neueren skandinavischen und isländischen Literatur zu, er übersetzte u. a. Anderson und Ibsen. Es wurde ihm die Ehrendoktorwürde der Universität Graz verliehen. Zum Straßenbau kam es im Rahmen der Errichtung der Polizeisiedlung.

Josef-Pongratz-Platz

VI (Friedrichgasse – Roseggerkai), 1961, PLZ 8010.

Zuvor ein Teil der Zimmerplatzgasse. Josef Pongratz (1863 Eibiswald – 1931 Graz) war 1900 bis 1913 sozialdemokratischer Gemeinderat der Stadt Graz und 1919 bis 1930 Landeshauptmann-Stellvertreter der Steiermark. Als Vertreter des Wahlbezirks Gries/Jakomini gehörte Pongratz von 1907 bis 1914 und von 1917 bis 1918 dem Reichsrat als Abgeordneter an. Den Vorsitz der Massenversammlung, die 1918 auf dem Franzensplatz (Freiheitsplatz) für die Steiermark die Republik ausrief, hatte der Abgeordnete Pongratz. Er war auch Direktor der Bezirkskrankenkasse. Besondere Verdienste erwarb er sich um den Bau der Heilstätte auf der Stolzalpe. Die Stadt Graz ernannte ihn 1931 zum Ehrenbürger. Es war dies die erste Verleihung dieser Würde an eine Person, die nicht aus dem bürgerlichen Lager kam. Die Straßenbenennung steht mit dem Neubau der Gebietskrankenkasse in Zusammenhang. Ursprünglich hätte der Straßenname bei der Wielandgasse beginnen sollen. Dies wurde jedoch von der Bezirksvertretung zugunsten der Zimmerplatzgasse abgelehnt.

Josef-Posch-Straße

XV (Straßganger Straße – Krottendorfer Straße), um 1925, PLZ 8052.

Josef Posch lebte in der Krottendorfer Straße. Er war Realitätenhändler und Villenbesitzer. Als Wetzelsdorf noch ein Teil der Ortsgemeinde Eggenberg war, gehörte er schon dem Gemeindeausschuss (Gemeinderat) an. Unter seiner Führung trennte sich Wetzelsdorf 1914 von Eggenberg, und Posch wurde der erste Bürgermeister von Wetzelsdorf. Die Argumentation, die zur Trennung der Gemeinden führte, war, dass Wetzelsdorf nicht die Entwicklung über die Industrie suchen wollte, sondern auf Landwirtschaft, Villen und Tourismus setzte.

Josef-Schwarz-Straße

XV (Steinbergstraße – Krottendorfer Straße), PLZ 8052.

Josef Schwarz wohnte in der Steinbergstraße. Er war Schmiedemeister und Grundbesitzer. Als Gemeinderat der jungen Gemeinde Wetzelsdorf war er eine Schlüsselperson im Aufbau kommunaler Eigenständigkeit.

Josef-Steinberger-Weg

XVI (Bahnhofstraße, nach Süden führende Siedlungsaufschließungsstraße), 1991, PLZ 8054.

Josef Steinberger, Direktor, Hofrat, Dr. h. c. (1874 Aichdorf/Fohnsdorf – 1961 Graz, begraben St. Wolfgang/Zirbitz); Begründer des Volksbildungsheimes St. Martin (Landesstelle für das bäuerliche Fort- und Volksbildungswesen in Steiermark). Steinberger stammte aus einer Bauernfamilie, Studium der Theologie an der Karl-Franzens-Universität; 1896 Priesterweihe. Auf seine Initiative hin wurde im Jahr 1914 der Verein für bäuerliche Jugendbildung in der Steiermark gegründet, und dieser Verein pachtete vom Stift Admont das Schloss St. Martin in Straßgang. Im Sommer 1918 erste bäuerliche Fortbildungskurse. Steinberger gilt als der bedeutendste Volksbildner der Steiermark und Pionier der österreichischen Erwachsenenbildung.

Josefweg

XI (Mariatroster Straße – Unterer Plattenweg), um 1927, PLZ 8043.

Der Name steht mit dem Schloss St. Josef in Beziehung. Das Schloss stammt aus der Mitte des 17. Jhs. und wurde um 1887 grundlegend umgebaut. Im Schloss befindet sich eine der Hl. Familie geweihte Kapelle. Also ist der im Namen angesprochene hl. Josef der am 19. März gefeierte Nährvater Jesu. Der hl. Josef ist der Landespatron der Steiermark. Seit den Neubauten wird auch von der Schlosssiedlung St. Josef gesprochen.

Joseph-Marx-Straße

XI (Hilmteichstraße – Am Dominikanergrund), 1947, PLZ 8043.

Zuvor Kernstockgasse und noch früher Franz-Josef-Straße. Dr. Joseph Marx (1882 Graz – 1964 Graz) erwarb als Komponist und Rektor der Wiener Musikhochschule internationale Anerkennung. Er schuf Kammermusik und große Orchesterwerke. Bekannt wurden seine *Herbstsymphonie* und das Chorwerk *Herbstchor an Pan*. Mit seiner Dissertation über Musiktheorie und seinem Werk *Weltsprache Musik* schuf er Grundlagenliteratur über Musik. Graz verlieh ihm die Würde eines Ehrenbürgers, und der Steirische Landesmusikpreis ist nach ihm benannt. Den möglichen Vorwurf, dass Popelka und Semetkowski mit ihrem Namensvorschlag für eine Marx-Straße einen noch lebenden Künstler ehren wollen, entkräften sie mit folgendem Argument: Was für die heitere Musik, siehe Robert Stolz, Gültigkeit habe, das müsse auch für die ernste Musik richtig sein.

Judendorfer Straße

XIII (Wiener Straße – Südbahn zur Stadtgrenze, mit Unterbrechung), PLZ 8051.

Nach dem Ort Judendorf-Straßengel benannt. Wohnvorort nördlich von Graz, am rechten Murufer nordwestlich des Plabutschtunnels (siehe Straßengelstraße).

Julius-Hansel-Straße

XV (Sackstraße nach Norden und Süden der Dr.-Ignaz-Scarpatetti-Straße), um 1930, PLZ 8052.

Julius Hansel war nach Adolf Baumgartner der zweite Direktor der Ackerbauschule Grottenhof. In seiner Amtszeit (1884–1902) wurde das Gut in die Eigenbewirtschaftung der Schule übernommen und damit erst voll funktionsfähig gemacht. In seine Ära fallen die Technisierung der Schulwirtschaft und der Ausbau des Versuchswesens. 1897 wurde das neue Schulgebäude (Landesackerbauschule) eröffnet. Damit wurde auch die Schülerzahl erhöht (von 30 auf 50).

Julius-Schuch-Gasse

XVI (Zufahrtsstraße neben der Graz-Köflacher Bahn, Trattfelderstraße nach Süden), 1972, PLZ 8054.

Julius Schuch (1862 Graz – 1923 Graz), steirischer Musiker und Musikkritiker beim *Grazer Tagblatt*. Pflegte Freundschaften mit vielen zeitgenössischen Musikern. Gründer zahlreicher Vereine und Leiter von Wohltätigkeitsveranstaltungen, z. B. Gründungsmitglied der Radfahrvereinigung Grazer Herrenfahrer, Gründer des Vereins Hilmwarte; begründete mit den Brüdern Kienzl den Grazer Orchesterverein etc. Die Namengebung wurde durch den Schriftsteller Dr. Hans Dettelbach veranlasst, der Schuch in den *Steirischen Begegnungen* ein Denkmal setzte.

Vereinskarte

gültig zu **einem** Besuche der photoplastischen

Wissenschaftlichen Ausstellung

für Länder- und Völkerkunde, Zeitereignisse, Weltbegebenheiten, naturwahre Reisen, Alpenwanderungen und Hochtouren etc. im

Panorama International

Graz, innere Stadt, Jungferngasse Nr. 2.

Über 900 verschiedene Reisen aus allen Weltteilen.

Jede Woche anderes Programm!

Geöffnet täglich von 9 Uhr morgens bis 9 Uhr abends.

Jungferngasse: Dia-Schau als Attraktion – das „Panorama" (um 1910).

Jungferngasse

I (Herrengasse – Frauengasse), 1813, PLZ 8010.

Zuvor Obere Judengasse. Ursprünglich eine Gasse im ehemaligen, bis Mitte des 15. Jhs. bestehenden mittelalterlichen Ghetto. Bis ins 18. Jh. werden die Frauen- und die Jungferngasse noch als die beiden *Judengassen* bezeichnet. Der Name Jungferngasse erscheint erstmals in einem Häuserverzeichnis von 1813 (siehe Frauengasse).

K

Kabelkaweg

siehe Alois-Kabelka-Weg

Kadettengasse

VII (Puntigamer Straße – Puntigamer Straße), 1949, PLZ 8041.

Zuvor Schulgasse. Das aus dem Französischen abgeleitete Wort Kadett bezeichnet den Zögling einer militärischen Lehr- und Bildungsanstalt. Im konkreten Fall sind hier die Schüler der ehemaligen Kadettenschule Liebenau

Kadettengasse: Ein Zögling der Kadettenschule vor wachestehenden Bosniaken („Jeder Situation gewachsen", Schönpflug, Verlag B. Kohn, Wien).

gemeint. 1854 bezogen die ersten Artilleriekadetten die anstelle des Schlosses errichtete Militärschule. 1875 wurde daraus eine Infanteriekadettenschule. Nach 1918 wechselte der Name häufig. Im Ersten und Zweiten Weltkrieg befand sich hier auch ein Lazarett. Nun ist die alte Kadettenschule zur neuen *Höheren Internatsschule des Bundes* modifiziert.

Kahngasse

III, XII (Körösistraße – Mautgasse), 1870, PLZ 8010, 8045.

Nördliche Stadtgrenze gegen Andritz. Ursprünglich bis 1887/88 betriebene Kahn-Überfuhr vom Graben zum Kalvarienberg.

Kainacherweg

XVI (Kärntner Straße nach Osten, Sackgasse), 1947, PLZ 8054.

Kainacher, ursprünglich ein landesfürstliches Dienstmannengeschlecht vom 12. bis zum 15. Jh. mit Besitzungen im weststeirischen Kainachtal, nördlich der Gleinalpe, in den Seitentälern des Aichfeldes und im Ennstal. Turm von Kainach, in der Nähe des Ortes Kainach, ab dem 12. Jh. Stammsitz der Kainacher (Gumpold de Chunache, um 1140). Im Burgschloss Alt-Kainach (Bärnbach bei Voitsberg) befindet sich das *Burgenkundliche Museum*. Ein Christof Freiherr von Kainach war 1552 bis 1560 Propst von St. Martin.

Kaiser-Franz-Josef-Kai: Bevor die Kaistraße entstand, befand sich hier eine Häuserzeile (Bauarbeiten 1890–1905).

Kaiserfeldgasse

I (Am Eisernen Tor – Marburger Kai), 1885, PLZ 8010.

Dr. Moritz Blagatinschegg, Edler von Kaiserfeld (1811 Pettau – 1885 Schloss Birkenstein/Birkfeld), Politiker und Mitglied der Frankfurter Nationalversammlung 1848/49. In den Jahren 1871 bis 1884 Landeshauptmann der Steiermark. Weiters war er Präsident des Abgeordnetenhauses, ab 1871 Mitglied des Herrenhauses. In der Steiermark förderte er die Expansion der Wissenschaften, indem er die Erhebung der Studienanstalt am Joanneum zur Technischen Hochschule unterstützte. Auch die Errichtung der medizinischen Fakultät der Universität ging auf seine Initiative zurück.

Kaiser-Franz-Josef-Kai

I (Murgasse – Wickenburggasse), 1905, PLZ 8010.

Die entlang des östlichen Murufers verlaufende Kaistraße wurde ab 1900 angelegt, nachdem ab 1897 die alte Muruferverbauung abgebrochen worden war. Zuerst als *Stadtkai* bezeichnet, 1905 erstmals als *Kaiser Franz Joseph Kai*, 1920 als *Schlossbergkai*. Seit 1935 wieder Kaiser Franz-Josef-Kai benannt nach Kaiser Franz Josef I. von Österreich (1848–1916). Der Kaiser besuchte u. a. in den Jahren 1850, 1870, 1878, 1883, 1888 und 1895 die Stadt Graz.

Kaiser-Josef-Platz

I, II (zwischen Glacisstraße, Mandell-straße, Schlögelgasse), 1879, PLZ 8010.

Ehemals *Holzmarkt- und Markthüt-tenplatz,* da hier die Holzhändler ihren Standplatz hatten. 1879 in Kaiser-Josef-Platz umbenannt nach Kaiser Josef II. (1765/1780–1790). Die westliche Platzseite wird von der ab 1850 neu gestalteten evangelischen Heilandskirche, die 1824 in schlichten Formen erbaut wurde, akzentuiert (Wiederzulassung des protestantischen Glaubens wieder möglich durch das Toleranzpatent Josefs II. 1781). Die zur Altstadt gewandte Nordseite des Platzes erhielt erst Ende des 19. Jhs. durch den monumentalen Bau des Opernhauses ihren wirkungsvollen Abschluss. Standort des beliebten, malerischen Bauernmarktes von Graz.

Kaiserwaldweg

IX (Obere Teichstraße – Rudolfstraße), 1948, PLZ 8010.

Eine traditionelle Bezeichnung in jenem Teil der Gemeinde Hart bei St. Peter, die 1938 zu Graz kam und nun ein Teil des Bezirks Waltendorf ist. Der Kaiserwald war landesfürstlicher Besitz.

Der Kaiser-Josef-Platz an Markttagen aus der Vogelperspektive.

Zum Kaiserwald passt die Bezeichnung *Kaiserwirt,* der sich allerdings nach eigener Tradition von Napoleon I. ableitet. H. Purkarthofer untersuchte die Bezeichnung Kaiserwald am Westrand des Grazer Feldes (Dobl). Er kommt dort zum Befund, dass diese Bezeichnung bis ins Spätmittelalter zurückgeht. Hier für Waltendorf weist Popelka auf den Kaiserwald in der Karte della Portas hin (1788).

Kaiserwiesenweg

XVII (Auer-Welsbach-Gasse – Mitterlingweg), 1954, PLZ 8055. Flurbezeichnung.

Johann Ritter von Kalchberg.

Kalchberggasse

I (Raubergasse – Marburger Kai), 1885, PLZ 8010.

Johann Ritter von Kalchberg (1763 Schloss Pichl/Mürztal – 1827 Graz, Grabstein an der Leechkirche), Schriftsteller, ständischer Ausschussrat, betrieb historische Forschungen; zahlreiche Veröffentlichungen, z. B. *Historische Skizzen,* 2 Bde., Wien 1800. Herausgeber der *Früchte vaterländischer Musen.* 1810 in den Ritterstand erhoben, nach der Gründung des Joanneums wurde Kalchberg von Erzherzog Johann zu einem der Kuratoren dieser Anstalt ernannt. Kalchberg unterstützte Wartingers Ideen (Wartinger Medaille), das Münzkabinett, das Archiv und die Bibliothek des Joanneums mit Geldspenden. Bewegte sich u. a. im Freundeskreis von Ignaz Rusterholzer, Jandl und Drasenberger.

Kaltenbrunngasse

XI (Mariagrüner Straße gegen Westen), 1947, PLZ 8043.

Zuvor Berchtesgadenerstraße. Benannt nach der Gaststätte *Kaltenbrunn,* die um die Jahrhundertwende ein moderner und lauter Treffpunkt der Grazer war. Hier gab es Musik, eine Schießbude, Kegelbahn und eine Grotte. Im Zusammenhang mit dieser Grotte und einer Quelle dürfte wohl auch der topographische Name zu erklären sein.

Kalvarienbergstraße

IV (Hackhergasse über Kalvariengürtel zum Kalvarienberg),1786, PLZ 8020.

Der *Calvarienberg,* so die ältere Schreibweise, entstand auf dem ehemaligen Austein (siehe Austeingasse) am Beginn des 17. Jhs. In seinen Anfängen trug er drei Kreuze als Zeichen der Gegenreformation. Zwischen 1694 und 1723 wurde

Kalvarienbergstraße: Der Wallfahrtsberg bei den Flussschnellen der Mur (aus der Kaiser-Suite, 1824).

der Kalvarienberg um mehrere sakrale Bauwerke erweitert. Die Straße, auf der man zum Kalvarienberg im äußersten Norden des alten Graz kam, war ein Prozessionsweg, vorbei an vielen Bildstöcken. *Calvaria* (latein. Schädel) weist hier auf die biblische Schädelstätte (Golgatha) hin. Erhebungen mit der Kreuzigungsgruppe und Kreuzwegstationen sind in Österreich als ein Merkmal barocker Frömmigkeit relativ häufig.

Kalvarienbrücke

III, IV (Kalvariengürtel – Grabengürtel), 1884.

Im Rahmen einer ersten Planung für einen Straßengürtel um die zentralen Stadtbereiche wurde 1884 hier eine erste Brücke geweiht und eröffnet. Es war eine über Joche gezimmerte Holzbrücke. Die Nachfolgekonstruktion, eine Eisenkonstruktion mit Parallelbögen, Zugband und aufgehängter Fahrbahn, entstand 1927 unter gleichem Namen. 1992 wurde diese wiederum durch einen Neubau ersetzt. Siehe Kalvarienbergstraße.

Kalvariengürtel

IV (Kalvarienbrücke – Wiener Straße), 1880, PLZ 8020.

Früher auch *Calvarienberggürtel*. Einer der früh realisierten Teile des in der Gründerzeit erstmals geplanten Straßengürtels als äußere Stadtumfahrung. Name siehe Kalvarienbergstraße.

Kalvariengürtel Straße

IV, III.

Das ist die Bezeichnung für die Landesstraße B 67 b, die vom Westende des Kalvariengürtels über die Kalvarienbrücke zum Grabengürtel führt und bei der Grabenstraße nach dem Straßentunnel endet. Ihre offizielle Länge beträgt 1445 m.

Kalvarienweg

XIII (Augasse – Kirchweg/Schippingerstraße), 1949, PLZ 8051.

Zuvor Friedhofsweg. Am Kalvarienberg-Friedhof entlangführende Straße, auch Teil des barocken Prozessionsweges (siehe Kalvarienbergstraße). 1654 erfolgte die Grundsteinlegung der Kalvarienberg-Anlage mit Ölbergkirche und Grabkapelle. 1660 besuchte Kaiser Leopold I. den Kalvarienberg. 1723 Errichtung der Schaufassade mit Ecce-Homo-Darstellung. Stätte intensiver barocker Frömmigkeit und großer Bußprozessionen in der Pestzeit. Im Jahr 1675 nach der Fertigstellung der Kalvarienberg-Anlage kamen am Tag der Kreuzauffindung 8000 Menschen. Noch 1723 vermerkten die Jesuiten, *dass mehr als 2000 ledige Frauenpersonen mit fliegendem Haar und Dornenkronen in schneeweißen Kleidern und Männer mit Dornenkronen, barfuß mit schweren Ketten um den Leib und Füßen* an den Bußprozessionen teilnahmen. Nach 1784 ging die Zeit des barocken Leiden-Christi-Kultes allmählich zu Ende. 2003 wurde die lange vernach-

Die Kalvarienbrücke der Jahre 1927 bis 1991.

lässige Anlage erneuert. Siehe auch Maschwandergasse.

Kammerwehrgasse

VII (Puntigamer Straße gegen Westen), 1949, PLZ 8041.

Zuvor Marktgasse. Murarm, Bäche und besonders Mühlbäche gaben Liebenau die Grundlage für Wehranlagen und Mühlen. Eine davon war das Kammerwehr. Popelka hatte allerdings den richtigeren Namen Kammeralwehrgasse vorgeschlagen und diesen Namen überdies als einen Ersatz für die Fischergasse in Liebenau gemeint. Der die Kammerwehrgasse querende Abfluss des St. Peterbaches ist hier jüngeren Ursprungs.

Kamnikerstraße

siehe Dr.-Kamniker-Straße

Kantgasse

V (Triester Straße – Hammer-Purgstall-Gasse), 1936, PLZ 8020.

Der deutsche Philosoph Immanuel Kant (1724 Königsberg – 1804 Königsberg) lehrte an der Universität von Königsberg Logik, Ethik und Metaphysik. Sein Denken bedeutete eine Wende. 1781 erschien die *Kritik der reinen Vernunft*, ein grundlegendes Werk der abendländischen Philosophie, in dem das Wissen selbst zum Inhalt der Kritik gemacht wird. Kant beeinflusste stark die Philosophie des 19. Jhs., und der Neukantianismus baut auf seinen Ideen auf.

Kanzel

siehe An der Kanzel

Kapaunplatz

I (Platz zwischen dem Franziskanerplatz und der Davidgasse), 1813, PLZ 8010.

Der Bereich zwischen Hauptplatz und Franziskanerkirche wird bis ins 18. Jh. mit *in der Höll* bezeichnet. Seit Mitte des 17. Jhs. Fischmarkt. Im 18. Jh. als *Holz-* oder *altes Fischplatzl* überliefert. Der Name Kapaunplatz erscheint erstmals 1813, vermutlich nach dem ursprünglich im Haus Nr. 6 befindlichen Gasthaus *Zum Kapaun* (kastrierter Masthahn), dann *Zum Neuwirth*.

Kapellenstraße

V, XVI (Vinzenz-Muchitsch-Straße – Kärntner Straße), 1889, PLZ 8020, 8053.

Am Westende der Straße, bei der Kreuzung zur Kärntner Straße, stand der Gasthof *Zur Kapelle* (Kapellenwirt), der im 19. Jh. bei einem kapellenartigen Bildstock (Arbeiter und Gadolla: Wegsäule) errichtet wurde.

Kapistran-Pieller-Platz

I (zwischen Hauptbrücke, Franziskanerplatz und Neutorgasse), 1988, PLZ 8010.

Benannt nach dem Franziskanerpater und Grazer Studentenseelsorger DDDr. Kapistran Pieller (1891 Wien – 1945 Stein), der wegen seiner Mitarbeit in der *Antifaschistischen Freiheitsbewegung Österreichs* zum Tode verurteilt und am 15. 4. 1945 in Stein an der Donau erschossen wurde. Der Platz entstand 1965 nach Abbruch der murseitigen Hauszeile der Neutorgasse.

Karlauer Straße 26: Hutfabrik Anton Pichler, 1936 (Abbruch 1998).

Kaplangasse

siehe Viktor-Kaplan-Gasse

Karlauer Gürtel

V (Lazarettgürtel – Bertha-von-Suttner-Friedensbrücke), 1880, PLZ 8020.

Ein früh realisierter Teil des Gürtelstraßensystems der Gründerzeit. Siehe Karlauer Straße.

Karlauer Straße

V (Griesplatz – Karlauplatz), 1788, PLZ 8020.

Nach dem Schloss Karlau war im 19. Jh. eines der 15 Viertel der Stadt benannt. Erzherzog Karl II. (1540 Wien – 1590 Graz) von Innerösterreich ließ im Südwesten von Graz ein Jagd- und Lustschloss errichten. Als Bauzeit wird 1590 (Todesjahr des Bauherrn) bis 1594 angenommen. Zuerst wurde das Schloss kurze Zeit nach der nahen Ortschaft *Tobel* benannt, dann, schon während der Bauzeit, nach dem Bauherrn *Karl-Au.* Ein großer Tiergarten (Jagd) umgab das ursprünglich isoliert gelegene Schloss. Im Süden der Stadt gibt es als Bezug zu den einst hier bestimmenden Murauen etliche Au-Namen. Nach dem Abzug des Hofes 1619 verliert das Schloss seine Attraktion. 1745 und 1794 waren Kriegsgefangene hier untergebracht, 1749 wurde es Kaserne, 1769 bis 1784 war es Arbeitshaus, ab 1803 Strafhaus (nun Strafvollzugsanstalt). In den heute völlig veränderten Baulichkeiten sind noch größere Reste der alten Bausubstanz vorhanden.

Karlauplatz

V (Karlauer Straße – Triester Straße),
1785, PLZ 8020.

Siehe Karlauer Straße.

Karl-Böhm-Allee

siehe Dr.-Karl-Böhm-Allee

Karl-Etzel-Weg

XV, XVI (Grottenhofstraße – Harter
Straße), 1954, PLZ 8053.

Der deutsche Eisenbahningenieur Carl
von Etzel (1812 Heilbronn – 1865 Kem-
melbach/Ybbs) entwarf Eisenbahnlini-
en in Deutschland und – unter schwierigen Landschaftsbedingungen – in der
Schweiz. 1857 wurde er Baudirektor der
Franz-Josef-Orientbahngesellschaft.
Die Fertigstellung seines bedeutendsten
Werkes, der Brennerbahn (1864–1867),
erlebte er nicht mehr.

Karl-Frisch-Gasse

XIV (Straßganger Straße – Kolonie-
gasse), 1995, PLZ 8020.

Zuvor ein Teil der Bauernfeldstraße.
Karl Ritter von Frisch (1886 Wien –
1982 München) wirkte als Zoologe,
insbesondere als Tierpsychologe und
Bienenforscher. Er studierte in Wien
und lehrte an den Universitäten von
Rostock, Bremen, Breslau, Graz (1945–
1950) und München. Berühmt wurde
er durch seine Arbeiten über den Farb-
sinn der Tiere und über die Bienen-
sprache. 1973 erhielt er zusammen mit
K. Lorenz und N. Tinbergen den Me-
dizinnobelpreis für die Arbeiten über
vergleichende Physiologie und Verhal-
tensforschung. Auch die Namensform
Frischgasse stand zur Diskussion.

Karl-Huber-Gasse

VII (Liebenauer Hauptstraße –
Petrifelderstraße), um 1930, PLZ 8041.

Zuvor ein Teil der Liebenauerstraße.
Karl Huber war durch viele Jahre am
Beginn des 20. Jhs. Bürgermeister der
Gemeinde Liebenau. In seine Amts-
führung fallen der erste Ausbau der
kommunalen Einrichtungen und ein
Wachstumsschub für die Gemeinde.
Ihm gehörten auch zwei Häuser in Lie-
benau. 1988 wurde die Gasse nach Os-
ten verlängert.

Karl-Lueger-Straße

siehe Dr.-Karl-Lueger-Straße

Karl-Maria-von-Weber-Gasse

VI (Steyrergasse – Hafnerriegel), 1899,
PLZ 8010.

Carl Maria von Weber (1786 Eutin –
1826 London) entstammte einer deutschen Musikerfamilie. Er leitete Orchester in Breslau, Prag, Dresden und
Berlin. Von Webers Opern wurden *Der
Freischütz* und *Oberon* am berühmtesten. Von ihm stammen aber auch
Symphonien, Chor- und Klaviermusik,
Messen, Kantaten, Arien und Kammermusik. Weber betätigte sich auch als
Musikkritiker und Musikschriftsteller.

Karl-Morre-Straße

XIV (Georgigasse – Wetzelsdorfer
Straße, mit Unterbrechung), um 1900,
PLZ 8020.

Nördlichster Teil zuvor Kernstockgasse.
Dafür war in den Nachkriegsjahren der
Name Mitterdorferstraße im Gespräch.

Der Volksschriftsteller Karl Morré.

Karl Morré (1832 Klagenfurt – 1897 Graz) wirkte als Dramatiker, Volksschriftsteller und Politiker. Er schrieb Singspiele, Schwänke und Possen in stilisierter Mundart. Am erfolgreichsten war sein einst häufig aufgeführtes 's Nullerl (1885). Es sei auch auf seine Schriften hingewiesen; so tritt er in *Arbeiterpartei und Bauernstand* (1891) für die sozialen Anliegen der Landbevölkerung ein. Er war auch als Landtags- und Reichsratsabgeordneter sozialpolitisch aktiv. In Graz wohnte Morré in der Annenstraße und arbeitete als Finanzbeamter bei der Gemeinde. Ein Denkmal im Volksgarten (1907) erinnert an ihn. Die Straße, die für den Durchzugsverkehr konzipiert war, erhielt diesen Namen um 1900.

Karlsbader Gasse

XVI (Gradnerstraße – Mühlfelderweg, Sackgasse), 1967, PLZ 8054.

Karlsbad in Westböhmen (nun Karlovy Vary/Tschechien) war einer der bekanntesten Kurorte Österreich-Ungarns. Die Benennung erfolgte anlässlich eines Großtreffens der Sudetendeutschen im Jahr 1965 in Wien.

Karl-Schönherr-Gasse

VIII (Marburger Straße über die Wittenbauer Straße nach Südwesten), 1949, PLZ 8042.

Ostteil zuvor Schubertstraße. Der in Tirol geborene und meist in Wien lebende Arzt Karl Schönherr (1867 Axams/Tirol – 1943 Wien) wurde als volkstümlicher Schriftsteller und besonders als Dramatiker bekannt. 1905 legte er seine Praxis zugunsten seines literarischen Schaffens zurück. Seine naturalistischen Volksstücke wie *Der Judas von Tirol* und *Der Weibsteufel* sowie seine Erzählungen aus Tirol heroisieren in realistischer Darstellung die ländliche Lebenswelt. Schönherr erhielt zahlreiche Preise und Ehrungen, so dreimal den Grillparzerpreis und 1927 das Ehrenbürgerrecht der Stadt Wien.

Karl-Zeller-Weg

XIII (Wiener Straße nach Südwesten, Sackgasse), 1949, PLZ 8051.

Zuvor Wiesenweg. Karl Zeller (eigentl. Johann Adam, 1842 St. Peter in der Au/ Niederösterreich – 1898 Baden), Operettenkomponist, ursprünglich Jurist, Sektionschef im Unterrichtsministeri-

Der Karmeliterplatz in den Nachkriegsjahren mit Aushubmaterial des Schloßbergstollens, links seitlich der 1968 abgetragene Karmeliterhof.

um. Wurde bekannt mit dem 1891 uraufgeführten *Vogelhändler.*

Karmeliterplatz

I (zwischen Sporgasse – Paulustorgasse – Hartiggasse), PLZ 8010.

1578 im Zuge der Gründung der Paulustorvorstadt unter Erzherzog Karl angelegt. Anfänglich als *Platz gegen die Burg* bezeichnet, nach Errichtung des Karmeliterklosters (1629 gegründet von Kaiser Ferdinand II.) auf der nördlichen Seite des Platzes ab 1629 als Karmeliterplatz benannt. Schreiner beschreibt den Platz 1843 als *sehr einsam,* reges Treiben herrschte nur zur Jahrmarktszeit, da boten auch jüdische Händler ihre Waren an. Von 1938 bis 1945 Rudolf Erlbacher Platz benannt. Neugestaltung: verkehrs-

beruhigter Freiraum mit Ruhezonen (Architekt Norbert Müller mit urban filter, 2005); Adaptierung Landesarchiv (Architekten Jörg und Ingrid Mayr, 2000). Tiefgarage Pfauengarten 2004.

Kärntner Straße

V, XV, XVI (Lazarettgasse – Straßgang, Stadtgrenze), für V. 1931, sonst 1947, PLZ 8020, 8053, 8054.

Zuvor südlich von Don Bosco: Packerstraße (Straßganger Hauptstraße) und Deutschlandsberger Straße. Während der Herrschaft des Nationalsozialismus im Mittelteil auch kurz Adolf Hitler-Straße. Nördlich von Don Bosco ist der Name Kärntner Straße älter, zuvor war dies ein Teil der Lazarettgasse. Erst der Ausbau der Packstraße (1932–1936) machte diese Fahrtroute nach Kärnten attraktiv. In einem großräumigeren Denken wurde der Zielpunkt der Packer Bundesstraße (Nr. 70), nämlich Kärnten, zum Straßennamen. Die Kärntner Straße wird auch als Landesstraße B 70 bezeichnet. 2002 wurden die Bundesstraßen zu Landesstraßen, behielten aber die B-Kennzeichnung. In der Systematik der Landesstraßen trägt sie den Namen Packer Straße. Sie hat in Graz eine Länge von 3 km.

Karolinenweg

XIII, XIV (Göstinger Straße nach Westen, Sackgasse), 1917, PLZ 8051.

Ursprünglich Karolinenwiese. Benennung nach Karoline Auguste von Bayern, der vierten Gattin von Kaiser Franz I. von Österreich, im Jahr 1830, anlässlich eines Besuches von Eggenberg. Bei dieser Gelegenheit unternahm man auch eine Bergtour auf den Plabutsch (siehe Fürstenstandweg).

Kasernstraße

VI, VII (Fröhlichgasse – Eduard-Keil-Gasse), 1870, PLZ 8010, 8041.

Bis in die Nachkriegsjahre reichte die Kasernstraße nur bis zur alten Stadtgrenze von 1938, und südlich davon befand sich die Karl-Morre-Straße. 1827 wurde vom Ärar eine Kattunfabrik erworben und diente in der Folge als Kaserne des Fuhrwesenkorps bzw. des Trains. Außer Trainkaserne war auch der Name Schönaukaserne üblich. Nun steht hier die Kirchnerkaserne des Österreichischen Bundesheeres, benannt nach dem Träger des Maria-Theresien-Ordens, Hauptmann Hermann Kirchner (1890–1953).

Kasimirgasse

siehe Luigi-Kasimir-Gasse

Kastellfeldgasse

VI (Schießstattgasse – Hafnerriegel), 1785, PLZ 8010.

Die neuere Forschung weist auf Jacob Castell (Giacomo Castello) hin, der den Kastellhof (etwa Schönaugasse 43) entweder errichtete oder doch zumindest bewohnte. Auf älteren Stadtplänen findet sich auch die Schreibweise *Castellfeld*. Das Haus Münzgrabenstraße 10 (ehemals *Bärenwirt*) zeigt Brauereisymbole am Portal. Hofseitig stehen alte Brauereigebäude. Hier befanden sich auch die Brauerei Schott und danach die Steinfelder Biersäle der Brauerei Reinighaus.

Katschinkastraße

siehe Hedwig-Katschinka-Straße

Katzelbach

siehe Am Katzelbach

Katzianergasse

II (Sparbersbachgasse – Nibelungengasse), 1885, PLZ 8010.

Katzianer, untersteirisch-krainerisches Adelsgeschlecht; Reichsgrafen von Katzenstein, Freiherren auf Flödnig, Biberbach und Steinhaus, Herr der Herrschaften Katzenstein, Spielfeld, Lukaufzen, Kirchberg/Raab und dem Markt Wernsee. Alois Josef Graf Katzianer, oberster Erbsilberkämmerer in Krain und der Windischen Mark, kaiserlicher wirklicher geheimer Rat und Kämmerer, erwarb ab 1742 das Haus Stempfergasse Nr. 3, ließ es zu einem viergeschoßigen Adelspalais mit dominantem Steinportal und Stuckdecken im Inneren umbauen und barockisieren. Die barocke Steinportalanlage des ehem. Palais Katzianer gehört zu den schönsten von Graz. In der abschließenden verkröpften Gebälkzone befinden sich seitliche Vasen mit Blumengehänge, im Zentrum halten gegenübergestellte, vollplastische Katzenfiguren die Wappenkartusche der Katzianer von Katzenstein: (Feld 1, 6 Katze, 2 Pfeil, 3, 4 Katze und 5 Zahnrad). Das Palais wurde 1910 von der Druckerei Leykam erworben und als Geschäfts- und Verlagshaus adaptiert.

Kaulbachstraße

siehe Friedrich-Kaulbach-Straße

Kauperzgasse

XVII (Mitterstraße über Adlergasse nach Westen, Sackgasse), 1974, PLZ 8055.

Zuvor Feldgasse. Johann Veit Kauperz (1741 Graz – 1816 Graz), Kupferstecher, bedeutendes Mitglied der Künstlerfamilie Kauperz, u. a. Gründer der ständischen Zeichenakademie in Graz. Beeinflusste maßgeblich die steirische Kunstentwicklung.

Keesgasse

VI (Radetzkystraße gegen Süden), 1870, PLZ 8010.

Der protestantische Baumeister Johann

Kehlbergstraße: Blick in Richtung St. Martin (Zwischenkriegszeit).

Christoph Kees (1785 Frankfurt – 1864 Graz) besaß hier mehrere Häuser. Er ließ auch das Palais Kees (Glacisstraße 39–41, später Militärkommando), ein Zinspalais, errichten. Der vermögende Unternehmer war auch Kurator der Steiermärkischen Sparkasse.

Kehlbergstraße

XVI (Krottendorfer Straße – Mantschastraße), 1949, PLZ 8054.

Nach dem im Westen der Stadt befindlichen Kehlberg benannt. Die Kehlbergstraße bot ab dem 17. Jh. Areal für mehrere Edelsitze und Herrenhäuser: Nr. 127 Haus des Baumeisters Georg Hauberrisser (im 19. Jh.) oder Sitz des Hermann Christoph von Galnstein zu

Steinfels (Steinportal von 1665). Siehe In der Kell.

Keilgasse

siehe Eduard-Keil-Gasse

Kell

siehe In der Kell

Kellergasse

siehe Paul-Keller-Gasse

Keplerbrücke

III, IV (Wickenburggasse – Lendkai), 1920.

Zuvor Ferdinandsbrücke. Der Historische Verein bemühte sich vergeblich um eine Benennung als Cillier- oder als Pettauer-Brücke. Der letzte Neubau

Die Keplerbrücke mit dem „2er" in den 1960er-Jahren.

stammt aus dem Jahr 1963. Siehe Keplerstraße.

Keplerstraße

IV (Lendkai – Bahnhofsgürtel), um 1870, PLZ 8020.

1875 wurde die Keplerstraße in ihrer vollen Länge eröffnet. Sie stellte neben der Annenstraße eine zweite wichtige Verbindung vom Bahnhof zur Inneren Stadt her. Der Plan, Altbürgermeister M. von Franck noch zu Lebzeiten ein Namensdenkmal zu widmen, scheiterte. Im 19. Jh. findet sich auch die Schreibweise *Kepplerstraße*. Der bedeutende Astronom und Astrologe Johannes Kepler (1571 Weil der Stadt – 1630 Regensburg) war auch mit Graz verbunden. Er lehrte hier einige Jahre als Professor an der protestantischen und landschaftlichen Stiftsschule. Aber auch der Hof in Graz beschäftigte den Wissenschaftler. In seiner Grazer Zeit (1594–1600) entstand das Werk *Mysterium Cosmographicum*, und hier verfasste er auch weitere für die Astronomie wichtige Schriften und heiratete. Seines protestantischen Glaubens wegen musste er die Stadt in der Gegenreformation verlassen. Die drei Keplerschen Gesetze betreffen die Planetenbewegungen. Ein Denkmal im Stadtpark und eines beim Umspannwerk nahe der Keplerbrücke erinnern u. a. an den großen Astronomen.

Kernerstraße

XV (kreuzt als Sackstraße die Dr.-Ignaz-Scarpatetti-Straße), um 1930, PLZ 8052.

Justinus Kerner (1786 Ludwigsburg – 1862 Weinsberg/Heilbronn) studierte Naturwissenschaften und Medizin. Kurz war er auch in Wien als Arzt tätig. Seine Bedeutung erlangte er jedoch als Lyriker der spätromantischen schwäbischen Dichterschule. Seine Gedichte sind dem Volkslied verpflichtet und voller Emotionen. Von ihm stammen aber auch u. a. der satirische Roman *Reiseschatten* (1811), medizinische und okkultistische Schriften. Was hat wohl eine kleine Vorstadtgemeinde bewogen, diesen bei uns wenig bekannten Dichter als Taufpaten für eine vorerst noch hauslose Straße auszuwählen?

Kernstockgasse

V (Feuerbachgasse – Elisabethinergasse), 1935, PLZ 8020.

Zuvor Schulgasse. Der Augustiner-Chorherr Ottokar Kernstock (1848 Marburg/Drau – 1928 Festenburg/Oststeiermark) erlangte als patriotischer und deutschnationaler Dichter in der dafür sehr empfänglichen Zeit hohe Anerkennung. Zwei Publikationstitel können zu seiner Charakterisierung beitragen: *Der mißbrauchte Dichter* (Liebmann, 1994) und *Markig und feierlich* (Steinbauer über die Hymnen der Republik Österreich, 1993). Kernstock dichtete u. a. ein Kaiserlied, die Hymne von 1929 *(Sei gesegnet ohne Ende ...)* und Kriegslyrik. Ein großer Kernstock-Garten befand sich bis zu seiner Verbauung in den späteren Nachkriegsjahren an der Südostecke der Kleistgasse.

Kerschhoferweg

IX (Am Ragnitzbach – Rudolfstraße), PLZ 8010.

Besitzername nach Franz Kerschhofer, Kaufmann und Villenbesitzer (1907 genannt).

Kettengasse

III (Körösistraße – Schwimmschulkai), 1870, PLZ 8010.

Im Jahr 1870 befand sich dort die Kettenfabrik Ortner.

Kienreichstraße

siehe Michael-Kienreich-Straße

Kienzlgasse

siehe Wilhelm-Kienzl-Gasse

Kienzlweg

siehe Josef-Kienzl-Weg

Kiesgasse

VII (Murfelder Straße – Eichbachgasse), 1949, PLZ 8041.

Zuvor Kurze Gasse. Ein Flurname, so wie ihn die Stadtgemeinde in ihrem Straßenverzeichnis angibt, existiert nicht. Als Kies werden kleine Steine und feines Geröll im Bereich von Schotterflächen bezeichnet. Hier im Aubereich der Mur gibt es im Untergrund viel Kies. Es gab auch Kiesgruben und bis in die Gegenwart auf vielen Wegen Kiesbelag.

Kindermanngasse

V (Prankergasse – Lazarettgasse), 1895, PLZ 8020.

Der Schriftsteller und Geograph Josef Karl Kindermann (1744 Schambeck/ Budapest – 1801 Wien) reiste im Auftrag der Niederländischen Ostindischen Kompanie nach Südafrika und arbeitete an einer Naturgeschichte. Später war er in Wien im Sinne der josefinischen Aufklärung für die Wissenschaft und die Volksbildung tätig. 1787 bis 1800 leitete er die *Grätzer Zeitung* und dann, ab 1801, die Herausgabe des *Atlas des Österreichischen Kaiserthums*. Für die Steiermark ist u. a. sein 1798 erschienenes Werk *Repertorium der steiermärkischen Geschichte, Geographie, Topographie, Statistik und Naturhistorie* von großem Interesse.

Kinkgasse

IV (Marschallgasse – Volksgartenstraße), 1879, PLZ 8020.

Martin Ritter von Kink lebte von 1800 (Innsbruck) bis 1877 (Wien) und war als k. k. Landesbaudirektor auch für die Grazer Stadtentwicklung von Bedeutung. 1859 wurde er zum Ehrenbürger der Stadt Graz ernannt. Seine Tätigkeit fiel in die erste Zeit des starken Bevölkerungswachstums der Stadt. Kinks Pläne hatten großen Einfluss auf die Entwicklung von Graz (Dimitriou, 1979). Sein Grabmal befindet sich auf dem St. Leonhard-Friedhof.

Kirchbergstraße: Das 1906 gestiftete Waisenhaus (Jubiläumsanstalt), nun das Bildungshaus Mariatrost.

Kirchbergstraße

XI (Mariatroster Straße – Gottscheer Straße), 1948, PLZ 8044.

Nach dem Zweiten Weltkrieg wurde die Straße zur Wallfahrtskirche auch offiziell so benannt, wie sie informell schon lange hieß.

Kirchengasse

III (Grabenstraße nach Nordosten, Sackgasse), 1870, PLZ 8010.

Nach der Kirche St. Johann Baptist, erbaut 1648 bis 1652 als Klosterkirche des 1783 aufgehobenen Kapuzinerklosters, seitdem Verwendung als Pfarrkirche (sog. Grabenkirche). In der Kirchengasse befindet sich auch das ab 1881 erbaute ehem. Marieninstitut (ehem. Gymnasium und Internat der Marienbrüder).

Kirchfelderweg

XVII (Triester Straße – Rudersdorfer Straße), 1947, PLZ 8055.

Flurbezeichnung.

Kirchplatz

XI (Platz vor der Mariatroster Wallfahrtskirche), 1948, PLZ 8044.

Mit dem Gemeinderatsbeschluss zur Namengebung zog auch bei der Nummerierung der Markthütten vor der Kirche bürokratische Ordnung ein. Es ist wohl anzunehmen, dass der Name wesentlich älter ist.

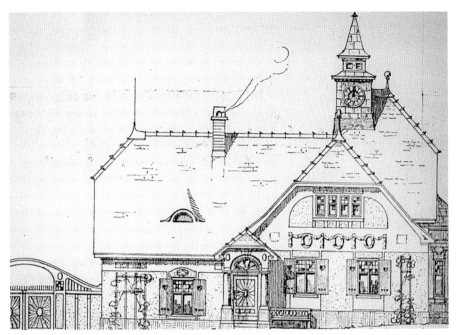

Kirschengasse: Fassadenentwurf zum Landgut Brunn, später Café Kirschenhof (Kirschengasse 8, StAG).

Kirchweg

XIII (Viktor-Franz-Straße – Kalvarienweg), PLZ 8051.

1938 August Aßmann-Straße. Weg zur Kalvarienbergkirche (siehe Kalvarienweg).

Kirschengasse

III (Panoramagasse – Schönbrunngasse), 1870, PLZ 8010.

Vermutlich nach den um 1870 zahlreichen Kirschbäumen in den Obstgärten der angrenzenden Besitzungen so genannt. Hier befand sich ein Landgut (Kirschengasse Nr. 8), das nach 1920 zum beliebten *Café Kirschenhof* umgebaut wurde.

Kitnerweg

VIII (St.-Peter-Hauptstraße gegen Nordosten), 1954, PLZ 8042.

Distriktsarzt Med.-Rat Dr. Ignaz Kitner (1865 St. Paul/Cilli – 1938 Graz) lebte und wirkte in der Gemeinde St. Peter. Im Ersten Weltkrieg hatte er als Stabsarzt gedient und in der Zwischenkriegszeit führte er als Hauptmann die Freiwillige Feuerwehr. Die Freiwillige Rettungsabteilung, ein eigenständiger Verein in St. Peter, wurde von Med.-Rat Kitner gegründet und geführt. Kitner besaß eines der damals seltenen Telefone, das für Feuerwehr und Rettung zu benutzen war.

Klammbach

siehe Am Klammbach

Klara-Fietz-Gasse

XIII (Grafenbergstraße nach Westen, Sackgasse), 1991, PLZ 8051.

Dr. Klara Fietz (1905 Niederlindewiese/Schlesien – 1937 Graz), Schulschwester des III. Ordens des hl. Franziskus am Mädchenrealgymnasium Kaiser-Franz-Josef-Kai in Graz. Schwester Klara Fietz trat durch ihr beispielhaftes Wirken als bedeutende Lehrerpersönlichkeit hervor, ihre außergewöhnlichen fachlichen und menschlichen Fähigkeiten im Schuldienst am Gymnasium der Schulschwestern verliehen Klara Fietz den Ruf der Heiligkeit. Anlässlich des Seligsprechungsprozesses (1989) wurde von der Kongregation der Franziskanerinnen der Antrag auf eine Straßenbenennung gestellt.

Kleegasse

V (Brückenkopfgasse – Rosenkranzgasse), 1870, PLZ 8020.

Zuvor ein Teil der Augasse (= Lagergasse), dann der Rosenkranzgasse. Warum hier ausgerechnet die Futterpflanze Klee zu Namensehren kam, ließ sich leider nicht klären. Vielleicht war um 1870 hier Grünfutter eingelagert.

Kleinoschegstraße

siehe Anton-Kleinoscheg-Straße

Kleinweg

VII (Quergasse des Meisenweges), 1949, PLZ 8041.

Dies ist zwar kein echter Flurname, wie die Stadtgemeinde in ihrem Straßenkataster behauptet, wohl aber wegen seiner Kürze eine Ableitung aus der Natur.

Kleiststraße

IV (Am Damm – Mariengasse), 1900, PLZ 8020.

Als künftige Verbindung Lendplatz–Bahnhofgürtel geplant. Heinrich von Kleist (1777 Frankfurt/Oder – 1811 Berlin) gehört zu den berühmtesten deutschen Dichtern in der Übergangszeit von der Klassik zur Romantik. Zu seinen bekanntesten und auch in Graz wiederholt aufgeführten dramatischen Werken gehören *Das Käthchen von Heilbronn, Der zerbrochene Krug* und *Prinz Friedrich von Homburg.*

Klimtweg

siehe Gustav-Klimt-Weg

Klingendrahtgasse

XVII (Mitterstraße – Adlergasse), 1948, PLZ 8055.

Zuvor Engegasse. Georg Klingendraht von Klingenau, dreimal Bürgermeister von Graz in den Jahren 1628/29, 1632 bis 1636, 1639/40. 1618 Ratsbürger, 1624 bis 1626 Stadtrichter. 1621 geadelt. Vorkämpfer der Grazer Bürgerschaft gegen die Privilegien des Adels (*Goldene Bulle* der Eggenberger). Während seiner Amtszeit wütete die Pest (1633/34) in der Stadt.

Kloepferstraße

siehe Dr.-Hans-Kloepfer-Straße

Präsident Franz Kloiber (Ölbild in der Wirtschaftskammer).

Kloiberweg

VII (Neudorfer Straße – Auwaldgasse), 1954, PLZ 8041.

Kaiserlicher Rat und Kommerzialrat Franz Kloiber (1850 Graz – 1925 Graz) war Inhaber der Speditionsfirma und des ältesten Grazer Reisebüros Franz Kloiber Söhne in der Neutorgasse 42. 1902 bis 1920 leitete er als Präsident die Handels- und Gewerbekammer in Graz. Die Kammer der Gewerblichen Wirtschaft für Steiermark in der Körblergasse widmete Kloiber den Namen eines Konferenzzimmers. Die Spedition Kloiber (ab 1925 Kloiber, Riedl & Schrott) besaß in Liebenau im Murfeld, in der Nähe des Kloiberweges, Wiesen

für die Wagenpferde. Der Antrag zum Straßennamen kam von einem Bewohner Liebenaus.

Klopstockgasse

XIV (Prangelgasse – Vinzenzgasse), 1911, PLZ 8020.

Noch 1921 bezeichnet Engelhart diese Straße als Zukunftsstraße und berichtet über ihre geplante Verlängerung. Der deutsche Dichter der Klassik, Friedrich Gottlieb Klopstock (1724 Quedlinburg – 1803 Hamburg) studierte evangelische Theologie und arbeitete als Hauslehrer. Klopstock ist der Schöpfer der gehobenen deutschen Dichtersprache in Verbindung mit Gefühl, Pathos und Gedanken. Er schrieb das Versepos *Der Messias* und Oden.

Klosterwiesgasse

VI (Jakominiplatz – Jakominigürtel), 1800, PLZ 8010.

Die Gründe, im 18. Jh. noch Wiesen, gehörten dem Kloster der Dominikanerinnen, das sich dort befand, wo nun das Akademische Gymnasium steht. Es wurde 1784 im Rahmen der josefinischen Reformen aufgelassen. Den Nordteil dieser Gründe im Süden der Stadt erwarb Caspar Andreas von Jacomini, der dort mit seiner Vorstadt die Entwicklung südlich der Altstadt einleitete. Die Bauten der späten Gründerzeit verschafften um die Jahrhundertwende der Klosterwiesgasse großes Ansehen, sodass sie zusammen mit der Elisabethstraße und der Ringstraße wegen ihrer *neuen Qualität als besonders hervorragend* erwähnt wurde.

Der Briefkopf des Gutsbesitzers Dr. Erich Klusemann (um 1910).

Klusemannstraße

XV, XVI (Kärntner Straße – Harter Straße), 1947, PLZ 8053.

Zuvor Dr. Erich Klusemann-Straße. Diese Straße bildete in der Zwischenkriegszeit eine Hauptachse der Klusemannsiedlung, ein Name, der nun nicht mehr verwendet wird. Dr. phil. Erich Klusemann (1867 Ofen – 1925 Graz) studierte in Leipzig und Halle und praktizierte als Landwirtschaftslehrer. 1900/01 war er Bürgermeister von Eggenberg, in einer Zeit, als Wetzelsdorf sich noch nicht separiert hatte. Klusemann gehörte einer vermögenden Grazer Familie an; er selbst war Gutsbesitzer (Teichhof in Hart). Als Kurator der evangelischen Kirche und besonders als Landtagsabgeordneter war er öffentlich engagiert. Als Standort des Schulverbundes Graz-West gibt es nun auch ein Gymnasium in der Klusemannstraße.

Knablgasse

XVI (Kärntner Straße – Anton-Mell-Weg), PLZ 8053.

Zuvor Nelkengasse. Ambros Knabl

(gest. 1796 Graz), Dr., Bürgermeister von Graz in den Jahren 1784 bis 1788. Stadtschreiber 1776 bis 1783. Unter seiner Führung wurde die Magistratsreform Kaiser Josefs II. von 1784 umgesetzt, die den Magistrat nur mehr durch juridisch geprüfte Räte verwalten ließ.

Kneippweg

XII (Schöckelstraße nach Norden, Sackgasse), 1973, PLZ 8045.

Sebastian Kneipp (1821 Stefansried/ Ottobeuren – 1897 Bad Wörishofen), Sohn eines Webers, Pfarrer in Wörishofen. Begründer der Kneipp-Bewegung, einer Lehre vom gesunden Leben und naturgemäßen Heilen. Schrieb allgemein bekannte Bücher: *Meine Wasserkur* und *So sollt ihr leben*. Sprach 1892 in der Grazer Industriehalle vor einer großen Menschenansammlung. Kaltwasserkuren erfreuten sich Ende des 19. Jhs. in Graz großer Beliebtheit, der Kneippbund besaß ein Vereinshaus in der Schießstattgasse. Gegenwärtig gibt es einen Ortsverein.

Kochstraße

VI (Händelstraße gegen Nordwesten), PLZ 8010.

Der deutsche Bakteriologe Dr. Robert Koch (1843 Clausthal – 1910 Baden-Baden) entdeckte die Bildung keimfähiger Sporen im Milzbrandbazillus, den Tuberkelbazillus und den Erreger der Cholera. 1905 erhielt er für seine Forschung über die Tuberkulose den Nobelpreis für Medizin. Koch unternahm Expeditionen zur Bekämpfung von Seuchen, so 1897 auch gegen die Pest.

Köflacher Gasse

V (Eggenberger Straße – Alte Poststraße), 1870, PLZ 8020.

Die Gasse führt zum Bahnhof der Graz-Köflacher Bahn. Der Abbau von Braunkohle im Revier um die traditionsreiche weststeirische Stadt Köflach brachte den Wunsch einer Bahnverbindung nach Graz. 1859 wurde auf der neuen (übrigens vom greisen Erzherzog Johann festgelegten) Trasse der Kohlentransport aufgenommen. Der allgemeine Güter- und Personenverkehr folgte 1860 (Graz-Köflacher Bahn, GKB). Zuerst gab es in Graz nur einen Köflacher Frachtenbahnhof, der Personenverkehr wurde vom Südbahnhof (nun Hauptbahnhof) besorgt. 1878 bis 1924 wurde diese Linie in die Weststeiermark durch die Südbahngesellschaft betrieben.

Kogelweg

XII (Ulrichsweg nach Norden, Sackgasse), PLZ 8045.

Bezeichnung nach den örtlichen Gegebenheiten, also: der Weg auf den Kogel.

Koglergasse

XII (Am Hüttenbrenneranger – St.-Veiter-Straße), 1949, PLZ 8044.

Zuvor Kapellengasse. Kogler, alte Andritzer Bauernfamilie.

Köflacher Gasse: Aktie der k. k. priv. Graz-Köflacher Eisenbahn- und Bergbaugesellschaft (1902).

Köglerweg

VIII (St.-Peter-Hauptstraße – Neufeld-
weg), 1949, PLZ 8042.

In dieser Gegend lagen die Köglergrün-
de. Kögler ist einer der vielen Vulgarnamen, die Bauern in St. Peter führen. Der
Franziszeische Kataster nennt Mathias
Eigner vulgo Kögler. Seine Fluren reich-
ten von der (nun St. Peter-) Hauptstraße bis zur Gemeinde Engelsdorf (nun
Liebenau). Der Name des Weges ist den
Grazern als Adresse einer nun geschlossenen Mülldeponie der Stadtgemeinde
bekannt.

Kohlbachgasse

X (Ragnitzstraße gegen Süden), 1988,
PLZ 8047.

1986   Dr.-Rochus-Kohlbach-Gasse.
Der Bauernsohn Rochus Kohlbach
(1892 Hirschegg – 1964 Graz) wurde
Theologe und schließlich Prälat und
Domherr. Neben seinem Leben als
Kleriker trat Kohlbach als Journalist
(1935–1938 Chefredakteur des *Gra-*
zer Volksblattes), als Lyriker und ganz
besonders als Kunsthistoriker hervor.
Seine Bände über *Steirische Bildhauer*
oder *Steirische Baumeister* sowie seine
Werke über die gotischen und baro-
cken Kirchen von Graz oder über die
steirischen Stifte wurden jeweils Stan-
dardpublikationen zu diesen Themen.
Andere Namensvorschläge für diese
Gasse waren: Am Ragnitz Anger und
Manowarda-Weg.

Kolleggerstraße

siehe Johanna-Kollegger-Straße

Kollerbergweg

XIV (Steinbergstraße – Gaisbergsattel),
PLZ 8052.

Der Name Kollerberg für die Anhöhe
(638 m) zwischen Gaisberg und Ölberg
ist erst um 1800 belegt. Zuvor rechne-
te man ihn zum Gaisberg oder *Stein-*
kogel. Spreitzhofer vermutet 1987 als
Namengeber einen Vulgarnamen Koller oder einen Köhler. Der Kollerbauer
ist jedenfalls nicht der Namengeber,
da dieser wiederum nach dem Berg
benannt ist und zuvor andere Namen
führte. Die Wegbezeichnung durch die
Gemeinde Eggenberg geht zumindest
auf die Zeit um die Jahrhundertwende
zurück.

Kollerweg

siehe Johann-Koller-Weg

Kollmanngasse

siehe Ignaz-Kollmann-Gasse

Kollonitschstraße

X (Stiftingtalstraße – Riesstraße), 1948,
PLZ 8010.

Der Feldmarschallleutnant und Ritter
des Maria-Theresien-Ordens, Maxi-
milian Graf Kollonitsch (1761–1827
Obersiebenbrunn), erbte 1826 in dieser
Gegend Grundstücke aus Familienbe-
sitz. Er vermachte diesen Besitz seinem
Sohn, dem k. k. Kämmerer Maximilian
Kollonitsch. 1885 kam dieser Besitz ins
Eigentum der Pfarre St. Leonhard. Ein
berühmtes Mitglied der Familie war
Leopold Graf Kollonitsch (1631–1707),
Kardinal und Primas von Ungarn. Seine
Rolle während der zweiten Türkenbela-

gerung von Wien brachte ihm Ruhm. Häufig findet sich für die Familie auch die Namensschreibung Kollonitz.

Kollwitzgasse

VII (Eduard-Keil-Gasse gegen Süden), 1949, PLZ 8041.

Zuvor Quergasse. Käthe Kollwitz (1867 Königsberg – 1945 Moitzburg/Dresden) war eine deutsche Malerin und Graphikerin. Ihre expressiv-realistischen Darstellungen sind meist von monumentaler Einfachheit. Viele ihrer Themen stammen aus der Welt des Großstadtproletariats. Bekannte Werke befassen sich auch mit dem Weberaufstand oder mit dem Bauernkrieg. In der Neuen Galerie und in Privatbesitz ist Käthe Kollwitz auch in der Steiermark vertreten. Diese Gasse ist eine der wenigen, die in Graz nach einer Frau benannt wurden.

Koloniegasse

XIV (Eckertstraße – Reininghausstraße, mit Unterbrechung), 1910, PLZ 8020.

Die Straße wurde im Laufe der Jahre nach Süden verlängert, zuerst reichte sie nicht einmal bis zur Seidenhofstraße. Als Namengeber trat die Häuserkolonie der Gemeinnützigen Bau- und Wohnungsgenossenschaft auf. 1911/12 wurden hier städtisch wirkende Wohnhäuser durch den Wiener Architekten Johann Horsky errichtet. Der Architekturkritiker Achleitner bezeichnete 1983 die um einen Wohnhof gruppierten und in rechten Winkeln angeordneten Häuser als ein bemerkenswertes Beispiel für den frühen Genossenschaftsbau. In der ersten Bauphase entstanden

207 Wohnungen für 920 Personen. Der Bedarf nach einer solchen Kolonie (= Siedlung) weist auf das Bevölkerungswachstum jener Zeit hin.

Kolpinggasse

siehe Adolf-Kolping-Gasse

Komzakgasse

IV, XIV (Anton-Gerstl-Straße – Heimgartenweg), 1949, PLZ 8020.

Zuvor Dr. Fritz Pregl-Straße. Karl Komzàk der Jüngere (1850 Prag – 1905 Baden) – schon sein Vater war Komponist und Militärkapellmeister – leitete das Theaterorchester in Linz, war Armeekapellmeister in Innsbruck und später in Wien. Er dirigierte die Kurkapelle in Baden bei Wien und 1904 bei der Weltausstellung in St. Louis. Komzàk komponierte 84 Märsche, etliche Walzer und Streichquartette. Für die Komzakgasse bestand auch der Plan, sie nach dem Arzt Dr. Paul Ehrlich zu bezeichnen.

Königergasse

XVI (Heimweg – Anton-Mell-Weg), 1950, PLZ 8053.

Zuvor Alfred Brehm Straße. Veit Königer (1729 Sexten/Südtirol – 1792 Graz), einer der wichtigsten Bildhauer des 18. Jhs. in Graz und der Steiermark. Schuf für viele Kirchen Altäre und Skulpturengruppen, u. a. den Hochaltar der Barmherzigenkirche in Graz, das Hl. Grab im Mausoleum in Graz (1798), Hochaltar St. Veit/Vogau, Brunnengruppe *Herakles Kampf mit der Hydra*, 1764 im Domherrenhof, Bürgergasse Nr. 1.

Königshoferstraße

XIV (östlich der Heinrich-Heine-Straße – Straßganger Straße), 1910, PLZ 8020.

Das Ehepaar Karl (1787 Rein – 1861 Graz) und Johanna Königshofer besaß das kleine Brauhaus bei der Maut im Steinfeld, das 1853 von der Familie Reininghaus erworben wurde und sich dann von der Brauerei auf dem Steinfeld zur Großbrauerei Reininghaus entwickelte.

Königsmühlstraße

XI (Untere Schönbrunngasse – Hilmteichstraße), um 1914, PLZ 8043.

Ein Mühlgang kürzte eine Schleife des Mariatrosterbaches (hier Kroisbach) ab und gab so der Königsmühle die Energie. 1912 wurden der Mühlgang zugeschüttet und die Mühle stillgelegt. Die

Königsmühlstraße: Die Königsmühle auf einer Graphik des späten 19. Jhs.

Königsmühlgasse deckt sich weitgehend mit dem Verlauf des ehemaligen Mühlganges. Die Gründe beiderseits der Straße wurden parzelliert und ab 1914 mit Villen verbaut.

Konrad-Deubler-Gasse

VI (Friedrichgasse – Pestalozzistraße), 1904, PLZ 8010.

Der *Bauernphilosoph von Primesberg*, Konrad Deubler (1814 Bad Goisern – 1884 Bad Goisern) war hauptberuflich Bauer, Müller und Wirt in Goisern. Als Autodidakt war er Leser wissenschaftlicher und besonders philosophischer Texte sowie Gesprächspartner von Experten, Prominenten und Schriftstellern. Als Freidenker und Revolutionär wurde er inhaftiert und verbannt. Dann allerdings, wieder in Ehren, leitete er 1870/71 als Bürgermeister seine Heimatgemeinde. Um die Jahrhundertwende war Deubler für die kulturkämpferischen Grazer Bürger attraktiv genug, um ihm eine Straße zu dedizieren. Eine weitere Deublerstraße gab es in Eggenberg (nun Thaddäus-Stammel-Straße).

Konrad-Hopferwieser-Gasse

VII (Liebenauer Hauptstraße – Engelsdorfer Straße), 1947, PLZ 8041.

Der k. k. Hoforgelbauer und Kommerzialrat Konrad Hopferwieser (1865 Waldhausen – 1945 Graz) baute und renovierte Orgeln, so arbeitete er an Grazer Orgeln (Dom u. a.) und an der Orgel des Stiftes St. Lambrecht. Insgesamt baute Hopferwieser, dessen Firma in Graz ansässig war, mehr als 90 Orgeln in Österreich, Ungarn, Rumänien

Konsumweg: Stammhaus des Konsum Steiermark, ehem. Lendplatz 31.

und Südafrika. Hopferwieser war auch Mitglied des Grazer Gemeinderates.

Konsumweg

IV (Alte Poststraße gegen Osten), 1955, PLZ 8020.

Die Bauherrschaft Steirische Konsumgenossenschaft errichtete hier in den 1950er-Jahren sechs Wohnhäuser – die ersten in dieser Gasse. Ende des 19. Jhs. war der Bezirk Lend ein typisches Wohnquartier der Arbeiterschaft. Hier, in der Keplerstraße 16 (1887) und am Lendplatz 31 (1889), entstand die Steirische Konsumgenossenschaft. In der Folge entwickelte sich daraus ein weitverzweigtes Netz von Herstellungs-, Lager- und Vertriebseinrichtungen. Nach dem Ausgleich von 1996 ist nun dieser Straßenname fast die einzige öffentliche Erinnerung an den einst so bedeutenden Konsum.

Kopernikusgasse

VI (Schörgelgasse – Stremayrgasse), 1898, PLZ 8010.

Nikolaus Kopernikus (1473 Thorn – 1543 Frauenburg/Ostpreußen) war als Domherr Berater des Bischofs von Ermland, sodann Generaladministrator von Ermland. Seine Bedeutung liegt in seiner astronomischen Forschung. Er stellte das heliozentrische (= kopernikanische) System auf, das die Sonne in den Mittelpunkt des Planetensystems stellt. Auf seinem System bauten Kepler und Newton ihre astronomischen Systeme auf. Erst später, so wie es andererseits Jahrhunderte vor Kepler schon der Fall gewesen war, wurde das heliozentrische System Allgemeingut des astronomischen Wissens. Als Adresse ist die Kopernikusgasse eng mit der Technischen Universität verbunden.

Das Haus Ecke Korbgasse (links) – Neutorgasse (rechts) im Kälbernen Viertel vor dem Abbruch 1965.

Korbgasse

I (Neutorgasse – Marburger Kai), 1870, PLZ 8010.

Ursprünglich als Zugang zur 1603 errichteten Schlachtbrücke an der Mur entstanden. Bis Mitte des 19. Jhs. meist als *Zugang zur Schlachtbrücke* bezeichnet. Durch den Häuserabbruch (1965) nördlich der Korbgasse ist diese nun gegen den Kapistran-Pieller-Platz geöffnet.

Körblergasse

III (Geidorfplatz – Wirtschaftskammer), 1800, PLZ 8010.

Körbler (Kerbler), ursprünglich Judenburger Handelsfamilie (später Freiherrenstand), die durch den Handel mit Speik (Bergbaldrian), Arsenik und durch ihre Hämmer zu Wohlstand kam. Nikolaus Körbler aus Judenburg bewährte sich in den Türkeneinfällen (1529/32), wurde spanischer Admiral und war einer der Sieger von Tunis. Im 16. Jh. Übersiedelung der Körbler nach Graz und vermutlich im Bereich der Körblergasse ansässig.

Koren-Ring

siehe Hanns-Koren-Ring

Körnerstraße

siehe Theodor-Körner-Straße

Kornfelderweg

XVI (Glesingerstraße – Harter Straße), 1959, PLZ 8054

Bei der Erschließung des Weges nach den Kornfeldern in diesem Gebiet benannt.

Korngasse

V (Brückengasse – Lazarettgürtel),
1870, PLZ 8020.

Benannt nach dem Getreide, das in der nahe liegenden Köstenbaummühle (siehe Köstenbaumgasse) verarbeitet wurde.

Körösistraße

III (Wickenburggasse – Andritzer Reichsstraße, unterbrochen durch die Fischergasse), 1870, PLZ 8010.

Zuvor Mühlgang oder Wehrganggasse, Lange Gasse, Tiergartenstraße. Josef Körösi (1811 Szegedin – 1868 Graz), Gründer der Andritzer Maschinenfabrik. Großer Industriepionier der Stadt Graz. Ursprünglich in Budapester Eisenunternehmungen tätig, wurde er in jungen Jahren Geschäftspartner von Josef Hofrichter, Besitzer einer Kettenfabrik (ehem. Pengg Walenta AG, Körösistraße 64). Ab 1852 Erbauung der ersten Werksanlagen in Andritz; in der Folge als *k. k. privilegierte* geführt. Erzeugt wurden neben Eisenguss, Messingwaren auch Maschinen und Blecharbeiten. 1854 waren bereits mehr als 600 Arbeiter beschäftigt. In der Körösistraße befinden sich einige Industriedenkmalbauten, wie die Rottalmühle (Nr. 92), ehem. Nagelfabrik Schafzahl-Greinitz (Nr. 59) und die ehem. Papierfabrik Kienreich.

Die Villa Nieves an der Ecke Körblergasse und Humboldtstraße, einst Wohnsitz des umstrittenen Bourbonenfürsten Don Alphonso, 1959 abgebrochen.

Körösistraße: Die Maschinenfabrik des Josef Körösi in Andritz.

Kortschakweg

XII (St.-Veiter-Straße – Forstweg), 1949,
PLZ 8046.

Johann Kortschak (1849 Leibnitz – 1934 Graz), Grazer Musikpädagoge, Sohn eines Buchbindermeisters. Ab 1876 gab er Unterricht an der Grazer Lehrerbildungsanstalt in Gesang, Violine und Klavier. Von 1881 bis 1888 unterrichtete er Musik an der Odilien-Blindenanstalt. 1886 Eröffnung einer eigenen Musikschule. 1885 Herausgabe der dreibändigen *Elementar-Violinschule*. 1919 Gründung einer Landmusikschule in St. Veit/ Graz. 1923 Verleihung des Titels Regierungsrat.

Kosakengasse

IV (Lendkai – Annenstraße), 1813,
PLZ 8020.

Zuvor (Barmherzigen) Schmiedgasse oder Feuergassel genannt. In den Franzosenkriegen jener Zeit hatte man die Kosaken, die als zaristische Elitetruppen eingesetzte Kavallerie aus dem südrussischen Raum und gebildet von – sich als Volk verstehenden – Kosaken, im verbündeten Österreich schätzen gelernt.

Koschakweg

IX (Macherstraße gegen Westen), 1948,
PLZ 8047.

Aldobrand Koscha(c)k (1759 Cilli – 1813 Graz) war Rechtsgelehrter. Von seinen Werken zitiert Winklern in seiner Biographie u. a. eine Arbeit über das österreichische Wechselrecht und eine Abhandlung über die Landesgiebigkeiten und Leistungen in den Herzogtümern Steiermark, Kärnten und Krain (1807). Koschak studierte in Wien Jus und übte – wie Winklern schreibt – *eine langjährige, glückliche Praxis zu Grätz*. Sein Haus war in den

Jahren um 1800 ein kultureller Mittelpunkt der Stadt.

Koschatgasse

XIV (östlich der Gaswerkstraße – Karl-Morre-Straße, mit Unterbrechung), 1949, PLZ 8020.

Zuvor Haaräckerstraße. Thomas Koschat (1845 Viktring – 1914 Wien) kann als Exponent Kärntens bei den Grazer Straßennamen verstanden werden. Er sammelte Volkslieder, komponierte und verfasste Mundartgedichte. Koschat war einer der Initiatoren der Kärntner Volksmusik- und Kärntnerlied-Bewegung. Seit 1934 besteht in Klagenfurt ein Koschatmuseum.

Koßgasse

II, IX (Waltendorfer Gürtel – Plüddemanngasse), 1948, PLZ 8010.

Zuvor Waltendorfergasse. Karl Koß (gest. 1944 Graz), Schauspieler, Sänger, Publikumsliebling. Mitglied des Opernensembles der Zwischenkriegszeit.

Köstenbaumgasse

V (Karlauer Straße – Brückengasse), 1947, PLZ 8020.

Zuvor Baumgasse, noch früher jedoch schon Köstenbaummühlgasse (Köstenbaum = Kastanienbaum). Die Köstenbaummühle gehörte zu den größeren Mühlen am rechtsseitigen Mühlgang. 1894 zerstörte ein Brand einen Teil der Mühle, und in der Folge erwarb die Firma Puch das Gelände für ihre Styria-Fahrradfabrik. Nach einer Änderung der Firmenkonstruktion – Puch machte sich wiederum selbstständig – stand

hier das Dürkopp-Werk (Styria-Fahrräder). Diese Nutzung endete 1934, danach folgte eine Pacht durch die Firma Polsterer (Rösselmühle) und später die Nutzung durch kleinere Firmen.

Kozennweg

X (Kollonitschstraße – Kollonitschstraße), 1948, PLZ 8010.

Blasius Kozenn (1821 Schlindorf – 1871 Wien), Sohn ärmlicher Bauern, studierte – teilweise in Graz – Theologie (Priesterweihe), Mathematik und Physik (Lehramt). Er unterrichtete an Gymnasien (1855–1858 in Graz). Sein Lebenswerk ist jedoch die Herausgabe des nach ihm benannten Schulatlasses (Verlag Ed. Hölzl, Wien), der in über 100 Auflagen erschien. Kozenn gilt als der berühmteste Schulkartograph Österreichs im 19. Jh., in Wien-Hernals erinnert ein Denkmal an ihn. Vor diesem Kozennweg hätte der Kartograph schon im Bezirk St. Leonhard zu Straßennamenehren kommen sollen.

Krafft-Ebing-Straße

XI (Mariatroster Straße – Stenggstraße), PLZ 8043.

Univ.-Prof. Dr. Richard Freiherr von Krafft-Ebing (1840 Mannheim – 1902 Mariagrün) wurde 1873 als Psychiater an die Universität Graz berufen und 1889 an die Universität Wien. Mehrere Jahre leitete er auch in Straßgang die neu erbaute Landesirrenanstalt Feldhof. Seine Forschungstätigkeit umfasste die Gerichtliche Psychiatrie und die *Psychopathia sexualis*, eines seiner Hauptwerke. 1886 war Krafft-Ebing Begründer des Mariagrüner Sanatoriums für Nervenkranke. Krafft-Ebing war, so wie es seine Nachfahren sind, Bewohner von Mariatrost, das damals noch Fölling hieß.

Kraftgasse
siehe Max-Kraft-Gasse

Kranewittergasse
VIII (Theodor Storm-Gasse nach Südosten und Nordwesten), 1949, PLZ 8042.

Zuvor Grillparzerstraße. Franz Kranewitter (1860 Nassereith/Tirol – 1938 Nassereith) war ein Tiroler Dramatiker. Er schrieb Bauernstücke und romantische Dramen und stand der radikalkonservativen Dichtergruppe *Jung-Tirol* nahe. Von seinen bei uns heute eher wenig bekannten Werken seien *Andre Hofer* (1902), *Wieland der Schmied* (1905) und der Einakterzyklus *Die sieben Todsünden* (1905–1925) erwähnt. Die Straßenbenennung erfolgte nach einer Vorschlagsliste aus dem Jahr 1931.

Kratkystraße
V (Verlängerung der Brauhausstraße über die Kreuzung Alte Poststraße), 2001, PLZ 8020.

Otto Kratky (1902 Wien – 1995 Graz) war ein bedeutender Naturwissenschaftler und einer der wenigen Universitätsprofessoren dieses Wissenschaftsbereichs, der in Graz mit einem Straßennamen geehrt wurde. Seine Berufslaufbahn führte von der Technischen Hochschule Wien nach Berlin und wiederum nach Wien. Er lehrte 1943 bis 1945 als Professor an der Tech-

Univ.-Prof. Otto Kratky.

nischen Hochschule Prag. 1946 bis 1972 arbeitete er am Institut für physikalische Chemie der Universität Graz und leitete von 1972 bis 1982 das Institut für Röntgenstrukturfoschung der Akademie der Wissenschaften und des Forschungszentrums Graz. Im Studienjahr 1956/57 leitete er als Rektor die Universität Graz. Kratky veröffentlichte über 280 wissenschaftliche Arbeiten, insbesondere über die Röntgenstrahlen.

Krausgasse
XIV (Alte Poststraße – Janzgasse), PLZ 8020.

Der Philosoph Christian Jakob Kraus (1753 Osterode – 1807 Königsberg) studierte in Königsberg, Berlin und

Göttingen und lehrte Praktische Philosophie und Kameralwissenschaft an der Universität Königsberg. Seine Philosophie ist im Zusammenhang mit der Lehre Kants zu sehen, seine Staatswirtschaftslehre ist von Adam Smith beeinflusst und fand ihren Niederschlag in der Gesetzgebung Preußens. Was den Eggenberger Gemeinderat um 1900 zu dieser eher überraschenden Wahl motivierte, ist unbekannt. Bei der Namenserklärung 1921 durch Engelhart folgte dieser *Meyers Konversationslexikon*.

Kraxnerweg

XV (Steinbergstraße gegen Südosten), um 1930, PLZ 8052.

Benannt nach dem kleinen Gehöft vulgo Kraxner in der Einöd, zu dem ein ehemaliges Weingarthaus am Ölberghang (später Bergkraxner) gehörte. Noch 1941 gab es hier nur ein Haus.

Krenngasse

II (Schörgelgasse – Plüddemanngasse), 1838, PLZ 8010.

Vermutlich nach dem Küchengewächs *Kren* (Meerrettich) benannt (lt. Arbeiter und Gadolla). Im 19. Jh. wurde als *Krenngassl* ein Verbindungsweg vom Hohlweg zum Hallerfeld bezeichnet.

Kreßgasse

XVI (Aribonenstraße – Bahnhofstraße), 1971, PLZ 8054.

Wilhelm Kreß (1836 St. Petersburg – 1913 Wien) war ein Flugpionier und Konstrukteur. Er kam als Klavierbauer 1873 nach Wien. Hier brachte er 1877

sein erstes freischwebendes Drachenfliegermodell zum Fliegen. Als Antrieb verwendete er einen *Gummimotor* (gedrehte Gummischnüre). Mit 57 Jahren besuchte er als außerordentlicher Hörer die Technische Hochschule in Wien. 1901, das war drei Jahre vor den Brüdern Wright, misslang sein Versuch, ein Motorflugzeug auf einem Stausee zu starten. So kam Kreß um die Chance des Erstflugs. 1900 erfand er den Steuerknüppel zur kombinierten Steuerung. Ein Denkmal am Tullnerbachbassin erinnert an Wilhelm Kreß.

Kreuzergasse

siehe Conrad-Kreuzer-Gasse

Kreuzfelderweg

XVII (Rudersdorfer Straße nach Westen, Sackgasse), 1954, PLZ 8055.

Flurbezeichnung.

Kreuzgasse

III (Grabenstraße – Körblergasse), 1813, PLZ 8010.

Die Kreuzgasse erhielt ihren Namen nach einem Kreuz in dieser Gasse. In der Kreuzgasse (Nr. 34) befinden sich auch die Kirche und der Konvent der Schwestern vom Hl. Kreuz, eine einheitliche Anlage in späthistoristisch-neogotischen Stilformen, die ab 1887 erbaut wurde. Die Kongregation der Barmherzigen Schwestern vom Hl. Kreuz wurde 1852 vom Pater Theodosius Florentini gegründet. Die Kreuzschwestern widmen sich vor allem der Erziehung, der Kranken-, Altenpflege und der Missionstätigkeit.

Krieglstraße

siehe Johann-Kriegl-Straße

Kriegssteig

I (Schloßbergplatz – Platz der Ehren-amtlichen, Uhrturm), 1918, PLZ 8010.

Dieser nicht von der Gemeinde offizi-ell geführte, wohl aber bekannte Name führt in die Entstehungszeit des stufen-reichen (260) Aufstiegs zum Uhrturm. Zwischen 1916 und 1918 errichteten Pioniere des Infanterieregiments Nr. 27 („König der Belgier") mit dem Arbeits-einsatz russischer Kriegsgefangener den Kriegssteig.

Kroisbach

IX.

Ortschaft im Bezirk Mariatrost (bis 1930 Gemeinde Fölling, 1930–1938 Ge-meinde Mariatrost, dann Graz). Hier wechselte der Mariatroster Bach seinen Namen in Kroisbach. Der bis in die Mit-te des 14. Jhs. zurückgehende Name ist eine Ableitung des Althochdeutschen für Krebs, woraus zu schließen ist, dass es hier Krebse im Bach gegeben hat, die allerdings bereits seit Jahrzehnten im *Krebsenbach* nicht mehr anzutreffen sind. Aus der Zeit heilerer Umwelt gibt es einige Orte mit dem Namen Krois-bach in der Steiermark.

Kronesgasse

VI (Kopernikusgasse – Münzgraben-straße), 1908, PLZ 8010.

Franz Krones Ritter von Marchland (1835 Ungarisch Ostra/Mähren – 1902 Graz) lehrte seit 1861 Geschichte am k. k. Staatsgymnasium (Akademisches Gymnasium). Als Hofrat leitete er die Anstalt. In späteren Jahren lehrte er an der Universität, zuletzt als ordentli-cher Professor, Geschichte und leitete das Historische Seminar (Instituts-vorstand). Von seinen Publikationen seien die anlässlich der 300-Jahr-Feier erschienene *Geschichte der Karl Fran-*

Kroisbach: Die Mariatroster Straße im Ort Krois-bach nahe der Kapelle St. Johann (um 1920).

Krottendorfer Straße: Landes-Ackerbauschule (Alt) Grottenhof (um 1930).

Krottendorfer Straße: Landes-Ackerbauschule (Alt) Grottenhof (um 1930).

zens-Universität in Graz (1886) und die fünfbändige *Geschichte Österreichs* (1876–1879) hervorgehoben. Krones war auch Honorardozent an der Technischen Hochschule (Technische Universität). Für seine Verdienste erhielt er den Orden der Eisernen Krone und das Adelsprädikat (1879). Durch die Krones-Schule erfuhr der Straßenname eine weitere Verwendung.

Kronfeldgasse

XVI (Gradnerstraße gegen Süden), 1971, PLZ 8054.

Robert Kronfeld (1904 Wien – 1948 Lasham/Großbritannien) war ein Pionier des Segelfluges in Österreich und hatte in seiner Zeit etliche Segelflugweltrekorde inne. Er erfand die Kronfeldsche Autowinde für Flugschleppversuche. 1929 führte er den ersten Gebirgssegelflug über die Rax aus, 1931 überquerte er den Ärmelkanal im Segelflugzeug in beide Richtungen. Kronfeld emigrierte 1938 nach England, arbeitete dort als

RAF-Offizier und Techniker und kam 1948 bei einem Testflug ums Leben.

Krottendorf

XV.

Ortsname im Bezirk Wetzelsdorf. Der Name stammt sicher aus dem 11. Jh., ist aber erst am Anfang des 13. Jhs. urkundlich überliefert. Der häufig vorkommende Ortsname stammt vom althochdeutschen *krota* (= Kröte). Dies ist ein Indiz, dass die fast ebenen Wiesen am Fuß des Grazer Berglandes einst feucht waren. Dort, wo es hier in der Gegenwart noch Wiesen gibt, lässt sich das mitunter feststellen.

Krottendorfer Straße

XV, XVI (Steinbergstraße – Martinhofstraße), PLZ 8052, 8054.

Eine alte Nordsüdstraße in Hangfußlage. Der 1949 vom Grazer Gemeinderat neu festgelegte Name ist viel älter. Siehe Krottendorf.

Krummer Weg

VII (Casalgasse – Rainweg), PLZ 8041.

Dieser Name stammt noch aus der Tradition der Gemeinde Liebenau. Er ist einfach die Ableitung aus dem gekrümmten Verlauf dieses Weges, der nach Süden verlängert wurde.

Kübeckgasse

XVII (Hafnerstraße – Schreibäckerweg nach Westen), 1961, PLZ 8055.

Guido Freiherr von Kübeck zu Kübau (1829 Wien – 1907 Graz), Sohn des Verwaltungsbeamten Alois Freiherr von Kübeck zu Kübau (1787–1850). Statthalter der Steiermark in den Jahren von 1870 bis 1895. In seiner Amtszeit wurde der Bau der Technischen Hochschule und der Karl-Franzens-Universi-

Guido Freiherr von Kübeck.

tät in Angriff genommen. Er hatte auch Anteil an der Entwicklung des Grazer Gemeindestatuts. *Kübeck* hieß auch für kurze Zeit der erste Passagierdampfer auf der Mur (1887).

Kudlergasse

XIII (Maschwandergasse nach Nordwesten, Sackgasse), 1949, PLZ 8051.

Zuvor Teil der Lindengasse. Josef von Kudler (1786 Graz – 1853 Wien), Nationalökonom und Jurist, Neffe Franz von Zeillers. Von 1810 bis 1821 Professor für politische Wissenschaft und Statistik an der juridischen Fakultät des Lyceums (Universität Graz), 1816/17 Rektor. 1848 Mitglied der Akademie der Wissenschaften in Wien. Mitbegründer der Steiermärkischen Landwirtschaftsgesellschaft, des Lesevereines am Joanneum, Herausgeber der *Steiermärkischen Zeitschrift*; trat für die Gewerbefreiheit ein und bekämpfte die Todesstrafe.

Kudlichweg

XVI (Hafnerstraße – Gradnerstraße), 1951, PLZ 8054.

Hans Kudlich (1823 Lobenstein/Österr. Schlesien – 1917 Hoboken, New Jersey, USA), Politiker und Arzt in Hoboken (ab 1854). Wurde als der *österreichische Bauernbefreier* bekannt, da er 1848 im österreichischen Reichsrat den Antrag über die *Aufhebung des bäuerlichen Unterthänigkeitsverhältnisses* und der bäuerlichen Lasten wie Robot und Zehent stellte. Wegen seiner Teilnahme an der Wiener Oktoberrevolution 1848 wurde Kudlich zum Tode verurteilt. Flucht in die Schweiz und Studium der Medizin;

danach lebte er bis zu seinem Tode mit kurzen Unterbrechungen als Arzt in den USA.

Kumarweg

XI (Mariatroster Straße – Fraungruber-straße), 1948, PLZ 8044.

Zuvor Hügelweg. 1816 veröffentlichte der 1789 in Graz geborene Joseph August Kumar das Werk *Historisch-malerische Streifzüge in den Umgebungen der Stadt Grätz.* Von besonderem Interesse ist seine Schilderung des Schloßbergs und der romanischen St. Thomas Kirche. Er hatte noch Einsicht in das bald darauf ruinierte Stadtarchiv. Kumar berichtete auch über Mariatrost und Mariagrün. Einige seiner historischen Beiträge erschienen in *Kumar's Almanach für Damen.* 1818 starb er in Wien an den Folgen einer Verletzung aus den Franzosenkriegen.

Kurze Gasse

V (Hohenstaufengasse – Staatsbahn-straße), 1925, PLZ 8020.

Auch wenn die Gasse gar nicht so kurz ist, ist sie doch die kürzeste in dieser Gegend, also ein randstädtisches Gegenstück zur Langen Gasse.

Kurzeggerweg

XI (Mariatroster Straße gegen Süden), 1948, PLZ 8044.

Riedname Kurzegg. Das Ried liegt östlich der Straße und ist dem Namen nach der Kontrast zum nahen Ried Langegg.

Kurzweg

VII (Sternäckerweg – Virchowgasse), PLZ 8041.

Der Name stammt noch aus der Zeit der Gemeinde Liebenau. Der Magistrat Graz führt ihn in seinen Aufzeichnungen auf einen Familiennamen zurück. Tatsächlich gab es in der Vorkriegszeit eine Familie Kurz in der Gemeinde. Andererseits erscheint aufgrund der Charakteristika dieses Weges die einfache Ableitung seiner Kürze wegen für wahrscheinlicher.

Kuwasseggasse

XVI (Harter Straße – Köflacher Bahn, Sackgasse), 1947, PLZ 8053.

Zuvor Rosengasse. Gegen die Neubenennung gab es erfolglose Einsprüche. Die aus Triest stammenden Brüder Josef und Leopold Kuwasseg waren im 19. Jh. in Graz als bekannte Vedutenmaler und Graphiker beschäftigt. Zahlreiche Graz-Motive stammen von Josef Kuwasseg (1799 Triest – 1859 Graz), wie z. B. *Die Grazer Burg von Nordosten* (Gesamtansicht vor dem Abbruch der mittelalterlichen Teile, 1853/54). Berühmt sind auch seine Urweltbilder, die er für den Paläontologen Franz Unger (siehe Ungergasse) malte. Leopold Kuwasseg (1804 Triest – 1862 Graz) betätigte sich hauptsächlich als Blumen- und Landschaftsmaler.

L

Laboratoriumstraße

XV (Harter Straße – Peter-Rosegger-Straße), PLZ 8053.

Dieser Name stammt aus der Zwischenkriegszeit, als die Straße entstand. An der Ecke zur Peter-Rosegger-Straße (einst Habsburgerstraße) stand bis zum Ende der Monarchie die Anlage eines Artillerielaboratoriums, das der Herstellung von Sprengstoff diente. Hier wurde aber auch abgefüllt und Munition gelagert. Deswegen wurden die insgesamt neun Gebäude auch als k. (u.) k. Artillerie-Arsenal bezeichnet. Ein Stück weiter im Osten befand sich ein weiteres Pulvermagazin, aus Sicherheitsgründen ebenfalls in großem Abstand von Wohnbauten.

Lacherweg

XVI (Schwarzer Weg – Zahläckerweg), 1950, PLZ 8054.

Karl Friedrich Lacher (1850 Uttenhofen/Franken – 1908 Graz), Prof., Sohn eines Lehrers, Ausbildung zum Bildhauer an der Nürnberger Kunstgewerbeschule, 1874 Beginn der Lehrtätigkeit an der Kunstgewerbeschule bei August Ortwein in Graz. Erwarb sich große Verdienste um die Hebung des heimischen Kunstgewerbes durch zahlreiche Ausstellungen und erfolgreiche Lehrtätigkeit. 1879 Erwerbung der österreichischen Staatsbürgerschaft und Ernennung zum Professor der Staatsgewerbeschule. 1895 wurde auf seine Initiative das neue Grazer Kulturhistorische und Kunstgewerbemuseum eröffnet, dem Lacher bis zu seinem Tod vorstand. Umfangreiches kunstgewerbliches und bildhauerisches Werk (z. B. Entwurf für das Arbeitszimmer des damaligen Landeshauptmanns Gundakar Graf Wurmbrand im Grazer Landhaus). Für sein Wirken in der Schule, im Steiermärkischen Kunstindustrieverein und im Steiermärkischen Gewerbeverein verlieh ihm Kaiser Franz Josef das Goldene Verdienstkreuz mit der Krone. Gedenktafel mit Relief in der Abteilung für Kunstgewerbe am Landesmuseum Joanneum.

Lagergasse

V, XVII (Brückenkopfgasse – Puntigamer Straße, mit Unterbrechung), 1813, PLZ 8020, 8055.

Die Gasse, einst in Teilbereichen Augasse, Spitalstratten und Feldweg genannt, besaß im Nordteil Lagerschuppen und Holzlagerplätze. Hier befand sich ein Lagerplatz des k. k. Fuhrwesens und des Hofbauamtes. Der Wohncharakter in Teilbereichen entstand erst in der Gründerzeit. Noch um die Mitte des 19. Jhs. hatte die (Gries-) Kaistraße keine Bedeutung und war auch nicht verbaut. Die nördliche Lagergasse war daher in ihren Servicefunktionen der Mur und der Murvorstadt (Griesplatz) zugeordnet. Der Süden der Lagergasse war noch um 1865 ohne Namen und fast ohne Verbauung.

Lagknergasse

IX (Ruckerlbergstraße gegen Nord-westen), 1948, PLZ 8010.

Zuvor Franz Schubert-Gasse. Daniel Lagkhner (oder Lackner, beide Schreibweisen finden sich bei Suppan) lebte in der zweiten Hälfte des 16. Jhs. und starb nach 1607, vermutlich im Exil. Er wurde in Marburg geboren und war Komponist und Musiker. Er stand im Dienst des Grafen Losenstein. Bedeutsam ist sein Beitrag zur frühprotestantischen Musik Österreichs. Er zählt auch zu den ältesten aus der Steiermark gebürtigen Komponisten.

Laimburggasse

III (Wickenburggasse – Hasnerplatz), 1826, PLZ 8010.

Anton Leiß Ritter von Laimburg (1772–1842 Graz), k. k. Schützenmajor, Herr- und Landstand in Tirol, Gutsbesitzer in Graz, wo er 1826 auf seinen gekauften Gründen (Laimburg-Gült) die nach ihm benannte Gasse eröffnete.

Lambergweg

VIII (Neufeldweg – Raabaweg), 1949, PLZ 8041.

Lamberg ist der Name einer auch in der Volkszählung 1910 angeführten Häusergruppe in der benachbarten Gemeinde Raaba. Eine Ableitung vom slawischen lom (= Abbruch, Erdabrutsch) ist möglich. Eine Verbindung zu den Grafen von Lamberg konnte nicht nachgewiesen werden.

Landesstraßen

I–XVII.

Seit 2002 sind auch die Bundesstraßen (B plus zweistellige Zahl, getrennte Schreibung) Landesstraßen (wie bisher: L plus dreistellige Zahl, Zusammenschreibung). Die ehem. Bundesstraßen werden unter dem jeweiligen Stichwort, wie Packer Straße (B 70), die Grazer Ring Straße (B 67 a) und Kirchbacher Straße (B 73), beschrieben. Die relativ vielen traditionellen Landesstraßen, wie die Hitzendorferstraße (L301), die Autalerstraße (L311) und die Thalerseestraße (L331), sind in diesem Buch unter ihrem im Verzeichnis der Straßen der Stadtgemeinde Graz (Aufl. 2000, plus Ergänzungen) angeführten Namen zitiert.

Landhausgasse

I (Herrengasse – Andreas-Hofer-Platz), 1781, PLZ 8010.

Schon im 16. Jh. Landhausgäßchen (reichenartiges, schmales Gässchen zwischen der Herren- und der Schmiedgasse) nach dem Landhaus (erbaut 1531 bis 1565 von Domenico dell'Aglio, monumentaler, prächtiger Renaissancebau der steiermärkischen Landstände) in der Herrengasse benannt. Daneben auch als Badgassl bezeichnet, nach einer in der Nähe der Kanzlei (später Landhaus) befindlichen Badeanstalt. Um 1800 auch Krongassl, nach dem alten Einkehrgasthof Bei der Ungarischen Cron benannt.

Langedelwehr

siehe Am Langedelwehr

Laudongasse: Die Kaiser Franz-Josef-Kaserne (Alpenjägerkaserne) in der Ersten Republik.

Lange Gasse

III (Grabenstraße – Körösistraße), 1800, PLZ 8010.

Zuvor *Weg hinter der Tiergartenmauer.* Um 1800 benannter *langer* Gassenzug, führte im 18. Jh. vom Sacktor bis zur Steinbruchlinie (Stadtgrenze, Maut).

Langegger Weg

XI (Mariatroster Straße zur Stadtgrenze), 1948, PLZ 8044.

Der Riedname Langegg für lange Äcker wurde über die agrarische Nutzung hinweg durch den Weg dokumentiert.

Lannerstraße

siehe Josef-Lanner-Straße

Lastenstraße

IV (Bahnhofgürtel – Bunsengasse), 1870, PLZ 8020.

Die Straße bildete die Zufahrt zu den Frachtdepots (Lagerhäusern) beim Bahnhof. Die Lastenstraße reichte ur-sprünglich bis zum Bahnhofplatz und wurde beim Ausbau des Bahnhofgürtels (1880) verkürzt.

Laubgasse

V, XVII (Lauzilgasse – Markusstraße), 1870, PLZ 8020, 8055.

Die Laubgasse begann bis zur Einführung der Puchstraße bei der Herrgottwiesgasse. Zur Zeit der Namengebung befand sich hier mehr Vegetation als heute. Arbeiter und Gadolla (1912) heben die Pappelbäume der Laubgasse hervor.

Laudongasse

IV (Waagner-Biro-Straße – Alte Poststraße), 1892, PLZ 8020.

Bei ihrer Entstehung und Benennung lag die Gasse mitten im Kasernenviertel westlich des Bahnhofes. Ernst Gideon Freiherr von Laudon (1759 Tootzen/Estland – 1790 Neutitschein/Böhmen) trat nach russischen Diensten in die kaiserliche Armee und stieg dort bis zum Feldmarschall auf. Der bei Volk und Armee beliebte Feldherr hatte Kommandos im Siebenjährigen Krieg, im bayrischen Erbfolgekrieg und 1789 in einem Türkenkrieg inne. In diesem Jahr eroberte er Belgrad. Die quer zur Laudongasse verlaufende Heßgasse (Feldherr Heinrich Freiherr von Heß, 1788–1870) wurde 1986 gelöscht, um die Gleichsetzung der Heßgasse mit dem dort befindlichen Delogiertenheim aufzuheben. Ihre Hausnummern wurden auf die angrenzenden Straßen verteilt.

Lauzilgasse

V, XVII (Herrgottwiesgasse – Triester Straße), 1949, PLZ 8020.

Zuvor Gutenberggasse. Karl Lauzil (1842 Wien – 1902 Graz), Architekt; Sohn des Josef Lauzil, Fürst Metternich-schen Zuckerbäckers in Wien. Direktor der Staatsgewerbeschule in Graz. Maßgeblich an der architektonischen Ausgestaltung des Grazer Zentralfriedhofes beteiligt; Entwurf für die neugotische Kirche Zum gekreuzigten Heiland am Zentralfriedhof.

Lazarettfeld

siehe Südliches Lazarettfeld

Lazarettgasse

V (Elisabethinergasse – Eggenberger Gürtel), 1800, PLZ 8020.

Während der Herrschaft des Nationalsozialismus Josef-Kristandl-Straße. In dieser Straße befanden sich zwei Lazarette. Das *Große Lazarett*, abgebrochen 1904, lag zwischen der Lazarettgasse und der Lissagasse, teilweise auf dem Grund des heutigen Oeversee-Gym-

Lazarettgasse: Räumungsarbeiten nach einem Bomenangriff 1944 (Archiv der Bd. Pol. Dion.).

nasiums. Das *Alte* oder *Große Lazarett* war auch Kaserne, später Militärspital und schließlich Teil eines größeren Kasernenkomplexes gewesen. Das *Kleine Lazarett* befand sich an der Stelle der Häuser 39–41 und ist teilweise in der Bausubstanz noch erhalten. Der Ursprung beider Gebäude ist unklar und scheint bis zu den Pestseuchen zurückzugehen.

Lazarettgürtel

V (Eggenberger Gürtel – Triester Straße), 1880, PLZ 8020.

Ausbau in mehreren Teilen. Südteil zuvor Hofer-Gasse. Siehe Lazarettgasse.

Leardiweg

siehe Peter-Leardi-Weg

Leberackerweg

VII (Liebenauer Hauptstraße gegen Nordosten), 1961, PLZ 8041.

Eine Flurbezeichnung, die häufig mit dem althochdeutschen *leber* (= Binse, Flachs) zusammenhängt. Siehe aber auch Lebernweg.

Lebernweg

XVII (Rudersdorfer-Au-Straße bis zur Stadtgrenze, Richtung Feldkirchen), PLZ 8055.

Nach der angrenzenden, im Gemeindegebiet Feldkirchen liegenden Katastralgemeinde *Lebern* benannt. Mit *leh* oder *Leber* zusammengesetzte Orts- und Flurnamen deuten auf vor- oder frühgeschichtliche Grabtumuli, aber auch auf Gerichts- und Grenzhügel hin. Siehe auch Leberackerweg.

Lebgasse

siehe Anton-Leb-Gasse

Ledermoarweg

X (Rauchleitenstraße – Riesstraße), 1948, PLZ 8010.

Vulgarname eines lokalen Bauernhofes.

Leechgasse

III (Beethovenstraße – Schanzelgasse), 1785, PLZ 8010.

Benennung nach *Leech* (mhd. *le* = Hügel, Grabhügel); prähistorischer Tumulus als Ursprung des Leechhügels. Standort der gotischen Leechkirche, ursprünglich Ordenskirche des Deutschen Ritterordens, eine der ältesten Kirchen von Graz (Ende des 13. Jhs. vollendet). Durch archäologische Grabungen sind 1993 neue Erkenntnisse in der Entwicklungsgeschichte der Leechkirche im Sinne von prähistorischem Hügelgrab zur romanischen Rundkirche bis zur gotischen Ordenskirche zutage getreten.

Lehargasse

III (Grabenstraße – Liliencrongasse, mit Unterbrechung), 1949, PLZ 8010.

Zuvor Nußbaumergasse. Franz Lehár (1870 Komárom – 1948 Bad Ischl), Komponist und Militärkapellmeister, Erneuerer der Wiener Operette. Werke, u. a.: *Die Lustige Witwe, Das Land des Lächelns*.

Lehmanngasse

siehe Anton-Lehmann-Gasse

Leifhelmgasse

VII (Liebenauer Hauptstraße gegen Nordosten), 1971, PLZ 8041.

Hans Leifhelm (1891 Mönchengladbach – 1947 Riva/Gardasee) war ein stimmungsvoller Lyriker und Erzähler. 1918 schloss er sein Nationalökonomiestudium mit dem Doktorat ab. Er war mit einer Grazerin verheiratet, ab 1923 in Graz ansässig und beim hiesigen Arbeitsamt als Berufsberater beschäftigt. Seine Grazer Adressen waren der Rosenhof am Rosenberg und Rechbauerstraße 11. Nach 1933 lebte er als freier Schriftsteller an verschiedenen Orten. Von ihm stammen Balladen und Lyrik, so z. B. *Gesänge der Erde* oder *Steirische Bauern*.

Leitnergasse

VI (Neuholdaugasse – Schönaugasse), 1891, PLZ 8010.

Der Schriftsteller und Publizist Gottfried Ritter von Leitner (1800 Graz – 1890 Graz) war durch Jahre Sekretär der Stände und Redakteur der *Steiermärkischen Zeitschrift*. Er arbeitete als Kurator für das Joanneum und war Mitbegründer des Historischen Vereins für Steiermark. Leitner war mit vielen bekannten Persönlichkeiten seiner Zeit befreundet, so auch mit Jakob Lorber, dessen Biographie er schrieb. Auch eine Biographie Erzherzog Johanns stammt von ihm. Einige seiner Balladen wurden von Franz Schubert vertont. Für die Wertschätzung, die ihm entgegengebracht wurde, spricht die ihm im Jahr 1900 gewidmete Tafel im Landhaushof.

Der Schriftsteller Karl Gottfried Ritter von Leitner.

Lemischstraße

siehe Dr.-Lemisch-Straße

Lenaugasse

III (Schubertstraße – Leechgasse), 1888, PLZ 8010.

Nikolaus Lenau (1802 Csatád/Ungarn – 1850 Oberdöbling/Wien), eigentl. Nikolaus Franz Niembsch, Edler von Strehlenau, Dichter schwermütiger Lyrik.

Lend

IV.

Der IV. Stadtbezirk ist aus dem nördlichen Teil der Murvorstadt entstanden. Die Lage am rechten, einst nicht in die Stadtverteidigung einbezogenen Murufer bestimmte die Murvorstadt. Vom Landen der Flöße am Murufer hat sich der Name auf den Platz und weiter auf das Viertel und den IV. Bezirk übertragen. Siehe Lendplatz.

Lendkai

IV (Südtiroler Platz – Floßlendplatz), 1870, PLZ 8020.

Der Lendkai in seinem heutigen Verlauf ist erst ein Ergebnis des Straßenausbaus im späten 19. Jh. Der Südteil des heutigen Lendkais hieß einst Lederergasse und war beidseitig verbaut. Im Norden des Kais gab es den Schneiderlend. Siehe Lend.

Lendplatz

IV (Mariahilferstraße – Wiener Straße), 1785, PLZ 8020.

Noch im 19. Jh. schrieb man *die Lenden, am Lend* oder vom *oberen Platz* (im Gegensatz zum Griesplatz). Mehrheitlich wird der Name vom *Landen* der Murschiffe, meist waren es wohl nur Flöße, erklärt. Der Name wurde vom Ufer auf das Viertel und damit auf den im 17. Jh. entstandenen Platz übertragen. Die Platzquerung durch die Keplerstraße erfolgte erst in der zweiten Hälfte des 19. Jhs. Im gegenwärtigen Betriebsgelände der Feuerwehr gab es zuvor die kleine Wolfgasse, die ihren Namen nach einer Hausbesitzerin erhalten hatte. 1995 zeigte das Stadtmuseum eine Ausstellung über den Lendplatz und veröffentlichte ein Heft zu diesem Thema. Siehe Lend.

Lengheimerweg

XVI (Schwarzer Weg – Zahläckerweg), 1947, PLZ 8054.

Benannt nach dem steirischen Adelsgeschlecht der *Lengheimer*. Das ehem. Palais Lengheimb in der Hans-Sachs-Gasse Nr. 3 wurde Ende des 17. Jhs. erbaut und ist als ein bedeutendes Beispiel der Palastbauweise der in Graz wirkenden *maestri comacini* anzusehen. Ein Niclas Lengheimer war 1404 bis 1422 Propst in St. Martin.

Graz, Lendplatz.

Lendplatz: Die Städtische Feuerwehr (1923).

Der Leonhardplatz gegen Westen, das Landeskrankenhaus (rechts) und die St. Leonhardkirche (Mitte unten).

Leonhardbach

siehe Am Leonhardbach

Leonhardgürtel

II (Morellenfeldgasse – Elisabethstraße, unterbrochen), 1896, PLZ 8010.

Nur teilweise ausgebautes Stück des Gürtelstraßensystems der Gründerzeit. Benannt nach dem hl. Leonhard (Festtag: 6. 11.); beliebter und verehrter Nothelfer vor allem in ländlichen Gebieten. Ursprünglich auch Patron der unschuldig Gefangenen, Schmiede, Pilger und der Reisenden. Seit dem 15. Jh. Viehpatron, Wind- und Wettermacher, Helfer in Rechtsgeschäften, Patron der Kanonengießer und Minenarbeiter. Darstellung: entweder als Benediktinerabt mit Buch und Stab oder als junger, bartloser Mann. Attribut: Kette, oft mit Halsring und Schloss, auch mit kleinem, gefesseltem Menschlein, die Füße im Block. Siehe St. Leonhard.

Leonhardplatz

II, III (Platz zwischen Leonhardstraße – Elisabethstraße – Schanzelgasse – Hilmteichstraße – Riesstraße), 1899, PLZ 8010.

Platz bei der Pfarrkirche St. Leonhard, 1361 erste urkundliche Nennung, spätgotischer Kernbau, barocke Fassade. Kapelle und moderner Zubau im Osten, 1961/62 nach Entwurf von Karl Lebwohl. Siehe St. Leonhard.

Leonhardstraße

II (Glacisstraße – Leonhardplatz), 1800, PLZ 8010.

Die Leonhardstraße ist eine alte Verkehrsstraße nach Osten, die im Gegensatz zur Elisabethstraße nicht planmäßig angelegt wurde und durch eine Verbauung teils mit schlichten Altbauten (17. Jh. – erste Hälfte 19. Jh.), überwiegend jedoch von historistischen Fassaden des 19. Jhs. geprägt wird. Durch die Errichtung des Palais Meran (1841/43), des monumentalen Stadtpalais von Erzherzog Johann, gewann die Gegend an Nobilität. Davon profitierte auch das

Pfarrkirche St. Leonhard vor dem Umbau und der Erweiterung von 1962 (Postkarte, 1930).

gegenüberliegende Gasthaus *Zur Goldenen Birn,* das spätere *Parkhotel.* Als erster Großbau ist der Grünangerhof an der Ecke zur Glacisstraße zu sehen. An Monumentalbauten finden sich weiters das ehem. Palais Herberstein-Proskau (18./19. Jh., früher Palais des Herzogs von Württemberg), die Reiterkaserne, das Odilien-Blindeninstitut und das Frauenheim der Schwestern vom Hl. Kreuze. Das älteste Grazer Korporationshaus *Zum Schwarzen Adler* (Sängerschaft Gothia) und das Geburtshaus des beliebten Volksschauspielers Alexander Girardi, ein schlichtes Vorstadthaus, oder das Kloster und die Schulen der Ursulinen (Nr. 62–64) zeugen weiters von der differenzierten Bau- und Sozialstruktur der Leonhardstraße (siehe St. Leonhard und Leonhardgürtel).

Leopoldsgrund

siehe Am Leopoldsgrund

Leo-Scheu-Gasse

VII (Messendorfer Straße nach Südwesten in Richtung Liebenauer Hauptstraße), 1961, PLZ 8041.

Der Maler und Graphiker Prof. Leo Scheu (1886 Olmütz – 1958 Graz), Ehrenmitglied der Universität Graz, war ein bedeutender Porträtist. Er war einer der Gründer des Künstlerbundes, den er durch Jahre als Präsident leitete. Er hatte auch Verdienste um die Entstehung des Künstlerhauses. Scheu erhielt für sein Werk zahlreiche Preise und die Bürgerschaft der Stadt Graz. Zur Zeit der Namengebung besaß diese Gasse noch kein Haus.

Leuzenhofgasse: Gasthaus Zum Nordpol (um 1942, Sammlung Schmuck-Zollner).

Lerchengasse

XIV (Vinzenzgasse – Algersdorfer Straße), 1947, PLZ 8020.

Während der nationalsozialistischen Herrschaft Karl Klima-Straße. Benannt nach dem Singvogel Lerche. Die unauffällig gefärbte Vogelfamilie kommt in zahlreichen Arten in baumarmen Landschaften vor.

Lerschplatz

siehe Heinrich-Lersch-Platz

Lessingstraße

II (Leonhardstraße – Mandellstraße), 1868, PLZ 8010.

Gotthold Ephraim Lessing (1729 Kamenz/Lausitz – 1781 Braunschweig), deutscher Dichter, bedeutendster Vertreter der deutschen Aufklärung. Werke, u.

a.: *Emilia Galotti, Minna von Barnhelm, Nathan der Weise,* Schriften, Epigramme und Fabeln. Die Naglergasse verlief früher bis zur Leonhardstraße (Lessingstraße 1–9). In der Lessingstraße Nr. 15, an der Ecke zur Alberstraße Nr. 15, befindet sich ein imposantes, gründerzeitliches Stadtpalais, ursprünglich Wohnhaus des k. k. Univ.-Prof. Johann Blaschke, auf Nr. 19 das ehemalige Institut Anderl-Rogge (Fachschullehrgänge für Mädchen), Nr. 20 das Gebäude der Bergarbeiterversicherung, das 1950/52 anstelle der historistischen Villa Koch erbaut wurde.

Leuzenhofgasse

IV (Wiener Straße – Babenbergerstraße), 1870, PLZ 8020.

1171 *Linocendorf,* 1185 *Liuzendorf,* vom Personennamen *Liuzo, Leuzo,* einer

271

Kurzform von Leuthold, stammend. Der Gutshof Leuzendorf befand sich beim Haus Babenbergerstraße 127–129. Der Hof zu Leuzendorf war im 14. Jh. im Besitz der Herren von Walsee und kam dann an den Landesfürsten. Schon 1517 wird eine dazugehörige Papiermühle genannt, die an der Wiener Straße (Ecke Papiermühlgasse) gelegen und ab 1793 die Papierfabrik des Andreas Leykam war. Der Gutshof zu Leuzendorf wechselte in der Folge mehrfach seinen Besitzer, die Grundherrschaft Leuzendorf wurde Anfang des 19. Jhs. aufgelöst.

Libellenweg

VIII (St.-Peter-Hauptstraße gegen Nordosten), 1949, PLZ 8020.

Der Magistrat stellte anlässlich der Namengebung fest, dass es sich hier um eine ortsübliche Bezeichnung handle. Der Name klingt allerdings recht künstlich. Die hier angesprochene Gattung relativ großer, farbenprächtiger, räuberischer Insekten, die gewandte Flieger sind, steht in der Steiermark auf der Roten Liste gefährdeter Tierarten.

Lichtenfelsgasse

II (Elisabethstraße – Leonhardstraße), 1877, PLZ 8010.

Thaddäus Peithner Freiherr von Lichtenfels (1798 Wien – 1877 Wien), österreichischer Rechtsgelehrter und Staatsmann. Auf der östlichen Straßenseite befindlicher, lang gestreckter Baublock des 2. BG und BRG Lichtenfels. Auf Nr. 7 befand sich von 1878 bis in die Nachkriegsjahre die 1967 letztlich abgebrochene Badeanstalt mit Freischwimm-

Lichtenfelsgasse: Höfler's Voll- & Schwimm-Bad (1905).

becken, *Höfler's Voll- & Schwimm-Bad* genannt.

Lichtensteingasse
siehe Ulrich-Lichtenstein-Gasse

Lichtensternweg
XI (Mariatroster Straße – Föllinger Straße), 1948, PLZ 8044.

Die Bezeichnung ist viel älter als die Namengebung des Weges und soll laut lokaler Tradition auf den *lichten Stein* der nahen Feldformation hinweisen. Davon abgesehen hieß bis 1850 ein Amt der Herrschaft *Reun* (Rein) Lichtenstern. Der Gasthausname *Sternwirt* ist eine Ableitung von Lichtenstern. Kein Zusammenhang ließ sich bisher mit dem Freiherrn von Lichtenstern nachweisen, der um die Jahrhundertwende in Kroisbach die Villa Waldhof besaß.

Lidlsdorfgasse
V (Kindermanngasse gegen Westen), 1947, PLZ 8010.

Zuvor Bauernfeldgasse. Die Bauernfeldgasse aus der Zeit vor den Bomben und den Neubauten war wesentlich länger als die Lidlsdorfgasse und ursprünglich als Verbindung von der Dreihackengasse zur Idlhofgasse geplant, wurde aber nur teilweise fertiggestellt. Der Name Lidlsdorf/Lidlhof ist identisch mit der jüngeren Form Idlhof. Im 16. Jh. kommt der Name Lüdelsdorf vor, ein Hinweis auf einen Ludwig. Siehe Idlhofgasse.

Liebenau
VII.

Seit 1945 (de jure 1946) Name des VII. Stadtbezirks und der alten Vorstadtgemeinde (1850–1938), die nun zusammen

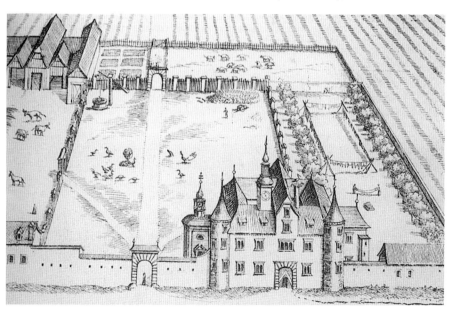

Schloss Liebenau (Vischer, 1681).

273

mit den ehemaligen Gemeinden Engelsdorf und Murfeld sowie dem Nordteil der früheren Gemeinde Thondorf den VII. Grazer Stadtbezirk bildet. 1938 bis 1945 war Liebenau ein Teil des Bezirks Graz Süd-Ost. Um 1620 wechselte der Name Vatersdorf in Liebenau. Das *Au* bezieht sich, wie bei vielen Namen im Süden der Stadt Graz, auf die Murauen. Es war also eine liebe, liebliche Au, vermutlich zuerst *auf der lieben Au* genannt.

Liebenauer Gürtel

VII (Liebenauer Hauptstraße zur A 2 und zum St.-Peter-Gürtel), 1994, PLZ 8041.

Zuvor war dies der Westteil des dritten Südgürtels. Eine Firma, die besser auffindbar sein wollte, initiierte diese Benennung. Siehe Liebenau.

Liebenauer Hauptstraße

VII (Münzgrabenstraße gegen Süden zur Stadtgrenze), 1949, PLZ 8041.

Zuvor Hauptstraße. Zur Unterscheidung von den Hauptstraßen in St. Peter und Waltendorf war diese Namengebung notwendig, und sie wurde mitunter auch schon früher verwendet. Die Liebenauer Straße war einst die Verbindung von St. Peter nach Liebenau (jetzt Karl Huber-Gasse und Petrifelderstraße). Siehe Liebenau.

Liebenauer Tangente

VII (Ulrich-Lichtenstein-Gasse in Richtung Autobahnzubringer A 2, Graz-Ost), 2007, PLZ 8041

Unter einer Tangente versteht man im Straßenbau eine Verbindung, die Orte oder Straßen verbindet, aber nicht durch sie hindurchführt. Als 2007 das Murpark-Einkaufszentrum eröffnet und die Straßenbahnlinie 4 nach Südosten verlängert wurde, erhielt ein Teil des Autobahnzubringers A 2 Z den neuen Namen. 2007 begann auch die urbane Entwicklung im Umfeld der Tangente. Siehe auch Liebenau.

Liebengasse

VIII (Nußbaumerstraße – Marburger Straße), 1949, PLZ 8042.

Zuvor seit 1930 Hans Sachs-Gasse. Die räumliche Nähe zum Sender St. Peter brachte diesen Namen. Der österreichische Physiker Robert von Lieben (1878 Wien – 1913 Wien) war ein Pionier der Radio- und Rundfunktechnik. 1905/06 erfand er die nach ihm benannte Verstärkerröhre mit magnetischer Steuerung und 1910 eine Glühkathodenröhre mit Gittersteuerung, welche eine Grundlage für die weitere Entwicklung von Radio und Telefon bildete.

Liebiggasse

III (Heinrichstraße – Schubertstraße), 1887, PLZ 8010.

Benannt nach Justus Freiherr von Liebig (1803 Darmstadt – 1873 München), deutscher Chemiker, Arbeiten auf allen Gebieten der Chemie, seine *Chemischen Briefe* förderten wesentlich das Interesse für die Naturwissenschaften. *Liebig* war der Name eines damals sehr bekannten Fleischextraktes. An der Ecke Liebiggasse/Heinrichstraße war zu Beginn des 19. Jhs. ein ausgedehnter Baukomplex

Justus Freiherr von Liebig.

an den steirischen Gelehrten Josef Liesganig *(12.11.1719 in Graz – 4.3.1799 in Lemberg). An dieser Stätte begann er seine vielseitige Laufbahn. Sein Hauptwerk war die geographisch-grundlegende Meridian-Gradmessung 1762–1769. Das Land Steiermark und die Stadt Graz 1951.*

mit Ordenskirche und Wohnhaus des *Collegiums der Jesuiten von Kalksburg* geplant.

Lienzweg
siehe Egger-Lienz-Weg

Liesganiggasse
XIII (Weidweg – Wiener Straße), 1949, PLZ 8051.

Zuvor Stiegengasse. Josef Liesganig (1719 Graz – 1799 Lemberg), S. J., Mathematiker, Geograph und Geodät. 1756 bis 1773 Präfekt der Sternwarte des Jesuitenkollegiums. Vermessungen in Ungarn (1769), Galizien und Lodomerien. Ab 1785 Leitung der Arbeiten für den Josefinischen Kataster in Galizien. Gedenktafel am Eingang ins Steiermärkische Landesarchiv, Bürgergasse 2a (Alte Universität): *Zur Erinnerung*

Liliencrongasse
III (Lehargasse – Robert-Stolz-Gasse), 1929, PLZ 8010.

Detlev Freiherr von Liliencron, eigentl. Friedrich Adolf Axel Freiherr von Liliencron (1844 Kiel – 1909 Altrahlstedt/ Hamburg), deutscher impressionistischer Lyriker; schrieb Romane, Dramen, Novellen. Preußischer Offizier und Verwaltungsbeamter.

Lilienthalgasse
XIV (Alte Poststraße – Algersdorfer Straße), um 1900, PLZ 8020.

Der Römische Graf und österreichische Freiherr Leopold Krametz von Lilienthal (1811 Wien – 1889 Graz) förderte mit beträchtlichen Mitteln karitative, kulturelle und besonders kirchliche Einrichtungen. Zu seinem Universalerben bestimmte er Fürstbischof Zwerger. In Eggenberg wurden von Krametz-Lilienthal das Kloster der Schulschwestern und die Vinzenzkirche in der um 1900 nach ihm benannten Gasse gefördert. Auch die Bauten der Herz-Jesu-Kirche, des Klosters der Marienbrüder, der Barmherzigen Brüder in Kainbach, des Priesterspitals u. a. m. wurden teilweise von Lilienthal finanziert. Sein Vermögen stammte von seiner früh verstor-

Leopold Krametz Freiherr von Lilienthal
(Vinzenzgemeinschaft).

benen Gattin, die einer obersteirischen
Radgewerken- und Hammerherrendy-
nastie angehörte.

Limonigasse

*V (Annenstraße – Andrägasse, nun nach
Südosten geschlossen), 1870, PLZ 8020.*

Benannt nach den Zitronen (Limonen)
des Südfrüchtehändlers Stephan Bar-
barini, der in der Murvorstadt an der
Wende vom 18. zum 19. Jh. mehrere
Häuser besaß. Eines dieser Häuser war
Annenstraße Nr. 11.

Lindengasse

*XII (Anglergasse – Weinzöttlstraße),
PLZ 8045.*

Benannt nach den Lindenbäumen und
dem Lindenschlössl.

Lindenhof

siehe Am Lindenhof

Lindenhofweg

*XI (Mariatroster Straße – Am Domini-
kanergrund), PLZ 8043.*

Dieser Name wurde schon zur Zeit der
Gemeinde Fölling (seit 1930 Mariatrost)
verwendet und steht in Beziehung zum
Lindenhof. Siehe Am Lindenhof.

Lindenkreuz

siehe Am Lindenkreuz

Linderweg

siehe Berthold-Linder-Weg

Lindweg

*III (Grabenstraße – Körblergasse), 1800,
PLZ 8010.*

Nach einem Gut mit Lindenbäumen am
Eingang der Grabenstraße.

Lineckerweg

*XI, XII (Unterer Plattenweg –
Hauersteig), 1948, PLZ 8044.*

Ein Flur- und Bergname *(lind* = Linde),
davon abgeleitet ein Familienname. Daraus wird dann wiederum ein Vulgarname. Nun lebt hier Am Linegg 1 seit
langem die Familie Schafzahl vulgo Linegg. Schon um 1400 ist hier ein Andre
Lyndekker belegt (1527 Lindecker, 1547
Lindegger).

Linegg

siehe Am Linegg

Lippeplatz

siehe Anton-Lippe-Platz

Lissäckerstraße

XV (Straßganger Straße – Krottendorfer Straße), PLZ 8052.

Ein Flurname, der schon zur Zeit der Gemeinde Eggenberg, also vor der Gemeindeteilung (1914), als Straßenname verwendet wurde. Das mundartliche *Liss* kommt von *Lüsse*, Einzahl *Luß* (= Los): Die Flurstreifen wurden einst verlost.

Lissagasse

V (Lazarettgasse – Oeverseegasse), 1899, PLZ 8020.

Lissa (kroatisch Vis) ist eine der süddalmatinischen Inseln. Am 20. Juli 1866 siegte bei dieser Adriainsel die Flotte Österreichs unter der Führung von Admiral Wilhelm von Tegetthoff über die zahlenmäßig überlegene italienische Flotte. Tegetthoff ließ die veraltete, aber sichtlich effektive Rammtechnik einsetzen. In Graz befand sich das Kommando des 3. Korps, zu dessen Kommandobereich der österreichisch-ungarische Kriegshafen Pola (Pula) und auch Triest gehörten.

Listergasse
siehe Dr.-Lister-Gasse

Listgasse
siehe Rudolf-List-Gasse

List-Platz
siehe Hans-List-Platz

Lisztgasse

VII (Raiffeisenstraße – Vatersdorfstraße), 1949, PLZ 8041.

Zuvor Neugasse. Franz Liszt (1811 Raiding im Burgenland, damals Ungarn – 1886 Bayreuth) erlangte Weltruhm als Klaviervirtuose, Komponist und Dirigent. Liszt war ein Pionier der Programmmusik und wirkte auch als Musikpädagoge. Er reformierte das Klavierspiel und hatte großen Einfluss auf das Musikleben seiner Zeit. Bekannt sind seine symphonischen Dichtungen und seine *Ungarischen Rhapsodien*. Liszt konzertierte 1846 in Graz und war mit der Stadt auch durch seine Mutter verbunden, die einige Jahre bei ihrer Schwester in Graz wohnte.

Löckwiesenweg

XVII (Rudersdorfer Straße nach Norden, Sackgasse), 1947, PLZ 8055.

Alter Flurname.

Lodergasse

XVII (Mitterstraße – Etrichgasse), 1947, PLZ 8055.

Matthäus Loder (1781 Wien – 1828 Vordernberg), Maler und Illustrator mit Bevorzugung von Motiven aus den Alpenregionen. So unternahm er Studienreisen auf den Schneeberg, den Erzberg, in die Obersteiermark und in das Salzkammergut; schuf Illustrationen zur Geschichte, Natur und der Arbeitswelt. Ab 1816 langjähriger Kammermaler Erzherzog Johanns, malte zahlreiche Aquarelle mit bekannten Szenen aus dem Leben Erzherzog Johanns und Anna Plochls (z. B. *Das Versprechen auf der Ennsbrücke*).

Loewegasse

XV (Straßganger Straße – Krottendorfer Straße), 1949, PLZ 8052.

Zuvor Feldstraße. Carl Loewe (1796 Löbejün/Halle – 1869 Kiel) wirkte als Musiklehrer und Musikdirektor. Berühmt wurde er als Komponist. Loewe reformierte das Konzept der Balladenmusik und komponierte die Musik zu rund 400 Balladen. Von ihm stammen auch sechs Opern und 17 Oratorien.

Loewigasse

siehe Otto-Loewi-Gasse

Lois-Steiner-Weg

XII (Rannachstraße – St.-Veiter-Straße), 1990, PLZ 8046.

Alois Steiner (1907 Probst/Murau – 1989 Graz), Musikpädagoge, Sammler alter Volks- und Kirchenlieder, Pfleger und Erforscher heimischen Liedguts. Er gründete den St. Veiter Kirchenchor, den er bis zu seinem Tode leitete. Beliebt war das stimmungsvolle Adventsingen in der St. Veiter Kirche. Prof. Steiner legte Wert darauf, in Veröffentlichungen mit seinem Vornamen *Lois* aufzuscheinen. Träger des Goldenen Ehrenzeichens des Landes Steiermark.

Lönsgasse

siehe Hermann-Löns-Gasse

Lorbergasse

siehe Jakob-Lorber-Gasse

Lorenz-Vest-Weg

VII (Fuchsenfeldweg gegen Nordosten), 1971, PLZ 8041.

Gubernialrat und Studiendirektor Lorenz Chrysostomus Edler von Vest (1776–1840) war Arzt und wirkte nach Klagenfurt in Graz. Er schuf als *Protomedicus* der Steiermark die Grazer Friedhofsordnung und organisierte die Ausbildung der Hebammen in der Stadt. Auf ihn geht die Einführung der Pockenimpfung in unserem Raum zurück, und er bemühte sich auch um das Wohlergehen der Kinder. Prof. Vest lehrte am Joanneum und an der Universität Botanik und Chemie. 1833/34 leitete er als Rektor die Universität. Für diesen Weg war auch der Name Wilhelm-Gösser-Weg im Gespräch.

Lortzinggasse

VII (Liebenauer Hauptstraße – Mendelgasse), 1949, PLZ 8041.

Zuvor Roseggergasse. Der Komponist Gustav Albert Lortzing (1801 Berlin – 1851 Berlin) prägte die deutsche Oper in ihrer romantischen – aber auch komischen – Art (Spielopern). Am bekanntesten sind seine Opern *Zar und Zimmermann, Der Wildschütz* und *Der Waffenschmied*. Seine Werke wurden im Grazer Opernhaus im Laufe der Jahre häufig gespielt und waren meist sehr erfolgreich. Lortzing wirkte aber auch als Sänger, Schauspieler und Theaterkapellmeister.

Löseranlage

XIII (Grünanlage zwischen dem Göstinger Schloßplatz und der Straßengelstraße), 1951, PLZ 8051.

Anton Löser (geb. 1877 Chlum/Karlsbad – 1951 Graz-Gösting), Bürgermeister von Voitsberg und verdienter Schulmann. Ausbildung in Budweis zum Lehrer, 1902 an der Landesbürgerschule in Voitsberg tätig, 1927 Ernennung zum Schuldirektor und Leitung der gewerblichen Fortbildungs- und Handelsschule in Voitsberg. Seit 1914 Gemeinderat, von 1934 bis 1938 Bürgermeister von Voitsberg (Ausbau der Packstraße, Wiedererrichtung der Bezirkshauptmannschaft Voitsberg). Nach 1945 kommunalpolitisch für Gösting tätig und ÖVP-Bezirksparteiobmann. Die Benennung erfolgte 1951 aufgrund des Antrages der ÖVP-Bezirksparteileitung.

Loserthgasse
siehe Johann-Loserth-Gasse

Ludwig-Benedek-Gasse
XVI (Harter Straße nach Osten, Sackgasse), 1967, PLZ 8054.

Ludwig Ritter von Benedek (1804 Ödenburg/Ungarn – 1881 Graz). In der Beethovenstraße Nr. 8 befand sich seine Villa (heute Neubau, Bundeslehranstalt für Lebensmitteluntersuchung). Davor Gedenkstein: *Auf diesem Gelände stand die Villa des bedeutenden altösterreichischen Feldherrn Feldzeugmeister Ludwig von Benedek (1804–1881). Er zeichnete sich in zahlreichen Schlachten aus und führte zuletzt 1866 das Oberkommando in der unglücklichen Auseinandersetzung bei Königgrätz.* Benedek wurde seine Amtes enthoben und zog sich verbittert nach Graz zurück. Der Antrag zur Straßenbenennung kam von der Landesgruppe Steiermark des Österreichischen Akademikerbundes anlässlich des 100. Gedenkjahres an die Schlacht von Königgrätz.

Der Physiker Ludwig Boltzmann.

Ludwig-Boltzmann-Gasse
XVII (Triester Straße – Zeppelinstraße), 1933, PLZ 8055.

Ludwig Boltzmann (1844 Wien – 1906 Duino/Triest), einer der bedeutendsten Physiker Österreichs und seiner Zeit, Univ.-Prof. in Graz, Leipzig und Wien. Er klärte mit Hilfe der Wahrscheinlichkeitsrechnung den Zusammenhang zwischen Thermodynamik und Mechanik und wendete als Erster die Gesetze der Statistik für Gasmoleküle an. Die 1960 gegründete Ludwig Boltzmann-Gesellschaft ist Trägerorganisation von über 100 Instituten und Forschungsstellen.

Ludwig-Hülgerth-Gasse
XVI (Straßganger Straße nach Osten), 1970, PLZ 8054.

Ludwig Hülgerth (1875 Wien – 1939 Schloss Rottenstein/Längsee); Feldmarschallleutnant, 1918 Führung und Organisation im Kärntner Abwehrkampf. 1934 bis 1936 Landeshauptmann von Kärnten. Träger hoher militärischer Auszeichnungen.

Ludwig-Seydler-Gasse

III (Hilmteichstraße – Anton-Leb-Gasse), 1929, PLZ 8010.

Ludwig Seydler (1810 Graz – 1888 Graz), Sohn des Schulmeisters von St. Leonhard. Domorganist ab 1837 bis zu seinem Tod. Musikschriftsteller und Walzerkomponist. Komponierte 1844 für die Landwirtschaftsgesellschaft das allbekannte Lied *Hoch vom Dachstein an*, seit 1929 offiziell steirische Landeshymne.

Ludwig-Werba-Gasse

IX (Rudolfstraße gegen Süden), 1988, PLZ 8010.

Ludwig Werba sen. (1884 Graz – 1945 Baden) stammte aus einer Musikerfamilie. Er studierte in Wien und spielte als Theatermusiker in Graz, dann in Wien, u. a. bei den Symphonikern. Er gehörte zu den Mitbegründern des Wiener Tonkünstlerorchesters. Auch als Militärkapellmeister (Infanterieregiment Nr. 10), beim Rundfunk und als Leiter von Kurorchestern war Werba als Musiker, Dirigent und Komponist erfolgreich. Werba engagierte sich in Musikerorganisationen und war in der Zwischenkriegszeit Gemeinderat und Kulturreferent in Baden bei Wien. Auch der Name Ludwig-Werba-Ring war im Gespräch.

Luegerstraße

siehe Dr.-Karl-Lueger-Straße

Luigi-Kasimir-Gasse

XII (Radegunder Straße – Pfanghofweg), 1969, PLZ 8045.

Luigi Kasimir, eigentl. Alois Heinrich K. (1881 Pettau – 1962 Wien), bedeutender Radierer, Lithograph und Kupferstecher, aus kunstsinniger Familie stammend. Studierte von 1900 bis 1905 an der Wiener Akademie, entwickelte in der Folge eine eigene Technik der Farbradierung. Bekannte Veduten, u. a. *Wiener Stephansdom, Wiener Staatsoper, Notre Dame in Paris, Dolomiten-Zyklus von 1916*. Die Bezirksvorstehung in Andritz stand dieser Namengebung negativ gegenüber, da er in keiner Beziehung zum Bezirk steht. Stattdessen erfolgte der Vorschlag einer Benennung nach Rosina Hofer (1884–1926 Andritz), der allgemein beliebten sozialistischen Gemeinderätin von Neustift.

Luschingasse

siehe Arnold-Luschin-Gasse

Lustbühelstraße

IX (Waltendorfer Hauptstraße – Schloss Lustbühel), 1948, PLZ 8042.

Das Schloss Lustbühel ist aus einem bäuerlichen Gut hervorgegangen und wurde im 17. Jh. zu einem Adelssitz. Im 19. Jh. hat das Schloss durch historische Bauelemente ein neues und zugleich älteres Aussehen erhalten. Die Lage über Graz und der damit verbundene Ausblick auf die Stadt führten zur

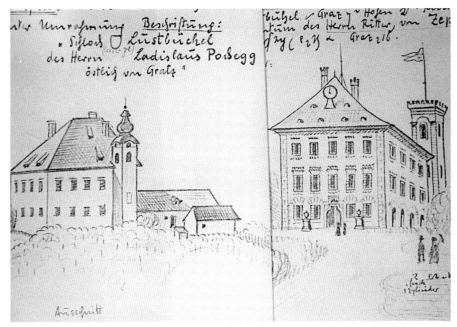

Schloss Lustbühel vor und nach dem Umbau des späten 19. Jhs. (Andorfer, SMG).

Bezeichnung Lustbühel (Bühel = Hügel) für das Schloss. 1948 waren auch die Brüder Conrad und Vinzenz Kreuzer als Namenspaten für diese Straße im Gespräch.

Luthergasse

II (Gleisdorfer Gasse – Schlögelgasse), 1870, PLZ 8010.

Martin Luther (1483 Eisleben – 1546 Eisleben), großer, deutscher Religions-reformator, Hauptwerk: *Von der Freiheit eines Christenmenschen* (1520). 1802 bestand vom Ende der Häuserzeile entlang der Gleisdorfer Gasse ein Verbindungsweg zur Schlögelbrücke und zur Münzgrabenstraße. Hier befand sich einstmals die *Straffingersche k. k. privilegierte Kammfabrik.*

Macherstraße

IX, X (Ragnitzstraße – Rudolfstraße, keine Durchfahrt), 1948, PLZ 8047, 8010.

Dr. Johann Macher (1661 Bleiburg – 1704 Pressburg), Jesuit und Professor für Ethik und Philosophie an der Grazer Universität, veröffentlichte 1700 *Graecium inclyti ducatus Styriae metropolis, topographice descriptum,* das ältes-

Macherstraße: Ausschnitt aus dem Titelkupfer von Machers Werk „Graecium topographice descriptum" (von Pfeffel und Engelbrecht).

te genauere topographisch-historische Werk über Graz. Das Werk umfasst 90 Folioseiten, ist in vier Bände und 20 Kapitel untergliedert und enthält auch elf Kupferstiche, u. a. von A. Trost. Der Autor beschreibt besonders die Verteidigungsanlagen und den Schloßberg. Er bringt auch als Erster die Sage vom Türken im Palais Saurau in Umlauf. Von Prof. Macher stammen auch Werke über die Steiermark, ebenfalls in lateinischer Sprache.

Maderspergergasse

XIV (Straßganger Straße – Eckertstraße), 1947, PLZ 8020.

Zuvor Kärntnergasse. Josef Madersperger (1768 Kufstein – 1850 Wien) baute nach einigen Versuchen 1815 die erste Nähmaschine. Er verwertete das ihm 1815 verliehene Privileg nicht, die Rechte erloschen nach drei Jahren. Madersperger schenkte seine Nähmaschine 1839 dem Polytechnischen Institut in Wien. 1841 erhielt er eine Bronzemedaille des Niederösterreichischen Gewerbevereins und starb verarmt. Zwischen 1790 und 1852 wurde eine Reihe einschlägiger Erfindungen gemacht. Wirklich erfolgreich waren erst die Singer-Nähmaschinen.

Maggstraße

VIII (St.-Peter-Gürtel – Styriastraße), 1992, PLZ 8042.

Die Straße war die ehemalige Sturzplatzzufahrt. Hochschulprof. Dipl.-Ing. Dr.

Julius Magg (1884 Wilten/Tirol – 1931 Graz) erwarb sich um die Entwicklung des Dieselmotors großes Verdienst. Er lehrte als Maschinenbauer an der Grazer Technischen Hochschule (nun Technische Universität). Magg wohnte in der Parkstraße.

Mahlergasse

XV (Wetzelsdorfer Straße – Staudgasse, nicht ausgebaut), 1961, PLZ 8052.

Gustav Mahler (1860 Kalischt/Böhmen – 1911 Wien) hat als Komponist und Dirigent Weltruf und gilt als der letzte große Symphoniker Österreichs. Er war ein Schüler von Anton Bruckner und wirkte als Dirigent im Ausland und Inland, so an der Wiener Hofoper (Staatsoper). Sein Kompositionsstil ist der Spätromantik verpflichtet, sein Werk besteht aus zehn Symphonien und zahlreichen Liedern. Seit 1955 wird sein Œuvre von der Internationalen Gustav Mahler Gesellschaft in Wien betreut. Seit 1905 kommt Mahler im Grazer Musikverein zur Aufführung.

Mahrenberggasse

XIV (Johann-Haiden-Straße gegen Norden), 1951, PLZ 8020.

Im 13. Jh. entwickelte sich aus dem Dorf Radlach die Marktgemeinde Mahrenberg an der Drau, benannt nach der nahen Burg. Bekannt wurde Siegfried von Mahrenberg, der im Widerstand gegen Přemysl Ottokar II. 1272 getötet wurde. Mahrenberg, der Mittelpunkt eines Gerichtsbezirks, bildete eine deutschsprachige Insel im slowenischen Teil der Untersteiermark. 1919 fiel der Ort an den südslawischen SHS-Staat, trug aber noch bis in die 1950er-Jahre den Namen Ma(h)renberg. Nun heißt die Gemeinde Radlje ob Dravi. Von 1925 bis 1939 trug ein neuer, nach Süden geöffneter Teil der Triester Straße den Namen Mahrenberggasse. So gibt es östlich davon auch die Mahrenbergsiedlung.

Maiffredygasse

II (Glacisstraße – Leonhardstraße), 1870, PLZ 8010.

Josef Maiffredy (1797–1859 Graz), kaiserlicher Rat, königl. französischer Konsul, Ritter der Ehrenlegion, Gemeinderat in Graz, Gutsbesitzer in Wagram. Vermachte der Stadtgemeinde Graz seine Besitzungen, womit die testamentarische *Maiffredy-Dienstboten-Stiftung* 1882 zur Unterstützung armer Dienstboten dotiert wurde. Grab am St. Peter-Friedhof.

Mainersbergstraße

XIV (Plabutscher Straße – Göstinger Straße), 1949, PLZ 8051.

Zuvor der Eggenberger Teil der Glasfabrikstraße. Am Osthang des Plabutsches, oberhalb des Schlosses Algersdorf, befand sich das Stöckl Mainersberg. Baravalle vermutete 1961, dass es sich hier ursprünglich um ein Weingartenhaus des 12. Jhs. handelte. 1668 erhielt der eggenbergische Verwalter Gmeiner die landesfürstliche Erlaubnis, dieses Stöckl Mainersberg und sich selbst *von Mainersberg* zu nennen. In der Folge wechselte das eher bescheidene Bauobjekt mehrfach den Eigentümer und wurde schließlich abgebrochen. In Vischers Schlösserbuch von 1681 ist *Mannersperg* auf der Abbildung von Algersdorf im Hintergrund als zweigeschoßiges Haus mit einem Treppenaufgang über dem (Wein-?) Keller zu sehen.

Major-Hackher-Weg

I (Wickenburggasse – Starcke-Häuschen auf dem Schloßberg, Türkenbrunnen), 1900, PLZ 8010.

Franz Xaver Freiherr Hackher zu Hart, (1764 Wien – 1837 Wien). Als Major Auszeichnung mit dem Ritterkreuz des Maria-Theresien-Ordens wegen der tapferen Verteidigung des Grazer Schloßberges gegen die Franzosen 1809. Sein Denkmal befindet sich auf dem Schloßbergplateau, der sog. *Hackher-Löwe* (1965 W. Gösser, Bronzenachguss nach Otto Jarl, 1909). Siehe Jarlweg.

Makartgasse

III (Schwimmschulkai – Kahngasse), 1899, PLZ 8010.

Hans Makart (1840 Salzburg – 1884 Wien), österreichischer Historienmaler der Gründerzeit; Schöpfer prunkvoller, üppiger Dekorationen in neobarocker Malweise, dem sog. *Makartstil.*

Mallitschweg

IX (Rudolfstraße – Waltendorfer Hauptstraße), 1949, PLZ 8010.

Der Maler Ferdinand Mallitsch (1820 Graz – 1900 St. Leonhard/Marburg) lernte an der landschaftlichen Zeichenakademie in Graz, war ein Schüler von Waldmüller und schuf vor allem Porträts und Genrebilder. Mallitsch reiste auch zur Ausbildung nach Paris, hatte

dann aber eine lange Schaffenspause. Im Alter arbeitete er wieder, besonders in seinem untersteirischen Landhaus. Zahlreiche seiner Bilder befinden sich im Besitz der Neuen Galerie. Mallitsch trug dazu bei, dass Graz ein Kunstzentrum des Biedermeiers wurde.

Mälzerweg

XVII (Triester Straße – Ruthardweg), 1947, PLZ 8055.

Nach der ehemaligen Mälzerei und Brauereianlage, Zweigniederlassung der Aktiengesellschaft Brüder Reininghaus in Rudersdorf. Diese Brauereianlage, vorher *Sandwirtbrauerei* genannt, wurde 1874 von Johann Schilcher, Griesgasse 27, erbaut. Verlegung der Niederlassung nach Rudersdorf. 1880 erfolgte der Bau einer Mälzerei nach dem Muster der Karlsberger pneumatischen Mälzerei in Kopenhagen. 1903 Umstellung auf elektrischen Betrieb. Ab 1901 Bildung der sog. *Familien-Aktiengesellschaft* unter der Firma *Brüder Reininghaus* mit dem Sitz auf dem Steinfeld. Siehe Reininghausstraße.

Mandellstraße

II (Kaiser-Josef-Platz – Felix-Dahn-Platz), 1867, PLZ 8010.

Rudolf Freiherr von Mandell (1816 Graz – 1896 Graz), Besitzer des ehem. prächtigen Mandellgartens und des Mandellschlösschens. Der weitläufige Garten umfasste etwa das Gebiet der heutigen Technikerstraße, Mandellstraße, Rechbauerstraße, Lessingstraße und der Gartengasse. Der Park wurde ab 1861 parzelliert und verkauft. Das

Das Schlössl des Freiherrn von Mandell, 1885 für den Bau der Technischen Hochschule abgetragen.

barocke Mandellschlösschen befand sich bis zum Abbruch (1885) auf dem Grund der heutigen Alten Technischen Universität.

Mannagettaweg

IX (Waltendorfer Hauptstraße – Ruckerlberggasse), um 1900, PLZ 8010.

Die Familie Mannagetta zog um 1500 von Oberitalien nach Norden und wurde 1637 geadelt. Noch zu Zeiten der Gemeinde Waltendorf wurde der Weg nach Anton von Man(n)agetta benannt, der in der zweiten Hälfte des 19. Jhs. Oberst in der österreichisch-ungarischen Armee war und hier ein Sommerhaus errichtete. Die Familie Ritter von Beck-Mannagetta (1907: von Lerchenau), die

in der Monarchie hohe Beamtenstellen innehatte, war in dieser Gasse bis in die Gegenwart ansässig.

Mantschastraße

XV, XVI (Steinbergstraße – Florianibergstraße), PLZ 8052.

Der Weg führt westlich von Straßgang in die Mantscha. Die Lokalisierung der urkundlichen Nennung von 1222 *Meurschach* ist umstritten. Der Landschafts- und Ortsname wird 1316 als *Maetschach* überliefert. Als Ableitung bietet sich das slawische *mecati* (= weich werden) an. Da Flachsstängel hier eingeweicht wurden, kann so der Name auch Sinn gewinnen. Eine andere Erklärung gibt Pirchegger, der Mantschach als Ableitung vom slawischen *mace* (= Palmkatzerl) interpretiert. Dazu würden auch die beiden nahen Katzelbach-Namen passen. Ein Katzelbach befindet sich in Straßgang und einer in Thal. Auch das slawische **mor* (= *Sumpf*) wird zur Namensinterpretation verwendet.

Mantscha-Wald-Weg

XVI (*Salfeldstraße – Mantschastraße*), 1949, PLZ 8054.

Siehe Mantschastraße.

Marburger Kai

I (*Murgasse – Radetzkystraße*), 1926, PLZ 8010.

Ab 1858 angelegte Kaistraße mit monumentaler historistischer Verbauung,

1868 *Strassoldo-Quai* benannt, nach dem Statthalter der Steiermark, Michael Graf Strassoldo-Graffenberg (1853–1865). 1870 in *Stadt-Quai* umbenannt, ab 1894 *Stadtkai*. Seit 1926 Marburger Kai (siehe Marburger Straße).

Marburger Straße

VIII (*Bruckner Straße – über die Petrifelderstraße mit einer Fortsetzung bis zur ehemaligen Messendorfer Gemeindegrenze, unterbrochener Verlauf*), 1926, PLZ 8042.

Zuvor Feldweg. Im gleichen Jahr, als Graz den Marburger Kai (siehe Marburger Kai) als Namen etablierte, vergab die Gemeinde St. Peter ebenfalls den Namen. Die mehrheitlich slowenisch sprechende Untersteiermark und so auch

Der Marburger Kai beim Stadtkeller (Ecke Andreas-Hofer-Platz) vor Errichtung der Unterführung (1965).

das damals überwiegend deutsch sprechende Marburg waren 1919 durch den Frieden von St. Germain für die Steiermark verloren gegangen. Die Namengebung war daher auch als ein politisches Signal zu verstehen. Allerdings blieb in St. Peter auch noch längere Zeit der Name Feldweg, so auf den Stadtplänen, erhalten. Der isolierte Südteil der Straße wurde zu Zeiten der Gemeinde St. Peter auch als Marburgergasse bezeichnet. Als Adresse des ORF-Landesstudios Steiermark (1981) hat die Marburger Straße stark an Bekanntheit gewonnen. Maribor, das einstige Marburg, ist seit 1987 eine Schwesterstadt von Graz. Nach Jahrzehnten der geistigen Distanz sind sich die beiden Städte in der Gegenwart wieder etwas näher gekommen. Maribor ist mit fast 120.000 Einwohnern die zweitgrößte Stadt Sloweniens, besitzt viel Industrie, eine Universität und etliche interessante kulturelle Einrichtungen. Siehe Marburger Kai.

Marchgasse

siehe Arthur-March-Gasse

Mariagrün

XI.

Ehemals eine Ortschaft in der KG Wenisbuch der Gemeinde Fölling, nun ein Teil des Bezirkes Mariatrost. Am Beginn des kleinen Tales (Mariagrüner Bach) am Südosthang des Rosenbergs steht die namengebende Kirche. Die Kapuzinerpatres Deodat und Irenäus bauten auf dem Grund der Fri(t)zschen Stiftung (siehe Hans-Friz-Weg) eine Einsiedlerkapelle aus Holz und Rinde (siehe Einsiedlerweg). 1663 gab Bischof Markus

von Altringen die Zelebrationserlaubnis, der Kapuzinerguardian P. Angelus las die erste Messe und taufte die Stätte *Unsere liebe Frau in der Grien.* Daraus wurde das Mariagrün-Patrozinium. Die kleine Kirche (17. Jh. mit späteren Veränderungen) hat den Rang einer Stationskaplanei und ist ein Wallfahrtsort. Die Verschonung von Mariagrün bei der Pest 1680 verstärkte die Verehrung des Marienbildes. Zur Bekanntheit von Mariagrün trug bei, dass Louis Bonaparte, Bruder Napoleons und exilierter König Hollands, den Ort gern besuchte und poetisch ehrte. Mariagrün ist aber auch der Mittelpunkt eines Villenviertels.

Mariagrüner Hang

XI (Mariagrüner Straße gegen Nordosten), 1948, PLZ 8043.

Siehe Mariagrün.

Mariagrüner Straße

XI (Mariatroster Straße bis nahe zum Oberen Plattenweg), PLZ 8043.

Diesen Straßennamen gab es schon um die Jahrhundertwende. Siehe Mariagrün.

Mariagrüner Wald

siehe Am Mariagrüner Wald

Mariahilferplatz

IV (Mariahilferstraße – Lendkai), 1785, PLZ 8020.

Zuvor *Minoritenplätzl.* Pirchegger schreibt in seinem *Häuser- und Gassenbuch,* dass sich der heutige Name des Platzes und auch der gleichnamigen

Mariahilferplatz mit Kirche und Feuerwehrdepot (rechts) um 1870.

Straße erst nach der Nummerierungsaktion von 1870 eingebürgert hat. Siehe Mariahilferstraße.

Mariahilferstraße

IV (Südtiroler Platz – Lendplatz), 1785, PLZ 8020.

Zuvor wurde die Straße als ein Teil der Wiener Straße verstanden und auch als Gemeine Landstraße, Kommerzialstraße, k. k. Hauptkommunikationslinie u. Ä. bezeichnet (siehe auch Mariahilferplatz). 1515 mussten die Minoriten im Vorfeld der Reformation ihr innerstädtisches Kloster an die strengere Ordensvariante der Franziskaner-Observanten abgeben. Seyfried von Eggenberg gab den Minoriten eines seiner Grundstücke in der Murvorstadt und ermöglich-

te damit eine neuerliche Niederlassung. Schon damals wurde hier eine Marienkapelle errichtet. Mit Förderung durch Erzherzog Ferdinand, des späteren Kaisers, und seiner Gemahlin sowie durch Hans Ulrich von Eggenberg entstand hier ab 1607 der Bau der Kirche und des Konventgebäudes. Das Marienpatrozinium Mariahilf wies die Kirche gleichzeitig als Wallfahrtsort aus. Maria wurde in der Realisierung von Pietro de Pomis' Hochaltarbild (1611) zum Schutz und zur Fürsprecherin von Graz. Zu erwähnen sind noch das Sommerrefektorium des Klosters und die Schatzkammerkapelle. Im Kloster befindet sich nun ein Kulturzentrum, bis 2009 war hier auch das Diözesanmuseum (nun Bürgergasse 2) untergebracht.

Mariannenweg

XIII (Grafenbergstraße – Göstinger Straße, mit Unterbrechung), 1949, PLZ 8051.

Zuvor Marienweg. Von der Grafenbergstraße aus ist nur die Hausnummer Mariannenweg Nr. 6 zugänglich. Vermutlich ikonographische Bezugnahme zu einem heute nicht mehr vorhandenen Bildstock beim ehem. Brauhaus Gösting oder der Kirche mit dem Patrozinium St. Anna. Möglicherweise auch nach Anna von Gösting.

Maria-Theresia-Allee

I (Paulustor – Geidorfplatz), 1899, PLZ 8010.

Maria Theresia (1717 Wien – 1780 Wien), Kaiserin, Erzherzogin von Österreich, Königin von Böhmen und Ungarn. Älteste Tochter Kaiser Karls VI., verheiratet mit Franz Stephan von Lothringen. Aufenthalte in Graz in den Jahren 1726, 1751 und 1765 (Eggenberg). Langjährige Regierungszeit (1740–1780), Reform der inneren Verwaltung (u. a. des Magistrates Graz 1749), Belebung von Handel und Gewerbe, Gründung von Volksschulen und Förderung der Landwirtschaft. Von Maria Theresia gibt es zahlreiche Darstellungen in der bildenden Kunst. Eine Graphik zeigt ihren Vater, Kaiser Karl VI., und die elfjährige Maria Theresia anlässlich der Erbhuldigung 1728 am Grazer Hauptplatz.

Das Mariatrost 1930 anlässlich der Markterhebung verliehene Gemeindewappen.

Mariatrost

XI.

XI. Stadtbezirk. Bis 1930 lautete der Name jener Gemeinde, aus welcher der heutige Bezirk hervorgegangen ist, Fölling. Die Marktgemeinde Mariatrost, einst meist Maria Trost geschrieben, bestand von 1930 bis zur Eingemeindung nach Graz 1938. Danach war Mariatrost durch sieben Jahre ein Teil des Bezirks Graz Nord-Ost, und de jure entstand der Bezirk mit dem heutigen Namen erst 1946. 1676 wird eine gotische Madonnenstatue, die aus dem Stift Rein stammte, in der Kapelle auf dem Purberg aufgestellt. Dieser Marienstatue wurde in der Folge Wundertätigkeit zugeschrieben, und Conduzi von Heldenfeldt führte den Namen Maria Trost ein. Dieser Name wurde zwar von der

Amtskirche anfangs bestritten, genauso wie der Wallfahrtsort am Beginn illegal war. Binnen kurzer Zeit war jedoch die Muttergottesfigur als Wallfahrtsziel ein religiöser Mittelpunkt der Wallfahrt in der Steiermark. Die barocke Kirche wurde in der ersten Hälfte des 18. Jhs. errichtet.

Mariatroster Straße

XI (Heinrichstraße – Stadtgrenze), 1948, PLZ 8043, 8044.

Zuvor als Maria Troster Straße bezeichnet. Eine Ableitung aus dem Patrozinium der berühmten Wallfahrtskirche. Siehe Mariatrost. Bei Haus Nr. 65 war 1973 ein nach Norden führender Sattlerweg, benannt nach dem ehem. Mariatroster Bürgermeister, geplant. Der Antrag wurde jedoch zurückgenommen.

Maria-von-Weber-Gasse

siehe Karl-Maria-von-Weber-Gasse

Mariengasse

IV (Keplerstraße, Marienplatz – Babenbergerstraße), um 1867, PLZ 8020.

Zuvor Labornergasse, 1947 um den Teil Annenstraße bis Keplerstraße verkürzt, der den Namen Hans-Resel-Gasse erhielt. Ab 1852 verlegten die Barmherzigen Schwestern vom hl. Vinzenz von Paul ihr Grazer Kloster in die damalige Labornergasse. 1863 wurde hier ihre Kirche *Zur Unbefleckten Empfängnis* geweiht. 1860 bis 1863 wurden das Kloster und die Kirche *Zur Schmerzhaften Mutter* des Lazaristenordens in unmittelbarer Nachbarschaft errichtet, und

in der Folge wurde der Straßenname geändert. Teilweise Wiederherstellung der Klostergebäude und der beiden Kirchen nach schweren Bombenschäden im Zweiten Weltkrieg.

Marienplatz

IV (Kreuzung Hans-Resel-Gasse, Keplerstraße, Mühlgasse, Mariengasse), 1930, PLZ 8020.

1878 wurde eine Mariensäule hierher übertragen. Sie war zuvor in anderer Form vor dem Weisseneggerhof (Strauchergasse) gestanden und war eine Stiftung von Fürst Johann Anton II. von Eggenberg (1683). Die Rusterholzermühle, eine der großen Mühlen der Stadt, wechselte gegen Ende des 19. Jhs. mehrfach ihren Eigentümer. 1898 erwarb das Bäcker-Mühlkonsortium die Mühle und nannte sie nach der Säule Marienmühle. 2007 wurde anstelle der Mühle der Neubau „Rondo" errichtet.

Marktannerweg

XIII (Göstinger Straße nach Südwesten, Sackgasse), 1951, PLZ 8051.

Gottlieb Marktanner-Turneretscher (1858 Unterankenreute/Württemberg – 1920 Graz), Naturwissenschaftler, Museumsbeamter, Fotograf. War der Sohn eines Holzfällers und wurde dann von der Familie von Turneretscher adoptiert. Studium an der Universität Graz, Mittelschullehrer für Naturgeschichte und Chemie in Graz, Olmütz und Salzburg. Beschäftigung mit Fotochemie und Fotografie. Erkannte sehr früh die Technik der Fotografie für die Wissenschaft. 1891 bis 1898 Volontär an der Steiermärkischen Landesbibliothek. Große Verdienste um das Joanneum, Mithilfe an der Neugründung des Grazer Volkskundemuseums, teilweise mit eigenen Mitteln. Mitglied der Royal Microscopic Society in London.

Marktgasse

IX (Plüddemanngasse – Waltendorfer Hauptstraße), 1938, PLZ 8010.

Zuvor Villengasse, Franz-Ferdinand-Gasse. 1929 beschloss der Waltendorfer Gemeinderat, dass das Land Steiermark die Kommune durch eine Markterhebung aufwerten sollte. Dies brachte nicht nur Renommee, sondern auch eine rechtliche und finanzielle Besserstellung in schwerer Zeit für die Gemeinde. Der Steiermärkische Landtag folgte dem Ansuchen, und so kam es am 3. 4. 1930 zur feierlichen Markterhebung. Die Feier dazu fand im Turnsaal der Waltendorfer Volksschule, der gleichzeitig der Festsaal der Gemeinde war, statt. Der prominente Maler Constantin Damianos hatte ein schönes, aber nicht den heraldischen Bestimmungen entsprechendes Marktwappen entworfen. In der Zeit der Eingemeindung wurde 1938 dieses nun verlorenen Marktrechts gedacht, und gleichzeitig wurde man den damals nicht gewünschten Habsburgernamen los.

Markusgasse

XVII (Hochleitenweg – Puchstraße), 1947, PLZ 8055.

Siegfried Markus (Marcus, 1831 Malchin/Mecklenburg – 1898 Wien), Mechaniker und Erfinder; betrieb ab 1860 eine Mechanikerwerkstätte in Wien und konstruierte gleichzeitig mit N. Otto Verbrennungsmotoren und Automobile. Markus erwarb über 38 Patente für Verbrennungskraftmaschinen, Telegraphie, Gastechnik und Elektrotechnik.

Marschallgasse

IV (Annenstraße – Lendplatz), 1867, PLZ 8020.

Zuvor Lange Gasse, dann Neu(e) Gasse. Die Familie des Freiherrn von Marschall besaß hier im Osten der Gasse ein Anwesen mit einem wegen seiner Schönheit bekannten großflächigen Garten. Der letzte Besitzer dieses Gartens war Freiherr (Baron) Ludwig von Marschall (1771–1854). Mit dem Ottschen Garten im Westen der Gasse und den Gärten der Barmherzigen Brüder und der Minoriten sowie den später Volksgarten genannten Grünflächen, die im Westen eine Fortsetzung hatten, sowie dem großflächigen Garten des Metahofes befand sich hier bis zur Wachstumsphase der Gründerzeit eine heute nur schwer vorstellbare Gartenlandschaft.

Martha-Tausk-Park

III (Parkanlage über Nordspange entlang Lehargasse), 2004, PLZ 8010.

Martha Tausk (1881 Wien – 1957 Nijmegen/Niederlande), österreichische Politikerin, Journalistin, Frauenrechtlerin. Ab 1919 gehörte sie mit Olga Rudel-Zeynek und Marie Kaufmann zu den ersten Frauen im steirischen Landtag. Mitglied im Grazer Gemeinderat und

Die Politikerin und Frauenrechtlerin Martha Tausk.

Vorstandsmitglied der Allgemeinen-Arbeiter-Krankenkasse. 1939 Emigration nach Norwegen, lebte dort bis 1957. Setzte sich u. a für die Aufhebung des Eheverbotes von Frauen im öffentlichen Dienst ein.

Martingasse

V (Hohenstaufengasse – Falkenhofgasse), 1925, PLZ 8020.

Nachdem es in Waltendorf schon eine Siemensgasse gab und man dem Siemens-Martin-Verfahren ein Denkmal setzen wollte, kam ein Franzose in Graz zu Straßennamensehren. War das nur ein Irrtum, denn das glückte sonst kei-

nem seiner Landsleute, und beispielsweise auch keinem Engländer oder Spanier. Pierre Martin (1824 Bourges – 1915 Fourchambault/Nièvre), ein Ingenieur und Industrieller, entwickelte 1864 in der Metallurgie das Herdfrischverfahren. Mit der Verwendung des von Werner von Siemens (siehe Siemensgasse) entwickelten Regenerativflammofens fand das Verfahren in der Stahlproduktion Verwendung.

Martinhofstraße

XVI (Kehlbergstraße – Am Katzelbach), 1949, PLZ 8054.

Nach dem Meierhof des Schlosses *St. Martin* benannt. Das Schloss ist ein imposanter Vierkantbau mit Rundtürmen, 16./17. Jh., ursprünglich mit großzügigen Gartenanlagen, erbaut durch das Stift Admont. Die Propstei St. Martin war seit dem 11. Jh. ein Verwaltungszentrum des Stiftes. Seit 1936 im Besitz des Landes Steiermark, nach Kriegsschäden 1950/52 wiederhergestellt. Zurzeit Verwendung als Volksbildungshaus (siehe Lois-Steiner-Weg).

Marxstraße

siehe Joseph-Marx-Straße

Maschwandergasse

XIII (Augasse – Eiswerkgasse), 1949, PLZ 8051.

Zuvor Lindengasse. Bis zum Namenswechsel gab es seit 1938 drei Lindengassen in Graz (Andritz, Gösting, St. Peter). Ferdinand Freiherr von Maschwander gilt neben Bernhard Walter von Waltersweil als Mitbegründer des

Grazer Kalvarienberges in den Jahren 1606/1619. Maschwander entstammte einer bayrischen Adelsfamilie, sein Vater Ulrich war Kammerdiener Kaiser Ferdinands I. und wurde im Jahr 1559 mit dem Prädikat *von Schwanau* in den Adelsstand erhoben (das Familienwappen zeigt u. a. zwei Schwäne). Maschwander vermachte testamentarisch die nach ihm benannte Maschwanderau mit dem Austein samt den dort errichteten drei Kreuzen dem Grazer Jesuitenkollegium. 1619 übergab seine Witwe Maximiliana die Au den Jesuiten, die sie für ihren Meierhof nutzten (siehe Kalvarienweg).

Matthias-Anker-Weg

XI (quert als Sackstraße den Anton-Wildgans-Weg), 1947, PLZ 8043.

Der Kreiswundarzt Matthias Anker (1771 Graz – 1843 Graz) erlangte in dem von Erzherzog Johann geförderten Wissenschaftlerkreis um das von ihm gestiftete Joanneum Bedeutung. Anker verfasste ein Werk über die Minerale der Steiermark, lehrte nach Ausscheiden von Friedrich Mohs als Professor am Joanneum Mineralogie und betreute dieses Fach auch als Kustos. Anker war ein Mitglied der Landwirtschaftsgesellschaft, einer für die Modernisierung der Steiermark wichtigen Organisation, die unter dem Einfluss von Erzherzog Johann stand. Kaiser Franz I. von Österreich verlieh ihm die Große Goldene Zivilmedaille, die Anker von Erzherzog Johann überreicht wurde. Die Stadt Graz ehrte ihn durch die Würde eines Ehrenbürgers.

Matthias-Scheiner-Weg

XV (Harter Straße – Klusemannstraße), 1967, PLZ 8053.

Kommerzialrat Matthias Scheiner (1880 Gnadendorf/Niederösterreich – 1959 Graz) führte den Textilgroß- und Einzelhandelsbetrieb Matthias Scheiner im Kaufhaus zwischen Eisernem Tor und Jakominiplatz. 1933 bis 1938 war Scheiner Zensor der Nationalbank und im Ständestaat ein Vertreter seiner Berufsgruppe im Grazer Gemeindetag. Als Funktionär der Handelskammer wurde er zum Vizepräsidenten gewählt (1950–1959) und war Mitglied in zahlreichen Ausschüssen der Organisation der gewerblichen Wirtschaft. 1951 ernannte ihn die Stadt Graz zum Bürger, und 1958 erhielt er für seine Verdienste das Große Ehrenzeichen der Republik Österreich.

Matthias-Tropper-Weg

XII (Hoschweg nach Norden, Sackgasse), 1982, PLZ 8046.

Matthias Tropper (1827 Frauenfeld – 1890 Graz/St. Veit), Bürgermeister der damals selbstständigen Gemeinde *Schattleiten*, die auch das Gebiet von St. Veit umfasste. Tropper lebte und starb im Hause Hoschweg Nr. 9. Die Benennung erfolgte nach einem Ansuchen der Bewohner des westlichen Teiles des Hoschweges.

Mauergasse

V (Herrgottwiesgasse – Vinzenz-Muchitsch-Gasse, für Fahrzeuge durch die Triester Straße unterbrochen), 1922, PLZ 8020.

Zuvor Strafhausgasse. Nur der westlichste Teil wurde schon in den 1920er-

Jahren als Mauergasse bezeichnet. Die Gasse folgt der südlichen Außenmauer der Strafvollzugsanstalt Karlau. Was 1584 bis 1590 als landesfürstliche Sommerresidenz und Jagdschloss begann, wandelte sich 1769 zu einem Arbeitshaus. 1803, als der Schloßberg diese Funktion verlor, wurde aus der Karlau ein Strafhaus, nun Justizanstalt Graz-Karlau. Die Anlage, die im Osten noch etwas Schlossartiges erahnen lässt, wurde architektonisch durch ihren Ausbau im panoptischen System als dreiflügeliger Zellenbau 1869 bis 1873 geprägt.

Mauracherstraße

siehe Hans-Mauracher-Straße

Mautgasse

III, XII (Grabenstraße – Lindengasse), 1947, PLZ 8010.

Die nördliche Stadtgrenze war bis 1938 durch die Andritzer-Maut und ein Linienamt, eine Art Zollhaus, markiert. Dieses Gebäude steht noch immer zwischen Andritzer Reichsstraße und äußerer Grabenstraße.

Max-Kraft-Gasse

XII (Sanzingasse – Hochstrassergasse, Sackgasse), 1949, PLZ 8045.

Zuvor Körosigasse. Maximilian von Kraft (1844 Eisenerz – 1918 Wien), Technologe, 1895/96 Rektor an der TU Graz, Hofrat und Dr. techn. h. c. der Technischen Hochschule in Brünn. 1907 stellvertretender Vorsitzender des Österreichischen Ingenieur- und Architektenverbandes. Befasste sich anfangs mit technischen Fragen zum Bergbau und dem Entwurf von Schmelzöfen für Kupfer und Zinkerze, widmete sich später sozialen (Schutzvorrichtungen für Arbeiter) und philosophischen Fragen.

Max-Mell-Allee

III (Heinrichstraße – Rosenhaingasse), 1962, PLZ 8010.

Max Mell (1882 Marburg/Drau – 1971 Wien), Literat, Sohn eines Blindenpädagogen, Studium in Wien; lebte als freier Schriftsteller in Wien und in Kirchdorf/Pernegg, wo er eine Sommervilla besaß. 1923/24 Uraufführungen des *Schutzengelspiels* und des *Apostelspiels* in Graz. Mit dem dramatischen Stück *Paracelsus und der Lorbeer* von Mell wurde das Schauspielhaus 1964 nach Umbauten von Franz Klammer

Der Literat Max Mell.

294

wiedereröffnet. Veranlassung der Benennung durch den Gemeinderatsclub der FPÖ. Eine Max-Mell-Büste befindet sich im Grazer Schauspielhaus.

Max-Reger-Gasse

XIII (Augasse nach Westen, Sackgasse), 1949, PLZ 8051.

Zuvor Kreuzgasse. Max Reger (1873 Brand/Pfalz – 1916 Leipzig), Komponist polyphoner Orgelkonzerte. Regers bedeutendes kompositorisches Wirken wurde bislang von der regionalen Musikforschung übersehen. Dem ersten Kammerkonzert des 1905 stattfindenden Tonkünstlertreffens waren Kompositionen unter persönlicher Mitwirkung Regers gewidmet. Ein weiterer Auftritt Regers mit eigenen Werken erfolgte 1907 im Grazer Stephaniensaal.

Maygasse

VI (Grazbachgasse – Steyrergasse), 1870, PLZ 8010.

Die Gasse ist nicht, wie Simbrunner (1988) vermutete, nach Karl May benannt, sondern nach dem Advokaten Dr. Georg May (1805–1884 Graz), der in seinem Testament den Odilienverein mit 300.000 Gulden als Generalerben einsetzte und damit die Grundlage für den Bau des Odilien-Blindeninstituts schuf. In der Vergangenheit findet sich auch die Schreibweise Maigasse.

Mehlplatz

I (zwischen Prokopigasse, Färbergasse und Glockenspielplatz), 1785, PLZ 8010.

Kleiner, zwischen Färber- und Glockenspielplatz situierter, an den vier Ecken offener Platz mit drei- bis viergeschoßiger Verbauung. Auf dem Stich von Trost 1699 ist der Platz bereits in der bestehenden Form zu sehen. Im 15. Jh. ist der Bereich des Mehlplatzes als Ort *bei den Gäubänken* fassbar, wo die Landfleischhacker ihre Fleischstände aufgeschlagen hatten. Im 17. Jh. allgemein *das Plätzl* genannt, 1674 *Käs Plätzl*, auch *Tabakamtsplatz*, nach dem hier befindlichen Tabakamt (Mehlplatz Nr. 1). Laut Schreiner 1843 als Mehlplatz geführt, nach den Mehlhändlern (*Melbler*) und Müllern, die zweimal in der Woche hier ihre Ware verkauften. Im Haus Mehlplatz Nr. 1 befand sich das Robert-Stolz-Museum des Stadtmuseums (siehe Robert-Stolz-Gasse).

Meinonggasse

X (Stiftingtalstraße gegen Nordwesten), 1970, PLZ 8010.

Der Antrag auf Namengebung stammt vom Magistratsreferat für Kultur, Sport und Fremdenverkehr. Alexander Meinong Ritter von Handschuchsheim (1853 Lemberg – 1920 Graz) wurde 1882 an die Universität Graz zum Professor für Philosophie berufen. Das von ihm errichtete psychologische Laboratorium (1894) war das Erste dieser Art in Österreich. Seine *Grazer Schule* wurde besonders durch experimentelle Arbeiten für die Entwicklung der Psychologie und der gestaltpsychologischen Forschung bedeutsam. 1968 bis 1978 erschien eine Gesamtausgabe seiner Arbeiten (Herausgeber: R. Haller, R. Kindinger).

Meisenweg

VII (Banngrabenweg – Kleinweg), 1949, PLZ 8041.

Der Magistrat Graz wies anlässlich dieser Namengebung ausdrücklich auf die Nützlichkeit dieser Singvogelfamilie hin. Darüber hinaus ist der Weg der Meisen vom scheuen Waldvogel zum städtischen Kulturfolger durchaus für das Schicksal des Bezirks von symbolischer Bedeutung.

Melanweg

XVI, XVII (Guldinweg – Zahläckerweg), 1954, PLZ 8055.

Josef Melan (1853 Wien – 1941 Prag), Techniker, Sohn eines Seidenwarenerzeugers, Professor an den Technischen Hochschulen in Wien, Brünn und Prag (1903 Rektor). Brückenbaufachmann und Pionier in der Verbundbauweise im Ingenieurbauwesen. Mitbegründer der Eisenbetontheorie und Erbauer der ersten Eisenbetonbrücke mit Gelenken. Melan entwarf eine große Anzahl von Ingenieurbauten, vornehmlich Brückenbauten. Seine Betonbauweise fand nicht nur in Österreich-Ungarn, sondern auch in der Schweiz und in Italien, vor allem aber auch in den USA Verbreitung. Ehrendoktor der Technischen Hochschulen in Aachen, Brünn und Wien.

Mell-Allee

siehe Max-Mell-Allee

Mellweg

siehe Anton-Mell-Weg

Mendelgasse

VII (Lortzinggasse gegen Nordwesten), 1949, PLZ 8041.

Johann Gregor Mendel (1822 Heinzendorf – 1884 Brünn) war ein Augustinermönch, der in Olmütz Theologie und dann in Wien Naturwissenschaften studierte. Mendel unterrichtete am Gymnasium in Znaim und leitete zuletzt als Prior ein Kloster in Brünn. Bei Kreuzungsversuchen an Erbsen und Bohnen entdeckte er wichtige Vererbungsgesetze, die *Mendel-Regeln*. Sie haben für Pflanzen, Tiere, aber auch für Menschen Gültigkeit. Erst um die Jahrhundertwende wurde die Bedeutung seiner Arbeit erkannt.

Mengerweg

XII (Weinitzenstraße – Innerhoferstraße), 1954, PLZ 8045.

Benannt nach Karl Menger sen. (1840 Neu-Sandesz/Nowy Sacz/Polen – 1921 Wien), Nationalökonom, gilt als Schöpfer der *Grenznutzentheorie* und als Begründer der *Österreichischen Schule der Nationalökonomie*. Karl Menger jun. (1902 Wien – 1985 Chicago), Mathematiker, 1936 in der Emigration, Professor für Mathematik an der University of Notre Dame in Indiana (USA). Befasste sich mit Ethik und formalen Studien menschlicher Beziehungen.

Merangasse

II, III (Leechgasse – Schillerplatz), 1852, PLZ 8010.

Nach dem Grafengeschlecht Meran: Franz Graf von Meran (1839 Wien – 1891 Abbazia), einziger Sohn von Erz-

Franz Graf von Meran.

herzog Johann und Anna Plochl, 1844 Gräfin von Meran (1804 Bad Aussee – 1885 Bad Aussee). 1852 stellten die Bewohner der neu angelegten Verbindungsstraße zwischen der Leechgasse und der Leonhardstraße an Erzherzog Johann das Ansuchen, diese nach seinem Sohn benennen zu dürfen (Protokoll Stadtarchiv, Graz).

Meranhofweg

X (Ragnitzstraße gegen Nordosten), 1948, PLZ 8047.

Die Sackstraße führt zum Meranhof. Der Meranhof ist eine der größeren Landwirtschaften am klimatisch günstigen Südhang der Ries. Meran war im 19. Jh. durch sein Klima, noch mehr aber durch seine Beziehung zu Erzherzog Johann eine Wunschprojektion, auch für Gutsbesitzer. Im konkreten Fall gibt es allerdings eine persönliche Verbindung zum Erzherzog und zu seiner Gemahlin und in der Folge auch zur Familie der Grafen von Meran. Das führte auch dazu, dass der Hof zuvor Annahof genannt wurde.

Mesnergasse

I (Herrengasse, Durchgang hinter der Stadtpfarrkirche), 1800, PLZ 8010.

Nach dem Mesnerhaus der Stadtpfarrkirche benannt. Bis 1439 Teil des jüdischen Ghettos. In einem Gutachten von 1652 wurde festgestellt, dass das Haus des Malers Stephan Retz (Mesnergasse Nr. 1) auf die *uralte Mauer* des ehemaligen Judenviertels gebaut sei. Die heutige Gasse entstand beim Kirchenbau ab 1466. Auf den Plänen des 19. Jhs. als *Pfarr-* oder *Stadtpfarrgäßchen* bezeichnet.

Messendorf

VIII.

Der Südteil des heutigen VIII. Stadtbezirkes St. Peter. Bis 1938 eine selbstständige Gemeinde. Was damals nicht an Graz angeschlossen wurde, kam an die Gemeinde Hart bei St. Peter (nun: bei Graz). 1233 wird *Mezzendorf* erwähnt, ein Dorf, das einen Mezzi, Mazo, Mazilo oder Mazeli (Meginhard, Meginhalm) zum Kolonisator oder Grundherrn hatte. Das Messendorfer Schloss und das nach ihm benannte Geschlecht stehen mit dem Ortsnamen in Verbindung. Das Schloss war Mittelpunkt einer Herrschaft und erlebte im 18. Jh. eine Blütezeit. 1871 wurde das Schloss zu einem Zwangsarbeitshaus adaptiert.

Schloss Messendorf (Vischer, 1681).

Messendorfberg

VIII (Petersbergenstraße – Autaler Straße und nach Westen zur St.-Peter-Hauptstraße), 1949, PLZ 8042.

Die Ausbausiedlung von Messendorf (siehe Messendorf) in Hanglage trägt traditionell die Bezeichnung Messendorfberg(en). Zum konkreten Straßennamen wurde diese alte Landschaftsbezeichnung erst im Rahmen einer Welle der Vergabe von Straßennamen in den Nachkriegsjahren.

Messendorfbergstraße

VIII (Verlängerung der Straße von Messendorf nach Süden zur Autaler Straße), 1999, PLZ 8042.

Messendorfberg ist eine Ausbausiedlung im Hügelland östlich von Messendorf (siehe Messendorf). In den letzten Jahren hat hier die Verbauungsdichte stark zugenommen.

Messendorfer Straße

VII, VIII (Liebenauer Hauptstraße – St.-Peter-Hauptstraße), 1949, PLZ 8041, 8042.

Was die Stadtgemeinde Graz 1949 offiziell als Straßennamen bestätigte, war schon viel länger die übliche Bezeichnung der Verbindungsstraße von Messendorf nach Liebenau. Siehe Messendorf.

Messendorfgrund

VIII (Sternäckerweg – Styriastraße), 1990, PLZ 8042.

Die Aufschließungsstraße des Industrie- und Gewerbegebietes wurde nach einer Riedbezeichnung benannt.

Messendorfgrund liegt westlich von Messendorf, das sich etwas erhöht im Hauptteil auf der Schulter einer eiszeitlichen Terrasse befindet. Was im Osten erhöht Messendorfberg war, wurde im Westen, ohne Siedlung, der tiefer gelegene Messendorfgrund. Siehe Messendorf.

Messeplatz

VI (vor Industriehalle und Grazer Messe, Conrad-von-Hötzendorf-Straße), 1961, PLZ 8010.

Der Antrag für die Namensnennung stammte von der Grazer Südost-Messe (nun: Grazer Messe International). Mit dieser Benennung wurde einerseits die Grazer Messe geehrt, andererseits ein topographischer Bezugspunkt geschaffen. 1880 wurde zur 2. Grazer Landesausstellung (Landwirtschafts- und Industrieausstellung) die erste Industriehalle an diesem Standort fertiggestellt und das Messegelände erstmals als Ausstellungsgelände benutzt. Im Herbst 1906 wurde hier die erste Messe im heutigen Sinne in Österreich-Ungarn veranstaltet. Nach einer kriegsbedingten Zwangspause wurde die Ausstellungstradition fortgesetzt, seit 1949 mit zwei Terminen (Frühlings- und Herbsttermin). In den letzten Jahren gibt es zusätzlich Spezialmessen. Die Grazer Messe hat für die steirische Wirtschaft und damit auch für Graz große Bedeutung. 2002 erfolgte die Fertigstellung der Grazer Stadthalle (Architekt Klaus Kada) für bis zu 11.000 Besucher. Das vorkragende Dach (46 m) prägt den Platz.

Metahofgasse

IV (Esperantoplatz – Annenstraße), 1870, PLZ 8020.

Um die Jahrhundertwende auch Mettahofgasse geschrieben. Das Metahof-Schlössl entstand im 17. Jh. Es wurde mehrfach, zuletzt in der Gegenwart umgebaut und adaptiert. Der eigenartige Name soll von der Gebäudeaufschrift *Meta quies laborum* (Das Ziel der Arbeit ist die Ruhe) stammen. Der einst große Garten des Metahof-Schlössls ist nun verkleinert. Der Metahof-Park der Gegenwart verdankt seine Existenz einem Bürgerprotest.

Mexikoweg

XII (Ursprungweg nach Südosten, Sackgasse), 1949, PLZ 8045.

Benannt nach der Siedlung Mexiko, die hier auf dem Grund einer ehem. Ziegelei in den 1940er-Jahren entstand. Bevor der Name Mexikoweg offiziell eingeführt wurde, gab es ihn schon informell. Nach der lokalen Tradition stammt der für Andritzer Verhältnisse exotische Name von mexikanischen Ziegeleiarbeitern, die hier Ende des 19. Jhs. gearbeitet und gewohnt hätten.

Michael-Kienreich-Straße

XV (Kärntner Straße – Harter Straße), um 1935, PLZ 8053.

Laut den Aufzeichnungen der Gemeinde Graz handelt es hier um einen lokalen Grundstücksbesitzer. Dies konnte weder bestätigt noch durch eine bessere Erklärung widerlegt werden.

Michael-Steffn-Weg

siehe Johann-Michael-Steffn-Weg

Michlgasse

siehe Artur-Michl-Gasse

Millöckergasse

III (Baumschulgasse – Wilhelm-Raabe-Gasse nach Süden, Sackgasse), 1929, PLZ 8010.

Karl Millöcker (1842 Wien – 1899 Baden/Wien), Dirigent, Komponist, Begründer der Wiener klassischen Operette um 1870. 1864/66 Kapellmeister am („Thalia") Theater in Graz; u. a. Uraufführungen der Singspiele *Auf dem Schloßberg, Ein Grazer Techniker.* Unter ihm wirkte auch die bekannte Darstellerin Marie Geistinger in einigen Operettenrollen in ihrer Heimatstadt (siehe Geistingerweg) mit.

Mittelstraße

VI (Eichbachgasse mit Unterbrechung gegen Süden zur Stadtgrenze), PLZ 8041.

Beim Ausbau des Straßennetzes in der 1931 gegründeten Gemeinde Murfeld lag diese Straße in der Mitte zwischen den benachbarten Gassen Eichbachgasse und Eintrachtgasse, zuvor Lange Gasse.

Mittergrabenweg

X, XI (Stiftingtalstraße – Roseggerweg), 1948, PLZ 8044, 8010.

Es handelt sich hier um einen alten Flurnamen, der vom Archivdirektor Popelka ohne Erläuterung dem Magistrat vorgeschlagen wurde.

Mitterhofergasse

XIII (Exerzierplatzstraße nach Nordwesten, Sackgasse), 1949, PLZ 8051.

Zuvor Quergasse. Peter Mitterhofer (1822 Partschins/Südtirol – 1893 Partschins), Tischler und Erfinder der Schreibmaschine; konstruierte in den Jahren 1864 bis 1869 Schreibmaschinen, wobei die ersten beiden Modelle noch aus Holz angefertigt waren. Das Modell von 1869 besaß bereits alle wesentlichen Konstruktionsdetails der mechanischen Schreibmaschine (Typenkorb, Unteranschlag, Blocktastatur, Schreibwalze, automatischen Zeilenvorschub). Da ihm eine Anerkennung versagt blieb, versteckte Mitterhofer seine Schreibmaschinen verbittert auf dem Dachboden, wo sie erst 1905 entdeckt wurden.

Mitterlingweg

XVII (Rudersdorfer Straße nach Osten, Sackgasse), 1947, PLZ 8055.

Benennung nach einer Murinsel, die *Mitterling* hieß.

Mitterstraße

XVII (Triester Straße – über die Südbahn zur Stadtgrenze), 1948, PLZ 8055.

Vermutlich nach der topographischen Lage, *mitten* zwischen Neu-Seiersberg und Feldkirchen bei Graz über die Stadtgrenze führende Straße. Eine *Mittermühle* ist bei Lebern überliefert. Pfarrer Joherl gibt in seiner Pfarr- und Kommunalgeschichte zu Feldkirchen, 1905, folgende Erklärung zur Mitterstraße: *Unter dem Namen Römerstraße gilt im Volksmund hier die Mitterstraße, die westliche Grenze der Pfarre Feldkir-*

chen, und blieb diese römische Anlage das ganze Mittelalter hindurch und selbst bis zur Gegenwart als Militärstraße auf das ärarische Thalerhofer Exerzierfeld in Gebrauch; aber auch wie alte Leute behaupten, bei Tiefackerungen zum Vorschein gekommene massive Steinplatten gaben uns von den angestaunten Werken der römischen Straßen-Ingenieure Kunde.

Mitterwurzerweg

IX (Ragnitztalweg gegen Süden), 1949, PLZ 8047.

Der Opernsänger Anton Mitterwurzer (1818 Sterzing – 1876 Mödling) war ein ausgezeichneter Bariton und Mitglied des Dresdener Hoftheaters. Andere, zutreffendere Unterlagen des Historikers F. Popelka weisen auf den Schauspieler Friedrich Mitterwurzer hin (1844 Dresden – 1897 Wien). Dieser Mitterwurzer spielte in Graz in der Saison 1866/67 und wurde als Mime des Burgtheaters berühmt. Er wurde als Pionier der Natürlichkeit der Darstellung hervorgehoben, unternahm weite Gastspielreisen und wirkte auch als Regisseur und Theaterdirektor. F. Mitterwurzer trat auch als Vortragskünstler auf und schrieb, im Gegensatz zu seinen dramatisch-ernsten Rollen, Possen.

Mlekusweg

siehe Robert-Mlekus-Weg

Mödlingergasse

XV (Abstallerstraße gegen Süden), 1949, PLZ 8052.

Zuvor Anzengruberstraße. Der Schauspieler Anton Mödlinger (1856 Leoben – 1921 Graz) wurde nach Wien und Reichenberg ab 1894 in Graz engagiert. Besondere Anerkennung fand er als Charakterkomiker, so in Rollen von Nestroy. Mödlinger wirkte aber auch in Opern und Operetten mit und war als Regisseur tätig.

Moelkweg

IX (Rudolfstraße – Waltendorfer Hauptstraße), 1948, PLZ 8042.

Josef Adam von Moelk (auch Mölck und Mölk, 1714 Wien – 1794 Wien) wird trotz seiner Herkunft aus Wien als wichtigster Maler des steirischen Spätbarocks bezeichnet. In Tirol stattete er 20 Kirchen aus. Zahlreiche Bilder und Fresken in steirischen Kirchen stammen von ihm, so in der St. Leonhardkirche, der Reiner Stiftskirche, der Mariatroster Kirche und in der Schatzkammerkapelle der Mariahilfer Kirche, in der seine Arbeiten 1881 beseitigt wurden.

Mohnzeile

XV (Faunastraße – Josef-Bayer-Gasse), 1948, PLZ 8052.

In einer Kartei der Stadtgemeinde ist von einem Flurnamen zu lesen, was häufig der Fall ist, wenn keine bessere Erklärung zu finden war. Der Magistrat schweigt sich im einschlägigen Akt über das Motiv zur Namenswahl aus. Jedoch stellte er etwas unscharf fest, dass es sich hier um den Weg in der neu errichteten Holzhaussiedlung zwischen Johann Müller-Straße (nun Faunastraße) und Peter Rosegger-Straße handelt. Der Name wurde von der Pflanze entlehnt.

Mohrweg

siehe Gruber-Mohr-Weg

Mohsgasse

IV (Annenstraße – Baumkirchergasse), 1870, PLZ 8020.

Friedrich Mohs (1773 Gernrode/Harz – 1839 Agordo/Belluno) war der erste Professor für Mineralogie am Joanneum in Graz, zu einer Zeit, als das Joanneum sowohl Museum als auch noch Lehranstalt war. Aus dieser Lehranstalt ist die heutige Technische Universität hervorgegangen. Mohs war der Begründer der wissenschaftlichen Mineralogie und leitete die geognostische Landesaufnahme Österreichs. Nach Mohs ist die Mohssche Härteskala für Mineralien benannt. Andere Wirkungsstätten des berühmten Montanisten waren Wien und Freiberg in Sachsen. Auch ein Denkmal im Joanneumsgelände erinnert an ihn.

Mondscheingasse

VI (Reitschulgasse – Klosterwiesgasse), 1863, PLZ 8010.

Zuvor ein Teil der Reitschulgasse. Im Eckhaus Reitschulgasse/Mondscheingasse befand sich das schon 1826 erwähnte Gasthaus *Zum Mondschein.*

Monsbergergasse

VI (Fröhlichgasse gegen Süden), 1964, PLZ 8010.

Rudolf Emmerich Monsberger (1881 Graz – 1960 Graz) war Professor an der Realschule Keplerstraße, bekannt wurde er als begeisterter Turner und Freund der Natur. Regierungsrat Monsberger errang in sportlichen Wettbewerben über 220 Siege. Er organisierte 1902 auf dem Rennfeld die erste Jahn-Gedenkfeier und veranstaltete 1905 das erste Schöckelturnfest. 1957 erhielt er das Sportehrenabzeichen des Landes Steiermark. Der Bürgerbrief der Stadt Graz wurde Monsberger 1958 verliehen. Durch das Gymnasium in der Monsbergergasse hat der Name einen zusätzlichen Inhalt erhalten. Vom Verein Grazer Turnerschaft wurde 1964 der Antrag eingereicht, die Gasse nach Rudolf Monsberger zu benennen. Der Name Monsbergergasse ist nun auch ein Kürzel für ein Gymnasium (BORG).

Montclair-Allee

I (Erzherzog-Johann-Allee nach Süden – Glacisstraße), 1960, PLZ 8010.

Die Benennung der früheren Dammallee erfolgte aufgrund des zehnjährigen Bestehens der kulturellen Beziehungen zwischen Graz und der US-Schwesterstadt *Montclair* (New Jersey) in der Nähe von New York. 1950 Eröffnung des *Amerikahauses* in der Hamerlinggasse in Graz.

Montecuccoligasse

VII (Messendorfer Straße gegen Nordosten), 1961, PLZ 8041.

Graf Raimund Montecuccoli (1609 Schloss Montecuccoli/Montana – 1680 Linz) führte 1664 die kaiserlichen Truppen bei Mogersdorf (St. Gotthart) gegen die Türken zum Sieg. Diese Schlacht bewahrte auch den Raum von Graz vor der Türkengefahr. Die Grazer Bürger gelobten, zum Dank für jenen Sieg jene Mariensäule zu errichten, die nun – finanziert allerdings mit kaiserlicher Hilfe – am Eisernen Tor steht. Montecuccoli war Präsident des Hofkriegsrates und Schöpfer des ersten stehenden Heeres in Österreich. Er befehligte auch das Heer im Krieg gegen Frankreich und betätigte sich als Diplomat, Militärtheoretiker und Militärschriftsteller.

Montfortstraße

XVII (Zeppelinstraße – Alte Poststraße), 1930, PLZ 8055.

Die Grafen von Montfort waren ein nach dem Stammsitz bei Götzis (Vorarlberg) benanntes Adelsgeschlecht, das vor 1400 in die Steiermark (Schloss Pfannberg) einheiratete. Im Südwesten von Graz hatten sie großen Besitz. Hugo von Montfort (gest. 1423) gehörte zu den letzten Minnesängern. Das rote Banner der Montfort ist Landeswappen von Vorarlberg.

Moosbrunnweg

VIII (St.-Peter-Hauptstraße – Messendorfberg), 1949, PLZ 8042.

Unter der Adresse St.-Peter-Hauptstraße 243 ist zu sehen, was vom Schloss Moosbrunn übrig blieb. 1538 wurde hier ein Bauernhof zu einem Gutshof ausgebaut, der nun den Namen Moosbrunn trug. In Vischers Schlösserbuch (1681) ist eine Abbildung zu sehen. Im 18. Jh. gehörte das Gut dem Feldmarschall Graf Heister und darauf seiner Witwe, einer geborenen Gräfin Kaunitz. Der häufige Besitzwechsel im 19. Jh. leitete den Niedergang des Objektes ein. Trotzdem kann die *Dehio* Kunsttopo-

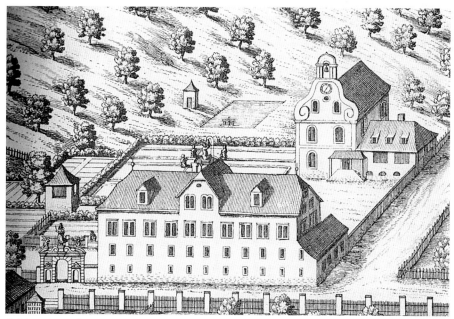

Schloss Moosbrunn (Vischer, 1681).

303

graphie noch auf Wertvolles hinweisen. Das Gebäude wurde jüngst renoviert.

Morathstraße

siehe Inge-Morath-Straße

Morellenfeldgasse

II (Technikerstraße – Engelgasse), 1785, PLZ 8010.

Nach Michael (Michel) Morelli Graf von Sonnenberg (1730 Görz – 1792). Die Grafen von Morelli (1621 geadelt) besaßen schon im 17. Jh. große Grundherrschaften (sog. *Morellenfeld*) im Bereich der heutigen Morellenfeldgasse.

Mörikestraße

XV (Straßganger Straße – Krottendorfer Straße), 1949, PLZ 8052.

Zuvor Goethestraße. Der schwäbische Dichter und Lyriker Eduard Mörike (1804 Ludwigsburg – 1875 Stuttgart) wirkte durch Jahre als protestantischer Pfarrer. Seine liedhaften Gedichte sind nach innen gewandt. Mörike steht in seiner Individualität zwischen Spätromantik und Frührealismus. Von ihm stammen u. a. der Künstlerroman *Maler Nolten* (1832) und die Novelle *Mozart auf der Reise nach Prag*.

Morrestraße

siehe Karl-Morre-Straße

Mosconweg

X (Sartorigasse – Ragnitzstraße), 1948, PLZ 8047.

Der Herrschafts- und Gutsbesitzer Adalbert Freiherr von Moscon (1782 Graz – 1822 Graz) führte Pflanzen ausländischer Baumschulen ein und züchtete in seinem Grazer Garten für die steirische Landwirtschaft wichtige Obstsorten. Sein Garten lag, nach heutiger Orientierung, an der Westseite der Landesfinanzdirektion in der Conrad-von-Hötzendorf-Straße. Moscon war Mitglied der jüngeren Steirischen Landwirtschaftsgesellschaft, die mit Erzherzog Johann in enger Verbindung stand.

Moserhofgasse

VI (Münzgrabenstraße – Petersgasse), 1838, PLZ 8010.

Das Althallerschlössl bzw. der Hof am Münzgraben wird auch als Moserhofschlössl (nun Messeschlössl) bezeichnet. Im 17. Jh. gehörte das Gebäude dem reichen Grazer Handelsmann Mat(t)hias Moser und seinem Sohn. Moser, der 1609 geadelt wurde, war auch Eigentümer des Lueghauses am Hauptplatz. Über diese Gasse und besonders ihre Gasthäuser wurden 1988 eine Dissertation geschrieben (Kämmerer) und 1989 unter dem Titel *150 Jahre Moserhofgasse* eine Ausstellung des Stadtmuseums veranstaltet und ein Katalog veröffentlicht (Kämmerer, Dienes).

Moserwaldweg

VIII (Neue-Welt-Höhe – Peterstalstraße), 1949, PLZ 8042.

Zuvor Waldweg. Im Franziszeischen Kataster wird der Flurname Moserwald erwähnt. Allerdings fehlte schon damals weitgehend der Wald.

Moserweg

siehe Ernst-Moser-Weg

Mozartgasse

III (Heinrichstraße – Humboldtstraße), 1870, PLZ 8010.

Wolfgang Amadeus Mozart (1756 Salzburg – 1791 Wien), berühmter österreichischer Komponist. Das früheste Mozart-Denkmal der Welt befindet sich nicht in Weimar, sondern im Garten der Villa Schubertstraße Nr. 35 in Graz. Es ist dies ein kleiner, polygonaler Gartenpavillon, 1792 errichtet von Franz Deyerkauf jun., einem in Graz tätigen Musikalienhändler, zum Gedenken an Mozart.

Der Historiker Albert (Anton) von Muchar.

Muchargasse

III (Grabenstraße – Körösistraße), 1870, PLZ 8010.

Muchar von Ried, P. Albert (Anton), OSB (1786 Lienz – 1849 Graz), Historiker und klassischer Philologe, Professor für Geschichte am Stiftsgymnasium Admont, 1842/43 Rektor der Universität Graz, u. a. Gründungsmitglied des Historischen Vereines für Steiermark (1848) und der *Monumenta Germaniae Historica;* zahlreiche Publikationen, 1847 Mitglied der Akademie der Wissenschaften.

Muchitschstraße

siehe Vinzenz-Muchitsch-Straße

Muckanlage

siehe Dr.-Muck-Anlage

Mühlackerweg

siehe Oberer Mühlackerweg

Mühlengrund

siehe Am Mühlengrund

Mühlfelderweg

XVI, XVII (Gradnerstraße nach Südosten zur Stadtgrenze), 1951, PLZ 8055.

Flurbezeichnung.

Mühlgangweg

VI (Fröhlichgasse – Trattenweg), um 1940, PLZ 8010.

Ein Mühlgang, der schon im Augarten Murwasser ableitete und beim Langedelwehr (siehe Am Langedelwehr) nochmals mit der Mur durch einen Fallbach verbunden war, gab die Linienführung dieses Weges vor. Der Mühlgang verzweigte sich südlich der Stadt mehrfach (siehe Am Mühlgraben). Er wurde nach den Vermurungen des Hochwassers von 1913 zum Austrocknen gebracht. Reste des Mühlgangs sind noch in Details der Oberflächenformung zu erkennen. Nach 1945 wurde der Südteil des Weges zum Trattenweg gemacht.

Mühlgasse

IV (Lendplatz – Marienplatz), 1785, PLZ 8020.

Bis in die 1930er-Jahre lag die Gasse in ihrem Ostteil nahe dem rechtsseitigen Mühlgang. Am Westende schneidet der Mühlgang die Gasse, in der sich früher mehrere Bäder befanden. Dort lag die Rusterholzermühle, die spätere Marienmühle (siehe Marienplatz). Seit 2007 steht dort der Neubau „Rondo".

Mühlgraben

siehe Am Mühlgraben

Mühlriegel

IV (Peter-Tunner-Gasse – Glasfabrikstraße), 1813, PLZ 8020, 8051.

Der rechtsseitige Mühlgang und die Wiener Straße sind hier durch eine Geländestufe (Terrasse) vom Mühlriegel getrennt. Zu Füßen des Riegels (= Anhöhe) lag die Ebenwallnermühle.

Mühlweg

siehe Unterer Mühlweg

Müllergasse

VII (Dorfstraße – Stranzgasse), 1961, PLZ 8041.

Der Vulgarname weist auf die Funktion des linksseitigen südlichen Mühlgangs hin (siehe Am Mühlgraben).

Müller-Guttenbrunn-Weg

VII (Kloiberweg gegen Norden), 1954, PLZ 8041.

Adam Müller-Guttenbrunn, eigentl. Adam Müller (1852 Guttenbrunn, damals Ungarn – 1923 Wien), wirkte als Erzähler, Dramatiker, Essayist und Kritiker mit deutschnationaler Orientierung. 1893 bis 1896 war der gebürtige Banater Schwabe Direktor des Raimundtheaters und 1898 bis 1903 des Stadttheaters in Wien. 1919 als Abgeordneter zum Nationalrat gewählt. 1975 erschien eine zweibändige Monographie über ihn (H. Weresch).

Müllerviertel

XIII (Exerzierplatzstraße – Weixelbaumstraße), PLZ 8051.

Villenviertel zwischen der Exerzierplatzstraße und der Weixelbaumstraße. Benannt nach Christian Müller, der 1905 bis 1912 Bürgermeister von Gösting war.

Münkergasse

XII (Andritzer Reichsstraße nach Westen, Sackgasse), 1949, PLZ 8045.

Zuvor Mozartgasse. Rudolf Münker (1861–1929 Andritz), langjähriger Prokurist in der Andritzer Maschinenfabrik; Begründer des Andritzer Verschönerungsvereines, um 1900 Schul- und Armenrat.

Münzgrabengürtel

VI (Münzgrabenstraße gegen Nordosten), PLZ 8010.

In den frühen 1960er-Jahren als Straße – vorerst ohne Häuser – so benannt. In dieser Zeit wurden die Gürtelstraßenideen der Gründerzeit, die in den frühen 40er-Jahren in großen Planungsprojekten wieder Eingang gefunden hatten, neuerlich aktiviert. Die Sackstraße bildet die Zufahrt zu Neubauten. Siehe Münzgrabenstraße.

Münzgrabenstraße

VI (Dietrichsteinplatz – Liebenauer Hauptstraße), um 1700, PLZ 8010.

Für die Benennung des Münzgrabens gibt es mehrere, widersprüchliche Erklärungen. Schon 1422 wird der Münzgraben erwähnt, und 1596 wird vom Spanhof (Moserhof- bzw. Althallerschlössl) berichtet, dass er im Münzgraben liege. Der Name gibt vorerst Rätsel auf. Münze gab es hier keine, und auch mit dem Graben stimmt es nicht so recht, wie übrigens auch in der Grabenstraße. Pirchegger argumentiert 1970 für die Ableitung vom Feld der Ritter von Graben. Das Haus eines Münzmeisters ist hier erst gegen Ende des 18. Jhs. belegt. 1979 bereichert Lochner von Hüttenbach die Diskussion mit dem Hinweis, dass Münze von Minze abzuleiten sei. So wäre also die als Naturheilmittel gesucht gewesene Minze, etwa die Pfefferminze, die Erklärung des Münzgrabens. Der *Steirische Wortschatz* (1903, Nachdruck 2009) nennt den Begriff Grabengeld als alte Form einer Abgabe. Also in Summe viele widersprüchliche Erklärungen.

Münzweg

siehe Jakob-Münz-Weg

Murfelder Straße

VII (Puntigamer Brücke entlang der Mur zur südlichen Stadtgrenze), 1949, PLZ 8041.

Elf Jahre nach der Auflösung der Gemeinde Murfeld wurde diese zum Fluss

Die St. Annakirche in der Münzgrabenstraße vor dem Bombentreffer von 1944.

parallel verlaufende Straße so benannt. Der Begriff des Murfeldes ist zwar älter, hat jedoch in dieser Gegend durch die Gemeinde Murfeld (1931–1938) neue Bedeutung erhalten. Für die kleine neue Gemeinde Murfeld waren übrigens auch die Namen Engelau und Engelsfeld in Diskussion.

Murgasse

I (Hauptplatz – Hauptbrücke), 1781, PLZ 8010.

Benannt nach der Mur, Hauptfluss der Steiermark. Eine der ältesten Gassen von Graz. Heutiger Straßenverlauf weitgehend ident mit dem Teil des Weges, der die Römerstraße am Westrand des Grazer Feldes über die Murfurt mit Hartberg und Savaria/Steinamanger verband. Erwähnung der Murgasse erst um 1487. Ursprünglich bewohnt von bürgerlichen Handwerkern und Kaufleuten. Bei J. A. Caesar wird sie 1781 als *volkreichste* Gasse bezeichnet. Bis 1837 war die Murgasse westlich durch das Innere und Äußerer Murtor verschlossen. Sie führte zur ältesten, früher gedeckten hölzernen Grazer Murbrücke. Bei der Erbauung der Franz-Karl-Kettenbrücke im Jahr 1845 (Erzherzog-Johann-Brücke) wurde der gesamte Bereich zwischen Murgasse und Kai nivelliert. Für die neue Pferdetramway musste 1876 der Eingang zum Hauptplatz verbreitert werden. Die Breite der beiden letzten angrenzenden Murbrücken lässt auf den Plan des Abbruches der Nordseite der Murgasse schließen.

Murinsel

I, IV (nördlich des Erich-Edegger-Stegs), 2003, PLZ 8010, 8020.

Keine offizielle Nennung durch die Gemeinde Graz. Als eines der Projekte des Kulturhauptstadtjahres 2003 wurde nach dem Konzept des New Yorker Künstlers Vito Acconci (nach der Idee des Grazers Robert Punkenhofer) eine schwimmende Plattform (Island of Water an the Mur River, Graz), die mit beiden Ufern über Stege verbunden ist, realisiert. Die Murinsel besteht aus zwei muschelartigen ovalen Bauteilen, die ein Lokal und eine Art Amphitheater umfassen.

Mursteg

siehe Erich-Edegger-Steg

Murwiese

siehe Auf der Murwiese

Musgergasse

siehe August-Musger-Gasse

Musilgasse

siehe Robert-Musil-Gasse

N

Nablweg

siehe Franz-Nabl-Weg

Naglergasse

II (Lessingstraße – Schörgelgasse), 1813, PLZ 8010.

Nach dem Haus- und Bäckereibesitzer Max Nagler (Nr. 16); später dem Johann Nagler gehörig; danach unter dem Namen Franz Veigl (*Veigl-Bäcker*) bekannt.

Nansenweg

IX (Waltendorfer Hauptstraße – Johann-Loserth-Gasse), 1955, PLZ 8010.

Zuvor ein Teil der Johann-Loserth-Gasse. Der Norweger Fridtjof Nansen (1861 Oslo – 1930 Baerum/Oslo) studierte Zoologie. 1888 unternahm er seine erste Polarfahrt; er durchquerte Grönland. Seine Fahrt mit der *Fram* (1893–1896) führte ihn bis 86° nördliche Breite. Nansen erforschte das innerarktische Tiefseebecken und die Eisströmungen. Zusätzlich lehrte er an der Universität von Oslo und arbeitete als Diplomat. Seine Leistung bei der Heimführung von Kriegsgefangenen und bei der Unterstützung Notleidender brachte dem Hochkommissar des Völkerbundes 1922 den Friedensnobelpreis. Seine Idee eines Passes für Staatenlose (Nansenpass) half vielen Flüchtlingen bis in die Gegenwart.

Naglergasse und Herz-Jesu-Kirche (1985).

Negrelligasse

XIII (Plabutscher Straße – Göstinger Straße), 1949, PLZ 8051.

Zuvor Roseggergasse. Alois Negrelli Ritter von Moldelbe (1799 Fiera di Primiero, Trentino – 1858 Wien), österreichischer Ingenieur, Sohn eines wohlhabenden Landwirtes, ab 1819 im staatlichen Baudienst in Tirol mit Straßen-, Fluss- und Vermessungsbauten beschäftigt. Studienreisen nach England, Frankreich und Belgien zwecks Information über die Eisenbahntechnik. Befürworter der Semmeringbahn, Entwurf der Pläne für den Suezkanal, der 1869 eröffnet wurde. Generalinspektor der österreichischen Eisenbahn.

Nelkengasse

I (Kalchberggasse – Radetzkystraße), 1870, PLZ 8010.

Ursprünglich zum Freiraum vor dem Neutor mit der Neutorbastion gehörig. Dieser Bereich wurde zuvor als *Platz vor dem Neutor* oder *Neutorplatz* bezeichnet. 1870 erscheint erstmals die Bezeichnung Nelkengasse, vermutlich in Bezugnahme zu den in dieser Zeit noch hier befindlichen Gärten im eingeebneten Stadtgraben.

Nepomukgasse

XII (Koglergasse nach Westen, Sackgasse), 1981, PLZ 8045.

Nach dem im Bereich Nepomukgasse-Koglergasse befindlichen Bildstock des hl. Johann Nepomuk. Der Heilige, geboren 1340 in Böhmen, wird der späteren Überlieferung nach wegen seiner standhaften Weigerung, das Beichtgeheimnis

zu brechen, von König Wenzel gefoltert und 1393 von der Moldaubrücke in Prag in die Tiefe gestoßen. Zahlreiche künstlerische Darstellungen als Brückenheiliger, meistens mit einem Kreuz in den Händen und in der Tracht eines Mitgliedes des Domkapitels bekleidet; oft von Engeln mit dem Schweigegestus flankiert.

Nernstgasse

IX (Nibelungengasse – Hallerschloß- straße), um 1937, PLZ 8010.

Der Physiker und Chemiker Walter Nernst (1864 Briesen/Bromberg – 1941 Bad Muskau/Preußen) war ein Spezialist für Thermodynamik und fand zahlreiche Effekte und Gesetze im Grenzbereich von Physik und Chemie, so den Nernst-Effekt, die Nernst-Einstein-Beziehung, den Nernst-Ettinghausen-Effekt, die Nernst-Thomson-Regel, die Nernst-Lampe. 1920 erhielt er für die Entdeckung seines Wärmesatzes den Nobelpreis für Chemie. Nernst studierte bei Ludwig Boltzmann in Graz Physik und war auch Ehrendoktor der Universität Graz. 1934 hielt der anerkannte Berliner Professor in Graz Vorträge.

Nestroystraße

XIV, XV (Hofmannsthalgasse – Josef-Kienzl-Weg), um 1937, PLZ 8052.

Die Nestroystraße gab es zuerst nur in ihrem Wetzelsdorfer Teil. Johann Nestroy (1801 Wien – 1862 Graz) begann seine Bühnenlaufbahn als Opernsänger und war als solcher auch in Graz engagiert. Er wurde mit all seiner Ironie und seinem Wortwitz als Darsteller

Der Bühnenautor Johann Nepomuk Nestroy.

und Bühnenautor zum Inbegriff des Wiener Volkstheaters seiner Zeit. Rund 80 Theaterstücke von ihm sind erhalten; bekannt wurden u. a. *Der Talisman* (1840), *Das Mädl aus der Vorstadt* (1841) und *Einen Jux will er sich machen* (1842). Sogar der überaus kritische Karl Kraus anerkannte Nestroys Werk. Nestroy starb im Haus Elisabethstraße Nr. 14 (Gedenktafel). Seine Stücke wurden auch in Graz immer wieder erfolgreich aufgeführt. Nestroys Nachkommen lebten bis in die 1970er-Jahre in Graz. Eine projektierte Nestroygasse gab es südlich der Hüttenbrennergasse von der Schönaugasse nach Osten abzweigend.

Netzgasse

IV (Neubaugasse – Lendkai), 1870, PLZ 8020.

Zuvor zur Neubaugasse gezählt. Der Name wurde zu einer Zeit gewählt, als in der Mur noch – unter anderem mit-

tels Netzen – Fische gefangen wurden. Die nördliche, nun aufgelassene Parallelgasse trug als Ergänzung dazu den Namen Hechtengasse.

Neubaugasse

IV (Lendplatz – Floßlendplatz), 1785, PLZ 8020.

Ende des 18. Jhs. erfuhr die Murvorstadt einen Wachstumsschub an Bewohnern und Bauten. Vor 1770 gab es nur fünf Häuser auf den als *Spitalsviehweide* bezeichneten Gründen. Dann setzte die Konjunktur mit über 40 ein- bis zweigeschoßigen schlichten Vorstadtbauten ein. Diese Neubautätigkeit erregte Aufsehen und fand im neuen Namen ihren Niederschlag. Nur im Südteil entstanden im späten 19. Jh. gründerzeitliche Großbauten und Industrieanlagen. Der Nordteil veränderte erst in den letzten Jahren grundlegend sein Aussehen.

Neuböckweg

VIII (Petersbergenstraße gegen Süden), 1981, PLZ 8042.

Der Bildhauer Peter Neuböck (1855 Obdach – 1928 Graz) war ein Schüler von Jakob Gschiel. Ab 1886 arbeitete er in einer eigenen Werkstätte in Graz. Der Schwerpunkt seiner Arbeit lag in der religiösen Skulptur. So befinden sich seine Plastiken u. a. in der Stiftskirche von Admont, in Graz in der Franziskanerkirche und der Josefskirche sowie in der Dreifaltigkeitskirche (Sackstraße). Neuböck wirkte an der Regotisierung von St. Peter mit. Hätte der Magistrat nicht ausdrücklich auf Peter Neuböck Bezug genommen, so hätte man auch an einen Verwandten, den ebenfalls als Bildhauer tätigen Walter Neuböck, denken können, der zuletzt in St. Peter im Haus Am Bergl Nr. 5 arbeitete.

Neudorf
VII.

Das Dorf Neudorf an der Bezirksstraße gehörte seit der Verwaltungsreform von 1848/50 zur Ortsgemeinde Thondorf. Die Katastralgemeinde Neudorf reichte in einem schmalen Streifen von der Mur bis zur Gemeinde Raaba. Das kleine Neudorf besaß in den 1930er-Jahren fünf Gasthäuser, ein Indiz für die Bedeutung der Straße nach Süden. Als 1931 die Gemeinde Murfeld gebildet wurde, fiel ein Teil von Neudorf an die neue Gemeinde. Ein anderer Teil wurde der Gemeinde Engelsdorf zugeschlagen. Der *Graz-Anschluss* brachte 1938 Murfeld und Engelsdorf zur Stadt. Der Rest von Neudorf gehörte bis zu seiner Eingemeindung nach Graz (1942) weiter zur Ortsgemeinde Thondorf. Die Ursache für die Verbindung mit Graz ist in der Errichtung des Rüstungsbetriebes (später Werk Thondorf der Steyr-Daimler-Puch AG) zu finden. Der Name Neudorf – es gab in der alten Steiermark rund 25 Bezeichnungen dieser Art – weist darauf hin, dass die Ortschaft erst nach der ersten Siedlungswelle gegründet wurde.

Neudorfer Straße
VII (Murfelder Straße – Liebenauer Hauptstraße), PLZ 8041.

1949 wurde die schon Jahre vorher bestehende Straße dieses Namens nach Osten verlängert. Siehe Neudorf.

Neue Bienengasse
IV (Floßlendplatz – Bienengasse), um 1920, PLZ 8020.

In der Zwischenkriegszeit wurde die Bienengasse dort, wo sie einen Bogen machte, gerade zum Floßlendplatz geführt. Damit wurden Parzellen für Neubauten geschaffen und eine breitere Straßenführung ermöglicht. Siehe Bienengasse.

Neue Stiftingtalstraße
X (Riesplatz-Stiftingtalstraße), 2008, PLZ 8010.

Durch Neubauten des Landeskrankenhauses, insbesondere durch den Garagenbau, wurde eine neue Einfahrt ins Stiftingtal notwendig.

Neue Weinzödlbrücke
XII, XIII.

Die Neue Weinzödlbrücke verbindet die Wiener Straße mit der Andritzer Reichsstraße. Sie wurde in den Jahren 1917 bis 1922 aus Stampf- und Eisenbeton mit einer Länge von 120 m und einer Breite von 10 m errichtet. Architekt Max Fabiani und Statiker Rudolf Saliger, zwei prominente Namen in der österreichischen Architektur, waren für den Brückenbau verantwortlich. Zwei sichtbare Pfeiler stützen die Konstruktion, auf der sich außer Straße und Gehsteig auch die Geleise der Schleppbahn nach Andritz befinden.

Neue Welt
I (Albrechtgasse – Neue-Welt-Gasse), 1781, PLZ 8010.

Der Name stammt von einem hier befindlichen Gasthof *In der neuen Welt* (siehe Neue-Welt-Gasse). Auf einem Plan von 1836 erscheint auch die Bezeichnung *Gasse zum Weißen Kreuz*, nach einem gleichnamigen Gast- und Kaffeehaus, das sich im Haus Neue-Welt-Gasse Nr. 4 befand. 1828 *in der neuen Welt beym weissen Kreuz* genannt.

Neue-Welt-Gasse

I (Hauptplatz – Franziskanerplatz), 1781, PLZ 8010.

Ursprünglich als *Fürstengassl* überliefert. Noch vor 1674 benannte der Wirt Stephan Schüffer sein Gasthaus *Die neue Welt* (Albrechtgasse 4 = Neue-Welt-Gasse 4) nach dem neu entdeckten Erdteil Amerika. In der Folge bürgerte sich der Name auch als Gassenname ein. Anfang des 18. Jhs. befand sich in der Gasse ein Tor, das nicht abgesperrt werden durfte, um den Zugang zur Franziskanerkirche zu ermöglichen.

Neue-Welt-Höhe

VIII (Peterstalstraße – Peterstalstraße, mit einer Abzweigung), 1949, PLZ 8042.

Zuvor Neue Welt. Namengebend war also nicht nur die Neue-Welt-Siedlung. Schon 1885 erwähnt Janisch eine Häusergruppe dieses Namens in seinem Lexikon. Bei der Volkszählung 1880 wird dieser Weiler noch zusammen mit den Häusern am Breitenweg gezählt. Diese Volkszählung gibt für den Ortsteil Neue Welt 54 Personen an. Der Name weist auf eine Ausbausiedlung hin.

Neufeldweg

VI, VII, VIII (Münzgrabenstraße gegen Süden bis zur Stadtgrenze, mit Unterbrechung), PLZ 8010, 8041, 8042.

Ein typischer Flurname. Auch die erstmals in der Volkszählung 1880 als eigene Siedlungseinheit in der Gemeinde Messendorf gezählten Häuser werden als Neufeld bezeichnet.

Neugasse

XII (Lindengasse – zur Mur, Sackgasse), PLZ 8045.

Neu angelegte, zur Mur führende Gasse.

Neu Hart

XVI.

Ab den 1930er-Jahren entstand im Osten der Gemeinde Wetzelsdorf ein neues Siedlungsgebiet zwischen Hart und Graz. Siehe Hart.

Neuholdaugasse

VI (Pestalozzistraße – südlich des Mühlgangweges), 1848, PLZ 8010.

1826 Schönau an der Neuholdau, 1848 Neuholdaugasse. Südlich des Schönaugürtels wurde die Straße während der Herrschaft des Nationalsozialismus als Aurel-Polzer-Gasse bezeichnet. Der Rechtsanwalt Dr. Johann Nepomuk Neuhold (1756 Schloss Kalsdorf/Ilz – 1822 Graz) betätigte sich als landwirtschaftlicher und rechtswissenschaftlicher Autor. Er besaß Häuser und Grundstücke in dieser Gegend. Auf einem seiner Grundstücke und – wie Pirchegger vermutet – mit seiner Förderung entstand das landschaftliche Taubstummeninstitut.

Neulandgasse

VI (Schönaugasse – Am Langedelwehr), 1920, PLZ 8010.

Da die Namengebung gleichzeitig mit den übrigen Namen im Bereich der damals neuen Schönausiedlung erfolgte (14. 6. 1920), liegt die Auslegung des neuen Landes als allgemeiner Begriff, aber auch als hoffnungsvolles und programmatisches Signal nahe. Der Bund Neuland der katholischen Jugendbewegung wurde erst 1921 gegründet. Eine Baugenossenschaft Neuland gab es damals hier nicht, die Stadtgemeinde trat selbst als Bauunternehmer für die Barackensiedlung auf.

Neupauerweg

XV (Steinbergstraße – Krottendorfer Straße, mit Unterbrechung), um 1900, PLZ 8052.

Zuerst von der Steinbergstraße auf den Ölberg. Dann im Süden verlängert und im Norden unausgebaut. 1872 erwarb Eduard Ritter von Neupauer ein Grundstück nahe der Steinbergstraße und ließ dort seine Villa errichten. Hofrat Neupauer, ausgezeichnet mit dem Eisernen Kronen-Orden, arbeitete in der k. k. Statthalterei. Die Familie Neupauer war vermögend und angesehen. Ein Mitglied der Familie, der Gutsbesitzer Josef von Neupauer, war in jener Zeit Landtagsabgeordneter und Landeshauptmann-Stellvertreter. Er wurde 1883 in den Freiherrenstand erhoben.

Neuseiersberger Straße

XVI (Begleitstraße der A 9 von der Stadtgrenze, eigentlicher Beginn Abfahrt der A 9 in Seiersberg, bis derzeit zur Hafnerstraße), 1997, PLZ 8054.

Nach der Fertigstellung bis zum Verteilerkreis Webling führend. Benannt nach dem Ortsteil Neuseiersberg, einer Ausbausiedlung der Gemeinde Seiersberg (siehe Seiersbergstraße).

Neusiedlergasse

VII (Kasernstraße gegen Osten), 1953, PLZ 8041.

Die gemeinnützige Bau- und Siedlungsgesellschaft Neusiedler errichtete hier Bauten. Evangelische Flüchtlinge, besonders aus der Bukowina, aus Siebenbürgen und auch Donauschwaben, waren die Bauwerber dieser Siedlung.

Neusitzstraße

XI (Mariatroster Straße gegen Nordosten zur Stadtgrenze), 1948, PLZ 8044.

Zuvor Alte Weizer Straße. Die Trassenführung entspricht der alten Straße nach Weiz. Pirchegger setzt das *Meuschiezze* von 1265, das 1390 zu *Neusecz* geworden war, mit dem Weiler *Eisnitz* gleich. Diese Häusergruppe liegt im Nordosten der KG Fölling, zwischen der alten und der neuen Straße. Im Wissen um den Zusammenhang von Neusitz und Eisnitz wurde der Name gewählt.

Neustiftweg

XII (Weinitzenstraße – Radegunder Straße), 1949, PLZ 8045.

Nach der urkundlich 1233 erwähnten und nordöstlich zu Andritz gehörigen

Ortschaft Neustift benannt. Der Name weist auf eine von der Grundherrschaft angelegte Neusiedlung (siehe Stiftingtal) hin.

Neutorgasse

I (Murgasse – Radetzkystraße), 1803, PLZ 8010.

Benannt nach dem 1620 erbauten Stadttor (Abbruch 1883), welches die kleinbürgerliche Ansiedlung vor der Franziskanerkirche zwischen der mittelalterlichen Ringmauer und der Mur gegen Süden abschloss. Mitte des 17. Jhs. wurde dieser Stadtteil in den Befestigungsgürtel einbezogen, gegen Norden war er durch die beiden Murtore, gegen Süden durch das *Kälberne Viertel Tor* oder *Neutor* abgeschlossen. Bis ins 18. Jh. war nur der Name *Kälbernes Viertel,* wegen der an der Mur befindlichen Fleischbänke, gebräuchlich. Erst Anfang des 19. Jhs. setzte sich der Name *Neutor* durch. Das Tor stand nahe der heutigen Kreuzung Neutorgasse/Kalchberggasse. Vor dem Neutor befand sich der Neutorplatz.

Neutorgasse: Das Neutor vom Süden vor dem Abbruch (1883).

Nibelungengasse

II, IX (Felix-Dahn-Platz – Polzergasse), 1876, PLZ 8010.

Nach der Nibelungensage benannt. Die Sage erhielt durch R. Wagners Opernwerke große Bekanntheit und Beliebtheit. Handlung und Musik entsprachen dem Zeitgeist des Bildungsbürgertums. Es ist daher kein Zufall, dass im Jahr der Erstaufführung (1876) des *Ring der Nibelungen* in Bayreuth die damals frisch erschlossene und bebaute Straße

diesen Namen erhielt. Der Name wurde auch auf die dort befindliche Schule übertragen. Noch 1884 als *Wäschergasse* bezeichnet, da bis zum 18. Jh. das Gewerbe der Wäscherinnen hier am ehemals offenen Grazbach ansässig war.

Niclas-Strobl-Weg

XVI (Kärntner Straße – Kapellenstraße), 1951, PLZ 8053.

Zuvor Straße VII. Niclas Strobl, Grazer Stadtrichter in den Jahren 1452, 1466 bis 1469, 1461 Bürgermeister von Graz. Stiftete für das Grazer Rathaus das berühmte Votivbild vom Jahr 1478, das eine Gerichtsszene darstellt, die zu den seltensten Darstellungen dieser Art zählt – ein rechtshistorisches Dokument. Dieses Bild befindet sich heute im Grazer Stadtmuseum. 1867 interessierte sich das Germanische Nationalmuseum in Nürnberg für das Tafelbild, die Stadtgemeinde Graz lehnte ab.

Niedenausweg

XVI (Conrad-Kreuzer-Gasse – Alte Poststraße), 1951, PLZ 8053.

Zuvor Teil der Straße IV. Bernhard Niedenaus (auch Niedenauß), Grazer Stadtrichter von 1632 bis 1635, Hofkammerbuchhalter, Mitglied einer ursprünglich im Südwesten des heutigen Stadtgebietes ansässigen alten Grazer Bürgerfamilie. Namensumwandlung zu Ninaus.

Niesenbergergasse

V (Elisabethinergasse – Bessemergasse, für Fahrzeuge mit Unterbrechung durch den Eggenberger Gürtel), 1899, PLZ 8020.

Zuvor Naglergasse, Rauchfangkehrergasse und Köflachergasse. Der von Kaiser Friedrich III. in Auftrag gegebene Bau einer spätgotischen Hallen-Staffelkirche (vermutlich 1438–1464) entstand am Ort einer Kirche aus dem 12. Jh. Als Baumeister des Domes wird Hans Niesenberger vermutet. Der Schwabe Niesenberger wird 1459 am Hüttentag in Regensburg als *Meister von Grätz der Weissnaw* und 1483 in Mailand als *Meister Johannes von Graz* bezeichnet. Niesenberger war ein erfolgreicher Meister, der auch beim Bau der Münster von Freiburg, Einsiedeln und Straßburg erwähnt wird. Die Freude des späten 19. Jhs. an der Gotik ließ diesen Namen vergeben. Zu einem Ausbau des Ostteils der Niesenbergergasse kam es nicht.

Nikolaigasse

V (Entenplatz – Griesgasse), 1890, PLZ 8020.

Zuvor Gymnasiumgasse, da sich hier die Vorgängeranstalt des Lichtenfelsgymnasiums befand. Eine Neuinterpretation des Namens Nikolai in der Gegenwart scheiterte. Wegen des Landeskonservatoriums sollte der Name dem Komponisten Otto Nicolai zugeschrieben werden. Es blieb jedoch beim hl. Nikolaus. Siehe auch Nikolaiplatz.

Nikolaiplatz

V (Grieskai – Entenplatz), 1995, PLZ 8020.

Der Name wurde im Rahmen der Umgestaltung dieses Teiles des Grieskais 1995 wieder eingeführt. 1813 bis 1870 hatte es dort zwischen den Brücken schon einen Nikolaiplatz und dann einen Nikolaikai gegeben. Der hl. Nikolaus ist der Patron der Schiffer und Flößer, deren Anlegestelle sich hier befand. Der Floßmeister Benedikt Wolf stiftete 1704 eine Nikolaussäule, die hier bis zu ihrer Zerstörung durch Bomben im Kriegsjahr 1944 stand. 1995 wurde über der ebenfalls neu errichteten Tiefgarage am Nikolaustag eine neue Statue dem Heiligen geweiht.

Nikolaus-Otto-Weg

VII (Neudorfer Straße – Porscheweg), 1954, PLZ 8041.

Der Techniker Nikolaus August Otto (1832 Holzhausen – 1891 Köln) erfand zusammen mit E. Langen den nach ihm benannten Gasmotor (Ottosche Gasmaschine), den sie in einer von ihnen gegründeten Gasmotorenfabrik (1872 Deutz AG) bauten. 1876 entwickelte Otto den ebenfalls nach ihm benannten Ottomotor, einen Viertakt-Verbrennungsmotor. Der Name dieses Weges steht in Zusammenhang mit dem Werk Thondorf und der Werkssiedlung. Dass die Grazer Stadtgemeinde in ihrem Straßennamenkataster Otto zum Erfinder des Gasometers macht, sei nur am Rande erwähnt.

Nikolaus-Schönbacher-Straße

XV (Mörikestraße – Wetzelsdorfer Straße, mit Unterbrechung), um 1935, PLZ 8052.

Nikolaus Schönbacher (geb. 1863) war um die Jahrhundertwende in Wetzelsdorf, das damals noch zu Eggenberg gehörte, eine wichtige Person. Er besaß Grundstücke und Häuser, führte ein Produktengeschäft und einen Steinbruch. Schönbacher war auch Hauptmann der Freiwilligen Feuerwehr in Wetzelsdorf. Marie Schönbacher, seine Stiefmutter, betrieb mit gleicher Adresse eine Gastwirtschaft *(Schusterwirth)* am Beginn der Steinbergstraße (ehem. *Graschi*, 1998 *Groningerhof*). Ihr 1890 verstorbener Gatte Matthias Schönbacher, der Vater von Nikolaus Schönbacher, war zweimal zum Bürgermeister

von Eggenberg (1853–1856 und 1859–1862) gewählt worden.

Nippelgasse

XVII (Piccardigasse – Gradnerstraße), 1948, PLZ 8055.

Franz Xaver Nippel von Weyerheim (1787 Gmunden – 1862 Wien) war Rechtsgelehrter und Fachschriftsteller. 1827 bis 1830 Bürgermeister von Graz. Er reformierte die Geschäftsführung der Stadt und wurde 1830 zu deren Ehrenbürger ernannt.

Nittnergasse

XVI (Gradnerstraße – Unterer Mühlweg), 1971, PLZ 8054.

In der Nähe des kleinen Straßganger Bahnhofs finden sich drei nach Flugpionieren Österreichs benannte Straßen: Kreß, Kronfeld und Nittner. Der k. u. k. Oberleutnant Eduard Nittner erwarb 1911 den österreichischen Pilotenschein Nr. 42. Er wagte im folgenden Jahr den Flug von Wiener Neustadt nach Graz und überquerte dabei den Semmering. Dieser Erstüberfliegung des Semmerings nach dem Prinzip *Schwerer als Luft* (Erste Alpenüberquerung mit einem Flugzeug in Österreich) wird auf der Passhöhe in Form eines Denkmals gedacht. Es folgten Pionierflüge in Bosnien und in der Herzegowina. 1913 stürzte der junge Offizier und Fluglehrer beim Start zum Flug nach Sarajevo wegen eines Flügelbruchs auf dem Flugfeld Fischamend ab. Der Fliegerhorst Thalerhof trägt den Namen Nittner.

Nordberggasse

XII (Siedlungsaufschließungsstraße nördlich des Gehörlosenzentrums), 1992, PLZ 8045.

Willi Nordberg (1930 Fehring – 1976 USA), Dr., Grazer Physiker, galt als Begründer der Wettersatelliten. Bahnbrechend waren seine Arbeiten über die Beobachtung der Erde und ihrer Veränderungen mit Hilfe der Satellitenfernerkennung. Autor zahlreicher Veröffentlichungen; Träger höchster Auszeichnungen amerikanischer und internationaler Institutionen.

Nordweg

VI (Am Langedelwehr – Schönaugasse), 1920, PLZ 8010.

Im Zusammenhang mit der nach Ende des Ersten Weltkriegs errichteten Holzhaussiedlung (Schönausiedlung) wurden mehrere Straßen um den *Siedlungsplatz* errichtet. Das Siedlungsgebiet wurde im Norden durch den Nordweg begrenzt. Es gab auch einen Ostweg, der 1978 als Name gelöscht wurde.

Die Nothelferkirche.

Nothelferweg

XIV (Georgigasse gegen Nordwesten), 1949, PLZ 8020.

Zuvor Kirchenweg. Die katholische Filialkirche am Beginn des Weges war Namengeber; sie besitzt das in der Steiermark seltene *14-Nothelfer-Patrozinium*. Die um 1685 fertiggestellte Kirche ist eine Eggenbergsche Stiftung (Fürst Johann Seyfried I.), und ihr Bau hängt mit der Pest von 1680 zusammen. 1950 wurde die Kirche der Kongregation der Barmherzigen Brüder, die in Eggenberg ein Kloster besitzen und ein großes Krankenhaus betreiben, übereignet.

Novalisgasse

VIII (Quergasse zur Theodor Storm-Straße), 1948, PLZ 8042.

Zuvor Albertstraße. Der deutsche Dichter der Frühromantik, Friedrich Freiherr von Hardenberg (1772 Wiederstedt – 1801 Weißenfeld) nannte sich Novalis. In seinem Romanfragment *Heinrich von Ofterdingen* (1802) kommt die *Blaue Blume*, ein Hauptsymbol der Romantik, vor.

Nürnbergergasse

I (Murgasse – Franziskanerplatz), 1813, PLZ 8010.

Namensherkunft nicht eindeutig: möglicherweise a) Hans Nürnberger, Stadtrichter 1572 bis 1573, Bürgermeister von Graz in den Jahren 1575 bis 1576; war um 1572 Besitzer des Hauses Sporgasse Nr. 22. b) In der Murgasse befindliches Modewarengeschäft *Zur schönen Nürnbergerin;* genannt auch *Zur Stadt Nürnberg,* Besitzer Franz Goriupp, hauptsächlich Verkauf von Nürnberger Waren.

Nußbaumerstraße

VIII (St.-Peter-Hauptstraße über die Wittenbauerstraße nach Südwesten, mit Unterbrechung), PLZ 8042.

Schon zu Zeiten der Gemeinde St. Peter wurde im Zusammenhang mit dem Großsender diese Straße Otto Nußbaumer (1876 Innsbruck – 1930 Salzburg) dediziert. Er studierte in Graz und war dann auch als Assistent am Institut für Physik der Technischen Hochschule (Technische Universität) beschäftigt. 1904 gelang ihm in den Räumen der TH die erste drahtlose Musikübertragung (*Hoch vom Dachstein an* war die Melodie). Nußbaumer zog aus seiner Erfindung allerdings keinen wirtschaftlichen Nutzen. Der gebürtige Tiroler, der die letzten 20 Jahre in Salzburg lebte, gilt als Pionier der Rundfunktechnik. Die Nähe zum Großsender St. Peter brachte schon in den frühen 1930er-Jahren diesen Straßennamen.

O

Obere Bahnstraße

VI (Schönaugasse, nördlich entlang der Bahnlinie, Fröhlichgasse), 1894, PLZ 8010.

Siehe Untere Bahnstraße.

Obere Teichstraße

IX (Waltendorfer Hauptstraße über Kaiserwaldweg gegen Nordosten), 1948, PLZ 8010.

Zuvor in der Gemeinde Waltendorf Teichgasse, in der Gemeinde Hart bei St. Peter (heute bei Graz) Obere Teichgasse genannt. Mit der Eingemeindung blieb dies so bis in die ersten Nachkriegsjahre. Siehe Untere Teichstraße.

Obere Weid

XIII (Industriebahn – Judendorfer Straße), PLZ 8051.

Flurbezeichnung.

Oberer Auweg

XVII (Rudersdorfer-Au-Straße – Reitweg), PLZ 8055.

In der Rudersdorfer Au liegende Straße. Flurbezeichnung.

Oberer Mühlackerweg

XVI, XVII (Gradnerstraße – Hafnerstraße), PLZ 8054.

Flurbezeichnung.

Oberer Plattenweg

XI, XII (Quellengasse – Unterer Plattenweg), 1947, PLZ 8010, 8043.

Topographische Bezeichnung nach dem Berg *Platte.* Bevorzugte Wohnlage mit zahlreichen Villenbauten. Nr. 37, 39 *Am Rosenhof* (Baukern 17. Jh., Fassade 19. Jh.). In der Villa Oberer Plattenweg Nr. 62 lebte die bekannte Grazer Autorin Grete von Scheuer (1900–1988). Siehe Hinterer Plattenweg, Unterer Plattenweg.

Oberhuberweg

XIII (Thalstraße nach Südwesten, bergwärts), 1992, PLZ 8051.

Peter Richard Oberhuber (1906 Zeltweg – 1985 Graz), Maler, Kunsterzieher, Professor und Vorstand der Abteilung Kunstgewerbe der HTBL-Ortweinplatz in Graz bis 1960. Unter seiner Führung Reorganisation der Anstalt. Ehrenpräsident des *Werkbundes* im Steiermärkischen Kunstverein. Zahlreiche Ausstellungen im In- und Ausland. 1984 Ehrenring der Stadt Graz.

Obstgasse

II (Merangasse – Zwerggasse), 1870, PLZ 8010.

Benannt nach den Obstbäumen, die noch um 1870 zu beiden Seiten der Gasse standen. *Obst,* mhd. *obez,* bedeutete urspr. *Dazu-Essen,* Zukost oder Beikost und umfasste auch die Hülsenfrüchte. Der Antrag, die Obstgasse in

Dr.-Hanns-Koren-Gasse umzubenennen (1996), wurde vom Magistrat mit dem Hinweis, dass diese Gasse für den neuen Namen zu wenig repräsentativ sei, abgelehnt.

Odilienweg

II (Leonhardstraße – Leonhardbach, Sackgasse), 1899, PLZ 8010.

Hl. Odilia (Ottilia), Beschützerin der Blinden, Patronin für Augen, Ohren und Kopfkrankheiten. Schutzpatronin des Elsass. 1881 wurde das Odilien-Blindeninstitut in Graz eröffnet. Anlässlich der Vermählung von Erzherzog Rudolf mit Stephanie von Belgien erhielt die Anstalt den offiziellen Titel *Odilien-Erziehungs- und Versorgungs-Anstalt für Blinde in Steiermark unter dem Protektorate ihrer k. und k. Hoheit der durchlauchtigsten Kronprinzessin von Österreich Erzherzogin Stephanie.* Vielfältiger Aufgabenbereich, u. a. differenzierter Schulunterricht, Kindergarten, Geschäft, Schwesternwohnungen.

Oeverseegasse

V (Elisabethinergasse – Korngasse), 1899, PLZ 8020.

Am 6. 2. 1864 siegten die mit den Preußen verbündeten Österreicher über die Dänen in der Schlacht von Oeversee (südlich von Flensburg). Besonders weil steirische Truppen, so das Infanterieregiment Nr. 27 *König der Belgier,* an der Schlacht beteiligt waren, fand das Ereignis Jahre später in einem Stadtteil mit Kasernen seine Würdigung. Hier kamen auch die Siege von Lissa und von Custozza zu Namensehren. Durch

die Verbindung mit dem Gymnasium erfährt der Name Oeverseegasse eine zusätzliche Verwendung.

Ökonomiegasse

IV (Mariahilferstraße – Lendkai), 1870, PLZ 8020.

Das städtische Ökonomiegebäude, das u. a. als erstes Feuerwehrdepot (1853: *Feuerlöschrequisitendepositorium*) der Stadt Graz Verwendung fand, befand sich an der Nordseite des Mariahilferplatzes. Dieses Haus (Nr. 5) ist in der Grundkonstruktion noch erhalten.

Ölberg
siehe Am Ölberg

Ölbergweg

XV (Steinbergstraße zum Ölberg), 1973, PLZ 8052.

Der Ölberg (555 m) hieß früher Ödberg. Daraus wurde, wohl in Anlehnung an den biblischen Ölberg, der heutige Name. Siehe Am Ölberg.

Opernring

I (Burgring – Am Eisernen Tor), 1947, PLZ 8010.

Zuvor Carl Ludwig Ring, Opernring, Dollfußring, Friedl-Sekanek-Ring. Erst nach der Niederlegung der Bastionen um 1860 und der Anlegung der Ringstraße mit Grünflächen durch Martin Ritter von Kink erfolgte die Benennung in Carl Ludwig Ring. Um 1920 Opernring, nach dem 1898/99 von Ferdinand Fellner erbauten neo-barocken Opernhaus am Kaiser-Josef-Platz benannt. Monumentaler repräsentativer Baublock (Verlust der Säulenvorhalle an der Nordostfront durch Kriegsbeschädigung) mit prächtiger Innenausstattung. Der Opernring ist jene Grazer Straße, die am häufigsten ihren Namen wechselte.

Orgeniweg
IX (Kerschhoferweg – Kerschhoferweg), 1948, PLZ 8010.

In diesem Jahr wurde der alte Orgeniweg, der vom Ragnitztalweg zur Waltendorfer Hauptstraße führte, gelöscht. Er bestand in natura nicht mehr. Auch der neue Orgeniweg ist nach der Opernsängerin Aglaja (die Gemeinde schreibt standhaft Oglaja) Orgeni benannt. Orgeni (1842 Szombathely – 1926 Wien) hieß mit bürgerlichem Namen Görger von St. Görgen. Sie verließ in jungen Jahren ihre Heimat, lebte durch Jahre in der Steiermark und machte Karriere in München. Ihre vielen Tourneen führten sie 1882 auch nach Graz; Wilhelm Kienzl begleitete sie. Orgeni wirkte beispielsweise an der Uraufführung von Wagners *Parsifal* 1882 in Bayreuth mit. In späten Jahren wurde sie eine anerkannte Gesangspädagogin in Dresden. Dort wurde ihr der Professorentitel verliehen. Orgeni war Schülerin und Lehrerin bedeutender Sängerinnen.

Ornigstraße
siehe Josef-Ornig-Straße

Orpheumgasse
IV (Marschallgasse – Volksgartenstraße), 1969, PLZ 8020.

Zuvor Jakobigasse. Der Vorschlag zum Namenswechsel kam vom Möbelhaus

Orpheumgasse: Das Varieté-Theater Orpheum um 1900.

Die k. k. Staatsgewerbeschule in der Pfeifengasse, heute Ortweinplatz.

Ullmann. Dort, wo sich im 18. Jh. noch ein Pestfriedhof befand (siehe St.-Georgen-Gasse), entstand 1786 die *Ottsche* Gastwirtschaft. Es folgte eine Bierhalle und 1898 das Varieté-Theater *Orpheum*. Der von Friedrich Hofmann entworfene Bau sollte ein Volkstheater für die Murvorstadt sein, denn am linken Murufer entstand damals das Stadttheater (Opernhaus). 1944 zerstörten Bomben das Haus. Nach dem Wiederaufbau wurde das Theater durch Jahre als Kino betrieben. Über die Zeit als *Haus der Jugend* führt die Geschichte des Orpheums zur gegenwärtigen Nutzung. Über das wechselhafte Geschick des Orpheums wurde jüngst an der Universität Graz eine Diplomarbeit geschrieben (Kanzian).

Ortnerstraße

X (Stiftingtalstraße – Roseggerweg), 1961, PLZ 8010, 8044.

Ortner ist der Hof- bzw. Vulgarname eines Gehöftes an dieser Straße.

Ortweingasse

III (Körösistraße – Schwimmschulkai), 1984, PLZ 8010.

Zuvor Flußgasse. Siehe Ortweinplatz.

Ortweinplatz

VI (zwischen Schießstattgasse, Maygasse und Conrad-von-Hötzendorf-Straße), 1936, PLZ 8010.

Zuvor ein Teil der Pfeifengasse. Der Architekt Prof. August Ortwein (1836 Schloss Kornberg – 1900 Graz) studierte in Wien bei den großen Baumeistern seiner Zeit und war der erste Direktor der k. k. Staatsgewerbeschule in Graz (1876–1879). Der Platz befindet sich vor seiner ehemaligen Schule, die ebenfalls seinen Namen erhielt und mit diesem Namen auch in das neue Schulgebäude wanderte (siehe Ortweingasse). Als Beispiel für seine Leistung als Architekt sei auf die Jugendstilfassade des Hauses Sporgasse Nr. 3 (ehem. Kielhauser) hingewiesen. Berühmt wurde Ortwein durch seine Ornamente, die auch seine Schmuckgegenstände auszeichneten. 1994 gab es den Antrag, den Platz in Hanns-Koren-Platz umzubennen. Der zuständige Ausschuss lehnte dies mit dem Hinweis auf die Kosten für die Anrainer ab.

Ostbahnstraße

VII (Sternäckerweg gegen Nordwesten), 1990, PLZ 8041.

Wie sich die Perspektiven ändern – die Bahnlinie, auf die hier angespielt wird, war ursprünglich ein Teil der königl. ungarischen Westbahn (1873), die allerdings erst später den Anschluss nach Ungarn fand. Dann waren die k. k. österreichischen Staatsbahnen die Streckenbetreiber. Die Verkehrslinie führte nun von der Oststeiermark über die Aspangbahn nach Niederösterreich und schließlich nach Wien. So wurde der Westbahnhof zum Ostbahnhof der Ostbahn. Selten fahren nun nach langer Unterbrechung wieder Züge in Richtung Ungarn.

Ostengasse

siehe Prokesch-Osten-Gasse

Ostwaldgasse

IV (Pommergasse – Alte Poststraße), 1921, PLZ 8020.

Der Naturwissenschaftler und Philosoph Wilhelm Ostwald (1853 Riga – 1932 Großbothen/Grimma) lehrte durch viele Jahre an der Universität Leipzig physikalische Chemie. Von ihm stammen die Ostwaldsche Stufenregel, das Ostwaldsche Verdünnungsgesetz sowie das Ostwald-Verfahren. Er beschäftigte sich mit der Farbenlehre (Ostwald-Farbzeichen) und der Naturphilosophie. Die Buchreihe *Ostwalds Klassiker der exakten Wissenschaft* wurde 1889 durch ihn begründet und von seinem Sohn Wolfgang, einem ebenfalls erfolgreichen Chemiker, fortgesetzt.

Otto-Loewi-Gasse

VIII (Marburger Straße gegen Osten), 1969, PLZ 8042.

Der Mediziner Otto Loewi (1873 Frankfurt – 1961 New York) lehrte als Pharmakologe 1909 bis zu seiner Vertreibung 1938 an der Grazer Universität. In seinen Grazer Jahren widerstand er Berufungen an andere Hochschulen. Loewis Haus, Johann-Fux-Gasse Nr. 35, war Mittelpunkt wissenschaftlicher und künstlerischer Kontakte. 1936 erhielt er den Nobelpreis für Medizin für seine Forschung über die chemische Übertragung der Nervenimpulse. Loewi war Ehrendoktor der Karl-Franzens-Universität und Ehrenringträger der Stadt Graz.

Otto-Wagner-Weg

XII (Saumgasse nach Norden, Sackgasse), 1974, PLZ 8010.

Otto Wagner (1841 Penzing/Wien – 1918 Wien), bedeutender Architekt, Mitbegründer der Wiener Sezession, Professor an der Wiener Kunstakademie; Vorbereiter eines modernen Urbanismus; u. a. bahnbrechende Zweckbauten durch Verbindung von Eisen- und Steinbau, z. B. *Wiener Stadtbahn* (1894–1897), *Postsparkasse* (1905).

Ottoweg

siehe Nikolaus-Otto-Weg

Der Nobelpreisträger Univ.-Prof. Dr. Otto Loewi (Kohlezeichnung Schütz).

P

Paarstraße

siehe Anton-Paar-Straße

Pachernweg

VIII (Petersbergenstraße entlang der Stadtgrenze), 1949, PLZ 8042, 8075.

Die Ortschaft und Katastralgemeinde Pachern, die sich bis 1938 in der Gemeinde Messendorf befand, liegt nun in der benachbarten Ortsgemeinde Hart bei Graz. Pachern heißt *die beim Bach Wohnenden.*

Pachlerweg

XI (Hans-Friz-Weg gegen Nordwesten), 1947, PLZ 8043.

Die Familie Pachler spielte im Kulturleben des Grazer Biedermeiers eine wichtige Rolle. Die für ihre Zeit recht selbstständige Marie Pachler (1794–1855) betätigte sich als Pianistin und Komponistin. Beethoven und Schubert waren durch sie mit Graz verbunden. Ihr Sohn, Dr. jur. Faustus Pachler (1819–1891), der einen Teil seines Lebens als Bibliothekar an der k. k. Hofbibliothek in Wien verbrachte, trat als Literat hervor. Die Pachler waren eine Brauerfamilie, im Straßennamenkataster des Magistrats wurden sie zur Bauernfamilie.

Packer Straße

siehe Kärntner Straße

Paierlweg

siehe Johann-Paierl-Weg

Palais-Trauttmansdorff-Passage

I (Passage zwischen Bürgergasse und Burggasse), 1992, PLZ 8010.

Benannt nach dem ehem. Palais der Grafen Siegmund Friedrich und Maximilian Trauttmansdorff. 1944 durch einen Bombentreffer schwer beschädigt. In der Folge Verwahrlosung und Devastierung. Die Passage mit Geschäften und Restaurants entstand im Zuge der Revitalisierung des Palais durch die ÖRAG (Österreichische Realitäten-AG) in den Jahren 1990 bis 1992 (siehe Trauttmansdorffgasse).

Pambergergasse

VII (Liebenauer Hauptstraße gegen Südosten), 1971, PLZ 8041.

Der mehrfach ausgezeichnete Maler und Graphiker Prof. Ferdinand Pamberger (1873 Köflach – 1956 Graz) unterrichtete an der Kunstgewerbeschule, die er auch leitete. In der Literatur (List) wird er als der führende Repräsentant des spätimpressionistischen Realismus in der Steiermark bezeichnet. Am bekanntesten wurden seine Porträts, so das von Peter Rosegger. Pamberger war ein führender Mitbegründer der Künstlervereinigungen Steiermärkischer Werkbund und Künstlerbund.

Panoramagasse

III (Heinrichstraße – Schönbrunngasse), 1860, PLZ 8010.

Benannt nach dem *Panoramahof,* Pano-

Der Panoramahof 1933.

ramagasse Nr. 95 *(Panorama:* griech.-neulat. = *Allschau),* ab 1864 von Stadtbaumeister Andrea Franz im zinnenbewehrten Windsorstil umgebaut. Zuvor beliebte Grazer Gastwirtschaft, die auch von Franz Schubert während seines Graz-Aufenthaltes besucht wurde. Hier befinden sich bedeutende späthistoristische und sezessionistische Villenbauten, z. B. die *Marienburg* oder Besitzungen wie das *Hubertus-Schlössl.*

Panzenbeckgasse

X (Stiftingtalstraße gegen Südosten), 1971, PLZ 8010.

Oberschulrat Dr. Karl Panzenbeck (1899 Langenwang – 1967 Graz) wohnte im Bezirk Ries (Aspasiagasse 11). Sein Interesse galt insbesondere Jugendlichen aus Problemfamilien. Neben seinen pädagogischen Aufgaben widmete sich Panzenbeck besonders der heiteren Kurzgeschichte. Sein literarisches Werk fand häufig über den Rundfunk verschiedener Anstalten, besonders aber über das Grazer Studio (1932–1934 und ab 1938) und durch Schallplatten zu seinen Freunden. Bekannt wurden seine *Frühschoppen* im Rundfunk, er trat aber auch im Fernsehen auf. Hauptberuflich unterrichtete Panzenbeck zuletzt in der Fröbelschule, deren Direktor er auch war. Für die Gasse war zuerst der Name Wolfgang-Graswein-Gasse vorgesehen.

Papierfabrikgasse

XII (Weinzöttlstraße – Grazer Straße), 1949, PLZ 8045.

Nach der ehem. Papierfabrik *Arland* benannt. Viktor Czerweny von Arland

(1877–1956), aus der bekannten weststeirischen Industriellenfamilie stammend, erwarb 1939 das Aktienpaket der Brüder Kranz Papierfabriken AG; er war Präsident der Arland Papier und Zellstoffabriken AG. Die Papierfabrik wurde mit Ende 1990 geschlossen (siehe Am Arlandgrund).

Papiermühlgasse

IV (Wiener Straße – Mariengasse), 1870, PLZ 8020.

Schon im 16. Jh. wurde hier am Mühlgang eine Papiermühle erwähnt. Diese Tradition setzte sich u. a. mit einer Mühle im Eigentum der Jesuiten fort. An der Ecke zur Wiener Straße befand sich 1793 bis 1903 die Papierfabrik Leykam. Ein Nachfolgebetrieb war die Eisenkettenfabrik Bergmann und Valentin. 1956 wurde das altertümliche Fabriksgebäude abgetragen und durch einen Wohnhausbau ersetzt.

Pappenheimgasse

II (Engelgasse – Reiterweg), 1899, PLZ 8010.

Gottfried Heinrich Graf zu Pappenheim (1594 Burg Treutlingen – 1632 Leipzig), General und kaiserlicher Befehlshaber im 30-jährigen Krieg. 1632 in der Schlacht bei Lützen fiel nicht nur der Schwedenkönig Gustav Adolf I., auch Pappenheim wurde tödlich verwundet. Pappenheim führte ein legendäres Regiment, seine Kürassiere, die ihn sehr verehrten, wurden als die *Pappenheimer* sprichwörtlich (siehe Friedrich Schiller, *Wallensteins Tod*). Im Bereich der Pappenheimgasse Nr. 15, 17, 19 befand sich bis zu ihrem Abbruch im Jahr 1963 die k. k. Reitschule, ein Teil der Reiterkaserne.

Paracelsusgasse

II (Riesstraße – Ragnitzbach), 1986, PLZ 8010.

Philippus Aureolus Theophrastus Paracelsus, eigentl. Theophrastus Bombastus von Hohenheim (1493 Einsiedeln/ Schweiz – 1541 Salzburg), Arzt, Naturforscher und Philosoph. Pionier der modernen Heilkunde und der organischen Chemie. Wirkte als Arzt in Straßburg, Basel, Colmar, Wien, Villach und schließlich in Salzburg (Internationale Paracelsus-Gesellschaft). Beschrieb systematisch viele Krankheiten und anerkannte auch volkstümliche Heilmittel.

Paradeisgasse

I (Murgasse gegen Norden, Sackgasse), PLZ 8010.

1574 *Stiftsgassel*, nach der ursprünglich mittelalterlichen Spitalsstiftung der Eggenberger (sog. *Eggenberger Stift*). Nach Aufhebung der protestantischen Stiftsschule Errichtung des Klarissinnenklosters *Zu den Allerheiligen im Paradeis* (Paradies) durch die Erzherzogin Maria von Bayern. 1602 Umbenennung in *Paradeisgasse*. 1782 Aufhebung des Klosters, das nun Teil des Großkaufhauses Kastner & Öhler ist.

Paradiesgasse

XV (Laboratoriumstraße – Pulverturmstraße), um 1935, PLZ 8053.

Ein nicht sehr seltener Flurname.

Parkring

I (Bereich Paulustor, Sackgasse), 1899, PLZ 8010.

Im Zuge des 1867/88 errichteten Pathologischen Institutes bzw. Leichenhauses angelegte Straße. Ursprünglich geplant *als längs der Festungsmauer bis zum Burgtor geführte Straße.* Heute nur Zufahrtsstraße zum ehemaligen Pathologischen Institut (nun Teil der Bundespolizeidirektion).

Parkstraße

I, III (Jahngasse – Geidorfplatz), 1878, PLZ 8010.

Nördlich der Altstadt verlaufende Straße am Stadtparkrand, im Zuge der Parzellierung der Zschock'schen Gründe entstanden. Noble gründerzeitliche Zinshausverbauung mit Vorgärten.

Pascherweg

siehe Hans-Pascher-Weg

Passamtswiese

siehe Platz der Versöhnung

Passinigasse

XVII (Mitterstraße – Am Wagrain), 1947, PLZ 8055.

Benannt nach Johann Nepomuk Passini (1798 Wien – 1874 Graz, begraben St. Peter Stadtfriedhof), bedeutender Kupferstecher, Zeichner, Lithograph und Maler in Graz. U. a. nach Gemälden von alten Meistern (z. B. *Christus und die Frauen* nach Lucas Cranach) und zeitgenössischen Malern (Ferdinand Waldmüller, Gauermann) sowie nach brasilianischen Aquarellen Thomas Enders arbeitend.

Pastirkgasse

siehe Alpassy-Pastirk-Gasse

Paula-Grogger-Weg

XV (Peter-Rosegger-Straße gegen Süden), 1988, PLZ 8053.

Die Erzählerin Paula Grogger (1892 Öblarn – 1984 Öblarn) war ihrer katholisch-bäuerlichen Heimat verpflichtet. Bis zu einer frühen Krankheit war Paula Grogger als Lehrerin im Ennstal tätig. Ihren literarischen Durchbruch erzielte sie mit dem Roman *Das Grimmingtor* (1926). Nach 1945 stand ihr Werk im Zeichen der Auseinandersetzung mit ihrer Jugend und trug autobiographische Züge. Grogger erhielt den Enrica Handel-Mazzetti- und den Roseggerpreis. Auch wurde ihr 1961 der Ehrenring des Landes Steiermark verliehen. Im Ehrenhof der Grazer Burg ist ihr Standbild aufgestellt.

Paula-Wallisch-Straße

V (Laugasse – Puchstraße), 2006, PLZ 8020.

Paula Wallisch (1893 St. Johann/Kärnten – 1986 Graz) stammt aus einer Arbeiterfamilie und wurde zur Kindergärtnerin ausgebildet. In Bruck a. d. Mur, ihr Wohnort ab 1921, engagierte sie sich im sozialen Bereich und als Sozialdemokratin. Nach der standrechtlichen Hinrichtung ihres Ehemannes, Kolomann Wallisch (1934), lebte sie in Marburg, Brünn und schließlich in Graz. 1945 bis 1956 war sie Abgeordnete der SPÖ im

Nationalrat. Paula Wallisch war u. a. in Frauenorganisationen und bei den Kinderfreunden aktiv.

Paul-Ernst-Gasse

VII (Liebenauer Hauptstraße – Lortzinggasse), 1949, PLZ 8041.
Zuvor eine der acht in Graz mit Ottokar Kernstock verbundenen Straßennamen. Der deutsche Schriftsteller Dr. Paul Ernst (1866 Elbingerode/Harz – 1933 St. Georgen a. d. Stiefing) knüpft in Form und Aussage seiner Werke an die Klassik an. Von ihm stammen Essays und Romane (*Der Schatz im Morgenbrotstal*, 1926). Seine literaturtheoretischen Arbeiten waren interessant, fanden aber wenig Wirkung. Die Steiermark wurde für ihn zur Wahlheimat.

Paulinerweg

XI (Mariatroster Straße in Fölling gegen Westen), 1948, PLZ 8044.
Der nach dem hl. Paulus von Theben benannte Orden der Pauliner Eremiten (Ordo Fratrum Sancti Pauli Primi Eremitae, OSPPE) wurde 1246 in Ungarn gegründet und verbreitete sich schnell. Die Paulinermönche befolgen die Regel des hl. Augustinus. Ihre klassische Ordenstracht ist ein weißer Habit mit Gürtel, über dem Habit hängt ein Skapulier mit Kapuze. 1707 übernahmen die Pauliner die junge und umstrittene Gnadenstätte in Mariatrost. Da es sich anfangs nicht um einen kirchlich anerkannten Wallfahrtsort handelte, hatte der Orden mit Mariatrost massive Probleme. 1786 wurde im Rahmen der Josefinischen Reformen das Kloster aufgelassen.

Paul-Keller-Gasse

VIII (Petrifelderstraße – Scheigergasse), 1949, PLZ 8042.
Zuvor eine der vier Grazer Flurgassen. Nicht der in unmittelbarer Bezirksnähe wohnhaft gewesene Dichter Paul Anton Keller ist hier gemeint. Durch die Namensverleihung wurde der deutsche Romanschriftsteller Paul Keller (1873 Arnsdorf/Schlesien – 1932 Breslau) geehrt. Paul Keller schrieb einige Unterhaltungsromane, so *Ferien vom Ich* (1915) und Novellen. In seinen Werken schildert Keller meist Menschen seiner schlesischen Heimat. Seine 14 Bände umfassende Jubiläumsausgabe erschien 1922 bis 1924.

Paulustorgasse

I (Stiegengasse – Paulustor), 1785, PLZ 8010.
Benannt nach dem *Äußeren Paulustor*, einer der bedeutendsten Renaissance-Toranlagen im deutschen Sprachraum. Ab 1582 bis 1614 im Zuge der Befestigungsanlagen errichtet. Die zum Stadtpark hin orientierte Torschauseite entspricht dem Typus eines Rustika-Stadttores und folgt dem Schema des antiken Triumphbogens. Über den niedrigeren Durchgängen befinden sich Marmor-Wappenkartuschen von Erzherzog Ferdinand (links) und seiner ersten Gemahlin Maria Anna von Bayern, um 1604 von Philibert Pocabello gefertigt. Die Paulustorgasse war bereits in früher Zeit ein Teil der alten Handelsstraße in Richtung Weiz. Vom Ende des 18. bis Anfang des 20. Jhs. befand sich hier im ehem. Palais Wildenstein und den

Paulustorgasse: Das Torgebäude (links unten), die Polizeidirektion (links seitlich) und das Bezirksgericht für Strafsachen (rechts seitlich).

umliegenden Gebäuden das *Allgemeine Krankenhaus*. Das *Innere Paulustor*, vermutlich um 1340 erbaut, benannt nach der St. Pauls-Kapelle (Stiegenkirche), bildete den mittelalterlichen östlichen Abschluss der Sporgasse. Abbruch 1846.

Pauluzzigasse

II (Riesstraße – Ragnitzbach), 1961, PLZ 8010.

Zuvor Grenzgasse, Kutschergasse. Daniel Pauluzzi (1866 Graz – 1956 Graz), Maler und Graphiker; Ausbildung an den Landeskunstschulen Graz, Nürnberg, München. Zahlreiche Werke, u. a.: *Auferstehung II, Zigeunerin, Blick vom Schloßberg auf das abendliche Graz*, Entwürfe zur Ausgestaltung der Decke in der Aula (1924) der Karl-Franzens-Universität. Das *Pauluzzi Haus*, Am Leonhardbach Nr. 18, war durch mehrere Jahre als Museum adaptiert. Pauluzzi erhielt zahlreiche Ehrungen und Staatspreise. Der Antrag zur Straßenbenennung stammte von Pauluzzis Sohn mit dem Hinweis einer leichteren Auffindung des Zugangs zum *Pauluzzi Haus*.

Payer-Weyprecht-Straße

V (Feldgasse – Kapellenstraße), 1935, PLZ 8020.

Fast könnte man übersehen, dass es sich hier um zwei Personen handelt. Julius Ritter von Payer (1842 Teplitz-Schönau – 1915 Veldes/Krain) nahm als Alpenforscher, Kartograph und Maler an jener berühmten Polarexpedition teil, die zur Entdeckung der (Kaiser) Franz-Josef-Inseln im Nördlichen Polarmeer 1872 bis 1874 führte. Seine Bilder der Forschungsfahrt blieben die erste und einzige künstlerische Interpretation eines Polarfahrers.

Karl Weyprecht (1838 König/Hessen – 1881 Michelstadt) leitete als Marineoffizier zusammen mit Payer jene letztlich doch erfolgreiche Expedition. Ab 1879 arbeitete er an der Meteorologischen Anstalt in Wien.

Peballweg

X (Ragnitzstraße zum Ragnitzbach), 1948, PLZ 8047.

Leopold von Pebal (!) (1826 Seckau – 1887 Graz) habilitierte sich 1855 an der Grazer Universität für Theoretische Physik; 1865 wurde er von Lemberg als Chemiker nach Graz berufen. Hier begründete und leitete er bis 1887 das Institut für Chemie. Pebal war auch der Gründer einer physikalisch-chemischen Abteilung und forschte besonders über die Chemie des Chlors und die Dissoziation des Salmiakdampfes. Er war der Bauherr des Instituts für Chemie der Universität. Pebal wurde Opfer eines Mörders.

Pécs-Allee

I (Stadtparkweg, von der Glacisstraße zum Wetterhäuschen führend), 1996, PLZ 8010.

Städtefreundschaft zwischen Graz und der südungarischen Stadt Pécs (Fünfkirchen) seit dem Jahr 1989, in deren Umgebung auch heute noch eine größere deutsche Minderheit siedelt.

Pedrettogasse

XII (Andritzer Reichsstraße – Baumgasse), 1949, PLZ 8045.

Zuvor Fabriksgasse. Rudolf Pedretto (1842–1923), langjähriger Direktor der Andritzer Maschinenfabrik. Er leitete zusammen mit Karl König die Firma ab 1908. In seiner Zeit erfolgte die Umstellung vom Friedensbetrieb zum Kriegsbetrieb und wieder zurück. Unter seiner Direktion entstand die Bahnverbindung nach Gösting. Pedretto (vermutlich Petretto) wohnte (Andritzer) Reichsstraße Nr. 68.

Pehamweg

XVI (Kärntner Straße – Kapellenstraße), 1951, PLZ 8053.

Zuvor Straße IX. Georg Peham (gest. 1604), Münchner Zeichner und Kupferstecher, zeitweilig am Hof Karls II. von Innerösterreich beschäftigt. Verfertigte die Grazer Stadtansicht vom Jahr 1594 und eine beinahe naturgetreue Ansicht von Südost. Diese Ansicht zeigt deutlich die Bauten auf dem Schloßberg, die alte Thomaskirche und den Glockenturm. Peham hatte vermutlich auch Anteil an dem Stich zum *Conduct* (Leichenzug) Karls II.

Peierlhang

VIII (Bachweg gegen Westen), 1949, PLZ 8042

Vom Magistrat als alte Flurbezeichnung im Peterstal erklärt. Die Beweisführung im Franziszeischen Kataster liegt allerdings nicht vor; wahrscheinlicher ist ein Vulgar- oder Eigenname.

Peinlichgasse

III (Humboldtstraße – Franckstraße), 1888, PLZ 8010.

P. Richard (Gabriel) Peinlich, Dr., OSB, Schulmann und Historiker (1819 Graz – 1882 Graz); katholisch theologische Studien in Graz, 1838 Eintritt in das Benediktinerstift Admont. 1842 Priesterweihe. Gymnasialprofessor in Admont, Graz, Judenburg, Ofen und ab 1854 am Staatsgymnasium in Graz (heute Akademisches Gymnasium), von 1861 bis 1878 dessen Direktor. Zahlreiche geistliche und historische Vorträge und Publikationen, u. a. zur Lebensgeschichte Keplers. Obmann des Historischen Vereines für Steiermark. Vielfache Auszeichnungen.

Peneffgründe

XII (Kreuzung Prohaskagasse/Ursprungweg, beim Schöckelbach), PLZ 8045.

Die Familie Peneff zog um 1900 aus Nordbulgarien zu, und pachtete zuerst diese Grundstücke in der Gemeinde Andritz, die sie in den 20er-Jahren schließlich erwarben. Hier wurde ein großflächiger und erfolgreicher Gemüseanbau betrieben. 1991 kauften die BUWOG und zwei andere Genossenschaften die Parzellen auf und errichteten Siedlungsbauten, die im Zusammenhang mit Hochwassern des Schöckelbaches Bekanntheit erlangten. Die Bezeichnung Peneffgründe ist (noch?) nicht im Straßenverzeichnis der Gemeinde enthalten.

Gründerzeitliche Wohnhäuser um die Peinlichgasse (links nach rechts) und die westliche Franckstraße (rechts seitlich), 1990.

Pensionsweg

XI (Mariatroster Straße gegen Nordwesten), nach 1910, PLZ 8043.

Zuvor ein Teil der Schönbrunngasse. Benannt nach der Pension *Prohaska*, die schon um die Jahrhundertwende bestand und sich in räumlicher Nachbarschaft mit der Gärtnerei der Familie befand. 1902 übernahm die Familie des Handelsgärtners Franz Prohaska, der aus Prag gekommen war, den Betrieb; zuvor hatte er Frau Adele Grimm aus Wien gehört. Zwar gab es im alten Mariatrost viele Gasthäuser und Kaffeeschänken, Pensionen waren jedoch sehr selten. Eine davon betrieb der Besitzer der Villenkolonie Teichhof, Karl Deisting, die andere war in jenen Jahren die Pension der Elise Prohaska.

Pertassekweg

VIII (Breitenweg gegen Westen), 1986, PLZ 8042.

Rudolf Pertassek (1883 Graz – 1965 Graz) studierte Bauwesen, dann auch Rechtswissenschaften. Er war zuletzt Hofrat der Bauabteilung der Landesregierung (zuvor Statthalterei), christlichsozialer Gemeinderat der Landeshauptstadt und 1924 bis 1927 Bürgermeister-Stellvertreter in Graz. Seine Verdienste um Graz liegen in der Einführung der Schwemmkanalisation, in der Abwasserbeseitigung und in der Versorgung der Stadt nach dem Ersten Weltkrieg mit Milch. Pertassek wohnte in seinem Haus Schumanngasse Nr. 25. Zuerst war für den Weg der Name Am Sonnenhang im Gespräch.

Pesendorferweg

X (Macherstraße gegen Westen), 1948, PLZ 8047.

Der Unternehmer Josef Pesendorfer (1791 St. Kathrein am Offenegg – 1856 Rottenmann) führte durch die Gründung seines Eisen- und Stahlwerkes Rottenmann ins Industriezeitalter. Er wurde Hammerherr, erwarb die Grundherrschaft Rottenmann und die dortige Brauerei. Seine für jene Zeit modernen Betriebe dominierten den lokalen Markt. Er erhielt 1839 das Privileg auf die Erfindung, Torf zum Puddlingsprozess des Eisens zu verwenden. Das Krankenhaus von Rottenmann geht auf eine Stiftung Pesendorfers zurück. Mit 29 Kindern aus zwei Ehen sorgte Pesendorfer für eine große Familie. 1892 wurde der große und erfolgreiche Betrieb von seinen Erben an die Brüder Lapp in Graz verkauft.

Pestalozzistraße

VI (Radetzkystraße – Schönaugürtel), 1896, PLZ 8010.

Zuvor Colisseumgasse. Erst kurz vor der Jahrhundertwende wurde die Straße, vorerst mit einer Unterbrechung, nach Süden ausgebaut. Der Schweizer Pädagoge Johann Heinrich Pestalozzi (1746 Zürich – 1827 Brugg) befasste sich anfänglich mit Theologie, Recht und Landwirtschaft. Dann wandte er sich armen Kindern zu. Damit verband er auch eine umfangreiche schriftstellerische Tätigkeit. Er leitete Schulen und Erziehungsanstalten. Pestalozzi forderte natürliches Denken durch Anschauung und Selbsttun und lehnte Auswendiglernen ab. Seine Ideen befruchteten auch die moderne Pädagogik. Das heutige Pestalozzi-Gymnasium ist als II. Staatsrealschule erst 1912 hierher gezogen, hat also den Namen des Pädagogen nicht mitgebracht.

Peter-Leardi-Weg

XVI (Hafnerstraße neben Eisenbahn-übersetzung zur Autobahn), PLZ 8054.

Peter Leardi, Dechant und Hauptpfarrer von Straßgang in der Zeit von 1806 bis 1841.

Peter-Rosegger-Straße

V, XV (Kärntner Straße – Krottendorfer Straße), um 1919, PLZ 8053, 8052.

Zuvor Habsburger Straße und westlich der Straßganger Straße ehem. Lindenstraße. Der Dichter – und wohl auch Journalist im weiteren Sinne – Peter Rosegger (1843 Alpl/Krieglach – 1918 Krieglach) gehört zusammen mit Erzherzog Johann zu den Symbolpersonen steirischer Identität. Seine Mundartdichtung, die Beiträge in seiner Zeitschrift *Heimgarten* (1876–1935), Vorträge und bildungspolitische Initiativen brachten dem Autodidakten vom Bergbauernhof große Anerkennung. Roseggers Werk und seine Verbindung mit der Waldheimat lassen leicht vergessen, dass er einen großen Teil seines Lebens in Graz verbrachte. Ein Rosegger-Denkmal (1936) befindet sich gegenüber der Oper, auch Tafeln und Büsten erinnern in Graz an ihn. Sein literarisches Werk findet bis in die Gegenwart Verbreitung. 1993 war ihm die steirische Landesausstellung gewidmet.

Petersbachstraße

VIII (Petrifelderstraße – Theodor-Storm-Straße, mit Unterbrechung), 1947, PLZ 8042.

Der mehrfach in seinem Unterlauf verlegte Petersbach hängt mit dem St. Peter-Patrozinium zusammen. Zwei bescheidene Bäche aus den Petersbergen vereinigen sich beim Weiherweg. Der Petersbach wird im Ortszentrum St. Peter in den Untergrund umgeleitet. Siehe St. Peter.

Petersbergenstraße

VIII, IX (St.-Peter-Hauptstraße – Waltendorfer Hauptstraße), 1948, PLZ 8042.

Die Schotterriedel östlich von St. Peter heißen traditionell Petersbergen. Siehe St. Peter. Ein Teil der Häuser an der Ostseite der Straße liegen in der Gemeinde Hart bei Graz.

Petersburg Allee

siehe St. Petersburg Allee

Petersgasse

II, VI (Schörgelgasse – St.-Peter-Hauptstraße), 1800, PLZ 8010.

Die alte Straße nach St. Peter, weiter nach Hausmannstätten und über den Schemmerl trägt bis zur alten Stadtgrenze nach dem ersten Zielort den Namen Petersgasse. Siehe St. Peter.

Peterstalstraße

VIII (Petersbergenstraße – Waltendorfer Hauptstraße), 1948, PLZ 8042.

Der durch den alten Pfarrort St. Peter fließende Petersbach entwässert die

Landschaftseinheit Petersbergen. So drängt sich auch der topographische Begriff Peterstal auf. Der Name wurde allerdings hier erst 1930 vergeben. Zuvor hatte es eine längere Peterstalgasse gegeben, von der nun ein Teil als Neue-Welt-Höhe bezeichnet wird.

Peter-Tunner-Gasse

IV, XIV (Wiener Straße – Göstinger Straße), 1899 bzw. 1982, PLZ 8020.

Peter Ritter von Tunner (1809 Untergraden/Köflach – 1897 Leoben) wurde 1840 zum ersten Leiter der ständischen montanistischen Lehranstalt in Vordernberg ernannt. Er leitete auch die Folgeanstalten, so ab 1861 die Bergakademie in Leoben. Als Montanist leistete er wichtige Beiträge zur Einführung moderner Verfahren zur Erzeugung von Eisen und Stahl. Tunner hatte den Ruf, ein internationaler Fachmann auf diesem Gebiet zu sein. Seine Studienreisen führten ihn bis nach Russland und in die USA. Im Ehrenhof der Grazer Burg befindet sich eine Büste Tunners. Die Straßenbezeichnung erfuhr 1982 in Verbindung mit der Plabutscher Straße eine *Verschiebung* und einen *Namenstausch*, wie es im Akt des Magistrats heißt. In der Landesstraßenverwaltung trägt die Straße die Bezeichnung L333 b.

Petri-Au

VIII (Hohenrainstraße gegen Osten), 1949, PLZ 8042.

Die Stadtgemeinde Graz erklärt den Namen mit ihrem *landschaftlichen Charakter*. Die angenehme Lage am Hang der Petersberge erklärt den ersten Teil des Namens (siehe St. Peter), die Verwendung der *Au* (Flusslandschaft, Uferbereich) bleibt kryptisch, sehr selten wurde darunter ein Weideplatz verstanden. Jedenfalls schmückt der Name den Hang.

Petrifelderstraße

VII, VIII (St.-Peter-Hauptstraße – Liebenauer Hauptstraße), 1949, PLZ 8042, 8041.

Zuvor Liebenauer Straße und St. Peter-Straße. Ein Riedname, der mit dem Pfarrort St. Peter in Zusammenhang steht. Siehe St. Peter.

Pfaffgasse

siehe Dr.-Pfaff-Gasse

Pfalzgrafenweg

XIV (Baiernstraße gegen Westen zum Kernstockweg), um 1940, PLZ 8020.

Ein Pfalzgraf (*comes palatinus*) hatte in der frühen Reichsgeschichte ein höheres Amt inne, das ihm Gerichts-, Kontroll- und Verwaltungskompetenz gab. Pfalzgrafen spielten in der frühen Geschichte von Graz, besonders im Westen des Grazer Feldes, eine wichtige Rolle. Pfalzgrafen aus dem hochfreien Geschlecht der Aribonen waren bis zu ihrem politischen Sturz Grundherren im Grazer Feld. Im Südwesten von Graz folgte den Aribonen besonders das mit dem Kaiser verbündete Erzbistum Salzburg. Auch der Nachfolger der Aribonen als Pfalzgraf von Baiern, Kuno von Rott, beeinflusste aufgrund seines Amtes die Geschichte des Grazer Feldes.

Pfangberg

siehe Am Pfangberg.

Pfanghofweg

XII (Radegunder Straße – Am Pfangberg), 1949, PLZ 8045.

Nach dem Gehöft *Pfangberghof* benannt (siehe Am Pfangberg).

Pfarrer-Schröttner-Platz

XIV (zwischen Pfarrgasse, Straßganger Straße und Hauseggerstraße), 1984, PLZ 8020.

Unter Pfarrer Peter Schröttner (1888 Ligist – 1957 Graz) erfolgte 1932 die Gründung der Schutzengel-Pfarre. Die neue Pfarre – ihre Gründung war rund neun Monate der Kirchweihe vorausgegangen – setzte sich aus Teilen der Pfarren St. Andrä, Straßgang und Thal zusammen. Im 1927 wieder aktivierten Kirchenbauverein waren besonders der Eggenberger Vizebürgermeister Josef Sukalia und als Seelsorger Peter Schröttner aktiv gewesen. Pfarrer Schröttner wurde 1912 zum Priester geweiht; er war eng mit der Seelsorge in Eggenberg verbunden und allgemein anerkannt.

Pfarrgasse

XIV (Karl-Morre-Straße bis über Absengerstraße), 1910, PLZ 8020.

Als der Name durch die Gemeinde Eggenberg eingeführt wurde, gehörte dieser Teil von Eggenberg noch zur Stadtpfarre St. Andrä. Erst 1932 wurden die Pfarren St. Vinzenz und Schutzengel eingerichtet. Wohl aber bemühten sich die Eggenberger seit Ende des 19. Jhs. um Kirchenbauten und Pfarreinrich-

tungen. So war die Wahl des Straßennamens eine vermeintliche Vorwegnahme des unmittelbar bevorstehenden Kirchenbaus. Gleichzeitig wollte man wohl auch den Willen der Gemeinde zur Pfarrgründung demonstrieren. 1910 befanden sich im Gassenbereich bevorzugt Heimgärten, und noch 1925 gab es hier nur eine reguläre Hausnummer.

Pfarrweg

siehe St.-Peter-Pfarrweg

Pfeifferhofweg

XII (Radegunder Straße – Oberer Plattenweg), 1949, PLZ 8045, 8043.

Zuvor Weizbachweg. Theodor Pfeiffer (1867–1916), Dr. med., Lungenspezialist. Das Gehöft *Pfeifferhof* wird zurzeit als Schüler-, Studenten- und Ferienheim genützt. Das etwa 28 ha große Areal wurde 1925 von Dr. Eduard Speck für die *Kinderfreunde* (SPÖ-Organisation) erworben. Das *Josef Krainer Haus*, Bildungsheim der ÖVP Steiermark, befand sich am Pfeifferhofweg 28, nun Netzwerk Krainerhaus genannt.

Pfeifferstraße

siehe Dr.-Theodor-Pfeiffer-Straße

Pfitznergasse

XV (Peter-Rosegger-Straße – Staudgasse), 1954, PLZ 8053.

Der Komponist Hans Pfitzner (1869 Moskau – 1949 Salzburg) dirigierte in Berlin am Theater des Westens, in Straßburg und 1907 die Konzerte des Kaimschen Orchesters, aus dem die Münchner Philharmoniker hervorgingen. 1929 bis 1934 leitete er eine Meisterklasse für Komposition an der Akademie der Tonkunst in München, dann wirkte er international als Dirigent, Pianist und Opernregisseur. Sein kompositorisches Hauptwerk ist die Oper *Palestrina*, die 1917 in München uraufgeführt wurde. 1935 und 1957 wurde *Palestrina* in Graz aufgeführt. Auch in den Konzerten des Musikvereins in Graz standen Pfitzners Werke wiederholt auf dem Programm.

Pflanzengasse

IV (Lendkai – Zeillergasse), 1870, PLZ 8020.

Bis in die Gegenwart, aber noch viel mehr in der Gründerzeit, hatten im Bereich zwischen Wiener Straße und Lendkai Gärtnereien und Gemüseanbau ihren Standort. Siehe Grüne Gasse.

Pflastergasse

V (Ägydigasse – Albert Schweitzer-Gasse), 1813, PLZ 8020.

Im Umfeld der Welschen Kirche wohnten italienische Pflasterer, meist aus der Umgebung von Mailand stammend. Schon für das 16. und 17. Jh. zitiert F. Popelka in seiner *Geschichte der Stadt Graz* Rechnungen für Pflasterer. Die Pflastergasse hat durch die Errichtung des Posthochhauses (1972) ihren vorstädtischen Charakter gründlich verloren.

Pflastergasse: Das Gasthaus Zum Hasen, heute steht hier das Posthochhaus (um 1950).

Pfrimerweg

XV (Wittulaweg – Zerlacherweg), 1956, PLZ 8053.

Julius Pfrimer (1869 Marburg – 1955 Graz) hatte sich um das Wirtschaftsleben und um das Deutschtum in der Südsteiermark große Verdienste erworben. Pfrimer war Gemeinde- und Stadtrat in Marburg, er engagierte sich auch sehr in der Vertretung der Untersteirer. Er war in zahlreichen Vereinen Marburgs tätig und wurde auch zum Vorstandsmitglied des Österreichischen Weinhändlerverbandes gewählt. Aber auch als Vorstand der Sektion Slowenien des Weinhändlerverbandes Jugoslawiens war Pfrimer aktiv. Das Ansuchen um die Benennung des Weges stammte von der Landsmannschaft und dem Hilfsverein der Deutsch-Untersteirer, für deren Interessen er sich stets aktiv und auch karitativ einsetzte. Die Familie Pfrimer besitzt in Eggenberg eine große Weinkellerei.

Piccardigasse

XVII (Mitterstraße – Gradnerstraße), 1948, PLZ 8055.

Ludwig von Piccardi (1709 Triest – 1789 Graz), Dr. jur., Magistratsrat, aus einer alten Triestiner Patrizierfamilie stammend. Bürgermeister in Graz in den Jahren 1753 und 1759, beteiligt an der Theresianischen Verwaltungsreform der Stadt Graz. 1754 Stadtrichter.

Pichlergasse

VII (Andersengasse gegen Westen und Süden), 1959, PLZ 8041.

Der Realitätenbesitzer im Viertel Graben, Andreas Alois Edler von Pichler (1764–1856 Graz), wurde wegen seiner Beiträge zum Armenunterstützungsverein Ehrenbürger der Stadt Graz. 1843 wurde er in den Adelsstand erhoben. Pichler war auch kaiserlich russischer Staatsrat gewesen.

Pieller-Platz

siehe Kapistran-Pieller-Platz

Pirchäckerstraße

XVI (Kärntner Straße – Harter Straße), 1947, PLZ 8053.

Flurname.

Pistotnikgasse

IX (Mannagettaweg gegen Osten), 1948, PLZ 8010.

Der in der Grazer Quergasse wohnende k. k. Hauptmann d. R. Eduard Pistotnik (geb. 1823 Klagenfurt) erhielt 1860 und 1861 Privilegien (Patent) auf Erfindungen im Bereich der technischen Ausstattung von Schusswaffen. 1863 folgte das Patent für eine Mähmaschine, die Getreide zu Garben häufte, fünf Jahre später das Privileg für eine *eigentümlich construierte excentrisch-rotierende Universal-Schaufelpumpe.* Es folgte die Erfindung eines Petroleum- oder Leuchtgasofens, der gleichzeitig beleuchtete und erwärmte. Dann gab es ein neues Sicherheitsfeuerzeug. Pistotniks spektakulärste Erfindung war jedoch 1854 die eines lenkbaren Luftschiffes. Er erlitt ein typisches Erfinderschicksal – keine seiner Ideen fand ein besonderes Echo.

Pittoniweg

XV (Grevenberggasse – Süd-Ost-Siedler-Straße), 1957, PLZ 8053.

Der Unternehmer Josef Claudius Pittoni Ritter von Dannenfeld (1797 Wien – 1878 Görz), war Landtagsabgeordneter, Förderer der Glasindustrie und des Baues der Graz-Köflacher Bahn. Auf seiner Herrschaft Stattenberg bei Cilli richtete er ein Schulsystem ein und war auch gegen die Choleraseuche von 1831 initiativ. Auch für den Kurort Bad Gleichenberg und für das Joanneum war er tätig. Mit dieser Namengebung wurde ein später Ausgleich für den Verlust der Pittonistraße im Osten der Altstadt geleistet. 1856 wurde diese nämlich in Elisabethstraße umgetauft.

Plabutscher Straße

IV, XIII, XIV (Peter-Tunner-Gasse, befahrbar ab Resselgasse – Grafenbergstraße), 1877, PLZ 8020, 8051.

Teilweise zuvor Feldweg. Ursprünglich begann die Plabutscher Straße bei der Wiener Straße und endete de jure an der alten Stadtgrenze. Jedoch gab es in der Gemeinde Gösting schon vor dem Anschluss an Graz eine Plabutscherstraße, allerdings war dies die heutige Göstinger Straße. Der mit 763 m höchste Berg von Graz ist ein Teil des Grazer Paläozoikums, einer meist aus Kalken bestehenden Nord- und Westumrandung des nördlichen Grazer Feldes. An älteren Namen sind auch *Grafenperg* und *Bauerkogel* überliefert. Folgt man der Erklärung von Fritz Lochner

von Hüttenbach, so stammt der Name Plabutsch von einem Weinried am Osthang und findet sich auch im Namen eines kleinen Weilers am Bergfuß. Der Name ist, wie etliche andere in diesem Raum, slawischen Ursprungs und weist auf einen Eigennamen *Blagota* (1452 Ried Flagutsch) hin. In älteren Karten findet sich mitunter die früher populäre Aussprache Plawutsch oder Blawutsch in schriftlicher Form. Im Straßenverzeichnis des Stadtvermessungsamtes wird der Straßenname zusammengeschrieben.

Plabutscher Tunnel

siehe Plabutscher Straße und Pyhrnautobahn

Plachelhofstraße

XVII (Triester Straße – Alte Poststraße), 1930, PLZ 8055.

Gehöftname nach dem ehem. *Plachlhof* des 18. Jhs. in der Plachelhofstraße Nr. 11a, 11b. Das gegenwärtige Herrenhaus mit Stallungen wurde um 1850 von Baumeister Andreas Stadler für den Besitzer Mathias Musil umgebaut.

Plankengasse

VI (Schönaugürtel – Neuholdaugasse), 1903, PLZ 8010.

Diese kurze Gasse soll zur Zeit ihrer Entstehung und Namengebung von Planken eingefasste Grundstücke gehabt haben.

Plappartweg

IX (Nibelungengasse gegen Südosten), 1948, PLZ 8010.

Leopold Franz Edler von Plappart (gest. 1805 Schloss Spielfeld) reformierte die medizinisch-chirurgische Lehranstalt, den Vorläufer der medizinischen Fakultät. 1786 leitete er als Protomedikus (Landessanitätsdirektor) das neue, durch Kaiser Josef II. gegründete Allgemeine Krankenhaus in der Paulustorgasse. Plappart setzte sich für die Pockenimpfung ein.

Plattensteig

XI, XII (Sonnleitenweg zur Plattenhöhe), 1948, PLZ 8043.

Nach der 651 m hohen *Platte.* Auf ihr befindet sich die *Stephanien-Warte,* benannt nach Stephanie von Belgien, Gemahlin des Kronprinzen Rudolf von Habsburg. Ursprünglich Anfang des 19. Jhs. ein hölzerner Aussichtsturm, wurde dieser 1880 vom Steirischen Gebirgsverein durch den gegenwärtigen Steinbau ersetzt und befindet sich heute im Besitz der ÖAV-Sektion Graz (siehe Hinterer Plattenweg).

Plattenweg

siehe Hinterer Plattenweg, Oberer Plattenweg, Unterer Plattenweg, Vorderer Plattenweg

Plattlstraße

XV (Lissäckerstraße gegen Norden), um 1938, PLZ 8052.

Der Plattlhof war ein Gut, das von dem hier reich begüterten Stift Admont nach 1590 an Johann von Paar verkauft wurde. Aus dem Gut wurde der Edelmannssitz Krottenstein. Das Gut wechselte durch den Status seines neuen Eigentümers auch seine Rechtsstellung. Nach den Eggenbergern hatte hier der Arzt Khern Besitz. 1738 kam der Gutshof wieder in geistliches Eigentum (St. Lambrecht), nach dessen Säkularisierung folgten bürgerliche Besitzer. 1867 richteten hier die Landstände eine landwirtschaftliche Schule ein (siehe Grottenhofstraße).

Platz der Ehrenamtlichen

I (Platz um den Uhrturm), 2008, PLZ 8010

Der bisher namenlose Platz um den Uhrturm soll diesen Namen als Dank für die vielen Ehrenamtlichen tragen. Gemeint sind jene Personen, die ohne besondere Bezahlung in Organisationen oder auch ohne eine solche Einbindung einen hohen Beitrag zur sozialen Betreuung oder zur realen Versorgung und Sicherheit leisten. Als Beispiel seien hierfür ehrenamtliche Mitarbeiter des Roten Kreuzes oder der Freiwilligen Feuerwehren erwähnt.

Platz der Freiwilligen Schützen

V (zwischen Belgiergasse, Feuerbachgasse, Kernstockgasse), 1935, PLZ 8020.

In Erinnerung an den Einsatz der Freiwilligen Schützen im Ersten Weltkrieg. Der Text der Gedenktafel am Platz lautet: *Dem Feldbataillon, gebildet aus dem k. k. Steirischen Freiwilligen Schützenregiment I Graz, zum ehrenden Angedenken.*

Platz der Menschenrechte

I (Platz um den Stadtparkbrunnen),
1973, PLZ 8010.

Benannt anlässlich des 25-jährigen Bestehens der Proklamation der Menschenrechte, die 1948 von den Vereinten Nationen in Paris beschlossen wurde. In diesem Zusammenhang wurde unter anderem vorgeschlagen, dass jede Gemeinde eine Straße oder einen Platz *nach den Menschenrechten* benennen möge. Seit 2001 darf sich Graz als erste europäische Stadt als *Stadt der Menschenrechte* bezeichnen.

Platz der Versöhnung

I (Parkfläche östlich des Paulustores),
1997, PLZ 8010.

Zuvor informell Passamtswiese. Benannt aus Anlass der Zweiten Ökumenischen Versammlung, die vom 23. 6. bis zum 29. 6. 1997 in Graz stattfand. Hier fand die zentrale Abschlussfeier statt. Der Platz wird, abgesehen von seiner Erholungsfunktion, als Veranstaltungsort genützt.

Plickweg

XII (St.-Gotthard-Straße – Rannach-straße, Sackgasse nach Norden), 1949,
PLZ 8046.

Namensableitung ungeklärt, vermutlich kleinräumiger Flurname mit ungesicherter Bedeutung. In alten Adressbüchern wird Plick als ein Teil der Ortschaft St. Gotthard angeführt. Als Plick/Blick wird häufig eine von Vegetation umgebene Stelle mit freiliegendem Fels bezeichnet.

Plochlstraße

siehe Dr.-Plochl-Straße

Plüddemanngasse

II, VIII, IX (Schillerplatz – St.-Peter-Hauptstraße), 1899, PLZ 8010, 8042.

Ab dem Jahr 1899 hatte der Name nur für Graz, also nicht für St. Peter und Waltendorf Gültigkeit. Jedoch schon vor 1938 reichte der Name bis St. Peter. Martin Plüddemann (1854 Kolberg/Preußen – 1897 Berlin) studierte in Leipzig Musik und wollte Sänger werden. Nach einem Schaden an seiner Stimme scheiterte diese Laufbahn, und er kam 1890 als Gesangslehrer nach Graz. Hier gründete er eine Balladenschule. 1894 übersiedelte Plüddemann nach Berlin. Sein musikalisch-literarisches Talent fand u. a. in einem siebenbändigen Werk mit Balladen und Gesängen seinen Niederschlag.

Pockstraße

siehe Josef-Pock-Straße

Poestionstraße

siehe Josef-Poestion-Straße

Pointnergasse

IX (Macherstraße – Rudolfstraße), 1994,
PLZ 8010.

Der Maler und Graphiker Prof. Rudolf Pointner (1906 Zara/Zadar – 1991 Graz) lebte und arbeitete seit der Nachkriegszeit meist in Graz. Seine Werke wurden international ausgestellt, und er erhielt zahlreiche Preise, so 1960 den Joanneum-Kunstpreis für zeitgenössische Malerei und 1976 als Würdigung

Die Plüddemanngasse bei der Schulgasse (um 1920).

für sein Gesamtwerk den Kunstpreis des Landes Steiermark. Farbkompositionen und ornamentale Gestaltungen kennzeichnen viele seiner Werke. Der ursprünglich vorgeschlagene Name Cottage-Gasse wurde mit dem Hinweis abgelehnt, dass dies ein *englisches Wort* und *schwierig auszusprechen* sei. Unterschrieben war dies von zwei Gemeindefunktionären, auf deren Namen ähnliche Argumente zutrafen.

Poketzgasse

XIV (Alte Poststraße – Vinzenzgasse), 1991, PLZ 8020.

Lorenz Poketz (1893 St. Lorenzen – 1943 Graz) war schon 1912 Mitglied des Verbandes Jugendlicher Arbeiter geworden und arbeitete als Sekretär der *Freien Gewerkschaften* und als engagierter Journalist in Graz. Poketz betätigte sich ab 1938 für vom Nationalsozialismus verbotene Organisationen und war damit im politischen Widerstand aktiv. Nachdem sein Sohn 1941 gefallen war, nahm er noch schärfer als zuvor gegen den Nationalsozialismus Stellung und verfasste zahlreiche Flugblätter. 1942 wurde er verhaftet und 1943 hingerichtet. 1989 lehnten Bezirksvertreter – mit dem Hinweis, er sei kein Eggenberger gewesen – ab, einen Platz nach dem Wetzelsdorfer Poketz zu benennen. Hier stand auch die Namensform Lorenz-Poketz-Gasse zur Diskussion.

Polstererweg

XI (Hans-Friz-Weg gegen Nordwesten), 1947, PLZ 8043.

Dr. Albert Johann Polsterer (1798 Geisenfeld/Bayern – 1839 Graz) studierte in Wien Jus und lehrte als Supplent Weltgeschichte an der philosophischen Fakultät der Grazer Universität in jenen Jahren, als sie nur den Rang eines Lyzeums hatte. Sein für Graz wichtigstes Werk war das 1855 hier erschienene *Grätz und seine Umgebung – historisch-topographisch-statistisch dargestellt.* Auf 446 Seiten findet Graz eine interessante Darstellung, wobei die Qualität in den jeweils zeitgenössischen Aussagen besteht. Wichtig dabei ist der Umstand, dass das Manuskript sichtlich schon 1827 fertiggestellt war. In anderen Werken befasste sich Polsterer mit der Beschreibung der Provençe und Roms. Polsterer war Ehrenmitglied des Musikvereins für Steiermark. Er wird in der Literatur aufgrund der Herkunft seiner Familie, die von hier stammte, als Steiermärker bezeichnet.

Polzergasse

IX (Rudolfstraße – Ruckerlbergstraße), um 1910, PLZ 8010.

Der Grazer Kaufmann Mat(t)hias Polzer erwarb 1879 östlich der um 1910 nach ihm benannten Gasse die *Ugrinowitsche Behausung.* Im großen und schönen Garten wurde das ältere Gebäude nun Villa Polzer genannt. Polzers Tochter erbte den damals noch großen Besitz. Mat(t)hias Polzer besaß ein Leinenwarengeschäft in der Herrengasse.

Pomeranzengasse

I (Hauptplatz – Prokopigasse), 1813, PLZ 8010.

Alte Reiche (schmaler Raum zwischen alten Häusern); im 16. Jh. *Schlierergaßl,* im 18. Jh. kleine *Färber-* oder *Krongasse,* ab 1813 Pomeranzengasse genannt (Pomeranze = Orange). Blätter der Pomeranze werden in der Heilkunde und Blüten in der Parfümerie verwendet. Händler boten diese Erzeugnisse in der Pomeranzengasse an oder lagerten diese hier. Die Pomeranzengasse führte bis zum Abbruch der Färberkaserne (1904) bis zur Färbergasse.

Pomisgasse

VI (Fröhlichgasse – Draisgasse), 1899, PLZ 8010.

Giovanni Pietro de Pomis (um 1570 Lodi – 1633 Graz) kam 1597 nach Graz und arbeitete hier als bedeutendster innerösterreichischer Hofkünstler. Sein Werk besteht hauptsächlich aus Bildern und Architekturentwürfen. Wichtig sind seine Arbeiten am Grazer Mausoleum, an der Kirche Mariahilf und am Mausoleum von Ehrenhausen. Das sagenumwobene Hochaltarbild der Wallfahrtskirche Mariahilf (1611) wurde zur *Stadtmutter von Graz* und ist wohl das bekannteste Bild von de Pomis, der eine Reihe von Altarbildern schuf. De Pomis war auch 1625 Baumeister beim Bau des Schlosses Eggenberg. Woisetschläger gab 1974 eine Monographie über de Pomis heraus.

Pomisgasse: Das Gnadenbild Maria-Hilf von Pietro de Pomis (zeitgen. Kopie).

Pommergasse

IV (Eggenberger Straße – Laudongasse), 1921, PLZ 8020.

Der Volksliedforscher Josef Pommer (1845 Mürzzuschlag – 1918 Gröbming) promovierte 1870 in Wien zum Dr. phil. Lange Zeit unterrichtete er an Wiener Gymnasien, dann ließ er sich in Krems nieder. Pommer gilt als der Begründer der Volksliedforschung in Österreich. Besonders war er an der Dokumentation von Jodlern und Juchezern interessiert. 1889 gründete er in Wien den Deutschen Volksgesangsverein. Wichtig war sein Beitrag zum staatlichen Projekt *Das Volkslied in Österreich.*

Pongratz-Moore-Steg

XII, XIII (Höhe Neugasse, Steg zum Umspannwerk-Nord), 1981.

Erbaut 1968/69. Der Steg hat eine lichte Weite von 71 m und befindet sich nicht in öffentlicher Zuständigkeit. Dr. Oscar von Pongratz (1826 Windisch-Feistritz/Slovenska Bistrica – 1892 Wien), Rechtsstudium, danach *Concept-Praktikant* bei der *Finanzprokuratur* in Graz. In der Folge Durchführung verschiedener Bauprojekte mit den Brüdern Friedrich und Guido durch die Pongratzsche Zentralkanzlei, die ihren Sitz in Wien I, Bankgasse 2 hatte. 1856 Heirat mit Marie Maurer, Erbin der Trifailer Steinkohlegruben. Erwerbung der ehem. Attemsschen Besitzung Dornau bei Pettau (Dornava). Zusammen mit dem königl. württembergischen Oberbaurat John Moore begründete er das Grazer Wasserleitungsunternehmen im Jahr 1870. 1890 wurde Pongratz wegen seiner Verdienste um die österreichische Bauwirtschaft von Kaiser Franz Josef in den Adelsstand erhoben. Von John Moore konnten nach Varetza (*Wasser für Graz*) keine biographischen Daten ausgehoben werden. Moore wird als englischer Wasserleitungsingenieur bezeichnet, dessen Tätigkeit in Deutschland, der Schweiz und Österreich in den Jahren von 1853 bis 1873 nachgewiesen ist. Davor war Moore maßgeblich an den Einrichtungen der Wasserleitungen von Berlin, Magdeburg, Stuttgart, Schweinfurt, Kitzingen, Posen, Basel, Essen, Kreuznach und Köln beteiligt.

Pongratzplatz

siehe Josef-Pongratz-Platz

Popelkaring

XII (ringförmige Siedlungsaufschlie-
ßungsstraße westlich der Radegunder
Straße, nördlich der Innerhoferstraße),
1977, PLZ 8045.

Friedrich Popelka (1890 Graz – 1973
Graz), Univ.-Prof. Dr., Historiker, aus
einer bekannten Göstinger Fabrikanten-
familie stammend. Erwarb sich besondere Verdienste um die Erforschung der
Geschichte der Stadt Graz. Verfasser der
umfangreichen zweibändigen *Geschichte der Stadt Graz* (Graz 1928/1935).
Direktor des Steiermärkischen Landesarchivs von 1950 bis 1955. U. a. Begründer der *Blätter für Heimatkunde*, gehörte seit 1908 dem Historischen Verein
für Steiermark an und war seit 1935
Mitglied der Historischen Landeskommission für Steiermark; Mitbegründer
des Steirischen Burgenvereins. Hatte
eine bedeutende Funktion bei der großen Namengebungsaktion für Grazer
Straßen zwischen 1946 und 1949. Der
Vorschlag für die Namenbezeichnung
Popelkaring kam von der Gemeinnützigen Bau- und Siedlungsgesellschaft
Eigenheim.

Poppmaierstraße

XVII (Verbindungsstraße vom
Schwarzen Weg – Einmündung in den
Weblinger Gürtel – Am Wagrain), 1994,
PLZ 8055.

Theodor Poppmaier (1905 Schlatt bei
St. Paul im Lavanttal – 1965 Graz),
Kommerzialrat, 1935 Gründer der
Firma Poppmaier durch Ankauf des
bereits seit 1903 bestehenden Handels-
hauses Josef Huber. 1958 Beitritt zur
SPAR-Organisation und Gründung der
Handelsvereinigung SPAR-Steiermark.
Pionier der Handelslandschaft, trug
wesentlich dazu bei, die Lebensmittel-
versorgung in Graz und der Steiermark
zu sichern.

Porscheplatz

siehe Ferdinand-Porsche-Platz

Porscheweg

VII (Am Mühlgraben – Neudorfer
Straße), 1954, PLZ 8041.

Ferdinand Porsche (1875 Maffersdorf/
Böhmen – 1951 Stuttgart) wurde als
Autokonstrukteur weltberühmt. Stationen seiner Laufbahn waren Austro-
Daimler mit dem Zentrum in Wiener
Neustadt, Daimler-Benz in Stuttgart,
ferner die Steyr-Werke AG in Steyr
und Volkswagen in Wolfsburg und
parallel dazu die eigene Firma Porsche, die nach dem Krieg auch kurz
im Kärntner Gmünd produzierte. Das
1931 gegründete Porschewerk, spezialisiert auf Sportwagen und Fahrzeu-
gentwicklung, befindet sich in Stutt-
gart-Zuffenhausen. Ferdinand Porsche
sen. entwickelte und erwarb über 1200
Patente, so 1897 den Radnabenelektro-
motor und 1932 die Drehstabfederung.
Die Siedlung im Murfeld des Werkes
Thondorf, nun eine reine Kraftfahr-
zeugproduktion, ist ein guter Platz für
Straßennamen, die sich auf Autos beziehen.

Bürgermeister Dr. Ferdinand Portugall.

Portugallweg

XVI (Kärntner Straße – Kapellenstraße), 1947, PLZ 8053.

Dr. Ferdinand Portugall (1837 Premstätten – 1901 Graz) war Bürgermeister von Graz in den Jahren 1885 bis 1897, weiters Rechtsanwalt und Landtagsabgeordneter. In seine Amtszeit fallen die Eröffnung der Technischen Hochschule und auch 1890 die erste Maifeier der Grazer Arbeiterschaft. Seine Tochter Anita war die Gattin des Dirigenten Dr. Carl Muck.

Poschstraße

siehe Josef-Posch-Straße

Posenergasse

XII (Schöckelbachweg nach Westen zur Straßenbahn), 1949, PLZ 8045.

Johann Paul Posener (1793 Provinz Posen/Polen – 1861 Graz). Techniker, Stenograph. Posener erlernte nach Erscheinen von Gabelsbergers *Anleitung zur deutschen Redezeichenkunst* die Stenographie (häufiger Briefwechsel mit Gabelsberger). Er war ein Vorkämpfer der Stenographie in der Steiermark, seine Schüler übertrugen das System auf die südslawischen Sprachen.

Posthofweg

X (Stiftingtalstraße gegen Süden), 1958, PLZ 8010.

Hier lag nördlich der Stiftingtalstraße der Posthof, ein größerer Bauernhof mit einer Gastwirtschaft. Beim Posthof gab es auch einen Teich.

Poststraße

siehe Alte Poststraße

Powell-Allee

siehe Baden-Powell-Allee

Prangelgasse

XIV (Eggenberger Allee – Georgigasse), um 1910, PLZ 8020.

Johann Prangel (gest. 1877) besaß hier Grundstücke. Prangel war auch Besitzer des Eggenberger Gasthofes *Zum Häuselbauer*, der nahe der nach ihm benannten Straße lag. Dieser Gasthof war zu Zeiten der Gemeinde Eggenberg (1850–1938) ein wichtiger Treffpunkt der Ortsbewohner und besonders auch ihrer Vereinigungen. Das Gasthaus führte ab 1884 Georg Daniel als Wirt, der zum Bürgermeister von Eggenberg gewählt wurde. In seine Amtszeit (1901–1909) fällt die Markterhebung von Eggenberg.

Prankergasse

V (Elisabethinergasse – Bessemergasse, für Fahrzeuge durch den Eggenberger Gürtel unterbrochen), 1785, PLZ 8020.

Die Freiherren von Prankh besaßen 1622 bis 1741 den nach ihnen benannten Prankerhof in der Murvorstadt. Der Prankerhof, von ihm hat Vischer in seiner *Topographia Ducatus Stiriae* 1681 eine eindrucksvolle Graphik hinterlassen, stand nach heutiger Terminologie auf dem Areal von Prankergasse 55. Er wurde um 1800 erweitert, 1944 von Bomben zerstört und 1952 durch einen Neubau ersetzt.

Pratogasse

XVII (Triester Straße zur Südbahn, Sackgasse), 1949, PLZ 8055.

Katharina Pratobevera, geb. Polt, wiederverehelichte von Scheiger, Pseudonym Prato, Schriftstellerin (1818 Graz – 1897 Graz); Tochter eines Privatiers, in erster Ehe mit dem magenleidenden Offizier Eduard Pratobevera verheiratet. Zweite Ehe mit dem Postdirektor und Konservator von Steiermark und Kärnten, J. von Scheiger (siehe Scheigergasse). Prato wurde durch das Magenleiden ihres ersten Mannes angeregt, bekömmliche Speisen zu kochen. Nach seinem Tod sammelte sie Kochrezepte, die sie in dem Kochbuch *Die Süddeutsche Küche* herausgab (die *Große Prato*). Das Buch wurde ein Bestseller, immer verbessert, erweitert und in 16 Sprachen herausgegeben. Prato erhielt mehrfach goldene

Schloss Prankerhof (Vischer, 1681).

Pratogasse: Werbekarte für das Kochbuch der Katharina Prato.

Medaillen bei Kochkunstausstellungen und verfasste auch die erste *Haushaltskunde* Österreichs für die tüchtige Hausfrau, in der sie alle häuslichen Arbeiten umfassend beschrieb. Sie gründete den *Verein Grazer Volksküche*, eine Mädchenarbeitsschule und einige Kindergärten.

Pratterstraße
siehe Franz-Pratter-Straße

Preglweg
siehe Fritz-Pregl-Weg

Prevenhueberweg
IX (Rudolfstraße – Janneckweg), 1948, PLZ 8047, 8042.
Offiziell benannt nach einer steirischen Gewerkenfamilie, Valentin Prevenhue-

ber war jedoch Geschichtsschreiber. Vermutlich wurden die Buchstaben v und u verwechselt, und der Name müsste als Preuenhueber gelesen werden. Von ihm stammen das 1653 in Wien verlegte *Alt Steyrmarch* und die 1740 in Nürnberg erschienenen *Annales Styrenses* ... Johann und Adalbert Prevenhueber waren Eisengewerken in Eisenerz. Die Brüder Valentin und Johann Prevenhueber wurden um 1570 von Erzherzog Karl II. von Innerösterreich in den Adelsstand erhoben.

Prießnitzweg
XII (Pfeifferhofweg nach Südosten, Sackgasse), 1975, PLZ 8045.
Vinzenz Prießnitz (1799 Gräfenberg/ Österr. Schlesien – 1851 Gräfenberg), Naturarzt, Sohn eines Bauern; entdeckte die Heilkraft des kalten Wassers durch systematische Anwendung kalter Bäder, Wickel, Abreibungen (Prießnitz-Umschlag), Duschen und Schwitzbäder. Betrieb eine Kaltwasserheilanstalt in Gräfenberg. Empfahl Bewegung im Freien, Arbeitstherapie, einfache und positive Lebensführung. Seine Kaltwassertherapie fand weltweite Anerkennung und Auszeichnung.

Primelweg
XVI (Schwarzer Weg nach Norden, Sackgasse), 1954, PLZ 8054.
Gattung der Primelgewächse mit Trichter oder tellerförmiger Blumenkrone (Himmelschlüssel, Schlüsselblume); zu den ersten Frühlingsblumen gehörend.

Univ.-Prof. Franz Spath.

Prinzhoferweg

VIII (Johann-Jandl-Weg gegen Norden), 1981, PLZ 8042.

Zuvor ein Teil der Messendorfer Straße. Der Maler und Lithograph August Prinzenhofer (1817 St. Veit a. d. Glan – 1885 Bad Steinerhof/Kapfenberg) studierte zuerst Jus in Wien und Padua, dann Malerei in Venedig. Ab 1861 war er in Graz tätig, wohnte in der Normalschulgasse (Einspinnergasse) und schuf bevorzugt Porträts von Prominenten, so von Erzherzog Heinrich, Landeshauptmann von Kaiserfeld und dem Dichter Hamerling. Einige seiner Porträts befinden sich im Besitz der Neuen Galerie.

Prirschstraße

siehe Ferdinand-Prirsch-Straße

Prof.-Franz-Spath-Ring

VIII (Breitenweg gegen Westen), 1986, PLZ 8042.

Für einen Aufschließungsweg einer Siedlung auf dem ehemaligen Ziegelei-gelände der Firma Wienerberger wurde dieser zwar wohlverdiente, aber doch etwas sperrige Name gewählt. Univ.-Prof. Dr. Franz Spath (1899 Graz – 1984 Graz) leitete durch viele Jahre die Universitätsklinik für Chirurgie. Dr. Spath wohnte und ordinierte lange Zeit in der großen Gründerzeitvilla Körblergasse 1, zuletzt wohnte er jedoch im Haus Messendorfbergweg 22, war also ein Bewohner des Bezirks St. Peter. Spaths Grab befindet sich auf dem St. Peter Ortsfriedhof. Spath operierte erstmals in Österreich mit Hilfe einer Herz-Lungenmaschine am offenen Herzen und führte in Österreich auch erstmals eine Nierentransplantation durch. Für den Weg war auch der Name Unterer Moserwald vorgeschlagen. Auch Prof. Koren stand als Namenspate zur Diskussion.

Prohaskagasse

XII (Stattegger Straße – Radegunder Straße), PLZ 8045.

Fritz Proc(!)haska, Villenbesitzer, Bürgermeister von Andritz in den Jahren 1920 bis 1927. Er wohnte (Schöckel-) Bachweg 18. Für die nahe Grünfläche wird der Name Prohaskapark verwendet.

Prokesch-Osten-Gasse

V (Joseph-Hyrtl-Gasse – Sechsund-zwanziger-Schützen-Gasse, mit Unter-brechung), 1936, PLZ 8020.

Anton Graf Prokesch von Osten (1795 Graz – 1876 Wien) war als Histori-ker und Schriftsteller einer der bedeu-tendsten Orientalisten seiner Zeit. Sei-ne Berufslaufbahn führte vom Offizier (Feldzeugmeister) zum Diplomaten. Er vertrat die Interessen Österreichs in Griechenland, in Preußen, beim Deut-schen Bund und in der Türkei. Pro-kesch-Osten weckte das Interesse für den Nahen Osten, er war Kommandeur des Leopoldordens, Mitglied der Aka-demie der Wissenschaften und wurde zum Ehrendoktor der Universität Graz ernannt. Sein Palais befindet sich in der Elisabethstraße 38, sein Grabmal auf dem St. Leonhard-Friedhof (Entwurf Theophil Hansen).

Prokopigasse

I (Pomeranzengasse – Mehlplatz), 1813, PLZ 8010.

Der Verlauf der heutigen Prokopigasse folgt vermutlich im Wesentlichen der nordöstlichen Grenze der ersten Markt-gründung des 12. Jhs. Der Name Proko-pigasse erscheint erstmals 1813. Noch Ende des 19. Jhs. wird sie zusammen mit der Pomeranzengasse *als die abgelegen-sten Gassen von Graz* bezeichnet. Namen-herkunft unklar. Möglicherweise nach dem hl. Prokop(ius), einem böhmischen Weltpriester des 11. Jhs., der sich aus Liebe zur Einsamkeit in eine Höhle im Sazawatal zurückzog. In der Barockzeit häufige Darstellung als Einsiedler.

Puchleitnerweg

XII (Aufschließungsstraße Weinitzen-straße – Neustiftweg nach Süden), 1996, PLZ 8045.

Seraphine Puchleitner (1870 Knittelfeld – 1952 Graz) maturierte als erste Frau am Akademischen Gymnasium in Graz und begann im Wintersemester 1898/99 mit dem Studium; damit war sie die ers-te reguläre Studentin an der Universität Graz. Sie belegte die Fächer Geographie und Geschichte, darüber hinaus Pädago-gik, Philosophie, Deutsche Sprache und Literatur. Am 1. 7. 1902 promovierte sie zum Doktor der Philosophie und war damit der erste weibliche Doktor an der Universität Graz. Mit der Rechtsgrund-lage ihrer Lehramtsprüfung unterrichte-te sie in Brünn und in der Folge an der Lehrerinnenbildungsanstalt in Marburg. Puchleitner engagierte sich in der von ihr gegründeten *Internationalen Frauenliga für Frieden und Freiheit in Österreich.*

Puchplatz

siehe Johann-Puch-Platz

Puchsteg

V, VII (Lagergasse – Angergasse).

Der Puchsteg wurde 1942 errichtet, um den Arbeitern einen leichteren Arbeits-wechsel zwischen dem alten Puchwerk im Bezirk Gries und dem neuen Rüs-tungswerk in Thondorf zu ermöglichen. An den beiden Standorten waren da-mals zusammen über 10.000 Personen beschäftigt. In dieser Zeit gab es im Süden der Stadt große Lager für Fremd-arbeiter und Umsiedler. Der Steg wurde 1949 umgebaut. Siehe Puchstraße.

Johann Puch auf einer Radierung von K. Schwetz.

Puchstraße

V, XVII (Herrgottwiesgasse – Puntigamer Straße), 1949, PLZ 8020, 8055.

Zuvor Fuhrhofgasse, Laubgasse und Gottliebgasse. Anlässlich der 50-Jahr-Feier des Puchwerkes (später Steyr-Daimler-Puch) wurde auf Antrag des Werkes diese Namengebung veranlasst. Johann Puch (1862 Sakuschak/Pettau – 1914 Agram) war einer der großen Industriepioniere der Stadt. 1899 wurden die Johann Puch Fahrradwerke gegründet. Ihr Produkt *Styria-Räder* erreichte Weltgeltung. In der Folge wurde die Produktion auf Motorräder und Kraftwagen erweitert. Puch begann seine Produktion in der Arche-Noah-Gasse und in der Strauchergasse, setzte fort in der Karlauer Straße und in der (Kösten-) Baumgasse. Schließlich entstand 1897 das Puchwerk in der Laub-gasse, nahe der südlichen Stadtgrenze. Die Puchstraße steht mit diesem traditionellen Werksstandort der Firma in unmittelbarem Zusammenhang. Im Laufe der Verhandlungen zwischen der Stadtgemeinde und Steyr-Daimler-Puch wurde die Neubenennung nach Süden erweitert. Das Werk musste für die Kosten der neuen Hausnummernta-feln aufkommen.

Pula-Kai

VI (Murkai von der Augartenbrücke bis zur Bertha-von-Suttner-Friedens-brücke), 1984, PLZ 8010.

Zuvor ein Teil des Rosegger-Kais. Pula, der einstige österreichische Kriegshafen Pola, liegt an der Südspitze von Istrien (Kroatien) und ist mit Graz seit 1972 als Schwesterstadt verbunden. 1936 wurde das Tegetthoff-Denkmal von Pola nach Graz übertragen. Zur Zeit der k. u. k. Marine war Graz der Sitz des für Pola zuständigen Militärkommandos (3. Korps). In Pula existiert ein Graz-Park. Im Bericht zu dieser Namengebung an den Grazer Gemeinderat wird auf 25 Jahre Internationales Neuropsychiat-risches Symposium in Pula hingewie-sen. Der Initiator (mit Prof. Bertha) und Generalsekretär dieses Symposi-ums war der Grazer Dozent Dr. Gerald Grinschgl.

Pulvermühlweg

XVII (Rudersdorfer Straße – Gmein-straße), 1947, PLZ 8055.

Nach den ehemaligen Pulvermagazinen in diesem Bereich benannt (siehe Pul-verturmstraße).

Pulverturmstraße

XV (Kärntner Straße – Frühlingsstraße), um 1930, PLZ 8053.

Die Lagerung von Pulver innerhalb von Städten war recht problematisch, deshalb wurde in den 70er-Jahren des 18. Jhs. das Schießpulver in Graz an den Stadtrand verlagert. Am südlichen Lazarettfeld wurde ein neues Magazin errichtet, wobei die Bezeichnung *Turm* nicht allzu wörtlich genommen werden darf. Der Planverfasser war Ingenieurhauptmann Joseph de Salgari. Der Baumeister der Anlage war erste Wahl, Josef Hueber. Aus dem ersten Bau wurde nach einigem Funktionswandel 1935 die Don-Bosco-Kirche gestaltet. Ein zweiter, jüngerer Bau stand etwas westlich davon. Ein dritter Pulverturm stand an der Harterstraße zwischen Pulverturmstraße und Laboratoriumstraße. Siehe Laboratoriumstraße.

Puntigam

XVII.

Grazer Stadtbezirk. Der Grazer Gemeinderat behandelte in seiner Sitzung vom 30. Oktober 1986 den Antrag auf Schaffung eines eigenen neuen Stadtbezirkes Puntigam. Mit der Konstituierung des neu gewählten Gemeinderates am 1. 3. 1988 wurde Puntigam nun um die Südspitze des Bezirkes Gries vergrößert und als eigener Stadtbezirk bestätigt (der nördliche Teil von Feldkirchen, der 1938 nach Graz eingemeindet wur-

Puntigamer Straße: Betriebsgelände der Brauerei Puntigam (um 1927).

de, kam 1946 zum Bezirk Straßgang). Namensableitung nach einem alten Vulgarnamen. Im 15. Jh. Einwanderung einer Familie *Puntigam* aus der Südsteiermark in diese Gegend. Von 1642 bis 1653 ist ein Sebastian Puntigam zu Wagram als Kirchenkämmerer überliefert. Der alte *Puntigamerhof* war noch 1827 als vielbesuchtes Gasthaus *Zum Puntigam* überliefert. Puntigam ist gleichzeitig die mundartliche Verzerrung des Heiligennamens *Pantaleon*, eines der 14 Nothelfer.

Puntigamer-Brücke

VII, XVII.

Der erste Brückenschlag fand hier 1862 statt. Die (neue) Puntigamer-Brücke verbindet die Bezirke Puntigam und Liebenau. Bauzeit: 1994 bis 1996, Fa. Stuag, Architekt DI Erich Andree (Demolierung der alten Brücke am 21. 12. 1994.) Technische Daten: zweifeldriger, vorgespannter, dreistegiger Plattenbalken mit Stützweiten von 2 × 38 m; Widerlager und Pfeiler mit Bohrpfählen gegründet. Am nördlichen Brückenrand befindet sich ein Gehweg von 1,5 m Breite und am südlichen Rand ein kombinierter Rad-Gehweg mit 3,5 m Breite. Gesamtbreite 19,5 m. Zur künstlerischen Ausgestaltung wurde ein rot verfliester Träger zwischen Fahrbahn und Radweg hergestellt. In der Brückenmitte befindet sich ein 18 m hoher Beleuchtungsmast.

Puntigamer Straße

VII, XVII (Liebenauer Hauptstraße über die Puntigamer Brücke – Triester-Straße), 1947, PLZ 8041, 8055.

Siehe Puntigam.

Purbergstraße

XI (Mariatroster Straße – Kirchbergstraße), 1948, PLZ 8044.

Bei der ersten überlieferten Nennung des späteren Mariatroster Kirchberges wird 1615 vom *Purberg* (Burgberg) geschrieben. Dies ist ein Hinweis auf eine nicht näher bekannte mittelalterliche burgartige Anlage auf diesem landschaftlich exponierten Platz. Vielleicht verführten aber auch nur Ruinen zur Annahme, dass hier eine Burg gestanden habe. Die Lage lässt eine heute nicht mehr rekonstruierbare ältere Nutzung zum Schutz der Bevölkerung vermuten; sie wäre auch für eine alte Kultstätte prädestiniert, Beweise fehlen allerdings bisher.

Purgleitnerstraße

VI, VIII (Scheigergasse – Marburger Straße), 1929, PLZ 8010.

Die Häuser- und Gassenbücher von Luschin-Ebengreuth und von Pirchegger kennen die Grazer Familie Purgleitner als Grundstückseigentümer. Mehrere Purgleitner führten im 19. Jh. die Hirschenapotheke in der Sporgasse, Ecke Färbergasse. Michael Purgleitner, Privatier und Hausbesitzer, war 1850 Bürgermeister-Stellvertreter von Graz, der Apotheker Friedrich Purgleitner 1880 bis 1885 Gemeinderat und 1885 bis 1887 Stadtrat von Graz.

Purgstallgasse

siehe Hammer-Purgstall-Gasse

Puschweg

XVI (Karl-Etzel-Weg – Süd-Ost-Siedler-Straße), 1955, PLZ 8053.

Sigismund Pusch (1669 Graz – 1735 Graz), S. J., Dr., Professor an der Jesuitenuniversität in Graz. Verfasser theologischer, historischer und mathematischer Werke. Machte sich durch seine Forschungen für die Steiermark verdient. Zusammen mit Erasmus Froelich Herausgeber des ältesten steirischen Urkundenbuches: *Diplomataria sacra ducatus Styriae,* Wien 1756.

Pyhrnautobahn

XIII, XIV, XV, XVI.

Die Pyhrnautobahn A 9 führt über eine Murbrücke (siehe Autobahnbrücke) nach Raach (Bezirk Gösting), um nach weniger als 2 km im Plabutschtunnel (10 km) zu verschwinden. Nach Unterquerung der Bezirke Eggenberg und Wetzelsdorf taucht sie nahe des Weblinger Kreises in Straßgang wieder auf. Nach dem Verteilerkreis kreuzt sie schon südlich der Stadt die Südautobahn (siehe dort). Die offene Stadtdurchquerung wurde 1973 von den Grazern abgelehnt, 1975 stimmten sie für die Tunnellösung. 1987 wurde die Oströhre eröffnet, 2004 die Weströhre. Der Pyhrnpass (954 m) verbindet das steirische Ennstal mit dem oberösterreichischen Steyrtal. Der Name wird entweder vom keltischen *pyr* (= Berg) abgeleitet oder vom slawischen *prdo* (= Gegend am Bergeck). Seit 1983 unterquert die A 9 den Pass durch den Bosrucktunnel.

Q

Quellengasse

III (Panoramagasse – Saumgasse), 1870, PLZ 8010.

Ende des 15. Jhs. wurden die Quellen des Rosenberges für die Wasserversorgung von Graz nutzbar gemacht. So wurde am Südwesthang des Rosenberges eine Quelle in Stein gefasst, das Wasser wurde mittels hölzerner Röhren durch das Burgtor direkt zur Burg geleitet. Bedeutender Ansitz neben zahlreichen Villenbauten ist das Minoritenschlössl (*Speidlegg* auch *Rosegg*), Quellengasse Nr. 4; es wurde Ende des 16. Jhs. von Stefan Speidl erbaut, dann von den Minoriten erworben (1637–1789), danach erfolgten mehrere missglückte Versuche, den Ansitz als Gastwirtschaft zu führen, u. a. durch die Brauereifamilie Hold. Ab 1883 im Besitz des Historikers Arnold von Luschin Ebengreuth (siehe Arnold-Luschin-Gasse).

Quellengasse: Das Minoritenschlössl (Rosegg), Ansichtskarte um 1900.

Quergasse

V (Annenstraße – Niesenbergergasse), um 1860, PLZ 8020.

Zuvor Nagerl- und auch Naglergasse. Diese quer zur Hauptverkehrsrichtung verlaufende Gasse erhielt recht früh ihren Namen. Die Vorstadtverbauung musste einer historistischen weichen, und nun – nach Bombenschäden – gibt es hier überwiegend Neubauten.

Quringasse

XII (Rotmoosweg nach Norden), 1971, PLZ 8045.

Theophil Qurin (1864 Kirchberg/Wechsel – 1942 Graz), Grazer Stadtbaudirektor. An führender Stelle im Technischen Ausschuss des Österreichischen Feuerwehr-Reichsverbandes bemühte er sich um die Vereinheitlichung der Feuerwehrausrüstung (z. B. Wurfeimer, Schlauchkiste, Qurinsche Löschbehelfe).

Quergasse: Haus Nr. 4 vor der Bombenzerstörung von 1944.

R

Raabaweg

VII, VIII (St.-Peter-Gürtel entlang der Bezirksgrenze nach Süden zur Stadtgrenze), 1949, PLZ 8041.

Der Zielpunkt des Wegs liegt südlich von Graz in der Gemeinde Raaba. Im slawischen Ortsnamen, ca. 1070 als *Radawie* überliefert, steckt *rad* (= lieb, gern, heiter).

Raabegasse

siehe Wilhelm-Raabe-Gasse

Raachgasse

XIII (Waldweg – Judendorfer Straße), PLZ 8051.

Nach der Ortschaft Raach im Norden von Gösting, die bis ins 20. Jh. hinein zur Pfarre Gratwein gehörte. *Raach* war slawisches Siedlungsgebiet, 1486/87 auch *am Rachperg* genannt. Das Gebiet wurde oft vom Hochwasser der Mur bedroht, besonders im Jahr 1938 kam es zu großen Überschwemmungen. Nördlich, unter der Ruine Gösting, befinden sich die Lüftungsbauten Raach des fast 10 km langen Plabutschtunnels der Pyhrnautobahn A 9, bezeichnet als die *Grünen Elefanten,* ausgeführt in Sicht- und Spritzbeton, nach einem Entwurf von Architekt Eilfried Huth (mit Herbert Altenbacher) in den Jahren 1983 bis 1987 erbaut.

Rabensteinersteig

XI (Himmelreichweg – Janischhofweg), 1948, PLZ 8044.

Die Herrschaft Rabenstein bei Peggau, die Maximilian Graf von Dietrichstein gehörte, war bis 1848 im Besitz eines Teiles von Weinitzen. In den Straßennamenkataster der Gemeinde hat sich eine *Großgrundbesitzerin* namens Rabenstein eingeschlichen.

Rabenweg

XVI (Ulmgasse nach Norden, Sackgasse), 1954, PLZ 8053.

Rabenvögel, *Corvidae,* in 100 Arten weltweit verbreitete Familie der Singvögel; große, kräftige, wendige Tiere mit ausgezeichnetem Lernvermögen; dazu gehören Dohlen, Krähen, Elstern, Häher, Kolkraben. 1947 wurde eine Rabengasse nach dem einstigen nahen Hochgericht vorgeschlagen.

Rablhang

VIII (Unterer Breitenweg gegen Osten), 1961, PLZ 8042.

Die Stadtgemeinde führt als Erklärung einen Vulgonamen an. Es gibt im Franziszeischen Kataster allerdings weder einen Vulgarnamen noch einen Familiennamen, der dies bestätigt. Also dürfte es sich um einen jüngeren Namen handeln, vermutlich um den Vulgarnamen des Hauses Unterer Breitenweg 44.

Radegunder Straße

XII (Andritzer Reichsstraße nach Norden zur Stadtgrenze), 1949, PLZ 8045.

Benannt nach dem Zielort St. Radegund, dieser nach dem Kirchenpatrozinium. Die hl. Radegundis (Fest 13. 8.) war im 6. Jh. eine fränkische Königin, Klostergründerin und Nonne in Poitiers. St. Radegund ist ein heilklimatischer, traditionsreicher Kurort bei Graz; liegt an den schützenden Südhängen des Schöckls und wird seit über 100 Jahren bei Herz-, Kreislauf- und Schilddrüsenerkrankungen empfohlen (auch Admiral Wilhelm von Tegetthoff verbrachte hier in seinen letzten Lebensjahren einen Erholungsurlaub). Sehenswert sind die spätgotische Pfarrkirche von St. Radegund (Bild der hl. Radegundis) und die imposante, aus 22 Stationen bestehende Kalvarienberganlage (Ende 18. Jh.) mit Heiliger Stiege, Kirche und Kreuzgruppe (Steinskulpturen, teilweise vom Grazer Bildhauer Philipp Jakob Straub).

Radetzkybrücke

I, V (Brückenkopfgasse – Radetzkystraße).

1787 entstand hier die neue oder untere Brücke. 1829 war nach einem Hochwasser ein Neubau notwendig geworden, der zwei Jahrzehnte später Radetzky dediziert wurde. Johann Josef Wenzel Graf Radetzky von Radetz (1766 Trebnitz/Böhmen – 1858 Mailand) war einer der bedeutendsten Heerführer Österreichs. Von ihm stammte der Plan

Radegunder Straße: Landesschießstätte (um 1910).

359

Radetzkybrücke (um 1895) mit Schloßberg, Jahnhof und Justizpalast (Sammlung Schmuck-Zollner).

zur Völkerschlacht bei Leipzig (1813). Feldmarschall Radetzky führte die österreichische Armee 1848 und 1849 in Italien (Siege von Santa Lucia, Vicenza, Custozza und Novara). Für den populären Feldherrn verfasste Grillparzer das Gedicht *In deinem Lager ist Österreich*, und Johann Strauß Vater komponierte den *Radetzkymarsch*. Radetzky wurde 1849 zum Grazer Ehrenbürger ernannt. 1898 hatte man den Vorgängerbau der heutigen Brücke fertiggestellt. Die jüngste Brücke an dieser Stelle wurde unter Verwendung älterer Bauelemente 1995 eröffnet. Siehe Radetzkystraße.

Radetzkystraße

I, VI (Jakominiplatz – Radetzkybrücke), 1850, PLZ 8010.

Im Zuge der Errichtung der zweiten Murbrücke (siehe Radetzkybrücke) angelegter Straßenzug. 1791 als *Neue Triester Commercialstraße* bezeichnet, auf späteren Plänen nur Gebietsbezeichnung *Kleines Glacis* (Kopal-Plan in Schreiner, *Grätz*, 1843). 1850 nach Radetzky benannt (siehe Radetzkybrücke). Die nördliche Hausfront der Radetzkystraße begrenzt die historische Altstadt, wobei sich der Straßenknick an der Einmündung des Joanneumringes (*Radetzkyspitz)* durch die Situierung der ursprünglichen Befestigungsanlagen erklären lässt. Der Bereich zwischen Neutorgasse und Jakominiplatz wurde 1889 parzelliert (ehem. Joanneumgarten, siehe Joanneumring) und weist gründerzeitliche Wohn- und Geschäftshäuser mit weitgehend gut erhaltenen späthistoristischen Fassadierungen auf. Die südliche Hauszeile zählt zum VI. Stadtbezirk Jakomini.

Radgasse

IV (Lendkai – Zeillergasse), 1870, PLZ 8020.

Warum man bei der großen Namengebungswelle von 1870 ausgerechnet auf diesen Namen gekommen ist, bleibt unklar. Jedenfalls gab es damals keinen Wagner in dieser Gegend, und es konnte hier auch kein Wasserrad an der nahen Mur ermittelt werden. Eine Verlängerung der Gasse führt bis zur Mur.

Rafensedergasse

XI (Mariagrüner Straße – Hingenauweg), 1948, PLZ 8043.

Josef Rafenseder besaß in dieser Gegend Anfang des 19. Jhs. einen Grund (eine Gült), der den größten Teil des Mariagrüner Waldes umfasste. Sein Nachfolger war die Familie Fürst (Gut St. Gotthart).

Raffaltweg

IX (Macherstraße – Argenotstraße), 1948, PLZ 8047.

Der Landschafts- und Genremaler Ignaz Raffalt (1800 Weißkirchen – 1857 Hainbach/Wien) war zeitweilig für Erzherzog Johann tätig. Er wird dem Kreis um Gauermann zugerechnet. Eine 1964 über ihn fertiggestellte Dissertation (Gierke) trägt den Titel *Ein steirischer Maler des Biedermeier.*

Ragnitz

X.

Der Bezirk Ries besteht aus den beiden Katastralgemeinden Ragnitz und Stifting. Die sie trennende Wasserscheide, ein relativ steil in Richtung Grazer Feld auslaufender Riedel, ist die Ries. Bis 1938 war die Ragnitz ein Teil der Gemeinde Kainbach. Zum Namen Ragnitz siehe Ragnitzstraße.

Ragnitzbach

siehe Am Ragnitzbach

Ragnitzstraße

II (Riesstraße zur östlichen Stadtgrenze), 1899, PLZ 8010, 8047.

Benannt nach dem Ragnitzbach. Slawisch heißt *raka* Krebs. Also war dies einmal ein Krebsenbach so wie der Kroisbach. Der Bachname wurde auf das Tal und die dort befindlichen Bauten übertragen. Es gab eine Innere Ragnitz und eine Äußere Ragnitz, wobei nicht – wie sonst üblich – der Verlauf des Gewässers entscheidet, sondern die Lage zu Graz. Also liegt die Innere Ragnitz näher an Graz.

Ragnitztalweg

IX (Rudolfstraße zur östlichen Stadtgrenze), 1948, PLZ 8047.

Siehe Ragnitzstraße.

Raiffeisenstraße

VI, VII (Fröhlichgasse – Puntigamer Straße), 1949, PLZ 8010, 8041.

Zuvor Grassergasse (Jakomini) und Gartengasse (Liebenau). Friedrich Wilhelm Raiffeisen (1818 Hamm – 1888 Neuwied) war Begründer der landwirtschaftlichen Genossenschaftskassen. 1886 gab es die erste Raiffeisenkasse in Österreich. Auch in der Steiermark ist ein System von Raiffeisenkassen (heute Raiffeisenbanken) tätig und für die Landwirtschaft in mehreren Bereichen aktiv, bzw. eine Einrichtung des allgemeinen Bankwesens Österreichs.

Raimundgasse

II (Sparbersbachgasse – Nibelungengasse), 1894, PLZ 8010.

Ferdinand Raimund, eigentl. Raimann (1790 Wien – 1836 Pottenstein/Niederösterreich), berühmter österreichischer Schauspieler und Schriftsteller, Leiter des Leopoldstädter Theaters, vereinte Barocktradition, das allegorisch-moralische Lehrstück und das zeitgenössische Singspiel zu Zauberpossen und Märchendramen.

Rainleiten

XII (Siedlung zwischen Ziegelstraße und Saumgasse), 1949, PLZ 8045.

Zuvor Teichhofsiedlung. Gebietsbezeichnung, die auf den Reiner Kogel bzw. auf Stift Rein Bezug nimmt (siehe Reinerweg).

Rainweg

VII (Murfelder Straße gegen Osten), 1949, PLZ 8041.

Zuvor Mühlstraße. Ein Riedname, der mit der Bedeutung von Grenze vorkommt. Hier befindet sich die Grenze zwischen Katastralgemeinden, einst zwischen den Gemeinden Engelsdorf und Liebenau, später zwischen Liebenau und Murfeld.

Raketengrund

siehe Am Raketengrund

Rankengasse

V (Stadlgasse – Schützengasse), 1870, PLZ 8020.

Zuvor zur Lagergasse und zur Herrgottwiesgasse gerechnet. Bei der offiziellen Einführung des Namens gab es hier noch viel unverbautes Gelände und sichtlich etliche Ranken (Efeu, Weinranke, Rankenzäune). Der *Steirische Wortschatz* (1903) versteht die Ranke auch als Latte, die zu einem Zaun gehört. Beide Erklärungen sprechen für den ursprünglich ländlichen Zustand eines Teils der Straße.

Rannachstraße

XII (St.-Veiter-Straße nach Nordwesten über die Stadtgrenze hinaus), 1949, PLZ 8046.

Nach dem im Nordosten von Graz befindlichen Waldberg *Hohe Rannach* (1018 m), der von den umliegenden Bergrücken durch Rötschgraben, Leber und Steingraben abgegrenzt wird. Der Name stammt wahrscheinlich von slaw. *ravna* (= Ebene). Sehenswert ist der *Alpengarten Rannach*. Auf Initiative des Obmanns des Landesgartenbauverbandes, Josef Ebner, wurden 1954 Wald- und Wiesengrundstücke auf der Rannach angekauft. Die Gesamtanlage gliedert sich in Bergwiese, Bergsee mit Alpengartenhaus, Quarzfelsblöcke, Mischwald und felsige Waldschlucht. Das Gesamtausmaß des Alpengartens beträgt 32.000 m² auf einer Seehöhe zwischen 650 und 710 m, etwa 300 m über dem Murspiegel. Es finden sich etwa 376 verschiedene Pflanzenarten aus den Ost- und Westalpen. An klaren

Tagen bietet sich ein prächtiges Panorama mit Blick auf Graz bis zum Donatiberg (Auferbauer).

Rapoldgasse

IX (Hallerschloßstraße – Schulgasse), 1901, PLZ 8010.

Zuvor Hallerschloßweg. Die Familie Rapold hatte in Waltendorf Grundbesitz, und der Tischlermeister Leopold Rapold war damals (bis 1914) Gemeindevorsteher (Bürgermeister). Ende des 19. Jhs. wurde die Gasse auch Mittelweg genannt.

Raubergasse

I (Landhausgasse – Joanneumring), PLZ 8010.

1598 erstmals als *Raubergasse* bezeichnet, benannt nach dem Rauberhof (15./16. Jh.), einem alten Adelshof der Freiherren von Rauber (Baugrund des St. Lambrechter Stiftshofes, des späteren Lesliehofes und des heutigen Joanneums). Auch als *hintere Schmiedgasse* bezeichnet. Sie führte zu einem Wehrturm an der Südwestecke der mittelalterlichen Ringmauer. Dieser Turm diente bis ins 18. Jh. als Reckturm mit Folterkammer und Scharfrichterhaus. Ende des 19. Jhs. erfolgte die Verlängerung der Raubergasse über das Areal des ehem. Joanneumsgartens. Seit 1998 ist vor dem Alten Joanneum in der Raubergasse ein Teil des barocken Gehsteigs (Steinplatten) wiederhergestellt.

Rauchleitenstraße

X (Ragnitzstraße – Riesstraße), 1948, PLZ 8047, 8010.

Der Name ist schon im Hubamtsurbar von 1620 belegt. Die Rauchleiten

Raubergasse: An der Stelle des Altbestandes rechts wurde 1902 bis 1904 das Städtische Amtshaus errichtet (Sammlung Schmuck-Zollner).

ist wohl die raue Leiten, also eine stark geneigte Wiese. Eine – wahrscheinlich nur pragmatische – Erklärung für den Namen ist der Hinweis der Bewohner auf das Ausräuchern (Schwefeln) von Weinfässern. Noch im 19. Jh. ist an diesem günstig exponierten Hang etwas Rebkultur zur Selbstversorgung der Grundbesitzer festzustellen.

Rebengasse

IV (Hans-Resel-Gasse – Keplerstraße), 1870, PLZ 8020.

1947/48 Anton-Afritsch-Gasse, dann erfolgte aufgrund des Protestes von Anrainern wieder die Rückbenennung. Die Reben wuchsen an der Böschung zum Metahof-Schlössl. Die Straße war bis zum Ausbau der Annenstraße ein Teil der Verbindung von Eggenberg über die Strauchergasse zum Murplatz. Ein ehemaliges Gasthaus *Zum Rebenhof* ist nach der Straße benannt und nicht umgekehrt.

Rebhuhnweg

XVII (Birkenweg nach Westen, Sackgasse, 1951, PLZ 8055.

Tiername; einheimischer unscheinbarer Fasanenvogel auf Feldern und Wiesen. Namenskonstrukt.

Rechbauerstraße

II (Glacisstraße – Sparbersbachgasse – Schörgelgasse), 1870, PLZ 8010.

Karl Rechbauer (1815 Graz – 1889 Graz), Dr., österreichischer Staatsmann, Advokat, Präsident des Österreichischen Abgeordnetenhauses (1873). Ehrenbür-

ger von Graz 1867. Die Rechbauerstraße ist eine im Zuge der Parzellierung der Mandellgründe angelegte, repräsentative Wohnstraße mit beidseitig gründerzeitlicher, sezessionistischer und moderner Verbauung. Das Hauptgebäude der *Alten Technik* befindet sich in der Rechbauerstraße Nr. 12, erbaut in den Jahren 1885 bis 1888 von Josef Wist. Im Haus Rechbauerstraße Nr. 6, heute *Rechbauerkino*, gab es bereits ab 1922 Kinobetrieb (*Elite Kino*). Zuvor gab es hier ab 1879 das *Café Wien*.

Redtenbachergasse

siehe Jakob-Redtenbacher-Gasse

Regergasse

siehe Max-Reger-Gasse

Rehgrund

siehe Am Rehgrund

Reichengasse

V (Bürgerspitalgasse – Griesplatz), 1870, PLZ 8020.

Die Ableitung des Wortes *Reiche* ist strittig, nicht jedoch der Begriff, der sehr schmale Räume zwischen Häusern bezeichnet, deren Feuermauern einander nicht berühren. Viele der Reichen in Graz sind zu schmal, um sie zu begehen oder gar als Gasse zu benutzen. Andere Reichen, wie z. B. die Pomeranzengasse, sind für Fußgänger geöffnet. Wahrscheinlich mussten Reichen als Präventivmaßnahme bei Feuersnot und zur Ableitung von Regenwasser errichtet werden.

Reichsstraße

siehe Andritzer Reichsstraße

Reifentalgasse

XI (Mariatroster Straße – Am Rehgrund), 1948, PLZ 8043.

Ein vom Historiker F. Popelka ohne nähere Erklärung vorgeschlagener Riedname aus der Nähe des Schlosses St. Josef.

Reiherstadlgasse

V (Mauergasse – Dornschneidergasse), 1939, PLZ 8020.

Der Tierpark um das Jagdschloss Karlau besaß Hütten zur Vogelzucht.

Reinbacherweg

XIII (Wiener Straße – Glasfabrikstraße), PLZ 8051.

Alte Liegenschaftsbezeichnung. Ein Alois Reinbacher war um die Jahrhundertwende Hausbesitzer in der nahen Josef-Pock-Straße.

Reinerkogel

siehe Weg zum Reinerkogel

Reinerweg

XII (Weg zum Reinerkogel – Viktor-Zack-Weg), PLZ 8010, 8045.

Nach dem Reinerkogel benannt, der zu den Besitzungen des Stiftes Rein gehörte und auf dem Weinbau betrieben wurde. Die Abtei in der nördlichen Umgebung von Graz (Gemeinde Eisbach) war von ihrer Gründung (1129) bis heute ununterbrochen von Zisterziensern besiedelt und gehört zu den ältesten noch aktiven Zisterzienserstiften der Welt.

Reininghausstraße

XIV (Alte Poststraße – Wetzelsdorfer Straße), um 1900, PLZ 8020, 8052.

Mit dieser Namengebung ehrte die Gemeinde Eggenberg ihren wichtigsten Arbeitgeber. Die aus Westfalen stammenden Brüder (Johann) Peter und Julius Reininghaus erwarben 1853 (bzw. 1855) die kleine Brauerei der Familie Königshofer im Steinfeld. 1862 starb Julius Reininghaus an einer Verkühlung. Peter von Reininghaus (1818 Isenburg – 1901 Graz) machte seine Brauerei zu einem Großbetrieb. Die Liste der Reininghaus'schen Stiftungen ist beachtlich, so für das Armenhaus in Wetzelsdorf, für Waisenmädchen, für Gehilfen des Kleingewerbes und für arme Arbeiterwaisen. Auf der kulturellen Seite der Förderungen sind aus einer langen Reihe jene für Peter Rosegger und für die Erneuerung des Schauspielhauses (1964) zu erwähnen. Durch Jahrzehnte waren *die Reininghaus* als Wirtschaftreibende, als Sozialförderer und als Kulturmäzene einer der für den Raum Graz bestimmenden Faktoren. Nach Kriegszerstörung und erzwungener Emigration baute der Enkel des Firmengründers Peter von Reininghaus und seiner Gattin Therese, einer geborenen Mautner von Markhof (Wiener Brauereidynastie), Dr. Peter von Reinighaus (1896–1973), den Betrieb wieder auf. Erst danach trennten sich die Wege der Familie von den Brauereien auf dem Steinfeld und am zweiten Standort (1943) in Puntigam. Nun wird Reininghaus-Bier nur mehr in Puntigam gebraut. Die Anlagen in

Eggenberg haben nun andere einschlägige Funktionen. Im dortigen Betriebsgelände befindet sich ein Denkmal für den Firmengründer.

Reinitzerweg

XII (Siedlungsaufschließungsstraße von der Radegunder Straße nach Osten, Sackstraße), 1989, PLZ 8045.

Friedrich Reinitzer (1857 Prag – 1927 Graz), Dr., wirkte bis 1895 als Assistent, dann als Dozent und Extraordinarius an der Deutschen Hochschule in Prag. Ab 1895 Berufung als Professor für Botanik, Warenkunde, organische Rohstofflehre und technische Mikroskopie an die Technische Hochschule nach Graz. Reinitzer gilt als Entdecker der Flüssigkeitskristalle durch seine Publikation *Beiträge zur Kenntnis des Cholesterins*, 1888. Die Straßenbenennung gründete sich auf das 100-jährige Jubiläum des Erscheinungsjahres dieser Schrift, die seine Rolle als Entdecker bestätigte.

Reintalweg

VIII (Einödhofweg – Petersbergenstraße), 1949, PLZ 8042.

Zuvor Hügelgasse und Reunthalweg. Der Weg führt von den Petersbergen zum Schloss und zur Ortschaft Reintal. Eine ältere Schreibweise lautet *Reunthal*. Der Name kommt – ähnlich wie beim Reinerkogel – vom Stift Rein, das hier Besitzungen hatte. Im Mittelalter befand sich in Reintal ein Wirtschaftshof, der im 16. Jh. zu einem Edelsitz und im 18. Jh. zu einem Schloss ausgebaut wurde (Abbildung in Vischers Schlösserbuch, 1681). Im 19. Jh. wurde die Anlage grundlegend verändert. Damals war auch kurz der glücklose Feldzeugmeister

Schloss Reintal auf einer Graphik des 19. Jhs.

Rechts unten führt der Reiterweg an der Kavalleriekaserne entlang (Ölbild von Alois Kasimir, um 1910).

Benedek Eigentümer des Schlosses. Vor der Jahrhundertwende stand das Schloss im Besitz der württembergischen Grafen Hügel. Durch ihre Verwandtschaft mit dem englischen Königshaus gab es damals hohe Besuche in Reintal. 1967 erwarb die Gemeinde Graz Reintal und gab ihm soziale und kulturelle Funktionen. 35 Jahre gab es hier Theatervorstellungen. Nun sind das Schloss und der dazugehörige Grundbesitz verkauft, geplant ist ein Therapiezentrum mit dem Einsatz von Tieren.

Reiterweg

II (Leonhardstraße – Pappenheimgasse), 1899, PLZ 8010.

Benannt nach der Reiterkaserne, erbaut 1840/42 für Josef und Maria Kober. Die kleine und große Reitschule wurden 1851 vom Staat erworben und dienten militärischen Zwecken. In der Ersten Republik Unterbringung der Kavallerie. Während die kleine Kaserne 1970 abgebrochen wurde, hat sich die große bis heute erhalten; zurzeit Teil der Kunstuniversität Graz (Leonhardstraße 82).

Reitschulgasse

II (Jakominiplatz – Dietrichsteinplatz), 1800, PLZ 8010.

Benannt nach der landständischen Reitschule (heute Mondscheingasse Nr. 3), erbaut 1722/24. Das Areal der Reitschule umfasste den heutigen Bereich zwischen Reitschulgasse, Mondscheingasse, Grazbachgasse und Dietrichsteinplatz. Die Reithalle wurde 1744/46 von Joseph Hueber umgebaut und gleichzeitig von Pietro Angelo Formentini im Inneren mit Pferdereliefs stuckiert. Während

Reitschulgasse: Die landständische Reitschule an der Ecke zur Mondscheingasse.

des Wiederaufbaues des Schauspielhauses in der Zeit von 1824/25 diente die Reitschule als Theater, nach dem Ersten Weltkrieg als Rollschuhbahn, danach Garagenbetrieb. Die ehem. Reitschule zeigt sich heute im Inneren als völlig erneuerter Lagerraum.

Reitweg

XVII (Rudersdorfer-Au-Straße nach Norden entlang der Mur – Gasometerweg) 1972, PLZ 8055.

Nach einem ehemals beliebten Reitweg in den Murauen.

Rembrandtgasse

II, III (Schanzelgasse – Elisabethstraße – Leonhardstraße), 1899, PLZ 8010.

Rembrandt, eigtl. Rembrandt Harmensz van Rijn (1606 Leyden – 1669 Amsterdam), berühmter niederländischer Maler, Zeichner, Radierer; Hauptmeister der holländischen Barockmalerei. Anfangs schuf Rembrandt kleinformatige Bilder, Innenraumszenen. Hauptschaffensperiode, sog. frühe und späte Amsterdamer Zeit mit weltberühmten Bildern. Meister der Hell-Dunkel-Malerei (Chiaroscuro), wobei dem Licht symbolische Kraft zukommt (*Die Nachtwache, Anatomie des Dr. Tulp*). Vielzahl von meisterhaften Radierungen und Zeichnungen. Rembrandt starb verarmt nach Versteigerung seines gesamten Besitzes.

Remschmidtgasse

siehe Gottlieb-Remschmidt-Gasse

Remygasse

IV (Kalvarienbergstraße zur Mur), 1899, PLZ 8020.

Der Komponist Dr. jur. Wilhelm Mayer (1831 Prag – 1898 Graz) nannte sich als Künstler W. A. Rémy. Mayer stand mit Hausegger (siehe Hauseggerstraße) in Verbindung. 1862 wurde Mayer künstlerischer Leiter (Dirigent) des Musikvereins für Steiermark. In späteren Jahren wirkte er besonders als Musiklehrer. Sein kompositorisches Schaffen im Geiste der Romantik fand in fünf Symphonien seinen Niederschlag. Von ihm stammen aber auch beispielsweise Chöre und Klavierwerke.

Rennerweg

siehe Brüder-Renner-Weg

Reselgasse

siehe Hans-Resel-Gasse

Resselgasse

IV (Plabutscher Straße – Wolkensteingasse), 1877, PLZ 8020.

Ursprünglich bis zur Alten Poststraße. Josef Ressel (1793 Chrudim/Böhmen – 1858 Laibach) studierte an der Universität Wien und an der Forstakademie Mariabrunn. Er übte das Amt eines Marineforstintendanten im Küstenland aus. Sein Interesse galt den Erfindungen, für die er zehn Privilegien (Patente) erhielt, so für die Rohrpost, Dampfmaschinen und Seifenherstellung. Seine bedeutsamste Erfindung war jedoch die propellerartige Schiffsschraube (1827), die er in Triest 1829 mit dem Dampfschiff *Civetta* erprobte. Die Familie Ressel besaß Beziehungen zu Graz.

Rettenbacher Straße

XI (Mariatroster Straße – Roseggerweg), PLZ 8044.

Der Rettenbach fließt durch die Rettenbachklamm ins Mariatroster Tal mit dem Ort Rettenbach. 1265 ist ein Rotenbach überliefert. Wie bei anderen Roten- und Rettenbächen ist hier der Hinweis auf Rotfärbung gegeben. Die Ursache hierfür mag in Rotalgen oder im Eisenerz liegen. Ein Teil der Rettenbacher Straße führt über ehemaliges Sumpfgelände. Die Steine für den Dammbau stammen aus dem nahen Steinbruch an der Mariatroster Straße.

Richard-Strauss-Gasse

XIV (Eckertstraße – Baiernstraße), um 1927, PLZ 8020.

Richard Strauss (1864 München – 1949 Garmisch) ist einer der namhaften Komponisten der Spätromantik (*Elektra, Arabella*). Viele Jahre arbeitete er mit Hugo von Hofmannsthal als Textdichter zusammen (siehe Hofmannsthalgasse). Seine Opern haben teilweise wienerischen Charakter (*Der Rosenkavalier,* 1911). Die Beziehung von Richard Strauss zur Musik erschöpft sich nicht nur in 15 Opern, sondern auch in Ballettmusik und Orchesterwerken. Auch als Dirigent leistete Richard Strauss Ungewöhnliches. Eine Richard-Strauss-Gesellschaft betreut sein Lebenswerk.

Richard-Wagner-Gasse

III (Grabenstraße – Körblergasse), 1899, PLZ 8010.

Zuvor Wagnergasse. Erst die Richard Wagner Begeisterung der Grazer machte aus dem Berufsnamen einen Personennamen. Das Opernhaus wurde vor allem für Aufführungen von Wagner gebaut. Ein Bronzekopf Wagners befindet sich auf der Südseite des Opernhauses (sign. Skala 1963). Zurzeit gibt es in Graz zwei Richard Wagner gewidmete Vereinigungen. Richard Wagner (1813 Leipzig – 1883 Venedig), berühmter deutscher Komponist. Opern, u. a.: *Der Fliegende Holländer, Tannhäuser* (1854 österreichische Erstaufführung in Graz), *Der Ring des Nibelungen; Meistersinger von Nürnberg.* Bayreuther Festspiele.

Richard-Zach-Gasse

XII (Alpassy-Pastirk-Gasse nach Norden), 1971, PLZ 8045.

Richard Zach (1919 Graz – 1943 Berlin/Brandenburg, ermordet), Dichter, Lehrer, Widerstandskämpfer. Sohn einer Arbeiterfamilie, Matura mit Auszeichnung, 1937 Gründung eines geheimen marxistischen Arbeitskreises, Kanonier in Polen, entzog sich dann dem Kriegsdienst. Ab 1940 beliebter Lehrer in der Grazer Hirtenschule. Ununterbrochene Widerstandstätigkeit, 1941 Verhaftung durch die Gestapo. Literarische Tätigkeit in der Haft fortgesetzt, seine Gedichte wurden durch Morse- und Klopfzeichen weitergegeben. Am 27. 1. 1943 Hinrichtung im Gefängnis Berlin-Brandenburg. Gedichtband: *Streut die Asche in den Wind!*

Richtergasse

siehe Eduard-Richter-Gasse

Riedlerweg

XVI (Aufschließungsstraße von der Hafnerstraße nach Norden, 1996, PLZ 8054.

Univ.-Prof. Alois Riedler (1850 Graz – 1936 Semmering) studierte Maschinenbau an der Technischen Hochschule Graz. Er arbeitete sodann an den Technischen Universitäten (Hochschulen) in Brünn, Aachen und Berlin-Charlottenburg, dort wirkte er auch als Rektor. Riedler erwarb sich Verdienste um den hochschulrechtlichen Aufbau und den Abschluss des Technikstudiums. Seine Forschungsschwerpunkte waren vor allem Dieselmotoren und Kleinautomobile. Riedler wurden zahlreiche Ehrungen verliehen.

Riedweg

VII (Murfelder Straße gegen Osten), PLZ 8041.

Zuvor Grenzweg. Neben der Bedeutung von Ried als traditionelle Flureinheit findet sich im *Österreichischen Wörterbuch* Ried auch als Bezeichnung für sumpfiges Gebiet. Hier, nahe der Mur, waren bis zur Murregulierung in den 70er-Jahren des 19. Jhs. häufig feuchte Wiesen zu finden.

Riegelgasse

IX (Plüddemanngasse – Waltendorfer Hauptstraße), PLZ 8010.

Zuvor Riegelweg. Um 1938 wird hier das erste Haus gebaut, und der Weg brauchte auch offiziell einen Namen. Da der Weg eine kleine Geländestufe (Riegel = Anhöhe) zuerst vom Westen anschneidet und dann in Richtung Norden umgeht, trägt er den Namen Riegelweg.

Daraus wird in den Nachkriegsjahren als Zeichen urbaner Emanzipation die Riegelgasse.

Riehlgasse

siehe Hans-Riehl-Gasse

Riemerweg

XVI (Kärntner Straße – Kapellenstraße), 1951, PLZ 8053.

Zuvor Straße X. Namensherkunft unklar. In Bezugnahme zum nördlich gelegenen Bäckerweg vermutlich alte Gewerbebezeichnung.

Rieplgasse

siehe Franz-Riepl-Gasse

Ries

X.

Der X. Stadtbezirk erhielt diesen Namen erst 1946. Bis 1938 befand sich hier der Westteil der Gemeinde Kainbach. 1938 bis 1945 wurde dieses Gebiet zu einem Teil des Bezirks Graz-Ost. 1946 tagte der Grazer Gemeinderat erstmals nach der Herrschaft des Nationalsozialismus, und es wurde beschlossen, die 1938 eingemeindeten Gebiete von Graz mit den alten Namen und Gemeindegrenzen nunmehr als Bezirke zu rekonstruieren. Keine Gültigkeit hatte dieser Beschluss für den Norden von Feldkirchen (Puntigam), der vorerst zu einem Teil des Bezirkes Straßgang wurde (siehe Puntigam), und für den Westteil von Kainbach. Zuerst wollte man einen Bezirk *Kainbach* installieren. Nach einem Protest der ohnedies durch die Abtretung nach Graz 1938 geschädigten Gemeinde Kainbach wählte man den Namen Ries. Diese Wasserscheide zwischen Ragnitztal und Stiftingtal ist besonders durch die Riesstraße bekannt. Ries bedeutet nach Pirchegger *Leiten* oder *Abhang*. Dies trifft besonders für den steilen Übergang zum Grazer Feld zu. Die ältere Straße dürfte im Ragnitztal gelegen gewesen sein. Die Riesstraße wurde auch als *Ungar(n)straße* bezeichnet. Im Mittelalter war die Ries ein *mons predel*.

Rieshang

X (Stiftingtalstraße – Kollonitschstraße), 1949, PLZ 8010.

Zuvor Hollergraben. Siehe Ries.

Riesplatz

X (Stiftingtalstraße – Riesstraße), 1987, PLZ 8010.

1963 hatte der Bezirk Ries Gelände im Bereich des LKH an den Bezirk Geidorf abgetreten. 1965 erhielt im Ausgleich dazu der Bezirk Ries jene Fläche, die zum Riesplatz erklärt wurde. Mit der Namengebung von 1987 wollte man den bislang namenlosen Platz, der sich an der Schnittstelle von Stiftingtal, Ries und Ragnitz befindet, als Bezirkszentrum hervorheben. Im Akt für die Namengebung wird auf die hier zu erwartenden Neubauten und neuen Nutzungen hingewiesen. Siehe Ries.

Riesstraße

II, III (Leonhardplatz gegen Osten zur Stadtgrenze auf der Ries), PLZ 8036, 8010, 8047.

Der Bezirk ist nach dieser Straße benannt. Die Riesstraße markiert ungefähr die Wasserscheide zwischen Ragnitz- und Stiftingbach. *Die Ries* war bis zur Eröffnung des Autobahnteilstücks Graz–Gleisdorf (1969) die Hauptausfahrtsstraße nach Osten (Oststeiermark, südliches Niederösterreich, Wien, Ungarn). Ihr Steilstück und ihre kurvige Anlage ließen die Fahrten auf der Riesstraße besonders im Winter durch Jahrhunderte zum gefährlichen Abenteuer werden. Ein Wanderführer schrieb 1906: *Sie ist kein Meisterstück der Ingenieurleistung;* eine Holztafel warnte früher: *Bis 16% Gefälle auf 400 m.* Erst 1941 gab es eine Granitsteinpflasterung. 1907 bis 1948 (mit einer längeren Unterbrechung) wurden die gefürchteten und gleichzeitig beliebten Riesrennen für Autos und Motorräder veranstaltet. 1967 wurde im Grazer Gemeinderat diskutiert, ob man nicht die Riesstraße im Steilstück auf 17 m verbreitern könnte. Siehe Ries.

Rilkeweg

IX (Am Leonhardbach – Rudolfstraße), 1949, PLZ 8010.

Zuvor Roseggerweg. Der Dichter Rainer Maria Rilke (1875 Prag – 1926 Val-Mont/Montreux) war Prosa-Autor und Essayist, besonders aber ein Lyriker von Weltruf. Ein wechselhaftes Leben brachte ihm Wohnsitze im alten Österreich, in Frankreich, der Schweiz, Deutschland und Italien. Großen Erfolg hatte Rilke mit der Novelle *Die Weise von Liebe und Tod des Cornets Christoph Rilke* (1906). Rilkes Dichtungen waren ein Abbild der sich wandelnden Zeit, seine Werke wiederum beeinflussten in Sprach- und Formkunst die Literatur. Sein Spätwerk, die *Duineser Elegien,* zeigt die Überwindung des für ihn sonst wichtigen Impressionismus.

Rindscheidweg

XVI (Zahläckerweg nach Süden, Sackgasse), 1947, PLZ 8054.

Steirisches Adelsgeschlecht seit dem 13. Jh. Ritter Ch. Rindscheidt besaß 1524 den sog. *Rindscheidthof* und eine Gült am Graben. Ein Andreas Rindscheid war 1535 bis 1545 Propst von St. Martin.

Ring

siehe Am Ring

Rittergasse

III (Glacisstraße – Leechkirche), 1870, PLZ 8010.

Kurzer, gerader Zugang von der Glacisstraße zum Westportal der Leechkirche; seit 1870, in Beziehung zum Deutschen Ritterorden, als *Rittergasse* bezeichnet.

Ritter-von-Formentini-Allee

I (Allee vom Forum Stadtpark bis zur Hauptallee), 1787/1987, PLZ 8010.

Benannt nach Johann Heinrich Reichsritter von Formentini (1734–1814 Graz), aus altem Görzer Geschlecht stammend, ständischer Bau-Inspektor und Zeughausadministrator. Er ließ 1787 den Festungswall am Glacis bepflanzen und ist als ein Begründer des Stadtparks anzusehen. Gedenktafel im Stadtpark: *Diese Alleen wurden von Johann Heinrich von Formentini 1787 angelegt.*

Robert-Fuchs-Straße

XV, XVI (Haaräckerstraße – Kluse-mannstraße), 1951, PLZ 8053.

Zuvor Siedlungsweg. Der Komponist Robert Fuchs (1847 Frauenthal – 1927 Wien) wurde nach seinen Jugendjahren in St. Peter a. d. Sulm und Graz am Wiener Konservatorium musikalisch ausgebildet. Dort lehrte er auch Harmonielehre und dirigierte für die Gesellschaft der Musikfreunde. Auch als Hoforganist war Fuchs tätig. Sein kompositorisches Werk umfasst zwei Opern, Symphonien, Serenaden und Chormusik. Das Werk von Robert Fuchs wird seit 1930 von der nach ihm benannten Gesellschaft in Wien betreut.

Robert-Graf-Straße

siehe Dr.-Robert-Graf-Straße

Robert-Mlekus-Weg

XIII (bogenförmiger Weg westlich der Thalstraße), 1951, PLZ 8051.

Robert Mlekus (1866 Graz – 1930 Graz), Kommandant der Göstinger Feuerwehr 1895 bis 1930 (schwere Hochwassereinsätze). Mlekus wurde mehrfach ausgezeichnet und war auch Gastwirt in Gösting (*Wienerhof* in der Wiener Straße und Brauhaus). Bei seinem Begräbnis folgten über 800 Feuerwehr- und Rettungsmänner seinem Sarg. Das Depot der Wehr befand sich in der Anton-Kleinoscheg-Straße südlich der Attems'schen Meierei. Hier war auch der Gemeindearrest untergebracht. 1939 löste die Grazer Berufsfeuerwehr die Freiwillige Feuerwehr Gösting ab.

Robert-Musil-Gasse

VII (Liebenauer Hauptstraße – Engels-dorfer Straße), 1981, PLZ 8041.

Der Dichter Robert Musil (1880 Klagenfurt – 1942 Genf) wuchs in Steyr und Brünn auf, studierte in Wien (Maschinenbau) und Berlin (Psychologie und Philosophie) und arbeitete in Wien und Berlin. 1938 emigrierte er in die Schweiz. Musil wurde mit dem Heinrich-Kleist-Preis und dem Gerhart-Hauptmann-Preis ausgezeichnet. Berühmt wurden *Die Verwirrungen des Zöglings Törleß* (1906) und sein Lebenswerk, *Der Mann ohne Eigenschaften* (1930, 1933, 1943). Musils Werk umfasst Romane, Essays und dramatische Dichtung. Seine gesammelten Werke erschienen erstmals 1952 bis 1957 (Herausgeber A. Frisé). O. Hafner stellte die Graz-Beziehung von Musil dar: Seine Großeltern wohnten in Graz (Glacisstraße 61), und der junge Robert besuchte sie. 1908 sollte Musil Assistent des Experimentalpsychologen Meinong werden (siehe Meinonggasse). Musil lehnte jedoch ab.

Robert-Sieger-Straße

siehe Dr.-Robert-Sieger-Straße

Robert-Stolz-Gasse

III (Körösistraße – Grabenstraße), 1947, PLZ 8010.

Zuvor Bäckergasse im Teil zwischen Theodor-Körner-Straße und Körösistraße. Robert Stolz (1880 Graz – 1975 Berlin), international bekannter Operettenkomponist, Kapellmeister am

Theater an der Wien. Sein Œuvre umfasst 60 Operetten, Eisrevuen, Filmmusik und etwa 2000 Einzelkompositionen. Zu seinen bekanntesten Liedern gehören u. a.: *Im Prater blühn wieder die Bäume, Wien wird bei Nacht erst schön.* Das *Robert Stolz Museum* (Abteilung des Grazer Stadtmuseums) befand sich am Mehlplatz im I. Bezirk (ehem. Musikschule der Eltern von Stolz, sein Geburtshaus stand in der Schmiedgasse Nr. 26).

Robert-Stolz-Promenade

I (Promenadenweg im Stadtpark, führt vom Mozart-Denkmal zur Glacisstraße), 1972, PLZ 8010.

Stolz schrieb 1972 einen Grazer Stadtpark-Walzer. Eine Bronzebüste von Stolz (sign. Huber 1970) befindet sich im Stadtpark. Siehe Robert-Stolz-Gasse.

Rochelgasse

XIV (Alte Poststraße – Algersdorfer Straße), PLZ 8020.

Das Grundstück, auf dem die Straße entstand, gehörte dem Besitzer Ludwig Rochel. Auch das Schloss Algersdorf (Baiernstraße Nr. 12), irrtümlich als *Alt-Eggenberg* bezeichnet, war Ende des 19. Jhs. (1856–1882) im Eigentum der Familie Rochel. Die Familie Rochel zählte zu den alteingesessenen Kaufmannsfamilien in Graz *(Rochelsches Haus* Ecke Hauptplatz/Schmiedgasse). Ludwig Rochel war 1850 Gemeinderat, Major Augustin Rochel wurde 1908 in den Adelsstand erhoben.

Die großbürgerliche Kaufmannsfamilie Rochel (um 1880, SMG).

Rohrbachergasse

XII (Emichgasse – Andritzer Reichsstraße), 1947, PLZ 8045.

Josef Rohrbacher (1892 Weitersfeld – 1971 Graz) setzte sich als Kaplan in St. Veit besonders für Behinderte ein. Als Dechant wirkte er in Schwanberg und Straßgang. Er war auch Missar an der Grazer Stadtpfarrkirche.

Rohrbachfeld

X (zwischen Stiftingtalstraße, Schaftalstraße, Roseggerweg und Edelweißweg), 1948, PLZ 8010, 8044.

Eine neuere Ableitung aus einem alten Namen. Rohrbach und Namensverbindungen wie Rohrbachberg kommen relativ häufig in der Steiermark vor. Sumpfiges Gelände und Bachverwilderungen mit Schilf (Rohr) stehen hinter dem Namen. Der Rohrbach ist ein recht bescheidener linker Zufluss des Stiftingbaches. Rohrbach findet sich als Riedname im Josefinischen Kataster. Der Name wurde auf eine Ortschaft übertragen, machte aber auch eine Übertragung aufs Bergland mit (siehe Rohrbachhöhe). Wie schwer es die Kartographen des 19. Jhs. hatten, zeigt der Name *Rober-Thal* auf der amtlichen Karte 1:14400 (1869) für Rohrbachtal.

Rohrbachhöhe

X (zwischen Schaftalstraße, Stiftingtalstraße und Stadtgrenze), 1948, PLZ 8010.

Riedname. Im 18. Jh. hieß die Lagebeschreibung: *In den Rohrbachbergen.* Womit auch die Reihenfolge der Erschließung von Rohrbach zu den Rohrbachbergen festzustellen ist (ähnlich: St. Peter – Petersbergen, Messendorf – Messendorfberg). Siehe Rohrbachfeld.

Rohrerberg

XII (östlich der St.-Veiter-Straße – Stadtgrenze), 1947, PLZ 8046.

Rohrerberg, Ausflugsziel und Wandermöglichkeit von St. Veit – Rohrerberg – Geierkogel – auf die Hohe Rannach. Das Siedlungsbild hier an der nördlichen Stadtgrenze wird noch von Bauernhöfen, Wochenend- und Einfamilienhäusern geprägt. Der Name stammt von Rohr = Schilf. Bei der großen Ausdehnung des Sumpfgeländes im Mittelalter sind die mit *Rohr* zusammengesetzten Lagenamen auch in der Steiermark sehr gebräuchlich.

Rohrerbergstraße

XII (Forstweg – Stattegger Straße), PLZ 8046.

Siehe Rohrerberg.

Rollet-Allee

siehe Aigner-Rollet-Allee.

Rollettweg

siehe Alexander-Rollett-Weg

Römerweg

XIII (Anton-Kleinoscheg-Straße – Südbahn), 1949, PLZ 8051.

Ursprünglich Mitterweg, ab 1949 wegen der Nähe zur alten Römerstraße Römerweg genannt (siehe Mitterstraße).

Röschegasse

siehe Wilhelm-Rösche-Gasse

Roseggergarten

I (Grünfläche am Opernring, gegenüber Opernhaus und Thalia), 1955, PLZ 8010.

Peter Rosegger (1843 Alpl – 1918 Krieglach), berühmter steirischer Dichter, Sohn einer kinderreichen Waldbauernfamilie am Alpl/Krieglach. Verfasste eine Vielzahl von Romanen, Erzählungen, Gedichten, Reiseschilderungen in Mundart und Schriftsprache, beschrieb das bäuerlich-ländliche Leben der heimatlichen Steiermark. 1865 bis 1869 besuchte Rosegger in Graz die Handelsakademie, 1870 Veröffentlichung des ersten Buches *Zither und Hackbrett.* Herausgeber der Monatszeitschrift *Heimgarten* mit vielen Beiträgen zur Kulturgeschichte von Graz. Ehrendok-

Der Dichter Peter Rosegger.

tor der Universitäten Heidelberg, Wien und Graz. 1913 Ehrenbürger von Graz. Landesausstellung 1993.

Roseggerkai

VI (Radetzkystraße – Pulakai), 1913, PLZ 8010.

Siehe Peter-Rosegger-Straße. Bis zur Namenskorrektur der Nachkriegsjahre gab es zehn Verwendungen des Namens Rosegger im Grazer Straßennetz. Der Pulakai (1984) verkürzte den Roseggerkai.

Roseggerstraße

siehe Peter-Rosegger-Straße

Roseggerweg

III (LKH-Einfahrt – Stadtgrenze), 1948, PLZ 8010, 8036, 8044.

Siehe Peter-Rosegger-Straße.

Rosenberggasse

III (Körblergasse – Panoramagasse), 1800, PLZ 8010.

Herkunft nicht belegt. Entweder nach einer Adelsfamilie Rosenberg oder wie häufig nach den Heckenrosen als Flurname benannt. Das Gebiet um den Rosenberg (siehe Panoramagasse, Quellengasse) gehört zu den bevorzugten, traditionellen Gunstwohnlagen mit repräsentativen Villenbauten und Ansitzen (Minoritenschlössl). Zahlreiche Weingärten, Freigärten, Sommerhäuser und Gutshöfe (Rosenberghof) prägten in den vergangenen Jahrhunderten eine reizvolle Umgebung. Der Lavanter Bischof Stobaeus von Palmburg, Besitzer des Schlösschens Rosegg, schrieb 1609: *Wenn die Götter von den Giganten aus dem Himmel wären vertrieben worden, so hätten sie keine anderen Wohnstätte als diesen Winkel der Welt erwählt.* Seit dem frühen 17. Jh. erwarben die Jesuiten in diesem Gebiet Obst- und Weingärten, Äcker, Wiesen und Wälder. Sie waren hier die größten Grundbesitzer bis zur Auflösung des Ordens 1773.

Rosenberggürtel

III (Heinrichstraße – Rosenberggasse), 1891, PLZ 8010.

Hier befindet sich die Landesbildungsanstalt für körperbehinderte Kinder und Jugendliche, ein monumentales, historistisches Gebäude vom Ende des 19. Jhs. Siehe Rosenberggasse.

Rosengasse

VIII (Rudolf-Hans-Bartsch-Gasse – Marburger Straße), PLZ 8042.

Die Bezeichnung gab es schon zu Zeiten der Gemeinde St. Peter in der Zwischenkriegszeit. Warum die Stadt Graz im Straßennamenkataster die Rosengasse vom *Rosenberg im Geidorfviertel* ableitet, ist nicht nachvollziehbar. Dass es allerdings zwischen den gepflegten Vorstadtgärten im Bereich der Gartenstadt und den örtlichen Blumenzüchtern eine Rosengasse gibt, ist durchaus vorstellbar. Rosengasse 21 wohnte der Dichter Rudolf Hans Bartsch (siehe Rudolf-Hans-Bartsch-Straße).

Rosenhain

III (Gebiet zwischen Rosenberggasse und Panoramagasse), 1937, PLZ 8010.

Im 16. Jh. errichteten die Jesuiten eine Erholungsstätte für ihre Ordensmitglieder, das sog. *Sommerrefektorium,* heute nur mehr eine verlassene Ruine. Hier fanden Theateraufführungen und glanzvolle Feste statt. Ende des 18. Jhs. erwarben die Grafen Attems dieses Gebiet für die Öffentlichkeit. Bekannt ist Anton Wildgans' romantische *Elegie vom Rosenberg.* 1928 Erwerbung des Areals durch die Stadt Graz. Der Name *Rosenhain* für die Grünanlage am Opernring wurde beim Bau der Tiefgarage gelöscht.

Rosenhaingasse

III (Heinrichstraße – Panoramagasse), 1969, PLZ 8010.

Zuvor Ziegelstadlgasse. Siehe Rosenhain.

Café und Restaurant Rosenhain um 1930.

Rosenhang

IX (Rudolfstraße gegen Norden), 1954, PLZ 8010.

Zuvor Haschkaweg. Da der Name des Grundstückverkäufers bei den neuen Hauseigentümern mehrheitlich keine guten Erinnerungen weckte, wurde auf ihren Wunsch der Rosenhang geschaffen.

Rosenkranzgasse

V (Grieskai – Bürgerspitalgasse), 1813, PLZ 8020.

In dieser Gegend waren *Betenmacher* (= Rosenkranzhersteller) ansässig. So ist ein solcher für das Haus Kleegasse Nr. 4 nachweisbar. Joachim Ringelnatz erwähnt eine ganz andere einstige Attraktion der Rosenkranzgasse in einem Gedicht, modisch könnte man von Rotlichtmilieu sprechen.

Rosenschlößlweg

XI (Schwarzbauerweg – Oberer Plattenweg), 1948, PLZ 8043.

Nach einem Villennamen in dieser Gasse benannt.

Roßegg

XII (Schöckelstraße – Radegunder Straße), 1949, PLZ 8045.

Gebietsbezeichnung von lat. *racimus* (= Weinbeere), windisch *rozak* (= Holzschlag). 1343 urkundlich genannt als *rossakke*, um 1400 waren drei Weingärten *im rossek* befindlich. 1420 *am Rossegg* bezeichnet.

Rösselmühlgasse

V (Griesplatz – Elisabethinergasse), 1813, PLZ 8020.

Die Rösselmühle war seit dem 13. Jh. eine der großen Mühlen, die durch den rechtsseitigen Mühlgang betrieben wurden. Der Mühlgang war und ist einer der traditionellen Standorte für Gewerbe und Industrie in Graz. Die Rösselmühle gehörte um die Jahrhundertwende der Familie Gottinger und erzeugte auch Rollgerste. Seit 1920 sind das Kleinkraftwerk und die Elektromühle im Eigentum der Firma Polsterer, die hier Mehl erzeugt.

Rösselmühlpark

V (Rösselmühlgasse – Dreihackengasse), PLZ 8020.

Das amtliche Straßenverzeichnis der Stadt Graz (Vermessungsamt) nennt diesen Namen nicht. Trotzdem wird er allgemein verwendet. Die kleine Grünanlage grenzt an die ehemalige Artilleriereitschule, nun Veranstaltungszentrum. 1960 gab es den Plan, die Parkanlage nach dem ehem. Bezirksvorsteher Franz Kovacic (1880–1957) zu benennen.

Roßmanngasse

X (Stiftingtalstraße gegen Norden), 1948, PLZ 8010.

Adolf Ros(!)mann war um 1900 Landesbaudirektor (1847 Kornberg – 1911 Graz). Es wird angenommen, dass er der Planer des Landeskrankenhauses war. Rosmann führte auch zusammen mit Karl Hupfer die Bauleitung. Das LKH wurde 1912 fertiggestellt. Der Drama-

Rösselmühlgasse: Haus Nr. 8 vor den Bomben, um 1942 (Sammlung Schmuck-Zollner).

tik und Problematik dieses Großbauunternehmens zeigte sich Rosmann nicht gewachsen: Er erschoss sich aus Enttäuschung über den Baufortschritt und die Kritik am Projekt 1911 auf der Baustelle. Rosmann erstellte zusammen mit K. Teischinger auch den Plan für die Heilanstalt Feldhof.

Rothweg
siehe Bresslern-Roth-Weg

Rotmoosweg
XII (Stattegger Straße – Pfangberg – Radegunder Straße), 1949, PLZ 8045.
Zuvor Feldweg. Alter Riedname, der Weg führte ursprünglich von der Stattegger Straße zur Neudorfer Pulverstampfe. Der Musiker Anselm Hüttenbrenner starb 1868 im Haus Rotmoosweg Nr. 4 (siehe Hüttenbrennergasse).

Rottalgasse
III (Theodor-Körner-Straße – Schwimmschulkai, mit Unterbrechung), 1930, PLZ 8010.
Zuvor Scheidenbergerweg. Benannt nach Hans Christoph von Rottal(ler), im 17. Jh. Besitzer der Herrschaft Grabenhofen. Zu dieser Liegenschaft gehörte die Rottalmühle, die in ihrer heutigen Bausubstanz ein industriegeschichtliches Denkmal des 19. Jhs. darstellt. Die Anlage war bis 1905 in Betrieb.

Ruckerlberggasse: Die mondäne Gesellschaft des Ruckerlberger Radclubs (um 1910).

Ruckerlberggasse

II, IX (Plüddemanngasse – Rudolf-straße), 1899, PLZ 8010.

Im Osten von Graz in Waltendorf befindet sich der *Ruckerlberg* mit der Rudolfshöhe (443 m). Um die Jahrhundertwende ein beliebtes Ausflugsziel mit vielen Gasthöfen und begehrter Villenstandort. Die Bezeichnung Ruckerlberg ist eine Schrumpfform aus *Rucker(hof)berg* und unter Anlehnung an die volkstümliche Benennung *Ruckerl* (Gänseblümchen, Maßliebchen) zu Ruckerlberg weitergebildet. Ursprünglich vermutlich nach dem Geschlecht der Rucker benannt.

Ruckerlberggürtel

II (Schörgelgasse – Schillerplatz), 1911, PLZ 8010.

Siehe Ruckerlberggasse.

Rückertgasse

III (Leechgasse – Schanzelgasse), 1899, PLZ 8010.

Friedrich Rückert, Pseudonym für Freimund Raimar (1788 Schweinfurt – 1866 Neuses/Koburg), deutscher Dichter, Lyriker, meisterhafte Übertragung orientalischer Dichtung. 1826 Professor für orientalische Sprachen und Literatur in Erlangen.

Rücklgasse

siehe Engelbert-Rückl-Gasse

Rudersdorfer-Au-Straße

XVII (Rudersdorfer Straße – Am Unteren Auweg), 1972, PLZ 8055.

Ortsbezeichnung, Rudersdorf bei Feldkirchen, 1136 als *Ruthardesdorf* und 1441 *Ruetersdorf*, als Dorf des *Ruthard* (vermutlich Grundherr), bezeichnet.

Rudersdorfer Straße

XVII (Puntigamer Straße – Rudersdorf – Stadtgrenze), 1947, PLZ 8055, 8073.

Nach Rudersdorf führende Straße (siehe Rudersdorfer-Au-Straße).

Rudolf-Hans-Bartsch-Straße

VIII (St.-Peter-Hauptstraße – Marburger Straße), 1965, PLZ 8042.

Zuvor Gartengasse, dann Gartenstadtgasse, nun nur mehr für den separierten Westteil verwendet. In unmittelbarer Nähe, in der Villa Rosengasse 21, lebte ab 1913 der Schriftsteller Rudolf Hans Bartsch (1873 Graz – 1952 Graz). Sein Werk besteht aus Romanen, Novellen und verschiedenen Prosastücken. Besonders zu seinen Lebzeiten waren einige seiner gefühlsbetonten Bücher wie das *Vom sterbenden Rokoko* sehr bekannt und erfolgreich. In einigen seiner Werke, so in *Zwölf aus der Steiermark,* spielte seine steirische Heimat eine wichtige Rolle. Bartsch war wohl der berühmteste Bewohner der Gemeinde St. Peter. Er war Ehrenbürger der Stadt Graz und – zusammen mit Max Mell – der erste Träger des Peter-Rosegger-Preises des Landes Steiermark (1951). Die Urne von Bartsch ist an der Stallbastei am Schloßberg eingemauert. Die Initiative zur Namengebung für die Straße ging vom Historiker Robert Baravalle aus.

Der Schriftsteller Rudolf Hans Bartsch (1923).

Rudolf-List-Gasse

IX (Plüddemanngasse gegen Osten), 1985, PLZ 8010.

Der Schriftsteller, Theater- und Kunstkritiker Prof. Rudolf List (1901 Leoben – 1979 Graz) schuf ein poetisches Werk, das oft Graz zum Schauplatz hat. Schon 1924 hatte er die *Leobner Zeitung* gegründet und geleitet. Später schrieb er für die Wiener *Reichspost* und nach einigen Jahren Arbeit in Mähren arbeitete er als Kulturredakteur, u. a. bei der Grazer *Kleinen Zeitung* und der *Süd-Ost-Tagespost*. 1957 wurde er mit dem Peter-Rosegger-Preis ausgezeichnet. Prof. List erhielt auch andere Würdigungen, so das Ehrenzeichen der Stadt Graz. Er verfasste ein dreibändiges Lexikon *Kunst und Künstler in der Steiermark* (1967), ein Buch über die *Oper und Operette in Graz* (1966) und eines über das *Schauspiel in Graz* (1964). Auch poetische Arbeiten stammten von diesem Kulturredakteur. Seine Gattin veranlasste den Straßennamen.

Die Rodelwiese von der Rudolfstraße in die Ragnitz in den Nachkriegsjahren.

Rudolfstraße

*IX, X (Jensengasse – Ragnitzstraße),
um 1900, PLZ 8010, 8047.*

Der Name Rudolfstraße hängt wohl auch mit der Rudolfshöhe (443 m) zusammen, die auf die Zeit der Straßennamengebung in Waltendorf zurückgeht. Älter dürfte allerdings im Westen der Straße die Villa Rudolf sein, die schon vor 1900 dokumentiert ist. Die Stadtgemeinde schlägt einen *Kapellmeister der Wiener Hofoper Rudolf* als Namengeber vor. Der Dirigent Max Rudolf starb vor wenigen Jahren hochbetagt, ist aber trotzdem mit seinem Geburtsjahr 1902 als Taufpate für diese Straße zu jung. Ist jedoch die Interpretation dieses Straßennamens eine Frage der Wahrscheinlichkeit und nicht der Beweisführung, dann drängt sich eher Kronprinz Rudolf (1858 Laxenburg – 1889 Mayerling) als Namengeber auf.

Ruinenweg

*XIII (Schloßplatz – Ruine Gösting),
PLZ 8051.*

Nach der Burgruine Gösting benannt. Romantische Burganlage, nördlich von Graz (12. Jh.) auf einem steilen Felsen zwischen Kanzel und Steinkogel gelegen. Als landesfürstliche Sperrfeste im Mittelalter von großer strategischer Bedeutung. Anfang des 18. Jhs. durch Blitzschlag schwer zerstört. Im Besitz

Russenweg: Kriegsgefangene Russen und ihre österreichischen Bewacher vor einem Bergbau in Mariatrost zur Zeit des Ersten Weltkriegs.

der Grafen Attems. Der mächtige Bergfried und die romanische Doppelkapelle wurden auf Initiative des *Burgvereins Gösting* wiederhergestellt.

Rungeweg

IX (Rudolfstraße – Kaiserwaldweg), 1951, PLZ 8010.

1951 war für den Weg noch der Name Anilinweg vorgesehen. Dann wurde als Taufpate der deutsche Chemiker Friedlieb Ferdinand Runge (1795 Billwärder/ Hamburg – 1867 Oranienburg) ausgewählt. Runge war einige Jahre Professor in Breslau, dann Industriechemiker in Berlin und Oranienburg. Er reformierte die Farbenchemie und forschte beson-

ders auf dem Sektor der Teerfarben. So isolierte er aus Steinkohlenteer Anilin. Die Alkaloide Atropin und Koffein wurden von Runge entdeckt. Außerdem entwickelte er eine neue Analysemethode.

Rupertweg

XVII (Mühlfelderweg nach Osten, Sackweg), 1951, PLZ 8055.

Der hl. Rupert (Feste 27. 3. und 24. 9.) stammte aus hochadeliger fränkischer Familie, war Bischof von Worms, wurde der Überlieferung nach 696 an den Hof des Bayernherzogs Theodo berufen und erhielt die Reste der Römerstadt Iuvavum mit dem umliegenden Ge-

383

biet. Er errichtete bzw. erneuerte das Kloster St. Peter, gründete das Frauenkloster Nonnberg und wurde der erste Bischof von Salzburg. Er starb um 715 wahrscheinlich in Worms. Die Ruperti-Kirche in Straßgang, vermutlich eine frühe Salzburger Eigenkirche, zählt im Kern zu den ältesten Kirchen von Graz (9. Jh.?).

Russenweg

XII (Radegunder Straße – Pfeifferhofweg), 1949, PLZ 8045.

Dieser Weg wurde von kriegsgefangenen russischen Soldaten im Ersten Weltkrieg gebaut.

Ruthardweg

XVII (Triester Straße – Rudersdorfer Straße), 1947, PLZ 8055.

Nach dem Gründer des Dorfes (siehe Rudersdorfer-Au-Straße).

S

Saarweg

siehe Ferdinand-von-Saar-Weg

Sabatkyweg

siehe Vinzenz-Sabatky-Weg

Sachsgasse

siehe Hans-Sachs-Gasse

Sackstraße

I (Hauptplatz – Kaiser-Franz-Josef-Kai), 1785, PLZ 8010.

Ursprünglich ohne nördlichen Ausgang vom Hauptplatz bis zur Stadtmauer in der ersten Hälfte des 12. Jhs. angelegter, ältester Gassenzug von Graz, sog. erster Sack, bis zum heutigen Schloß-bergplatz reichend (1164 Reinerhof, ältestes Stadthaus des Stiftes Rein). Unter Kaiser Friedrich III. Verlängerung der Straße, der sog. zweite Sack (zwischen Nr. 27 und Nr. 36). Kleinbürgerliche Bewohner wie Lederer und Weißgerber, murseitig befanden sich noch Mühlen- und Lederstampfen. Anfang des 17. Jhs. Einbeziehung des dritten Sackes in die Stadtbefestigung. In der Folge zogen die Gewerbetreibenden in den zweiten und dritten Sack, während sich im ersten Bürger und Adelige ansiedelten. Diese drei Säcke bildeten ein eigenes Stadtviertel und waren in ihrer Struktur genau unterschieden; sie wurden 1845 als das dichtest besiedelte Gebiet von Graz bezeichnet und erst 1875 als zusammenhängende Sackstraße benannt. Seit 1972 verkehrsberuhigt.

Sahlaweg

V (Wetzelsdorfer Straße gegen Süden), 1954, PLZ 8020.

Richard Sahla (1855 Graz – 1931 Bückeburg) leistete als Violinvirtuose, Dirigent und Komponist Bemerkenswertes. Der Konzertmeister, Primgeiger des Wiener Hofoperntheaters und zuletzt Professor und fürstlich Schaumburg-Lippescher Hofkapellmeister in Bückeburg fand auch auf seinen Konzertreisen allgemeine Anerkennung. Klavier- und Violinwerke bezeugen sein kompositorisches Talent (Suppan, Steirisches Musiklexikon, 2009).

Saitzgasse

XIII (Plabutscher Straße – Göstinger Straße), PLZ 8051.

Johann Saitz (auch Saiz, 1827–1896), Vater von Alois Saitz (geb. 1871 Graz), Vorbesitzer der Dampfkesselfabrik, Kesselschmiede Ing. Rudolf Tschuda in der ehem. Plabutscher Straße, heute Göstinger Straße. Saiz war auch Gastwirt, betrieb das Gasthaus *Zur Flasche*, später *Zur blauen Flasche*. Die gegenwärtige Firma heißt Tschuda Gesmbh Kessel-, Maschinen- und Textilbau.

Salfeldstraße

XVI (Straßganger Straße – Kehlbergstraße), PLZ 8054.

Alte Flurbezeichnung. *Sal* bedeutet *zum Herrschaftshof gehörig.*

Bombenruinen an der Kreuzung Salzamtsgasse (rechts) und Bürgergasse (links).

Salzamtsgasse

*I (Burggasse – Bürgergasse),
PLZ 8010.*

Durch die Auflösung des Dominika-
nerinnenklosters 1784 und durch den
Verkauf und die Parzellierung des Klos-
tergrundes entstandener Straßenzug.
Benannt nach dem zu dieser Zeit in der
Burggasse befindlichen Salzamtsgebäu-
de.

Sandgasse

*VI (Münzgrabenstraße – Petersgasse),
1870, PLZ 8010.*

Zuvor Hochfeld. Erst später wurde die
Gasse in Richtung Petersgasse verlängert. Am Beginn, also nahe dem Dominikanerkloster, gab es Sandgruben, die
in den Jahren der Straßenbenennung

für das damals sehr baufreudige Graz
der Gründerzeit von Bedeutung waren.

Sandgrubenweg

*XV, XVI (Harter Straße – Pirchäcker-
straße), 1951, PLZ 8053.*

In der Nähe (im spitzen Winkel zwischen
Klusemannstraße und Harter Straße)
befanden sich mehrere Sandgruben. Der
Weg wurde erst später nördlich der Klusemannstraße verlängert.

St.-Georgen-Gasse

*IV (Annenstraße – Orpheumgasse),
1949, PLZ 8020.*

Zuvor Georgigasse. Um Verwechslun-
gen mit der Georgigasse in Eggenberg
zu vermeiden, wurde das *Sankt* hinzu-
gefügt. Der Name Georgigasse geht bis

1813 zurück. Auf dem Areal waren ursprünglich ein Spital und ein Friedhof für Evangelische geplant, als dies jedoch im Rahmen der Gegenreformation untersagt wurde, entstanden ein katholischer Friedhof und eine kleine, dem hl. Georg geweihte Kirche. Der Friedhof wurde als Pestfriedhof, dann als Armenfriedhof verwendet und 1787 durch die Reformen Kaiser Josefs II. aufgelassen; die Kirche wurde schon viel früher abgebrochen. Trotzdem blieb St. Georgen bis zur Mitte des 19. Jhs. eine der 18 Steuergemeinden der Stadt.

St.-Gotthard-Straße

XII (St.-Veiter-Straße – Andritzer Reichsstraße), 1949, PLZ 8046.

Nach der Ortschaft und der ehem. barocken Schlossanlage (mit Kirche) St.

Gotthard (heute weitgehend zerstört) des Stiftes St. Lambrecht. Hier befand sich seit dem Mittelalter ein kulturelles Zentrum nördlich von Graz. Von St. Gotthard führte die Weinzödlbrücke zur Herrschaft Gösting ans rechte Murufer (siehe Dennigweg).

St.-Johann-und-Paul

XV (um die Kirche St. Johann und Paul), PLZ 8052.

Im Mittelalter Standort einer Burg, vermutlich einer admontischen Ritterfamilie. Die Vorgängerkirche, 1542 *St. Johannes am Kögelein* genannt, war Johannes dem Täufer geweiht. Beim Neubau 1589 bis 1594 erfolgte ein Patroziniumswechsel auf die Heiligen Johann und Paul, in Rom sicher seit dem 6. Jh. verehrte frühchristliche Märtyrer mit

Schloss St. Gotthard (Vischer, 1681).

Gedenktag am 26. Juni. Besonders in Bayern und Österreich werden die beiden Heiligen als Wetterheilige betrachtet. Die exponierte Lage der kleinen Wallfahrtskirche über dem Grazer Feld ist daher kein Zufall. 1893 durch einen schweren Blitzschaden beschädigt, dem bald die Wiederherstellung folgte. Seit 1996 ist der Besitz im Eigentum der Stadtgemeinde Graz, welche die Buchkogelgründe vom Stift Admont erwarb.

St. Leonhard
II.

Der II. Stadtbezirk erhielt erst 1899 seine heutigen Grenzen. Zentrum der alten Vorstadt war die Kirche St. Leonhard (siehe Leonhardgürtel, Leonhardplatz, Leonhardstraße). Sie ist wiederum mit dem Meierhof Guntarn des Hochmittelalters in Verbindung zu setzen. Der Bezirk entwickelte sich um

Milchmädchen aus der Gegend St. Leonhard. Lithographie um 1860.

die Leonhardstraße (siehe dort), die alte Straße von Graz in die Oststeiermark und nach Ungarn. Als in der zweiten Hälfte des 19. Jhs. die Leonhardvorstadt an Bevölkerung und Verbauungsgrad stark zunahm, entwickelte sich der Bezirk bevorzugt zu einem Wohngebiet der Mittel- und Oberschicht. Zu den bedeutendsten Bauwerken des 19. Jhs. gehören u. a. die *Herz-Jesu-Kirche*, die *Heilandskirche*, die *Alte Technik*, das *Odilien-Blindeninstitut*, das *Palais Meran* (ehem. Stadtpalais von Erzherzog Johann), heute ein Teil der Universität für Musik und Darstellende Kunst Graz (KUG).

St.-Paulus-Platz
VII (Platz vor der St. Pauluskirche, nördlich der Konrad-Hopferwieser-Gasse), 1987, PLZ 8041.

Dem hl. Paulus sind in Graz drei Kirchen geweiht (Stiegenkirche, Waltendorf, Liebenau), eine weitere hat Johann und Paul zu Patronen. Dem hl. Paulus (wahrscheinlich 5–67 n. Chr.) kommt in der Ausbildung des Christentums als Religion eine besondere Rolle zu. Auf seinen Reisen und durch seine Briefe setzte der Apostel Paulus die Grundlagen des Christentums.

St. Peter
VIII.

1850 bis 1938 Gemeinde St. Peter, dann ein Teil des Bezirks Graz Süd-Ost, seit 1945 (de jure 1946) der VIII. Stadtbezirk. Der Ort St. Peter, benannt nach dem Patron der Kirche, wird 1258 erstmals erwähnt. Es ist anzunehmen, dass

Mädchen aus der Gegend St. Peter.
Lithographie um 1860.

das Dorf vorher einen anderen Namen hatte. Die flächengroße Pfarre St. Peter reichte einst von St. Leonhard über den Südosten von Graz bis zur Mur. So war der Pfarrmittelpunkt durch Jahrhunderte aufgewertet. Der hl. Petrus steht als Jünger Christi und als erster Papst am Beginn christlicher Kirchenorganisation. Dementsprechend gehört Petrus zu den häufig als Patron gewählten Heiligen. In der heutigen Steiermark gibt es sechs Orte, die St. Peter heißen, in der ehemaligen Untersteiermark zusätzlich weitere sechs Ortschaften dieses Namens.

St.-Peter-Gürtel

VIII (Liebenauer Gürtel [Bezirksgrenze] – St. Peter Hauptstraße), 1994, PLZ 8042.

Zuvor war dies der Ostteil des dritten Südgürtels, somit ein Teil des erst spät konzipierten und nur teilweise ausgebauten äußeren Gürtelstraßensystems im Süden von Graz. Siehe St. Peter.

St.-Peter-Hauptstraße

VIII (Petersgasse nach Süden zur Stadtgrenze), PLZ 8042.

Zur Zeit der Gemeinde St. Peter wurde diese Straße des Kirchdorfes ihrer Funktion wegen einfach als *Hauptstraße* bezeichnet. Die Straße von Graz nach St. Peter trägt bis zur heutigen Bezirks- und ehemaligen Stadtgrenze den Namen Petersgasse. Aufgrund der früheren Stadtgrenze wechselt die Straße noch heute in ihrem geradlinigen Verlauf den Namen. Die Bindestriche im Straßennamen sind das Ergebnis der Bürokratie in der Gegenwart. Siehe St. Peter.

St.-Peter-Pfarrweg

VIII, IX (Waltendorfer Hauptstraße – Breitenweg), PLZ 8010, 8042.

Für die Bewohner von St. Peter war es eher unsinnig, dem um die Jahrhundertwende von Ziegelwerken bedrängten Teil des heutigen St.-Peter-Pfarrweges diesen Namen zu geben. Wohl aber ist dieser Name aus der Sicht der Bewohner von Waltendorf berechtigt. Waltendorf gehörte bis nach dem Zweiten Weltkrieg zur Pfarre St. Peter, und dieser Weg war die kürzeste Verbindung von ihrer Hauptstraße zur Pfarrkirche. Dementsprechend ist in Waltendorf dieser Name zumindest seit rund 100 Jahren belegt. Als Waltendorf und St. Peter 1938 nach Graz eingemeindet wurden, erweiterte man den Straßennamen nach Süden. Siehe St. Peter.

St.-Peter-Hauptstraße in den 1930er-Jahren: Als die Tramlinie 6 noch bis zur Peterstalstraße führte (bis 1969).

St. Petersburg Allee

*VI (Augarten, Grazbachgasse – Neu-
holdaugasse), 2002, PLZ 8010.*

Zwischen den Städten St. Petersburg
und Graz gibt es ein Abkommen zur
Förderung der Freundschaft und Zusammenarbeit, 2001 wurde eine Partnerschaft abgeschlossen. St. Petersburg
am Finnischen Meerbusen der Ostsee
und der Newamündung war vom 18. bis
zum 20. Jh. die Hauptstadt Russlands.
Es wurde von Zar Peter dem Großen
gegründet und ist nach dem Apostel
Simon Petrus benannt. St. Petersburg
(1914–1924 Petrograd, 1924–1991 Le-
ningrad) ist mit 4,5 Mill. Einwohnern
die zweitgrößte Stadt Russlands und
ein Zentrum der Wirtschaft und Kultur.
Das Stadtzentrum ist UNESCO Weltkulturerbe.

St.-Veiter-Anger

*XII (Siedlungsaufschließungsstraße von
der Hoffeldstraße nach Osten), 1979,
PLZ 8046.*

Siehe St.-Veiter-Straße.

St.-Veiter-Straße

*XII (Stattegger Straße nach Norden –
Stadtgrenze), 1949, PLZ 8045, 8046.*

Nach der Ortschaft St. Veit mit gleich-
namiger Kirche und Patrozinium in
Andritz (siehe Am Aigen). Der heilige
Vitus (Veit, 15. 6.), geboren in Sizilien,
wurde als Jüngling von seinem Vater ge-
schlagen und vielen Foltern (Kessel mit
kochendem Öl) ausgesetzt, weil er sich
zum Christentum bekannte. Er wurde
jedoch immer wundertätig gerettet und
ab dem 15. Jh. in zahlreichen Darstellungen als jugendliche Heiligenfigur

(Attribute u. a. Kessel, Hahn) wiedergegeben. Einer der 14 Nothelfer, vor allem bei Nervenleiden (Veitstanz).

Sanngasse

siehe Hans-von-der-Sann-Gasse

Santa-Clara-Gasse

siehe Abraham-a-Santa-Clara-Gasse

Sanzingasse

XII (Andritzer Reichsstraße – Max-Kraft-Gasse), 1949, PLZ 8045.

Zuvor Heinrich-Graf-Attems-Gasse. Rudolf Sanzin (1874 Mürzzuschlag – 1922 Triest), Lokomotivfachmann, Sohn eines Bahnbeamten; studierte 1895 bis 1900 an der Technischen Hochschule in Graz Maschinenbau, erster Dr. techn. in Österreich. Durch den Eintritt in die Südbahngesellschaft erwarb er sich praktische Kenntnisse über den Bau von Lokomotiven. Vorlesungen über theoretische Maschinenlehre an den Technischen Hochschulen Graz und Wien. Mit der Gründung des Elektrisierungsamtes der deutsch-österreichischen Staatsbahnen übernahm Sanzin auch die Abteilung für Konstruktion und Beschaffung elektrischer Triebfahrzeuge. Unter seiner Leitung entstanden die ersten elektrischen Lokomotivbaureihen der österreichischen Staatsbahnen bzw. Bundesbahnen. Mehrere einschlägige Publikationen.

Sartorigasse

X (Ragnitzstraße gegen Norden), 1948, PLZ 8047.

Franz Sartori (1782 Unzmarkt – 1832 Wien) war Gelehrter und Schriftsteller, besonders sind seine Reisebeschreibungen hervorzuheben. Er verfasste auch einiges über die Steiermark, so eine Landesbeschreibung und eine Darstellung der Fauna der Steiermark. Er schrieb außerdem für das *Allgemeine Zeitungsblatt für Innerösterreich* und für die *Vaterländischen Blätter.*

Sattlerweg

XVI (Kärntner Straße nach Osten), 1961, PLZ 8054.

Nach einem dortigen Vulgarnamen.

Saumgasse

III, XII (Viktor-Zack-Weg – Ferdinandshöhe (490 m) – Oberer Plattenweg), 1870/1947, PLZ 8010, 8043.

Teilweise Grenzgasse zwischen dem III. Bezirk Geidorf und dem XII. Bezirk Andritz. Herkunft wahrscheinlich von *säumen* (= transportieren).

Sauraugasse

I (Paulustorgasse nach Osten – Stadtpark), 1934, PLZ 8010.

Durch die Anlegung der Paulustorvorstadt ab 1578 als Zufahrt zur Karmeliterbastei entstandener Straßenzug. Nach der Errichtung des allgemeinen Krankenhauses ab 1786 im ehem. Palais Wildenstein wurde dieser Gassenzug zur Paulustorgasse hin mit einer Mauer und einem Tor verschlossen. Anfänglich auch als *Basteigasse* bezeichnet, im Jahr 1934 nach einem alten steirischen Adelsgeschlecht Sauraugasse benannt. Das im 16. Jh. erbaute ehem. Palais Saurau in der Sporgasse war von 1630 bis 1846 im Besitz der Grafen von Saurau, danach der Grafen von Goess. Es gehört zu den imposantesten Palaisbauten in Graz mit einem besonders qualitativen, schmiedeeisernen Oberlichtgitter im Hauptportal aus dem 18. Jh. Zu einer touristischen Attraktion wurde der *Türke*, eine Halbfigur, die aus einer Luke unter dem Dachvorsprung mit gezücktem Schwert und Schild auf die Straße blickt (Original im Stadtmuseum).

Savenauweg
IX (Waltendorfer Hauptstraße – Petersbergenstraße), 1948, PLZ 8042.

Karl Maria Freiherr Kappel von Savenau (1837 Prag – 1916 Graz) war Kapellmeister der Hofoper in Wien. Einen großen Teil seines Lebens (ab 1870) verbrachte der Komponist und Musikschriftsteller in Graz. Seine Kritiken erschienen in Fachblättern, aber auch in der *Grazer Tagespost*. Er wohnte in der Naglergasse und war Mittelpunkt eines Musikerkreises. Savenaus zahlreiche Kompositionen stehen mit dem romantischen Stil des Carl Maria von Weber in Verbindung. Richard Wagner lehnte er ab, was seine Position in Graz nicht gerade förderte. Savenaus Nachlass wird im Musikwissenschaftlichen Institut der Universität Graz verwahrt.

Scarpatettistraße
siehe Dr.-Ignaz-Scarpatetti-Straße

Schäfersfeldweg
X (Eißlgasse gegen Osten), 1948, PLZ 8010.

Der k. k. Rat und Staatsgütervizeadministrator Johann Anton Schäf(f)er Edler von Schäf(f)ersfeld (1733 Predlitz – 1790 Graz) war u. a. Hofrichter des Damenstiftes in Göß und initiierte den Kleeanbau in der Steiermark. Schäffersfeld publizierte über Landwirtschaftsthemen, so über die Schafzucht in der Steiermark. Er war Mitglied der älteren steirischen Ackerbaugesellschaft. Schäffersfeld ist einer der über 30 Freimaurer, die in Graz durch einen Straßennamen geehrt sind.

Schaftalberg
XI (Neusitzstraße – Roseggerweg, entlang der Stadtgrenze), 1948, PLZ 8044.

1989 orthographisch von *thal* auf *tal* korrigiert. Nach der landschaftlichen Einheit und der Ortschaft Schaftal (Gemeinde Kainbach). Schaftalberg ist eine Ausbausiedlung des Weilers Schaftal. Erste urkundliche Nennungen erwähnen 1233 und 1450 *Schefstal*. H. Purkarthofer (Landesarchiv) weist auf die Gewässernamen im Gemeindegebiet von Kainbach hin. Der indogerm. Wortstamm *scap* hat hier mit *-tal* eine Erweiterung erfahren. Es handelt sich um einen Rohrbach, also um ein Tal mit Wasser und Schilf. In der Neuzeit wurde dieser Name irrtümlich als Tiername verstanden. In der Nähe steht einer der Wettertürme dieser Gegend.

Schaftalstraße
X (Stiftingtalstraße gegen Norden zur Stadtgrenze), 1948, PLZ 8010.

1974 änderte der Gemeinderat von Kainbach den Namen der KG Schafthal in Schaftal. 1989 folgte der Grazer Gemeinderat auch dieser Schreibweise für die Straße, die nach Schaftal führt. Siehe Schaftalberg.

Schanzelgasse

III (Hartenaugasse – Leonhardplatz), 1813, PLZ 8010.

Georg Schanzel (Ziegler) war um 1740 Besitzer dieses Grundes, darauf folgte Matthias Schanzl um 1813. Noch heute gibt es die traditionsreiche Gaststätte *Schanzlwirt* gegenüber der Kirche St. Leonhard. An der Wirtshausecke befindet sich ein origineller Prellstein, der einen dicken sitzenden Wirt darstellt.

Schauensteingasse

IX (Waltendorfer Hauptstraße gegen Süden), 1979, PLZ 8010.

Dr. med. Walter Schauenstein (1870 Graz – 1943 Graz) gilt als international anerkannter Vorkämpfer der Krebsforschung. So soll auf seine Leistung bei der Frühdiagnostik von Krebs hingewiesen werden. Er habilitierte sich 1909 in Graz im Fachbereich Geburtshilfe und Gynäkologie. Er war an den Universitätskliniken von Prag und Graz tätig. Dr. Schauenstein war auch durch viele Jahre ehrenamtlicher Präsident der Steiermärkischen Ärztekammer. Schauensteins Vater, Univ.-Prof. Dr. Adolf Schauenstein, war ebenfalls ein bedeutender Arzt (Gerichtsmedizin und Staatsarzneikunde). Der Antrag zu dieser Namensnennung kam von der Steirischen Krebsgesellschaft.

Scheidtenbergergasse

III (Theodor-Körner-Straße – Fischergasse), 1911, PLZ 8010.

Karl Scheidtenberger, Dr. (1827 Graz – 1910 Graz), Techniker, 1860 bis 1866 Tätigkeit bei der Südbahngesellschaft, ab 1866 Professor für Wasser-, Straßen- und Eisenbahnbau an der Technischen Hochschule in Graz. Große Verdienste erwarb sich Scheidtenberger im praktischen Eisenbahnbau, z. B. 1853 durch Trassenstudium für die von den Staatsbahnen geplante Strecke Linz–Passau, 1857 bei Tunnelarbeiten an der Karststrecke der Südbahn und 1864 beim Bau des Abschnittes Bruck a. d. Mur–Leoben. Als erster Grazer auf besonderen Wunsch der Studenten an die Hochschule berufen, musste er dort den Lehrbetrieb erst organisieren. Scheidtenberger hatte wesentlichen Anteil an der Entwicklung der Technischen Hochschule in Graz, besonders an deren Ausbau zu einer international anerkannten Lehrstätte des Eisenbahnbaues.

Scheigergasse

VI, VIII (Brucknerstraße – Petrifelderstraße), 1909, PLZ 8010, 8042.

Der k. k. Postdirektor Josef Edler von Scheiger (1801 Wien – 1886 Graz) war ein gelehrter Mann. Er hatte auch ehrenamtlich die Funktion eines Konservators für die Erforschung und Erhaltung der Baudenkmäler Steiermarks inne. Seine Tätigkeit kann in der Gegenwart mit der eines Landeskonservators verglichen werden. Er publizierte in den *Mitteilungen des Historischen Vereins für Steiermark* und kümmerte sich auch um die Erhaltung von Archivalien. Scheiger war Mitglied mehrerer wissenschaftlicher Vereinigungen und fand Anerkennung durch die Verleihung von Orden, so auch eines osmanischen. Seine zweite Gattin war die verwitwete Katharina Prato(bevera), deren *Süddeutsche Küche* ein Bestseller unter den Kochbüchern wurde (siehe Pratogasse).

Scheinerweg

siehe Matthias-Scheiner-Weg

Scherbaum-Promenade

siehe Gustav-Scherbaum-Promenade

Schererstraße

XV (Straßganger Straße gegen Osten), 1991, PLZ 8052.

Die Schriftstellerin Sophie von Scherer, geb. Sockl (1817 Wien – 1876 Graz), war eine sozial engagierte Grazerin. In ihrem bekanntesten Werk *Erfahrungen aus dem Frauenleben* schrieb sie über Bildung und Erziehung (3 Bde., 1848). Es zeigt ihre Beobachtungen bei der Disziplinierung zur Frauenrolle. So ist sie eine frühe Vertreterin der feministischen Theorie, dass Frauen im Verhalten- und Bewertetwerden durch die Gesellschaft geprägt sind.

Scherweg

XII (Hügelweg – Rohrerbergstraße), 1949, PLZ 8046.

Zuvor Bergstraße. Nach dem Gasthaus *Zum Scherwirt* benannt. Die Bushaltestelle *Scherwirt* der Grazer GVB an der Strecke Andritz–Fuß der Leber ist Ausgangspunkt für eine 13 km lange, lohnende Wanderung auf der Sonnseite der Rannach, von Krail über den Alpengarten zum Höchwirt nach Friesach.

Scheugasse

siehe Leo-Scheu-Gasse

Schießstattgasse

VI (Münzgrabenstraße – Friedrichgasse), 1800, PLZ 8010.

Seinerzeit verlief die Gasse etwas weiter südlich. So lag an ihr die bürgerliche Schießstätte, heute etwa an der Stelle der Schule am Ortweinplatz. Die bürgerliche Schießstätte wurde 1795 eröffnet und 1873, nachdem sie auch eine Hilfskaserne gewesen war, stillgelegt. Der Gebäude wurde dann noch eine Zeit lang als Schule verwendet.

Schiffgasse

V (Grieskai – Bückenkopfgasse), 1813, PLZ 8020.

Der Schiffsverkehr spielte für Graz nie eine besondere Rolle. Am nahen Ufer des Grieskais waren um die Jahrhundertwende noch die Stehschiffe der Fischer verankert. Das Intermezzo der beiden Murdampfer (1887–1889) endete dramatisch bis tragisch. Wohl aber gab es durch Jahrhunderte einen relativ regen Floßverkehr. Der wichtigste Anlegeplatz war jener Teil des Grieskais, welcher der Schiffgasse nahe liegt. Dort hatten Floßmeister ihre Häuser (Wolf, Grengg). Hier lag auch das Franzensbad, und im Umfeld befanden sich einschlägige Gasthäuser für die durstigen Flößer. 2000 übersiedelte das Grazer Stadtarchiv in die ehemalige *Entenschule* (Schiffgasse 4, Entenplatz 3a).

Der Schillerplatz vor seiner Gestaltung (um 1870).

Schillerplatz

II (Platz zwischen Schützenhofgasse – Schillerstraße – Plüddemanngasse), 1874, PLZ 8010.

Zuvor eine Müllgrube. Benannt nach Johann Christoph Friedrich von Schiller, deutscher Dichter (1759 Marbach/ Neckar – 1805 Weimar), 1773 bis 1780 auf der Karlsschule, zuerst Rechts-, dann Medizinstudium, Regimentsarzt. Nach der Uraufführung der *Räuber* in Mannheim (1782) erfolgte der Austritt aus dem Militärdienst. 1783/84 Theaterdichter in Mannheim. 1790 Heirat mit Charlotte von Lengefeld. Ein Jahr später erkrankt er schwer an Tbc. In dieser Zeit Bekanntschaft mit Wilhelm von Humboldt und Goethe. Werke, u. a.: *Kabale und Liebe, Don Carlos, Die Jungfrau von Orleans, Wilhelm Tell* etc.; weiters Gedichte und Erzählungen, historische Studien. 1827 wurde er in die Weimarer Fürstengruft überführt (siehe Schillerstraße).

Schillerstraße

II (Leonhardstraße – Schillerplatz), 1852, PLZ 8010.

Vornehme Wohnstraße mit größtenteils historistischen Fassadengliederungen ab 1860. Die sezessionistische Wohnverbauung Nr. 27 und 29 von Architekt Wolfgang Alkier, in den Jahren 1914 bis 1917 errichtet, gehört mit den noblen Stiegenhäusern zu den qualitativsten, einheitlichen Bauten der Vorkriegszeit, wenn man von dem brutal hineingezwängten, modernen Wohnhaus absieht. Zur Kreuzung Schillerstraße/ Sparbersbachgasse wird das Straßenbild wesentlich vom neugotischen, roten Backsteinensemble der Herz-Jesu-Kirche vom Ende des 19. Jhs. geprägt. Siehe Schillerplatz.

Schippingerstraße

XIII (Wiener Straße – Kalvarienberg-straße), um 1910, PLZ 8051.

Anton Schippinger (1857–1910) war Bauer in der Gemeinde Gösting. Aus wirtschaftlichen Gründen, bedingt durch den Rückgang an Einnahmen (Schweine und Weizen wurden eher aus Ungarn gekauft), eröffnete Anton Schippinger ein Gasthaus, genannt *Zum Wiesenwirt*. Weiters betrieb er einen Fuhrpark und eine Sandgrube. Um bessere Zugangsmöglichkeiten zu bekommen, ließ er rechtwinkelig zur Wiener Straße eine Straße errichten. Sein Bruder Karl betrieb damals das Einkehrgasthaus *Zum Brettschlager* sowie eine Huf- und Wagenschmiede.

Schirmleiten

siehe Untere Schirmleiten

Schirmleitenstraße

XII (St.-Veiter-Straße – Rannachstraße), 1979, PLZ 8046.

Alte Ried- und Gebietsbezeichnung.

Schirrmanngasse

XII (Am Hüttenbrenneranger – Nepomukgasse), 1972, PLZ 8045.

Richard Schirmann (1874 Grünfelde/Ostpreußen – 1961 Grävenwiesbach/Hochtaunus), deutscher Volksschullehrer. Er begründete 1909 auf der Burg Altena in Westfalen die erste Jugendherberge, war führend in der internationalen Jugendherbergsbewegung tätig.

Schleifbachgasse

IV (Floßlendstraße – Überfuhrgasse), 1942, PLZ 8020.

In der Nähe fließt der Schleifbach, der bei der Viktor-Franz-Gasse den rechtsseitigen Mühlgang verlässt und beim Floßlendplatz in die Mur mündet. Der ältere Name des Wasserlaufes ist Erlenbach (siehe Erlengasse). Ob der Schleifbach nach einer Mühleinrichtung oder als Verballhornung von Schleusenbach seinen Namen hat, konnte nicht ermittelt werden.

Schleppbahngasse

XII (Engerthgasse – über Pedrettogasse nach Osten), 1947, PLZ 8045.

1917 bis 1922 wurde das Schleppbahngleis errichtet, das über die Mur die beiden Gemeinden Gösting und Andritz verband, bzw. die Papierfabrik Kranz (später Arland) mit der Andritzer Maschinenfabrik. In den ersten Jahren gab es nur eine hölzerne Notbrücke über die Mur. Auf der Göstinger Seite führte eine Stichbahn zur Farbenfabrik Zankl, die Gleise wurden auf der Göstinger Seite um 1929 aufgelassen, der Damm blieb jedoch erhalten (siehe Jakob-Münz-Weg).

Schlögelgasse

II (Kaiser-Josef-Platz – Dietrichsteinplatz), 1838, PLZ 8010.

Benannt nach der sog. *Schlögel-, Schlegel-* (altes Grazer Bürgergeschlecht) oder *Sauhofwiese*, die ehemals zur Fideikommissherrschaft Freiberg des Grafen Maximilian von Kollonitz (Kollonitsch)

Schlögelgasse: Geschäftsalltag an der Ecke zur Luthergasse in den Nachkriegsjahren.

gehörte. Sie umfasste ungefähr den Bereich zwischen Kaiser-Josef-Platz, der Schlögelgasse, dem Dietrichsteinplatz sowie der Sparbersbachgasse und der Mandellstraße (Schlögelbrücke über den Grazbach).

Schloßberg

I, 1785, PLZ 8010.

Freistehender, ursprünglich kahler Felsenberg aus Dolomitenkalk (124 m), bekanntester und beliebter Naturraum inmitten der Stadt. Über die frühe Geschichte der Burgen auf dem Schloßberg ist (trotz neuer Ausgrabungen) wenig bekannt. Jedenfalls gab die slawische Bezeichnung *gradec* (= kleine Burg) der Siedlung den Namen. Ab dem 12. Jh. war die Burganlage im Besitz der Landesfürsten. Im Schutze der Burg entstand im Bereich Sackstraße, Hauptplatz, Sporgasse eine erste kleine Marktsiedlung, der Beginn der Stadt Graz. Durch die permanent drohende Türkengefahr wurde die mittelalterliche Burg im 16. Jh. durch ein italienisches Bastionssystem zur stärksten Festung von Innerösterreich ausgebaut. Die Grazer Festung wurde nie eingenommen. Trotz der erfolgreichen Verteidigung gegen die Franzosen 1809 musste die Anlage nach dem Friedensschluss fast gänzlich geschleift werden. Auf Initiative der Grazer Bürger blieben der Uhrturm, das älteste Wahrzeichen der Stadt, der Glockenturm (Lisl) und einige Basteien erhalten, da die Bürger diese Bauten den Franzosen um viel Geld ablösten. Ab 1840 wurde der kahle Berg durch Freiherr von Welden in eine großzügige Parklandschaft umgestaltet. Der Schloßberg war vom 12. Jh. bis 1816 landesfürstliches Eigentum, wurde dann durch die Steirischen Landstände erworben, die ihn 1885 an die Stadtgemeinde Graz verkauften. Immer wieder gibt es Initiativen der Stadt Graz zur Neugestaltung der Schloßberganlagen. In den letzten Jahren wurden etliche Projekte realisiert (Uhrturmkasematten, Gotisches Tor, 2000; Dom und Lift, 2000; aiola UPSTAIRS, 2003; Schloßbergrestaurant, 2007). Siehe auch Am Fuße des Schloßberges

Schloßbergplatz

I (Platz zwischen Kaiser-Franz-Josef-Kai, Sackstraße und Kriegssteig), 1929, PLZ 8010.

Zuvor Ursulinenplatz. Durch die Sackstraße geteilter Platz zwischen Schloßbergfelsen und Murkai, geprägt vom Palais Attems, der Dreifaltigkeitskirche, dem Felsensteig und dem Reinerhof, überragt vom Uhrturm. Ursprünglich ein Freiraum vor der ältesten Stadtmauer im Bereich des ersten Sacktores, später Gartenanlagen des Reinerhofes. (Im 19. Jh. befand sich hier eine Kegelanlage der Wechselseitigen Brandschadenversicherung.) Die Südseite erhielt bereits 1705 durch das Palais Attems und die gleichzeitige Abtragung des ersten Sacktores ihre heutige Form. Durch den Bau der Ursulinen-Klosterkirche (Dreifaltigkeitskirche) am Ende des 17. Jhs. entstand der heutige kleine Kirchenvorplatz (Ursulinenplatz), der offene Durchgang zum Murufer um 1900. 1929 Umbenennung in Schloßbergplatz. Hier befinden sich auch der Reinerhof, die älteste Hausanlage von Graz, die Märchengrottenbahn und der malerische Felsensteig, sog. Kriegssteig, zum Uhrturm (siehe Schloßberg).

Schloßplatz

XIII (Göstinger Straße – Thalstraße – Anton-Kleinoscheg-Straße – Straßengelstraße), 1947, PLZ 8051.

1934 Dr.-Engelbert-Dollfuß-Platz, 1939 Adolf-Hitler-Platz. Platz unmittelbar vor dem Schloss Attems in Gösting; reizvolles Barockschloss, Anfang des 18. Jhs. für Ignaz Maria Graf Attems erbaut. Nach Besitzerwechsel gegenwärtig privat genutzt.

Schloßstraße

XIV (Eggenberger Allee – Georgigasse), PLZ 8020.

Die Straße folgt der Ostmauer des Schlosses Eggenberg. Der Name Schloßstraße ist seit der Zeit um 1900 offiziell dokumentiert. Das hier gelegene Stadion ist eng mit der Geschichte des Arbeiter-, Turn- und Sportvereins Graz Eggenberg (ATSE-Graz) verbunden. Der Verein wurde 1912 gegründet und nach der Verbotszeit 1947 als ATUS-Eggenberg wiedererrichtet. Berühmt wurde seine verselbstständigte Eishockey-Abteilung ATSE. An der Ecke zur Allee befand sich mit Badls Kasino (ab 1872 Ignaz Badl) eine in Eggenberg um die Jahrhundertwende beliebte Gaststätte; zuvor 1853

Schloßplatz: Schloss Gösting, ehem. Schloss Attems (1985).

Weinhändler Heinrich Kamplmill(n)er, ab 1946 Lehrlingsausbildung der Post- und Telegraphenverwaltung.

Schlossar-Park
siehe Dr.-Schlossar-Park

Schlossarweg
siehe Dr.-Anton-Schlossar-Weg

Schlösselweg
XIII (Waldweg nach Nordwesten, Sackgasse), vor 1938, PLZ 8051.

Vermutlich benannt nach dem ehem. *Raacher Schlössel* (urspr. Schlösselweg Nr. 3) und dem Wasserschlössel *Zur Geroldsquelle 1932* (Giebelinschrift), bergseitig am Ende des Schlösselweges situiert.

Schlossergasse
I (Bischofplatz – Hans-Sachs-Gasse), 1785, PLZ 8010.

Nach den im 17. und 18. Jh. hier ansässigen Schlossern, noch 1728 wurde der heutige Bischofplatz *Schlosserplätzl* genannt. Das Haus Schlossergasse Nr. 2, ehem. Hof- und Vizedomschlosserei, wurde vom Ende des 17. Jhs. bis 1950 ohne Unterbrechung als Schlossereiwerkstatt geführt.

Schmidtweg
siehe Franz-Schmidt-Weg

Schmiedgasse
I (Hauptplatz – Radetzkystraße), PLZ 8010.

Erste Erwähnung 1325, benannt nach den zahlreichen Schmiedewerkstätten,

Rechts jene Häuser der Schmiedgasse, die für die Erweiterung des Landhauses (1890) abgebrochen wurden.

die sich noch zur Zeit Kaiser Maximilians nur in dieser Gasse niederlassen durften. Die Schmiedgasse gehört zum ältesten, zwischen 1156 und 1164 planmäßig angelegten Gassensystem von Graz, sie reichte ursprünglich bis zur südlichen Stadtmauer. Durch die Schleifung der Stadtmauer erfolgte Ende des 19. Jhs. eine Verlängerung bis zur Radetzkystraße. Gleichzeitig mussten für den Bau des Städtischen Amtshauses die legendären Gasthäuser *Zum Wilden Mann* (Nr. 30) und *Zum Weißen Lamm* (Nr. 28) abgebrochen werden. 1990 als Fußgängerzone mit Platten neu belegt, in denen der Verlauf der mittelalterlichen Stadtmauer markiert wurde.

Schmiedlstraße

VIII (Messendorfgrund gegen Nordosten), 1992, PLZ 8042.

Der Erfinder und Technische Rat Ing. Friedrich Schmiedl (1902 Schwertberg/ Oberösterreich – 1994 Graz) konstruierte Katapult- und Mehrstufenraketen. Sein Traum war, als noch wenige daran dachten, die Raketenpost bzw. Weltraumflüge. Einige seiner Raketen probierte er auf dem Schöckl aus. Schmiedl war nur an der friedlichen Nutzung seiner Ideen interessiert und stellte vor dem Ausbruch des Zweiten Weltkriegs seine Forschungen ein. Erst in den 1970er-Jahren wurde seine Tätigkeit gebührend geehrt (Bürger der Stadt Graz, Ehrenringträger des Landes Steiermark). Seinen Nachlass hatte er der Stadt Graz vermacht. Die Aufschließungsstraße liegt im Industrie- und Gewerbepark Messendorf. Siehe auch Eugenie-Schmiedl-Hain.

Schmölzergasse

IV (Babenbergerstraße – Bahnhofgürtel), 1890, PLZ 8020.

Jakob Eduard Schmölzer (1812 Graz – 1886 Kindberg) wird als Wiedererwecker des steirischen Volksliedes *(Vater des Steirerliedes)* geehrt. Schmölzers musikbezogener Lebenslauf begann als Flötensolist und mit Konzertreisen. Dabei hatte er Kontakte zu bedeutenden Musikern seiner Zeit. Andererseits bekleidete er den Posten eines Beamten, so als Verwalter der Grafen von Attems. Schließlich wandte er sich der Chormusik zu und fand zum Volkslied. Auf Anregung von Erzherzog

Johann sammelte er nun Volkslieder und Tänze. Darüber hinaus komponierte er aber auch eigene Werke. 1846 war Schmölzer einer der Gründer des Männergesangsvereines in Graz; für diesen Chor komponierte er 1847 sein erstes Steirerlied.

Schnabelweg

XVI (Gradlbauerweg – Weiberfelderweg), 1949, PLZ 8054.

Laut Magistrat ein altes Bauerngeschlecht.

Schnideritschstraße

siehe Friedrich-Schnideritsch-Straße

Schnitzlergasse

siehe Arthur-Schnitzler-Gasse

Schoberweg

VIII (Petersbergenstraße gegen Osten), 1958, PLZ 8042.

Vulgarname einer Landwirtschaft. Schon im ersten Gemeinderat (1850) war ein Schober als Ausschussmitglied vertreten (Jakob Friedrich vulgo Schober). Auch im Franziszeischen Kataster gab es einen Bauern Schober vulgo Schober. Die Gleichheit der Namen ist ein Indiz für die Tradition dieser Familie.

Schöckelbachweg

XII (Andritzer Reichsstraße nahe der Maut bis zu ihrer Kreuzung mit der Zelinkagasse), 1948, PLZ 8045.

Nach dem Schöckelbach benannt; parallel laufender Weg zur Andritzer Reichsstraße, entlang des Schöckelba-ches nach Norden führend (siehe Schöckelstraße).

Schöckelstraße

XII (Weinitzenstraße nach Nordosten, Stadtgrenze), 1949, PLZ 8045.

Nach dem 1445 m hohen Berg *Schöckl* (auch *Schöckel*), einem Kalkstock mit lang gestrecktem Plateau und weiter Aussicht. Von verschiedenen Namenserklärungen ist die aus dem Slawischen in der Bedeutung *einzelner, hervorragender Berg* die wahrscheinlichste. Naherholungsziel, beliebter Grazer Hausberg mit Gaststätten und Schutzhütten (Stubenberghaus 1890, erbaut von Architekt Friedrich Sigmundt und Stadtbaumeister Josef Bullmann) und vielen Wandermöglichkeiten. Naturparkidee, bemerkenswerte Flora und Fauna, Sagen und Mythen, Trinkwasserspeicher, technische Anlagen, Schöckelseilbahn.

Schönaugasse

VI (Jakominiplatz – Fröhlichgasse), 1813, PLZ 8010.

Zuvor Heustadlgasse, kurz auch Haynaugasse. Die Gasse führte in die Schönau, eine der Murauen südlich der Stadt. Der Name ist allerdings noch relativ jung. Zur Popularität des Namens trug auch der *Schönauwirt* bei. Das Gasthaus lag dort, wo die Schönaugasse nun auf die Fröhlichgasse und die Kasernstraße trifft. Die Gegend entwickelte sich von der Kühtratten und einem Ort der Austragung von Duellen und Raufhändeln zum Erholungsgebiet. Pirchegger weist darauf

Das Druck- und Verlagshaus Styria Ecke Schönaugasse und Steyrergasse (um 1900).

hin, dass die Au ihren Namen zu Recht trägt, da sie im 18. Jh. das Ziel von Sonntagsausflügen der Grazer Bürger geworden sei. Für eine Grünanlage im südlichen Bereich der Schönaugasse hat sich die Bezeichnung Schönaupark eingebürgert.

Schönaugürtel

VI (Bertha-von-Suttner-Friedensbrücke – Conrad-von-Hötzendorf-Straße), 1886, PLZ 8010.

Ein Teil des nicht zur Gänze ausgebauten Gürtelstraßensystems der Gründerzeit. Siehe Schönaugasse.

Schönbacherstraße

siehe Nikolaus-Schönbacher-Straße

Schönborngrund

siehe Am Schönborngrund

Schönbrunngasse

III, XI (Mariatroster Straße – Quellengasse), 1870/1947, PLZ 8043, 8010.

Nach dem ehemaligen Gasthaus *Schönbrunn* (1846 *Schönbrunnwirth*) in der Mariatroster Straße benannt, wohl in Verbindung mit den nahen Quellaustritten im Bereich des Rosenberges (siehe Quellengasse).

Schönbrunngasse

siehe auch Untere Schönbrunngasse

Schönherrgasse

siehe Karl-Schönherr-Gasse

Schönbrunngasse: Alexander Gröbl's Gasthaus „Schönbrunn" (um 1910).

Schörgelgasse

II, VI, IX (Dietrichsteinplatz – Plüddemanngasse), 1800, PLZ 8010.

Nach der Apothekerfamilie Schörkel (Siegmund Schörkel aus Naumburg eingewandert) und dem 1540 erstmals erwähnten *Schörkelhof* (Nr. 35) des Georg Christoph Schörckl, der sich im Bereich des Felix-Dahn-Platzes befand. Im 18. Jh. zeitweise Sitz des Militäroberdirektoriums und des k. k. Verpflegsmagazins. Nach dem Zweiten Weltkrieg (beträchtliche Bombenschäden) ergab sich keine militärische Nutzung der Gebäude, sodass sie 1960 abgebrochen wurden (siehe Felix-Dahn-Platz). Der Löscherweg, eine alte Verbindung von der Schörgelgasse zur Plüddemanngasse, wurde in den frühen 40er Jahren des 20. Jhs. aufgelassen.

Schoygasse

XVI (Robert-Fuchs-Straße – Volkmarweg), 1947, PLZ 8053.

Johann Jakob Schoy (1686 Marburg – 1733 Graz), Hofkammer- und landschaftlicher Bildhauer in Graz. Schöpfer zahlreicher qualitativ hochstehender Plastiken. Hauptwerk: Figurenaufsatz des Hochaltares im Grazer Dom (die vier Evangelisten, drei christliche Tugenden und die Marienkrönung), weiters die polychromierte Pietà, die sich in der Kapellennische an der Außenwand der Bürgerspitalskirche in der Dominikanergasse befindet. Schoys Witwe hei

Die Einmündung der Schörgelgasse auf den damals noch teilweise verbauten Felix-Dahn-Platz (um 1910, rechts der Schörgelhof, im Hintergrund Kloster und Schule Sacré Coeur).

ratete 1733 dessen Schüler, den späteren Hofkammerbildhauer Philipp Jakob Straub.

Schreibäckerweg

XVII (Hafnerstraße – Piccardigasse), 1947, PLZ 8055.

Flurname.

Schreinerstraße

XV (Straßganger Straße – Köflacher Bahn), um 1925, PLZ 8052.

Den Aufzeichnungen der Stadt Graz folgend, ist der Namengeber der Brauunternehmer Franz Schreiner, dessen durchaus beachtlicher Betrieb sich vor der Jahrhundertwende in der Prankergasse befand. Franz Schreiner (1817 Groß St. Florian – 1880 Graz) und

sein Sohn Franz Schreiner (1854 Graz – 1921 Graz) waren eng mit dem Brauereigewerbe verbunden. 1889 wurde die Brauerei Schreiner mit der Holdschen Brauerei in Puntigam zur Ersten Grazer Aktienbrauerei verschmolzen, der Braubetrieb wurde nach Puntigam verlagert. Schreiner war Präses des Steiermärkischen Brauherrenvereines. Diese Puntigamer Braustätte wurde 1943 mit dem Stammbetrieb Reinighaus zur Brüder Reininghaus AG (vorerst ohne Familie Reininghaus) vereinigt. Die Familie Schreiner wohnte in Eggenberg und hatte dort auch Grundbesitz. 1927 feierte die Erste Grazer Aktien-Brauerei ihr 40-jähriges Jubiläum und war damals ein ernstzunehmender Konkurrent des Familienbetriebs Reininghaus im Steinfeld.

Schröckingerweg

III (Theodor-Körner-Straße – Vogel-weiderstraße), 1949, PLZ 8010.

Zuvor Bruno-Ertler-Weg. Karl Johann Schröckinger (1798 Graz – 1819 Wien), österreichischer, jung verstorbener Lyriker. 1819 widmete die Grazer Studenschaft Schröckinger eine gusseiserne Gedenktafel an der Grazer Leechkirche (nordseitig). Sie zeigt eine Leier, deren erste Saite abgerissen ist, mit folgender Inschrift: *Manibus - Caroli-Schröckinger – juvenis candida virtute lyraque inter Styros clari – sodales Lycei Graecensis –MDCCCXIX. – Viennae obiit annos natus XXI.*

Nobelpreisträger Erwin Schrödinger.

Schröderhofweg

V (Triester Straße – Puchstraße), 1992, PLZ 8020.

Zuvor Am Friedhofskanal. In der Nähe lag seit dem späten 19. Jh. bis in die Nachkriegsjahre der Gasthof *Schröderhof*, ein Kommunikationszentrum, wie die Gemeinde Graz nobel formuliert. Der *Schröderhof* war Treffpunkt des Geselligkeitsvereins *Neue Almhütte*. Der Gasthof war nach dem Fuhrwerks-, Haus- und Gasthausbesitzer Josef Schröder (1867–1924) benannt und lag in der Triester Straße 136.

Schrödingerstraße

IV (Wiener Straße – Mariengasse), 1961, PLZ 8020.

Der Physiker Erwin Schrödinger (1887 Wien – 1961 Wien) war ein Mitbegründer der Wellenmechanik. Er lehrte u. a. in Stuttgart, Breslau, Zürich, Berlin, Oxford, Dublin, Wien und Innbruck.

1936 bis 1938 arbeitete er am Institut für theoretische Physik der Universität Graz, das er aus politischen Gründen verlassen musste. 1933 erhielt er zusammen mit P. Dirac den Nobelpreis für Physik *für die Entdeckung fruchtbarer Prinzipien zur Entwicklung der Atomtheorie.* Schrödingers Arbeiten haben die Physik grundlegend verändert. Die Österreichische Akademie der Wissenschaften benannte nach ihm 1956 einen Preis für Naturwissenschaftler. Die Erwin Schrödinger-Gesellschaft pflegt sein Werk.

Schrottenbachgasse

VIII (Petersbachstraße – Petrifelderstraße), 1949, PLZ 8042.

Zuvor Jahngasse. Heinrich Schrottenbach (1848 Baden – 1937 Graz) schrieb in der Nachfolge von Karl Morré Volksstücke. Diese wurden in Graz und Leoben aufgeführt *(Die Schröderischen, Der Herr Gemeinderat,* beide 1903, *Die Gottesleugner,* 1905). *Der Herr Gemeinderat* wurde auch durch die Leistung des Volksschauspielers Willi Thaller in Wien begeistert aufgenommen. In der Komödie *Die Schröderischen,* die sehr erfolgreich war, spielte Alexander Girardi. Drei Jahre verbrachte Schrottenbach in Amerika. In Graz lebte Schrottenbach in der Strassoldogasse (siehe dort).

Schröttergasse

III (Bergmanngasse – Grillparzerstraße), 1949, PLZ 8010.

Zuvor östlicher Teil der Kirchengasse. Anton Schrötter Ritter von Kristelli

(1802 Olmütz – 1875 Wien), Prof., Chemiker, Entdecker des roten Phosphors, lehrte als Supplent und Professor sowohl an der Universität (1830–1844) als auch am Joanneum. Sein Sohn, Dr. Leopold Schrötter (geb. 1837 Graz), war ein bekannter Laryngologe.

Schröttnerplatz

siehe Pfarrer-Schröttner-Platz

Schrufweg

siehe Toni-Schruf-Weg

Schubertstraße

III (Sonnenfelsplatz— Hilmteichstraße), 1870, PLZ 8010.

Franz Schubert, Komponist (1797 Wien – 1828 Wien). Mehrere Aufenthalte in

Schubertstraße: Die neue Pflanzenphysiologie der Universität Graz und das alte Glashaus (rechts) im Botanischen Garten (Foto A. Wentner).

Graz, vor allem im Hause Pachler (siehe Panoramagasse). Ursprünglich repräsentativste Villenstraße des 19. Jhs. von Graz, von der Zinzendorfgasse zum Hilmteich führend. Einzige Straße im Stadtgebiet mit noch erhaltenen Gaslaternen. Ab dem Ende des 20. Jhs. mit neuer Grazer Architektur bereichert, z. B. *RESOWI-Zentrum* (Architekten: Günther Domenig, Hermann Eisenköck) auf dem Uni-Campus, *Neue Glashäuser* von Volker Giencke und die *Pflanzenphysiologie* von Klaus Kada im Botanischen Garten sowie Villenbauten.

Schuchardtstraße

siehe Hugo-Schuchardt-Straße

Schuchgasse

siehe Julius-Schuch-Gasse

Schulgasse

IX (Plüddemanngasse – Waltendorfer Hauptstraße), um 1900, PLZ 8010.

Nach etlichen Jahren Schulbetrieb in Provisorien wurde 1892 an der Hauptstraße die neu errichtete Waltendorfer Schule eröffnet. Der Turnsaal war gleichzeitig Festsaal der damals selbstständigen Gemeinde und 1930 der Ort jener Gemeinderatsversammlung, in der die Markterhebung von 1929 gefeiert wurde. Der Stolz, nun eine eigene und für die damalige Zeit moderne Schule zu besitzen, führte zur Straßenbenennung in der unmittelbaren Nachbarschaft.

Schumanngasse

II (Leonhardstraße – Morellenfeldgasse), 1881, PLZ 8010.

Zuvor kurz Ruckerlberggasse. Robert Schumann (1810 Zwickau – 1856 Endenich/Bonn), deutscher Komponist der Romantik, Klavierwerke, Liederzyklen, Orchesterwerke, Kammermusik, Chorwerke, eine Oper *Genoveva* (1850).

Schützenhofgasse

II (Felix-Dahn-Platz – Schillerstraße), 1838, PLZ 8010.

Als *Schützenhöfe* wurden im Mittelalter Lehenshöfe ohne Abgaben verstanden; sie wurden an Ministeriale vergeben, die zum Kriegsdienst verpflichtet waren. Urspr. *Guschitzhof* (1662 jesuitisch), im 19. Jh. *Schützenhof* genannt. Die Gült *Schützenhof* gehörte im 19. Jh. dem Grafen von Khuenburg.

Schützgasse

V (Karlauer Straße – Lagergasse, 1949, PLZ 8020.

Zuvor Steingasse. Der Komponist Heinrich Schütz (1585 Köstritz – 1672 Dresden) wirkte lange am kurfürstlichen Hof in Dresden und schuf die erste Oper in deutscher Sprache *(Daphne*, 1627), deren Musik allerdings verloren ist. Andere erhaltene Werke von ihm sind beispielsweise ein Weihnachtsoratorium und Passionen sowie weltliche Madrigale. Schütz begründete eine Tradition protestantischer Kirchenmusik. In den 1920er-Jahren fand er wiederum erhöhte Anerkennung. Die Heinrich-Schütz-Gesellschaft (1963) pflegt sein Werk.

Schwarzbauerweg

XI (Schönbrunngasse – Mariagrüner Straße), 1947, PLZ 8043.

Schwarzbauer ist ein hier traditionell verwendeter Hof- bzw. Vulgarname.

Schwarzenberggasse

VI (Harmsdorfergasse – Ehrenfelsgasse), 1936, PLZ 8010.

Als man sich der altösterreichischen Geschichte wieder demonstrativ positiv zuwandte, wurde diese Gasse nach dem Feldmarschall Karl Philipp Fürst zu Schwarzenberg (1771 Wien – 1820 Leipzig) benannt. Er war Österreichs Botschafter in Paris und führte 1813 die siegreichen Alliierten bei der Völkerschlacht von Leipzig. Auf dem Schwarzenbergplatz nahe der Wiener Ringstraße ist sein Reiterstandbild zu sehen. Seine Familie beerbte die Fürsten von Eggenberg in Böhmen und hat auch gegenwärtig noch größere Besitzungen im Raum Murau. In Graz besaßen die Fürsten Schwarzenberg das Palais in der Bürgergasse 3, das ihr Wappen zeigt.

Schwarzer Weg

XVI, XVII (Kärntner Straße – Triester Straße, mit Unterbrechung), 1974, PLZ 8054, 8055.

Flurbezeichnung.

Schwarzgasse

siehe Anton-Schwarz-Gasse

Schwarzstraße

siehe Josef-Schwarz-Straße

Schweinbergstraße

X (Ragnitzstraße – Riesstraße), 1948, PLZ 8047.

Der Schweinberg ist mit 534 m eine lokale Erhebung etwas östlich der Straße. Dem ursprünglichen Vorschlag, den Riednamen Langwiesen zu verwenden, wurde nicht gefolgt.

Schweitzergasse

siehe Albert-Schweitzer-Gasse

Schwimmschulkai

III (Wickenburggasse – Makartgasse), 1870, PLZ 8010.

Benannt nach der k. k. Militär-Schwimmschule, die auf Anregung des General-Feldzeugmeisters Graf von Nugent 1835 zwischen dem Mühlgang und der Mur erbaut wurde. Obwohl unter militärischer Leitung, gab es auch zu jener Zeit bereits eine eigene Damenabteilung mit Schwimmlehrerinnen. Zu den prominenten Badegästen zählte u. a. der Rekordschwimmer Jonny Weißmüller, der als Tarzandarsteller weltberühmt wurde. Das Bad wurde 1978 geschlossen. Nun wurde es für Neubauten abgebrochen.

Schwindgasse

VIII (Waldmüllergasse – Marburger Straße), 1949, PLZ 8042.

Der Maler Moritz von Schwind (1804 Wien – 1871 Pöcking) ist ein typischer Vertreter der Spätromantik. Seine poetisch-volkstümlichen Bilder im Zeitgeist waren sehr erfolgreich. Von ihm stammen Gemälde, Fresken (so auf der

Schwimmschulkai: Die 1835 erbaute Militärschwimmschule zwischen Mühlgang und Mur.

Wartburg, in der Wiener Hofoper) und Zeichnungen, aber auch Entwürfe für Glasfenster und kunstgewerbliche Gegenstände. Seine Arbeiten erschienen auch in den *Fliegenden Blättern,* einer Zeitschrift, die sich dem Humor verschrieben hatte. Schwind lebte lange Zeit in München und unterrichtete an der dortigen Akademie. Zusammen mit den Straßennamen für Spitzweg und Waldmüller hatten in St. Peter die Namengeber der Nachkriegsjahre ein Malerviertel geschaffen.

Sebastian-Bach-Gasse
siehe Johann-Sebastian-Bach-Gasse

Sechsundzwanziger-Schützen-Gasse
V (Josef-Hyrtl-Gasse – Kapellenstraße, mit Unterbrechung), 1936, PLZ 8020.

Im Sinne der Pflege militärischer Tradition während des Ständestaates wurde hier des Schützenregiments Nr. 26 gedacht. Das Landwehrinfanterieregiment Nr. 26, 1901 aus älteren Einheiten aufgestellt, ergänzte sich aus der Untersteiermark. Im Ersten Weltkrieg war das Regiment besonders in Russland und Italien eingesetzt. In der Ersten Republik wurde die Traditionspflege dieser Einheit dem Steirischen Alpenjägerregiment Nr. 9 übergeben.

Seebachergasse
II, III (Schanzelgasse – Leonhardstraße),1877, PLZ 8010.

1877 benannt nach Richard Seebacher (1717 Graz – 1805 Graz). Er war Braumeister und Gastwirt *Zum Mohren* und erster Oberst des von ihm 1797 begründeten Grazer Bürgerkorps. Seebacher errichtete auch eine Stiftung für das Bürgerspital und ließ das Grünanger-haus, den ersten monumentalen Baukomplex am Glacis *(Café Glacis, Malaga, Zur Grünen Spinne,* Glacisstraße Nr. 45), erbauen.

Seidenhofstraße

XIV (Heinrich-Heine-Straße, mit Unterbrechung fast bis zur Baiernstraße), um 1912, PLZ 8020.

Um die Mitte des 19. Jhs. erwartete man sich auch in der Steiermark von der Seidenraupenzucht wirtschaftlichen Gewinn. Dementsprechend entstand 1843 ein Steiermärkischer Seidenbauverein, und im späteren Baiernhof in der Baiernstraße wurde eine landwirtschaftliche Fachschule für die Herstellung von Naturseide eingerichtet. 1870 war das Experiment gescheitert, die Schule wurde geschlossen. Zurück blieben nur etliche Maulbeerbäume. Die Seidenhofstraße sollte eine durchgängige Hauptstraße werden.

Seidlgasse

siehe Gabriel-Seidl-Gasse

Seiersbergstraße

XVI (Kärntner Straße nach Süden zur Stadtgrenze), 1947, PLZ 8054.

Die neueste Erklärung des Namens bringt der Archivhistoriker H. Purkarthofer in der Seiersberg-Festschrift. 1192 wird der Ort als *Sirisperich* erwähnt. Dies weist auf einen Siegram oder Siegrab als Namengeber hin. Die Familie der Sieghardinger scheint sich auf diese Weise hier dokumentiert zu haben.

1230 wird in einer Urkunde von Papst Gregor IX. für das Stift Göß der Ortsname *Seirsperch* verwendet.

Semetkowskiweg

siehe Walter-Semetkowski-Weg

Seminarstraße

XII (Ziegelstraße nach Nordosten), 1963, PLZ 8045.

Nach dem Bischöflichen Knabenseminar als Eigentümer des dortigen *Brodschimpelgutes* benannt.

Semmelweisgasse

II (Riesstraße nach Süden), 1948, PLZ 8010.

Ignaz Philipp Semmelweis (1818 Buda – 1865 Wien), Dr., Arzt, Geburtshelfer, entdeckte als Erster die Kontaktinfektion durch Arzt oder Hebamme als Ursache des Kindbettfiebers und seine Vermeidung durch antiseptische Methoden *(Retter der Mütter)*, 1855 Univ.-Prof. für Geburtshilfe in Budapest. Starb als Patient in einer Wiener Irrenanstalt an Blutvergiftung. Erst nach seinem Tod volle Anerkennung. Die Frauenklinik in Wien 18 trägt seinen Namen. Werke, u. a.: *Die Aetiologie (der Begriff und die Prophylaxis) des Kindbettfiebers,* 1857–1860, *Offener Brief an Dr. J. Spaeth,* 1861.

Senefeldergasse

VII (Kasernstraße gegen Nordosten), 1955, PLZ 8041.

Alois Senefelder (1771 Prag – 1834 München) war ursprünglich Schauspieler und Bühnenschriftsteller. Der Versuch, Musiknoten billig herzustellen, führte ihn zur Entwicklung neuer Drucktechniken. 1799 erhielt er ein bayrisches Druckprivileg, ab 1803 betrieb er eine Druckerei in Wien. Von Kupferplatten fand er zum Steindruck (Lithographie) und 1826 zum ersten Mehrfarbendruck. Senefelder-Vereinigungen der Drucker waren einst verbreitet, so gab es eine solche Organisation auch in Graz.

Seydlergasse
siehe Ludwig-Seydler-Gasse

Siebenundvierzigergasse
V (Josef-Hyrtl-Gasse – Kapellenstraße), 1936, PLZ 8020.
Das Steirische Infanterieregiment Nr. 47 trug seit 1769 diese Nummer und war zuletzt 1914 in Görz stationiert. Das Ergänzungskommando befand sich in Marburg. 1682 wurde das Regiment aufgestellt, hatte eine bewegte Geschichte und war zuletzt dem Grafen Friedrich Beck, einem General der Infanterie, gewidmet. Das Regiment kämpfte gegen die Türken, half beim Entsatz von Wien 1683, unterstand Prinz Eugen, nahm an den Schlachten von Aspern und Wagram teil und war im Ersten Weltkrieg gegen Italien eingesetzt. Auch in Graz war das Regiment im Laufe seiner Geschichte zeitweise stationiert. In der Ersten Republik übernahm das Alpenjägerregiment Nr. 10 die Traditionspflege für die 47er.

Siedlerweg
VII (Murfelder Straße gegen Nordosten), PLZ 8041.
Der Name wurde zur Zeit der Gemeinde Liebenau vergeben. 1937 standen hier schon fünf Siedlerhäuser. Siedler und ihre häufig unter hohem persönlichem Aufwand erbauten Häuser spielen in der Entwicklung von Liebenau eine große Rolle.

Siegerstraße
siehe Dr.-Robert-Sieger-Straße

Siemensgasse
II, IX (Plüddemanngasse – Rapoldgasse), 1909, PLZ 8010.
Der deutschen Erfinder- und Industriellenfamilie wurde hier ein Denkmal gesetzt. Nach Arbeiter und Gadolla (1912) war hier Wilhelm von Siemens (1823 Lenthe/Hannover – 1883 London) gemeint: Er verwertete ab 1843 die Erfindungen seines Bruders Werner von Siemens in Großbritannien, so besonders die Herstellung von Kabeln. Wilhelm Siemens entwickelte aber auch ein eigenes Verfahren zur Stahlherstellung (1847), eine hydraulische Bremse und zahlreiche Messgeräte. Obiger Sir Wilhelm Siemens (1883) verlegte auch Tiefseekabel. Sein Bruder Friedrich von Siemens (1826–1904) ist der Erfinder der Stahlerzeugung im Siemens-Martin-Ofen (siehe Martingasse). Werner von Siemens (1816–1892) war der Begründer der Elektrotechnik. 1847 entstand seine Telegraphenbauanstalt, aus der sich die Siemens AG entwickelte. Nach ihm ist die Einheit des elektrischen Leitwerts benannt (1 Siemens S = 1 Ampere/Volt). Die Siemensstadt (Industrie- und Wohnanlagen) befindet sich in Berlin-Spandau. Der Siemenskonzern hat auch Betriebe in der Steiermark.

Siglweg

XII (Radegunder Straße nach Osten), 1954, PLZ 8045.

Anton Sigl (1776 Unterrakitsch/Mureck – 1863 Graz), ständischer Kanonier und Feuerwächter auf der ehemaligen Grazer Schloßbergfestung. Erbauer zweier Schloßbergmodelle aus den Jahren 1805 bis 1812. Das große Modell steht wieder im Glockenturm zur Besichtung und zeigt die vollständige Schloßbergfestung mit Basteien und Schlosshauptmannsbau.

Sigmund-Freud-Gasse

IX (Kerschhoferweg gegen Westen), 1967.

Sigmund Freud (1856 Freiberg/Mähren – 1939 London) gehört zu den Pionieren der modernen Psychologie und ist der Begründer der Psychoanalyse und der Tiefenpsychologie. 1885 habilitierte er sich für Neuropathologie an der Universität Wien. In Paris arbeitete er über Neurosen und Hysterien. Dazu stellte er seine eigenen Theorien auf. *Die Traumdeutung* erschien 1899. 1902 erhielt er eine Professur in Wien, das er 1938 verlassen musste. 1930 wurde er mit dem Goethepreis ausgezeichnet. Freuds Therapieschule und seine Theorien, so die über die Sexualität, sind heute weltbekannt. Er publizierte auch als Schriftsteller und zu Fragen der Kultur. 1971 wurde in seiner Wiener Ordination (Berggasse 19) ein Museum eingerichtet. Über die richtige Schreibweise von Freuds Vornamen (Siegmund oder Sigmund) gab es 1967 eine rege Korrespondenz. 1968 erfolgte darüber ein ordnungsgemäßer Bescheid des Vermessungsamtes mit den Absätzen Spruch, Begründung und Rechtsmittelbelehrung. Die Landesnervenklinik ist nach Sigmund Freud benannt.

Sigmundstadl

IV (Mühlgasse über Keplerstraße zum Mühlgang), 1800, PLZ 8020.

Sigmund Freiherr von Schwitzen (1747 Graz – 1834 Waldegg b. Kirchbach) bekleidete höhere Staatsämter, z. B. war er Staats- und Konferenzrat, war aber auch Ökonom und Herrschaftsbesitzer. In der nach ihm benannten Gasse, ursprünglich *Sigmundstadt* genannt, ließ er als Sozialaktion für Keuschler Häuser bauen. Die Familie ist zweifach bei Straßennamen vertreten, nach dem

Sigmundstadl: Sigmund Freiherr von Schwitzen.

Vornamen seiner Mutter hat die Charlottendorfgasse ihren Namen. Sigmund Schwitzen war Meister vom Stuhl der Grazer Freimaurerloge *Vereinigte Herzen* und damit im Graz der Aufklärungszeit eine Schlüsselperson.

Simchengasse

XII (Lindengasse nach Westen, Sackgasse), 1985, PLZ 8045.

Gustav Simchen (1883 Gnas – 1977 Graz), Dr. (sub auspiciis Imperatoris), beliebter Gymnasialprofessor für Latein und Griechisch in Graz. Autor wissenschaftlicher Werke (*Simchen-Grammatik, Lateinisches Simchen-Lesebuch),* Ehrenkreuz für Wissenschaft und Kunst der Republik Österreich.

Simonygasse

XVI (Trattfelderstraße – Straßganger Straße), 1958, PLZ 8054.

Friedrich Simony (1813 Hrochowteinitz/Hrochur Týnec, Böhmen – 1896 St. Gallen/Stmk.), Dr., Geograph und Alpenforscher, 1851 bis 1885 Univ.-Prof. in Wien; gründete die Lehrkanzel für Geographie. Erschließer des Dachsteingebietes (Simonyhütte, 2205 m) und der Ostalpen. 1847 Erstbesteigung des Dachsteingipfels im Winter. Simony zählte auch zu jenen Bergsteigern, die 1862 in Wien den Österreichischen Alpenverein, die älteste alpine Vereinigung auf dem europäischen Festland, gründeten. Zuvor gab es nur den 1857 ins Leben gerufenen britischen Alpine Club. Befreundet mit Adalbert Stifter (Vorbild des Naturforschers im *Nachsommer).*

Sobothgasse

XVI (Harter Straße – Dr.-Lemisch-Straße), 1961, PLZ 8054.

Hier war eine Dr. Steinacher-Gasse vorgesehen. 1961 wurde die Gasse nach der Soboth benannt, grenznaher Ort und Landschaftsbezeichnung in der Südweststeiermark am Osthang der Koralpe; Sperre Feistritzbach und Stausee Soboth der KELAG. Auf die *Soboth* gab es Gebietsansprüche des ehemaligen Jugoslawien. Der Magistrat erwähnt die Namengebung als Denkmal für die Abwehrkämpfe 1918/19.

Sölleweg

siehe Dorothee-Sölle-Weg

Sonnenfelsplatz

III (platzähnlicher Kreuzungsbereich zwischen Zinzendorfgasse, Beethovenstraße, Leechgasse, Schubertstraße und Halbärthgasse), 1992, PLZ 8010.

Joseph Freiherr von Sonnenfels (1733 Nikolsburg/Mähren – 1817 Wien), bedeutender Staatsmann, Aufklärer und Humanist. Er setzte die Abschaffung der Folter durch und förderte die Justizreform Josefs II. Beschäftigte sich auch mit Theaterreformen und war maßgeblich an der Gründung des Wiener Burgtheaters beteiligt. Der Name Sonnenfelsgasse im Bezirk Gries wurde 1938 arisiert.

Sonnenstraße

IX (Ehlergasse – Am Leonhardbach), um 1910, PLZ 8010.

Der Jurist Dr. Heinrich Bachmann (1860 Zwickau/Sachsen – 1931 Graz) erwarb 1909 die Fuchsengründe am Nordhang

Sonnenfelsplatz: Die Kreuzung Zinzendorfgasse (oben), Beethovenstraße (links) und Schubertstraße (unten), 1990.

des Ruckerlberges. Das große Grundstück lag in der Gemeinde Waltendorf und grenzte an den Leonhardbach, der hier bis 1938 die Grenze zu Graz bildete. Der berühmte Architekt Adolf Ritter von Inffeld (siehe Inffeldgasse) entwarf für den Bauherrn eine großzügige Siedlung. Dr. Bachmann, der viel Geld nach Waltendorf brachte, wünschte sich für die Siedlung die werbenden Straßennamen Blumengasse (siehe Wegenergasse) und Sonnenstraße.

Sonnleitenweg

XI (Janischhofweg – Unterer Plattenweg), 1948, PLZ 8043.

Es gibt in der Steiermark eine ganze Reihe von Sonnleiten als topographische

Bezeichnung. Auch wenn der Name auf alten Karten nicht zu finden ist, dürfte es sich um eine überlieferte Bezeichnung handeln. Der Südwesthang der Platte hat gute klimatische Bedingungen.

Sorgerweg

IX (Ragnitztalweg – Janneckweg), 1968, PLZ 8047, 8042.

Zuvor ein Teil des Lustbühels. Als der Westteil der Gemeinde Hart bei St. Peter (nun Bezirk Waltendorf) im Herbst 1938 zu Graz eingemeindet wurde, gab es dort noch keine Straßennamen, so behalf man sich dann beim Hausbau um 1940 mit Siedlungsnamen. Damals gab es hier die Sorgersiedlung und ein Stück weiter nördlich die Hödlsiedlung.

Der nur teilweise überwölbte Grazbach an der Kreuzung Sparbersbachgasse und Rechbauerstraße (um 1880).

Die Familie Sorger (Peter Sorger sen. und Peter Sorger jun.) hatte hier einen bäuerlichen Betrieb, der die Lage der Siedlung definierte. Der Name Dr.-Eduard-Hoffer-Weg wurde von der Stadtgemeinde abgelehnt.

Sparbersbachgasse

II (Dietrichsteinplatz – Schillerstraße), 1800, PLZ 8010.

Nach der im 15. Jh. als *Sparbelsbach* genannten Grundherrschaft auf dem Ruckerlberg. Das Adelsprädikat *Sparbersbach* wurde 1609 dem Dr. med. *Johann Baptist Clario* verliehen. Ende des 18. Jhs. übernahm Dr. Friedrich Karl von Haller den Besitz, der nach ihm *Hallerschlößl* benannt wurde, später im Besitz

der Familie Cerweny-Arland. Die Sparbersbachgasse wurde um 1800 eröffnet, eine Gesamtbebauung war jedoch erst nach der Überwölbung des Grazbaches in den Jahren 1880 bis 1883 möglich.

Sparkassenplatz

I (Landhausgasse – Albrechtgasse), 1975, PLZ 8010.

Zuvor Stainzerhofgasse. Das Ersuchen der Steiermärkischen Sparkasse nach Umbenennung wurde vorerst vom Bürgermeister und der zuständigen Fachabteilung abgelehnt, dann jedoch unter der Auflage, eine Erinnerungstafel anzubringen und einen *Stainzerhofbrunnen* zu errichten, doch genehmigt. Die Namengebung erfolgte anlässlich des 150-jährigen

Sparkassenplatz: Der 1969 abgetragende Stainzerhof (um 1930, Sammlung Schmuck-Zollner).

Gründungsjubiläums der Steiermärkischen Sparkasse, die in dieser Zeit vielfach ihre Gemeinnützigkeit bewies. Eine Reihe von Kultureinrichtungen sowie Erholungsräume in Graz verdankt ihre Entstehung oder Erhaltung der Steiermärkischen Sparkasse. 1939 war das Institut mit der Gemeindesparkasse Graz und mit der *Sparkasse des Bezirkes Umgebung Graz* verbunden worden.

Spath-Ring
siehe Prof.-Franz-Spath-Ring

Speidlgasse
VII (Puntigamer Straße gegen Norden), 1949, PLZ 8041.

Der landschaftliche Sekretär Stephan Speidl erwarb 1591 das Schloss Lieben-

au (Vatersdorf). Nach seinem Tod erbten seine Frau Anna und sein Kind 1598 den Besitz jeweils zur Hälfte. Seine Witwe, eine verheiratete Schnabl, erwarb schon im folgenden Jahr den Gesamtbesitz und verkaufte 1601 das Schloss an den landesfürstlichen Hof-Kammerrat Peter Casal (siehe Casalgasse).

Spielbergweg
XV (Krottendorfer Straße – Neupauerweg), PLZ 8052.

Der Name findet sich Ende der 1930er-Jahre erstmals im Straßenverzeichnis. Damals gab es hier nur ein Haus (Nr. 8, Helfert). Der Spielberg ist der Name des vom Buchkogelzug nach Wetzelsdorf vorspringenden Rückens. Der häufige Flurname Spielberg wird meist als Ort

416

erklärt, auf dem Kampf- und Waffen-
spiele stattfanden. Hier könnte es aber
auch vom Wort *Spiegel* kommen, der in
Ortsnamen *Warte, Aussichtspunkt* bedeutet. Diese Interpretation passt gerade hier recht gut zur Lage und zur frühen Geschichte des Grazer Feldes.

Spitzäckerweg

XVII *(Gradnerstraße – Grenzgasse)*,
1951, PLZ 8055.
Flurbezeichnung.

Spitzgasse

XVI *(Alte Poststraße – Glaserweg)*,
1947, PLZ 8053.
Topographische Bezeichnung nach dem
Nordspitz der alten Gemeinde- und
heutigen Bezirksgrenze von Straßgang
gegen Wetzelsdorf und Lend.

Spitzweggasse

siehe Carl-Spitzweg-Gasse

Spitzyplatzl

siehe Dr.-Hans-Spitzy-Platzl

Sporgasse

I *(Hauptplatz – Karmeliterplatz)*,
PLZ 8010.
Frühgeschichtliche Bedeutung als Teil
des Weges, der die Römerstraße am
Westrand des Grazer Feldes über die
Murfurt mit dem östlichen Hartberg
und Savaria verband. Erstmals 1346 als
Sporergasse bezeichnet, nach den hier
ansässigen Sporenerzeugern. Um 1600

Die Sporgasse 1985 (links oben die Stiegenkirche).

417

wird der Name auf *Sporgasse* verkürzt. Der heutige gekrümmte Verlauf der Sporgasse entlang des südlichen Schloßbergabhangs entspricht noch der mittelalterlichen Straßenführung. Eine der malerischesten Altstadtgassen von Graz; sehenswert ist der gotische Hof des Deutschen Ritterordenshauses (Nr. 22).

Sportplatzgasse

XIII (Fischeraustraße nach Nordosten, Sackgasse), PLZ 8051.

Benannt nach dem ASKÖ-Sportplatz in Gösting.

Staatsbahnstraße

V (Kärntner Straße bis knapp vor Lazarettgürtel), 1899, PLZ 8020.

Anfangs Staatsbahngasse. 1873 wurde die königl. ungarische Staatsbahn (Projekt Stuhlweißenburg/Székesfehérvár–Graz) im Teilstück Graz–Fehring eröffnet. Der Anschluss nach Osten erfolgte später. Die Bahn endete aus ungarischer Sicht im Westen, daher war der heutige Ostbahnhof der Westbahnhof. Jener Bahnhof wurde im gleichen Jahr über die Mur mit dem Südbahnhof der Südbahngesellschaft (heute Hauptbahnhof) verbunden. In der Folge übernahmen die k. k. österreichischen Staatsbahnen den Betrieb der Graz-Raaber-Bahn. Bis in die 20er-Jahre des 20. Jhs. gab es in der Staatsbahnstraße kein einziges Haus.

Stadionplatz

VII (vor dem Stadion Liebenau), 1996, PLZ 8041.

Im Rahmen der Umgestaltung des Stadions zum Arnold-Schwarzenegger-Stadion (seit 2007 UPC Arena), der Errichtung eines Bürogebäudes und der Verlegung der Stadionverwaltung wurde beschlossen, dem nun neu gestalteten Platz einen eigenen Namen zu geben.

Stadlgasse

V (Lagergasse – Karlauer Straße), 1870, PLZ 8020.

Um 1870 war zwar die Karlauer Straße bis auf einige Lücken verbaut, die Lagergasse östlich davon besaß in ihrem mittleren und südlichen Teil kaum Häuser. Die Rankengasse hatte nur vier Häuser, aber etliche *Reservierungen*. In der Stadlgasse standen zum Zeitpunkt der Namengebung zwei Bauten. In Ergänzung zur damals schütteren Bebauung gab es viel Grünland und auch jene Heustadl, die hier namengebend waren.

Stadlgrund

siehe Am Stadlgrund

Stadtpark

I (zwischen Schloßberg und Glacisstraße), 1883, PLZ 8010.

Die Anfänge des Stadtparks gehen auf die Errichtung der *Dammallee* zurück, die ab dem Paulustor auf Initiative von Johann Heinrich Formentini bereits 1787/90 auf dem Stadtgrabenwall errichtet wurde. In der Folge kam es 1868 bis 1872 durch den Bürgermeister Moritz Ritter von Franck auf den Glacisgründen (siehe Glacisstraße) zur Schaffung des Stadtparks, der als öffentlicher englischer Naturpark gestaltet wurde. Mit zahlreichen Kleindenkmälern, dem *Forum Stadtpark* (Umbau 2000, Architekten: Giselbrecht und Zinganel) und dem

Stadtpark: Park-Café 1946, seit 1959
Forum Stadtpark.

1874 aufgestellten, wieder renovierten historistischen Stadtparkbrunnen stellt der Stadtpark das vielbesuchte *grüne Herz* der Landeshauptstadt dar.

Stahlgasse

IV (Babenbergerstraße – Bahnhofgürtel), 1879, PLZ 8020.

Hier stand in den 70er-Jahren des 19. Jhs. die Werksanlage (Lagerhaus) der ungarischen Eisenwaren-Aktien-Gesellschaft *Sopron*. Der Betriebsstandort ist in Verbindung mit dem Bahnhof zu sehen. Das Graz-Gastspiel der ungarischen Firma war nur von kurzer Dauer. 1919 wurde der Betrieb mit der Eisenwarenfabrik Lapp-Finze AG zusammengelegt.

Stainzergasse

I (Franziskanerplatz – Albrechtgasse), 1838/1870, PLZ 8010.

Als Stainzergasse benannt, weil sie früher entlang des Franziskanerklosters

zum Stainzerhof (ehem. Stadthof des Chorherrenstiftes Stainz in der Weststeiermark, Abbruch 1969, heute Sparkassenplatz) führte. Kurzer, schmaler Gassenzug zwischen Franziskanerplatz und Albrechtgasse. Auf Stadtplänen von 1843 auch als *Schulgäßchen* bezeichnet, da in dem hier befindlichen Teil des Franziskanerklosters eine Schule untergebracht war.

Stammelstraße

siehe Thaddäus-Stammel-Straße

Stanglmühlstraße

VII (Liebenauer Hauptstraße gegen Westen bis zur ehemaligen Mühle), 1949, PLZ 8041.

Die Straße bildet die Zufahrt von der Hauptstraße zur Mühle. Die Stanglmühle, benannt seit 1935 nach der Besitzerfamilie, lag ursprünglich am südlichen linksseitigen Mühlgang (siehe Am Eichbach). Als Kunstmühle Stangl wurde hier bis 1992 gemahlen und auch Schwarzbrot gebacken. Zum Betrieb gehörte auch ein Sägewerk. Der Name wurde vom Engelsdorfer Bürgermeister Hammer als Freundschaftsakt in den 1930er-Jahren erstmals vergeben, 1949 erfolgte eine Neuverlautbarung, diesmal durch den Grazer Gemeinderat.

Starhemberggasse

IV (Waagner-Biro-Straße – Alte Poststraße), 1892, PLZ 8020.

Der Straßenname wurde gewählt, als es hier westlich des Hauptbahnhofes noch ein großes Kasernenviertel gab. Feldmarschall Ernst Rüdiger Graf von

Starhemberg (1638 Graz? – 1701 Wösendorf/Wachau) hatte als Stadtkommandant von Wien die Verteidigung der von den Türken belagerten Stadt bis zum Eintreffen des Entsatzheeres erfolgreich geleitet. 1691 wird er zum Präsidenten des Hofkriegsrates ernannt. Starhembergs Geburtsort Graz lässt sich nicht zweifelsfrei bestätigen. Am Grazer Rathaus befand sich bis zum *Bildersturm* von 1957 ein Standbild des Grafen Starhemberg.

Stattegger Straße

XII (Andritzer Reichsstraße nach Norden – Stadtgrenze), 1949, PLZ 8045, 8046.

Nach der Ortschaft Stattegg und der Burg Stadeck benannt, die ursprünglich die Straße von Graz über die Leber nach Semriach absicherte. 1193 *Stadekke,* 1197 *Stadech.* Der Name leitet sich von ahd. *stado,* mhd. *stade,* ma. *Staden* (= Ufer, Festland, Gestade) und bedeutet eine am Ufer aufragende Berghöhe, die von einer Burg gekrönt ist. Die Burg Stadeck war ab dem 12. Jh. Sitz des bedeutenden Geschlechtes der Stattegger, die auch einige Landeshauptleute der Steiermark stellten. Um 1400 starb das Geschlecht aus, der Besitz ging an die Grafen von Montfort über. Mitte des 15. Jhs. wird die Burg Stadeck, die auch Andritz genannt wurde, das letzte Mal erwähnt.

Staudenweg

XVII (Hafnerstraße nach Norden), 1949, PLZ 8055.

Nach dem dortigen Bewuchs.

Staudgasse

XV (Faunastraße – Brauhausstraße), 1948, PLZ 8052.

Bis 1938 Johann-Staud-Gasse, in der NS-Zeit Niklas-Böhm-Straße. Johann Staud (1882 Rohozna/Böhmen – 1939 KZ Flossenbürg) war in der Zwischenkriegszeit ein Funktionär der Christlichen Arbeiterbewegung und Gewerkschaftssekretär sowie 1934 bis 1938 auch Präsident des Österreichischen Gewerkschaftsbundes. Staud war ein Mitarbeiter von Leopold Kunschak. Auf seine und die Initiative von Johann Müller (Arbeiterkammerpräsident) wurde mit Bundesmitteln und der Genossenschaft Heim die Staudsiedlung in diesem Bereich errichtet.

Steffnweg

siehe Johann-Michael-Steffn-Weg

Steggasse

III (Fischergasse – Schwimmschulkai), 1870, PLZ 8010.

Benannt nach dem Steg über den linksseitigen Mühlgang.

Steinäckerstraße

XV (Wetzelsdorfer Straße – Dr.-Emperger-Weg), um 1935, PLZ 8052.

Steinacker ist ein häufig vorkommender Flurname (siehe Sternäckerweg). Die lehmig-sandigen Böden des Grazer Feldes haben oft einen Schottergrund.

Steinbergerweg

siehe Josef-Steinberger-Weg

Steinbergstraße

XIV, XV (Wetzelsdorfer Straße nach Westen zur Stadtgrenze), um 1900, PLZ 8052.

Der Name Steinbergstraße ist nicht alt, sondern wurde offensichtlich erst nach der Neutrassierung nach einem doch relativ weit entfernten Zielort erfunden. Die Ortschaft Steinberg ist 1293 als *Stainperg pey Hitzendorf* überliefert. In der Umgebung von Graz gibt es mehrere Steinberge. Diese Straße hatte bis zu ihrer Neutrassierung einen Verlauf über die heutige Einödstraße (um 1900: Hitzendorfer Bezirksstraße). Ende des 19. Jhs. ließ die Brauereidynastie Reininghaus die neue Steinbergstraße anlegen, um besser Eis von Thal (von den Teichen beim Schloss Hart) in ihren Betrieb am Steinfeld transportieren zu können. Ein weiterer Grund für eine gut ausgebaute Straße war wohl auch der Wohnsitz der Familie im Schloss Hart (Gemeinde Thal) 1864 bis 1939.

Steinbruchweg

XIII, XIV (Göstinger Straße über die Plabutscher Straße nach Osten), um 1935, PLZ 8051.

Im Grenzbereich von Gösting und Eggenberg gab es Steinbrüche am Osthang des Plabutsch. Eine zentrale Position hatte das Quarzit-Hartschotterwerk Adolf Just (zuvor Aichinger), der auch als Pächter anderer Steinbrüche, so der Gräflich Attems'schen Herrschaftsverwaltung, auftrat. Auf dem Steinbruchweg wurde der Steinschutt zum Frachtenbahnhof geführt.

Steinbruchweg: Der Steinbruch Just Ende der 1940er-Jahre.

Steinergasse

siehe Franz-Steiner-Gasse

Steinerweg

siehe Lois-Steiner-Weg

Steinfeldgasse

V (Prankergasse bis über den Eggenberger Gürtel, für Fahrzeuge durch den Eggenberger Gürtel unterbrochen), 1813 bzw. 1899, PLZ 8020.

Früher führte die Gasse weiter nach Westen bis zur Alten Poststraße bei Don Bosco. Bis zum Ausbau der Industrie an der Südbahnstraße gab es einen Bahnübergang. 1899 war der Westteil der Steinfeldstraße in Südbahnstraße umgetauft worden. Das Steinfeld ist die Landschaftseinheit auf der großen und nicht sehr fruchtbaren Schotterfläche im Grenzbereich der Bezirke Gries und Eggenberg. Da die Bezeichnung älter als die Eisenbahn ist, kann sie räumlich nicht durch diese begrenzt werden. Die Bezeichnungen Steinfeldfriedhof und Brauerei am Steinfeld (Reininghaus) zeigen die Verwendung des Begriffs.

Steingasse

XIII (Fischeraugasse nach Nordosten, Sackgasse, PLZ 8051.

Aus einem Bericht der Schulleitung Kalvarienberg von 1884 geht hervor, dass eine Nebenbeschäftigung der Einwohner von Gösting das Steinbrechen in den in der Nähe liegenden Steinbrüchen war, um Material zur Straßenbeschotterung zu liefern.

Steingrabenweg

XI (Mariatroster Straße – Janischhofweg), 1948, PLZ 8044.

Der Name hängt mit der Bezeichnung Steingraben für die Rettenbachklamm zusammen. So wurde auch der Rettenbach als Steingrabenbach bezeichnet. Siehe Am Klammbach.

Steininger-Steg

siehe Elise-Steininger-Steg

Steinkleegasse

VIII (Arnikaweg gegen Süden zur Stadtgrenze), 1984, PLZ 8042.

In geistiger Verwandtschaft zum benachbarten Arnikaweg wurde hier die Pflanze Steinklee angesprochen. Steinklee ist eine Sammelbezeichnung, die einerseits eine als Futter verwendbare Pflanze bezeichnet, andererseits auch

ein bitter schmeckendes Kraut, das u. a. für ein Heilpflaster verwendet wird und zum Schutz vor Motten dient.

Steinriegelgasse

XV (Steinäckerstraße – Dr.-Emperger-Weg), um 1932, PLZ 8052.

Laut Gemeinde Graz ein Flurname. Als der Name Anfang der 30er-Jahre des 20. Jhs. erstmals als Steinrieg(!)lgasse in den Adressverzeichnissen (Gemeinde Wetzelsdorf) auftaucht, gibt es dort nur ein Haus (Kobler, Nr. 3).

Stelzhamerweg

XI (Fraungruberstraße gegen Westen), 1948, PLZ 8044.

Franz Stelzhamer (1802 Großpiesenham/Oberösterreich – 1874 Henndorf/Salzburg) gilt als bedeutendster Mundartdichter Oberösterreichs. Stelzhamer stammte aus bäuerlichem Milieu. Nach Jahren der Wanderschaft gelang es ihm, Anerkennung zu finden, zuerst als Journalist, dann als Dichter und Novellist. Er lebte u. a. auch in Graz. Schließlich erhielt er einen Ehrensold des Landes Oberösterreich. Peter Rosegger förderte ihn und gab 1884 Stelzhamers ausgewählte Dichtungen in vier Bänden heraus.

Stemmerweg

XVI (Kärntner Straße nach Westen), 1958, PLZ 8054.

Vulgarbezeichnung nach einem dort befindlichen Gehöft.

Stempfergasse

I (Bischofplatz – Herrengasse), 1781, PLZ 8010.

Erste nach einem Bürger bezeichnete Gasse in Graz. 1562 erscheint erstmals der Name Stempfergasse, benannt nach Marx Ste(ä)mpfer, 1545 Stadtrichter, 1546 Bürgermeister von Graz, besaß das Eckhaus am Eingang zur Herrengasse (Nr. 9). Vom 16. bis zum 18. Jh. befanden sich die Häuser überwiegend in adeligem Besitz.

Stenggstraße

XI (Hilmteichstraße bis über die Reifentalgasse), 1948, PLZ 8043.

Zuvor Bahnstraße. Andreas Stengg (1660 St. Lambrecht – 1741 Graz) ist einer der bedeutenden Baumeister des Übergangs vom Hoch- zum Spätbarock in der Steiermark. 1724 wird er zum Hofbaumeister ernannt. Zu seinen Werken zählen: Mariatrost, die Pfarrkirche St. Andrä im Sausal, das Palais Wildenstein (zusammen mit seinem Sohn) und das Palais Attems. Über den tatsächlichen Umfang seines Werkes gehen die Meinungen auseinander. Sein Sohn Johann Georg Stengg (1689 Graz – 1753 Graz) folgte ihm als Hofbaumeister 1741 nach. Johann Georg schulte sich an italienischen und böhmischen Vorbildern. Von ihm stammen u. a. die Barmherzigenkirche in Graz und die Stiftskirche Rein. Die Namensvergabe der Straße in Mariatrost weist auf Andreas Stengg hin.

Sternäckerweg

VII, VIII (Liebenauer Hauptstraße – St.-Peter-Hauptstraße, Unterbrechung durch den Autobahnzubringer), 1949, PLZ 8041, 8042.

Auf der Liebenauer Seite trug der Weg zuvor die Bezeichnung Zeppelin-Gasse. Im Franziszeischen Kataster gab es keinen Flurnamen Sternacker, wohl aber – wie auch in anderen Gemeinden relativ häufig – die Flurbezeichnung Steinacker.

Sterngasse

V (Griesgasse – Grenadiergasse), 1785, PLZ 8020.

In der Gasse befand sich das Gasthaus *Blauer Stern*. In der Folge wurde daraus die mittelgroße Brauerei Japl, die dann in die Erste Grazer Aktienbrauerei integriert wurde (siehe Schreinerstraße). Das namengebende Gasthaus wurde 1679 erstmals erwähnt und war häufig im Besitz von Handwerkern. Während das ehemalige Gasthaus (Nr. 12) als barocker Prachtbau (Entwurf und Ausführung: Josef Hueber) noch erhalten ist, wurden zur Brauerei gehörige Gebäude etwas östlich davon in der Gegenwart abgebrochen. Der ehemalige Gastgarten in der Grenadiergasse wurde im 19. Jh. verbaut und immer wieder umgebaut: 1874 entstanden hier die Sternsäle, 1938 die Alpenländische Volksbühne und 1958 das Murkino Später zog hier ein Supermarkt ein, und in der Folge entstand ein Wohnbau.

Sternwirtweg

X (Riesstraße gegen Süden), 1973, PLZ 8047.

Benannt nach dem Gasthaus *Sternwirt.* Spätestens ab 1882 wurde hier eine Gasthauskonzession vergeben. Das Gasthaus führte zunächst den Namen *Zum braunen Hirschen,* dann wurde ein Name aus dem 18. Jh. wieder aufgegriffen, und zwar *Sternlippl.* Unter der Bezeichnung *Sternwirt* wurde die Gaststätte 1991 geschlossen. Entlang des Westteils der Riesstraße gab es einst etliche Gaststätten, ein Indiz für die starke Frequenz der Straße, aber auch für ein heute verändertes Freizeitverhalten.

Sterzinggasse

XV (Peter-Rosegger-Straße gegen Norden), um 1935, PLZ 8053.

Warum das Südtiroler Städtchen Sterzing namentlich hierher gefunden hat, konnte leider nicht ermittelt werden. Das überwiegend deutschsprachige Sterzing und Wetzelsdorf hatten in der Zwischenkriegszeit ungefähr die gleiche Einwohnerzahl. Vielleicht gab es damals eine kommunalpolitische Verbindung. Das Gedenken um den Verlust Südtirols brachte 1928 Graz den Südtiroler Platz. Sterzing (ital. Vipiteno) besitzt eine schöne Stadtmitte mit etlichen gotischen Bauten. Seine Blütezeit erlebte Sterzing im Mittelalter und in der frühen Neuzeit, als der Verkehr und der nahe Silberbergbau Wohlstand brachten. Als südliche Passfußsiedlung für den Brenner hat Sterzing bis heute Bedeutung. Neben den unbestrittenen Nachteilen durch die Grenzziehung von 1918 konnte Sterzing aus der Grenznähe auch Vorteile ableiten. Nun hat die Autobahn den Verkehr verlagert.

Steyrergasse

VI (Petersgasse – Neuholdaugasse), 1879, PLZ 8010.

Zwei *Steyrer* kommen für die Namensvergabe in Frage. Der Gewerke Franz Steyrer (1809 Vordernberg – 1879 Graz) hatte in der steirischen Wirtschaft seinerzeit als Eisenverarbeiter eine zentrale Position inne. Die letzten neun Jahre seines Lebens verbrachte er in Graz. Da sein Todesjahr mit dem Vergabejahr des Straßennamens übereinstimmt, erscheint die Zuordnung geklärt. Unwahrscheinlich ist hingegen, dass dem Vorschlag von Beckh-Widmanstetter (1869) gefolgt und der Grazer Bürgermeister Wolfgang Steyrer aus dem 15. Jh. zum Namenspatron gemacht wurde.

Stichlweg

siehe Dr.-Stichl-Weg

Stiegengasse

I (Paulustorgasse – Am Fuße des Schloßberges), 1870, PLZ 8010.

Topographische Bezeichnung seit 1870. Über Stiegen führender Fußweg vom Karmeliterplatz zum Schloßberg. Früher war die allgemeine Ortsbeschreibung *Am Fuße des Schloßberges* üblich.

Stiftergasse

siehe Adalbert-Stifter-Gasse

Stifting

X.

Katastralgemeinde im Bezirk Ries. Ein in Richtung Graz durch den Stiftingbach entwässerndes Tal, das bis 1938 in der Ortsgemeinde Kainbach lag. Eine ältere Erklärung des Namens leitet ihn von *stift* (= Pachtzins) ab. Die neue Erklärung findet sich in der Kainbach-Festschrift (1997). Der Name Stifting weist auf den Bach hin und enthält den indogerm. Wortstamm *sta-/stu-* (= Stauender). Also ist hier ein Bach im versumpften Gelände gemeint.

Stiftingbachweg

X (Stiftingtalstraße – Stiftingtalstraße), 1958, PLZ 8010.

Der kurze Weg verläuft parallel zum Stiftingbach. Siehe Stifting.

Stiftingtalstraße

X (Riesplatz gegen Nordosten zur Stadtgrenze), 1948, PLZ 8010.

Zuvor Stiftingtalgasse. Siehe Stifting und auch Neue Stiftingtalstraße.

Stigergasse

IV (Lendkai – Marihilferstraße), 1867, PLZ 8020.

Der Augenarzt Dr. med. Johann Evangelist Stiger (1776 Graz – 1846 Graz) besaß das Haus Conscriptionsnummer 500 im Bezirk Lend in der Lederergasse. Daraus wurde Ledergasse 2 und später Stigergasse 2.

Stockergasse

IV (Mariahilferstraße – Lendplatz), 1870, PLZ 8020.

Der Lederhändler Simon Stocker (gest.

Stoffbauerweg: Gruß vom Gasthof Stoffbauer auf dem Rosenberg um 1900.

1870 Graz) betätigte sich als Armenfreund und vermachte dem städtischen Siechenhaus und dem *Verein für verschämte Arme* beträchtliche Legate.

Stoffbauerweg

XI (Mariagrüner Straße – Oberer Plattenweg), 1947, PLZ 8043.

Bezeichnung nach dem Gasthof *Stoffbauer*. Stoffbauer ist ein häufiger Vulgarname (Kurzform Stoff für Christoph), der von einem Bauernhof auf einen Gasthof übertragen wurde. Der Gasthof liegt auf der ehemaligen Gemeindegrenze und nunmehrigen Bezirksgrenze (Andritz, Mariatrost). Einst gab es hier ein kräftiges Essen und ländliche Unterhaltungen. Geänderte Freizeitgewohnheiten ließen den *Stoffbauer* einige Zeit schließen. Nun ist der Gasthof wieder geöffnet. Einen zweiten Gasthof *Stoffbauer* gab es in Gösting.

Stolz-Gasse

siehe Robert-Stolz-Gasse

Stolz-Promenade

siehe Robert-Stolz-Promenade

Storchgasse

V (Brückenkopfgasse – Entenplatz), um 1870, PLZ 8020.

Zuvor ein Teil des Entenplatzes. Über die Ursache für den Namenswechsel kann nur spekuliert werden. Vielleicht nisteten dort Störche, vielleicht wollte man sich vom benachbarten Entennamen nobel absetzen. Es könnte aber auch noch eine Gaststätte als Taufpate gefunden werden. Zudem gab es damals

viele Hebammen in der Murvorstadt und sogar in unmittelbarer Nähe.

Storm-Straße

siehe Theodor-Storm-Straße

Stradiotgasse

IV (Laudongasse über die Daungasse gegen Süden), 1921, PLZ 8020.

Die Familie Stradiot stammt aus Belgien. Sie erwarb u. a. das Bürgerrecht in Marburg. Karl von Stradiot (1816 Neunkirchen – 1908 Graz), Hauptmann a. D. und Rentier, stiftete u. a. 1883 die Einnahmen seines Hauses Annenstraße 16 zugunsten der Armen ohne Rücksicht auf deren Konfession. Die k. k. Statthalterei verwaltete diese Stiftung, eine andere wurde von der Stadtgemeinde verwaltet. Die Mittel flossen aus Pfandbriefen und dienten der Bewirtung und Unterstützung von 101 Personen an jedem 19. März.

Strafhausgasse

V (Triester Straße – Vinzenz-Muchitsch-Gasse), 1813, PLZ 8020.

Ursprünglich hatte die Gasse bei der Herrgottwiesgasse begonnen, wurde dann aber durch die wohlklingendere Mauergasse auf die oben angeführte kurze Verbindung reduziert. Aber im amtlichen Straßenverzeichnis des Stadtvermessungsamtes fehlt nun auch diese. Es gibt hier aus nachvollziehbaren Gründen auch keine Adressen mit diesen Namen. Wohl aber findet der Name bei Ausschreibungen für Straßenbauarbeiten Verwendung. Der Name bezieht sich auf die Funktionsänderung des ehem. Lustschlosses Karlau in ein Provinzialstrafhaus (1803), nun Justizanstalt.

Stranzgasse

VII (Engelsdorfer Straße über die Müllergasse gegen Westen), 1961, PLZ 8041.

Eine örtliche Liegenschaftsbezeichnung wurde hier als Name gewählt. Glaubt man dem *Steirischen Wortschatz* von Unger und Khull (1903, Nachdruck 2009), so war dieser Name in seiner ursprünglichen Bedeutung nicht gerade ein Hinweis auf den Fleiß seines Trägers – welche Eigenschaft aber nicht erblich ist. Wenige der vielen alten Vulgarnamen sind im Bereich von Liebenau durch Straßennamen dokumentiert geblieben. In den 1940er- bis 1960er-Jahren wurden andererseits pseudoländliche Namen eingeführt, die keine lokale Tradition haben, so etwa Riedweg und Angergasse.

Straßengelstraße

XIII (Schloßplatz nach Nordosten zur Bahntrasse), 1947, PLZ 8051.

Zuvor Bahnstraße. Benannt nach dem Ort Straßengel (Judendorf) im Norden von Graz. Slawisch *straza* (= kleine Warte). Der Name *Strazinola* wird urkundlich schon 860 erwähnt. Dieses Gebiet wurde Mitte des 12. Jhs. von Markgraf Otakar III. dem Stift Rein geschenkt. Bekannt durch seine, der hl. Maria geweihte hochgotische Wallfahrtskirche Maria Straßengel, die durch ihre ausgezeichnete, exponierte Lage auf einer Anhöhe, weithin sichtbar, zu den schönsten Kirchen im Murtal gehört.

Als kleine Kirchenburg mit Wehrmauer, Pfarrhof, Taverne und Neubauten konzipiert. Zur Innenausstattung gehören u. a. wertvolle Bilder des Malers Kremser Schmidt und teilweise gotische Glasmalereien. Im Hauptaltar das Gnadenbild der sog. *Ährenkleidmadonna.* Als Kennzeichen von Straßengel gilt der filigrane gotische Turm mit reicher Steinmetzarbeit, der den Einfluss der Wiener Dombauhütte erkennen lässt (kleiner Stephansturm).

Strasserhofweg

XII (Weinitzenstraße nach Norden), 1981, PLZ 8045.

Strasserhof, Vulgarname einer ausgedehnten bäuerlichen Liegenschaft; ab dem 13. Jh. bestehender bäuerlicher Gehöftname.

Straßgang

XVI.

Bezirk im Südwesten von Graz, am Fuß von Buchkogel und Florianiberg; bestehend aus den Siedlungen Straßgang (siehe Straßganger Straße) und Webling (siehe Weblinger Straße)
Anfang des 19. Jhs. hatte das Dorf nur rund 300 Bewohner, 1856 brannte es ab. Als 1860 die Bahnstrecke Köflach–Graz eröffnet wurde, gab es neben der Bezeichnung *Straßgang bei Graz* auch die als *Straßgang an der Köflacher Bahn.* 1938 erfolgte die Eingemeindung nach Graz, zusammen mit Puntigam (dem Nordteil der Gemeinde Feldkirchen, siehe Rudersdorf); 1946 wird Straßgang ein eigener, der 16. Grazer Gemeindebezirk (1988 Puntigam wird ein eigener,

der 17. Bezirk). Die 1872 fertiggestellte Landesnervenklinik Sigmund Freud (neuer Name) und die Gablenzer Kaserne (1941 Jägerkaserne) waren prägende Großbauten in Straßgang. Gürtelstraße und Autobahnanschluss setzten neue Verkehrsdominanten. Bauwerke u. a: Kirche Maria Elend (Kern frühes 12. Jh, im 15. Jh. spätgotisch erweitert; Altarbild von Adam Weissenkircher (17. Jh), Schloss St. Martin (im 16. Jh. Umbau zum Renaissanceschloss, heute als Volksbildungsheim genützt), Rupertikirche, vermutlich älteste erhaltene Grazer Kirche. Ländliche Vorstadtidylle kontrastiert mit zeitgemäßen Stadtrandeinrichtungen wie u. a. Einkaufszentren und Freizeiteinrichtungen.

Straßganger Straße

XIV, XV, XVI (Eggenberger Allee – Reininghausstraße – Kärntner Straße), 1947, PLZ 8020, 8052, 8053, 8054.

Der Teil in Eggenberg wurde bis 1920 Kaiser-Josef-Straße, in der NS-Zeit Josef-Goebbels-Straße genannt. Der Mittelteil in Wetzelsdorf hieß ab 1900 Kienzlstraße, in Straßgang schließlich Wetzelsdorfer Straße. Benannt nach dem XVI. Grazer Bezirk Straßgang. Der Name ist slawischen Ursprungs (um 1030 *Strazcan, straza* = Warte), auf eine alte Beobachtungs- und Befestigungsanlage zurückgehend, die sich an den Berghängen längs der alten Römerstraße bis St. Martin erstreckte.

Kirche Straßgang und Teich (um 1910).

Gasthof Volksheim (1912) an der Ecke Strauchergasse und Hans-Resel-Gasse (damals Mariengasse).

Strassoldogasse

III (Leechgasse – Elisabethstraße), 1862, PLZ 8010.

Michael Graf Strassoldo-Grafenberg (1800–1873 Schloss Strassoldo bei Görz); war um die Mitte des 19. Jhs. Gouverneur, k. k. Statthalter der Steiermark und vor allem ein Förderer der modernen städtischen Entwicklung in Graz (siehe Marburger Kai).

Strauchergasse

IV (Volksgartenstraße – Hans Resel-Gasse), 1800, PLZ 8020.

Wessen Sträucher dies waren, darüber ist sich die Literatur nicht ganz einig. Arbeiter und Gadolla weisen 1912 auf den Garten des Kaufmanns und Bürgergardenobersten Dobler (siehe Doblergasse) hin. Aber vielleicht ist der

Name auch älter. Jedenfalls wird ein Bezug zu den Gärten hergestellt, die in Baulücken bis ins 19. Jh. an die Straße heranreichten. Die Strauchergasse war die alte Hauptstraße gegen Westen, die erst durch den Ausbau der Annenstraße diese Funktion verlor.

Straußgasse

siehe Johann-Strauß-Gasse

Straussgasse

siehe Richard-Strauss-Gasse

Stregengasse

XVI (Straßganger Straße südlich Alfred-Coßmann-Gasse nach Osten), 1971, PLZ 8054.

Felix August von Stregen (1783–1854), k. k. Feldmarschallleutnant, *Fortifications-Distriktsdirektor* in Illyrien und

Innerösterreich, *Inspector der Cadetten-Companie zu Grätz;* er führte als Genieoberst die Vermessung der Eisenbahnstrecke Wiener Neustadt–Graz–Triest durch; war auch in das Baugeschehen des Palais Meran, ursprünglich Stadtpalais von Erzherzog Johann in der Leonhardstraße, involviert.

Stremayrgasse

VI (Münzgrabenstraße – Kopernikusgasse), 1905, PLZ 8010.

Karl Ritter von Stremayr (1823 Graz – 1904 Pottschach) wurde im Haus Karmeliterplatz 2 geboren. Der liberale Politiker war zuerst Abgeordneter im Steiermärkischen Landtag und dann im Reichsrat. Er war 1870 bis 1879 österreichischer Unterrichtsminister und 1879 kurz Vorsitzender des Ministerrates. Weitere Positionen waren Justizminister und Präsident des Obersten Gerichtshofes. In seine Amtszeit fällt die kirchenpolitische Reformgesetzgebung von 1874.

Strennerweg

XVII (Adlergasse nach Westen), 1947, PLZ 8055.

Johann Michael Strenner (Kaufmann) war Bürgermeister von Graz in den Jahren 1747 bis 1753, 1745 Stadtrichter. In seine Zeit fällt die Magistratsreform Kaiserin Maria Theresias von 1749.

Strobelbergerweg

XI (Mariagrüner Straße gegen Südwesten), 1947, PLZ 8043.

Im Gemeinderatsbeschluss von 1947 ist zu lesen, dass diese Straße nach einem Grazer Arzt des 17. Jhs. benannt wurde. Luschin-Ebengreuth nennt in seinem *Häuser- und Gassenbuch der Inneren Stadt* (1928) aus jener Zeit den Apotheker Hans Stroblberger, der hier wohl gemeint sein dürfte.

Stroblweg
siehe Niclas-Strobl-Weg

Stubenberggasse

I (Am Eisernen Tor – Schmiedgasse), 1901, PLZ 8010.

Zuvor Postgasse, Postplatz. Bis zum Abbruch des Eisernen Tores um 1860 befanden sich hier der Postplatz und die Postgasse. Ab 1901 Stubenberggasse, nach einem der ältesten steirischen Adelsgeschlechter (Herren von Stubenberg). Bedeutende ehem. Stadtpalais der Stubenberger befinden sich in der Hans-Sachs-Gasse (Nr. 1, Palais Stubenberg-Wildenstein, und Nr. 7, später Palais Welsersheim).

Stübinger Acker
siehe Am Stübinger Acker

Sturzgasse

V (Lagergasse – Puchstraße), 1905, PLZ 8020.

Südlich der Gasse befand sich ab 1905 der Abfalllagerplatz (Sturzplatz) der Stadtgemeinde Graz. Von einer Sturzbrücke aus wurden die Fuhrwerke in die Deponiegrube entladen.

Südliches Lazarettfeld: Das Lazarettfeld gegen Norden, links das Oeverseegymnasium (Mytteis 1923). Nun befindet sich hier das City-Park Einkaufszentrum.

Styriastraße

VIII (St.-Peter-Hauptstraße – Magg-straße), 1990, PLZ 8042.

Die Straße erhielt ihren Namen im Zusammenhang mit der Errichtung des neuen Druck- und Verlagshauses Styria auf diesem Gelände. Das Haus Styria – es beschäftigt rund 2000 Mitarbeiter – hatte auch den Antrag zur Namengebung gestellt. Besonders die Styria-Druckeinrichtungen sind hier konzentriert. 1869 wurde der Katholische Pressverein der Diözese Graz-Seckau gegründet. Die operativen Abteilungen, so Druckerei, Verlag und Zeitung (zuerst *Grazer Volksblatt,* dann ab 1904 *Kleine Zeitung*), firmierten unter dem Titel Styria, um so die Verbindung mit der Steiermark zum Ausdruck zu bringen. Das Medienunternehmen Styria ist samt seiner Tageszeitung das größte einschlägige Unternehmen in der Steiermark.

Südautobahn

VII.

Aus Wiener Perspektive führt die Autobahn A 2 in den Süden. Die A 2 durchquert auf wenigen Kilometern den Süden des Bezirks Liebenau. Auch der Autobahnzubringer A 2 Z liegt im Bezirk Liebenau. Südlich von Graz kreuzt die A 2 die A 9 (Pyhrnautobahn, siehe dort).

Südbahnstraße

V (Friedhofgasse – Peter-Rosegger-Straße), 1899 bzw. 1965, PLZ 8020.

Die alte Südbahnstraße folgte den Bahngleisen und wurde durch die Industrieanlagen hinfällig. Die heutige Südbahnstraße war zuvor der Westteil der Steinfeldstraße. Die Zweiteilung dieser Straße führte zu Orientierungsproblemen, die 1965 durch die Einführung der neuen Südbahnstraße gelöst wurden. Die k. k. privilegierte Südbahngesellschaft (offizieller Titel damals noch: k. k. priv. südliche Staats-, lombardisch-venetianische und zentralitalienische Eisenbahngesellschaft) übernahm 1858 u. a. die Staatsbahnline Wien–Triest. Damit war die eben erst fertiggestellte Bahnlinie Wien–Triest die Südbahnlinie mit dem Südbahnhof in Graz. Die Südbahngesellschaft war Grundbesitzer und betrieb in den Alpen und an der Adria auch Hotels. 1923 wurde die Südbahngesellschaft verstaatlicht. In Teilbereichen bestand allerdings ein Rechtsnachfolger der Südbahngesellschaft noch viel länger.

Südliches Lazarettfeld

V (Feldgasse nach Norden zum Eisenbahndamm), PLZ 8020.

Der Bahnbau von 1873 teilte das Lazarettfeld, eine damals nur im Norden bebaute Fläche am Stadtrand. Der Name rührt von zwei alten Spitalsbauten her. Eine Umbenennung in Südfeldstraße lehnten die Bewohner ab. Siehe Lazarettgasse.

Süd-Ost-Siedler-Straße

XV, XVI (Grottenhofstraße – Am Jägergrund), 1957, PLZ 8053.

Der Eigenheimbau- und Siedlerring Süd-Ost trat für die hier errichtete Einzelhaussiedlung als Bauträger auf und stellte das Ersuchen, die Straße so zu benennen. Damals wurden 153 Bauplätze gewidmet.

Südtiroler Platz

IV (Hauptbrücke – Annenstraße), 1928, PLZ 8020.

Zuvor Murplatz, Murvorstadtplatz. Mit der Neubenennung sollte an den Verlust Südtirols nach dem Ersten Weltkrieg (1919) erinnert werden. Mit dieser Teilung verlor Tirol rund ein Drittel seiner Fläche und Einwohner, darunter über 200.000 deutschsprachige Bewohner. Am Haus Südtiroler Platz Nr. 1 befindet sich eine in dieser Form unübliche Straßennamentafel mit dem Tiroler Adler. In der Arbeitsgemeinschaft Alpen-Adria sind nun sowohl Südtirol als auch die Steiermark vertreten.

Suttnerweg

VII (Liebenauer Hauptstraße – Engelsdorfer Straße), 1949, PLZ 8045.

Zuvor Schillerweg. Bertha Freifrau von Suttner (1843 Prag – 1914 Wien) ließ sich nach Lebensstationen in Paris und Tiflis in Niederösterreich nieder. 1887 nahm sie Verbindung mit der einzigen Friedensorganisation dieser Zeit auf und engagierte sich als Pazifistin. 1889 erschien ihr erfolgreiches Hauptwerk *Die Waffen nieder*. Suttner gründete 1890 die Österreichische Friedensgesellschaft (seit 1964 Suttner-Gesellschaft). Es folgten internationale Kontakte, so wurde sie Präsidentin des Internationalen Friedensbüros. 1905 erhielt Suttner den Friedensnobelpreis. Siehe auch Bertha-von-Suttner-Friedensbrücke.

Swethgasse

II (Schillerstraße – Schumanngasse), 1914, PLZ 8010.

Cajetan Karl Sweth (1785 Graz – 1864 Innsbruck), Adjutant von Andreas Hofer im Tiroler Freiheitskampf (1809). Sweths Aufzeichnungen sind die wichtigste Quelle über den letzten Lebensabschnitt von Hofer. Eine Gedenktafel für Sweth befindet sich an seinem Geburtshaus Sporgasse Nr. 14. Die Swethgasse wurde 1912 durch ein Bauansuchen von Dr. Karl Freiherr von Rokitansky, Besitzer der Villa Schumanngasse Nr. 14, für die Errichtung eines Wohnhauses (Swethgasse Nr. 3) auf seinem Gartenareal angelegt. Anfänglich als Verbindungsstraße von der Merangasse bis zur Schillerstraße geplant und ab 1912 als verlängerte *Obstgasse* bezeichnet. 1914 erfolgten die Fertigstellung der bestehenden Straße und die Benennung als Swethgasse.

Swikerstraße

XIII (Siedlungsstraße in Raach, Waldweg nach Nordwesten), 1949, PLZ 8051.

Zuvor Mitterstraße. Benannt nach einem *Swicger* oder *Swiker* (Suitger) von

Südtiroler Platz: Der ehem. Murvorstadtplatz mit der Baustelle für das „Eiserne Haus" (Conrad Kreuzer, 1847, Stadtmuseum Graz).

433

Synagogenplatz: Die 1892 erbaute und 1938 zerstörte Synagoge am Grieskai.

Gösting, der in der ersten Hälfte des 12. Jhs. als erster Besitzer der Burg Gösting genannt wird und zu den Ministerialen des steirischen Markgrafen gehörte. Er besaß als Erbgut Gösting und Waldsdorf-Thal. Vermutlich wurde in dieser Zeit mit der Erschließung des Göstingertales begonnen, da sich die Göstinger bereits 1140 erstmals nach Waldsdorf (später Oberthal) nannten. Nach dem Tode Suitgers von Gösting fiel seine Herrschaft an den Landesfürsten Herzog Leopold VI. Siehe Ruinenweg

Synagogenplatz
siehe David-Herzog-Platz

T

Tändelwiese

siehe Auf der Tändelwiese

Tangente

siehe Liebenauer Tangente

Tannhofweg

*XI (Mariatroster Straße gegen Osten),
PLZ 8044.*

Nach dem Gut Tannhof bezeichnet. Der Tannhof hatte mehrfach seinen Besitzer gewechselt. So gehörte er dem vermögenden Baumeister Andrea Franz, der durch seine Tramwaylinie eine Schlüsselperson in der Gemeinde Fölling war. Auch die Neubauer'sche Stiftung, aus der das gegenwärtige Bildungshaus Mariatrost hervorging, besaß den Tannhof. Zwischen 1989 und 1993 entstanden die

vier Tannhofsiedlungen, die Beispiele für die neue Gestaltung von Stadtrandsiedlungen sind.

Tausk-Park

siehe Martha-Tausk-Park

Technikerstraße

II (Rechbauerstraße – Sparbersbachgasse), 1888, PLZ 8010.

Benannt nach der Technischen Hochschule. Das Hauptgebäude, die sog. *Alte Technik,* befindet sich in der Rechbauerstraße Nr. 12 und wurde in den Jahren 1885 bis 1888 von Johann Wist und Josef Horky errichtet. Vergrößerungen erfolgten ab 1914, z. B. die Laboratorien in der Kopernikus- und Brockmanngasse, weitere Institute folgten in der Steyrer-

Technikerstraße: Entwurf des Hauptgebäudes der Technischen Hochschule von J. Wist (um 1880).

gasse und Stremayrgasse; eine moderne Technikerstadt entstand auf den Inffeld- und Neunteufelgründen. Seit 1976 *Technische Universität Graz, Erzherzog-Johann-Universität* in Erinnerung an ihren Ahnherrn Erzherzog Johann, der durch seine naturwissenschaftlichen Sammlungen den Grundstock für das Landesmuseum Joanneum (1811) und in der Folge für das Entstehen der Technischen Universität legte.

Tegetthoffbrücke

I, V (Belgiergasse – Andreas-Hofer-Platz).
Der erste Brückenschlag erfolgte hier unter dem Namen *Albrechtsbrücke* 1883. Von 1870 bis 1935 gab es die Tegetthoffgasse (dann Belgiergasse). In ihrer Verlängerung befindet sich die Tegetthoffbrücke. Die gegenwärtige Brücke hat eine lichte Weite von 64 m und wurde 1975 fertiggestellt. Admiral Wilhelm Freiherr von Tegetthoff (1827 Marburg – 1871 Wien) siegte 1864 in den Seeschlachten bei Helgoland und 1866 bei Lissa. Nach mehreren Studienreisen leitete er ab 1868 die Marinesektion im Kriegsministerium und führte die Neuorganisation der österreichisch-ungarischen Kriegsmarine durch. Tegetthoff ist auf dem Grazer St. Leonhard-Friedhof begraben.

Tegetthoffplatz

II (Platz zwischen Elisabethstraße – Hartenaugasse – Seebachergasse), 1935, PLZ 8010.
Ursprünglich war hier ein Marktplatz mit einem Brunnen geplant, der jedoch nicht realisiert wurde. Stattdessen

Tegetthoffplatz: Das Tegetthoff-Denkmal an seinem ursprünglichen Aufstellungsort in Pola.

wurde nur der Platz mit Grünflächen angelegt, der 1887 als *Elisabethplatz* bezeichnet wurde. 1935 übertrug man das Denkmal von Admiral Wilhelm von Tegetthoff, des Siegers der Seeschlacht von Lissa 1866, von Pola hierher und benannte nach ihm den Platz (siehe Tegetthoffbrücke).

Teichäckergasse

XIV (Brauhausstraße gegen Westen), 1949, PLZ 8020.
Zuvor Teichstraße. Ein Teil der Teiche der Brauerei befand sich in diesem Gelände. Die Großbrauerei brauchte große Eismengen zur Kühlung während des Gärvorganges. Anfang des 20. Jhs. waren die Teiche auch ein beliebter

Aufenthaltsort für die Wasserbüffel der Brauerei, die im Betriebsgelände Zugdienste leisteten und großes Aufsehen verursachten. Die Teiche wurden während des letzten Krieges zugeschüttet.

Teichhof

XI (Villenviertel südlich des Teichhofweges), PLZ 8044.

Entlang des Mariatroster Tales lagen einige Teiche. Reste dieser alten Wassernutzung sind noch vorhanden. In diesem Bereich gab es die Bezeichnung Teichhof für eine Landwirtschaft. 1902 warb Karl Deisting, der durch eine Beteiligung an der Tramway-Gesellschaft zu Geld gekommen war, für eine neue Villenkolonie namens Teichhof. Ein Teil der projektierten Villen wurde errichtet. Das Teichhofgut war das Zentrum dieser Anlage. Dort wurde auch eine Pension geführt. Später war im Teichhof eine Kommandostelle der SA untergebracht. Nach dem Krieg entstanden dort Wohnungen des Landes.

Teichhofweg

XI (Mariatroster Straße – Teichhof), PLZ 8044.

Siehe Teichhof.

Teichstraße

siehe Obere Teichstraße und Untere Teichstraße

Teuffenbachweg

XVI (Zahläckerweg nach Süden), 1951, PLZ 8054.

Nach den aus Untertiefenbach (Kaindorf bei Hartberg) stammenden Rittern und

Der Teichhof in den Nachkriegsjahren.

Freiherren von Teuffenbach-Mayerhofen, die in Graz mehrere Höfe und Stadthäuser besaßen, z. B. das spätere Palais Breuner in der Herrengasse Nr. 9.

Thaddäus-Stammel-Straße

XIV (Seidenhofstraße bis zur Zufahrt von der Burenstraße nahe der Wetzelsdorfer Straße), 1942, PLZ 8020, 8052.

Zuvor Deublerstraße. Die Straße erhielt 1942 durch die Polizeisiedlung eine neue Funktion. Josef Thaddäus Stammel (1695 Graz – 1765 Admont) ist der Hauptvertreter der spätbarocken Holzplastik in Österreich. Nach einem Aufenthalt in Rom wird er 1726 Stiftsbildhauer von Admont. Den Höhepunkt seines Schaffens stellt die Ausstattung der Stiftsbibliothek dar (die vier letzten Dinge: Tod, Gericht, Himmel, Hölle). In Graz ist als sein Werk der Hochaltar der einst admontischen Schlosskirche von St. Martin hervorzuheben.

Thalbachweg

XIII (Schloßplatz – Thalstraße), 1947, PLZ 8051.

Gewässerbezeichnung nach dem Thalerbach.

Thalerseestraße

XIV (Steinbergstraße gegen Westen zur Stadtgrenze), 1949, PLZ 8052.

Zuvor Thalstraße. Die Straße führt nicht nur in die Gemeinde Thal, sondern auch zum Thalersee. Durch die Namensänderung wollte man die Verwechslung mit ähnlichen Namen vermeiden. Der Orts- und Gemeindename Thal findet sich im Spätmittelalter in mehreren Varianten, so 1378 als *Waltstorftal* (*Waltsdorftal*) und 1411 als im Tal *ob sand Jacob* (St. Jakob im Tal), 1466 als *Tall*. Die topographische Bezeichnung T(h)al findet sich relativ häufig und kann auf unterschiedliche Ableitungen zurückgeführt werden, die letztlich alle wiederum zum Begriff Tal hinführen. Wobei der Hinweis auf das Tal nicht nur mit dem heutigen Inhaltsverständnis deckungsgleich ist, sondern auch auf das ganze Thaler Becken zutrifft. Der Thalersee, der ein Teich ist, wurde 1926 zu einem einst häufig besuchten Badesee ausgebaut. Im Vergleich zur Zeit der Ersten Republik wird die Landschaftsidylle Thalersee nun wenig genutzt. Im Winter gab es schon in den 1920er-Jahren Eisläufer, und statt der Schifahrer der Zwischenkriegszeit sieht man hier nun Golfspieler. 1994 erschien eine Ortsgeschichte der Gemeinde Thal (Walter Brunner). Siehe auch Thalstraße.

Thallerstraße

siehe Willi-Thaller-Straße

Thalstraße

XIII (Schloßplatz nach Westen – Stadtgrenze), PLZ 8051.

Ab 1259 werden die Grazer Bürger Walther und Konrad von Thal urkundlich genannt. Bald darauf scheinen sie und ihre Nachbarn unter den Rittern auf. Diese *Thaler* sind identisch mit jenen Rittern, die sich *von Graben* nannten (siehe Grabenstraße). Die lateinische Form ihres Herkunftnamens *de valle* trifft sowohl auf Thal wie Graben zu.

Das stark frequentierte Strandbad am Thalersee in der Zwischenkriegszeit.

Diese Thaler/Grabner besaßen wahrscheinlich die Burg Unterthal, bis diese um die Mitte des 14. Jhs. an die Windischgrätzer kam, die bereits die Burg Waldsdorf/Oberthal (siehe Swikerstraße) innehatten. Unterthal ist heute eine Ruine, während Oberthal um 1650 durch den italienischen Baumeister Domenico Rossi umgestaltet und in veränderter Form noch heute gut erhalten ist.

Theodor-Körner-Straße

III (Langegasse – Grabenstraße), 1899, PLZ 8010.

Benannt nach dem deutschen Dichter und Freiheitskämpfer Theodor Körner (1791 Dresden – 1813 Schwerin, gefallen) aus der Zeit der Franzosenkriege; 1813 Mitglied des Lützowschen Freikorps.

Theodor-Pfeiffer-Straße

siehe Dr.-Theodor-Pfeiffer-Straße

Theodor-Storm-Straße

VIII (St.-Peter-Hauptstraße gegen Südwesten), 1949, PLZ 8042, 8041.

Zuvor Theodor-Körner-Straße. Die Neubenennung sollte eine Verwechslung mit der namensgleichen Straße im Bezirk Geidorf vermeiden. Die Straßen von St. Peter wurde in den Jahren nach dem Zweiten Weltkrieg gerne mit großen Namen aus der deutschen Literatur und Malerei benannt. Der Dichter Theodor Storm (1817 Husum – 1888 Hanerau) schuf Gedichte und Novellen im Geiste des poetischen Realismus. Zu seinen bekanntesten Werken zählen *Immensee* (1852), *Pole Poppenspäler* (1875) und *Der Schimmelreiter* (1888).

439

Storm hatte Kontakte zu einer Reihe steirischer Schriftsteller.

Theresia-Allee

siehe Maria-Theresia-Allee

Theyergasse

VII (Andersengasse – Angergasse), 1959, PLZ 8041.

Der Architekt und Maler Leopold Theyer (1851 Wien – 1937 Graz) wirkte u. a. an der Grazer Kunstgewerbeschule und an der Technischen Hochschule (Technische Universität). Für seine Arbeiten erhielt er zahlreiche Auszeichnungen, so auch 1931 die Grazer Ehrenbürgerschaft. Seine Architekturentwürfe prägten um die Jahrhundertwende die re-präsentativen Neubauten von Graz, so etliche Bauten am Joanneumring, in der Kaiserfeldgasse und in der Neutorgasse. Von Theyer stammen z. B. auch die Pläne zum Städtischen Amtshaus und zum Gebäude der Grazer Wechselseitigen Versicherung in der Herrengasse (Letztere zusammen mit F. Sigmundt).

Thomas-Arbeiter-Gasse

VIII (Petersbergenstraße – St.-Peter-Hauptstraße), 1948, PLZ 8042.

Zuvor Schulgasse. Der Grazer Pädagoge (Volksschullehrer) Thomas Arbeiter (1852 Graz – 1912 Graz) betätigte sich auch als Vortragender und Chormeister. Er schrieb Lyrik und Heimatschriften. 1912 gab er zusammen mit Franz

Die Theodor-Körner-Straße (rechts nach links) an der Kreuzung zur Straße Am Hofacker (unten nach oben), 1990.

von Gadolla ein Grazer Straßennamenverzeichnis heraus. Arbeiter wohnte in der Attemsgasse.

Thondorf

VII.

Katastralgemeinde im Bezirk Liebenau. Der Name hängt mit dem althochdeutschen *tanna* (= Tanne) zusammen. Nach der Mitte des 13. Jhs. wird ein *Tomdorf* erwähnt. Die heutige Vegetation in Thondorf zeigt ein deutlich anderes Bild. Die Ortsgemeinde Thondorf mit den Ortschaften Thondorf und Neudorf entstand – wie fast alle steirischen Gemeinden – gleichzeitig mit den Verwaltungsreformen, die dem Revolutionsjahr 1848 folgten. 1931 erfolgte eine erste Gebietsabtrennung. 1938 und 1942 wurde die übrige Gemeinde zwischen Graz und Gössendorf aufgeteilt. Siehe Neudorf.

Thönyweg

siehe Wilhelm-Thöny-Weg

Tiefentalweg

VIII (Messendorfer Straße – Raabaweg), 1949, PLZ 8042, 8041.

Nach der benachbarten Häusergruppe Tiefenthal in der Gemeinde Raaba. Aus heutiger Sicht ist von einem tiefen Tal weit und breit nichts zu sehen. Die Siedler sahen das einst wohl anders. Auch findet sich schon im Franziszeischen Kataster hier eine Flur dieses Namens. Eine Flur Tiefenthal gab es auch in Messendorf im Bereich des Köglerweges.

Tiergartenweg

V, XVII (westlich der Dr.-Theodor-Piffl-Straße – Puchstraße), 1947, PLZ 8055.

Zuvor Tiergarten-Weg. Der Tiergarten, gegründet von Erzherzog Karl II. von Innerösterreich, war ein Gehege für jagdbare Tiere. Die Anlage stand im Zusammenhang mit dem Schloss Karlau. Dieser landesfürstliche Tiergarten wurde auch als Unterer Tiergarten bezeichnet, dies im Unterschied zum Oberen Tiergarten, der sich nördlich des Schloßberges bei der heutigen Wickenburggasse befand.

Tillygasse

siehe Dr.-Tilly-Gasse

Toeplergasse

XII (Emichgasse – Ettingshausengasse), 1949, PLZ 8042.

Zuvor Kernstockgasse. August Josef Toepler (1836 Brühl bei Köln – 1912 Dresden), deutscher Forscher, Physiker, Erfinder. Schaffensorte Riga (1864 Professor am Polytechnikum), Graz (1868 o. Professor für Physik) und Dresden (ab 1876 Professor für Physik und Direktor an der Technischen Hochschule). In Graz wurde unter seinen Anweisungen 1872 bis 1875 das physikalische Institut, es war eines der modernsten seiner Zeit, noch vor dem Bau des Universitätshauptgebäudes errichtet.

Toni-Schruf-Weg

VIII (Hohenrainstraße gegen Süden), 1949, PLZ 8042.

Toni Schruf (1863 Mürzzuschlag – 1932 Mürzzuschlag) gehörte das *Hotel zur*

Post in Mürzzuschlag. Er war aber auch Volksschauspieler und Schipionier, ebenso förderte er – über seine Interessen hinausgehend – die steirische Wirtschaft. Der Grazer Max Kleinoscheg brachte 1890 norwegische Schier nach Mürzzuschlag und probierte sie zusammen mit Toni Schruf aus. Dieser wurde ein begeisterter Vertreter der für Mitteleuropa neuen Sportart. So machte Kommerzialrat Schruf Mürzzuschlag zu einer Wiege des alpinen Schilaufs und förderte das Schilaufen als aktiver Sportler und Schimanager. Vor seinem ehemaligen Hotel in Mürzzuschlag steht eine Schruf-Büste.

Töpferweg

VIII (Thomas-Arbeiter-Gasse gegen Nordosten), 1974, PLZ 8042.

Hier (Thomas-Arbeiter-Gasse 21, dann Töpferweg 9) befindet sich die Keramikherstellung der Firma Scherübel (St. Peter Keramik). 1926 wurde der Betrieb durch den akademischen Maler Karl Scherübel gegründet, der auch heute noch immer in Familienbesitz ist. Ein Schwerpunkt der gegenwärtigen Produktion sind Kacheln für Öfen.

Trappengasse

XVI (Wagner-Jauregg-Straße nach Westen), 1947, PLZ 8054.

Zuvor Feldhofgasse. Flurname (auch Trappenfelderweg, Hinweis im Admonter Urbar von 1594). Trappe, Vogelart, *Otididae*, zur Familie der Kranichartigen gehörig, größter heimischer Flugvogel.

Trattenweg

VI (Kasernstraße – Mühlgangweg), 1949, PLZ 8010.

Zuvor ein Teil des Mühlgangweges. Südlich des Schönaugürtels und östlich der Neuholdau gab es den Flurnamen *Kühtratten*, was einfach Kuhweide oder Viehtrieb bedeutet. Davon abgeleitet wurde der Trattenweg, der nun etwas südlicher liegt. Auf dieser *Kühtratten* exerzierte vor 1800 das Grazer Bürgerkorps.

Trattfelderstraße

XVI (Kärntner Straße/Dahlienweg – Straßganger Straße, unterbrochener Verlauf im Bereich der Eisenbahn, keine Durchfahrt möglich), 1947, PLZ 8054.

Alter Flurname; unter *Tratte* versteht man eine Weide oder Viehtrieb.

Traungauergasse

V (Annenstraße – Niesenbergergasse), 1860, PLZ 8020.

Für die Landwerdung der Steiermark spielte das Geschlecht der Traungauer eine grundlegende Rolle. Sie stammten aus dem oberösterreichischen Traungau und ihre Hauptburg war Steyr (Steiermark!). Der Name Otakar kommt bei ihnen mehrfach vor (Otakare). Die Traungauer Grafen stiegen auf und herrschten als Markgrafen und zuletzt als Herzöge (Otakar IV., 1180) über die Steiermark von 1056 bis 1192. Ihre Nachfolger, die österreichischen Babenberger, übernahmen ein in sich gefestigtes Territorium, das nicht zu einem Teil Österreichs gemacht wurde, sondern die Landeshoheit behielt.

442

Trauttmansdorffgasse

I (Burggasse – Bürgergasse), 1813, PLZ 8010.

Benannt nach dem ehem., heute modern adaptierten Palais Trauttmansdorff (16.–20. Jh.), nach den Besitzzusammenlegungen seit dem 19. Jh. flächenmäßig die größte Palaisanlage in der Grazer Altstadt. Alter Adelssitz des steirischen Grafengeschlechtes der Trauttmansdorff. Als Bauherren fungierten Sigmund Friedrich von Trauttmansdorff (1571–1631) und der bedeutendere Maximilian von Trauttmansdorff (1548–1650). Dieser erwarb sich Verdienste als Vertrauter Kaiser Ferdinands III. in den Friedensverhandlungen von Prag, Münster und Osnabrück, die den 30-jährigen Krieg beendeten (siehe Palais-Trauttmansdorff-Passage).

Trauttmansdorff-Passage

siehe Palais-Trauttmansdorff-Passage

Trenkgasse

VII (Messendorfer Straße gegen Südwesten), 1961, PLZ 8041.

Der akademische Maler Prof. Franz Trenk (1899 Graz – 1960 Graz) arbeitete als Kunsterzieher an Grazer Gymnasien und an der staatlichen Kunstgewerbeschule in Graz. Trenk schuf meist Landschafts- und Situationsbilder, so als Kriegsmaler, als Industriemaler und als Dokumentator des Wiederaufbaus. Der Künstlerbund wurde durch ihn mitbegründet. Er erhielt 1929 den Österreichischen Staatspreis und 1932 die Silberne Kunstmedaille der Stadt Graz, 1959 das Bürgerrecht.

Triester Straße

V, XVII (Karlauplatz gegen die Stadtgrenze im Süden), 1813, PLZ 8020, 8055.

Zuvor Puntigamer Reichsstraße und Poststraße nach Marburg. Nun benannt nach dem fernen Zielpunkt der alten Ausfahrtsstraße. Das neu ausgebaute und begradigte Teilstück der heutigen Triester Straße auf der Höhe der Kapellenstraße trug bis zu seiner Fertigstellung von 1925 bis 1940 den Namen Mahrenbergstraße. Wie die Südbahnlinie der Eisenbahn über Graz die Städte Wien und Triest verband, so führte auch die *k. k. Hauptkommunikationslinie* zum einzigen größeren Hafen des alten Österreich. Triest unterwarf sich 1382 in der Burg zu Graz zum Schutz vor Venedig der Herrschaft Österreichs. Der Aufstieg von Triest begann 1719 mit der Erklärung zum Freihafen. 1918 kam die Stadt zu Italien. 1947 bis 1954 war Trieste ein Freistaat unter alliiertem Schutz und unter Aufsicht der UNO. Seit 1962 ist die Stadt Regionalhauptstadt. Das nun italienische Trieste mit 208.000 Einwohnern ist seit 1973 eine Schwesterstadt von Graz. An der Triester Straße liegt die Triestersiedlung. Quer durch Graz verläuft die *Grazer Bundesstraße B 67*, die eine Landstraße ist. Die Triester Straße ist ein Teil davon.

Trondheimgasse

IV (Kleiststraße – Schrödingerstraße), 1972, PLZ 8020.

Trondheim ist die drittgrößte Stadt Norwegens mit 170.000 Einwohnern und liegt in Mittelnorwegen am Südufer des Trondheim-Fjords. In Anbetracht seiner Lage hat Trondheim ein günstiges Klima. Die Stadt besitzt einen Hafen und ist ein Handelszentrum. Seit 1881 gibt es einen Bahnanschluss, die Stadt ist nun ein Bahnknoten. 1910 wurde hier die Technische Hochschule gegründet. Die rund 1000 Jahre alte Stadt ist die Krönungs- und Begräbnisstätte norwegischer Könige. Trondheim ist seit 1968 eine Schwesterstadt von Graz.

Tropperweg
siehe Matthias-Tropper-Weg

Tullbachweg
XI (Wenisbucher Straße gegen Norden), 1973, PLZ 8044.

Der Tullbach (früher auch Dollbachl) ist ein rechter Zufluss des Mariatroster Baches. Da es an alten Nennungen fehlt, sind die Deutungen unsicher. 1685 *in*

Tuell. Wahrscheinlich ist die Ableitung vom slawischen *dol* (= Tal). Auf weniger Gegenliebe bei Siedlungsnamenforschern stoßen die Ableitungen aus dem steirischen Dialekt: Hier bedeutet *tull* stark, groß. Das wäre jedoch ein Indiz, da der Bach zeitweise ein beachtliches Volumen annimmt. Eine andere Ableitung käme von *duln* (= einsenken), was für den Bach ebenfalls zutrifft, der nach Starkregen auch Tobel ausbildet.

Tullhofweg
XI (Wenisbucher Straße – Föllinger Straße), 1948, PLZ 8044.

Nach einer Landwirtschaft nahe am Tullbach. Siehe Tullbachweg.

Tullriegel
XI (Mariatroster Straße über Lichtensternweg nach Südwesten), 1948, PLZ 8044.

Die Geländeformung drängt hier den

Tummelplatz: Das Haus an der Ecke zur Burggasse um 1900 (Foto Bude, Sammlung Schmuck-Zollner).

Tullbach in seinem Mündungsbereich zum Mariatroster Bach in einen nicht allzu engen Durchbruch, dessen östlicher Teil der Tullriegel ist. Siehe Tullbachweg.

Tummelplatz

I (Burggasse – Bürgergasse), 1785, PLZ 8010.

Im Zuge der Neubefestigung der Stadt im 16. Jh. als Platz zum Zureiten und Zähmen der fürstlichen Pferde entstanden, ursprünglich an der Kurtine (Einspinnergasse) gelegen. Der Bau neuer Hofstallungen um 1596 unter welschen Baumeistern dürfte mit der 1580 erfolgten Gründung eines Gestütes in Lipizza im Auftrag Erzherzog Karls II. zusammenhängen. Anfang des 18. Jhs. Auflassung der Hofstallungen, teilweise als Salz- und Münzamt umgebaut. Ein aufgelassener Wagenschuppen diente Pietro Mingotti bis 1813 als Theatergebäude.

Tunnergasse

siehe Peter-Tunner-Gasse

Tyroltgasse

XIV (Gaswerkstraße – Reininghausstraße, mit Unterbrechung), 1949, PLZ 8020.

Zuvor ein Teil der Teichstraße. Der Hofschauspieler Rudolf Tyrolt (1848 Rottenmann – 1929 Gutenstein/Niederösterreich) studierte in Graz und war ab 1870 auch am hiesigen Landestheater tätig. Auch in späteren Jahren, als er schon in Wien (1873–1884 Wiener Stadttheater, dann Burgtheater, Volkstheater und Josefstadt) engagiert war, gab es immer wieder Gastspiele in der Steiermark. Tyrolts Rollenfach war eng mit dem Werk Ferdinand Raimunds verbunden, neben dem er auch bestattet ist. Autobiographische Schriften geben einen guten Einblick in die Kulturgeschichte seiner Zeit.

U

Überfuhrgasse

*IV (Kalvarienbergstraße – Kalvarien-
bergstraße), 1813, PLZ 8020.*

Zu einer Zeit, als Brücken im Raum
Graz noch Mangelware waren, gab es
an der nördlichen Stadtgrenze (also
zwischen Geidorf und Lend) eine
Überfuhr. Am rechten Murufer befand
sich die Kopfstation nahe dem Kalvarienberg. Ein Seil verband die beiden
Ufer. Ein Floß wechselte von einem
Ufer zum anderen. Bei Hochwasser
und besonderer Trockenheit musste
der Flößer den Betrieb unterbrechen.
Nach dem Zweiten Weltkrieg verkehr-
te dieser Brückenersatz noch bis 1958.
Nur mehr ein Betonfundament der
Seilverankerung und der Straßenname
blieben als Spur zurück.

Udegasse

siehe Dr.-Johannes-Ude-Gasse

Uferweg

*III (Makartgasse – Lindengasse/Kahn-
gasse), 1899, PLZ 8010.*

Topographische Bezeichnung, Weg am
rechten Murufer.

Uhlandgasse

*III (Sparbersbachgasse – Felix-Dahn-
Platz), 1887, PLZ 8010.*

Johann Ludwig Uhland (1787 Tübingen
– 1862 Tübingen), deutscher Dichter
der schwäbischen Romantik; Balladen
und Romanzen. Zwei Dramen: *Ernst,*
Herzog von Schwaben, 1818, *Ludwig der*
Baier, 1819. 1829 Professor der Deutschen Literatur an der Universität Tübingen.

Uhlirzgasse

*XII (Rotmoossiedlung; Alpassy-Pastirk-
Gasse nach Norden), 1971, PLZ 8045.*

Mathilde Uhlirz (1881 Wien – 1966
Graz), zuerst Mittelschullehrerin am
Grazer Mädchen-Lyceum. 1932 bis
1945 unterrichtete sie an der Universität
Graz ihr Spezialgebiet Österreichische
Geschichte des 10. und 11. Jhs., Publi-
kation: *Schloss Plankenwart und seine*
Besitzer, Graz 1916; Fortsetzung des
wissenschaftlichen Werkes ihres Vaters
Karl Uhlirz (1854 Wien – 1914 Graz),
Historiker und Univ.-Prof. in Graz, u. a.
Quellenwerke zur Reichsgeschichte und
*Handbuch der Geschichte Österreich-
Ungarns,* das eigentlich ein Werk von
Mathilde Uhlirz war.

Ullreichstraße

*XV (Faunastraße gegen Osten), 1948,
PLZ 8052.*

Zuvor um 1937 Franz-Ullreich-Straße,
dann 1938 bis 1946 Georg-Hoffmann-
Straße. Ullreich hatte sich durch die
Bereitstellung von Grundstücken für
den Wohnbau die Gemeinde zu Dank
verpflichtet.

Ulmgasse

XVI (Kärntner Straße – Am Wagrain), 1948, PLZ 8053.

Dr. Johann Edler von Ulm (1800 Schloss Sauritsch/Untersteiermark – 1864 Graz), Dr. jur., Hof- und Gerichtsadvokat, war Bürgermeister von Graz in der Zeit von 1850 bis 1861. In seine Zeit fällt die Konstituierung der *Stadtgemeinde Graz* aufgrund der Grazer Gemeindeordnung 1850 (älteste Gemeindeordnung). Ehrenbürger von Graz im Jahr 1850.

Ulrich-Lichtenstein-Gasse

VI, VII (Liebenauer Hauptstraße – Raiffeisenstraße), 1905, PLZ 8041.

Der Politiker und Minnesänger Ulrich von Li(e)chtenstein (um 1200 Burg Liechtenstein/Judenburg – 1276 Burg Liechtenstein) war in der unruhigen Zeit des Interregnums der oberste Landrichter und Marschall der Steiermark. Er griff mehrmals entscheidend in die steirische Politik ein. Bekannter ist er heute jedoch als bedeutendster Dichter der mittelalterlichen Steiermark. Im Zusammenhang mit seinem Hauptwerk *Frauendienst* nannte er seine Burg in Unzmarkt Frauenburg. 1905 wurde die *Zukunftsstraße* von der Münzgrabenstraße zur Neufeldstraße mit dem Namen Lichtenstein belegt. Für den Minnesänger wurde besonders im 19. Jh. die Schreibweise ohne *-ie-* verwendet, damals allerdings mit einem standesgemäßen *von* als Ulrich-von-Lichtenstein-Straße. Dies (inkl. *-ie-*) wäre auch heute die sprachlich und historisch richtige Form.

Überfuhrgasse: Die Murüberfuhr beim Kalvarienberg in den Nachkriegsjahren.

Ulrichsweg

XII (Andritzer Reichsstraße – Viktor-Zack-Weg), PLZ 8045.

Benannt nach der Wallfahrtskirche *Hl. Ulrich zu Ulrichsbrunn*, barocker Kirchenbau am Fuß des Reinerkogels. Bereits 1572 wird hier eine Kapelle erwähnt, mit der früher hinter dem Hochaltar gefassten *Ulrichsquelle*. Diese wurde 1917 in eine neben der Kirche erbaute Maria Lourdes-Grotte umgeleitet. Der hl. Ulrich (4. 6.) war Bischof von Augsburg und hatte maßgeblichen Anteil am Sieg über die Ungarn in der Schlacht am Lechfeld 955. Er wird häufig mit einem Fisch dargestellt und ist u. a. Fischer-, Wasser- und Quellenpatron.

Ungergasse

V (Elisabethinergasse – Steinfeldgasse), 1870, PLZ 8020.

Der Botaniker Franz Unger (1800 Amthofen/Leutschach – 1870 Graz) studierte in Graz, Wien und Prag und promovierte 1827 zum Doktor der Medizin. Er lehrte 1836 bis 1849 am Joanneum Botanik, Zoologie und Landwirtschaft. Damals bestand eine enge Beziehung zwischen dem Joanneum und der Grazer Universität. Bei seiner Berufung nach Graz hatte Dr. Unger die Position eines Landesgerichtsarztes in Kitzbühel. In Graz war er auch für den geognostisch-montanistischen Verein des Joanneums tätig. In der Folge wurde er nach Wien berufen, kehrte jedoch später wieder nach Graz zurück. 1876 wurde an der Grazer philosophischen Fakultät eine Franz Unger Stiftung eingerichtet. Der Fremdenverkehr auf der süddalmatinischen Insel Hvar geht auf Unger zurück.

Universitätsplatz

III (Platz vor dem Hauptgebäude der Universität), 1900, PLZ 8010.

Karl-Franzens-Universität, zweitgrößte Universität Österreichs. 1585 gegründet von Erzherzog Karl II. von Innerösterreich und dem Jesuitenorden übergeben. 1773 Aufhebung des Jesuitenordens. In der Regierungszeit Josefs II. 1782 Degradierung zum Lyzeum, 1827 durch Kaiser Franz I. wieder zur Universität erhoben. Großflächig angelegter Baukomplex (1872–1895) mit dem historistischen Hauptgebäude im Zentrum und vier im Pavillonsystem gruppierten Institutsgebäuden, in der Folge durch moderne Universitätsbauten zu einer Campus-Anlage erweitert. 1886 schrieb Franz von Krones *Die Geschichte der Karl-Franzens-Universität* (siehe Kronesgasse). Anlässlich des 100-jährigen Bestehens des Universitätshauptgebäudes erschien 1995 *Der Grazer Campus, Universitätsarchitektur aus vier Jahrhunderten*, Alois Kernbauer (Hg.).

Universitätsstraße

III, PLZ 8010.

Die Anlegung der Universitätsstraße erfolgte laut Gemeinderatsbeschluss von 1893. Demnach hatte sich das k. k. Ärar zu verpflichten, zur Anlegung einer 14 m breiten Straße zwischen Schubert- und Heinrichstraße vom Universitätsgrund eine Parzelle in der Breite

Die Eröffnung des Hauptgebäudes der Universität durch Kaiser Franz Josef (1895).

von 5 m unentgeltlich abzutreten. Die Universitätsstraße verlief ursprünglich östlich des Hauptgebäudes, parallel zum Geidorfgürtel, wurde jedoch durch den Zubau an die Universitätsbibliothek und gegenwärtig durch den mächtigen Gebäudekomplex des RESOWI-Zentrums verbaut (1996, Architekten: G. Domenig, H. Eisenköck).

Untere Bahnstraße

VI (Schönaugasse nach Osten, südlich der Bahntrasse), 1894, PLZ 8010.

Noch in den 1930er-Jahren gab es an der Straße nur ein Haus. Der Name steht mit der Oberen Bahnstraße in Verbindung, wobei *Untere* soviel wie südliche, äußere heißt. 1873 wurde der Ostbahnhof als Teil der Ungarischen Westbahn mit dem heutigen Hauptbahnhof verbunden.

Unterer Auweg

XVII (Weg am Ende der Rudersdorfer-Au-Straße, parallel zur Mur nach Norden und Süden verlaufend), 1972, PLZ 8055.

Topographische Benennung in Bezugnahme auf das Gebiet der Murauen.

Unterer Breitenweg

VIII (Breitenweg – Breitenweg), 1926, PLZ 8042.

Breitenweg ist ein auch im Franziszeischen Kataster belegter Flurname. Als relativ spät (1926) statt fortlaufender Nummern in St. Peter Straßennamen und eine damit verbundene Numme-

449

rierung eingeführt wurden, gab es im Bereich des Breitenweges schon etliche Häuser. Daher wurde mit dem Unteren Breitenweg eine weitere Spezifikation geschaffen.

Unterer Bründlweg

XVI (Straßganger Straße – Harter Straße), 1947, PLZ 8054, 8053.

Fortsetzung der Bründlgasse jenseits der Gablenzkaserne (siehe Bründlgasse).

Unterer Mühlweg

XVI (Bahnhofstraße nach Osten, Stadtgrenze), 1947, PLZ 8054.

Nach den einstigen hier befindlichen Mühlen benannt.

Unterer Plattenweg

XI (Mariagrüner Straße – Oberer Plattenweg), PLZ 8043.

Siehe Hinterer Plattenweg.

Untere Schirmleiten

XII (St.-Veiter-Straße nach Norden), 1979, PLZ 8045.

Riedbezeichnung.

Untere Schönbrunngasse

XI (Hilmteichstraße bis westlich der Königsmühlstraße), PLZ 8043.

Siehe Schönbrunngasse.

Untere Teichstraße

IX (Teichstraße – Fischhofweg), 1948, PLZ 8010.

Bevor die Gemeinde Graz den Namen 1948 neu vergab, besaß die Gemeinde Hart bei St. Peter, deren Westteil 1938 an Graz angeschlossen wurde, hier die Untere Teichgasse. Zwischen der Oberen und der Unteren Teichstraße lag ein System von Fischteichen, die durch den Anna-Bach gespeist wurden. Auch südlich der Unteren Teichstraße lagen einige, allerdings kleinere, Teiche. Siehe Teichstraße.

Ursprungweg

XII (Zelinkagasse – Stattegger Straße), 1947, PLZ 8045.

Nach dem Ursprung des Andritzbaches benannt; eine landschaftlich reizvolle Gegend mit einem Teich. Die Quelle ist ein bekanntes Karstphänomen.

V

Varenaweg

XI (Mariagrüner Straße nach Nord-osten), 1947, PLZ 8043.

Josef Ritter von Varenn(!)a (1768–1843 Graz) war in der ersten Hälfte des 19. Jhs. k. k. Gubernialrat, Kammerproku-rator und ab 1819 Studiendirektor für Jurisprudenz, zuerst am Lyzeum und ab 1827 an der wiedererrichteten Grazer Universität. In seinem Hause versam-melte sich das musikalische Graz der Biedermeierzeit.

Vaterdorfstraße

VII (Lisztgasse nach Nordwesten), um 1930, PLZ 8041.

Ab 1164 ist das spätere Liebenauer Schloss als *Vatersdorf* urkundlich be-zeugt. Der Name bezieht sich vermut-lich auf den Ministerialen Hadmar, der in der frühen Geschichte von Graz bedeutsam war. 1620 kam das landes-fürstliche Lehen Vatersdorf an das Stift Vorau. In dieser Zeit wurde der Name Vatersdorf in Liebenau geändert.

Veilchenstraße

XVI (Harter Straße – Köflacher Bahn, Sackgasse), 1947, PLZ 8053.

Nach der Blume; Veilchen (*Viola*), Gat-tung der Veilchengewächse, Kräuter, Blüten zweiseitig symmetrisch, mit Sporn, oft blau bis violett; zahlreiche Arten, u. a. das Stiefmütterchen.

Veiter-Anger

siehe St.-Veiter-Anger

Veiterstraße

siehe St.-Veiter-Straße

Versöhnungsplatz

siehe Platz der Versöhnung

Vestweg

siehe Lorenz-Vest-Weg

Vidmarstraße

XIII (Göstinger Straße – Negrelligasse), PLZ 8051.

Vor 1938 Dr. Ignaz-Seipel-Gasse. 1939 Otto-Planetta-Straße. Vinzenz Vidmar (geb. 1870), Beamter, war Bürgermeis-ter von Gösting in den Jahren 1919 bis 1928.

Viehmarktgasse

V (Lagergasse gegen Westen), 1899, PLZ 8020.

1876 wird als Ersatz für private und kommunale Schlachtbänke an der Mur (nördliche Neutorgasse und Kai: *Käl-bernes Viertel*) der große kommunale Schlachthof zwischen Karlau und Mur eröffnet. In den Jahren 1890 und 1911 wurde das Betriebsgelände nach Sü-den erweitert. Nördlich davon, jenseits des Bahndamms, befand sich der Vieh-markt. Besondere Aufmerksamkeit er-weckte der allmonatliche Pferdemarkt. Dort befand sich auch eine Viehwaage.

Für das Gelände gegen die Schlachthaus-brücke (Schönaubrücke) hielt sich noch lange die Bezeichnung *Roßwiesen*. Nach dem Ersten Weltkrieg wurde die Wiese durch die Karlausiedlung verbaut, die aus Barackenholz entstand. Nun fand der Viehmarkt im Schlachthofgelände statt, ab 1923 erfolgte eine Trennung von Nutzvieh und Schlachtvieh.

Viktor-Franz-Straße

IV, XIII (Wiener Straße – Augasse), 1954, PLZ 8051.

Zuvor Heimgartenstraße. Der Unter-nehmer Viktor Franz (1870 Deutsch-landsberg – 1938 Graz) gründete 1903 das Elektrizitätswerk Gösting und baute die Stromversorgung für Gösting und Andritz auf. Der Raum Gösting war be-reits früher mit Strom versorgt als die Stadt Graz. 1903 bis 1922 bestand auch ein Eiswerk der Firma Franz. Viktor Franz war Abgeordneter zum Steier-märkischen Landtag und Präsident der Kammer für Handel, Gewerbe und In-dustrie (1930–1935). Die Straße führt unmittelbar am Betriebsstandort des *Elektrizitätswerkes Gösting V. Franz* vor-bei und überquert den dafür wichtigen rechtsseitigen Mühlgang.

Viktor-Geramb-Weg

X (Großgrabenweg gegen Osten), 1958, PLZ 8010.

Viktor Ritter von Geramb (1884 Deutschlandsberg – 1958 Graz) stu-dierte in Graz und trat 1909 als Sekre-tär in den Dienst des Landesmuseums Joanneum. 1911 gründete er eine volks-kundliche Abteilung. Geramb begrün-dete die Volkskunde als Wissenschaft für Mitteleuropa und das Institut für Volkskunde der Grazer Universität, das er auch leitete. Er initiierte in den 30er-Jahren das Volkskundemuseum in der Paulustorgasse und das Heimatwerk.

Viehmarktgasse: Der Pferdemarkt nördlich des Schlachthofes um 1900.

Der Volkskundler Viktor von Geramb.

Grabstein des Bürgermeisters Constantin Ritter von Villefort auf dem St. Peter-Friedhof.

Sein *Steirisches Trachtenbuch* gilt als Standardwerk.

Viktor-Kaplan-Gasse

XII (Grazer Straße – Am Andritzbach), 1948, PLZ 8045.

Viktor Kaplan (1876 Mürzzuschlag – 1934 Unterach/Attersee), Maschinenbauingenieur, Erfinder der nach ihm benannten Kaplan-Turbine. Die erste Kaplan-Turbine wurde 1919 in Velm (Niederösterreich) in Betrieb genommen, ab den 20er-Jahren erfolgte die rasche Verbreitung auf der ganzen Welt. Kaplan arbeitete an der Technischen Hochschule in Brünn. Eine Kaplan-Büste befindet sich in der *Steirischen Ehrengalerie* der Grazer Burg.

Viktor-Zack-Weg

XII (Ziegelstraße – Saumgasse), 1949, PLZ 8045, 8010.

Zuvor Rosenbergstraße. Viktor Zack (1854 Vordernberg – 1939 Graz), steirischer Volksliedforscher und -sammler, Schuldirektor, tätig in der Sängerbundbewegung, dirigierte von 1894 bis 1897 den Grazer Singverein.

Villefortgasse

III (Heinrichstraße – Harrachgasse), 1870, PLZ 8010.

Constantin Ritter von Villefort (1792 Flattnitz/Kärnten – 1866 Graz), k. k. Hofrat, Oberst im k. k. Grazer Bürgerkorps. Bürgermeister von Graz in den

Jahren 1830 bis 1836. Ehrenbürger von Graz 1836. In der Villefortgasse befindet sich der *Johannen-Hof* (Nr. 13, 15), der mit den fassadenprägenden Karyatiden zu den monumentalsten Zinspalais des Historismus in Graz zählt. Das Palais wurde 1874/76 von Andrea Franz für den am Südbahnbau tätigen Bauunternehmer Giacomo Ceconi erbaut.

Villenstraße

XIV (Straßganger Straße – Burenstraße), um 1905, PLZ 8052.

1921 schreibt Engelhart, dass diese Straße die künftige Querstraße von der Reininghausstraße über die Burenstraße zum Hangweg sein soll, aber *dermalen nur einen Zugangsweg zu den dort befindlichen acht Villen* darstellt. Die Villen der Jahrhundertwende waren nicht nur der Stolz ihrer Bewohner, sondern auch der Stadtrandgemeinden, die darin eine Aufwertung sahen. Dementsprechend wurden die Begriffe Villenstraße, Villenviertel und Cottage mehrfach verwendet und finden sich auch im Text mancher zeitgenössischen Ansichtskarten.

Vinzenzgasse

XIV (Eggenberger Allee – Blümelstraße), 1947, PLZ 8020.

Während der Herrschaft des Nationalsozialismus Horst-Wessel-Gasse, zuvor Hofgasse. Der Südteil der Straße wurde erst in den 1940er-Jahren ausgebaut. Algersdorf und speziell Neualgersdorf erlebten im späten 19. Jh. ein starkes Bevölkerungswachstum. 1892 hatte man, um den Bewohnern des I. Bezirks

von Eggenberg (Algersdorf) den Besuch von Gottesdiensten zu erleichtern, die Kirche zum hl. Vinzenz von Paul errichtet. Leopold von Lilienthal (siehe Lilienthalgasse) hatte den Bau als Erblasser ermöglicht. Die Kongregation der Mission (Lazaristen) betreute die Kirche und bemühte sich, möglichst schnell eine eigenständige Pfarre daraus zu machen. Der hl. Vinzenz von Paul (27. 9.) lebte 1581 bis 1660 in Frankreich und gilt als neuzeitlicher Begründer der Idee von der Caritas. 1625 gründete er die Ordensgemeinschaft der Lazaristen (Vinzentiner). Über den Vinzenzverein und über die Vinzenzkonferenz berichtet Kammerhofer in seinem Eggenberg-Buch (1996). Zurzeit arbeiten in 22 Grazer Pfarren Vinzenzgemeinschaften für freiwillige Armenpflege.

Vinzenz-Muchitsch-Straße

V (Triester Straße – Triester Straße), 1951, PLZ 8020.

Zuvor (Alte) Triesterstraße, Puntigamer Reichsstraße, Poststraße nach Marburg. Erst die Begradigung um 1940 schuf den gegenwärtigen Verlauf der Triester Straße. Vinzenz Muchitsch (1873 St. Leonhard/Marburg – 1942 Mitterlaßnitz/Nestelbach) führte als sozialdemokratischer Bürgermeister Graz 1919 bis 1934. Er war auch Ehrenbürger der Stadt (1933). Muchitsch, ein gelernter Bäcker und Arbeiterfunktionär dieser Berufsgruppe, leitete von 1905 bis 1928 die Allgemeine Arbeiter-, Kranken- und Unterstützungskasse. Sein Bürgermeisteramt war durch die wirtschaftlichen und politischen Probleme der

Bürgermeister Vinzenz Muchitsch.

Zwischenkriegszeit geprägt. Von seinen zahlreichen Initiativen, die er aufgrund der Dollaranleihe von 1925 verwirklichen konnte, seien hier erwähnt: Augartenbad, Fröbelschule, Obdachlosenasyl, Kanalisation und Stadtbeleuchtung. Unter der Amtsführung von Muchitsch feierte die Stadt 1928 *800 Jahre Graz*. 1929 wurde er zum dritten Mal zum Bürgermeister gewählt. Popelka und Semetkowski wollten in ihrer Vorschlagsliste die Gartengasse in Liebenau Vinzenz-Muchitsch-Gasse nennen.

Vinzenz-Sabatky-Weg

XVI (Salfeldstraße – Weiberfeldweg), 1969, PLZ 8054.

Vinzenz Sabatky (1895 Graz – 1961 Graz), sozialistischer Gemeindepolitiker. Mitglied des Zentralbetriebsrates der Österreichischen Alpine-Montan-Gesellschaft und Arbeiterbetriebsrat der Firma Greinitz. Von 1948 bis 1961 Bezirksvorsteher von Straßgang.

Virchowgasse

VII (Sackstraße quer zum Kurzweg), 1949, PLZ 8041.

Zuvor Dr. Koch-Gasse. Dem deutschen Pathologen Rudolf Virchow (1821 Schivelbein/Belgard – 1902 Berlin) gelangen grundlegende Arbeiten zur pathologischen Anatomie, so zur Geschwulstforschung. Er war der Begründer der Zellularpathologie und ein Vorkämpfer der Hygiene (Desinfektion, Kanalisation). 1862 wurde Virchow in das preußische Abgeordnetenhaus gewählt, es folgte seine Wahl in den Reichstag. Als Sozialreformer war er einer der Gründer der Deutschen Fortschrittspartei, ein Gegner von Bismarck, und er prägte den Begriff *Kulturkampf.*

Vogelsang

siehe Im Vogelsang

Vogelweg

siehe Ernst-Vogel-Weg

Vogelweiderstraße

III (Hasnerplatz – Carnerigasse), 1930, PLZ 8010.

Walther von der Vogelweide (um 1170 – um 1230), mittelhochdeutscher Dichter, Vollender der Formkunst der höfischen Minnelyrik, zugleich Vergeistigung durch neue persönliche Erlebniskraft.

455

Volkmarweg

XVI (Pirchäckerstraße – Grillweg) 1951, PLZ 8053.

Die *Volkmare* waren ein bedeutendes Grazer Bürgergeschlecht im 13. Jh. Ein Volkmar war in den Jahren 1261, 1268 und 1294 Stadtrichter von Graz.

Volksgartenstraße

IV (Annenstraße – Lendplatz), um 1875, PLZ 8020.

Benannt nach dem benachbarten Park, der 1875 eröffnet und 1882 erweitert wurde. Gerade noch rechtzeitig, bevor die Gärten zwischen Lendplatz und Annenstraße im gründerzeitlichen Wachstum der Stadt verbaut wurden, erwarb die Gemeinde hier in zwei Raten Grundstücke für eine Parkanlage. Damit wurde in Ergänzung zum Stadtpark im Osten der Altstadt hier, in der Murvorstadt, eine zweite, größere Grünanlage errichtet. Aufgrund der Lage und der in der Nähe wohnenden Bevölkerung war der Stadtpark eher ein Erholungsraum des Bürgertums, der Volksgarten eine von der Arbeiterschaft bevorzugt genutzte Grünfläche. Daher wohl auch der Name.

Vorbeckgasse

V (Annenstraße – Kernstockgasse), 1860, PLZ 8020.

Die *Vorbeck* waren eine alte und angesehene Grazer Bürgerfamilie, die im Bereich der Annenstraße wohnte. Ihnen gehörten die Grundstücke, auf denen diese Straße 1860 errichtet wurde. Ludwig August von Vorbeck d. Ä. (1803 Graz – 1878 Graz) und sein Sohn Ludwig von Vorbeck d. J. (1834 Graz – 1892 Luttenberg) lebten in der Zeit der Straßenerrichtung. Etliche der Häuser, die hier erbaut wurden, waren in ihrem Besitz.

Vorderer Plattenweg

XII (Pfeifferhofweg – Oberer Plattenweg), 1949, PLZ 8045, 8043.

Benannt nach der 651 m hohen Platte, einem Waldberg in Wenisbuch. Bevorzugte Wohngegend mit ausgesprochenen Gunstlagen (siehe Hinterer und Oberer Plattenweg).

W

Waagner-Biro-Straße

IV (Eggenberger Straße – Plabutscher Straße), 1958, PLZ 8020.

Zuvor Dreierschützengasse und noch früher Rosensteingasse. Zwischen den beiden, hier im Firmennamen angesprochenen Industriepionieren gab es keine unmittelbaren wirtschaftlichen Beziehungen. Der Rheinländer Philipp Waagner (gest. 1888) und der aus Budapest stammende Anton Biró (gest. 1882) standen vorerst eigenen metallverarbeitenden Firmen vor, die 1905 zu Waagner-Biró fusioniert wurden. Ein Betrieb des Konzerns war die ehemalige Brückenbauanstalt und Kesselschmiede der Alpine Montan in Graz. So kamen der Name und die Firma Waagner-Biró auch nach Graz. Die Stahl- und Maschinenbaufirma Waagner-Biró GmbH (Austrian Energy & Environment GmbH) ist einer der großen Industriebetriebe der Stadt. Der Grazer Standort des Konzerns war traditionell auch der Konstrukteur der Brücken in der Stadt.

Wacholderweg

VIII (Arnikaweg gegen Süden), 1984, PLZ 8042.

In diesem Gebiet kommen Heilpflanzennamen als Straßenbenennungen konzentriert (siehe Arnika und Steinklee) vor. Der Wacholderstrauch bzw. -baum aus der Familie der Zypressengewächse ist unter verschiedenen Namen (Kranewitt, Weihrauchbaum, Karwendel, Feuerbaum u. a.) bekannt. Wacholder ist durchblutungsfördernd und muskelentspannend. Auch die keimtötende Wirkung und die Anregung der Bauchspeicheldrüse werden von Kräuterexperten betont. Wacholder wird aber auch in der Küche verwendet, ebenso gibt es Wacholdersirup und Wacholderschnaps.

Wachtelgasse

XV (Peter-Rosegger-Straße – Arnethgasse), 1949, PLZ 8052.

Im Bemühen, in der sich immer mehr denaturalisierenden Vorstadt die Fauna wenigstens in Straßennamen zu konservieren, wurde hier auf den zur Gattung der Feldhühner gehörigen Vogel Bezug genommen. Die Wachtel spielte für die Jagd und die Speisekarte der Vergangenheit eine gewisse Rolle.

Wagnergasse

siehe Richard-Wagner-Gasse

Wagner-Jauregg-Platz

XVI (im Areal des Landessonderkrankenhauses), 1964, PLZ 8053.

Siehe Wagner-Jauregg-Straße.

Wagner-Jauregg-Straße

XVI (Triester Straße – Kärntner Straße), 1965, PLZ 8055, 8054, 8053.

1947 Feldhofstraße. Julius Ritter von Wagner-Jauregg (1857 Wels – 1940 Wien), Nobelpreisträger, Psychiater,

Der Psychiater Univ.-Prof. Dr. Julius
Wagner-Jauregg (Kohlezeichnung Schütz)

Begründer der Fiebertherapie. 1927
Verleihung des Nobelpreises für die
Entdeckung der therapeutischen Bedeutung der Malariaimpfung bei pro-
gressiver Paralyse. Ab 1889 Univ.-Prof.
für Psychiatrie in Graz, 1893 bis 1928
Vorstand im psychiatrischen Krankenhaus am Steinhof in Wien.

Wagnerweg
siehe Otto-Wagner-Weg

Wagnesweg
*XI (Mariatroster Straße in Rettenbach
gegen Süden), 1949, PLZ 8044.*

Zuvor Mühlweg. Eduard Wagnes (1863
Graz – 1936 Graz) war um die Jahrhun-
dertwende in Graz ein sehr populärer
Militärkapellmeister und Komponist (z.

B. der Marsch *Die Bosniaken kommen).*
Von ihm stammen rund 300 Kompositionen, darunter auch drei Operetten und
eine lateinische Messe. Wagnes erlangte
als Kapellmeister des 2. Bosnisch-herzegowinischen Infanterieregiments in
Graz große Beliebtheit und wurde zum
Bürger der Stadt Graz ernannt.

Wagrain
siehe Am Wagrain

Wagramer Weg
*XVII (Triester Straße – Herrgottwies-
gasse), 1947, PLZ 8055.*

Nach dem Ort Wagram in Puntigam,
seit 1322 *Wagrain,* aus mhd. *wâc* (= be-
wegtes Wasser) und mhd. *rein* (= Rain,
begrenzende Bodenerhebung) zusam-
mengesetzt. Wagrain bezeichnet den
Uferhang längs eines Gewässers oder
eine am Flussufer verlaufende Erdter-
rasse (siehe Am Wagrain).

Waldertgasse
*IV (Alte Poststraße – Wolkensteingasse),
1961, PLZ 8020.*

Anton Waldert (1884 Würmla/Nieder-
österreich – 1959 Graz) erwarb sich Verdienste um den Feuerschutz von Graz.
Er führte die Freiwillige Feuerwehr und
deren Rettungsabteilung. Bis ins hohe
Alter leitete Waldert Ausbildungskurse
der Feuerwehr. Die Stadt Graz verlieh
ihm das Bürgerrecht. Die 1862 bzw.
1865 aufgestellte Freiwillige Feuerwehr
von Graz war eine Gründung der Turner (Allgemeiner Deutscher Turnver-
ein). Ab 1870 war die einsatzfreudige
Wehr selbstständig, 1938 wurde sie in

Wagnesweg: Komponist und Kapellmeister Eduard Wagnes (Bildmitte) vor der Militär-
musik des 2. Bosnisch-herzegowinischen Infanterieregiments.

die Berufsfeuerwehr integriert und diese zu einem Teil der Polizei. Nun gehört
die Grazer Berufsfeuerwehr wieder zum
Magistrat.

Waldheimatweg

*XII (Saumgasse nach Nordosten,
Sackgasse), 1961, PLZ 8010, 8043.*

Benannt nach Peter Roseggers *Waldheimat*. Als Waldheimat wird die Region
um das *Alpl* bei Krieglach in der Steiermark bezeichnet, dem Geburtsort des
bekanntesten steirischen Volksschrift-
stellers Peter Rosegger (siehe Peter-Rosegger-Straße).

Waldhofweg

*XI (Hans Mauracher-Straße – Rosegger-
weg), 1974, PLZ 8044.*

Zuvor Teil des Roseggerweges und der
Hans-Mauracher-Straße. Der Namen-

geber war das Anwesen *Waldhof* (Lich-
tensternschlössl). 1961 hatte die benachbarte Waldhofstraße ihren Namen
gewcchselt (Hans-Mauracher-Straße),
und so wurde durch eine Neubenennung der Name bewahrt.

Waldmüllergasse

*VIII (Carl-Spitzweg-Gasse – Rosen-
gasse), 1949, PLZ 8042.*

Zuvor Brunnengasse. Ferdinand Georg
Waldmüller (1793 Wien – 1865 Hinter-
brühl/Mödling) kann als ein Hauptvertreter der Biedermeiermalerei in Österreich bezeichnet werden. Er trat für den
biedermeierlichen Realismus ein und
bekämpfte den akademischen Klassizismus. Waldmüller vertrat die Malerei in der freien Natur, und Bilder des
Landlebens und der Natur bildeten den
Schwerpunkt seines Werkes. Berühmt

sind seine Porträts, darunter auch Bilder der Bewohner von St. Peter. Sechs Bilder Waldmüllers sind im Besitz der Neuen Galerie.

Waldteufelweg

IX, X (Ragnitzstraße – Ragnitztalweg), 1968, PLZ 8047.

In der Ragnitz befand sich die Gaststätte *Zum Waldteufel*. Das einfache, aber beliebte Gasthaus wurde ab 1921 von der Familie Gradwohl (Ludwig Gradwohl, gest. 1931) geführt und hatte die Adresse Ragnitz 84 (später Ragnitzstraße 196). Der Name wird mit mysteriösen Vorfällen erklärt, die sich in der Vergangenheit in der Ragnitz ereignet haben sollen.

Das Aussteigeroriginal „Waldteufel", der vermutliche Taufpate der Gaststätte Zum Waldteufel.

Auch ein Grazer Original aus der Zeit um die Jahrhundertwende, der aus Unterpremstätten stammende Wurzel- und Kräutersammler Franz Reiterer, wurde als Waldteufel bezeichnet. Für den Weg gab es auch andere Namensvorschläge, beispielsweise Forellenweg.

Waldweg

XIII (Judendorfer Straße – Raach – Judendorfer Straße), PLZ 8051.
Topographische Bezeichnung.

Wallisch Straße

siehe Paula-Wallisch-Straße

Waltendorf

IX.
Stadtbezirk und bis 1938 Orts- bzw. Marktgemeinde. Der heutige Stadtbezirk setzt sich aus der Gemeinde Waltendorf und dem Westteil der Gemeinde Hart bei St. Peter zusammen und wurde 1946 mit heutigem Umfang und Namen eingerichtet. Der Name Waltendorf weist auf den Siedlungsbeauftragten Walto, Waltfried oder Walter hin, der hier auf wahrscheinlich vorher unbesiedeltem Gebiet im Hochmittelalter (11./12. Jh.) im Auftrag des Markgrafen eine Ortschaft gründete. Die erste urkundliche Erwähnung findet in einem landesfürstlichen Urbar um 1220/1230 statt.

Waltendorfer Gürtel

II (Petersgasse – Koßgasse), 1899, PLZ 8010.
Hervorzuheben ist, dass der Name an der alten Stadtgrenze (nun Bezirksgrenze) endet. Siehe Waltendorf.

Waltendorfer Gürtel: Neubauten, etwas nördlich der Gürtelstraße (1990).

Waltendorfer Hauptstraße

VIII (Plüddemanngasse – Stadtgrenze), 1948, PLZ 8010, 8042.

Der Name kommt auch immer wieder als *Hauptstraße* ohne eine nähere Bezeichnung vor, so während der nationalsozialistischen Herrschaft, in der es auch keinen Bezirk Waltendorf gab, sondern die ehemalige Gemeinde Waltendorf ein Teil von Graz-Ost war. Siehe Waltendorf.

Waltendorfer Höhe

IX (südlich der Waltendorfer Hauptstraße), PLZ 8010.

Dieser Name wurde in der Ersten Republik von der Gemeinde Waltendorf für eine neue Aufschließungsstraße gewählt. Die deutlich höhere Lage über dem Niveau der Plüddemanngasse und damit auch über Alt Graz war für diese Namengebung ausschlaggebend. Dementsprechend gibt es einen schönen Ausblick auf das Herz-Jesu-Viertel. Siehe Waltendorf.

Waltendorfer Straße

V, VI, II, IX.

Dieser Name wird in der Systematik der Landesstraße als B 67 c geführt. Die Länge der Straße wird exakt mit 2001 m angegeben. Sie beginnt im Westen mit dem Karlauer Gürtel und führt über den Schönaugürtel zur Conrad-von-Hötzendorf-Straße. Hier endet sie, um als Waltendorfer Gürtel und Koßgasse in die B 67 a (Grazer Ring Straße, siehe dort) einzumünden.

Walter-Flex-Weg

X (Großgrabenweg gegen Norden), 1961, PLZ 8010.

Der Schriftsteller und Privatlehrer im Hause Bismarck, Walter Flex (1887 Eisenach – 1917 Ösel), verfasste meist Gedichte und Dramen und wurde durch sein Hauptwerk *Der Wanderer zwischen beiden Welten* (1917) bekannt, einen Roman voll Wandervogelgeist, Patriotismus, Idealisierung und Ästhetisierung. In seinen Gedichten feierte er den Opfertod und hatte damit großen Einfluss auf die nationalistische Jugend der folgenden Jahrzehnte. Flex fiel 1917 im Baltikum.

Walter-Goldschmidt-Gasse

VIII (St.-Peter-Hauptstraße gegen Südwesten), 1991, PLZ 8042.

Prof. Walter Goldschmidt (1917 Wien – 1986 Graz) wurde in seiner Heimatstadt zum Musiker ausgebildet und 1945 als Studienleiter und Kapellmeister ans Grazer Theater berufen. Hier leitete er mit einer kurzen Unterbrechung (1954–1959 Karlsruhe) regelmäßig das Grazer Symphonische Orchester, auch dirigierte er häufig bei Operettenaufführungen. Goldschmidt war wiederholt Gastdirigent und wirkte bei zahlreichen Rundfunk- und Fernsehaufzeichnungen mit.

Walter-P.-Chrysler-Platz

VII (Areal beim Eurostar-Werk, Zufahrt über die A 2), 1992, PLZ 8041.

Im Zusammenhang mit dem Bau des Eurostar-Werkes, einer Kooperation zwischen Steyr-Fahrzeugtechnik und dem US-Konzern Chrysler wurde diese Benennung vorgenommen. Im Motivteil der Amtsverständigung des Stadtvermessungsamtes wird auf die deutsche Abstammung (Pfalz) der Familie Greisler hingewiesen und auch darauf, dass sich Walter Percy Chrysler (1875 Wamego/Kanada – 1940 Detroit) vom Straßenkehrer und Schlosser zum Automobilproduzenten hocharbeitete. Zur Eröffnung des Werkes in Graz am 29. 4. 1992 wurden in aller Eile noch rechzeitig die Tafeln aufgestellt. Als Bezeichnung waren auch Eurostarplatz und Johann-Puch-Platz im Gespräch. Das Referat für Wirtschaftsförderung des Magistrats Graz initiierte die Namengebung.

Walter-Semetkowski-Weg

IX (Untere Teichstraße – Waltendorfer Hauptstraße, für Fahrzeuge unterbrochen), 1967, PLZ 8010.

Hofrat Dr. Walter von Semetkowski (1886 Pettau – 1965 Knittelfeld) studierte Archäologie und Kunstgeschichte. Er arbeitete für den *Verein für Heimatschutz* und als Kunsthistoriker in der steirischen Denkmalpflege, ab 1933 als Landeskonservator und ab 1948 am Bundesdenkmalamt in Wien. Von seinen zahlreichen Veröffentlichungen sei auf einen 1968 erschienen Sammelband und auf seinen populären *Führer durch Graz* hingewiesen, der den ältesten kunsthistorisch orientierten Stadtführer (1910) darstellt und viele Auflagen erlebte. In den Nachkriegsjahren wirkte Semetkowski an der Neufindung von 600 Grazer Straßennamen mit.

Warnhauserweg

XVII (Rudersdorfer Straße nach Süden – Stadtgrenze), PLZ 8073.

Edle von *Warnhauser*, adelige, befreite Grundbesitzer mit großen Besitzungen. Ende des 18. und Anfang des 19. Jhs. in Graz ansässig (Warnhausersche Frei[haus]gült). Dr. Johann Christoph Warnhauser, Syndikus 1707/08, Stadtschreiber 1682 bis 1712, Dr. Leopold Christoph Warnhauser (gest. 1771), k. k. Landrechtsrat, ebenso wie sein Sohn Leopold, k. k. Landrechtsrat (gest. 1791). Leopold Edler von Warnhauser war 1834 Kanzlist im k. k. Landtafelamt (adeliges Grundbuch) in der Steiermark.

Wartingergasse

III (Schwimmschulkai – Laimburggasse, Sackgasse), 1870, PLZ 8010.

Josef Wartinger (1773 St. Stefan/Stainz – 1861 Graz); Archivar am Joanneum von 1817 bis 1850. Sammelte im Sinne Erzherzog Johanns Urkunden und Quellen zur steirischen Landesgeschichte. Stifter der nach ihm benannten Medaille, einer Auszeichnung, die für hervorragende Kenntnisse auf dem Gebiet der steirischen Landesgeschichte verliehen wird. Ehrenbürger von Graz 1818. Veröffentlichte 1836 die *Privilegien der Hauptstadt Graz.*

Wassergasse

III (Steggasse – Schwimmschulkai), 1870, PLZ 8010.

Alte Straßenbezeichnung, bedingt durch ihre Lage an der Mur.

Wasserspiel

siehe Am Wasserspiel

Wasserwerkgasse

XII (Weinzöttlstraße – Wasserwerk Nord, Sackgasse), 1982, PLZ 8045.

Zufahrtsstraße zum Wasserwerk-Nord. Ab 1908 wurde das Wasserwerk Andritz zum Hauptwerk der Wassergewinnung in Graz (vorher Schwimmschulkai). Das Wasser wurde durch das neue Andritzer Pumpwerk direkt in die Rohrleitungen bzw. in das Reservoir gepumpt. Am Schwimmschulkai blieben die Sammelbrunnen und die Maschinen als Reserve vorläufig bestehen.

Wastiangasse

II (Rechbauerstraße – Lessingstraße), 1948, PLZ 8010.

Von 1870 bis 1948 auch Kroisbachgasse nach dem Krois- oder Krebsenbach benannt, da die Krümmung der heutigen Wastiangasse dem unteren Verlauf des überwölbten Kroisbaches folgte. Ab 1948 Wastiangasse, nach Heinrich Wastian (1876 Graz – 1931 Graz), verdienstvoller Leiter des k. k. Fürsorgeamtes in Graz, kümmerte sich sehr um die steirischen Kriegsopfer des Ersten Weltkrieges. U. a. Reichsratsabgeordneter, Gemeinderat 1872 bis 1883 und 1889 bis 1900. Schriftsteller, Präsident der *Steirischen Gesellschaft zur Förderung der Künste.* Eine der führenden Persönlichkeiten des Grazer Kulturlebens um die Jahrhundertwende.

Wastlergasse

III (Bergmanngasse – Grillparzerstraße), 1899, PLZ 8010.

Josef Wastler (1831 Heiligenkreuz/ Oberösterreich – 1899 Graz), Hofrat, Professor und Rektor an der Technischen Hochschule in Graz. Intensive Forschungen zur steirischen Kunstgeschichte, z. B. über Kulturleben unter Erzherzog Karl und Ferdinand. Publikationen *(Steirisches Künstlerlexikon, Landhaus in Graz* etc.); Verdienste um die urbane Ausgestaltung der Stadt Graz *(Wastler Plan).*

Webergasse

siehe Karl-Maria-von-Weber-Gasse

Weblinger Gürtel

XVI, XVII (Trasse des Abschnittes 2. Südgürtel vom Weblinger Verteilerkreis bis zur Puntigamer Straße führend), 1988, PLZ 8054

Gebietsbezeichnung nach der Katastralgemeinde Webling. Siehe Weblinger Straße.

Weblinger Straße

XVI (Kärntner Straße – Vinzenz-Sabatky-Weg), 1948, PLZ 8054.

Benannt nach der Katastralgemeinde Webling. Um 1185 *Wewilingen,* vermutlich nach dem Dorfgründer benannt: *bei den Leuten des Vivilo.*

Wegenergasse

IX (Ehlergasse – Am Leonhardbach), um 1931, PLZ 8010.

Zuvor Blumengasse (Bachmannkolonie). Alfred Wegener (1880 Berlin – 1930 Grönland) lehrte Geophysik und Meteorologie an der Universität Graz. Seine Kontinentalverschiebungstheorie machte ihn weltberühmt. Er kehrte 1930 von einer Expedition nicht mehr zurück. In der Aula der Universität Graz befindet sich eine Büste von Wegener. Er gehört zu den wenigen Prominenten, die in der später nach ihnen benannten Gasse wohnten.

Weg zum Reinerkogel

III (Grabenstraße – Reinerweg), 1867, PLZ 8010.

Nordwestlich des 499 m hohen Reinerkogels verlaufender Weg. Der Reinerkogel ist ein traditioneller Besitz mit ehemaligem Weinanbau des im 12. Jhs. gegründeten Zisterzienserklosters *Rein,* nördlich von Graz.

Weg zur Einsiedelei

XIV (Bergstraße gegen Westen), PLZ 8020.

Hier gab es eine halbe Wegstunde vom Schloss Eggenberg entfernt die Gaststätte *Zur Einsiedelei.* Bis in die Zwischenkriegszeit existierten ein einfaches Gasthaus, ruhig und schattig im Wald gelegen, eine kapellenartige Hütte und eine überbaute Quelle. Das als Tropfsteinhöhle bezeichnete Höhlensystem befand sich bei der Gastwirtschaft und diente als Keller und als Wasserreservoir. In dieser Höhle gab es prähistorische Knochenfunde.

Weiberfelderweg

XVI (Kärntner Straße – Greifenweg, mit Unterbrechung), 1949, PLZ 8054.

Alte Flurbezeichnung. Der Grund für die auffällige Benennung ist unklar.

Weid

siehe Obere Weid

Weidweg

XIII (Weixelbaumstraße nach Norden), PLZ 8051.

Flurbezeichnung.

Weiherweg

VIII (Peterstalstraße über die Hohenrainstraße gegen Süden), 1954, PLZ 8042.

Der Name erinnert an die Teiche im Verlauf des Petersbaches. Ein Teil der Teiche in St. Peter waren auch abgesoffene Ziegelgruben. Nördlich des Ortsfriedhofes gibt es noch einen solchen Weiher.

Weinbergweg

XIII (Ruinenweg – Ruinenweg), PLZ 8051.

Nach den ehemals hier befindlichen Weingütern benannt. Siehe Weingartenweg.

Weingartenweg

XIV (Bergstraße zur Hubertushöhe), PLZ 8020.

Durch diese und andere Weinnamen wird an den ehemaligen Weinbau im Westen des Grazer Feldes erinnert. Die von Erzherzog Johann geführte Steiermärkische Landwirtschaftsgesellschaft errichtete 1834 noch einen Musterweingarten am Hang westlich der Stadt. An den sonnigen Hängen gediehen bis zum Auftreten des Blattpilzes in den 80er-Jahren des 19. Jhs. Rebkulturen mäßiger Qualität. Auch noch in der Zwischenkriegszeit gab es etliche Reste der einst großen Weingärten. Etwas Rebland und einige alte Presshäuser sind noch immer vorhanden. Eine 1978 erschienene Dissertation berichtet über den Grazer Weinbau (Adlmannseder).

Weinhang

siehe Am Weinhang

Weinholdstraße

VI (von der Harmsdorfgasse über die Ehrenfelsgasse gegen Süden), 1930, PLZ 8010.

Der deutsche Germanist und Volkskundler Karl Weinhold (1823 Reichenbach – 1901 Bad Nauheim) wirkte von 1851 bis 1861 als Professor an der Grazer Universität. Berühmt wurde er durch seine *Mittelhochdeutsche Grammatik* sowie durch zahlreiche sprach-, kulturhistorische und volkskundliche Abhandlungen.

Weinitzenstraße

XII (Stattegger Straße – Radegunder Straße), 1949, PLZ 8045.

Weinitzen im Bezirk Andritz, ab ca. 1400 *in der Weiniczen*, von slaw. *vinica* (= Weingarten, Weinkeller, Gegend wo Wein wächst). Die Flurbezeichnung *Weingarten* findet sich urkundlich noch oft in Gegenden, in denen schon lange kein Weinbau mehr betrieben wird.

Die Alte Weinzödlbrücke in der Ersten Republik.

Weinzödl

XII (Gebiet südlich der Wiener Straße), 1949, PLZ 8046.
Auch Weinzettel bei St. Veit/Graz; von mhd. *weinzerl* (= Winzer), eine frühe Entlehnung aus dem lat. *vinitor*. Dieser Name war früher in den österreichischen Donauländern weit verbreitet und weist auf eine viel größere Ausdehnung des Weinbaues im Mittelalter hin.

Weinzödlbrücke

siehe Neue Weinzödlbrücke.

Weinzöttlstraße

XII (Grazer Straße – Andritzer Reichsstraße), PLZ 8045.
Siehe Weinzödl.

Weißeneggergasse

IV (Volksgarten – Keplerstraße), 1934, PLZ 8020.
Zuvor Mittelgasse. Nahe der Weißeneggergasse liegt an der Ecke zwischen Hans-Resel-Gasse und der Metahofgasse der *Weißeneggerhof*, ein bemerkenswerter alter Gutshof mit einem eigenen Burgfriedsbezirk. Das Gebäude mit seinen gotischen Bauelementen ist nach den Herren von Weißenegg benannt. Der Gutshof gehörte durch Jahrhunderte den Eggenbergern, für die hier Künstler (wie H. A. Weissenkircher und A. Marx) arbeiteten. An die Geschichte des Gebäudes erinnert das Wappenfresko *Eggenberg-Sternberg*.

Weißenhofgasse

V (Triester Straße – Adalbert-Stifter-Gasse, mit Unterbrechung), 1934, PLZ 8020.
Der Weißenhof war einer der Gutshöfe im Zusammenhang mit dem landesfürstlichen Lustschloss Karlau. Vischers Steiermarktopographie (1681) zeigt den *Weissenhof nechst der Statt Gratz*. Das Gut diente bevorzugt der Ernte von Obst und Gemüse. Der nicht sehr

eindrucksvolle Bau, auch *Dengghof* genannt, wurde Ende des 16. Jhs. errichtet, später mehrfach umgebaut, und was von ihm übrig war (Denggenhof) wurde anlässlich der Errichtung der Triestersiedlung abgebrochen. So erinnert heute nur noch die Weißenhofgasse an ihn.

Weißenkircherstraße

XIV (Karl-Morre-Straße – Herbersteinstraße), 1948, PLZ 8020.

Zuvor Franz Schubert-Straße. Der Westteil der Straße ist jünger. Das Hauptwerk des Eggenbergschen Hofmalers Hans Adam Weissenkircher (1646 Laufen – 1695 Graz) sind die Gemälde im Planetensaal des Schlosses Eggenberg. Er schuf auch viele Altarblätter und mythologische Szenen. Hervorzuheben

ist sein mehrjähriger Studienaufenthalt in Italien (Rom, Venedig), den ihm die Fürsten von Eggenberg ermöglichten und der ihn prägte. Zuletzt wurde sein Werk 1985 in einer repräsentativen Ausstellung im Eggenberger Schloss gezeigt. Die Fachliteratur, so der Katalog zu jener Ausstellung (B. Ruck), schreibt den Künstler mit *-ss-*, das Straßenverzeichnis mit *–ß-*.

Weißweg

XVII (Herrgottwiesgasse nach Osten, Sackgasse), 1955, PLZ 8055.

Franz Weiß (1912–1951 Gratkorn), Ingenieur, Fabrikant, Gründer und Inhaber der *Junior-Fahrradwerke*.

Weitzerweg

siehe Johann-Weitzer-Weg

Der Weißeneggerhof der Eggenberger (Vischer, 1681).

Weixelbaumstraße

XIII (Anton-Kleinoscheg-Straße – Wiener Straße), PLZ 8051.

Nach Franz Weixelbaumer (1821 Graz – 1892 Graz), auch Weixelbaum, Weixlbaum (Göstinger Feuerwehraufzeichnungen). Bürgermeister in Gösting, Feuerwehrbegründer, Bezirksschulratsmitglied, Mitglied des Ortsschulrates, Unterstützungsvereinsmitglied, Mitglied des Direktoriums der Bezirkssparkasse Umgebung Graz. Besitzer des Goldenen Verdienstkreuzes.

Weizbachweg

XII (Radegunder Straße – Hinterer Plattenweg), 1949, PLZ 8045, 8043.

Hydronyme Bezeichnung nach dem Weizbach. Der Name Weiz(bach) ist nicht sicher geklärt. Vermutlich von idg. *wi* (= winden, drehen), um 1400 *im weyczpach.*

Weizenweg

XVI, XVII, (Schwarzer Weg – Zahläckerweg), 1954, PLZ 8054.

Bezeichnung nach den örtlichen Gegebenheiten. Süßgrasgattung, deren Arten zum Teil zu den ältesten, besonders als Brotgetreide verwendeten Kulturpflanzen zählen. Die am häufigsten angebaute Art ist der Saatweizen, einjährig als Sommer- oder überwindernd als Winterweizen; weitere Arten: Dinkel, Einkorn, Emmer, Gommer, Hart- und Rauweizen.

Weizer Straße

III, XI (Geidorfplatz – Mariatroster Straße – Stadtgrenze).

In Graz trägt sie die offiziellen Namen Heinrichstraße und Mariatroster Stra-

Weldenstraße: Das 1945 zerstörte Schweizerhaus auf dem Schloßberg mit dem 1859 von Hans Gasser gegossenen Welden-Denkmal (Ansichtskarte, 1906).

ße. Erst jenseits der Stadtgrenze wird der Namen Weizer Straße offiziell. Die Weizer Straße (B 72) ist jedoch die richtige Bezeichnung in der Systematik der Landesstraßen. In Graz ist die Weizer Straße 8 km lang. Insgesamt sind es bis zur Einmündung in die Semmeringer Schnellstraße S 6 im Mürztal 87 km.

Weldenstraße

I (Am Fuße des Schloßberges – Wickenburggasse), 1949, PLZ 8010.

Ludwig Freiherr von Welden (1782 Laupheim/Württemberg – 1853 Graz), Initiator der Grazer Schloßberganlagen. Welden hatte bereits als Gartenarchitekt einen Namen, als er 1838 nach Graz als Divisionär kam (zuletzt k. k. Feldzeugmeister, Commandeur des Maria-Theresien-Ordens, letzter Kommandant der Schloßbergfestung) und durch die Schaffung von Grünanlagen den Ruf von Graz als Gartenstadt begründete.

Welsbachgasse

siehe Auer-Welsbach-Gasse

Weltgasse

siehe Neue-Welt-Gasse

Welthöhe

siehe Neue-Welt-Höhe

Wenisbuch

XI.

Das Dorf Wenisbuch im Bezirk Mariatrost hat sich bis in die Gegenwart etwas von seinem ländlichen Charakter bewahrt. 1305 ist ein *Wernherspuch*, also ein Buchenwald des Wern(h)er, als Ortsname überliefert.

Das Dorf Wenisbuch (1983).

469

Wenisbucher Straße

XI (Mariatroster Straße – Linecker Weg), 1948, PLZ 8044.

Die Straße führt von zwei Seiten zum Dorf Wenisbuch. Siehe Wenisbuch.

Wenzlhofstraße

XVII (Wagner-Jauregg-Straße nach Südosten), 1947, PLZ 8055.

Liegenschaftsbezeichnung *Wenzlhof.*

Werbagasse

siehe Ludwig-Werba-Gasse

Werfelgasse

siehe Franz-Werfel-Gasse

Werndlweg

VII (Kloiberweg – Porscheweg), 1954, PLZ 8041.

Josef Werndl (1831 Steierdorf/Steyr – 1889 Steyr) gehörte zu den österreichischen Industriepionieren des 19. Jhs. 1869 gründete er die Österreichische Waffenfabriks AG, die Vorläuferin der Steyr-Werke, und machte damit Steyr zu einem Zentrum der europäischen Waffenerzeugung jener Zeit (1882 Mannlicher Mehrladegewehr). 1865 konstruierte er das nach ihm benannte Hinterladegewehr. Werndl schuf auch für jene Zeit vorbildliche Sozialeinrichtungen. In Steyr steht ein Denkmal für Werndl. Die Verbindung des Bezirks Liebenau mit dem Werk Thondorf der Steyr-Daimler-Puch AG fand auch in dieser Namensverleihung ihren Niederschlag.

Westbahngasse

XVI (Glesingerstraße – Am Jägergrund), 1958, PLZ 8054.

Eröffnet von der privaten Graz-Köflacher Eisenbahn- und Bergbau-Gesellschaft am 3. 4. 1860; war vorrangig für den Kohlentransport gedacht; daher keine baulichen Maßnahmen für den Personenverkehr. In Graz war nur ein großer Frachtenbahnhof vorgesehen, ohne eigenes Aufnahmegebäude, da eine Gleisverbindung mit der Südbahn hergestellt wurde und der dortige Bahnhof zur Verfügung stand (siehe Bahnhofstraße, Frachtengasse).

Westgasse

XVII (Mitterstraße nach Westen, Sackgasse), PLZ 8055.

Topographische Bezeichnung.

Wetzelsdorf

XV.

XV. Stadtbezirk. Bis 1914 ein Teil der 1850 entstandenen Gemeinde Eggenberg, dann bis 1938 eine eigene Gemeinde. Darauf sieben Jahre ein Teil von Graz-West und schließlich ab 1945/46 ein eigener Bezirk unter dem Traditionsnamen. Im Namen – 1144 *Wercelsdorf* (Verschreibung), 1185 *Wecilsdorf –* ist der altdeutsche Personenname *Wezil* enthalten.

Wetzelsdorfer Straße

V, XIV, XV (Kärntner Straße – Baiernstraße), 1947, PLZ 8020, 8052.

Zuvor Westteil: Mühlweg, dann Mühlstraße; Ostteil: Judengasse, dann Emil Ertl-Gasse. Siehe Wetzelsdorf.

„Beliebte Sommerfrische": Wetzelsdorf mit „Kleinsemmering" und dem „Bad des Verschönerungs-Vereins" (um 1900).

Weyprechtstraße

siehe Peyer-Weyprecht-Straße

Wichnergasse

VII (Messendorfer Straße gegen Südwesten), 1961, PLZ 8041.

Der Admonter Benediktinerpater Jakob Wichner, OSB (1825 Graz – 1903 Admont), unterrichtete am Akademischen Gymnasium in Graz und publizierte als Historiker. Er war Archivar und Bibliothekar des Stiftes Admont. Sein Hauptwerk war die vierbändige Geschichte des Stiftes Admont (1874–1880). 1857 bis 1870 war dem Stift Admont die Besetzung der Lehrerstellen des Akademischen Gymnasiums übertragen.

Wickenburggasse

I, III (Grabenstraße – Kepler-Brücke), 1852, PLZ 8010.

Zuvor *Lange-Gasse, Schloßberggasse.* Die Wickenburggasse ist ein entlang der Nordseite des Schloßberges verlaufender Straßenzug von der Grabenstraße zur Mur. Auf dem Areal nördlich des Schloßberges wurde um 1450 unter Kaiser Friedrich III. ein Tiergarten angelegt, der bis 1663 hier bestand und später wegen der Türkengefahr aufgelassen werden musste. 1785 Verkauf des Tiergartenareals und Straßenanlage. 1852 benannt nach Konstantin Graf von Wickenburg (1797 Pesch/Düsseldorf – 1880 Bad Gleichenberg). 1831 bis 1848 Gouverneur (Statthalter)

Gouverneur (Statthalter) Konstantin Graf Wickenburg.

der Steiermark, 1836 Ehrenbürger von Graz. Erwarb sich Verdienste um den Bau der oberen Kettenbrücke in Graz und die Ausgestaltung des Kurortes Bad Gleichenberg.

Widmannstettergasse

XV (Pulverturmstraße – Laboratoriumstraße), 1949, PLZ 8053.

Zuvor Kurze Gasse. Der aus Bayern stammende Georg Widmannstetter (gest. 1618) wurde 1585 in Graz der Hofbuchdrucker von Erzherzog Karl II. von Innerösterreich. Diese Druckerei, deren Bibliographie 1993 von Th. Graff herausgegeben wurde, hatte für die Gegenreformation, aber ebenso für den Musiknotendruck große Bedeutung. Auch für die Grazer Universität und ihre Wissenschaftsdisziplinen war die Druckerei der Familie Widmannstetter wichtig. Der Naturwissenschaftler Alois Joseph von Beckh-Widmannstetter (1754 Graz – 1849 Wien) erbte die Druckerei seiner Familie in Graz. 1804 bis 1807 war er Direktor der Spinnerei in Pottendorf, darauf Direktor des k. k. Fabriksprodukten-Kabinetts von Kaiser Franz I. Die Druckerei in Graz kaufte 1806 Andreas Leykam.

Widowitzgasse

VI (Fliedergasse – Fröhlichgasse), 1959, PLZ 8010.

Welchen der beiden Kinderärzte die Gemeinde meinte, lässt sich aufgrund widersprüchlicher Aussagen nicht mit Sicherheit feststellen. Obermedizinalrat Dr. Josef Widowitz (1859 Reichendorf – 1946 Graz) behandelte durch viele Jahre im Rahmen seiner Ordination besonders Kinder, aber auch Erwachsene, so manche Familie durch fünf Generationen. Sein Sohn, Dozent Dr. Paul Widowitz (geb. 1889), leitete die Kinderklinik und arbeitete auch in der medizinischen Forschung. Eine Textprobe aus der kryptischen Erklärung zum Namen durch die Stadtgemeinde: *Er entdeckte als Erster im Gesundheitsamt Graz die Papageienkrankheit.*

Wiednerplätzchen

I (kleiner Vorplatz des Major-Hackher-Weges auf dem Schloßberg, südlich neben der Schloßbergbahn), 1929, PLZ 8010.

Johann Wiedner (1856 Graz/St. Leonhard – 1928 Graz), kaiserl. Rat, Gemeinderat der Stadt Graz und erster Obmann des Parkausschusses. Erwarb sich Verdienste um die Pflege der städtischen Grünanlagen. Die Schaffung des

Kriegssteiges auf den Schloßberg geht auf seine Anregung zurück. Ehrengrab der Stadt Graz am St. Leonhard-Friedhof in Graz.

Wielandgasse

VI (Radetzkystraße – Pestalozzistraße), 1870, PLZ 8010.

Zuvor Äußere (oder Verlängerte) Neutorgasse. Der deutsche Dichter Christoph Martin Wieland (1733 Oberholzheim/Biberach – 1813 Weimar) kam aus einem pietistischen Umfeld, studierte Jus und wandte sich der Literatur zu. Bevor er im damals literarisch wichtigen Weimar freier Schriftsteller wurde, war er dort kurz Prinzenerzieher. Wieland gab den *Teutschen Merkur* heraus. Bedeutsam waren sein Erziehungsroman *Geschichte von Agathon,* seine Satire *Die Abderiten* und das märchenhafte Versepos *Oberon.* Verdienstvoll sind seine Übertragungen klassisch antiker Autoren ins Deutsche und seine Shakespeare-Übersetzung.

Wiener Straße

IV, XII, XIII (Lendplatz – nördliche Stadtgrenze), 1785, PLZ 8020, 8051, 8046.

De jure beginnt die Wiener Straße bereits am Südende des Lendplatzes und durchquert diesen. Seit dem 17. Jh. existierte eine Hauptstraße in der Nordsüdlinie von der Wiener Straße über die Murvorstadt zur Triester Straße. Damit wurde eine für die Murvorstadt wichtige Entwicklung eingeleitet (siehe Lendplatz, Mariahilferstraße, Griesgasse, Griesplatz). Diese neue Kommunikationslinie löste die Alte Poststraße ab, die weiter im Westen liegt. In kleineren Bereichen hatte die Wiener Straße früher einen anderen Verlauf. Der Name leitet sich, wie häufig bei Straßen, vom Zielpunkt ab. Es bedurfte eines überregionalen Denkens, wie dies durch die Verwaltung und Wirtschaftsorganisation Karls VI. eingeführt wurde, um so weit entfernte Ziele, wie es Wien war, als Endpunkt der *Kommerzialstraße* auch im Namen darzustellen. Daneben gab es aber bis ins 19. Jh. auch Bezeichnungen wie *Neue Wiener Straße* oder *Gemeine Landstraße* (= gewöhnliche, übliche Hauptstraße). Die Wienerstraße ist ein Teil der Landesstraße B 67, die in der Landesverwaltung die Bezeichnung *Grazer Bundesstraße* trägt. Eine zweite Wienerstraße gibt es in Graz als Orientierungshilfe auf dem Gelände der Grazer Messe.

Wiesenauergasse

XV (Kärntner Straße – Harter Straße), 1947, PLZ 8053.

Zuvor Mozartgasse. Franz Wiesenauer war 1810 bis 1827 Bürgermeister von Graz. Er entstammte einer seit dem 17. Jh. in Graz ansässigen Familie, die am Lendplatz eine Fleischhauerei betrieb. Wiesenauer war schon im Februar 1809 zum provisorischen Bürgermeister vorgeschlagen worden, seine Amtszeit umfasste daher de facto auch die Besatzung von Graz durch die Franzosen. Nach dieser für die Stadt schwierigen Zeit fiel Wiesenauer nach den Kriegsjahren die Aufgabe zu, Graz wieder wirtschaftlich zu konsolidieren. Der Vorschlag zu diesem Straßennamen findet sich erstmals 1869 in einer selbstverlegten Liste, die der Leutnant Leopold von Beckh-Widmannstetter der Öffentlichkeit vorlegte, mit dem Zweck, dass 1870 anlässlich der ersten großen Welle von Neubenennungen die Straßen historisch würdigen Personen dediziert würden. Der Erfolg jener Liste war äußerst gering.

Wiesengasse

V (Hohenstaufengasse – Falkenhofgasse), 1925, PLZ 8020.

Die Straßen im Eisenbahnbogen zwischen nördlicher Kärntner Straße und Lazarettgürtel (damals hier Hofergasse) waren zwar schon vor dem Ersten Weltkrieg projektiert, wurden aber erst in der Zwischenkriegszeit als Lazarettsiedlung ausgebaut. 1925 war die Wiesengasse wirklich noch eine Wiesengasse. Zuvor hatte schon eine nun aufgelassene Verbindung von der Elisabethinergasse zur Brückengasse den Namen Wiesengasse getragen.

Wiesingergasse

XI (Mariatroster Straße – Stenggstraße), 1948, PLZ 8043.

Zuvor Dr.-Stichl-Straße. Der Familienname Wiesinger ist in Mariatrost mehrfach belegt (u. a. als Villenbesitzer, Konstantin Wiesinger 1910 als Uhrmacher). Die Familie Wiesinger besaß Häuser und Grundstücke. Auch ein Gasthaus in Mariagrün wurde in der zweiten Hälfte des 19. Jhs. von der Familie Wiesinger geführt. Rudolf Wiesinger (gest. 1886) war Hauptmann der Freiwilligen Feuerwehr Kroisbach.

Wildgansweg

siehe Anton-Wildgans-Weg

Wildweg

XI (Mariagrüner Straße gegen Südwesten), 1948, PLZ 8043.

Laut Magistrat sollte dieser Name an den einstigen Wildreichtum dieser Gegend erinnern. Der Rosenberg ist auch noch immer ein Wild- und Jagdrevier.

Wilhelm-Fischer-Allee

I (Erzherzog-Johann-Allee – Glacisstraße) 1947, PLZ 8010.

Zuvor Immelmann-Allee, Elisabeth-Allee. Wilhelm Fischer (1846 Csakathurn/Ungarn – 1932 Graz), Dr. phil. (Autorenname *Fischer-Graz*). 1901 bis 1919 Direktor der Landesbibliothek am Joanneum, Schriftsteller epischer und erzählender Prosa, besonders bekannt sind seine *Murwellen, Erzählungen von Wilhelm Fischer in Graz*, München 1910, oder der Erfolgsroman *Die Freude am Licht* (1902). Eine Gedenktafel mit Inschrift befindet sich am Haus Attemsgasse Nr. 5: *In diesem Haus wohnte der Grazer Stadtpoet Dr. Wilhelm Fischer. Hier starb er am 30. Mai 1932.*

Wilhelm-Gösser-Gasse

IX, X (Ragnitzstraße – Waldteufelweg), 1971, PLZ 8047.

Der Bildhauer Prof. Wilhelm Gösser (1881 Mühltal/Leoben – 1966 Graz) unterrichtete an der Kunstgewerbeschule Holz- und Steinbildhauerei. Der Sohn des Bildhauers Brandstetter lernte bei J. Gschiel, P. Neuböck und an der Wiener Kunstakademie. Zwei

Generationen von Künstlern wurden von seinem Kunstschaffen geprägt. In Graz sind u. a. das Rosegger-Denkmal am Opernring und das Denkmal für das Infanterieregiment Nr. 27 sowie die Neuschöpfung des Hackher-Löwens auf dem Schloßberg von ihm zu sehen, auch auf den Grazer Friedhöfen befinden sich einige seiner Werke. Gössers Relief vom Eisernen Tor (Steiermärkische Sparkasse) fand nun eine Wiederaufstellung an der Ecke Körösistraße/ Robert-Stolz-Gasse. Er erhielt mehrere Staatspreise, zahlreiche Ehrungen und wurde zum Bürger der Stadt Graz ernannt. Diesem Straßennamen waren verschiedene Vorschläge vorangegangen: Am Eichengrund, Am Ulmenweg, Adenauergasse, Spaakgasse.

Bürgermeister Wilhelm Kienzl.

Wilhelm-Kienzl-Gasse

III (Theodor-Körner-Straße – Laimburggasse), 1902, PLZ 8010.

Benannt nach Wilhelm Kienzl (1827 Graz – 1902 Graz), Rechtsanwalt, Bürgermeister von Graz in den Jahren 1873 bis 1885; Ehrenbürger von Graz 1885. Vater des gleichnamigen, bekannten Komponisten Dr. Wilhelm Kienzl (1857 Waizenkirchen/Oberösterreich – 1941 Wien). Ebenfalls Ehrenbürger von Graz 1885. Hauptwerk: *Der Evangelimann*, Gedenktafel im Paradeishof (Kaufhaus Kastner & Öhler).

Wilhelm-Raabe-Gasse

III (Theodor-Körner-Straße nach Nordosten, Sackstraße), 1931, PLZ 8010.

Wilhelm Raabe (1831 Eschershausen – 1910 Braunschweig), Pseudonym Jakob Corvinus, Schriftsteller; Werke, u. a.: *Die Chronik der Sperlingsgasse, Der Hungerpastor* (1865).

Wilhelm-Rösche-Gasse

VII (Neudorfer Straße – Neudorf), 1969, PLZ 8041.

Dieser Name gehört zu den inhaltlich mit dem Werk Thondorf verbundenen Straßenbezeichnungen. Dr. techn. h. c. Wilhelm Rösche (1897 Bielitz/Schlesien – 1963 Graz) war zuletzt Vorstandsmitglied und Werksdirektor der Steyr-Daimler-Puch AG. 1917 war er als Konstrukteur in die Firma eingetreten, 1927 bis 1942 arbeitete er als Betriebs-

475

leiter der Fahrrad- und Motorenerzeugung. 1942 erfolgte die Ernennung zum Werksdirektor. Rösche war führender Funktionär des Fachverbandes der Fahrzeugindustrie Österreichs. Die Stadt Graz verlieh ihm 1955 das Bürgerrecht.

Wilhelm-Thöny-Weg

XV (Peter-Rosegger-Straße über die Abstallerstraße gegen Osten), 1951, PLZ 8052.

Der Maler und Graphiker Wilhelm Thöny (1888 Graz – 1949 New York) wurde in der eher düsteren Igelgasse geboren und lebte durch Jahre am Grieskai. Thöny war maßgeblich an den Gründungen der Sezession in München (1913) und Graz (1923) beteiligt. Er hielt sich in den 1930er-Jahren in Frankreich und ab 1938 in New York auf. 1948 verbrannte ein Großteil seiner Bilder dort in einem Magazin. Thöny schuf Landschaften und Figurenbilder *(Traumfiguren)*. Er gehört zu den maßgeblichen Vertretern der frühen Moderne in Österreich. Die Neue Galerie besitzt von ihm etliche Bilder.

Willi-Thaller-Straße

VII (Eduard-Keil-Gasse – Dr.-Plochl-Straße) 1951, PLZ 8041.

Der Kammerschauspieler Wilhelm Thaller (1854 Graz – 1941 Wien) wirkte neben vielen anderen Bühnen auch in Graz (1878–1881). Den abschließenden Höhepunkt seiner Schauspielkarriere erlebte er am Wiener Burgtheater (1924). In Briefen aus dem Nachlass Wilhelm Thallers an Josefine Gallmeyer (siehe Gallmeyergasse) gab der gebürtige Grazer einen Einblick in die Grazer Theaterwelt des 19. Jhs. Thaller war seit 1936 auch Ehrenbürger der Stadt Graz.

Willomitzergasse

XIII (Weidweg nach Osten, Sackgasse) 1951, PLZ 8051.

Karl Willomitzer (1856 Graz – 1924 Graz), langjähriger Schuldirektor in Gösting in den Jahren 1889 bis 1919. 1919 Ehrenbürger von Gösting.

Winkelgasse

VI (Münzgrabenstraße – Hafnerriegel), 1870, PLZ 8010.

Als der Name wegen der Form der Gasse anlässlich der großen Benennungswelle 1870 vergeben wurde, hatte sie einen noch viel längeren Verlauf. Quer durch Wiesengelände führte der Weg weiter nach Westen, querte die Eisenbahn und reichte bis zum Westteil der Kasernstraße.

Winterweg

XII (Rohrerbergstraße nach Norden – Stadtgrenze), 1949, PLZ 8046.

Zuvor Flurgasse. Benannt nach der Grundbesitzer- und Gastwirtsfamilie *Winter* in Andritz.

Winzerweg

XVI (Kehlbergstraße mit Unterbrechung zur Kehlbergstraße), 1949, PLZ 8054.

In Erinnerung an die Weingärten und Winzerhäuschen auf dem Kehlberg.

Wittekweg

II (Leonhardstraße – Pappenheimgasse), 1951, PLZ 8010.

Arnold Wittek, Dr. med. (1871 Schloss Dornhofen/Weiz – 1956 Graz), Professor für Orthopädie, 1914 bis 1918 Chefarzt der freiwilligen Sanitätskolonne von Graz, u. a. Präsident des Landesverbandes der Steiermark der Gesellschaft vom Roten Kreuz. Ehrenpräsident des Vereines der Ärzte in der Steiermark, Oberleitung der Heilstätte auf der Stolzalpe. 1906 Dozent und 1911 Professor an der Universität Graz. Mitbegründer des Unfallkrankenhauses in der Theodor-Körner-Straße, ärztliche Leitung von 1918 bis 1940. 1946 Ehrenbürger von Graz in Anerkennung seiner vielseitigen sozialen Leistungen, vor allem in der Versehrten- und Kriegsversehrtenfürsorge.

Wittenbauerstraße

VI, VIII (Brucknerstraße mit Unterbrechungen bis über die Schrottenbachgasse), 1929, PLZ 8042, 8010.

Zuerst nur bis zur Gartenstadtgasse, dann bis zur alten Stadtgrenze, in St. Peter zuvor Schillerstraße. Ferdinand Wittenbauer (1857 Marburg – 1922 Graz) absolvierte die Technische Hochschule in Graz. In der Folge habilitierte er sich dort und stieg bis zum Ordinarius auf. Er lehrte das Fach Mechanik und Theoretische Maschinenlehre. Als Dekan und Rektor (1911/12) vertrat er die Interessen der Hochschule und ihrer Absolventen. So trat er für das Promotionsrecht ein und gründete den Absolventenverband. Wittenbauers *Graphische Dynamik der Getriebe* (1904) war für die Entwicklung der Mechanik bedeutsam. Ein ganz anderer Wittenbauer zeigt sich als neuromantischer Dichter. Von ihm stammen Erzählungen und einst erfolgreiche Bühnenwerke.

Wittulaweg

XV (Karl-Etzl-Weg – Pfriemerweg), 1955, PLZ 8053.

Anna Wittula (1861 Marburg – 1918 Graz) gehörte zu einem Kreis literarisch aktiver Untersteirer. Ihre Erzählungen und Romane haben ihre engere Heimat und auch Graz als räumlichen Hintergrund. Meist sind es stimmungsvolle Bilder aus dem Biedermeier. Ihre bedeutenderen Werke erschienen erst nach ihrem Tod, so der Grazroman *Veit Billerbecks Erben*, 1924.

Wolfgasse

siehe Hugo-Wolf-Gasse

Wolkensteingasse

IV (Plabutscher Straße über Peter-Tunner-Gasse zur Waldertgasse), 1961, PLZ 8020.

Das Leben des Minnesängers der Spätzeit, Oswald von Wolkenstein (um 1376–1445), ist recht gut dokumentiert. Er stammte aus einem Adelsgeschlecht, dessen Stammsitz die Burg Wolkenstein im Grödnertal war. Oswald reiste viel und weit, sprach etliche Sprachen und nahm am politischen Leben seiner Zeit teil. Seine Biographie vermittelt persönliche Höhen und Tiefen. Von ihm sind 180 Lieder zu unterschiedlichen Anlässen und in verschiedener Qualität sowie zwei Reimpaarreden überliefert. Die Melodien sind selbst komponiert. Auch Handschriften sind von ihm erhalten. Bekannt ist sein Bild in einer Innsbrucker Liederhandschrift, das ihn mit dem geschlossenen rechten Auge zeigt.

Wormgasse

III (Parkstraße – Bergmanngasse), 1888, PLZ 8010.

Johann de Matha Worm (1827 Graz – 1887 Graz), Dr., Domkustos, Gelehrter, Wohltäter des Grazer Bürgerspitals. Religionsprofessor am Staatsgymnasium (Akademisches Gymnasium) in Graz.

Wurmbrandgasse

I (Schmiedgasse – Raubergasse), 1813, PLZ 8010.

Benannt nach dem ehemaligen Palais der Grafen von Wurmbrand, das um 1900 für den Neubau des Städtischen Amtshauses (1902–1904) abgebrochen wurde. Die Grafen von Wurmbrand-Stuppach gehören zum niederösterreichischen Uradel. Die Stammburg Wurmbrand (heute eine Ruine) befindet sich in der Nähe von Krumbach/ Bezirk Kirchschlag. 1607 Erlangung des österreichischen Freiherrenstandes, 1701 des Reichsgrafenstandes. Seit 1912 war der jeweilige Chef des Hauses erbliches Mitglied des österreichischen Herrenhauses.

Z

Zachgasse
siehe Richard-Zach-Gasse

Zackweg
siehe Viktor-Zack-Weg

Zahläckerweg
XVI, XVII (Schwarzer Weg – Melanweg, unterbrochener Verlauf), 1947, PLZ 8054.

Zuvor Schwarzer Weg. Zahläcker ist die ehem. mittelalterliche allgemeine Bezeichnung für die Gegend von St. Martin bis Puntigam. St. Martin verkaufte vermutlich an der Wende vom Spätmittelalter zur Neuzeit Herrschaftsgründe in diesem Raum an Bauern, die hierfür zahlten.

Zahnstraße
XVII (Ludwig-Boltzmann-Gasse – Wagner-Jauregg-Straße), 1930, PLZ 8055.

Joseph von Zahn (1831 Groß Enzersdorf/Niederösterreich – 1916 Illenau/Baden-Baden), Landeshistoriker, sammelte vor allem Quellenmaterial zur Geschichte der Steiermark und Friauls. Werke, u. a.: *Das Familienbuch Siegmunds von Herberstein*, 1868; *Urkundenbuch des Herzogtums Steiermark*, 3 Bde., 1879–1903; *Ortsnamenbuch der Steiermark im Mittelalter*, 1893. Ab 1861 Beamter am Joanneum in Graz, von 1868 bis 1904 Direktor des Steiermärkischen Landesarchivs, das er entscheidend prägte.

Zanklstraße
XIII (Schippingerstraße – Exerzierplatzstraße), 1951, PLZ 8051.

Zuvor Aufelderstraße, Fabriksstraße. Ab 1951 benannt nach der Industriellenfamilie Zankl. Anna Zankl, geb. Fuchsbichler (1823–1890), war die eigentliche Gründerin der Firma *A. Zankl Söhne*, der bekannten Grazer Farbenfabrik in Gösting. Ursprünglich besaß die Familie kleine Farbfabriken in Algersdorf und in der Laubgasse, danach erfolgten der Kauf der Hafner'schen Pulvermühle samt Areal am rechtsseitigen Mühlgang

Die Firmengründerin Anna Zankl, die sich als Frau hinter der Chiffre A. Zankl verstecken musste.

im Jahr 1892 und der Aufbau der ausgedehnten Fabriksanlagen nach einem Entwurf von Emil Teischinger. In der Folge Großbetrieb mit internationalem Ruf (k. u. k. Hoflieferant), 1955 Einstellung der Produktion.

Zeillergasse

IV (Wiener Straße – Kalvarienbergstraße), 1870, PLZ 8020.

Franz von Zeiller (1751 Graz – 1828 Hietzing/Wien) studierte Philosophie und Jus und lehrte an der Wiener Universität Naturrecht und Römisches Recht (1803, 1807 Rektor). Als berühmter Rechtsgelehrter ist er auch einer der Lehrer von Erzherzog Johann. Seine rechtshistorische Bedeutung erwarb er sich durch seine Arbeit im Geiste der Aufklärung am ABGB (Allgemeines Bürgerliches Gesetzbuch, 1812). Wichtig sind auch sein Beitrag zum Strafrecht und seine Publikation über das Naturrecht. An seinem Geburtshaus Hauptplatz Nr. 15 befindet sich eine Gedenktafel. 1870 schrieb man noch *Zeilergasse*, zuvor wurden die 18 damals bestehenden Häuser mehrheitlich der Kalvarienstraße zugerechnet.

Der Rechtsgelehrte Franz von Zeiller.

Zelinkagasse

XII (Andritzer Reichsstraße – Radegunder Straße), 1949, PLZ 8045.

Zuvor Wagnergasse. Julius Zelinka, Dreher, Bürgermeister und Förderer des Schulwesens (Volksschule) in Andritz in den 1920er-Jahren.

Zellerweg

siehe Karl-Zeller-Weg

Zeppelinstraße

XVII (Hans-Groß-Gasse – Alte Poststraße/Triester Straße), 1930/1937, PLZ 8055.

Ferdinand Graf von Zeppelin (1838 Konstanz – 1917 Charlottenburg/Berlin), deutscher Luftschiffkonstrukteur und General; konstruierte das nach ihm benannte lenkbare Großluftschiff *Zeppelin* (1. Aufstieg von LZ 1 am 2. 7. 1900). In der Zwischenkriegszeit waren mehrfach Zeppeline über Graz zu sehen und erweckten große Aufmerksamkeit.

Zerlacherweg

XV (Karl-Etzl-Weg – Pfrimerweg), 1955, PLZ 8053.

Der Maler Ferdinand Matthias Zerlacher (1877 Graz – 1923 Salzburg) studierte Kunst in Graz und Wien. Seit 1910 war er Mitglied der Wiener Sezession. Ein Biograph (C. Müller) schrieb über ihn, dass er arm und unbeachtet blieb, aber ein beachtliches Werk hinterlassen habe. Sein umfangreiches Œuvre weist viele Porträts und auch Selbstporträts auf, aber auch Stillleben und Landschaftsbilder.

Zeugamtsweg

XV (Peter-Rosegger-Straße gegen Norden), 1955, PLZ 8053.

Die Straße an der Ostfront der Hummelkaserne (Johann Ludwig Freiherr von Hummel [1754–1832 Graz] war 1809 Major und Kommandant des 2. Grazer Landwehrbataillons in der Schlacht bei Raab) erinnert mit ihrem Namen an das hier schon 1821 als Munitions- und Fuhrwerksdepot militärisch genutzte Gelände. *Zeug* ist eine alte Bezeichnung für (militärisches) Gerät (wie im Begriff Zeughaus).

Ziegelstraße

XII (Andritzer Reichsstraße nach Osten), 1948, PLZ 8045.

Benennung nach der Andritzer Ringofenziegelei und Dachziegelfabrik Johann Guido Wolf, Architekt und Stadtbaumeister.

Ziehrerstraße

VII (Verlängerung der Kasernstraße ab der Eduard-Keil-Gasse bis zur Puntigamer Straße), 1949, PLZ 8041.

Zuvor Karl-Morre-Straße. Carl Michael Ziehrer (1843 Wien – 1922 Wien) gehört zu den bekannten Komponisten und Dirigenten der klassischen Wiener Operettenzeit. Ziehrer führte die erfolgreiche Kapelle des berühmten Hoch- und Deutschmeisterregiments Nr. 4, so bei ihrem Auftritt anlässlich der Weltausstellung in Chicago (1893). Der letzte Hofballmusikdirektor starb verarmt. Von seinen 22 Operetten und vielen Walzern, Tänzen und Märschen (rund 60, so z. B. der *Schönfeldmarsch*) blieb wenig bekannt und gespielt, ausgenommen die Operette *Der Landstreicher.*

Ziernfeldgasse

III (Schönbrunngasse nach Nordwesten, Sackgasse), PLZ 8010.

Carl Ludwig von Zierenfeld (gest. 1701 Graz/Stadtpfarre), Reichsfreiherr, Kammergraf in Eisenerz, wurde im Jahr 1690 in die steirische Landmannschaft aufgenommen. Er stammte aus der steirischen Freiherrenfamilie Zierenfeld, die die Güter Friedhofen, Stibichhofen und Zmöll in der Steiermark besaß.

Zimmerplatzgasse

VI (Wielandgasse – Josef-Pongratz-Platz), 1937, PLZ 8010.

Nahe der Mur befanden sich Lagerplätze für Holz und auch Werkstätten für seine Verarbeitung. Auch die traditionsreiche Stadtzimmermeister- und Baumeisterfamilie Ohmeyer war hier ansässig. Aus dem Zimmerplatz wurde schließlich durch einengende Bauten die Zimmerplatzgasse. 1961 wurde der Josef-Pongratz-Platz (siehe dort) abgetrennt.

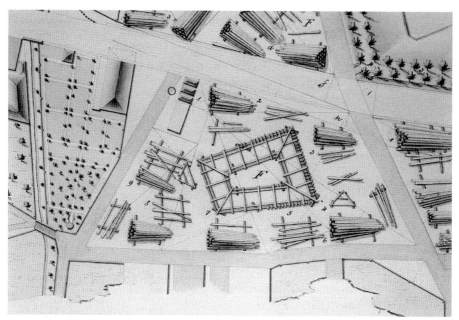

Zimmerplatzgasse: Der Ausschnitt eines Planes zeigt die Zimmermannsarbeiten und Holzlager am Westteil der Radetzkystraße (damals Neue Triester Comercial Straße, oberer Bildrand, um 1800, SMG).

Zinzendorfgasse

III (Glacisstraße – Sonnenfelsplatz), 1813, PLZ 8010.

Gemeinsam mit der Harrachgasse um 1800 als eine der ersten Stadterweiterungsstraßen der Commende Leech angelegt. 1813 benannt nach Karl Graf von Zinzendorf und Pottendorf (1739 Dresden – 1813 Wien), Landkomtur der Ballei Österreichs des Deutschen Ritterordens, Staats- und Konferenzminister. Zinzendorf besuchte mehrfach Graz zwischen 1771 und 1805 und visitierte die Commende *Am Leech*. Bekannt sind seine seit frühester Jugend in Französisch abgefassten Tagebücher (Haus-, Hof- und Staats-Archiv Wien); er berichtete auch über Grazer Gegebenhei-

ten. Vom Ende des 19. Jhs. bis 1939 fuhr eine eingleisige Straßenbahn über die Zinzendorfgasse, Schubert- und Hilmteichstraße bis nach Maria Trost.

Zoffgasse

XIII (Weixelbaumstraße – Wiener Straße), 1949, PLZ 8051.

Zuvor Sandweg. Alfred Zoff (1852 Graz – 1927 Graz, begraben St. Peter Stadtfriedhof), steirischer spätimpressionistischer Maler, ab 1907 Leiter einer Meisterklasse für Landschaftsmalerei an der Kunstschule Graz. Mitglied der *Vereinigung bildender Künstler Steiermarks,* Mitglied des *Wiener Künstlerhauses* und des *Hage(n)bundes.* Zahlreiche Auszeichnungen.

Die Südfront der Zinzendorfgasse mit der Mariatroster-Bahn (um 1910).

Zoisweg

VII (Liebenauer Hauptstraße gegen Südwesten), 1949, PLZ 8041.

Der Weg bei der Kunsteishalle wurde u. a. nach dem in der Nähe wohnhaft gewesenen Komponisten Johann (Hans) Zois Freiherrn von Edelstein (1861 Graz – 1924 Graz) benannt. Er komponierte mit wechselndem Erfolg Opern, Operetten, Ballettstücke und Instrumentalmusik. In Magistratsunterlagen ist jedoch als Namenspatin von der 1909 verstorbenen Hermine Zois (-Götz), Freiin von Edelstein, zu lesen, der im Stadtpark ein Gedenkstein errichtet wurde und die als Wohltäterin ihr Haus an der Glacisstraße der Freiwilligen Feuerwehr vererbte.

Zollgasse

IV (Babenbergerstraße – Bahnhofgürtel), 1899, PLZ 8020.

So wie sich noch heute in der Nähe ein Zollamt befindet, gab es hier seit 1875 ein großes k. k. Hauptzollamt am Bahnhofgürtel (Lastenstraße), nahe der Ecke zu dieser Straße. Das Amt bestand nach dem Vollausbau aus mehreren Gebäuden und hatte einen eigenen Gleisanschluss. Nach Umbauten sorgten die Bomben für eine grundlegende Veränderung der Bebauung. Im Biedermeier war der Lendplatz als Standort für ein großes k. k. Hauptzollamt vorgesehen.

Zösenbergweg

XII (Ursprungweg nach Nordosten zur Stadtgrenze, Sackgasse), 1961, PLZ 8045.

Nach dem zwischen Stattegg und Weinitzen befindlichen *Zösenberg* benannt. 1265 *Zesmansperge,* nach einem Personennamen. Im Bereich des Zösenberges, von der Kalkleiten gegen den Einödgraben, wurde vermutlich in früher Zeit Eisenbergbau betrieben (Funde von Schmelzstätten einfachster Form).

Zusertalgasse

III (Hochsteingasse – Quellengasse), 1870, PLZ 8010.

Alois Zuser, Wirt, betrieb Anfang des 19. Jhs. in der Zusertalgasse ein gut be-suchtes Gasthaus *Zur weißen Frau* (Eröffnung 1. 5. 1828). In der Zusertalgasse befand sich auch das Studio Steiermark des ORF im ehemaligen, 1882 erbauten, historistischen Ferry-Schlössl.

Zweierbosniakengasse

XVI (Kreuzung Am Jägergrund/Unterer Bründlweg nach Süden, Sackgasse, nach Westen zur Straßganger Straße), 1980, PLZ 8054.

Als *Zweierbosniaken* wurde das k. u. k. bosnisch-herzogowinische Infanterieregiment Nr. 2 bezeichnet, das in Graz vor dem Ersten Weltkrieg in Garnison stand. Es war nach den *Belgiern* das zweite Grazer Hausregiment (Musikmärsche und eine Gedenktafel in der

Zusertalgasse: Das Ferry-Schlössl, von den Kriegsjahren bis 1981 unter verschiedenen Titeln das Rundfunkstudio der Steiermark.

Barmherzigenkirche als Garnisonskirche erinnern an das legendäre Regiment).

Zweiglgasse

V (Grieskai – Griesplatz), 1880, PLZ 8020.

Der pensionierte k. k. Hauptzollamts-Beamte Anton Zweigl (1793 Graz – 1878 Graz) vermachte laut Arbeiter und Gadolla (1912) den Armen der Stadt bzw. dem Stadtarmenfonds 78.000 Kronen.

Zwergerplatz

siehe Johannes-Zwerger-Platz

Zwerggasse

II (Obstgasse – Morellenfeldgasse), 1870, PLZ 8010.

Um 1870 gemeinsam mit der Merangasse im Zuge der Parzellierung der *Manningergründe* angelegte Gründerzeitstraße. Im Gegensatz zur langen Merangasse aufgrund der kurzen Gassenführung als Zwerggasse bezeichnet.

Zwigottweg

XVI (Kärntner Straße – Spitzgasse), 1951, PLZ 8053.

Zuvor Straße I. Auch als *Zweygot* oder *Zwygott* genannt. Grazer Künstlerfamilie, tätig als Goldschmiede, Siegelschneider und Münzeisenschneider, Ende des 16. und im 17. Jh. in Graz ansässig. Hans Zwigott, vielbeschäftigter Goldschmied und Münzeisenschneider, verfertigte zahlreiche Ehrenpfennige, goldene und silberne Trinkgeschirre. Schuf 1588 den Dachreiter für das Grazer Landhaus. Sein Schaffen wurde 1593 durch die Erteilung eines Wappens gewürdigt. Konvertierte knapp vor seiner Ausweisung zum katholischen Glauben. Seine Söhne Andreas (gest. 1669) und Jakob (gest. 1648) setzten die Gewerbetradition fort.

GZ. A 10/6 - K 5/1988-3
A 10/6 - 504/1-2003
A 10/6 - 036238/2006

Graz, am 16.11.2006

Grundsätzliche Richtlinien für Straßenbenennungen

Gemeinderatsbeschluss vom 1. Juni 1989
Gemeinderatsbeschluss vom 13. November 2003
Gemeinderatsbeschluss vom 16. November 2006

1.) Umbenennungen von Verkehrsflächen:

   a) Umbenennungen von Verkehrsflächen über Initiative von Eigentümern und Bewohnern des
   betroffenen Straßenzuges sind nur dann vorzunehmen, wenn alle von einer Umbenennung
   betroffenen Bürger (z.b. Liegenschafts- und Gebäudeeigentümer, Wohnungseigentümer,
   Mieter und Geschäftsleute) diese einstimmig begehren und einer solchen Umbenennung
   keine öffentlichen Interessen entgegenstehen.

   b) Umbenennungen von Verkehrsflächen im öffentlichen Interesse sind dann vorzunehmen,
   wenn das Orientierungsprinzip dies zwingend verlangt (z.b. bei geänderten Zufahrten durch
   andere Verkehrsführungen infolge von Straßenumlegungen oder Behebung von
   gravierenden Fehlern).

   *c) Umbenennungen sind dann vorzunehmen bzw. zu prüfen, wenn hinsichtlich des/der
   Namensgebers/Namensgeberin ein historisch belasteter Bezug besteht.*

   d) Die Kosten für eine Umbenennung im Falle a) sind von den Antragstellern zu tragen.
   Bei Umbenennungen im Falle b) *und c)* werden die anfallenden Kosten für die Beschaffung
   und Montage von Hausnummerntafeln von der Stadt Graz getragen. Private Kosten für
   Ummeldungen, Briefpapier etc. werden hingegen nicht übernommen.

2.) Neubenennungen:

   Vorschläge für Neubenennungen werden vorwiegend vom Stadtvermessungsamt erstellt. Dabei
   ist das Einvernehmen mit dem Bezirksrat der betroffenen Bezirke und der Mag. Abt. 16-
   Kulturamt herzustellen.
   Initiativen von anderen Dienststellen oder Institutionen, insbesondere seitens der Bevölkerung,
   sind erwünscht.
   ./.

3.) Für die Namensgebung bei Benennungen von Verkehrsflächen gelten folgende Gesichtspunkte:

Traditionelle Flur- und Riedbezeichnungen sollen erhalten bleiben.

Geographische und historisch begründete Namen sind vorrangig zu verwenden.

Namen von bedeutenden Persönlichkeiten, die gebürtige GrazerInnen waren, in Graz lebten oder für Graz große Leistungen erbracht haben, wobei Namen von Frauen vorrangig zu verwenden sind.

Namen bedeutender Persönlichkeiten, die auf kulturellem Gebiet, für den sozialen, wissenschaftlichen und technischen Fortschritt, für den Umweltschutz oder für den Frieden große Leistungen erbracht haben, wobei Namen von Frauen vorrangig zu verwenden sind.

Namen von Partnerstädten oder Bezeichnungen, die sich auf überregionale humanitäre Zielsetzungen beziehen.

Namen von Grazer Persönlichkeiten, die durch ihr Wirken dem Nationalsozialismus zum Opfer fielen.

Bei den Namen von Persönlichkeiten gilt im allgemeinen der Grundsatz, dass eine Namensgebung erst nach deren Tod erfolgen kann.

4.) Doppelbenennungen:

Doppelbenennungen sind grundsätzlich zu vermeiden. Ähnlich klingende Namen, die mit bereits existierenden Benennungen verwechselt werden können, sind ebenfalls zu vermeiden. Namen mit komplizierter Schreibweise kommen für eine Benennung nicht in Betracht.

5.) Personennamen:

Bei der Wahl von Personennamen ist nur der Familienname (Schreibname) ohne Vorname und akademischen Grad zu verwenden. Im Falle einer Verwechslungsmöglichkeit kann der Vorname ausnahmsweise verwendet werden.

6.) Schreibweise:

Die Schreibweise der Namen hat nach den Grundsätzen der Wiener Nomenklaturkommission 1981 zu erfolgen.

./.

7.) *Verfahren*

7.1 Neubenennung:

a) Der Bezirksrat der betroffenen Stadtbezirke ist anzuhören.

b) Die Stellungnahme der Mag. Abt. 16- Kulturamt ist einzuholen.

c) Der Benennungsakt ist danach über die Stadtbaudirektion und den Stadtsenatsreferenten/ der Stadtsenatsreferentin dem *für das Stadtvermessungsamt zuständigen gemeinderätlichen Ausschuss* zur Beratung vorzulegen.

d) Es obliegt diesem Ausschuss, die Namensgebung dem Gemeinderat antragstellend zur Beschlussfassung vorzulegen oder den Benennungsakt zur aktenmäßigen Behandlung eines anderen vorgeschlagenen Namens an das Stadtvermessungsamt rückzuleiten.

7.2 Umbenennungen im Sinne des Pkt. 1 a) und 1 b)

a) Bei Umbenennung im Sinne des Pkt. 1 a) und 1 b) sind die von einer Benennung betroffenen Liegenschafts- und GebäudeeigentümerInnen sowie WohnungseigentümerInnen und MieterInnen anzuhören.

b) Bei einer positiven Entscheidung ist die weitere Vorgangsweise nach Punkt 7.1 durchzuführen.

7.3 Umbenennungen im Sinne des Pkt. 1 c)

a) Umbenennungen im Sinne des Pkt. 1 c) sind einem Beratungsgremium vorzulegen. Dieses setzt sich aus jeweils einem Mitglied pro Fraktion des für das Stadtvermessungsamt und Kulturamt zuständigen Ausschusses zusammen. Externe ExpertInnen sollen beigezogen werden. Eine Einberufung erfolgt im Einvernehmen der beiden Vorsitzenden der beiden Ausschüsse.

b) Nach besonders sorgfältiger bzw. kritischer Prüfung kann das Beratungsgremium je nach Ergebnis derselben folgende Vorgangsweise vorschlagen:

1. Beibehaltung der Benennung

2. Beibehaltung der Benennung mit der Ergänzung einer Erläuterungstafel

3. Umbenennung

c) Bei einer Entscheidung für Pkt 7.3 b) 3. ist die weitere Vorgangsweise im Sinne des Pkt. 7.1 durchzuführen.

Literaturverzeichnis

Achleitner Friedrich: Österreichische Architektur im 20. Jahrhundert, Bd. II, Salzburg–Wien 1983.

Arbeiter Thomas Chr., Gadolla Franz Rt. v.: Die Straßen, Gassen und Plätze der Landeshauptstadt Graz, Graz 1912.

Auferbauer Günther, Auferbauer Luise: Grazer Spaziergänge mit Tram und Bus, Graz 1996.

Bamberger Maria, Bruckmüller Ernst, Gutkas Karl (Hrsg.): Österreichlexikon, 2 Bde., Wien 1995.

Baravalle Robert: Burgen und Schlösser der Steiermark, Graz 1961.

Bouvier Friedrich, Hohmann Hasso (Hrsg.): Lebendige Altstadt, Graz 1991.

Breitling Peter: In der Altstadt leben – Altstadterhaltung dargestellt am Beispiel Graz, Graz 1982.

Brunner Walter, Renhart Erich: Steirische Kalvarienberge, Graz–Budapest 1990.

Brunner Walter: Thal – Der Lebensraum und seine Bewohner, Hausmannstätten–Graz 1994.

Celedin Gertrude: „Indianer" – Die Kunst der Zwischenkriegszeit, Ausstellungskatalog, Graz 1988.

Celedin G., Bouvier F., Liebmann M. (Hrsg.): Kirche, Künstler und Konflikte, Graz 1991.

Dienes Gerhard M.: Andritz und seine Geschichte, Graz 1984.

Dienes Gerhard M.: Geidorf und seine Geschichte, Graz 1985.

Dienes Gerhard M.: Straßgang und seine Geschichte, Graz 1986.

Dienes Gerhard M., Kubinzky Karl A. (Hrsg.): St. Leonhard und seine Geschichte, Graz 1987.

Dienes Gerhard M., Kubinzky Karl A. (Hrsg.): Gösting und seine Geschichte, Graz 1989.

Dienes Gerhard M., Kubinzky Karl A. (Hrsg.): Waltendorf und Ries – Geschichte und Alltag, Graz 1990.

Dienes Gerhard M., Kubinzky Karl A. (Hrsg.): Jakomini – Geschichte und Alltag, Graz 1991.

Dienes Gerhard M., Kubinzky Karl A. (Hrsg.): Zwischen Stadt und Land – Die Murvorstadt, Graz 1991.

Dienes Gerhard M., Kubinzky Karl A. (Hrsg.): Liebenau – Geschichte und Alltag, Graz 1992.

Dienes Gerhard M., Kubinzky Karl A. (Hrsg.): St. Peter – Geschichte und Alltag, Graz 1993.

Dienes Gerhard M., Kubinzky Karl A. (Hrsg.): Mariatrost – Geschichte und Alltag, Graz 1994.

Dienes Gerhard M., Kubinzky Karl A. (Hrsg.): Der Lendplatz – Geschichte und Alltag, Graz 1995.

Dimitriou Sokratis (Hrsg.): Stadterweiterung von Graz – Gründerzeit, Publikationsreihe des Grazer Stadtmuseums 2, Graz 1979.

Ebner Herwig (Hrsg.): Grazer Gastlichkeit, Publikationsreihe des Grazer Stadtmuseums 4, Graz 1985.

Edegger Erich (Hrsg.): Graz – Geschichtsbilder einer Stadt, Graz 1987.

Engelhart Ernst: Eggenberg, Eggenberg 1921.

Fleischmann Krista: Das steirische Berufstheater im 18. Jahrhundert, Wien 1974.

Flotzinger Rudolf (Hrsg.): Musik in der Steiermark – Katalog zur Landesausstellung 1980, Graz 1980.

Fossel Viktor: Geschichte der medizinischen Fakultät in Graz – 1863 bis 1913, Graz 1913.

Fournier Gernot, Hochfellner Viktor (Red.): Gemeinde Kainbach, hrsg. von der Gemeinde Kainbach 1997.

Hafner Ottfried: Wissenswertes über Graz von A–Z, Graz 1984.

Hafner Ottfried: Mozart in Graz, Graz 1991.

Handbuch der historischen Stätten Österreichs, Bd. 2, Stuttgart 1978.

Hans von der Sann: Andritz und seine Umgebung, Graz 1892.

Haus der Architektur (Hrsg.): Architektur als Engagement, Architektur aus der Steiermark 1986–1992, Graz 1993.

Häuser-Schema, Neues Häuser-Schema der Landeshauptstadt Graz, 2. Aufl., Graz 1871.

Jahn Johannes: Wörterbuch der Kunst, Stuttgart 1983.

Joherl Ignaz Heinrich: Feldkirchen – Kalsdorf, Pfarr- und Kommunalgeschichte, Graz 1905.

Kammerhofer Franz: Eggenberg – Mit Straßennamen beehrte Persönlichkeiten, benannte Gebiete und Institutionen, Graz 1996.

Kernbauer Alois (Hrsg.): Der Grazer „Campus", Universitätsarchitektur aus vier Jahrhunderten, Graz 1995.

Kniely Konrad: Die Ortsnamen des Gerichtsbezirks Umgebung Graz, in: Jahresbericht des Akademischen Gymnasiums in Graz 1927/28, S. 1–38, Graz 1928.

Krones Franz von: Geschichte der Karl Franzens-Universität in Graz, Graz 1886.

Kubinzky Karl Albrecht: Wo war denn nur die Konstitutionsgasse?, in: grazeins, Nr. 28, S. 7 f., Graz 1987.

Kubinzky Karl Albrecht: Graz im Wandel, Graz 1987.

Kubinzky Karl Albrecht: Mit dem Ballon über Graz, Graz 1991.

Kuchling Mirella: Schriftsteller in neu-, um- und rückbenannten Grazer Straßennamen zwischen 1938 und 1988, Diplomarbeit aus Deutscher Philologie an der Universität Graz, Graz 1992.

Kurzmann Gerhard, Hafner Ottfried: Tot in Graz, Graz 1990.

Lang Gerold: Geschichte von Liebenau. Ort- und Schulgeschichte, Graz 1963.

Laukhardt Peter: Der Grazer Schloßberg. Vom Kastell zum Alpengarten, Graz 1991.

Lichtenfelsgasse, 5 D-Klasse des BG und BRG: Schulprojekt St. Leonhard, Straßen, Gassen, Plätze, Graz 1990.

Liebmann Maximilian: Behindertenbetreung in Graz, in: Historisches Jahrbuch der Stadt Graz, Bd. 13, S. 77–106, Graz 1982.

List Rudolf: Oper- und Operette in Graz, Ried im Innkreis 1966.

List Rudolf: Kunst und Künstler in der Steiermark, 3 Bde., Ried 1967.

Luschin-Ebengreuth A(rnold): Häuser- und Gassenbuch der Inneren Stadt Graz, beigebunden der Geschichte der Stadt Graz, Bd. 1 (Fritz Popelka), 2. Aufl., Graz 1959.

Magistrat Graz, Abt. 10/6 Stadtvermessungsamt: Straßenverzeichnis, Graz 1992.

Mang Heinz: Steiermarks Sozialdemokraten im Sturm der Zeit, Graz 1988.

Marauschek Gerhard: Vom Stadtmagistrat zur Stadtgemeinde Graz, in: 850 Jahre Graz, S. 223–246, Graz 1978.

Marauschek Gerhard: Die Schaffung von Groß-Graz im Jahre 1938 und ihre Vorgeschichte, in: Historisches Jahrbuch der Stadt Graz, Bd. 18/19, S. 307–334, Graz 1988.

Marauschek Gerhard: Das „Tupay-Schlößl" in der Schönau, in: Historisches Jahrbuch der Stadt Graz, Bd. 20, S. 173–183, Graz 1989.

Mathis Franz: Big Business in Österreich, Wien 1987.

Österreichisches Biographisches Lexikon 1815–1950 (hrsg. von der Österreichischen Akademie der Wissenschaften), Wien 1957–1995.

Österreichische Gesellschaft für historische Gärten (Hrsg.): Historische Gärten in Österreich – vergessene Kunstwerke, Wien–Köln–Weimar 1993.

Pirchegger Hans: Häuser- und Gassenbuch der Vorstädte am rechten Murufer, beigebunden der Geschichte der Stadt Graz, Bd. 2 (Fritz Popelka), 2. Aufl., Graz 1960.

Pirchegger Hans: Beiträge zur Besiedelungsgeschichte des Grazer Feldes und seiner Umrahmung, gesammelte Aufsätze aus: Blätter für Heimatkunde, Jhg. 1937–1944, Graz o. J.

Popelka Fritz: Geschichte der Stadt Graz, 2 Bde., Graz 1960.

PTA-Mitteilungen 21/97, 109: Straßenverzeichnis zum Verzeichnis der Postleitzahlen, Wien 1997.

Rechnitz Stefan: Die Grazer Friedhöfe, ungedr. Manuskript, 2. Fassung, Graz 1965.

Reichl Kurt: Lexikon der Persönlichkeiten und Unternehmungen – Steiermark, Graz 1955.

Reiter Annemarie: Der Plabutsch, Graz 1994.

Resch Wiltraud: Die Stadtkrone von Graz, Graz–New York 1994.

Resch Wiltraud: Die Kunstdenkmäler der Stadt Graz, Die Profanbauten des I. Bezirks, Österreichische Kunsttopographie, Bd. LIII, Wien 1997.

Ritter's Geographisch-Statistisches Lexikon, 6. Aufl., Leipzig 1874.

Roth Paul W.: Betriebsgeschichten, in: Grazer Industrie hat Tradition (Ausstellungskatalog, Redaktion: G. Dienes), S. 21–59, Graz 1981.

Schober Franz Josef: Goldy Parin-Matthèy – (k)eine Grazerin, in: Blätter für Heimatkunde, 77. Jhg, S. 49–74, Graz 2003.

Schöpfer Gerald, Teibenbacher Peter: Graz seit 1945, Graz 1995.

Schreiner Gustav: Grätz, Grätz 1843.

Schweigert Horst (Bearbeiter): Die Kunstdenkmäler Österreichs (Dehio-Handbuch), Graz–Wien 1979.

Sillaber Alois: Nomen est Omen, Grazer Straßennamen als geistes- und ideologiegeschichtliche Quelle zum Jahr 1945, in: Historisches Jahrbuch der Stadt Graz, Bd. 25, S. 643–663, Graz 1994.

Skreiner Wilfried (Hrsg.): Neue Galerie am Landesmuseum Joanneum – Gesamtkatalog der Gemälde, Graz 1988.

Spreitzhofer Karl: Straßennamen erzählen (in Baierdorf), in: Neues aus Graz-Schutzengel, Graz 1983–1989.

Strahalm Werner: Graz, eine Stadtgeschichte, Graz 1989.

Steinböck Wilhelm (Hrsg.): Bedeutende Grazer im Porträt (Katalog), Graz 1978.

Steinböck Wilhelm (Hrsg.): Graz als Garnison, Publikationsreihe des Grazer Stadtmuseums 3, Graz 1982.

Suppan Wolfgang: Steirisches Musiklexikon, Graz 1962–1966 (Neuaufl. 2009).

Sztatecsny Amelie, Schmölzer Elisabeth, Dorn Inge: Die Profanbauten des IV. und V. Bezirkes, Österreichische Kunsttopographie, Bd. XLVI, Wien 1984.

Thieme Ulrich, Becker Felix (Hrsg.): Allgemeines Lexikon der bildenden Künstler von der Antike bis zur Gegenwart, München 1992 (Nachdruck).

Tremmel Ferdinand (Hrsg.): Steirische Unternehmer des 19. und 20. Jahrhunderts, Sonderbd. 9 der Zeitschrift des Historischen Vereines für Steiermark, Graz 1965.

Unger Theodor, Khull Ferdinand: Steirischer Wortschatz, Graz 1903 (Nachdruck 2009).

Varetza Herbert: Wasser für Graz. Brunnen, Wasserwerke und Wasserleitungen in Graz, Graz 1980.

Vischer Georg Matthäus: Topographia Ducatus Stiriae, 2 Bde., hrsg. von Anton Schuller, Reprint nach dem Werk von 1681, Graz 1975.

Wastler Josef: Steirisches Künstler-Lexikon, Graz 1883.

Wastler Josef: Das Kunstleben am Hofe zu Graz, Graz 1897.

Watzenig Werner: Klöster in Graz, Graz 1978.

Weidmann F. C.: Fremdenführer von Graz, Graz 1856.

Winklern Johann Baptist Edler von: Biographien denkwürdiger Steiermärker, in: Steiermärkische Zeitschrift, 5., 6., 7. Jhg., Graz 1840–1842.

Wurzbach Constantin von: Biographisches Lexikon des Kaiserthums Österreich, 60 Bde., Wien 1856–1891.

Zitzenbacher Walter (Katalogredaktion): Literatur in der Steiermark, Graz 1976.

Amtsblatt der Landeshauptstadt Graz, Graz 1946–2009.

Stadtarchiv Graz: Ordner Straßennamen.

Stadt Graz, Stadtvermessungsamt: Straßenverzeichnis, Juni 2000 plus Ergänzungen.
Akten Straßenbenennungen.

Stadtmuseum Graz: Sammlung Andorfer

Stadtpläne, Adressbücher, Straßenkataster der Stadtgemeinde Graz.

Steiermärkisches Landesarchiv: Franziszeischer Kataster, Hausakt 37-205-1946 Ortsnamenskommission.

Die ABBILDUNGEN stammen, soweit nicht andere Zitate gegeben wurden, aus der Sammlung Kubinzky. Die Luftbilder wurden vom BMfLV freigegeben.

Der DANK für die Mithilfe ergeht insbesondere an: Günter Cerwinka, Erwin Czech, Gert Fandl, Gernot Fournier, Friedrich Fuchs, Walter Höflechner, Günther Lorber, Peter Laukhardt, Gerhard Marauschek, Gunther Prisching, Annemarie Reiter, Wiltraud Resch, Paul Roth, Margarete Schleich, Erwin Schmarda, Elisabeth Schöggl-Ernst, Karl Spreitzhofer, Herbert Szakmary. Ferner danken wir den Mitarbeitern der Geschichtswerkstätte des Grazer Stadtmuseums und des ehemaligen Amtes für Stadtentwicklung und Altstadterhaltung. Weiters gebührt unser Dank den Mitarbeitern des Stadtvermessungsamtes und der Stadtbaudirektion, Stadt Graz.